Soi-même
comme un autre

Paul Ricœur

Soi-même
comme un autre

Éditions du Seuil

ISBN 978-2-7578-5308-5
(ISBN 978-2-02-011458-5, 1re publication)

© Éditions du Seuil, 1990

REMERCIEMENTS

Mes premiers remerciements vont à l'université d'Édimbourg dans la personne de son Chancelier qui m'a conféré l'honneur de prononcer en 1986 les *Gifford Lectures* sous le titre *On Selfhood, the Question of Personal Identity*. C'est de ces conférences que sont issues les études ici publiées.

J'exprime également ma gratitude au professeur Spaemann de l'université de Munich, qui m'a permis de donner, la même année, une seconde version des conférences initiales dans le cadre des *Schelling Vorlesungen*.

Je remercie en outre le professeur Bianco de l'université de Rome « La Sapienza », qui m'a offert l'occasion de développer la partie éthique de mon ouvrage, dans le cadre de l'enseignement qu'il m'a confié en 1987.

Je suis reconnaissant à mes amis Jean Greisch et Richard Kearney de m'avoir permis d'esquisser les considérations ontologiques sur lesquelles s'achève mon travail, dans le cadre de la « décade de Cerisy » qu'ils ont organisée et présidée durant l'été 1988.

Enfin, je veux dire à François Wahl, des Éditions du Seuil, ma profonde gratitude pour l'aide qu'il m'a apportée dans la composition et la rédaction de ce livre. Ce dernier, comme mes précédents travaux édités par lui, est redevable, au-delà de ce que je puis exprimer, à son esprit de rigueur et à son dévouement à l'écriture.

La question de l'ipséité

Par le titre *Soi-même comme un autre*, j'ai voulu désigner le point de convergence entre les trois intentions philosophiques majeures qui ont présidé à l'élaboration des études qui composent cet ouvrage.

La première intention est de marquer le primat de la médiation réflexive sur la position immédiate du sujet, telle qu'elle s'exprime à la première personne du singulier : « je pense », « je suis ». Cette première intention trouve un appui dans la grammaire des langues naturelles lorsque celle-ci permet d'opposer « soi » à « je ». Cet appui prend des formes différentes selon les particularités grammaticales propres à chaque langue. Au-delà de la corrélation globale entre le français *soi*, l'anglais *self*, l'allemand *Selbst*, l'italien *se*, l'espagnol *simismo*, les grammaires divergent. Mais ces divergences mêmes sont instructives, dans la mesure où chaque particularité grammaticale éclaire une partie du sens fondamental recherché. En ce qui concerne le français, « soi » est défini d'emblée comme pronom *réfléchi*. Il est vrai que l'usage philosophique qui en est fait tout au long de ces études enfreint une restriction que les grammairiens soulignent, à savoir que « soi » est un pronom réfléchi de la *troisième personne* (il, elle, eux). Cette restriction toutefois est levée, si on rapproche le terme « soi » du terme « se », lui-même rapporté à des verbes au mode infinitif – on dit : « se présenter », « se nommer ». Cet usage, pour nous exemplaire, vérifie un des enseignements du linguiste G. Guillaume[1], selon lequel c'est à l'infinitif, et encore jusqu'à un certain point au participe, que le verbe exprime la plénitude de sa signification, avant de se distribuer entre les temps verbaux et les personnes grammaticales ; le « se » désigne alors le réfléchi de *tous* les pronoms personnels, et même de pronoms impersonnels, tels que « chacun », « quiconque », « on », auxquels il sera fait fréquemment allusion au cours de nos investigations. Ce détour

1. G. Guillaume, *Temps et Verbe*, Paris, Champion, 1965.

par le « se » n'est pas vain, dans la mesure où le pronom réfléchi « soi » accède lui aussi à la même amplitude omnitemporelle quand il complète le « se » associé au mode infinitif : « se désigner soi-même » (je laisse provisoirement de côté la signification attachée au « même » dans l'expression « soi-même »). C'est sur ce dernier usage – relevant sans conteste du « bon usage » de la langue française ! – que prend appui notre emploi constant du terme « soi », en contexte philosophique, comme pronom réfléchi de toutes les personnes grammaticales, sans oublier les expressions impersonnelles citées un peu plus haut. C'est, à son tour, cette valeur de réfléchi omnipersonnel qui est préservée dans l'emploi du « soi » dans la fonction de complément de nom : « le souci de soi » – selon le titre magnifique de Michel Foucault. Cette tournure n'a rien d'étonnant, dans la mesure où les noms qui admettent le « soi » à un cas indirect sont eux-mêmes des infinitifs nominalisés, comme l'atteste l'équivalence des deux expressions : « se soucier de soi(-même) » et « le souci de soi ». Le glissement d'une expression à l'autre se recommande de la permission grammaticale selon laquelle n'importe quel élément du langage peut être nominalisé : ne dit-on pas « le boire », « le beau », « le bel aujourd'hui » ? C'est en vertu de la même permission grammaticale que l'on peut dire « le soi », alignant ainsi cette expression sur les formes également nominalisées des pronoms personnels dans la position de sujet grammatical : « le je », « le tu », « le nous », etc. Cette nominalisation, moins tolérée en français qu'en allemand ou en anglais, ne devient abusive que si l'on oublie la filiation grammaticale à partir du cas indirect consigné dans l'expression « désignation de soi », elle-même dérivée par première nominalisation de l'infinitif réfléchi : « se désigner soi-même ». C'est cette forme que nous tiendrons désormais pour canonique.

La seconde intention philosophique, implicitement inscrite dans le titre du présent ouvrage par le biais du terme « même », est de dissocier deux significations majeures de l'identité (dont on va dire dans un moment le rapport avec le terme « même »), selon que l'on entend par identique l'équivalent de l'*idem* ou de l'*ipse* latin. L'équivocité du terme « identique » sera au cœur de nos réflexions sur l'identité personnelle et l'identité narrative, en rapport avec un caractère majeur du soi, à savoir sa temporalité. L'identité, au sens d'*idem,* déploie elle-même une hiérarchie de significations que nous expliciterons le moment venu (cinquième et sixième études), et dont la *permanence dans le temps* constitue le degré le plus élevé, à quoi s'oppose le différent, au sens de changeant, variable. Notre thèse constante sera que l'identité au sens d'*ipse* n'implique aucune assertion concernant un prétendu noyau non changeant de la personnalité. Et cela, quand bien même l'ipséité apporterait des modalités propres d'identité, comme l'analyse de la promesse l'attestera. Or l'équivocité de l'identité concerne notre titre à travers la synonymie partielle, en français du moins, entre « même » et « identique ». Dans ses acceptions variées [1], « même » est employé dans le cadre d'une *comparaison*; il a pour contraires : autre, contraire, distinct, divers, inégal, inverse. Le poids de cet usage comparatif du terme « même » m'a paru si grand que je tiendrai désormais la mêmeté pour synonyme de l'identité-*idem* et que je lui opposerai l'ipséité par référence à l'identité-*ipse*. Jusqu'à quel point l'équivocité du terme « même » se reflète-t-elle dans notre titre *Soi-même comme un autre ?* Indirectement seulement, dans la mesure où « soi-même » n'est qu'une forme renforcée de « soi », l'expression « même » servant à indiquer qu'il s'agit exactement de l'être ou de la chose en question (c'est pourquoi il n'y a guère de différence entre « le souci de soi » et « le souci de soi-même », sinon l'effet de renforcement qu'on vient de dire). Néanmoins, le fil ténu qui rattache « même », placé après « soi » à l'adjectif « même », au sens d'identique ou de semblable, n'est pas rompu. Renforcer, c'est encore marquer une identité. Ce n'est pas le cas en anglais ou en allemand où *same* ne peut pas être confondu avec *self, der die, dasselbe*, ou *gleich*, avec *Selbst*, sinon dans des philosophies qui dérivent expressément la *selfhood* ou la *Selbstheit* de la mêmeté résultant d'une comparaison. Ici, l'anglais et l'allemand sont moins sources d'équivoque que le français.

La troisième intention philosophique, explicitement incluse, celle-ci, dans notre titre, s'enchaîne avec la précédente, en ce sens que l'identité-*ipse* met en jeu une dialectique complémentaire de celle de l'ipséité et de la mêmeté, à savoir la dialectique du *soi* et de l'*autre que soi*. Tant que l'on reste dans le cercle de l'identité-mêmeté, l'altérité de l'autre que soi ne présente rien d'original : « autre » figure, comme on a pu le remarquer en passant, dans la liste des antonymes de « même », à côté de « contraire », « distinct », « divers », etc. Il en va tout autrement si l'on met en couple l'altérité avec l'ipséité. Une altérité qui n'est pas – ou pas

1. Le *Robert* place en tête des significations de l'adjectif « même » l'identité absolue (la même personne, une seule et même chose), la simultanéité (dans le même temps), la similitude (qui fait du même le synonyme de l'analogue, du pareil, du semblable, du similaire, du tel que), l'égalité (une même quantité de).

13

seulement – de comparaison est suggérée par notre titre, une altérité telle qu'elle puisse être constitutive de l'ipséité elle-même. *Soi-même comme un autre* suggère d'entrée de jeu que l'ipséité du soi-même implique l'altérité à un degré si intime que l'une ne se laisse pas penser sans l'autre, que l'une passe plutôt dans l'autre, comme on dirait en langage hégélien. Au « comme », nous voudrions attacher la signification forte, non pas seulement d'une comparaison – soi-même semblable à un autre –, mais bien d'une implication : soi-même en tant que... autre.

De la première à la troisième considération, nous avons pris appui sur les suggestions de la simple grammaire ; mais c'est aussi sous la conduite du questionnement philosophique que nous avons identifié les formes canoniques qui dans notre propre langue soutiennent l'analyse conceptuelle. S'impose dès lors la tâche de procurer à l'expression « soi-même comme un autre » les développements philosophiques qui, sans perdre de vue les contraintes et les suggestions de la simple grammaire, transcendent les idiotismes de notre propre langue.

Il m'est apparu qu'une rapide confrontation avec le double héritage – positif et négatif – des *philosophies du sujet* pourrait constituer une préface appropriée pour faire comprendre pourquoi la querelle du *Cogito* sera par après considérée comme dépassée. C'est pourquoi je préfère parler ici de préface que d'introduction. Certes, d'autres débats se proposeront en cours de route, où la dialectique de l'identité-*ipse* et de l'identité-*idem*, celle du soi et de son autre, tiendront les premiers rôles. Mais les polémiques dans lesquelles nous serons alors engagés se situeront au-delà du point où notre problématique se sera séparée de celle des philosophies du sujet.

Je tiens ici pour paradigmatique des philosophies du sujet que celui-ci y soit formulé en première personne – *ego cogito* –, que le « je » se définisse comme moi empirique ou comme je transcendantal, que le « je » soit posé absolument, c'est-à-dire sans vis-à-vis autre, ou relativement, l'égologie requérant le complément intrinsèque de l'intersubjectivité. Dans tous ces cas de figure, le sujet c'est « je ». C'est pourquoi l'expression *philosophies du sujet* est tenue ici pour équivalente à *philosophies du* Cogito. C'est pourquoi aussi la querelle du *Cogito,* où le « je » est tour à tour en position de force et de faiblesse, m'a paru le mieux capable de faire ressortir d'entrée de jeu la problématique du soi, sous la réserve que nos investigations ultérieures confirment la prétention que nous formulons ici, à savoir que l'herméneutique du soi se trouve à égale distance de l'apologie du *Cogito* et de sa destitution. Le style spécifique de l'herméneutique du soi se comprend mieux si l'on a pris au préalable la mesure des étonnantes oscillations que semblent présenter les philosophies du soi, comme si le *Cogito* dont elles sont issues était inéluctablement soumis à un rythme alterné de surestimation et de sous-estimation. Du « *je* » de ces philosophies, devrait-on dire, comme certains le disent du père, qu'il y en a soit pas assez, soit trop ?

1. *Le* Cogito *se pose*

Le *Cogito* n'a aucune signification philosophique forte, si sa position n'est pas habitée par une ambition de fondation dernière, ultime. Or, cette ambition est responsable de la formidable oscillation sous l'effet de laquelle le « je » du « je pense » paraît tout à tour exalté hors de toute mesure au rang de première vérité, et rabaissé au rang d'illusion majeure. S'il est vrai que cette ambition de fondation dernière s'est radicalisée de Descartes à Kant, puis de Kant à Fichte, enfin au Husserl des *Méditations cartésiennes,* il nous a paru néanmoins suffisant de la pointer à son lieu de naissance, chez Descartes lui-même, dont la philosophie atteste que la *crise* du *Cogito* est contemporaine de la *position* du *Cogito*[1].

L'ambition fondationnelle attachée au *Cogito* cartésien se laisse reconnaître dès l'abord au caractère *hyperbolique* du doute qui ouvre l'espace d'investigation des *Méditations.* La radicalité du projet[2] est ainsi à la mesure du doute qui n'excepte du régime de l'« opinion » ni le sens commun, ni les sciences – tant mathématiques que physiques –, ni la tradition philosophique. Plus précisément, cette radicalité tient à la nature d'un doute sans commune mesure avec celui qu'on peut exercer à l'intérieur des trois domaines susnommés. L'hypothèse d'une tromperie totale procède d'un doute que Descartes appelle « métaphysique » pour en marquer la disproportion par rapport à tout doute interne à un

1. R. Descartes, *Méditations métaphysiques,* Paris, Garnier-Flammarion, 1979. Les chiffres entre parenthèses renvoient à la pagination Adam-Tannery (AT).
2. « ... il me fallait entreprendre sérieusement une fois en ma vie de me défaire de toutes les opinions que j'avais reçues jusqu'alors en ma créance, et commencer tout de nouveau dès les fondements, si je voulais établir quelque chose de ferme et de constant dans les sciences » (*Première Méditation,* AT, t. IX, p. 13).

espace particulier de certitude. C'est pour dramatiser ce doute que Descartes forge, comme on sait, l'hypothèse fabuleuse d'un grand trompeur ou malin génie, image inversée d'un Dieu vérace, réduit lui-même au statut de simple opinion[1]. Si le *Cogito* peut procéder de cette condition extrême de doute, c'est que quelqu'un conduit le doute[2].

Certes, ce sujet de doute est radicalement désancré, dès lors que le corps propre est entraîné dans le désastre des corps. Mais il reste encore quelqu'un pour dire : « ... j'emploie tous mes soins à me tromper moi-même feignant que toutes ces pensées sont fausses et imaginaires. » Même l'hypothèse du malin génie est une fiction que je forme. Mais ce « je » qui doute, ainsi désancré au regard de tous les repères spatio-temporels solidaires du corps propre, qui est-il ? Déplacé par rapport au sujet autobiographique du *Discours de la méthode* – dont la trace subsiste dans les premières lignes des *Méditations*[3] –, le « je » qui mène le doute et qui se réfléchit dans le *Cogito* est tout aussi métaphysique et hyperbolique que le doute l'est lui-même par rapport à tous ses contenus. Il n'est à vrai dire personne[4].

Que reste-t-il à dire de ce « je » désancré ? que, par son obstination même à vouloir douter, il témoigne d'une volonté de certitude et de vérité – nous ne distinguons pas entre les deux expressions à ce stade –, qui donne au doute même une sorte d'orient : en ce sens, le doute cartésien n'est pas le désespoir kierkegaardien. Bien au contraire, la volonté de trouver est ce qui le motive ; et, ce que je veux trouver, c'est la vérité de la chose même. Ce dont on doute, en effet, c'est que les choses soient telles qu'elles semblent être. A cet égard, il n'est pas indifférent que l'hypothèse du malin génie soit celle d'un grand trompeur. La tromperie consiste précisément à faire passer le sembler pour l'« être véritable ». Par le doute, « je me persuade que rien n'a jamais été » ; mais, ce que je veux trouver, c'est « une chose qui soit certaine et véritable ».

Cette dernière remarque est capitale pour comprendre le

1. « Il se peut faire qu'il ait voulu que je me trompe toutes les fois que je fais l'addition de deux et de trois » (*ibid.*, AT, t. IX, p. 16).
2. « ... je m'appliquerai sérieusement et avec liberté à détruire généralement toutes mes anciennes opinions » (*ibid.*, AT, t. IX, p. 13).
3. « Il y a déjà quelque temps que je me suis aperçu que, dès mes premières années, j'avais reçu quantité de fausses opinions pour véritables... » (*ibid.*).
4. C'est pourquoi le « qui » du doute ne manque d'aucun autrui puisqu'il est sorti, en perdant tout ancrage, des conditions d'interlocution du dialogue. On ne peut même pas dire qu'il monologue, dans la mesure où le monologue marque un retrait par rapport à un dialogue qu'il présuppose en l'interrompant.

retournement du doute en la certitude du *Cogito* dans la *Seconde Méditation* : conformément à la visée ontologique du doute, la première certitude qui en dérive est la certitude de mon existence, impliquée dans l'exercice même de pensée en quoi l'hypothèse du grand trompeur consiste : « Il n'y a donc point de doute que je suis, s'il me trompe ; et qu'il me trompe tant qu'il voudra, il ne saurait jamais faire que je ne sois rien, tant que je penserai être quelque chose » (AT, t. IX, p. 19). C'est bien là une proposition existentielle : le verbe « être » y est pris absolument et non comme copule : « je suis, j'existe [1] ».

La question *qui ?*, liée d'abord à la question *qui doute ?*, prend un tour nouveau en se liant à la question *qui pense ?* et, plus radicalement, *qui existe ?*. L'indétermination extrême de la réponse – indétermination héritée du caractère initialement hyperbolique du doute – explique sans doute que Descartes soit contraint, pour développer la certitude acquise, de lui adjoindre une question nouvelle, à savoir celle du savoir *ce que* je suis [2]. La réponse à cette question conduit à la formule développée du *Cogito* : « Je ne suis donc précisément parlant qu'une chose qui pense, c'est-à-dire un esprit, un entendement ou une raison, qui sont des termes dont la signification m'était auparavant inconnue » (AT, t. IX, p. 21). Par la question *quoi ?*, nous sommes entraînés dans une recherche prédicative, portant sur ce qui « appartient à cette connaissance que j'ai de moi-même » (AT, t. IX, p. 22), ou plus nettement encore « ce qui appartient à ma nature » [3]. A ce point,

1. Le lecteur accoutumé au *Discours de la méthode* peut s'étonner de ne pas trouver ici la formule fameuse : *Cogito ergo sum*. Elle est pourtant implicite à la formule : « je doute, je suis ». De plusieurs manières : d'abord douter, c'est penser ; ensuite, le « je suis » est relié au doute par un « donc », renforcé par toutes les raisons de douter, si bien qu'il faut lire : « Pour douter, il faut être. » Enfin, la première certitude n'est pas de l'ordre du sentiment, c'est une proposition : « De sorte qu'après y avoir bien pensé et avoir soigneusement examiné toutes choses, enfin il faut conclure et tenir pour constant que cette proposition : *Je suis, j'existe*, est nécessairement vraie toutes les fois que je la prononce ou que je la conçois en mon esprit » (*Seconde Méditation*, AT, t. IX, p. 19). Laissons pour l'instant de côté la restriction : « toutes les fois que je la prononce... » ; elle jouera un rôle décisif dans ce que j'appellerai plus loin la crise du *Cogito*.
2. « Mais je ne connais pas encore assez clairement ce que je suis, moi qui suis certain que je suis » (*ibid.*). Et encore : « j'ai reconnu que j'étais, et je cherche quel je suis, moi que j'ai reconnu être » (*ibid.*, AT, t. IX, p. 21). Ce passage de la question *qui ?* à la question *quoi ?* est préparé par un usage du verbe être qui oscille entre l'usage absolu, « Je suis, j'existe » et l'usage prédicatif, « Je suis quelque chose ». Quelque chose, mais quoi ?
3. Ici recommence un criblage d'opinions par le doute méthodique, criblage parallèle à celui de la *Première Méditation*, mais dont l'enjeu est la liste des prédicats attribuables à ce « je » certain d'exister dans la nudité du « je suis ».

le « je » perd définitivement toute détermination singulière en devenant pensée, c'est-à-dire entendement. Il est vrai que cette tendance qu'on peut dire épistémologisante (renforcée par le développement fameux de la *Seconde Méditation* connu sous le nom du « morceau de cire ») est tempérée par une tendance « phénoménologisante », exprimée dans l'énumération qui préserve la réelle variété intime de l'acte de penser : « Qu'est-ce qu'une chose qui pense ? C'est-à-dire une chose qui doute, qui conçoit, qui affirme, qui nie, qui veut, qui ne veut pas, qui imagine aussi, et qui sent » *(ibid.)*. Cette énumération pose la question de l'identité du sujet, mais en un tout autre sens que l'identité narrative d'une personne concrète. Il ne peut s'agir que de l'identité en quelque sorte ponctuelle, anhistorique, du « je » dans la diversité de ses opérations ; cette identité est celle d'un *même* qui échappe à l'alternative de la permanence et du changement dans le temps, puisque le *Cogito* est instantané[1].

Au terme de la *Seconde Méditation,* le statut du sujet méditant apparaît sans commune mesure avec ce que, dans la suite de nos investigations, nous appellerons *locuteur, agent, personnage de narration, sujet d'imputation morale,* etc. La subjectivité qui se pose elle-même par réflexion sur son propre doute, doute radicalisé par la fable du grand trompeur, est une subjectivité désancrée, que Descartes, conservant le vocabulaire substantialiste des philosophies avec lesquelles il croit avoir rompu, peut encore appeler une *âme.* Mais c'est l'inverse qu'il veut dire : ce que la tradition appelle âme est en vérité *sujet,* et ce sujet se réduit à l'acte le plus simple et le plus dépouillé, celui de penser. Cet acte de penser, encore sans objet déterminé, suffit à vaincre le doute, parce que le doute le contient déjà. Et, comme le doute est volontaire et libre, la pensée se pose en posant le doute. C'est dans ce sens que le « j'existe pensant » est une première vérité, c'est-à-dire une vérité que rien ne précède.

Or la question se pose de savoir si, chez Descartes lui-même, le « j'existe pensant » se soutient dans cette position de première vérité immédiatement connue par réflexion sur le doute. Ce serait le cas si, dans l'ordre des raisons, toutes les autres vérités procédaient de la certitude du *Cogito.* Or, l'objection formulée par

---

1. L'argument, ici, vaut d'être rapporté : « Car il est de soi si évident que c'est moi qui doute, qui entends et qui désire, qu'il n'est pas ici besoin de rien ajouter pour l'expliquer. » (AT, t. IX, p. 22). L'évidence porte ici sur l'impossibilité de disjoindre aucun de ces modes de la connaissance que j'ai de moi-même, donc de ma véritable nature.

Martial Gueroult dans *Descartes selon l'ordre des raisons*[1] continue de me paraître imparable. La certitude du *Cogito* donne de la vérité une version seulement subjective ; le règne du malin génie continue, quant à savoir si la certitude a valeur objective ; que mon âme soit pure intelligence, cela est certain, mais c'est seulement une nécessité interne de la science : « Toutefois, si cette science est, pour mon entendement, aussi certaine que le *Cogito*, elle n'a de certitude qu'à l'intérieur de lui, c'est-à-dire pour mon moi enfermé en lui-même » (*op. cit.*, p. 87). La difficulté étant celle qu'on vient de dire, il apparaît que chez Descartes la « démonstration de Dieu permettra seule de résoudre la question » (*ibid.*, p. 137). Or, cette démonstration, telle qu'elle est conduite dans la *Troisième Méditation,* renverse l'ordre de la découverte, ou *ordo cognoscendi,* qui devrait à lui seul, si le *Cogito* était à tous égards vérité première, conduire du moi à Dieu, puis aux essences mathématiques, puis aux choses sensibles et aux corps ; et elle le renverse au bénéfice d'un autre ordre, celui de la « vérité de la chose », ou *ordo essendi :* ordre synthétique selon lequel Dieu, simple chaînon dans le premier ordre, devient le premier anneau. Le *Cogito* serait véritablement absolu, à tous égards, si l'on pouvait montrer qu'il n'y a qu'un ordre, celui où il est effectivement premier, et que l'autre ordre, qui le fait régresser au second rang, dérive du premier. Or il semble bien que la *Troisième Méditation* renverse l'ordre, en plaçant la certitude du *Cogito* en position subordonnée par rapport à la véracité divine, laquelle est première selon la « vérité de la chose[2] ».

1. M. Gueroult, *Descartes selon l'ordre des raisons,* 2 vol., Paris, Aubier-Montaigne, 1953.
2. Que pour Descartes il n'y ait eu ni sophisme ni cercle, cela n'est pas douteux. Mais le prix à payer est considérable. L'argument repose sur la distinction entre deux statuts des idées : quant à leur « être formel » – c'est-à-dire en tant que présentes en moi, abstraction faite de leur valeur représentative –, elles sont simplement en moi, toutes de même rang, car également pensées par moi. Quant à leur valeur représentative, appelée « être objectif », elle présente des degrés variables de perfection : égales en tant que pensées, les idées ne le sont plus quant à ce qu'elles représentent. On connaît la suite : l'idée de perfection, tenue pour synonyme de l'idée philosophique de Dieu, s'avère dotée d'un contenu représentatif disproportionné à mon intérieur, qui est celui d'un être imparfait, puisque condamné à aller au vrai par le chemin pénible du doute. Telle est l'étonnante situation : un contenu plus grand que son contenant. La question se pose alors de la cause de cette idée : de toutes les autres idées je pourrais soutenir que je suis la cause, car elles n'ont pas plus d'être que moi. De l'idée de Dieu je ne suis pas la cause « capable ». Reste qu'elle ait été mise en moi par l'être même qu'elle représente. Je ne discute pas ici les innombrables difficultés qui s'attachent à chacun des moments de l'argument : droit de distinguer l'être objectif des idées de leur être formel, droit de tenir les degrés de perfection de l'idée pour proportionnés

19

Qu'en résulte-t-il pour le *Cogito* lui-même ? Par une sorte de choc en retour de la nouvelle certitude, à savoir celle de l'existence de Dieu, sur celle du *Cogito,* l'idée de moi-même apparaît profondément transformée du seul fait de la reconnaissance de cet Autre qui cause la présence en moi de sa propre représentation. Le *Cogito* glisse au second rang ontologique. Descartes n'hésite pas à écrire : « j'ai en quelque façon premièrement en moi la notion de l'infini que du fini, c'est-à-dire de Dieu que de moi-même » (*Troisième Méditation,* AT, t. IX, p. 36). Il faut donc aller jusqu'à dire que, si Dieu est *ratio essendi* de moi-même, il devient par là même *ratio cognoscendi* de moi-même, en tant que je suis un être imparfait, un être de manque ; car l'imperfection attachée au doute n'est connue qu'à la lumière de l'idée de perfection ; dans la *Seconde Méditation,* je me connaissais comme existant et pensant, mais non point encore comme nature finie et bornée. Cette infirmité du *Cogito* s'étend fort loin : elle n'est pas seulement attachée à l'imperfection du doute, mais à la précarité même de la certitude qui a vaincu le doute, essentiellement à son absence de durée ; livré à lui-même, le moi du *Cogito* est le Sisyphe condamné à remonter, d'instant en instant, le rocher de sa certitude à contre-pente du doute. En revanche, parce qu'il me conserve, Dieu confère à la certitude de moi-même la permanence que celle-ci ne tient pas d'elle-même. Cette stricte contemporanéité de l'idée de Dieu et de l'idée de moi-même, prise sous l'angle de la puissance de produire des idées, me fait dire que « comme l'idée de moi-même, [l'idée de Dieu] est née et produite avec moi dès lors que j'ai été créé » (AT, t. IX, p. 41). Mieux : l'idée de Dieu est en moi comme la marque même de l'auteur sur son ouvrage, marque qui assure la ressemblance de l'un à l'autre. Il me faut alors confesser que « je conçois cette ressemblance (...) par la même faculté par laquelle je me conçois moi-même » *(ibid.).*

Il n'est guère possible de pousser plus loin la fusion entre l'idée de moi-même et celle de Dieu. Mais qu'en résulte-t-il pour l'ordre des raisons ? Ceci, qu'il ne se présente plus comme une chaîne linéaire, mais comme une boucle ; de cette projection à rebours du point d'arrivée sur le point de départ, Descartes n'aperçoit que le bénéfice, à savoir l'élimination de l'hypothèse insidieuse du

---

aux êtres ainsi représentés, droit de tenir Dieu comme la cause de la présence de sa propre idée en nous. Je vais droit aux conséquences qui concernent le *Cogito* lui-même, ainsi excédé par cette idée d'infini ou de perfection incommensurable avec sa condition d'être fini.

Dieu menteur qui nourrissait le doute le plus hyperbolique ; l'image fabuleuse du grand trompeur est vaincue en moi, dès lors que l'Autre véritablement existant et entièrement véridique en a occupé la place. Mais, pour nous, comme pour les premiers contradicteurs de Descartes, la question est de savoir si, en donnant à l'ordre des raisons la forme du cercle, Descartes n'a pas fait de la démarche qui arrache le *Cogito*, donc le « je », à sa solitude initiale un gigantesque cercle vicieux.

Une alternative semble alors ouverte : ou bien le *Cogito* a valeur de fondement, mais c'est une vérité stérile à laquelle il ne peut être donné une suite sans rupture de l'ordre des raisons ; ou bien, c'est l'idée du parfait qui le fonde dans sa condition d'être fini, et la première vérité perd l'auréole du premier fondement.

Cette alternative, la postérité de Descartes l'a transformée en dilemme : d'un côté Malebranche et plus encore Spinoza, tirant les conséquences du renversement opéré par la *Troisième Médita-tion*, n'ont plus vu dans le *Cogito* qu'une vérité abstraite, tronquée, dépouillée de tout prestige. Spinoza est à cet égard le plus cohérent : pour l'*Éthique*, seul le discours de la substance infinie a valeur de fondement ; le *Cogito*, non seulement régresse au second rang, mais perd sa formulation en première personne ; on lit ainsi au livre II de l'*Éthique*, sous le titre de l'axiome II : « L'homme pense[1]. » Un axiome précède cette formule lapidaire – axiome I – qui souligne un peu plus le caractère subordonné du second : « L'essence de l'homme n'enveloppe pas l'existence nécessaire, c'est-à-dire qu'il peut aussi bien se faire suivant l'ordre de la nature que cet homme-ci ou celui-là existe, qu'il peut se faire qu'il n'existe pas[2]. » La problématique du soi s'éloigne de l'horizon philosophique. De l'autre côté, pour tout le courant de l'idéalisme, à travers Kant, Fichte et Husserl (du moins celui des *Méditations cartésiennes)*, la seule lecture cohérente du *Cogito*, c'est celle pour laquelle la certitude alléguée de l'existence de Dieu est frappée du même sceau de subjectivité que la certitude de ma propre existence ; la garantie de la garantie que constitue la véracité divine ne constitue alors qu'une annexe de la première certitude. S'il en est ainsi, le *Cogito* n'est pas une première vérité que suivraient une seconde, une troisième, etc., mais le fondement qui se fonde lui-même, incommensurable à toutes les propositions, non seulement empiriques, mais transcendantales. Pour éviter de tomber dans un idéalisme subjectiviste, le « je

1. Spinoza, *Éthique,* livre II, texte et trad. fr. de C. Appuhn, Paris, Vrin, 1977.
2. *Ibid.*

pense » doit se dépouiller de toute résonance psychologique, à plus forte raison de toute référence autobiographique. Il doit devenir le « je pense » kantien, dont la *Déduction transcendantale* dit qu'il « doit pouvoir accompagner toutes mes représentations ». La problématique du soi en ressort en un sens magnifiée, mais au prix de la perte de son rapport avec la personne dont on parle, avec le *je-tu* de l'interlocution, avec l'identité d'une personne historique, avec le soi de la responsabilité. L'exaltation du *Cogito* doit-elle être payée à ce prix ? La modernité doit au moins à Descartes d'avoir été placée devant une alternative aussi redoutable.

2. Le Cogito brisé

Le *Cogito* brisé : tel pourrait être le titre emblématique d'une tradition, sans doute moins continue que celle du *Cogito,* mais dont la virulence culmine avec Nietzsche, faisant de celui-ci le vis-à-vis privilégié de Descartes.

Pour comprendre l'attaque menée par Nietzsche contre le *Cogito* cartésien, en particulier dans les fragments de la dernière période, il n'est pas inutile de remonter à quelques écrits contemporains de *La Naissance de la tragédie,* où le plaidoyer contre la rhétorique vise à subvertir la prétention de la philosophie à s'ériger en science, au sens fort de discipline du fondement[1].

L'attaque contre la prétention fondationnelle de la philosophie prend appui sur le procès du langage dans lequel la philosophie se dit. Or il faut bien avouer que, à part Herder, la philosophie de la subjectivité a fait entièrement abstraction de la médiation langagière qui véhicule son argumentation sur le « je suis » et le « je pense ». En mettant l'accent sur cette dimension du discours philosophique, Nietzsche porte au jour les stratégies rhétoriques

1. Deux textes méritent à cet égard de retenir notre attention : le premier appartient à un *Cours de rhétorique* professé à Bâle durant le trimestre d'hiver 1872-1873 (t. V de l'éd. Kröner-Musarion, trad. et présenté en français par P. Lacoue-Labarthe et J.-L. Nancy in *Poétique,* n° 5, 1971, et en anglais par C. Blair in *Philosophy and Rhetoric,* 1983, p. 94-129). Le second texte, intitulé *Introduction théorétique : sur la vérité et le mensonge au sens extra-moral,* était destiné à figurer dans un ouvrage qui se serait appelé *Das Philosophenbuch* – « Le livre du philosophe » – et qui aurait servi de complément théorique à *La Naissance de la tragédie (Le Livre du philosophe,* éd. bilingue, trad. fr. de A.K. Marietti, Paris, Aubier-Flammarion, 1969).

enfouies, oubliées, et même hypocritement refoulées et déniées, au nom de l'immédiateté de la réflexion.

Le *Cours de rhétorique* propose l'idée nouvelle selon laquelle les tropes – métaphore, synecdoque, métonymie – ne constituent pas des ornements surajoutés à un discours de droit littéral, non figuratif, mais sont inhérents au fonctionnement le plus primitif du langage. En ce sens, il n'y a pas de « naturalité » non rhétorique du langage. Celui-ci est tout entier figuratif[1].

C'est dans *Vérité et Mensonge au sens extra-moral*[2] (été 1873) que le paradoxe d'un langage de part en part figural, et de ce fait réputé mensonger, est poussé le plus loin. Paradoxe, en un double sens : d'abord en ce que, dès les premières lignes, la vie, prise apparemment en un sens référentiel et non figural, est mise à la source des fables par lesquelles elle se maintient. Ensuite en ce que le propre discours de Nietzsche sur la vérité comme mensonge devrait être entraîné dans l'abîme du paradoxe du menteur. Mais Nietzsche est précisément le penseur qui a assumé jusqu'au bout ce paradoxe, que manquent les commentateurs qui prennent l'apologie de la Vie, de la Volonté de puissance, pour la révélation d'un nouvel immédiat, substitué à la même place et avec les mêmes prétentions fondationnelles que le *Cogito*. Je ne veux pas dire par là que Nietzsche, dans son effort pour surmonter le nihilisme, n'ait pas eu en vue pareille *reconstruction*. Mais il importe que celle-ci reste à la merci du geste de déconstruction auquel est soumise la métaphysique antérieure. En ce sens, si l'argument dirigé contre le *Cogito* peut être interprété comme une extension au *Cogito* lui-même de l'argument cartésien du malin génie, au nom du caractère figural et mensonger de tout langage, il n'est pas certain qu'en se plaçant lui-même sous le paradoxe du menteur, Nietzsche ait réussi à soustraire sa propre philosophie à l'effet de déconstruction déchaîné par son interprétation rhétorique de toute philosophie.

Le paradoxe initial est celui d'une « illusion » servant d'« expé-

---

1. Le *Cours de rhétorique* cite avec faveur une déclaration de l'écrivain Jean-Paul dans un extrait de la *Vorschule der Aesthetik* qui conclut en ces termes : « Ainsi, eu égard aux connexions spirituelles, tout langage est un dictionnaire de métaphores fanées. » La métaphore paraît ici privilégiée entre tous les tropes, mais la métonymie – remplacement d'un mot par un autre – n'est pas pour autant éclipsée : le remplacement de l'effet par la cause (*métalepsis*) deviendra, dans les fragments de *La Volonté de puissance*, le mécanisme principal du sophisme dissimulé dans le *Cogito*.

2. F. Nietzsche, *Vérité et Mensonge au sens extra-moral*, in *Œuvres philosophiques complètes*, I, vol. 2, *Écrits posthumes, 1870-1873*, éd. Colli-Montinari, Paris, Gallimard, 1975.

dient » au service de la conservation de la vie [1]. Mais la nature elle-même a soustrait à l'homme le pouvoir de déchiffrer cette illusion : « Elle a jeté la clé » (*op. cit.*, p. 175). Pourtant, cette clé, Nietzsche pense la posséder : c'est le fonctionnement de l'illusion comme *Verstellung*. Il importe de conserver le sens de déplacement à ce procédé, qui signifie aussi dissimulation, car c'est lui qui désigne le secret du fonctionnement non seulement langagier, mais proprement *rhétorique* de l'illusion. Nous revenons ainsi à la situation du *Cratyle* de Platon et à l'affrontement dont parle le dialogue socratique entre une origine « naturelle » et une origine « conventionnelle » des désignations de choses par les mots. Nietzsche n'hésite pas : le modèle – si l'on ose dire –, c'est le menteur qui mésuse du langage à coups de « substitutions volontaires et d'inversions de noms » (*ibid.*). Mais, de même que le langage figuratif, dans le texte précédent, ne pouvait plus être opposé à un quelconque langage littéral, le langage du menteur n'a pas non plus pour référence un langage non mensonger, car le langage est en tant que tel issu de telles substitutions et inversions [2].

En quel sens le *Cogito* cartésien est-il ici visé, au moins obliquement ? En ce sens qu'il ne peut constituer une exception au doute généralisé, dans la mesure où la même certitude qui couvre le « j'existe », le « j'existe-pensant », la réalité formelle des idées et finalement leur valeur représentative, est frappée par la sorte de réduction tropologique ici prononcée. De même que le doute de Descartes procédait de l'indistinction supposée entre le rêve et la veille, celui de Nietzsche procède de l'indistinction plus hyperbolique entre mensonge et vérité. C'est bien pourquoi le *Cogito* doit succomber à cette version elle-même hyperbolique du malin génie, car, ce que celui-ci ne pouvait inclure, c'était l'instinct de vérité. Or c'est lui qui maintenant devient « énigmatique ». Le malin génie s'avère ici plus malin que le *Cogito*. Quant à la philosophie propre de Nietzsche, ou bien elle s'excepte elle-même de

1. L'intellect humain est dit appartenir à la nature en tant qu'apanage d'un animal inventeur de l'intelligence : « Il n'y a pas pour cet intellect une mission plus vaste qui dépasserait la vie humaine » (*Le Livre du philosophe, op. cit.*, p. 171).
2. D'où la déclaration prononcée d'un ton solennel : « Qu'est-ce donc que la vérité ? Une multitude mouvante de métaphores, de métonymies, d'anthropomorphismes, bref, une somme de relations humaines qui ont été poétiquement et rhétoriquement haussées, transposées, ornées, et qui, après un long usage, semblent à un peuple fermes, canoniales et contraignantes : les vérités sont des illusions dont on a oublié qu'elles le sont, des métaphores qui ont été usées et qui ont perdu leur force sensible, des pièces de monnaie qui ont perdu leur empreinte et qui entrent dès lors en considération, non plus comme pièces de monnaie, mais comme métal » (*ibid.*, p. 181-183).

ce règne universel de la *Verstellung* – mais par quelle ruse supérieure échapperait-elle au sophisme du menteur ? –, ou bien elle y succombe – mais alors comment justifier le ton de révélation sur lequel seront proclamés la volonté de puissance, le surhomme et le retour éternel du même ? Ce dilemme, qui ne paraît pas avoir empêché Nietzsche de penser et d'écrire, est devenu celui de ses commentateurs partagés en deux camps : les fidèles et les ironistes [1].

Ce qui vient d'être appelé réduction tropologique [2] constitue une clé fort utile pour interpréter la critique frontale du *Cogito* qui se lit dans les fragments du *Nachlass* éparpillés entre 1882 et 1884 [3]. Il va sans dire que le choix des fragments dont la frappe anti-*Cogito* est la plus manifeste, ne lève qu'un coin du voile jeté sur ce gigantesque chantier où la critique du christianisme voisine avec l'élaboration des thèmes énigmatiques de la volonté de puissance, du surhomme et de l'éternel retour. Mais la sélection sévère ici pratiquée est fidèle à mon propos qui est de montrer dans l'anti-*Cogito* de Nietzsche non pas l'inverse du *Cogito* cartésien, mais la destruction de la question même à laquelle le *Cogito* était censé apporter une réponse absolue.

En dépit du caractère fragmentaire de ces aphorismes dirigés contre le *Cogito,* la constellation qu'ils dessinent permet d'y voir les rigoureux exercices d'un doute hyperbolique dont Nietzsche lui-même serait le malin génie. Ainsi ce fragment de novembre 1887-mars 1888 [4] : « Je retiens *[ich halte]* la phénoménalité également du monde *intérieur :* tout ce qui nous *devient conscient* est

1. Les commentateurs français se rangent plutôt dans le second camp, accompagnés par Paul de Man dans son essai « Rhetoric of tropes » (in *Allegories of reading,* New Haven, Londres, Yale University Press, 1979, p. 103-118).

2. Dans une étude consacrée à l'œuvre de Nietzsche pour lui-même, cette réduction tropologique devrait être complétée par la réduction généalogique à l'œuvre dans la *Généalogie de la morale.* On y retrouverait une alliance entre symptomatologie médicale et déchiffremen: textuel. La critique de la conscience (morale), à la fin de cet ouvrage, donnera l'occasion de rendre justice à ce grand texte.

3. Dans la grande édition *in-octavo,* antérieure à l'édition de Colli-Montinari, ces fragments étaient regroupés dans la section III d'un ouvrage qui n'a jamais vu le jour et qui avait été imprudemment placé sous le titre de *La Volonté de puissance* (trad. fr. de G. Bianquis, Paris, Gallimard, 1948). Ces fragments sont aujourd'hui replacés dans leur ordre chronologique dans l'édition savante Colli-Montinari ; trad. fr. : *Œuvres philosophiques complètes,* t. IX à XIV, Paris, Gallimard (t. XIV, 1977).

4. Trad. fr. de P. Klossowski, *Fragments posthumes,* in *Œuvres philosophiques complètes, op. cit.,* t. XIII, p. 248. Dans l'ancienne édition *in-octavo, La Volonté de puissance,* n° 477.

d'un bout à l'autre préalablement arrangé, simplifié, schématisé, interprété – le processus *réel* de la " perception " interne, l'*enchaînement causal* entre les pensées, les sentiments, les convoitises, comme celui entre le sujet et l'objet, nous sont absolument cachés – et peut-être pure imagination [1]. »

Proclamer ainsi la phénoménalité du monde intérieur, c'est d'abord aligner ce dernier sur le monde dit extérieur, dont la phénoménalité ne signifie aucunement objectivité en un sens kantien, mais précisément « arrangement, simplification, schématisation, interprétation » ; pour comprendre ce point, il faut avoir présente à l'esprit l'attaque contre le positivisme ; là où celui-ci dit : il n'y a que des *faits,* Nietzsche dit : les faits, c'est ce qu'il n'y a pas, seulement des interprétations. En étendant la critique à la soi-disant « expérience interne », Nietzsche ruine dans le principe le caractère d'exception du *Cogito* à l'égard du doute que Descartes dirigeait contre la distinction entre le monde du rêve et celui de la veille. Assumer la phénoménalité du monde intérieur, c'est en outre aligner la connexion de l'expérience intime sur la « causalité » externe, laquelle est également une illusion qui dissimule le *jeu* des forces sous l'artifice de l'ordre. C'est encore poser une unité tout à fait arbitraire, cette fiction appelée « penser », à part de la foisonnante multiplicité des instincts. C'est enfin imaginer un « substrat de sujet » dans lequel les actes de pensée auraient leur origine. Cette dernière illusion est la plus perfide, car elle met en action, dans le rapport entre l'acteur et son faire, la sorte d'inversion entre l'effet et la cause que nous avons plus haut rapportée au trope de la métonymie, sous la figure de la *méta-*

---

1. On lira la suite : « Ce " monde *intérieur* apparent " se voit traité selon des formes et des procédures absolument identiques à celles dont on traite le monde " extérieur ". Nous ne rencontrons jamais de " faits " : plaisir et déplaisir ne sont que des phénomènes tardifs et dérivés de l'intellect... La " causalité " nous échappe ; admettre entre les pensées un lien originaire immédiat comme le fait la logique – voilà la conséquence de l'observation la plus grossière et la plus balourde. *Entre* deux pensées *tous les affects possibles* mènent encore leur jeu : mais leurs mouvements sont trop rapides pour ne pas les *méconnaître,* c'est pourquoi nous les *nions*... " Penser ", tel que le supposent les théoriciens de la connaissance, ne se produit seulement pas : c'est là une fiction tout à fait arbitraire, obtenue par le dégagement d'un élément unique hors du processus et la soustraction de tout le reste, un arrangement artificiel aux fins de la compréhensibilité... " L'esprit ", *quelque chose qui pense :* et pourquoi pas même " l'esprit absolu, *pur* " – cette conception est une seconde conséquence dérivée de la fausse observation de soi, laquelle croit au fait de " penser " ; ici est imaginé pour la première fois un acte qui ne se produit guère, " le penser ", et *secondement* imaginé un substrat de sujet dans lequel tout acte de ce penser et rien d'autre a son origine : c'est-à-dire *autant le faire que l'acteur sont des fictions* » (*ibid.*, p. 248).

lepsis. C'est ainsi que nous tenons pour cause, sous le titre du « je », ce qui est l'effet de son propre effet. L'argument ne fonctionne évidemment que si on introduit la causalité, donc une certaine discursivité, sous la soi-disant certitude immédiate du *Cogito.* Dans l'exercice du doute hyperbolique, que Nietzsche porte à la limite, le « je » n'apparaît pas comme inhérent au *Cogito,* mais comme une interprétation de type causal. Nous rejoignons ici notre argument tropologique antérieur : en effet, placer une substance *sous* le *Cogito* ou une cause *derrière* lui, « ce n'est là qu'une simple habitude grammaticale, celle d'adjoindre un agent à chaque action ». On retombe sur l'« inversion des mots », dénoncée vingt ans plus tôt.

Je n'insiste pas davantage sur ces arguments où il ne faut rien voir d'autre, à mon avis, qu'un exercice de doute hyperbolique poussé plus loin que celui de Descartes, retourné contre la certitude même que celui-ci pensait pouvoir soustraire au doute. Nietzsche ne dit pas autre chose, dans ces fragments du moins, que ceci : *je doute mieux que Descartes.* Le *Cogito* aussi est douteux. C'est sur ce mode hyperbolique que je comprends des formules telles que celles-ci : « mon hypothèse, le sujet comme multiplicité ». Nietzsche ne dit pas dogmatiquement – quoiqu'il arrive aussi qu'il le fasse – que le sujet *est* multiplicité : il *essaie* cette idée ; il joue en quelque sorte avec l'idée d'une multiplicité de sujets luttant entre eux, comme autant de « cellules » en rébellion contre l'instance dirigeante. Il atteste ainsi que rien ne résiste à l'hypothèse la plus fantastique, aussi longtemps du moins qu'on reste à l'intérieur de la problématique délimitée par la recherche d'une certitude qui garantirait absolument contre le doute.

3. *Vers une herméneutique du soi*

Sujet exalté, sujet humilié : c'est toujours, semble-t-il, par un tel renversement du pour au contre qu'on s'approche du sujet ; d'où il faudrait conclure que le « je » des philosophies du sujet est *atopos,* sans place assurée dans le discours. Dans quelle mesure peut-on dire de l'herméneutique du soi ici mise en œuvre qu'elle occupe un lieu épistémique (et ontologique, comme on dira dans la dixième étude) situé au-delà de cette alternative du *cogito* et de l'anti-*cogito* ?

Un survol rapide des neuf études qui constituent proprement l'herméneutique du soi peut donner au lecteur une idée sommaire de la façon dont le discours philosophique répond au niveau conceptuel aux trois traits grammaticaux évoqués plus haut, à savoir l'usage du se et du soi en cas obliques, le dédoublement du même selon le régime de l'*idem* et de l'*ipse,* la corrélation entre soi et l'autre que soi. A ces trois traits grammaticaux correspondent les trois traits majeurs de l'herméneutique du soi, à savoir : le détour de la réflexion par l'analyse, la dialectique de l'ipséité et de la mêmeté, celle enfin de l'ipséité et de l'altérité. Ces trois traits de l'herméneutique seront progressivement découverts, selon l'ordre où ils viennent d'être énumérés, dans la suite des études qui composent cet ouvrage. On donnera une forme interrogative à cette perspective, en introduisant par la question *qui ?* toutes les assertions relatives à la problématique du soi, en donnant ainsi même amplitude à la question *qui ?* et à la réponse – *soi.* Quatre sous-ensembles correspondent ainsi à quatre manières d'interroger : qui parle ? qui agit ? qui se raconte ? qui est le sujet moral d'imputation ? Détaillons.

Le premier sous-ensemble (études ı et ıı) relève d'une *philosophie du langage*, sous le double aspect d'une sémantique et d'une pragmatique. Dès ces premières études, le lecteur sera confronté à une tentative pour enrôler à l'herméneutique du soi, héritière comme on l'a vu de débats internes à la philosophie européenne – appelée drôlement continentale par les héritiers d'une philosophie qui fut d'abord... insulaire –, des fragments significatifs de la philosophie analytique de langue anglaise. Ces emprunts, qui se poursuivront dans le deuxième et le troisième sous-ensemble, ne sont pas arbitraires ; ils ne résultent d'aucune volonté *a priori* d'acculturer mutuellement deux traditions largement étrangères l'une à l'autre ; encore moins trahissent-elles quelque ambition maniaque de mariage forcé entre deux familles d'esprit qui se sont peu fréquentées. *Le recours à l'analyse,* au sens donné à ce terme par la philosophie analytique, *est le prix à payer pour une herméneutique caractérisée par le statut indirect de la position du soi.* Par ce premier trait, l'herméneutique se révèle être une philosophie du détour : le détour par la philosophie analytique m'a paru tout simplement le plus riche de promesses et de résultats. Mais c'est bien à la question *qui ?* que revient l'impulsion. Question qui se divise en deux questions jumelles : *de qui* parle-t-on quand on désigne sur le mode référentiel la personne en tant que distincte des choses ? Et *qui* parle en se désignant soi-même comme locuteur (adressant la parole à un interlocuteur) ?

Le deuxième sous-ensemble (études ııı et ıv) relève d'une *philo-*

sophie de l'action, au sens limité que le terme a pris principalement en philosophie analytique. Ce sous-ensemble est dans un rapport complexe avec le précédent ; en un sens, celui-ci sert d'*organon,* dans la mesure où c'est dans des énoncés, donc des propositions, singulièrement sur la base de verbes et de phrases d'action, qu'il est parlé de l'action, et où c'est dans des actes de discours que l'agent de l'action se désigne comme celui qui agit. En un autre sens, le second sous-ensemble s'annexe le premier, dans la mesure où les actes de discours sont eux-mêmes des actions et où, par implication, les locuteurs sont aussi des agissants. La question *qui parle ?* et la question *qui agit ?* apparaîtront ainsi étroitement entrelacées. Ici encore, le lecteur sera invité à participer à une confrontation constructive entre philosophie analytique et herméneutique. C'est en effet la théorie analytique de l'action qui régira le grand détour par la question *quoi ?* et la question *pourquoi ?,* quitte à ne pouvoir accompagner jusqu'au bout le mouvement de retour vers la question *qui ? – qui* est l'agent de l'action ? Répétons que ces longues boucles de l'analyse sont caractéristiques du style indirect d'une herméneutique du soi, à l'inverse de la revendication d'immédiateté du *Cogito.*

Cette sorte de concurrence entre philosophie analytique et herméneutique se continue dans le troisième sous-ensemble (études V et VI), où la question de l'*identité personnelle* se pose au point d'intersection des deux traditions philosophiques. La question de l'identité, liée à celle de la temporalité, sera reprise au point où l'avait laissée *Temps et Récit III* sous le titre de l'« identité narrative », mais avec des ressources nouvelles procurées par l'analyse de l'identité personnelle en fonction de critères objectifs d'identification. Ce que nous venons d'appeler la concurrence entre deux traditions philosophiques sera soumise à l'arbitrage de la dialectique entre l'identité-*idem* et l'identité-*ipse,* dont nous avons fait, avec le caractère réfléchi du soi, le second trait grammatical du soi-*même.* A la faveur de ce développement nouveau du thème de l'identité narrative, le concept d'action – dont, rappelons-le, le récit est la *mimèsis* – recouvrera l'amplitude de sens que pouvait avoir le concept aristotélicien de *praxis,* à l'encontre des délimitations drastiques – mais justifiées par le propos de l'analyse – auxquelles la sémantique de l'action aura soumis l'agir humain dans le sous-ensemble précédent. En même temps, et corrélativement, le sujet de l'action racontée commencera à s'égaler au concept le plus large de l'homme *agissant et souffrant* que notre procédure analytico-herméneutique est capable de dégager.

Il reviendra au quatrième sous-ensemble (études VII, VIII et IX) de proposer un dernier détour par les déterminations *éthiques* et *morales* de l'action, rapportées respectivement aux catégories du *bon* et de l'*obligatoire*. Ainsi seront portées au jour les dimensions elles-mêmes éthiques et morales d'un sujet à qui l'action, bonne ou non, faite par devoir ou non, peut être *imputée*. Si la première et la seconde études ont été les premières à mettre en œuvre le procès de l'analyse et de la réflexion, et si les cinquième et sixième études ont mis l'accent principal sur l'opposition entre ipséité et mêmeté, c'est dans les trois études éthiques que la dialectique du *même* et de l'*autre* trouvera son développement philosophique approprié. A vrai dire, la dialectique du *soi-même* et de l'*autre* n'aura pas fait défaut aux études précédentes, ni d'ailleurs celle de l'*ipse* et de l'*idem*. A aucune étape, le soi n'aura été séparé de son autre. Il reste que cette dialectique, la plus riche de toutes, comme le titre de cet ouvrage le rappelle, ne trouvera son plein déploiement que dans les études placées sous le signe de l'éthique et de la morale. L'*autonomie* du soi y apparaîtra intimement liée à la *sollicitude* pour le proche et à la *justice* pour chaque homme.

Le survol qu'on vient de proposer des études qui composent cet ouvrage donne une première idée de l'écart qui sépare l'herméneutique du soi des philosophies du *Cogito*. Dire *soi,* ce n'est pas dire *je,*. Le *je* se pose – ou est déposé. Le *soi* est impliqué à titre réfléchi dans des opérations dont l'analyse précède le retour vers lui-même. Sur cette dialectique de l'analyse et de la réflexion se greffe celle de l'*ipse* et de l'*idem*. Enfin, la dialectique du même et de l'autre couronne les deux premières dialectiques. On conclura cette préface en soulignant encore deux traits qui s'opposent diamétralement, non plus seulement à l'*immédiateté* du *je suis,* mais à l'ambition de le placer dans la position du *fondement dernier*. Il est possible d'introduire sommairement ces deux traits complémentaires en complétant la vue perspective qu'on vient d'esquisser.

Le premier trait concerne le caractère *fragmentaire* de la série de nos études. Il récuse la thèse de la *simplicité* indécomposable du *Cogito,* qui s'ajoute à celle de son immédiateté. On verra qu'il récuse la thèse de la simplicité réflexive sans céder pour autant au vertige de la *dissociation* du soi poursuivie avec acharnement par la déconstruction nietzschéenne. Examinons donc avec soin les deux aspects de la contestation.

Le caractère *fragmentaire* de nos études procède de la structure analytique-réflexive qui impose à notre herméneutique des détours laborieux dans lesquels nous allons nous engager dès la première étude. En introduisant la problématique du soi par la question *qui ?*, nous avons du même mouvement ouvert le champ à une véritable polysémie inhérente à cette question même : qui parle de quoi ? qui fait quoi ? de qui et de quoi fait-on récit ? qui est moralement responsable de quoi ? Autant de manières diverses dont se dit le *qui ?* Or ces manières diverses de poser la question *qui ?* n'échappent pas à une certaine contingence du questionnement, contingence liée à celle des découpages que proposent conjointement la grammaire des langues naturelles (on en a donné un exemple dès les premières lignes de cette préface), l'usage du discours ordinaire, enfin le surgissement du questionnement philosophique au cours de l'histoire. L'herméneutique est ici livrée à l'historicité du questionnement, d'où résulte la fragmentation de l'art de questionner[1].

En revanche, cette fragmentation n'est pas telle que nulle *unité thématique* ne la garde de la dissémination qui reconduirait le discours au silence. En un sens, on peut dire que l'ensemble de ces études a pour unité thématique l'*agir humain,* et que la notion d'action acquiert, au fil des études, une extension et une concrétion sans cesse croissantes. Dans cette mesure, la philosophie qui se dégage de l'ouvrage mériterait d'être appelée philosophie pratique et d'être reçue comme « philosophie seconde », au sens que Manfred Riedel donne à ce terme[2], après l'échec du *Cogito* à se constituer en philosophie première et à résoudre la question du fondement dernier. Mais l'unité que le souci de l'agir humain confère à l'ensemble de nos études n'est pas celle qu'un fondement ultime conférerait à une série de disciplines dérivées. Il s'agit plutôt d'une unité seulement *analogique* entre des acceptions multiples du terme *agir,* dont la polysémie est imposée, comme on vient de le dire, par la variété et la contingence des questions qui mettent en mouvement les analyses reconduisant à la réflexion sur soi[3].

---

1. Cette fragmentation justifie que le titre d'*étude* ait été préféré à celui de chapitre, tant il est vrai que chacune de nos investigations constitue une partie totale, autorisant à la limite le lecteur à entrer dans notre cheminement à n'importe quel stade.

2. M. Riedel, *Für eine zweite Philosophie. Vorträge und Abhandlungen,* Francfort, Suhrkamp, 1988.

3. En introduisant ici le terme d'unité analogique, je fais allusion au problème posé par la suite des catégories de l'être chez Aristote et à l'interprétation que les scolastiques ont donnée de la référence de la série entière à un terme premier *(pros hen)* qui serait l'*ousia,* traduit en latin par *substantia.* C'est, bien entendu, à un autre champ problématique que nous appliquons le terme d'unité analogique. On y reviendra dans la dixième étude.

Parler seulement d'unité analogique, c'est encore trop dire, dans la mesure où l'on peut hésiter sur le choix du terme premier ou unique de référence. Le sens premier de l'agir humain consiste-t-il dans l'autodésignation d'un sujet parlant ? Ou dans la puissance de faire de l'agent de l'action ? Ou dans l'imputation morale de l'action ? Chacune de ces réponses a son bon droit. On objectera qu'il nous arrivera chemin faisant de surimposer à la diversité de nos études sur l'agir le rythme ternaire : _décrire, raconter, prescrire._ Comme on le verra le moment venu, ce ternaire permet d'assigner à l'approche narrative – qui, dans _Temps et Récit III,_ plaçait la notion d'identité narrative sur une sorte de sommet – une fonction de transition et de liaison entre la description qui prévaut dans les philosophies analytiques de l'action, et la prescription qui désigne d'un terme générique toutes les déterminations de l'action à partir des prédicats « bon » et « obligatoire ». Mais cette mise en ordre n'a guère plus qu'une fonction didactique visant à guider le lecteur dans la traversée de la polysémie de l'agir. Cette fonction didactique n'empêche pas que, suivant la question posée, le ternaire se lise dans un ordre différent. Aucune approche n'est première à tous égards.

La perplexité créée par ce style fragmentaire n'est aucunement levée dans l'étude terminale dont je n'ai encore rien dit et dont je souligne dès maintenant le caractère _exploratoire._ Dans cette étude, de style ontologique, c'est bien l'unité analogique de l'agir humain qui est en question. On se demande si, pour traiter l'agir humain comme un _mode d'être_ fondamental, l'herméneutique peut s'autoriser de ressources des ontologies du passé qui seraient en quelque sorte réveillées, libérées, régénérées à son contact. On se demandera principalement si la grande polysémie du terme « être », selon Aristote, permet de revaloriser la signification de l'être en tant qu'acte et puissance, gageant ainsi l'unité analogique de l'agir sur une signification ontologique stable. Mais, précisément, cette réévaluation d'une signification de l'être, trop souvent sacrifiée à l'être-substance, ne peut se faire que sur le fond d'une pluralité plus radicale que toute autre, à savoir celle des significations de l'être. En outre, il apparaîtra très vite que l'ontologie de l'être et de la puissance ouvre à son tour un espace de variations de sens difficile à fixer à travers ses expressions historiques multiples. Enfin, et surtout, la dialectique du même et de l'autre, réajustée à la mesure de notre herméneutique du soi-même et de son autre, empêchera une ontologie de l'acte et de la puissance de s'enfermer dans la tautologie. La polysémie de l'altérité, que nous proposerons dans la dixième étude, imprimera à toute l'ontologie de l'agir le sceau de la diversité de sens qui met en déroute l'ambition de fondation dernière caractéristique des philosophies du *Cogito*.

Un dernier trait va creuser l'écart entre notre herméneutique et les philosophies du *Cogito*. Il concerne le type de *certitude* auquel la première peut prétendre et qui la différencie de manière décisive de celle qui s'attache à la prétention d'autofondation des secondes. On verra poindre lentement au cours des premières études, puis prendre vigueur dans les études médianes, enfin s'épanouir pleinement dans les dernières études, la notion d'*attestation* par laquelle nous entendons caractériser le mode aléthique (ou véritatif) du style approprié à la conjonction de l'analyse et de la réflexion, à la reconnaissance de la différence entre ipséité et mêmeté, et au déploiement de la dialectique du soi et de l'autre – bref, approprié à l'herméneutique du soi considérée dans sa triple membrure. L'attestation définit à nos yeux la sorte de certitude à laquelle peut prétendre l'herméneutique, non pas seulement au regard de l'exaltation épistémique du *Cogito* à partir de Descartes, mais encore au regard de son humiliation chez Nietzsche et ses successeurs. L'attestation paraît exiger moins que l'une et plus que l'autre. En fait, comparée à l'une et à l'autre, elle aussi est proprement *atopos*.

D'une part, en effet, l'attestation s'oppose plus à la certitude que revendique le *Cogito* qu'au critère de vérification des savoirs objectifs. Le détour par l'analyse impose précisément le mode indirect et fragmentaire de tout retour au soi. En ce sens, la vérification est incluse dans le procès réflexif comme un moment épistémique nécessaire. C'est fondamentalement à la notion d'*épistèmè*, de science, prise au sens de savoir dernier et autofondateur, que l'attestation s'oppose, au contraire. Et c'est dans cette opposition qu'elle paraît exiger moins que la certitude attachée à la fondation dernière. L'attestation, en effet, se présente d'abord comme une sorte de croyance. Mais ce n'est pas une croyance doxique, au sens où la *doxa* – la croyance – a moins de titre que l'*épistèmè* – la science, ou mieux le savoir. Alors que la croyance doxique s'inscrit dans la grammaire du « je crois-que », l'attestation relève de celle du « je crois-en ». Par là elle se rapproche du témoignage, comme l'étymologie le rappelle, dans la mesure où c'est *en* la parole du témoin que l'on croit. De la croyance ou, si l'on préfère, de la *créance* qui s'attache à la triple dialectique de la réflexion et de l'analyse, de l'ipséité et de la mêmeté, du soi-même et de l'autre que soi-même, on ne peut en appeler à aucune instance épistémique plus élevée.

On pourrait objecter à cette première approche de l'attestation qu'elle s'éloigne moins qu'il ne paraît de la certitude du *Cogito* : l'hyperbole du malin génie n'a-t-elle pas situé la problématique de la première vérité dans la dimension de la tromperie et de la véracité ? Et n'est-ce pas sur le Dieu vérace que se fonde tout l'édifice cartésien du savoir ? Cela est bien vrai : en ce sens, la problématique de l'attestation trouve une de ses sources dans la problématique cartésienne du Dieu trompeur. Mais ce que ne revendique pas pour elle-même l'attestation, c'est le caractère de garantie, attaché au *Cogito* par l'intermédiaire de la démonstration prétendue de l'existence de Dieu, garantie qui finalement résorbe la véracité dans la vérité, au sens fort de savoir théorétique auto-fondateur. A cet égard, l'attestation manque de cette garantie et de l'hypercertitude attachée à cette dernière. Les autres traits de l'herméneutique évoquée un peu plus haut confirment l'infirmité de l'attestation au regard de toute prétention à la fondation dernière : la fragmentation qui fait suite à la polysémie de la question *qui ?*, la contingence du questionnement lui-même résultant, répétons-le, tant de l'histoire des systèmes philosophiques que de la grammaire des langues naturelles et de l'usage du discours ordinaire – pour ne rien dire du caractère bien souvent aporétique de maintes analyses à venir –, confèrent à l'attestation une fragilité spécifique à quoi s'ajoute la vulnérabilité d'un discours conscient de son défaut de fondation. Cette vulnérabilité s'exprimera dans la menace permanente du *soupçon,* étant entendu que le soupçon est le contraire spécifique de l'*attestation.* La parenté entre attestation et témoignage se vérifie ici : il n'y a pas de « vrai » témoin sans « faux » témoin. Mais il n'y a pas d'autre recours contre le faux témoignage qu'un autre témoignage plus crédible ; et il n'y a pas d'autre recours contre le soupçon qu'une attestation plus *fiable.*

D'autre part – et l'attestation fait maintenant face sur le front opposé du *Cogito* humilié –, la créance est aussi (et, devrions-nous dire, néanmoins) une espèce de *confiance,* comme l'expression d'« attestation fiable » vient à l'instant de le suggérer. *Créance est aussi fiance.* Ce sera un des leitmotive de notre analyse : l'attestation est fondamentalement attestation *de* soi. Cette confiance sera tour à tour confiance dans le pouvoir de dire, dans le pouvoir de faire, dans le pouvoir de se reconnaître personnage de récit, dans le pouvoir enfin de répondre à l'accusation par l'accusatif : me voici ! selon une expression chère à Lévinas. A ce stade, l'attestation sera celle de ce qu'on appelle communément conscience morale et qui se dit précisément en allemand *Gewissen* (mieux que le terme français de conscience, qui traduit également *Bewusstsein* et *Gewissen,* le *Gewissen* allemand rappelle sa parenté sémantique avec la *Gewissheit* ou certitude). Et, si l'on admet que la problématique de l'agir constitue l'unité analogique sous laquelle se rassemblent toutes nos investigations, l'attestation peut se définir comme l'*assurance d'être soi-même agissant et souffrant.* Cette assurance demeure l'ultime recours contre tout soupçon ; même si elle est toujours en quelque façon reçue d'un autre, elle demeure attestation *de soi.* C'est l'attestation de soi qui, à tous les niveaux – linguistique, praxique, narratif, prescriptif –, préservera la question *qui ?* de se laisser remplacer par la question *quoi ?* ou la question *pourquoi ?* Inversement, au creux dépressif de l'aporie, seule la persistance de la question *qui ?,* en quelque sorte mise à nu par le défaut de réponse, se révélera comme le refuge imprenable de l'attestation.

En tant que créance sans garantie, mais aussi en tant que confiance plus forte que tout soupçon, l'herméneutique du soi peut prétendre se tenir à égale distance du *Cogito* exalté par Descartes et du *Cogito* proclamé déchu par Nietzsche. Le lecteur jugera si les investigations qui suivent justifient cette ambition.

*

Je dois à mes lecteurs d'expliquer pourquoi j'ai renoncé à inclure dans le présent ouvrage les deux conférences jumelles qui terminaient la série originale des *Gifford Lectures* prononcées à Édimbourg en 1986. Ces conférences relevaient de l'herméneutique biblique dont j'expose le projet dans *Du texte à l'action*[1]. Dans la première, intitulée « Le soi dans le miroir des Écritures », je m'interrogeais, à la façon de N. Frye dans *Le Grand Code*[2], sur la sorte d'instruction et d'interpellation émanant du *réseau symbolique* tissé par les Écritures bibliques, juive et chrétienne. L'accent principal était mis sur « la nomination de Dieu », qui, à travers une grande variété de genres littéraires, distingue la dimension kérygmatique de ces Écritures de la dimension argumentative de la philosophie, à l'intérieur même de la dimension

1. P. Ricœur, *Du texte à l'action,* Paris, Éd. du Seuil, 1986.
2. N. Frye, *Le Grand Code. La Bible et la littérature,* préface de T. Todorov, trad. fr. de C. Malamoud, Paris, Éd. du Seuil, 1984.

poétique dont elle relève. Dans la seconde conférence, intitulée
« Le soi mandaté[1] », prenant pour guide les « récits de vocation »
de prophètes et de disciples dans l'Un et l'Autre Testament (pour
reprendre l'heureuse expression proposée par Paul Beauchamp[2]),
j'explorais les traits par lesquels la compréhension de soi-même
répondait le mieux à l'instruction, à l'interpellation, qui solli-
citent le soi à la façon d'un appel sans contrainte. Le rapport
entre appel et réponse était ainsi le lien fort qui faisait tenir
ensemble ces deux conférences que j'ai dites jumelles.

Pourquoi, alors, ne les ai-je pas conservées dans cet ouvrage qui
constitue par ailleurs une version développée des *Gifford Lectures*
originales ? Je ne m'arrêterai pas à l'argument technique alléguant
l'allongement excessif d'un ouvrage déjà volumineux, quoique
cette considération ait joué un rôle important dans ma décision.

La première raison de cette exclusion, que je sais discutable et
peut-être regrettable, tient au souci que j'ai eu de tenir, jusqu'à la
dernière ligne, un discours philosophique autonome. Les dix
études qui composent cet ouvrage supposent la mise entre parenthèses, consciente et résolue, des convictions qui me rattachent à
la foi biblique. Je ne prétends pas qu'au niveau profond des *motivations* ces convictions soient restées sans effet sur l'intérêt que je
porte à tel ou tel problème, voire même à l'ensemble de la problématique du soi[3]. Mais je pense n'avoir offert à mes lecteurs que
des *arguments* qui n'engagent pas la position du lecteur, que
celle-ci soit de rejet, d'acceptation ou de mise en suspens, à
l'égard de la foi biblique. On observera que cet ascétisme de l'argument, qui marque, je crois, toute mon œuvre philosophique,
conduit à un type de philosophie dont la nomination effective de
Dieu est absente et où la question de Dieu, en tant que question
philosophique, reste elle-même tenue dans un suspens qu'on peut
dire agnostique, comme en témoignent les dernières lignes de la
dixième étude. C'est pour ne pas faire exception à ce suspens que
le seul prolongement donné aux neuf études relevant expressé-

---

1. Cette conférence peut être lue dans la *Revue de l'Institut catholique de Paris*,
octobre-décembre 1988, p. 88-89, sous le titre « Le sujet convoqué. À l'école des
récits de vocation prophétique ».
2. Paul Beauchamp, *L'Un et l'Autre Testament. Essai de lecture*, Paris, Éd. du
Seuil, 1977.
3. Je ne cèlerai pas la sorte d'enchantement dans lequel me tient cette citation
de Bernanos, qui figure à la fin du *Journal d'un curé de campagne* : « Il est plus
facile que l'on croit de se haïr. La grâce est de s'oublier. Mais, si tout orgueil était
mort en nous, la grâce des grâces serait de s'aimer humblement soi-même, comme
n'importe lequel des membres souffrants de Jésus-Christ. »

ment d'une phénoménologie herméneutique consiste dans une investigation ontologique qui ne prête à aucun amalgame onto-théologique.

A cette raison principale, j'aimerais en ajouter une autre, qui tient au rapport que les exercices d'exégèse biblique, sur lesquels se fonde mon interprétation du « Grand Code », entretiennent avec les études ici rassemblées. Si je défends mes écrits philosophiques contre l'accusation de crypto-théologie, je me garde, avec une vigilance égale, d'assigner à la foi biblique une fonction crypto-philosophique, ce qui serait assurément le cas si on attendait d'elle qu'elle apporte une solution définitive aux apories que la philosophie multiplie à l'occasion principalement du statut de l'identité-*ipse*, aux plans pratique, narratif, éthique et moral.

Il faut dire, d'abord, qu'entre la philosophie et la foi biblique le schéma question-réponse ne vaut pas. Si la conférence sur le « soi mandaté » met en jeu la notion de *réponse*, celle-ci n'y est pas mise en face de la notion de *question*, mais de celle d'*appel* : une chose est de répondre à une question, au sens de résoudre un problème posé, une autre de répondre à un appel, au sens de correspondre à la manière d'exister proposée par le « Grand Code ».

Ensuite, il faut affirmer que, même au plan éthique et moral, la foi biblique n'ajoute rien aux prédicats « bon » et « obligatoire » appliqués à l'action. L'*agapè* biblique relève d'une *économie du don* de caractère méta-éthique, qui me fait dire qu'il n'existe pas de morale chrétienne, sinon au plan de l'histoire des mentalités, mais une morale commune (celle que j'essaie d'articuler dans les trois études consacrées à l'éthique, à la morale et à la sagesse pratique) que la foi biblique place dans une *perspective* nouvelle, où l'amour est lié à la « nomination de Dieu ». C'est en ce sens que Pascal assignait la charité à un ordre transcendant à celui des corps et à celui des esprits pris ensemble. Qu'une dialectique de l'amour et de la justice en résulte, cela même présuppose que chacun des termes conserve son allégeance à l'ordre duquel il relève. En ce sens, les analyses que je propose des déterminations éthiques et morales de l'action sont confirmées dans leur autonomie par une méditation greffée sur la poétique de l'*agapè* que les analyses du présent ouvrage laissent volontairement entre parenthèses.

Enfin – et peut-être surtout –, si, sous le titre du « soi mandaté » et « répondant », les déterminations du soi parcourues dans le présent ouvrage se retrouvent à la fois intensifiées et transformées par la *récapitulation* que la foi biblique en propose –

cette récapitulation ne constitue nullement une revanche sournoise de l'ambition de fondation dernière que notre philosophie herméneutique ne cesse de combattre. La référence de la foi biblique à un réseau symbolique culturellement contingent fait que cette foi doit assumer sa propre insécurité qui fait d'elle, au mieux, un hasard transformé en destin à travers un choix constamment renouvelé, dans le respect scrupuleux des choix adverses. La dépendance du soi à une parole qui le dépouille de sa gloire, tout en confortant son courage d'exister, délivre la foi biblique de la tentation, que j'appelle ici crypto-philosophique, de tenir le rôle désormais vacant de fondation ultime. En retour, une foi qui se sait sans garantie, selon l'interprétation qu'en donne le théologien luthérien E. Jüngel dans *Dieu le mystère du monde*[1], peut aider l'herméneutique philosophique à se garder de l'*hubris* qui la ferait se poser en héritière des philosophies du *Cogito* et de leur ambition d'autofondation ultime.

En cela le présent travail se reconnaît appartenir à ce que Jean Greisch dénomme l'âge herméneutique de la raison[2].

1. E. Jüngel, *Dieu le mystère du monde*, 2 vol., Paris, Éd. du Cerf, 1983.
2. Jean Greisch, *L'Âge herméneutique de la raison*, Paris, Éd. du Cerf, 1985.

La « personne » et la référence identifiante

Approche sémantique

Dans cette première étude, nous partirons du sens le plus pauvre susceptible d'être attaché à la notion d'*identification*. Identifier quelque chose, c'est pouvoir faire connaître à autrui, au sein d'une gamme de choses particulières du même type, celle *dont* nous avons l'intention de parler. C'est sur ce trajet de la référence identifiante que nous rencontrons pour la première fois la personne, en un sens très pauvre du mot qui distingue globalement cette entité des corps physiques. Identifier, à ce stade élémentaire, ce n'est pas encore s'identifier soi-même, mais identifier « quelque chose ».

1. *Individu et individualisation*

Que la personne soit d'abord une des choses que nous distinguons par référence identifiante, nous allons l'établir par une enquête préalable appliquée aux procédures par lesquelles nous individualisons un quelque chose en général, et le tenons pour un échantillon indivisible à l'intérieur d'une espèce [1]. Le langage, en effet, est ainsi fait qu'il ne nous laisse pas enfermés dans l'alternative, longtemps professée par Bergson : ou bien le conceptuel, ou

---

1. Je propose le terme « individualisation » plutôt qu'« identification », plus familier en anglais qu'en français, pour désigner la procédure. Aussi bien Peter Strawson, à qui nous ferons un large crédit dans la seconde partie de cette étude, titre *Individuals* (Londres, Methuen and Co, 1957 ; trad. fr. d'A. Shalom et P. Drong. *Les Individus*, Paris, Éd. du Seuil, 1973 ; les références entre crochets renvoient à la pagination originale indiquée dans l'édition française) son ouvrage consacré à l'identification des particuliers. Je saisis l'occasion pour dire ici ma dette à l'égard de l'ouvrage de J.-C. Pariente, *Le Langage et l'Individuel*, Paris, A. Colin, 1973.

bien l'ineffable. Le langage comporte des montages spécifiques qui nous mettent en mesure de désigner des individus. Si toutefois nous préférons parler d'individualisation plutôt que d'individu, c'est pour marquer le fait que l'assignation des individualités peut partir, suivant les ressources lexicales différentes des langues naturelles, de degrés très variables de spécification : telle langue spécifie plus finement que telle autre dans tel domaine, et cela selon l'empirique des langues naturelles ; ce qui est commun à toutes, c'est l'individualisation, l'opération plutôt que le résultat.

L'individualisation peut être caractérisée, en gros, comme le procès inverse de celui de la classification, lequel abolit les singularités au profit du concept. Mais, si nous mettons l'accent principal sur l'adjectif « inverse », nous soulignons seulement deux traits négatifs de l'individu, à savoir qu'il soit un échantillon non répétable et de plus non indivisible sans altération ; ces négations nous ramènent en effet du côté de l'ineffable. Or, ce n'est pas parce que le mouvement est inverse [1] que le langage est démuni, comme s'il s'épuisait à classer et à caractériser par prédicats. La visée individualisante commence là où s'arrêtent classification et prédication, mais prend appui sur ces opérations et, comme on le verra, les relance. On n'individualise que si on a conceptualisé et individualisé en vue de décrire davantage. C'est parce que nous pensons et parlons par concepts que le langage doit en quelque manière réparer la perte que consomme la conceptualisation. Mais il n'use pas à cet effet des mêmes procédures que celles par lesquelles il conceptualise, à savoir la prédication. Quelles sont ces procédures ?

Logiciens et épistémologues regroupent sous le titre commun d'*opérateurs d'individualisation* des procédures aussi différentes que les descriptions définies – le premier homme qui a marché sur la lune, l'inventeur de l'imprimerie, etc. –, les noms propres – Socrate, Paris, la Lune –, les indicateurs – je, tu, ceci, ici, maintenant. Soulignons que, à ce stade de notre investigation, l'individu humain n'a de privilège dans aucune des trois classes d'opérateurs d'individualisation, même dans celle des indicateurs, comme on le verra à l'instant. Désigner un individu et un seul, telle est la visée individualisante. Le privilège de l'individu humain dans le choix des exemples – le premier homme qui... ;

1. Caractériser l'individualisation comme l'inverse de la spécification, c'est se détourner de la direction ouverte par Leibniz et sa « caractéristique universelle » (cf. J.-C. Pariente, *op. cit.*, p. 48 *sq.* ; P. Strawson, *op. cit.*, p. 131 [117] *sq.*).

Socrate, je-tu – vient de ce que nous sommes particulièrement intéressés à individualiser les agents de discours et d'actions ; nous le faisons en projetant le bénéfice des étapes ultérieures du procès d'identification, dont nous parlerons dans les études suivantes, sur la première étape ici considérée.

Un mot sur chacune des trois catégories d'opérateurs. La description définie consiste à créer une classe à un seul membre, par intersection de quelques classes bien choisies (homme, marcher, lune). Les logiciens se sont intéressés à ce procédé pour deux raisons : parce qu'il paraît être en continuité avec la classification et la prédication, et parce qu'il paraît encourager la construction d'un langage sans noms propres ni indicateurs (pronoms personnels et déictiques), si toutefois on pouvait y ramener les autres opérateurs. En effet, on peut construire un tel langage comme Quine et d'autres l'on tenté. Mais ce n'est pas là, dit fortement Pariente, un langage qui puisse être parlé dans une situation concrète d'interlocution ; c'est une langue artificielle qui ne peut être qu'écrite et lue. A cet égard, si les descriptions définies recourent à des procédés de classification et de prédication, c'est dans une autre visée qui n'est plus de classer mais d'opposer un membre d'une classe à tous les autres. Voilà l'altérité minimum requise : *cet* élément de la classe, mais pas le reste de la classe. Un seul opposé à tous les autres. En ce sens, la visée des descriptions définies est bien ostensive, même si le procédé est encore prédicatif.

Quant aux noms propres, ils se bornent à singulariser une entité non répétable et non divisible sans la caractériser, sans la signifier au plan prédicatif, donc sans donner sur elle aucune information[1]. Au point de vue purement logique, abstraction faite du rôle de l'appellation dans la dénomination des individus (rôle sur lequel on reviendra plus loin), la dénomination singulière consiste à faire correspondre une désignation *permanente* au caractère non répétable et indivisible d'une entité, quelles que soient ses occurrences. Le même individu est désigné du même nom. Comment ? Sans autre moyen que l'assignation de la même chaîne phonique au même individu dans toutes ses occurrences. Dira-t-on qu'il n'y a pas de rapport entre les deux termes de la relation biunivoque ? Mais, précisément, la désignation à la fois

---

1. Pour la sémantique issue de Frege, les noms propres logiques désignent des êtres réels. « Socrate » est le nom de Socrate réel. Le nom est ainsi une étiquette qui colle à la chose. On examinera plus loin le problème posé par les noms propres d'êtres fictifs : Hamlet, Raskolnikov...

singulière et permanente n'est pas faite pour décrire, mais pour désigner à vide. Presque insignifiant (Pariente), le nom propre admet tous les prédicats, donc appelle une détermination ultérieure. L'altérité, une seconde fois, est incorporée à la désignation : un seul nom, parmi la liste des noms disponibles, désigne à titre permanent un seul individu opposé à tous les autres de la même classe. Et, une fois encore, le privilège des noms propres assignés à des humains tient à leur rôle ultérieur de confirmation de leur identité et de l'ipséité de ceux-ci[1]. Et, même si dans le langage ordinaire les noms propres ne remplissent pas pleinement leur rôle[2], du moins leur visée est bien de désigner chaque fois un individu à l'exclusion de tous les autres de la classe considérée.

La troisième catégorie d'opérateurs d'individualisation, celle des indicateurs, contient les pronoms personnels (« je », « tu »), les déictiques, qui regroupent eux-mêmes les démonstratifs (« ceci », « cela »), les adverbes de lieu (« ici », « là », « là-bas »), de temps (« maintenant », « hier », « demain »), etc. ; à quoi il faut ajouter les temps verbaux (« il venait », « il viendra »). A la différence des noms propres, ce sont des indicateurs intermittents, qui en outre désignent chaque fois des choses différentes. Seul est déterminant le rapport de l'énonciation, prise pour repère fixe. « Ici », c'est tout lieu proche de la source d'émission du message ; « maintenant », c'est tout événement contemporain du message. Le « je » et le « tu » émergent certes du groupe à titre d'interlocuteurs de l'énonciation. Mais, à ce stade, l'énonciation est elle-même traitée comme événement du monde, donc certes comme objet bizarre, mais encore comme arrivant au-dehors ; c'est pourquoi, repérés par rapport à l'événement-énonciation, tous les indicateurs sont sur le même plan. Cela est si vrai que, dans une phase de son œuvre, Russell a tenté d'or-

---

1. De fait, dans le langage ordinaire, nous ne connaissons guère que des noms propres désignant des humains, parce que nous nous intéressons par ailleurs à une certaine permanence des peuples, des familles, des individus, laquelle est constituée à un autre niveau que celui où fonctionnent les opérateurs d'individualisation. Nous nommons les villes, les rivières, et même les astres, eu égard à certains comportements humains les concernant (habiter, naviguer, relier les travaux et les jours dans le temps calendaire). En ce sens, identifier en nommant dit plus qu'individualiser.

2. La surdétermination à laquelle il est fait allusion dans la note précédente explique que les noms propres usuels ne soient que rarement des noms propres logiquement purs. Ainsi en est-il des noms de famille : les règles de dénomination liées au statut matrimonial des femmes dans notre culture, au moins dans la pratique dominante, font que Jeanne Dupont peut désigner au moins deux personnes différentes : la sœur non mariée de Pierre Dupont et son épouse.

donner les indicateurs en fonction du « ceci », à l'encontre de leur caractérisation d'un autre point de vue comme « particuliers égocentriques ». Mais Pariente a raison de dire que « ceci » et *ego* n'exercent leur fonction de repérage qu'en liaison avec *cette* énonciation [1] ; en ce sens, je dirai que le démonstratif accolé à l'énonciation l'emporte sur l'assignation de celle-ci à tel locuteur et tel interlocuteur, à tel site et à tel moment.

Je tire de cette analyse préparatoire trois conclusions :

1. L'individualisation repose sur des procédures spécifiques de désignation distinctes de la prédication, *visant* un exemplaire et un seul, à l'exclusion de tous les autres de la même classe.

2. Ces procédures n'ont aucune unité en dehors de cette *visée.*

3. Seuls parmi les opérateurs d'identification, les indicateurs *visent* le « je » et le « tu » ; mais ils n'ont aucun privilège par rapport aux autres déictiques, dans la mesure où ils gardent pour point de repère l'énonciation entendue encore comme un événement du monde.

2. *La personne comme particulier de base*

Comment passer de l'individu quelconque à l'individu que nous sommes chacun ? Dans *Les Individus,* P.F. Strawson développe une stratégie que nous adopterons comme cadre général à l'intérieur duquel nous placerons ultérieurement de nouvelles analyses, visant à une détermination toujours plus riche et plus concrète du soi. Cette stratégie consiste à isoler, parmi tous les particuliers auxquels nous pouvons nous référer pour les identifier (au sens d'individualiser précisé plus haut), des particuliers privilégiés relevant d'un certain type, que l'auteur appelle « particuliers de base ». Les corps physiques et les personnes que nous sommes sont, selon cette habile stratégie, de tels particuliers de base, en ce sens qu'on ne peut identifier quoi que ce soit sans renvoyer à titre ultime à l'un ou l'autre de ces deux types de particuliers. En ce sens, le concept de personne, comme celui de corps physique, serait un concept primitif, dans la mesure où on ne saurait remonter au-delà de lui, sans le présupposer dans l'argument qui prétendrait le dériver d'autre chose.

---

1. Le terme « repérage » est bien choisi (Pariente oppose « repérer » à « décrire ») ; il désigne un stade très fruste où l'on est encore bien loin de l'ipséité : simple décentrage de tous les faits et états de choses dans la mouvance de l'énonciation, encore considérée comme événement du monde.

S'il fallait donner un ancêtre à cette stratégie, ce serait certainement Kant, non le Kant de la seconde *Critique,* mais bien celui de la *Critique de la Raison pure.* C'est en effet à une sorte de déduction transcendantale de la notion de personne que nous allons procéder, en montrant que, si nous ne disposions pas du schème de pensée qui la définit, nous ne pourrions pas procéder aux descriptions empiriques que nous en faisons dans la conversation ordinaire et dans les sciences humaines.

Notons dès l'abord que ce traitement de la personne comme particulier de base ne met pas l'accent sur la capacité de la personne à se désigner elle-même en parlant comme ce sera le cas dans la prochaine étude, consacrée au pouvoir qu'a le sujet de l'énonciation de se désigner lui-même ; ici, la personne est une des « choses » *dont* nous parlons, plutôt qu'un sujet parlant. Il ne faut sans doute pas opposer trop radicalement les deux approches de la personne : par référence identifiante et par autodésignation. Elles ont deux occasions de se croiser dès le départ de l'analyse. D'abord, c'est dans une situation d'interlocution qu'un sujet parlant désigne à son interlocuteur quel particulier il choisit dans une gamme de particuliers de même sorte, de qui il se propose de parler, et s'assure par un échange de questions et de réponses que son partenaire a bien en vue le *même* particulier de base que lui. La théorie des particuliers de base croise une seconde fois celle de l'autoréférence à l'occasion du rôle que la première assigne aux démonstratifs, au sens large du terme, et parmi ceux-ci aux pronoms personnels, aux adjectifs et pronoms possessifs ; mais ces expressions sont traitées comme des indicateurs de particularité, donc comme des instruments de référence identifiante. En dépit de ces empiétements mutuels entre les deux approches linguistiques, on ne se soucie pas dans l'approche référentielle de savoir si la référence à soi, impliquée dans la situation d'interlocution ou dans l'usage des démonstratifs, fait partie de la signification donnée à la chose à laquelle on se réfère au titre de personne. Ce qui importe plutôt, c'est la sorte de prédicats qui caractérise la sorte de particuliers qu'on appelle des personnes. La personne reste ainsi du côté de la chose *dont* on parle, plutôt que du côté des locuteurs eux-mêmes qui *se* désignent en parlant.

Il ne faut certes pas se méprendre sur l'usage du mot « chose », pour parler des personnes en tant que particuliers de base. Il sert simplement à marquer l'appartenance de notre toute première investigation de la notion de personne à la problématique générale de la référence identifiante. Est une « chose », ce dont on parle. Or, on parle de personnes en parlant des entités qui composent le monde. On en parle comme de « choses » d'un type particulier.

On doit toutefois se demander si l'on peut avancer bien loin dans la détermination du concept de personne sans faire intervenir, à un moment ou à l'autre, le pouvoir d'autodésignation qui fait de la personne non plus seulement une chose d'un type unique, mais un soi. On doit même demander si on peut véritablement distinguer les personnes des corps, sans inclure l'autodésignation dans la détermination même du sens donné à cette sorte de choses vers quoi se dirige la référence identifiante. Dans la stratégie de Strawson, le recours à l'autodésignation est en quelque sorte intercepté dès l'origine par la thèse centrale qui décide des critères d'identification de quoi que ce soit au titre de particulier de base. Ce critère est l'appartenance des individus à un unique schème spatio-temporel dont il est dit dès le début qu'il *nous* contient, que *nous* y prenons place *nous*-mêmes. Le soi est bien mentionné par cette remarque incidente, mais il est immédiatement neutralisé par cette inclusion dans le même schème spatio-temporel que tous les autres particuliers. Je dirais volontiers que, dans *Les Individus,* la question du soi est occultée, par principe, par celle du même au sens de l'*idem.* Ce qui importe à l'identification non ambiguë, c'est que les interlocuteurs désignent la même chose. L'identité est définie comme mêmeté et non comme ipséité. Ce disant, je ne méconnais pas l'avantage que se donne au départ une problématique qui privilégie la question du même par rapport à celle du soi. Elle met en garde dès le départ contre la dérive possible vers la référence privée et non publique, à quoi pourrait entraîner un recours prématuré à l'autodésignation. En ne mettant pas l'accent principal sur le *qui* de celui qui parle mais sur le *quoi* des particuliers dont on parle, y compris les personnes, on place toute l'analyse de la personne comme particulier de base sur le plan public du repérage par rapport au schème spatio-temporel qui le contient.

Le primat ainsi donné au *même* par rapport au *soi* est particulièrement souligné par la notion cardinale de réidentification. Il ne s'agit, en effet, pas seulement de s'assurer qu'on parle de la même chose, mais qu'on peut l'identifier comme étant la même chose dans la multiplicité de ses occurrences. Or cela ne se fait que par repérage spatio-temporel : la chose reste la même en des lieux et des temps différents. Finalement, la mêmeté fondamentale, c'est celle du cadre spatio-temporel lui-même : pour des occasions différentes, nous utilisons le même cadre (*Les Individus*, p. 35 [32]). « Même » veut alors dire unique et récurrent. Quant à la manière dont nous-mêmes faisons partie du cadre, elle n'est pas érigée en problème propre. Or, la suite le vérifiera, c'est un immense problème de comprendre la manière par laquelle notre propre corps est à la fois un corps quelconque, objectivement situé parmi les corps, et un aspect du soi, sa manière d'être au monde. Mais, pourrait-on dire de façon abrupte, dans une problématique de la référence identifiante, la mêmeté du corps propre occulte son ipséité. Il en sera ainsi aussi longtemps que les caractères liés aux pronoms et adjectifs possessifs – « mon », « le mien » – n'auront pas été rattachés à la problématique explicite du soi. Cela ne commencera de se faire que dans le cadre de la pragmatique du langage.

3. *Les corps et les personnes*

La seconde grande thèse de Strawson dans *Les Individus* est que les premiers particuliers de base sont les *corps,* parce qu'ils satisfont à titre primaire aux critères de localisation dans l'unique schème spatio-temporel. Mieux, il y a entre le critère et ce qui le satisfait une telle convenance mutuelle que l'on peut se hasarder à dire que cela même qui résout le problème est aussi ce qui permet de le poser (p. 43-44 [40]). Strawson note à juste titre que cette élection mutuelle du problème et de sa solution caractérise les véritables arguments transcendantaux.

Cette priorité reconnue aux corps est de la plus grande importance pour la notion de personne. Car, s'il est vrai, comme il sera dit plus loin, que le concept de personne n'est pas moins une notion primitive que celui de corps, il ne s'agira pas d'un second référent distinct du corps, telle l'âme cartésienne, mais d'une manière qui restera à déterminer, d'un unique référent doté de deux séries de prédicats, des prédicats physiques et des prédicats psychiques. Que les personnes soient *aussi* des corps, cette possibilité est tenue en réserve dans la définition générale des particuliers de base, selon laquelle ceux-ci sont des corps ou possèdent des corps. Posséder un corps, c'est ce que font ou plutôt ce que sont les personnes.

Or la notion primitive de corps renforce le primat de la catégorie de mêmeté que nous venons de souligner : ce sont eux qui, à titre éminent, sont identifiables et réidentifiables comme étant les mêmes.

L'avantage de cette nouvelle décision stratégique est certain : dire que les corps sont les premiers particuliers de base, c'est éliminer, comme candidats éventuels, les événements mentaux, disons les représentations, les pensées, dont le tort, pour ce type d'analyse, est d'être des entités privées et non publiques. Leur sort, en tant que prédicats spécifiques des personnes, est seulement ajourné. Mais il fallait d'abord qu'ils soient délogés de la position dominante de référents ultimes qu'ils occupent dans un idéalisme subjectiviste.

Le premier corollaire de cette espèce de déclassement des événements mentaux au titre de particuliers de base est que la personne ne pourra pas être tenue pour une *conscience pure* à quoi on ajouterait à titre secondaire un corps, comme c'est le cas dans tous les dualismes de l'âme et du corps. Les événements mentaux et la conscience, en quelque sens qu'on prenne ce terme, pourront seulement figurer parmi les prédicats spéciaux attribués à la personne. Cette dissociation entre la personne comme entité publique et la conscience comme entité privée est de la plus grande importance pour la suite de nos analyses.

Un second corollaire, dont l'importance égale celle du précédent, est que la personne à qui on attribue, de la manière qu'on dira plus loin, les prédicats mentaux et une conscience n'est pas exclusivement exprimée par les pronoms de la première et de la seconde personne du singulier, comme ce serait le cas dans une théorie de l'énonciation réflexive. Ils sont attribués à *quelqu'un* qui peut être aussi une troisième personne. Si la personne est ce dont on parle, il est admis que l'on parle, dans une situation d'interlocution, de la douleur ressentie par un *tiers* qui n'est pas l'un des interlocuteurs.

Mais nombreuses sont les perplexités suscitées par cette décision stratégique d'attaquer le problème de la personne par celui des corps objectifs situés dans un seul et même cadre spatio-temporel. Première perplexité : la question du corps propre revient au premier plan, non plus seulement au titre de notre appartenance à l'unique schéma spatio-temporel, mais à celui du rapport du corps propre au monde objectif des corps. Dans une problématique purement référentielle, sans autodésignation explicite, il n'y a pas à vrai dire de problème du corps propre. On doit se borner à la constatation suivante : « Ce que je nomme mon corps est au moins un corps, une chose matérielle » (*Les*

Individus, p. 100 [89]). Cela est vrai, mais il est le *mien* en un sens qui suppose reconnue la force logique du soi. Seconde perplexité : le déclassement des événements mentaux et de la conscience par rapport à la position de particulier de base, donc de sujet logique, a pour contrepartie une occultation accrue de la question du soi. Cette perplexité n'est pas étrangère à la précédente, dans la mesure où les événements mentaux posent la même sorte de problème que le corps propre, à savoir la liaison étroite qui semble exister entre possession et ipséité. Mais il s'agit d'une perplexité supplémentaire : on ne voit pas comment la propriété de l'ipséité pourrait figurer dans une liste de prédicats attribués à une entité, même aussi originale que la personne. Il semble qu'elle soit à chercher du côté de l'autodésignation liée à l'énonciation et non du côté de la « chose » qui sert de terme dans une référence identifiante. Ce sera plutôt un problème pour nous de comprendre comment le soi peut être à la fois une personne dont on parle et un sujet qui se désigne à la première personne, tout en s'adressant à une seconde personne. Ce sera un problème, car il ne faudra pas qu'une théorie de la réflexivité nous fasse perdre le bénéfice certain de la possibilité de viser la personne comme une troisième personne, et non pas seulement comme un je et un tu. La difficulté sera plutôt de comprendre comment une troisième personne peut être désignée dans le discours comme quelqu'un qui se désigne soi-même comme première personne. Or cette possibilité de reporter l'autodésignation en première personne sur la troisième, aussi insolite soit-elle, est sans doute essentielle au sens que nous donnons à la *conscience* que nous joignons à la notion même d'événement mental : car pouvons-nous assigner des états mentaux à une troisième personne sans assumer que ce tiers les *ressent* ? Or ressentir semble bien caractériser une expérience à la première personne. Si tel est le cas, il appartiendrait à la notion d'événements mentaux d'être à la fois des prédicats attribués à une certaine sorte d'entités et d'être les porteurs d'une autodésignation que nous comprenons d'abord en première personne en raison de l'autodésignation solidaire de l'acte d'énonciation. J'avoue qu'à ce stade de l'analyse nous n'avons aucun moyen de rendre raison de cette structure insolite des événements mentaux, à la fois prédicable à des personnes et autodésignatifs.

4. *Le concept primitif de personne*

Nous abordons maintenant la démonstration du caractère *primitif* de la notion de personne. J'en retiendrai trois points :

1. Premièrement, la détermination de la notion de personne se fait par le moyen des prédicats que nous lui attribuons. La théorie de la personne tient ainsi dans le cadre général d'une théorie de la prédication des sujets logiques. La personne est en position de sujet logique par rapport aux prédicats que nous lui attribuons. C'est la grande force d'une approche de la personne par le côté de la référence identifiante. Mais il importe dès maintenant de souligner que l'occultation de la question du soi se poursuit dans la mesure où l'ascription de ces prédicats à la personne ne porte aucun caractère spécifique qui la distingue de la procédure commune d'attribution. Strawson ne s'étonne nullement de ce que peut avoir d'insolite par rapport à une théorie générale de la prédication l'énoncé suivant : « *We ascribe to ourselves certain things* » (Nous nous ascrivons certaines choses). Je ne nie pas la force que peut avoir cet alignement de l'ascription à nous-mêmes sur l'attribution à quelque chose : le « nous » est si peu accentué qu'il équivaut à un « on », *one* en anglais. L'ascription, c'est ce que fait n'importe qui, chacun, on, à l'égard de n'importe qui, de chacun, de on. Il faudra pouvoir garder la force de ce *chacun*, qui est celle d'une désignation distributive plutôt qu'anonyme, dans une analyse du soi issue de la théorie de l'énonciation.

2. Deuxième point fort : l'étrangeté qui s'attache à la notion primitive de personne – ou mieux, qui fait que la notion de personne est primitive – consiste en ceci que la personne est « la même chose » à laquelle on attribue *deux* sortes de prédicats, les prédicats physiques que la personne a en commun avec les corps, et les prédicats psychiques qui la distinguent des corps. Nous touchons une nouvelle fois à la force du même au sens d'*idem* dans *Les Individus*. Je cite : « *One's states of consciousness, one's thoughts and sensations are ascribed* to the very same thing *to which these physical characteristics, this physical situation, is*

49

ascribed » (p. 89)[1]. Remarquez avec quelle habileté la forme passive de la proposition *(is ascribed)* consolide la neutralité du *one* de *one's states of consciousness, one's thoughts and sensations,* et du même coup l'insignifiance du sujet de l'ascription en tant qu'énonciation et acte de discours. Omis le soi de l'ascription, le champ est libre pour la mêmeté de *the very same thing* à quoi on attribue prédicats physiques et mentaux. C'est cette mêmeté qui fait toute la force de l'argument et qui rend compte pour une part de l'étrangeté même de notre concept de personne.

L'avantage majeur de cette identité d'attribution est, comme on l'a anticipé plus haut, d'éliminer, par une simple analyse de la grammaire de notre discours sur la personne, l'hypothèse d'une attribution double, à l'âme (ou à la conscience) d'une part, au corps de l'autre, des deux séries de prédicats. C'est la même chose qui pèse soixante kilos et qui a telle ou telle pensée. Le paradoxe de ce genre d'analyse est bien que c'est à la faveur de la neutralisation des caractères spécifiques de l'ascription – ceux qui tiennent à son caractère sui-référentiel – que peut être portée au premier plan la problématique centrale de la personne, à savoir ce phénomène de double attribution sans double référence : deux séries de prédicats pour une seule et même entité. Mêmeté et ipséité, est-on tenté de dire, sont deux problématiques qui s'occultent mutuellement. Ou, pour être plus exacte, la problématique de la référence identifiante, par laquelle est promue au premier rang la mêmeté du sujet logique de prédication, ne requiert qu'une sui-référence marginale à un « on », qui est un « quiconque ».

Du même coup est posée la question du fondement de cette mêmeté. Peut-on se contenter de l'argument selon lequel notre cadre de pensée est ainsi fait que nous ne pouvons opérer de référence identifiante à des personnes sans assumer l'identité du sujet d'attribution des prédicats ? Ne peut-on chercher à justifier cette structure de notre pensée et de notre langage par une analyse phénoménologique de la constitution même de la personne en son unité psychophysique ? N'est-ce pas une telle unité que l'on a tenue plus haut pour acquise, lorsqu'on a invoqué la convenance mutuelle entre le schéma spatio-temporel et les propriétés des corps, en tant qu'entités directement localisables, discrètes, continues dans l'espace, stables dans le temps ? Or, toute tentative

1. « Le fait que nos états de conscience, nos pensées et nos sensations soient attribués à cette même chose à laquelle nous attribuons ces caractéristiques physiques, cette situation physique » (*Les Individus, op. cit.,* p. 100 [89]).

pour justifier la structure de pensée qui impose la mêmeté au sujet d'attribution rencontre inéluctablement la question du corps propre, évoquée à chacun des moments critiques de l'analyse. Qu'en est-il de l'unité psychophysique sous-jacente à la référence à un soi ? La réponse de Strawson laisse perplexe : la relation de « dépendance », évoquée dans l'argument paradoxal selon lequel trois corps distincts seraient susceptibles d'être impliqués dans la vision – un corps pour ouvrir les yeux, un autre pour les orienter, un troisième pour situer le lieu d'où l'on voit (*Les Individus*, p. 101 [90] *sq.*) –, semble tenue pour un cas ordinaire de liaison causale (*ibid.*, p. 103 [92]). L'argument est déjà peu satisfaisant tant qu'on parle du corps de quelqu'un, voire de chacun : il l'est moins encore quand on introduit les adjectifs possessifs de la première personne : *this body as mine* (*ibid.*, p. 103 [93]). La possession impliquée par l'adjectif « mien » est-elle de même nature que la possession d'un prédicat par un sujet logique ? Il y a certes une continuité sémantique entre propre *(own)*, propriétaire *(owner)*, possession *(ownness)* ; mais elle n'est pertinente que si l'on se confine dans la neutralité du *one's own* ; et, même sous cette condition de neutralisation du soi, la possession du corps par quelqu'un ou par chacun pose l'énigme d'une propriété non transférable, ce qui contredit l'idée usuelle de propriété. Étrange attribution, en effet, que celle d'un corps, qui ne peut être ni faite ni défaite. Il faudra revenir plus tard sur cette étrangeté bien particulière.

3. Le troisième point fort de l'analyse du concept primitif de personne est celui qui mettrait le plus dans l'embarras une théorie du soi uniquement dérivée des propriétés réflexives de l'énonciation. Il concerne une autre sorte de mêmeté, assumée par le langage et la pensée quand on caractérise comme personne une chose particulière. Elle concerne les prédicats psychiques à l'exclusion des prédicats physiques. Elle consiste en ceci que les événements mentaux, que nous avons fait plus haut rétrograder du rang d'entités de base à celui de prédicats, ont ceci de remarquable, en tant précisément que prédicats, de garder le même sens qu'ils soient attribués à *soi-même* ou à *d'autres* que soi-même, c'est-à-dire à n'importe qui d'autre *(anyone else)* : « *The ascribing phrases*, dit Strawson, *are used in just the same sense when the subject is another as when the subject is oneself*[1]. »

---

1. On utilise « les expressions attributives exactement dans le même sens lorsque le sujet est un autre que lorsqu'il s'agit de soi-même » (*ibid.*, p. 111 [99]).

Voilà donc un nouveau cas de mêmeté ; non plus la « même chose » recevant deux sortes de prédicats, mais le « même sens » attribué aux prédicats psychiques, que l'attribution se fasse à soi ou à autrui. Une nouvelle fois, la force logique du même *(same)* éclipse celle du soi *(self)*, bien que, dans la déclaration qui précède, il soit question de sujet et de soi-même. Mais, dans le contexte philosophique de la référence identifiante, le statut de sujet n'est pas spécifié autrement que par la nature de ce qui lui est attribué, à savoir les prédicats psychiques et physiques ; c'est pourquoi les pronoms personnels « je » et « tu » n'ont pas à être mentionnés ; *oneself* suffit, sans que le suffixe *self* en tant que tel fasse problème, puisqu'on peut remplacer *oneself* et *another* par quelqu'un *(someone)* et n'importe qui d'autre *(anyone else)* *(Les Individus,* p. 108 [97]*)*.

Je veux dire, une dernière fois, l'importance qu'il faut attacher à cette thèse. D'abord, comme on le verra plus loin, cette double ascription à *quelqu'un* et à *n'importe qui d'autre* est ce qui permet de former le concept d'esprit *(mind)*, c'est-à-dire le répertoire des prédicats psychiques attribuables à chacun. Disons dès maintenant que le caractère distributif du terme *chacun* est essentiel à la compréhension de ce que désormais j'appellerai le « psychique ». Les états mentaux sont certes toujours ceux *de* quelqu'un ; mais ce quelqu'un peut être moi, toi, lui, quiconque. Ensuite, quoi qu'il en soit du sens véritable de la corrélation « quelqu'un - n'importe qui d'autre », sur laquelle je vais revenir à l'instant, elle impose dès le début une contrainte aussi inéluctable que celle de tenir la personne comme une « chose » qui possède un corps ; pas de conscience pure au départ, disons-nous. Nous ajouterons maintenant : pas de moi seul au départ ; l'attribution à autrui est aussi primitive que l'attribution à soi-même. Je ne peux parler de façon significative de mes pensées, si je ne peux en même temps les attribuer potentiellement à un autre que moi : « *To put it briefly, one can ascribe states of consciousness to oneself only if one can ascribe them to others. One can ascribe them to others only if one can identify other subjects of experience. And one cannot identify others, if one can identify them only as subjects of experience, possessors of states of consciousness* [1]. »

---

1. « En bref, on ne peut s'attribuer des états de conscience que si on peut les attribuer à d'autres. On ne peut les attribuer à d'autres que si on peut identifier d'autres sujets d'expérience. Et on ne peut identifier d'autres sujets, si on peut les identifier uniquement comme sujets d'expériences, comme possesseurs d'états de conscience » *(ibid.,* p. 112 [100]).

En revanche, on peut se demander, une fois encore, si la contrainte de cette ascription identique est à prendre comme un simple fait, une condition inexplicable en elle-même du discours, ou s'il est possible d'en rendre raison à partir d'une élucidation des termes « soi-même » *(oneself)* et « autre que soi » *(another)*. Or on ne peut pas s'empêcher de se demander si l'expression « mes expériences » est équivalente à l'expression « les expériences de quelqu'un » (et, corrélativement, l'expression « tes expériences » équivalente à l'expression « les expériences de n'importe quel autre »). L'analyse purement référentielle du concept de personne peut assez longtemps éviter la mention *je-tu* qui relève de l'analyse réflexive de l'énonciation, mais elle ne peut l'éviter jusqu'au bout. Elle est contrainte de l'évoquer, au moins marginalement, dès lors qu'elle s'interroge sur les *critères* d'attribution dans l'une ou l'autre situation : attribué à soi-même *(oneself)*, un état de conscience est *ressenti (felt)* ; attribué à l'autre, il est *observé*. Cette dissymétrie dans les critères d'attribution conduit à déplacer l'accent sur le suffixe même *(self)* dans l'expression soi-même *(oneself)*. Dire qu'un état de conscience est ressenti, c'est dire qu'il est ascriptible à soi-même *(self-ascribable)*. Or, comment ne pas inclure dans la notion de quelque chose « ascriptible à soi-même » l'autodésignation d'un sujet qui se désigne comme le possesseur de ses états de conscience ? Et comment, corrélativement, pour expliciter la formule « ascriptible à un autre », ne pas accentuer l'altérité de l'autre, avec tous les paradoxes d'une assignation à cet autre du pouvoir de s'autodésigner, sur la base même de l'observation externe, s'il est vrai comme l'accorde Strawson que cet autre doit être tenu également pour un *self-ascriber*, c'est-à-dire quelqu'un capable d'ascription à soi-même *(Les Individus,* p. 120-129 [108])[1]. Au vu de ces questions, la thèse de la mêmeté d'ascription à soi-même et à un autre que soi requiert que l'on rende compte de l'équivalence entre les critères d'ascription : ressentis et observés ; et, par-delà cette équivalence, que l'on rende compte de la réciprocité qui reste à interpréter entre quelqu'un qui est moi et un autre qui est toi. Autrement dit, il faut acquérir simultanément l'idée de réflexivité et celle d'altérité, afin de passer d'une corrélation faible et trop facilement assumée entre quelqu'un et n'importe qui d'autre, et la corrélation forte entre à soi, au sens de mien, et à autrui, au sens de tien.

1. Le lecteur aura noté que nous avons renoncé à traduire *ascription* (angl.) par « attribution », afin de marquer dans le vocabulaire la référence qui sépare l'attribution d'« expériences » à « quelqu'un » de l'attribution au sens général.

Il faut avouer que la tâche n'est pas aisée ; l'enrichissement que la notion de personne peut recevoir d'une théorie réflexive de l'énonciation ne saurait résulter de la substitution d'une théorie de l'énonciation à la théorie de la référence identifiante, sous peine de se laisser entraîner dans les apories du solipsisme et dans les impasses de l'expérience privée. La tâche sera plutôt de préserver la contrainte initiale de penser *le psychique* comme assignable à *chacun,* donc de respecter aussi la force logique du *chacun,* lors même que l'on fera appel à l'opposition entre « je » et « tu » pour donner toute sa force à l'opposition entre soi et autre que soi. En ce sens, si une approche purement référentielle où la personne est traitée comme un particulier de base doit être complétée par une autre approche, elle ne saurait être abolie, mais conservée dans ce dépassement même [1].

1. Je n'ai pas fait mention, pour cette analyse critique de la notion de personne dans la perspective de la référence identifiante, de la suggestion que fait Strawson, vers la fin de son chapitre sur le concept de personne, de « déplacer vers le centre du tableau » *(ibid.,* p. 124 [111]) une certaine classe de prédicats, à savoir ceux-là même qui impliquent *faire quelque chose.* Le privilège de cette classe de prédicats est d'exemplifier, mieux que d'autres ne le feraient, les trois points forts de l'analyse du concept primitif de personne. L'action offrirait, sinon une réponse, du moins le commencement d'une réponse à la question de savoir « ce qui, au niveau des faits naturels, rend intelligible notre possession d'un tel concept [de personne] » *(ibid.).* Ce sera la tâche de la troisième étude d'évaluer, non seulement la pertinence de la notion d'action pour une théorie de la personne comme particulier de base, mais sa capacité à conduire l'analyse au-delà de ce premier cadre théorique. Il nous faut, auparavant, déployer l'autre volet de la philosophie linguistique qui, prise comme un tout, sert d'*organon* à la théorie de l'action.

L'énonciation et le sujet parlant

Approche pragmatique

Dans la précédente étude, nous avons suivi aussi loin que possible la première des deux grandes voies d'accès à la problématique du soi ressortissant à la philosophie du langage, à savoir celle de la référence identifiante. Nous tentons une nouvelle percée en direction du soi en suivant la seconde voie, celle de l'*énonciation*, dont la théorie des actes de langage *(speech-acts)*, que je préfère appeler actes de discours, constitue aujourd'hui la pièce maîtresse. Ce faisant, nous passons d'une sémantique, au sens référentiel du terme, à une *pragmatique*, c'est-à-dire à une théorie du langage tel qu'on l'emploie dans des contextes déterminés d'interlocution. On ne doit toutefois pas s'attendre, avec ce changement de front, à un abandon du point de vue transcendantal : ce n'est pas en effet à une description empirique des faits de communication que la pragmatique entend procéder, mais à une recherche portant sur les conditions de possibilité qui règlent l'emploi effectif du langage, dans tous les cas où la référence attachée à certaines expressions ne peut être déterminée sans la connaissance de leur contexte d'usage, c'est-à-dire essentiellement la situation d'*interlocution*.

Ce nouveau type d'investigation est d'autant plus prometteur qu'il met au centre de la problématique, non plus l'énoncé, mais l'énonciation, c'est-à-dire l'acte même de dire, lequel désigne réflexivement son locuteur. La pragmatique met ainsi directement en scène, à titre d'implication nécessaire de l'acte d'énonciation, le « je » et le « tu » de la situation d'interlocution.

Notre problème sera, au terme de cette exploration des liens entre l'acte d'énonciation et son locuteur, de confronter les contributions respectives de nos deux séries d'enquêtes, l'enquête référentielle et l'enquête réflexive, à une théorie intégrée du soi (du moins au plan linguistique). Il apparaîtra en effet très vite que la pragmatique ne peut pas plus se substituer à la sémantique que celle-ci n'a pu mener à bien sa tâche sans emprunt à la pragmatique. De même que la détermination complète de la personne comme particulier de base s'est révélée impossible sans un recours à la capacité d'autodésignation des sujets d'expérience, de même l'analyse complète de la réflexivité impliquée dans les actes d'énonciation ne pourra être menée à bien sans que soit attribuée à cette réflexivité une valeur référentielle d'un genre particulier. Ce sont donc les empiétements mutuels des deux disciplines qui se révéleront finalement les plus fructueux pour notre recherche sur le soi ; certes, en première approximation, les deux approches paraissent imposer des priorités discordantes : pour l'enquête référentielle, la personne est d'abord la troisième personne, donc celle dont on parle. Pour l'enquête réflexive, en revanche, la personne est d'abord un moi qui parle à un toi. La question sera finalement de savoir comment le « je-tu » de l'interlocution peut s'extérioriser dans un « lui » sans perdre la capacité de se désigner soi-même, et comment le « il/elle » de la référence identifiante peut s'intérioriser dans un sujet qui se dit lui-même. C'est bien cet échange entre les pronoms personnels qui paraît être essentiel à ce que je viens d'appeler une théorie intégrée du soi au plan linguistique.

1. *Énonciation et actes de discours* (speech-acts)

Que l'approche réflexive ne s'oppose pas purement et simplement à l'approche référentielle, nous en avons la preuve dans le fait que c'est d'abord comme une complication sur le trajet de la référence de certains énoncés que nous rencontrons des phénomènes exigeant leur mise en forme dans une théorie explicite de l'énonciation. Sous le titre évocateur de *La Transparence et l'Énonciation*, François Récanati[1] introduit à la pragmatique en faisant apparaître la réflexivité comme un facteur d'*opacité* interférant avec la transparence présumée d'un sens qui, sans lui, se laisserait traverser par la visée référentielle. Il n'est pas indifférent que la réflexivité soit présentée d'abord comme un *obstacle* à la transparence recherchée dans l'acte de faire référence à... Si, avec les Anciens et encore avec les grammairiens de Port-Royal, on définit le signe comme une chose qui représente une autre

---

1. F. Récanati, *La Transparence et l'Énonciation*, Paris, Éd. du Seuil, 1979.

chose, la transparence consiste en ceci que, pour représenter, le signe tend à s'effacer et ainsi à se faire oublier en tant que chose. Mais cette oblitération du signe en tant que chose n'est jamais complète. Il est des circonstances où le signe ne réussit pas à se rendre aussi absent ; en s'opacifiant, il s'atteste à nouveau comme chose et révèle sa structure éminemment paradoxale d'entité présente-absente. Or la circonstance majeure où s'atteste l'opacité du signe, c'est celle où le fait de l'énonciation, en se réfléchissant dans le sens de l'énoncé, vient infléchir la visée référentielle elle-même[1]. Le tour nouveau qu'a pris la théorie de l'énonciation avec l'analyse des actes de discours ne constitue donc pas une nouveauté radicale. Celle-ci redonne vie à un paradoxe bien connu des classiques, résultant de la concurrence, dans le même énoncé, entre la visée représentative de quelque chose et ce que la grammaire de Port-Royal appelait « réflexion virtuelle ». En termes modernes, ce paradoxe consiste en ceci que la réflexion du fait de l'énonciation dans le sens de l'énoncé fait partie intégrante de la référence de la plupart des énoncés de la vie quotidienne dans la situation ordinaire d'interlocution.

Le moment est venu de montrer de quelle façon la théorie des *actes de discours* contribue à la reconnaissance de ce facteur d'opacité des signes du discours, et de préciser la sorte de sujet qui est ainsi promu. Le terrain sera dès lors préparé pour une confrontation des résultats atteints sur l'une et l'autre ligne de la philosophie du langage concernant le soi.

La théorie des actes de discours est bien connue. Aussi serai-je bref dans le résumé de son développement, d'Austin à Searle. Le point de départ a été, comme on sait, la distinction, établie dans la première partie de *Quand dire, c'est faire*[2], entre deux classes d'énoncés, celle des performatifs et celle des constatifs. Les premiers sont remarquables en ceci que le simple fait de les énoncer équivaut à accomplir cela même qui est énoncé. L'exemple de la promesse, qui jouera un rôle décisif dans la détermination éthique du soi, est à cet égard remarquable. Dire : « je promets », c'est promettre effectivement, c'est-à-dire s'engager à faire plus tard et – disons-le tout de suite – à faire pour autrui ce que je dis maintenant que je ferai. « Quand dire, c'est faire », dit le traduc-

---

1. « Dans le sens d'un énoncé, écrit Récanati, se réfléchit le fait de son énonciation » (*ibid.*, p. 7). Nous discuterons plus loin le bien-fondé du vocabulaire de la réflexion dans un contexte où l'énonciation – l'acte d'énoncer – est traitée comme un événement mondain.
2. J.L. Austin, *How to do Things with Words,* Harvard University Press, 1962 ; trad. fr. de G. Lane, *Quand dire, c'est faire,* Paris, Éd. du Seuil, 1970.

teur français du livre d'Austin. Et voici comment le « je » est
d'emblée marqué : les performatifs n'ont la vertu de « faire-en-
disant » qu'exprimés par des verbes à la première personne du
singulier du présent de l'indicatif. L'expression « je promets » (ou
plus exactement « je te promets ») a ce sens spécifique de la promesse, que n'a pas l'expression « il promet », qui garde le sens
d'un constatif, ou, si l'on préfère, d'une description.

Mais la distinction entre performatif et constatif devait être
dépassée par Austin lui-même, ouvrant ainsi la voie à la théorie
des actes de discours de Searle[1]. L'opposition initiale entre deux
classes d'énoncés est incorporée à une distinction plus radicale
qui concerne les niveaux hiérarchiques qu'on peut distinguer
dans tous les énoncés, qu'ils soient constatifs ou performatifs. Il
est de la plus grande importance, pour la discussion qui suit, que
ces niveaux désignent des *actes* différents. Si dire, c'est faire, c'est
bien en termes d'acte qu'il faut parler du dire. Là réside l'intersection majeure avec la théorie de l'action qui sera développée ultérieurement : d'une manière qui reste à déterminer, le langage
s'inscrit dans le plan même de l'action.

Quels sont les actes ainsi enchevêtrés dans l'acte global de
dire ? On connaît la distinction cardinale entre acte locutoire,
acte illocutoire et acte perlocutoire. L'acte locutoire, c'est l'opération prédicative elle-même : dire quelque chose sur quelque
chose. Il n'est pas indifférent que l'appellation d'acte ne soit pas
réservée au niveau illocutoire, mais soit déjà appliquée au plan
locutoire ; il est ainsi souligné que *ce ne sont pas les énoncés qui
réfèrent, mais les locuteurs qui font référence :* ce ne sont pas non
plus les énoncés qui ont un sens ou signifient, mais ce sont les
locuteurs qui veulent dire ceci ou cela, qui entendent une expression en tel ou tel sens. De cette façon, l'acte illocutoire s'articule
sur un acte plus fondamental, l'acte prédicatif. Quant à lui, l'acte
illocutoire consiste, comme son nom l'indique, en ce que le
locuteur *fait en* parlant ; ce faire s'exprime dans la « force » en
vertu de laquelle, selon les cas, l'énonciation « compte comme »
constatation, commandement, conseil, promesse, etc. La notion
de force illocutoire permet ainsi de généraliser au-delà des performatifs proprement dits l'implication du faire dans le dire : dans
les constatifs eux-mêmes, un faire est inclus, qui demeure le plus

1. J.R. Searle, *Les Actes de langage,* trad. fr. de H. Pauchard, Paris, Hermann,
1972. Je préfère traduire *speech-act* par « acte de discours », pour marquer la spécificité du terme *speech* par rapport à celui trop général de langage. En outre le
terme « discours » souligne la parenté entre le *speech act* des analystes de langue
anglaise et l'*instance de discours* du linguiste français E. Benveniste.

souvent non dit, mais que l'on peut expliciter en faisant précéder l'énoncé par un *préfixe* de la forme « j'affirme que », tout à fait comparable au « je promets que », forme dans laquelle toute promesse peut être réécrite. Le procédé n'a rien d'arbitraire : il satisfait au critère de substitution établi en sémantique logique ; les deux énoncés : « le chat est sur le paillasson » et « j'affirme que le chat est sur le paillasson » ont même valeur de vérité. Mais l'un a la transparence d'un énoncé entièrement traversé par sa visée référentielle, l'autre l'opacité d'un énoncé qui renvoie réflexivement à sa propre énonciation. Le préfixe des performatifs explicites devient ainsi le modèle pour l'expression linguistique de la force illocutoire de tous les énoncés.

C'est dans de tels préfixes que le « je » est porté à l'expression. En outre, avec le « je » du préfixe, c'est une situation complexe d'interlocution qui se révèle contribuer au sens complet de l'énoncé. Or, à cette situation d'interlocution appartient le fait qu'à un locuteur en première personne correspond un *interlocuteur* en deuxième personne à qui le premier s'adresse. Pas d'illocution donc sans allocution et, par implication, sans un allocutaire ou destinataire du message. L'énonciation qui se réfléchit dans le sens de l'énoncé est ainsi d'emblée un phénomène bipolaire : elle implique simultanément un « je » qui dit et un « tu » à qui le premier s'adresse. « J'affirme que » égale « je *te* déclare que » ; « je promets que » égale « je *te* promets que ». Bref, énonciation égale interlocution. Ainsi commence à prendre forme un thème qui n'ira qu'en s'amplifiant dans les études suivantes, à savoir que toute avancée en direction de l'ipséité du locuteur ou de l'agent a pour contrepartie une avancée comparable dans l'altérité du partenaire. Au stade atteint par la présente étude, cette corrélation n'a pas encore le caractère dramatique que la confrontation polémique entre deux programmes narratifs introduira au cœur de l'interlocution. La théorie des actes de discours ne nous donne à cet égard que le squelette dialogique d'échanges interpersonnels hautement diversifiés.

On peut apporter une précision complémentaire à ce rapport allocutif sans quitter le plan de l'énonciation en complétant la théorie des actes de discours par la théorie de l'énonciation qu'a proposée H. Paul Grice [1], théorie selon laquelle toute énonciation

---

1. H.P. Grice, « Meaning », *The Phil. Rev.*, vol. LXVI, 1957, p. 377-388 ; « Utterer's meaning and intentions », in *the Phil. Rev.*, vol. LXXVIII, 1969, p. 147-177 ; « Utterer's meaning, sentence-meaning, and word-meaning », *in*, J.R. Searle (éd.) *The Philosophy of language*, Oxford, Oxford University Press, 5ᵉ éd., 1977, p. 54-70.

consiste en une intention de signifier qui implique dans sa visée l'attente que l'interlocuteur ait de son côté l'intention de reconnaître l'intention première pour ce qu'elle veut être. L'interlocution ainsi interprétée se révèle être un échange d'intentionnalités se visant réciproquement. Cette circularité d'intentions exige que soient placées sur le même plan la réflexivité de l'énonciation et l'altérité impliquée dans la structure dialogique de l'échange d'intentions.

Telle est, en très gros, la contribution de la théorie des actes de discours à la détermination du soi. La question est maintenant de préparer la confrontation attendue entre la théorie référentielle et celle de l'énonciation réflexive par quelques remarques critiques concernant la nature du sujet exhibé par la théorie de l'énonciation.

2. *Le sujet de l'énonciation*

C'est maintenant sur le rapport entre l'énonciation et l'énonciateur que nous allons exercer notre vigilance critique.

A première vue, ce rapport ne paraît pas faire problème. Si la réflexion du fait de l'énonciation dans l'énoncé, pour reprendre la formule de Récanati, introduit un degré d'opacité au cœur de la visée référentielle qui traverse le sens de l'énoncé, il ne semble pas d'abord que le rapport – interne à l'énonciation – entre l'acte de discours en tant qu'acte et son auteur soit en lui-même opaque ; il n'y a pas lieu en somme de supposer que le sujet de l'énonciation doive constituer l'opaque de l'opaque.

L'implication de l'énonciateur dans l'énonciation n'est-elle pas décelée sans ambiguïté par la possibilité d'adjoindre la formule développée des performatifs explicites – « j'affirme que », « j'ordonne que », « je promets que » – à tous les actes illocutoires ? N'est-ce pas dans ce préfixe même que le « je » est marqué, et n'est-ce pas à travers ce préfixe que le « je » atteste sa présence en toute énonciation[1] ?

---

1. C'est un problème de savoir si le lien entre le « je » et l'énonciation qui l'inclut ne relève pas de la problématique plus vaste de l'attestation que nous avons vu affleurer une première fois à l'occasion du rapport d'ascription des prédicats psychiques à l'entité personnelle. La question ne cessera de se préciser dans les études qui suivent.

En outre, à la faveur de cette mention du sujet dans le préfixe intensionnel des énoncés extensionnels, il devient possible de regrouper, comme deux grands ensembles coordonnés sous l'égide de la pragmatique, la théorie des actes de discours qu'on vient de résumer et la théorie des *indicateurs* évoquée une première fois sous le titre des procédures d'individualisation, donc dans la perspective d'une sémantique référentielle. Ce regroupement s'avère bénéfique pour chacun des deux partenaires. D'une part, l'analyse des actes de discours trouve dans le fonctionnement des indicateurs le complément requis pour arrimer, si l'on peut dire, l'énonciateur à l'énonciation. D'autre part, les indicateurs – « je », « ceci », « ici », « maintenant » – sont dissociés des deux autres catégories d'opérateurs d'individualisation introduits dans la première étude, à savoir les noms propres et les descriptions définies, lesquels sont renvoyés à la sémantique, tandis que les premiers sont attirés dans l'espace de gravitation de la pragmatique.

Bien plus, en même temps que les indicateurs pris en bloc sont détachés du lot des opérateurs d'individualisation, le « je » est à son tour promu au premier rang des indicateurs, lesquels, pris en dehors du rapport de réflexivité de l'énonciation, ne présentent aucun ordre privilégié. Mis en rapport avec l'acte d'énonciation, le « je » devient le premier des indicateurs ; il indique celui qui se désigne lui-même dans toute énonciation contenant le mot « je », entraînant à sa suite le « tu » de l'interlocuteur. Les autres indicateurs – les déictiques : « ceci », « ici », « maintenant » – se regroupent autour du sujet de l'énonciation : « ceci » indique tout objet situé dans le voisinage de l'énonciateur ; « ici » est le lieu même où celui-ci se tient ; « maintenant » désigne tout événement contemporain de celui où l'énonciateur prononce l'énonciation.

En devenant ainsi le pivot du système des indicateurs, le « je » se révèle dans son étrangeté par rapport à toute entité susceptible d'être rangée dans une classe, caractérisée ou décrite. « Je » désigne si peu le référent d'une référence identifiante que ce qui paraît en être la définition, à savoir : « toute personne qui se désigne elle-même en parlant », ne se laisse pas substituer aux occurrences du mot « je ». Il n'y a pas d'équivalence, au point de vue référentiel, entre « je suis content » et « la personne qui se désigne est contente » ; cet échec de l'épreuve de substitution est ici décisif ; il atteste que l'expression n'appartient pas à l'ordre des entités susceptibles d'être identifiées par voie référentielle. Le fossé logique est donc profond entre la fonction d'index qui est celle du « je » et celle de référent au sens de la première étude [1].

La singularité du fonctionnement des indicateurs, qui vient de conforter la théorie des actes de discours, est confirmée par un trait décisif avec lequel nous terminerons la revue des acquis de la pragmatique concernant la position du sujet dans le discours. Ce trait scelle l'autonomie de la présente approche du sujet par rapport à l'approche à travers la référence identifiante. La dichotomie entre les deux approches est marquée de façon spectaculaire par le traitement opposé qu'elle propose des *pronoms personnels*. Alors que, dans l'approche référentielle, c'est la troisième personne qui est privilégiée, ou du moins une certaine forme de la troisième personne, à savoir « lui/elle », « quelqu'un », « chacun », « on », la théorie des indicateurs, une fois accolée à celle des actes de discours, non seulement privilégie la première et la deuxième personne, mais exclut expressément la troisième personne. On a présent à l'esprit l'anathème de Benveniste contre la troisième personne [2]. Selon lui, seules la première et la deuxième personne grammaticales méritent ce nom, la troisième étant la non-personne. Les arguments en faveur de cette exclusion se ramènent à un seul : il suffit du « je » et du « tu » pour déterminer une situation d'interlocution. La troisième personne peut être n'importe quoi dont on parle, chose, animal ou être humain : le confirment les usages incoordonnables entre eux du pronom « il » – il pleut, il faut, il y a, etc. –, ainsi que la multiplicité des expressions de la troisième personne – on, chacun, ça, etc. Si la troisième personne est si inconsistante grammaticalement, c'est qu'elle n'existe pas comme personne, du moins dans l'analyse du langage qui prend comme unité de compte l'instance du discours, investie dans la phrase. On ne peut mieux souder la première et la deuxième personne à l'événement de l'énonciation qu'en excluant du champ de la pragmatique la troisième personne, dont il est parlé seulement comme d'autres choses.

Cela dit, ce pacte noué entre l'énonciation et les indicateurs « je-tu », suivis des déictiques « ceci », « ici », « maintenant »,

---

1. Lui correspond une différence, également très connue depuis Wittgenstein, entre « décrire » et « montrer ». Le « je » peut être indiqué ou montré, non référé ou décrit. On en tirera quelques conséquences plus loin.
2. E. Benveniste, *Problèmes de linguistique générale,* Paris, Gallimard, 1966 ; « Le langage et l'expérience humaine », *Problèmes du langage,* Paris, Gallimard, coll. « Diogène », 1966, repris dans *Problèmes de linguistique générale II*, Paris, Gallimard, 1974.

rend-il impossible toute discordance entre la théorie de l'énonciation et celle de son sujet ?

Deux ou trois notations que nous avons laissé passer inaperçues auraient dû pourtant nous alerter : la première concerne le terme maître de la théorie des actes de discours : qui est précisément l'*acte,* et non l'agent, et, dans l'acte, la force illocutoire, c'est-à-dire, selon la définition qu'en donne G.G. Granger, « ce qui permet de donner aux messages des fonctions spécifiques de communication ou permet de préciser les conditions de leur exercice [1] ». L'« élément illocutoire », selon l'expression prudente de Granger, peut être défini et soumis à une typologie fine, sans qu'il soit fait expressément mention de l'auteur du discours. C'est au prix de cette élision que les conditions transcendantales de la communication peuvent être entièrement dépsychologisées et tenues pour des régulations de la langue, non de la parole. Mais jusqu'où peut aller la dépsychologisation, si un *ego* doit encore être pris en compte ?

Une seconde notation restée non soulignée augmente notre perplexité : la réflexivité dont il a été question jusqu'à présent a été constamment attribuée, non au sujet de l'énonciation, mais au fait même de l'énonciation : je rappelle la formule de Récanati : « dans le sens d'un énoncé se réfléchit le fait de son énonciation » (*La Transparence et l'Énonciation,* p. 7). Une telle déclaration devrait nous étonner dans la mesure où elle attache la réflexivité à l'énonciation traitée comme un fait, c'est-à-dire comme un événement qui se produit dans le monde. Ce qu'on appelait tout à l'heure acte est devenu un fait, un événement qui a lieu dans l'espace commun et dans le temps public – bref, un fait survenant dans le même monde que les faits et les états de choses visés référentiellement par les énoncés déclaratifs ou assertifs.

Finalement, c'est le statut de chose du signe, dont on a dit plus haut qu'il marque l'opacité même du signe, que la réflexion du fait de l'énonciation dans le sens de l'énoncé fait passer au premier plan. A cet égard, les déclarations de Récanati sont sans équivoque : « un énoncé est par son énonciation quelque chose » (*ibid.,* p. 26) ; et encore : « l'énonciation (...) se pose comme un étant... » (*ibid.,* p. 27). A la limite, il faudrait dire que la réflexivité n'est pas intrinsèquement liée à un soi au sens fort d'une conscience de soi. A travers la formule : « dans le sens d'un énoncé se réfléchit le fait de son énonciation », l'expression « se réfléchit » pourrait tout aussi bien être remplacés par « se

1. G.G. Granger, *Langages et Épistémologie,* Paris, Klincksieck, 1979, p. 170.

reflète ». Le paradoxe ici côtoyé est celui d'une réflexivité sans ipséité ; un « se » sans « soi-même » ; pour dire la même chose autrement, la réflexivité caractéristique du faire de l'énonciation ressemble plus à une référence inversée, une rétro-référence, dans la mesure où le renvoi se fait à la *factualité* qui « opacifie » l'énoncé. Du même coup, au lieu d'opposer entre elles une réflexivité rebelle à toute caractérisation en termes de référence et la visée d'un fait extra-linguistique, qui seul vaut comme visée référentielle, on oppose seulement *sui*-référence à référence *ad extra*. Mais réflexivité et sui-référence sont-elles deux notions équivalentes ? Le « je » ne disparaît-il pas en tant que *je*, dès lors que l'on confère à l'énoncé deux références de direction opposées, une référence vers la chose signifiée et une référence vers la chose signifiante ? Le glissement était en fait contenu dans la définition du signe reçue des Anciens : une chose qui représente une autre chose. Or, comment un acte peut-il n'être qu'une chose ? Plus gravement, comment le sujet qui réfère et signifie, peut-il être désigné comme une chose tout en restant un sujet ? N'a-t-on pas perdu de vue deux des conquêtes les plus précieuses de la théorie de l'énonciation, à savoir :

1) que ce ne sont pas les énoncés, ni même les énonciations, qui réfèrent, mais, on l'a rappelé plus haut, les sujets parlants, usant des ressources du sens et de la référence de l'énoncé pour échanger leurs expériences dans une situation d'interlocution ;

2) que la situation d'interlocution n'a valeur d'événement que dans la mesure où les auteurs de l'énonciation sont mis en scène par le discours en acte et, avec les énonciateurs en chair et en os, *leur* expérience du monde, *leur* perspective sur le monde à quoi aucune autre *ne peut* se substituer ?

Cette dérive de la pragmatique vers un concept de *sui*-référence, où l'accent principal est mis sur la *factualité* de l'énonciation, ne peut être enrayée que si l'on veut bien s'arrêter un moment à un certain nombre de paradoxes, voire d'apories, sur lesquels ouvre la pragmatique, dès lors qu'on interroge le statut du sujet de l'énonciation en tant que tel, et non pas seulement l'acte de l'énonciation traité comme un fait, à titre d'événement qui arrive dans le monde, dans ce monde même auquel appartiennent les choses auxquelles nous faisons référence *ad extra*. Affronter ces paradoxes et apories, c'est se placer dans le droit-fil de la question *qui ?* – qui parle ? –, telle que nous l'avons vue ouvrir la problématique de l'*identification*.

Le premier paradoxe est le suivant : l'expression « je » est frappée d'une étrange ambiguïté : Husserl parlait à cet égard d'expression nécessairement ambiguë. D'un côté, « je », en tant que pronom personnel appartenant au système de la langue, est un membre du paradigme des pronoms personnels. A ce titre, c'est un terme vacant qui, à la différence des expressions génériques qui gardent le même sens dans des emplois différents, désigne chaque fois une personne différente à chaque emploi nouveau ; « je », en ce premier sens, s'applique à quiconque en parlant se désigne lui-même et qui, en assumant ce mot, prend en charge le langage tout entier, selon la belle expression de Benveniste. A ce titre de terme vacant, « je » est un terme voyageur, une position à l'égard de laquelle plusieurs énonciateurs virtuels sont substituables l'un à l'autre ; d'où le terme de *shifter* qui a été attribué à tous les termes similaires dans la série des déictiques, et que traduit mal le français « embrayeur », à moins que, de la métaphore mécanique, on retienne le phénomène précis du changement d'embrayage : à savoir l'assignation du terme vacant à un seul énonciateur effectif actuel, qui assume, *hic et nunc,* la force illocutoire de l'acte d'énonciation. Mais, du même coup, on a basculé d'un sens à l'autre de l'expression « je ». Ce n'est plus l'aspect *substituable* du terme voyageur, du *shifter,* que l'on souligne, mais au contraire la *fixation* qu'opère la prise de parole. Nous sommes passés du point de vue paradigmatique, en vertu duquel « je » appartient au tableau des pronoms, au point de vue syntagmatique, en vertu duquel « je » ne désigne chaque fois qu'une personne à l'exclusion de toute autre, celle qui parle ici et maintenant. Appelons avec G.G. Granger [1] *ancrage* ce renvoi à une position non substituable, à un unique centre de perspective sur le monde. Le paradoxe consiste très précisément dans la contradiction apparente entre le caractère substituable du *shifter* et le caractère non substituable du phénomène d'ancrage.

On peut certes donner une explication de ce premier paradoxe sans sortir de la pragmatique ; mais la solution proposée ne fera que reporter d'un degré la difficulté. L'explication en question repose sur la distinction venue de Peirce entre *type* et *token* [2] – type et échantillon –, que l'on prendra bien garde de confondre avec celle du genre et du particulier, dans la mesure où elle ne

---

1. G.G. Granger, *ibid.,* p. 174-175. L'exploration des paradoxes attenant au sujet de l'énonciation reste fortement redevable à cet ouvrage.
2. Cf. C.S. Peirce, *Collected Papers,* IV, 537, cité par F. Récanati, *La Transparence et l'Énonciation, op. cit.,* p. 724 ; cf. également C.S. Peirce, *Écrits sur le signe,* rassemblés, traduits et commentés par G. Deledalle, Paris, Éd. du Seuil, coll. « L'ordre philosophique », 1978, p. 190.

vaut que pour les index. Le type est de l'ordre du « à chaque fois », l'échantillon est de l'ordre du « une seule fois », sur le plan effectif de l'instance de discours. Entre les deux, toute contradiction disparaît, si l'on veut bien considérer que le type implique dans sa notion même un choix obligatoire entre les candidats au poste de sujet parlant [1]. En vertu de ce choix obligatoire, le *shifter* exerce une fonction de distribution, prenant appui sur le « à chaque fois » qui règle l'assignation exclusive du terme « je » à un seul locuteur actuel. On peut alors dire, sans plus de paradoxe, que l'ancrage actuel de l'échantillon « je » est corrélatif au caractère substituable du type « je », au sens distributif et non générique de la constitution de l'index. Nous retrouvons Husserl : l'amphibologie du « je » est celle d'une signification nécessairement *occasionnelle*. Le terme occasionnel a le sens très précis de relier le « à chaque fois » du type au « une seule fois » de l'échantillon.

Cette distinction entre type et échantillon élimine-t-elle tout paradoxe concernant le « je » ? On peut en douter, si l'on considère qu'elle est parfaitement compatible avec une interprétation de la réflexivité dans le sens de la sui-référence, c'est-à-dire d'un renvoi à la factualité d'un événement spatio-temporel arrivant dans le monde. C'est de l'acte de l'énonciation, entendu comme un fait mondain, qu'on peut dire qu'il n'a lieu qu'une seule fois et n'a d'existence que dans l'instant où l'énonciation est produite. On parle alors des occurrences différentes d'un même signe, ne différant numériquement que par leur position spatio-temporelle, mais illustrant le même type. Le signe en question, c'est l'acte d'énonciation traité comme un fait. Le « je » n'est plus alors visé qu'obliquement, à savoir comme expression marquée à l'intérieur d'un performatif explicite de la forme : « j'affirme que », « j'ordonne que », « je promets que », etc.

Que la distinction entre type et échantillon ait pour enjeu privilégié l'énonciation plutôt que l'énonciateur, cela est confirmé par les analyses d'une grande technicité, dans lesquelles je n'entrerai pas, des expressions dites *token-reflexives*. Ces expressions sont certes des énonciations justiciables de la théorie des actes de discours ; mais d'elles on n'a aucune peine à dire qu'elles renvoient à un fait qui a lieu dans l'espace et dans le temps public, bref dans

---

1. A la différence de la substituabilité de l'énonciateur caractéristique du *shifter*, observe Granger, « la fixation du renvoi de chaque message constitue un choix obligatoire, régulateur de la communication » (*Langages et Épistémologie, op. cit.*, p. 174).

le monde[1]. Par là est éludé le paradoxe, qui ne surgit que lors-qu'on thématise pour lui-même le sujet de l'énonciation. Mais ce paradoxe ne peut être plus longtemps occulté, dès lors que l'on affronte l'étrangeté du rapport que peut avoir un locuteur singulier avec la multiplicité de *ses* énonciations. Si celles-ci constituent chacune un événement différent, susceptible de prendre place dans le cours des choses du monde, le sujet commun de ces multiples événements est-il lui-même un événement[2] ? On se rappelle les hésitations de Husserl à thématiser de manière distincte l'*ego* du *cogito cogitatum*. On n'a pas oublié non plus les difficultés attachées à des expressions métaphoriques telles que *Ich-strahl*, « rayon du moi », ou *Ichpol*, « moi comme pôle identique des actes », pour caractériser la sorte de rayonnement ou d'émanation qui exprime le rapport d'un locuteur unique à la multiplicité de ses actes de discours.

C'est ici que le paradoxe se transforme en aporie. Le rapport type-échantillon n'est plus en effet d'aucun secours, ni non plus le rapport entre le « je » voyageur *(shifter)* et le « je » ancré. Ce qui est en question, c'est la notion même d'ancrage du « je » échantillon. Quel sens attacher en effet à l'idée d'un point de *perspective singulier* sur le monde ? L'aporie qui nous arrête ici est celle sur laquelle Wittgenstein n'a cessé de revenir du *Tractatus* aux *Investigations* et au *Cahier bleu*. Je l'appellerai l'aporie de l'ancrage. Le point de perspective privilégié sur le monde, qu'est chaque sujet parlant, est la limite du monde et non un de ses contenus[3]. Et

1. Cf. Récanati, *La Transparence et l'Énonciation, op. cit.*, p. 153-171 (chap. VIII, « La token-réflexivité ». « ... l'énonciation, par quelqu'un, de cette phrase [l'eau bout à cent degrés], le fait, pour quelqu'un, de dire cela, est un événement qui a lieu, comme tout événement, à un certain moment et en un certain lieu : cet événement spatio-temporellement déterminé, c'est le dire, ou l'énonciation. Le fait de dire quelque chose est un événement, comme le fait de se casser une jambe, comme le fait de recevoir une décoration, comme le fait de naître ou de mourir. L'expression " le fait de dire " souligne l'événementialité de l'énonciation, en tant qu'elle est un fait : un fait, c'est, avant tout, quelque chose qui " a lieu ", ou qui " est le cas ", selon l'expression anglaise » (*ibid.*, p. 153).

2. La question du statut de l'événement dans une enquête sur l'ipséité reviendra plusieurs fois au cours de cet ouvrage, en particulier dans la discussion des thèses de Donald Davidson sur l'action (troisième étude) et de celles de Derek Parfit sur l'identité personnelle (sixième étude).

3. Granger dit très bien : « Le renvoi à l'énonciation n'est pas du même ordre que les renvois proprement sémantiques. L'énonciation ne se trouve pas alors repérée *dans* le monde dont on parle ; elle est prise comme référence limite de ce monde... » (*Langages et Épistémologie, op. cit.*, p. 174). La clause restrictive sur laquelle s'achève la citation ne prendra tout son sens qu'à travers la tentative que nous faisons plus loin pour conjoindre réflexivité et référentialité.

pourtant, d'une certaine façon, qui devient énigmatique, après avoir paru aller de soi, l'*ego* de l'énonciation apparaît *dans le monde,* comme l'atteste l'assignation d'un nom propre au porteur du discours. C'est en effet moi, un tel, moi P.R., qui suis et qui ne suis pas la limite du monde. A cet égard, le texte suivant du *Cahier bleu* porte haut l'aporie : « Par *je* (dans " je vois "), je n'ai pas voulu dire : L.W., quoique, m'adressant à autrui, je pourrais dire : " C'est maintenant L.W. qui voit réellement ", encore que ce ne soit pas cela que j'aie voulu dire » (*Cahier bleu,* p. 66-67)[1]. La non-coïncidence entre le « je » limite du monde et le nom propre qui désigne une personne réelle, dont l'existence est attestée par l'état civil, conduit à l'aporie ultime du sujet parlant. L'aporie restait occultée dans une version de la pragmatique selon laquelle le renvoi réflexif se faisait moins à l'*ego* de l'énonciation qu'au *fait* de l'énonciation, traité comme un événement du monde. La réflexivité pouvait alors sans difficulté apparente être assimilée à une sorte subtile de référence, la référence à l'événement du monde qu'est l'énonciation. L'énonciation s'alignait ainsi sur les choses du monde dont on parle. Cette assimilation n'est plus possible, du moins sans qu'on ait pris en considération l'aporie de l'ancrage, dès lors que l'accent tombe sur l'acte dans le fait de l'énonciation et sur le « je-tu » dans cet acte.

3. *La conjonction des deux voies de la philosophie du langage*

C'est pour résoudre cette aporie qu'il faut, à mon avis, faire converger les deux voies de la philosophie du langage, la voie de la référence identifiante et celle de la réflexivité de l'énonciation. Au terme de la première voie, on s'en souvient, la personne apparaissait comme un particulier de base irréductible à tout autre :

1. Texte cité et traduit par Granger, *ibid.,* p. 175. Granger cite encore : « Le mot *je* ne veut pas dire la même chose que *L.W.,* ni ne veut dire la même chose que l'expression : la personne qui parle maintenant. Mais cela ne signifie pas que *L.W.* et *je* veuillent dire des personnes différentes. Tout ce que cela signifie est que ces mots sont des instruments différents dans notre langage » *(ibid.).* On comparera les traductions par Granger avec celles de Guy Durand (Wittgenstein, *Le Cahier bleu et le Cahier brun,* Paris, Gallimard, 1965, repris en coll. « Tel », Paris, Gallimard, 1988, p. 145, 147). Granger voit essentiellement dans cette aporie la confirmation du caractère non empirique des conditions de possibilité de la communication : « Si l'on adopte cette vue, on voit que le phénomène d'*ancrage,* en tant que position privilégiée d'un centre de perspective, exprime bien une condition non empirique de la communication complète d'une expérience » *(ibid.).*

elle était le « lui » dont on parle et à qui on attribue des prédicats physiques et psychiques. Au terme de la seconde voie, le sujet apparaît comme le couple de celui qui parle et de celui à qui le premier parle, à l'exclusion de la troisième personne, devenue une non-personne. Or la convergence des deux entreprises est assurée par les emprunts que chacune doit faire à l'autre pour accomplir son propre dessein. On se souvient que la troisième personne selon la théorie de la référence identifiante n'acquiert sa signification complète de personne que si l'attribution de ses prédicats psychiques est « accompagnée », pour reprendre le mot de Kant, par la capacité de se désigner soi-même, transférée de la première à la troisième personne, à la façon d'une citation placée entre guillemets. L'autre, la tierce personne, dit dans son cœur : « j'affirme que ». Voici maintenant que le phénomène d'ancrage ne devient compréhensible que si le « je » du « j'affirme que » est extrait du préfixe d'un verbe d'action et posé pour lui-même comme une personne, c'est-à-dire un particulier de base parmi les choses dont on parle. Cette assimilation entre le « je » qui parle à « toi » et le « lui/elle » dont on parle opère en sens inverse de l'assignation au « lui/elle » du pouvoir de se désigner soi-même. Le rapprochement consiste cette fois dans une objectivation d'un type unique, à savoir l'assimilation entre le « je », sujet d'énonciation, et la personne, particulier de base irréductible. La notion de sui-référence, dont on suspectait plus haut la cohérence, est en fait le mixte issu du recroisement entre réflexivité et référence identifiante.

Avant de poser la question de savoir si ce mixte du « je » réflexif et de la personne référée n'est pas arbitrairement constitué, autrement dit s'il s'agit de plus que d'un fait de langage inévitable, certes, mais impossible à dériver de quoi que ce soit de l'ordre du fondamental, il importe de montrer que l'entrecroisement des deux voies de la philosophie du langage régit le fonctionnement de tous les indicateurs et peut être repéré à partir d'opérations linguistiques très précises.

Le déictique « maintenant » offre un bon point de départ pour cette démonstration, puisque aussi bien c'est la caractérisation de l'énonciation comme événement, ou instance de discours, qui a donné l'occasion d'assimiler l'acte de langage à un fait. En outre, je dispose ici d'une analyse détaillée du déictique temporel que j'emprunte à mon travail antérieur, *Temps et Récit III*. J'ai essayé de démontrer dans cet ouvrage que ce que nous désignons du terme « maintenant » résulte de la conjonction entre le présent vif de l'expérience phénoménologique du temps et l'instant quelconque de l'expérience cosmologique. Or cette conjonction ne consiste pas dans une simple juxtaposition entre des notions appartenant à des univers de discours distincts ; elle repose sur des opérations précises qui assurent ce que j'ai appelé l'*inscription* du temps phénoménologique sur le temps cosmologique et dont le modèle est l'invention du temps calendaire. De cette inscription résulte un *maintenant daté*. Sans date, la définition du présent est purement réflexive : arrive maintenant tout événement contemporain du moment où je parle ; réduite à elle-même, la sui-référence du moment de la parole n'est que la tautologie du présent vif : c'est pourquoi nous sommes toujours aujourd'hui. Nous sortons de la tautologie en posant la question : quel jour sommes-nous ? La réponse consiste à donner une date ; c'est-à-dire à faire correspondre le présent vif avec un des jours dénombrés par le calendrier. Le maintenant daté est le sens complet du déictique « maintenant ».

Il en est de même du « ici » : il s'oppose au « là-bas », comme étant le lieu où je me tiens corporellement ; ce lieu absolu a le même caractère de limite du monde que l'*ego* de l'énonciation ; la métaphore spatiale de l'orientation dans l'espace est même à l'origine de l'idée du sujet comme centre de perspective non situé dans l'espace occupé par les objets de discours ; absolument parlant, « ici », en tant que lieu où je me tiens, est le point zéro par rapport auquel tous les lieux deviennent proches ou lointains. En ce sens, « ici » n'est nulle part. Et pourtant, l'emploi du « ici » dans la conversation implique un savoir topographique minimum, grâce auquel je puisse situer mon ici par rapport à un système de coordonnées dont le point origine est aussi quelconque que l'instant du temps cosmologique. Le lieu fonctionne ainsi comme la date, à savoir par inscription du ici absolu sur un système de coordonnées objectives. En vertu de cette inscription, comparable au phénomène de la datation, la signification complète du déictique « ici » est celle d'un *ici localisé*.

Des déictiques « maintenant » et « ici », nous pouvons revenir aux indicateurs « je-tu ». La conjonction entre le sujet, limite du monde, et la personne, objet de référence identifiante, repose sur un processus de même nature que l'inscription, illustrée par la datation calendaire et la localisation géographique. Que le phénomène d'ancrage soit assimilable à une inscription, l'expression qui intriguait tellement Wittgenstein, à savoir l'expression : « moi, L.W. », l'atteste à souhait. Le rapport entre le pronom personnel « je », pris comme sujet d'attribution, et le nom propre, comme désignation de l'échantillon d'un particulier de base, est un rapport d'inscription au sens institutionnel du terme. « Je » est littéralement inscrit, en vertu de la force illocutoire d'un acte de discours particulier, l'*appellation,* sur la liste publique des noms propres, suivant les règles conventionnelles qui régissent l'attribution des patronymes et des prénoms (ainsi, en France et dans d'autres pays, le patronyme est imposé par les règles de parenté – règles matrimoniales, règles de filiation – et le prénom choisi de façon relativement libre par des parents légaux, donc par d'autres que le porteur du nom ; en ce sens, l'appellation est de part en part un acte d'inscription). L'expression est si bien appropriée que ce qu'on appelle l'acte de naissance d'une personne contient une triple inscription : un nom propre conforme aux règles d'appellation qu'on vient de dire, une date conforme aux règles de la datation calendaire, un lieu de naissance conforme aux règles de localisation dans l'espace public, le tout inscrit sur les registres de l'état civil. Ainsi inscrit, le « je » est, au sens propre du terme, enregistré. De cet enregistrement résulte ce qui s'énonce : « Moi, un tel, né le..., à... » De cette manière, « je » et « P.R. » veulent dire la même personne. Ce n'est donc pas arbitrairement que la personne, objet de référence identifiante, et le sujet, auteur de l'énonciation, ont même signification ; une inscription d'un genre spécial, opérée par un acte spécial d'énonciation, l'*appellation,* opère la conjonction.

Une dernière question nous arrêtera au seuil de notre conclusion provisoire. Peut-on fonder cette assimilation entre la personne de la référence identifiante et le « je » échantillon réflexif sur une réalité plus fondamentale ?

On ne le peut, à mon avis, qu'en sortant de la philosophie du langage et en s'interrogeant sur la sorte d'être qui peut ainsi se prêter à une double identification en tant que personne objective et que sujet réfléchissant. Le phénomène d'ancrage suggère de lui-même la direction dans laquelle il faudrait s'engager ; c'est celle même que l'analyse précédente a déjà indiquée, à savoir la signification absolument irréductible du corps propre. On se souvient que la possibilité d'attribuer à la même chose des prédicats physiques et psychiques nous avait paru fondée dans une structure double du corps propre, à savoir son statut de réalité physique observable et son appartenance à ce que Husserl appelle, dans la cinquième *Méditation cartésienne,* la « sphère du propre » ou du « mien ». La même allégeance double de corps propre fonde la structure mixte du « je-un tel » ; en tant que corps parmi les corps, il constitue un fragment de l'expérience du monde ; en tant que mien, il partage le statut du « je » entendu comme point de référence limite du monde ; autrement dit, le corps est à la fois un fait du monde et l'organe d'un sujet qui n'appartient pas aux objets dont il parle. Cette étrange constitution du corps propre s'étend du sujet de l'énonciation à l'acte même d'énonciation : en tant que voix poussée au-dehors par le souffle et articulée par la phonation et toute la gestuelle, l'énonciation partage le sort des corps matériels. En tant qu'expression du sens visé par un sujet parlant, la voix est le véhicule de l'acte d'énonciation en tant qu'il renvoie au « je », centre de perspective insubstituable sur le monde.

Ces brèves réflexions anticipent le moment où il faudra sortir du plan langagier sur lequel nous nous tenons strictement dans cette première série d'investigations. L'étrange statut du corps propre relève d'une problématique plus vaste qui a pour enjeu le statut ontologique de cet être que nous sommes, qui vient au monde sur le mode de la corporéité.

Une sémantique de l'action
sans agent

Les deux études qui suivent sont consacrées à la théorie de l'action, au sens limitatif que ce terme a pris dans les ouvrages de langue anglaise placés sous ce titre. Elles entretiennent avec les précédentes un rapport d'une grande complexité. D'un côté, la philosophie du langage qu'on vient d'exposer joue à l'égard de la théorie de l'action le rôle d'*organon,* dans la mesure où cette théorie met en œuvre, dans la description qu'elle offre des phrases d'action, les analyses devenues classiques de la référence identifiante et des actes de discours. De l'autre côté, les actions sont des entités si remarquables, et le lien entre l'action et son agent constitue une relation si originale, que la théorie de l'action est devenue bien autre chose qu'une simple application de l'analyse linguistique esquissée ci-dessus. Bien plus, en conquérant l'autonomie d'une discipline distincte, la théorie de l'action a fait apparaître, comme par choc en retour, des ressources nouvelles du langage, tant dans sa dimension pragmatique que dans sa dimension sémantique. Du même coup, les difficultés, paradoxes, apories sur lesquelles les précédentes études avaient débouché prennent des proportions nouvelles dans le cadre nouveau de la théorie de l'action.

Cette complexité du rapport entre théorie du langage et théorie de l'action sera mise à l'épreuve, d'abord au cours de la présente étude dans la ligne de la sémantique philosophique, puis au cours de l'étude suivante dans la ligne de la pragmatique du langage. C'est chaque fois l'énigme du rapport entre l'action et son agent qui sera sondée, mais avec des ressources différentes tenant à la distinction initiale entre sémantique et pragmatique. Qu'est-ce que l'action, demanderons-nous, enseigne sur son agent ? Et dans quelle mesure cet enseignement éventuel contribue-t-il à préciser la différence entre *ipse* et *idem* ?

Deux remarques préalables s'imposent au seuil de la présente étude. Il doit d'abord être entendu que, dans une sémantique de l'action, il peut être question de l'agent de l'action, de la même façon que, dans l'analyse des particuliers de base de notre première étude, la personne *dont* on parle a pu être désignée comme l'entité à laquelle des prédicats d'ordres différents sont attribués (ascrits). Mais le recours *explicite* à la réflexivité de l'énonciation par quoi le sujet du discours se désigne lui-même n'est pas du ressort d'une sémantique axée sur la référence identifiante. Cette première limitation doit être reconnue dès le départ, si l'on ne veut pas être déçu par la relative minceur des résultats de la théorie de l'action, pourtant si riche en analyses rigoureuses, sur le point précis de la détermination conceptuelle de l'agent de l'action. Ce n'est à vrai dire qu'au terme de la prochaine étude qu'il sera possible d'entrecroiser la voie de la référence identifiante et celle de l'autodésignation du sujet parlant, et ainsi de thématiser de façon explicite la référence à soi d'un sujet agissant.

La seconde limitation de la présente enquête concerne l'étroitesse du champ des exemples couverts par le concept d'action. Il sera certes question de chaînes d'actions, à l'occasion principalement de l'analyse du raisonnement pratique ; mais on mettra entre parenthèses le principe unificateur qui fait de ces chaînes d'actions ces *unités pratiques de rang supérieur* que nous appellerons dans une étude ultérieure des *pratiques*. Or cette seconde limitation a des conséquences importantes : ne parlant pas des pratiques dignes de ce nom – techniques, métiers, arts, jeux –, nous ne prendrons pas non plus en compte les procédures de hiérarchisation entre pratiques qui autorisent à parler de l'unité narrative d'une vie. Or, cette mise entre parenthèses de tout principe unificateur intérieur aux pratiques et de toute hiérarchisation entre pratiques enchaîne à son tour l'abstraction des prédicats *éthiques* de la famille soit du bon, soit du juste ; seules, en effet, les unités pratiques de rang supérieur assument de façon explicite, outre l'enchaînement logique dont il sera parlé ici, une signification téléologique selon le bon et déontologique selon le juste. Cette seconde limitation est parfaitement légitime, dans la mesure où la sémantique de l'action se borne par principe à décrire et analyser les discours dans lesquels l'homme dit son faire, à l'exclusion de toute attitude prescriptive en termes de permis et de défendu. Dans cette mesure même, l'agent de l'action sera loin de pouvoir s'égaler à un soi responsable de sa parole et de son action. Il ne faudra donc pas s'étonner si l'auteur de l'action apparaît lui-même comme un agent éthiquement neutre, soustrait à la louange et au blâme.

1. *Le schéma conceptuel de l'action et la question* qui ?

En première approximation, l'enquête paraît prometteuse quant à la référence de l'action à son agent. Action et agent appartiennent à un même schème conceptuel, lequel contient des notions telles que circonstances, intentions, motifs, délibération, motion volontaire ou involontaire, passivité, contrainte, résultats voulus, etc. Le caractère ouvert de cette énumération est ici moins important que son organisation en réseau. Ce qui importe en effet à la teneur de sens de chacun de ces termes, c'est leur appartenance au même réseau que tous les autres ; des relations d'intersignification régissent ainsi leur sens respectif, de telle façon que savoir se servir de l'un d'entre eux, c'est savoir se servir de manière signifiante et appropriée du réseau entier. Il s'agit d'un jeu de langage cohérent, dans lequel les règles qui gouvernent l'emploi d'un terme forment système avec celles qui gouvernent l'emploi d'un autre terme. En ce sens, le réseau notionnel de l'action partage le même statut transcendantal que le cadre conceptuel des particuliers de base. A la différence, en effet, des concepts empiriques élaborés par les sciences humaines, de la biologie à la sociologie, le réseau entier a pour fonction de déterminer ce qui « compte comme » action, par exemple dans les sciences psychologiques du comportement et dans les sciences sociales de la conduite. C'est la spécificité de ce réseau par rapport à la détermination générale du concept de personne, acquise dans la première étude, qui nous importe désormais.

Une manière efficace de procéder à la détermination mutuelle des notions appartenant à ce réseau de l'action est d'identifier la chaîne des questions susceptibles d'être posées au sujet de l'action : qui fait ou a fait quoi, en vue de quoi, comment, dans quelles circonstances, avec quels moyens et quels résultats ? Les notions clés du réseau de l'action tirent leur sens de la nature spécifique des réponses portées à des questions spécifiques qui elles-mêmes s'entre-signifient : qui ? quoi ? pourquoi ? comment ? où ? quand ?

On voit en quel sens cette méthode d'analyse paraît prometteuse : un accès privilégié au concept d'agent nous est donné par les réponses que nous faisons à la question *qui ?*. Ce que Strawson appelait la « même chose » à quoi sont attribués prédicats psychiques et prédicats physiques devient maintenant un *quelqu'un* en réponse à la question *qui ?*. Or cette question révèle une affinité certaine avec la problématique du soi telle que nous l'avons délimitée dans l'introduction. Chez Heidegger, l'investigation du *qui ?*[1] appartient à la même circonscription ontologique que celle du soi *(Selbstheit)*. Hannah Arendt[2], lui faisant écho, rattache la question *qui ?* à une spécification propre à celle du concept d'action, qu'elle oppose à celui de travail et à celui d'œuvre. Alors que le travail s'extériorise entièrement dans la chose fabriquée, et que l'œuvre change la culture en s'incarnant dans des documents, des monuments, des institutions, dans l'espace d'apparition ouvert par la politique, l'action est cet aspect du faire humain qui appelle récit. A son tour, c'est la fonction du récit de déterminer le « qui de l'action ». En dépit de ces affinités manifestes entre la théorie de l'action et la phénoménologie herméneutique, on aurait tort de croire que la première puisse conduire aussi loin. Chez Heidegger, c'est la dépendance de la problématique du *Selbst* à l'égard de l'existential *Dasein* qui entraîne le « qui » dans le même espace ontologique de gravitation. Quant au « qui » de H. Arendt, il est médiatisé par une théorie de l'action qui sort des limites de la présente analyse et ne trouvera sa place que beaucoup plus tard, quand nous passerons de l'action au sens étroit à la pratique au sens large annoncé plus haut.

De fait, la contribution de la théorie de l'action à la question *qui ?* est considérablement plus modeste. Pour des raisons que nous allons dire, elle marque même souvent un recul par rapport à la problématique de Strawson, dans la mesure où celle-ci posait carrément la question de l'attribution à un « quelqu'un », tenu pour une « même chose », des prédicats caractéristiques de la personne. Or c'est cette question de l'attribution qui tend à passer dans les marges, au bénéfice d'une question devenue beaucoup plus importante. Laquelle ? Pour le dire d'un mot, c'est le rapport entre les questions *quoi ?* et *pourquoi ?* qui prend ici le pas sur le rapport entre le couple des questions *quoi-pourquoi ?* et la question *qui ?*. C'est d'abord comme un défi à une détermination du *qui ?* heideggérien que se présente la théorie de l'action. Notre problème sera, à la fin de cette étude, de retourner ce défi en

1. *Être et Temps,* § 25, § 64 ; trad. fr. d'E. Martineau, *Authentica,* 1985, p. 114*sq.* et 316*sq. ;* trad. fr. de F. Vezin, Paris, Gallimard, 1986, p. 156*sq.* et 376*sq.*
2. Hannah Arendt, *The Human Condition,* 1958, trad. fr. de G. Fradier, *La Condition de l'homme moderne,* préface de Paul Ricœur, Paris, Calmann-Lévy, 1961, rééd., 1983, repris par Agora, Paris, Presses Pocket, 1988, chap. v.

avantage, en faisant de l'investigation sur le *quoi-pourquoi ?* de l'action le grand détour au terme duquel la question *qui ?* reviendra en force, enrichie de toutes les médiations que l'investigation du *quoi-pourquoi ?* aura traversées.

Qu'est-ce qui explique l'effet d'occultation de la question *qui ?* par l'analyse des réponses aux questions *quoi ?* et *pourquoi ?*. Il ne suffit pas de dire que, dans une perspective sémantique, largement dominée par la manière dont le discours réfère à un quelque chose, on ne peut guère s'attendre à rencontrer des réponses à la question *qui ?* susceptibles d'échapper à la détermination d'un *quelque chose* entendu comme une composante du monde du réel. Certes, la problématique de l'événement que nous évoquerons tout à l'heure vérifiera amplement cette capture du *qui ?* par le « quelque chose ». Cette explication ne suffit toutefois pas, dans la mesure où rien n'empêche que, dans le cadre référentiel du quelque chose en général, la question *qui ?* conserve une autonomie par rapport aux questions *quoi-pourquoi ?*. Nous l'avons déjà dit à propos de Strawson, les réponses spécifiques à la question *qui ?* présentent un intérêt considérable, non pas en dépit de, mais grâce à, la limitation de l'enquête menée dans le cadre de la référence identifiante. A la question : qui a fait cela ? Il peut être répondu soit en mentionnant un nom propre, soit en usant d'un démonstratif (lui, elle, celui-ci, celle-là), soit en donnant une description définie (le tel et tel). Ces réponses font du quelque chose en général un quelqu'un. Cela n'est pas rien, même s'il manque à cette identification de la personne comme quelqu'un qui fait (ou subit) la désignation par soi à laquelle seule l'approche pragmatique donnera accès en faisant émerger le couple « je-tu » de la situation d'interlocution. Mais, si l'approche référentielle de l'agent de l'action ne saurait franchir ce seuil, du moins a-t-elle en revanche l'avantage de tenir largement ouvert l'éventail des pronoms personnels (je, tu, il/elle, etc.), et par là d'accorder le statut conceptuel de la personne à la troisième personne grammaticale. Au niveau d'une simple sémantique de l'action, la question *qui ?* admet toutes les réponses introduites par n'importe quel pronom personnel : je fais, tu fais, il fait [1]. Cet accueil sans discrimination

---

1. Il reviendra à la pragmatique d'ordonner la liste des pronoms personnels en fonction d'actes de discours différenciés par leur force illocutoire : alors pourra-t-on dire dans l'aveu ou la revendication : c'est moi qui... ; dans le remerciement ou l'accusation : c'est toi qui... ; dans l'accusation ou la description narrative : c'est lui qui... Mais ces déterminations pragmatiques différenciées se greffent toutes sur le quelqu'un de l'analyse référentielle.

des trois personnes grammaticales, au singulier et au pluriel, reste la grande force de l'analyse référentielle.

Ce n'est donc pas l'approche référentielle en tant que telle qui empêche de déployer les ressources contenues dans les réponses à la question *qui ?* dans le champ de l'action humaine. Aussi bien tenterons-nous, dans l'étude suivante, de poursuivre l'examen commencé à l'instant et de reprendre avec les ressources de l'analyse des réponses aux questions *quoi-pourquoi ?* le problème resté en suspens au terme de l'étude présente, à savoir celui de l'*ascription* de l'action à son agent.

L'occultation de la question *qui ?* est à attribuer, à mon avis, à l'orientation que la philosophie analytique a imposée au traitement de la question *quoi ?* en la mettant en relation exclusive avec la question *pourquoi ?*. En dépit des énormes différences qui vont progressivement apparaître entre plusieurs variétés de philosophies analytiques de l'action, on peut dire que celles-ci ont toutes en commun de focaliser la discussion sur la question de savoir ce qui vaut – au sens de « ce qui compte » – comme action parmi les *événements* du monde. C'est par rapport à la notion de *quelque chose qui arrive* que l'on s'emploie à déterminer le statut *descriptif* de l'action. C'est cette orientation donnée à la question *quoi ?*, par rapport à la notion d'événement mondain, qui contient en puissance l'effacement jusqu'à l'occultation de la question *qui ?*, en dépit de la résistance obstinée que les réponses à cette question opposent à leur alignement sur la notion éminemment impersonnelle d'événement. Les réponses à la question *quoi ?* appliquées à l'action tendent en effet à se dissocier des réponses requises par la question *qui ?*, dès lors que les réponses à la question *quoi ?* (quelle action a-t-elle été faite ?) sont soumises à une catégorie ontologique exclusive par principe de celle de l'ipséité : à savoir l'événement en général, le « quelque chose qui arrive[1] ».

Cette dissociation entre le *quoi ?* et le *qui ?*, à la faveur de laquelle la problématique de l'action bascule du côté d'une ontologie de l'événement anonyme, a été à son tour rendue possible par une coalition en sens contraire entre la question *quoi ?* et la question *pourquoi ?* : afin de déterminer ce qui vaut comme action (question *quoi ?*), on a en effet cherché dans le mode d'explication de l'action (question *pourquoi ?*) le critère même de ce qui mérite d'être décrit comme action. L'usage du « parce que »

1. Nous reprenons ici une discussion amorcée plus haut concernant le statut épistémologique et ontologique de l'événement. Cf. deuxième étude, p. 67.

dans l'explication de l'action est ainsi devenu l'arbitre de la description de ce qui compte comme action.

2. *Deux univers de discours :*
action contre événement, motif contre cause

Par souci didactique, je distinguerai trois degrés (2, 3 et 4) dans cette capture du *quoi ?* par le *pourquoi ?* et finalement du couple *quoi-pourquoi ?* par une ontologie de l'événement impersonnel. Je ne m'intéresse pas ici à la chronologie du débat, même si les positions que je vais évoquer sont à peu près échelonnées dans le temps selon l'ordre où je vais les faire paraître. Mes repères restent néanmoins plus théoriques qu'historiques.

Je caractérise le premier degré par deux arguments maîtres : le premier concerne le quoi de l'action dans sa spécificité ; le second, le rapport, tenu également pour spécifique, entre le *quoi ?* et le *pourquoi ?*.

1. Concernant le premier point, il est remarquable que la théorie de l'action a cru préserver la spécificité de l'agir humain en prenant déjà pour terme de référence la notion d'événement. Ce fut certes d'abord pour opposer action à événement. On verra plus loin à la faveur de quel retournement l'opposition est devenue inclusion. Mais, d'abord, ce fut l'opposition qui prévalut. L'événement, dit l'argument, arrive simplement ; l'action, en revanche, est ce qui *fait arriver*. Entre arriver et faire arriver, il y a un fossé logique, comme le confirme le rapport des deux termes de l'opposition à l'idée de vérité : ce qui arrive est l'objet d'une observation, donc d'un énoncé constatif qui peut être vrai ou faux ; ce que l'on fait arriver n'est ni vrai ni faux, mais rend vrai ou faux l'assertion d'une certaine occurrence, à savoir l'action une fois faite. Comme l'exprime le français : l'action faite est devenue un fait ; mais le rendre vrai est l'œuvre du faire. De cette opposition résulte que la « force logique d'une action » ne peut être dérivée d'aucun ensemble de constatations portant sur des événements et sur leurs propriétés [1].

---

1. On trouve un exposé détaillé de cet argument chez A.I. Melden, *Free Action,* Londres, Routledge and Kegan Paul, 1961, et chez S.T. Hampshire, *Thought and Action,* New York et Notre Dame (Ind.) Notre Dame University Press, 1983. Un argument comparable est développé par A. Danto dans *Analytical Philosophy of Action,* Cambridge, 1973. Toutefois, l'accent principal est mis par l'auteur sur l'isomorphisme qui demeure entre les deux séries d'énoncés : d'une part, *m*

Je ne sous-estime pas les mérites de cette approche du problème de l'action. Parmi ceux-ci, j'inscris volontiers l'élimination de quelques préjugés résultant d'une mauvaise construction par maints auteurs du concept d'action ; ainsi en est-il de pseudo-concepts tels que celui de sensations kinesthésiques, qui nous feraient connaître comme un événement interne la production par nous des mouvements volontaires ; ainsi en est-il encore des prétendues sensations affectives, qui nous feraient connaître nos désirs, également à titre d'événements internes. Le vice logique consiste en ce que l'observation interne, ici alléguée, est construite sur le modèle de l'observation externe ; ce préjugé soutient en sous-main la recherche vaine de quelque événement intérieur ; on peut parler ici d'un préjugé « contemplatif », qui invite à poser la question : « Comment savez-vous que vous faites ce que vous faites ? » La réponse est : « Vous le savez en le faisant. »

Je rapprocherai de la distinction entre faire arriver et arriver la distinction que fait E. Anscombe entre savoir-comment et savoir-que [1]. Le savoir-comment a en effet à faire avec des événements dont Anscombe dit qu'ils sont « connus sans observation » ; cette notion, à son tour, justifie qu'on parle à leur propos de « connaissance pratique ». Or, avant d'être appliquée à la notion d'intention dont on parlera plus loin, la notion d'événements connus sans observation s'applique à des expressions aussi primitives que la position de mon corps et de mes membres, et que la production de mes gestes. Le savoir du geste est dans le geste : « Cette connaissance de ce qui est fait est la connaissance pratique » ; « Un homme qui sait comment faire des choses en a une connaissance pratique » (ibid., p. 48).

Ces arguments sont assurément très forts, en première approximation. Leur défaut, toutefois – défaut par omission, si l'on peut dire –, est de se concentrer sur le « quoi » de l'action, sans thématiser son rapport au qui ?. Du même coup, ils vont s'avérer très vulnérables à une critique qui aboutira à faire de l'action une espèce du genre événement, plutôt qu'un terme alternatif. L'ironie est que c'est l'opposition entre action et événement qui a frayé la voie à la résorption du premier terme dans le second.

connaît que s à travers l'évidence e ; d'autre part, m fait arriver a en faisant b. Entre être vrai que s et rendre vrai que a arrive, une certaine homogénéité subsiste.
1. E. Anscombe, *Intention*, Basil Blackwell, 1979. Je ne m'attarde pas ici sur cet argument ; il prendra place dans un autre cadre conceptuel, centré sur la notion d'intention, dans lequel je vois le deuxième degré de l'occultation de la problématique du soi au bénéfice de celle de l'événement.

2. Le même renversement paradoxal se produira sur le second front ouvert par la théorie de l'action. Le « quoi » de l'action, en effet, est spécifié de façon décisive par son rapport au *pourquoi ?*. Dire ce qu'est une action, c'est dire pourquoi elle est faite. Ce rapport d'une question à l'autre s'impose : on ne peut guère informer autrui sur ce qu'on fait sans lui dire en même temps pourquoi on le fait ; décrire, c'est commencer d'expliquer ; et expliquer plus, c'est décrire mieux. C'est ainsi qu'un *nouveau gouffre logique* se creuse, cette fois entre motif et cause. Un motif, fait-on remarquer, est en tant que tel motif d'agir. Il est logiquement impliqué dans la notion de l'action faite ou à faire, en ce sens qu'on ne peut mentionner le motif sans mentionner l'action dont il est le motif. La notion de cause, du moins au sens humien, généralement pris pour terme de comparaison, implique au contraire une hétérogénéité logique entre la cause et l'effet, dans la mesure où je peux mentionner l'une sans mentionner l'autre (ainsi l'allumette d'une part et l'incendie d'autre part). La connexion interne – nécessaire et, en ce sens, logique – caractéristique de la motivation est exclusive de la connexion extrinsèque, contingente et, en ce sens, empirique de la causalité. On le voit, l'argument a la prétention d'être logique et non psychologique, en ce sens que c'est la force logique de la connexion motivationnelle qui exclut que l'on classe le motif comme cause ; le motif se laisse mieux interpréter en tant que raison-de... ; non point que toute motivation soit rationnelle, ce qui pourrait exclure le désir ; tout motif est raison-de, en sens que la connexion entre motif-de et action est une relation d'implication mutuelle. Le vérifie, selon cette école de pensée, la grammaire propre du mot *wanting*, dont l'emploi est plus large que le terme « désir » et qui correspond à peu près à ce que, en français, on appellerait « envie de... » et qu'on exprime volontiers par « ce qu'on aimerait ou voudrait faire (être ou avoir) », ou « ce qu'on ferait volontiers, ce qu'on voudrait bien faire », réservant au terme « désir » un champ plus restreint, au sens alimentaire ou sexuel, principalement. Quoi qu'il en soit du terme et de sa traduction appropriée, la grammaire propre du terme *wanting* exige que l'envie-de ne puisse être nommée qu'en liaison avec cela vers quoi elle tend, c'est-à-dire l'action elle-même ; avoir envie-de, c'est avoir-envie-de-faire *(to do)*, d'obtenir *(to get)*. L'envie, continue l'argument, peut être empêchée, interdite, refoulée ; mais, même alors, elle ne peut être comprise dans quelque indépendance logique que ce soit à l'égard du faire. Dans tous les cas, il y a une implication logique *(logical involvement)* entre désirer et faire ; avoir envie de quelque chose implique logiquement l'obtenir. Logiquement signifie que, dans notre langage, avoir envie et faire s'appartiennent mutuellement ; c'est selon une chaîne logique d'implication que l'on passe d'« avoir envie » à « avoir envie-de-faire », à « essayer *(trying)*-de-faire » et finalement à « faire » *(doing)*.

Cette grammaire de l'envie-de confirme la critique faite plus haut de la notion « contemplative » d'événement intérieur, observable par un œil intérieur. L'envie-de n'est pas une tension qu'une impression intérieure ferait ressentir ; une mauvaise grammaire du mot « envie », traité comme un substantif, est responsable de cette interprétation du désir comme un événement intérieur, logiquement distinct de l'action mentionnée dans le langage public. L'élimination des entités intérieures, commencée au plan du premier argument qui oppose action à événement, se poursuit ainsi au plan du second argument qui oppose motif à cause.

Une variante du même argument mérite d'être signalée : évoquer la raison d'une action, c'est demander de placer l'action dans un contexte plus large, généralement fait de règles d'*interprétation* et de normes d'exécution, qui sont supposées communes à l'agent et à la communauté d'interaction ; ainsi, je vous demande de considérer mon geste, par exemple de lever la main, comme une salutation, comme une prière, comme l'appel lancé à un taxi, etc. Bien que ce type d'argument ne trouve son épanouissement que dans le cadre d'une analyse appliquée à la force illocutoire des énonciations (saluer, prier, appeler, etc.) et donc relève de la pragmatique de l'action, il donne plus de force à l'opposition entre deux schémas d'explication, dans la mesure où un seul peut être traité comme une forme d'interprétation. Du même coup, se révèle une certaine proximité entre cette analyse conceptuelle de l'action et la tradition herméneutique, lorsque celle-ci oppose comprendre à expliquer, et fait de l'interprétation un développement de la compréhension. Interpréter, lit-on dans *Être et Temps*, c'est développer la compréhension en disant en tant que quoi *(als was)* nous comprenons quelque chose[1]. Cette parenté n'est pas étonnante, dans la mesure où l'action peut être traitée comme un texte et l'interprétation par les motifs comme une lecture[2]. Rattacher une action à un ensemble de motifs, c'est comme interpréter un texte ou une partie d'un texte en fonction de son contexte.

1. Heidegger, *Être et Temps*, § 32.
2. P. Ricœur, « Le modèle du texte : l'action sensée considérée comme un texte », in *Du texte à l'action, op. cit.*, p. 183-211.

3. On voit bien la parenté entre ce second type d'argument et le premier : l'opposition entre motif et cause est rigoureusement homogène à l'opposition entre action et événement. L'explication de l'action en termes de motifs renforce même la description de l'action comme un « faire-arriver ». Action et motif sont du même côté, comme événement et cause le sont de l'autre, ainsi que la tradition humienne nous prépare à l'admettre. En ce sens, on peut dire, au sens de Wittgenstein, que l'action et ses motifs, d'une part, l'événement et sa cause, d'autre part, appartiennent à deux « jeux de langage » qu'il importe de ne pas confondre ; la philosophie de l'action s'est de fait donné pour tâche, dans une première phase au moins, de restituer à ces deux jeux de langage leur cohérence respective et leur indépendance mutuelle. Et pourtant, cette franche dissociation de deux univers de discours ne devait pas résister aux assauts d'une analyse conceptuelle plus attentive aux variations de sens de termes supposés appartenir à deux jeux de langage nettement distincts, variations qui font que ces termes ne cessent d'empiéter l'un sur l'autre au point de rendre problématique le principe même de leur dissociation. C'est à ce stade de l'empiétement entre deux univers de discours que nous allons nous placer, avant de rejoindre le stade où le jeu de langage de l'action et de ses raisons d'agir se voit englouti dans celui de l'événement et de la causalité.

Mais disons d'abord pourquoi l'approche dichotomique était condamnée à être fortement nuancée avant d'être franchement rejetée.

Je dirai d'abord que, phénoménologiquement parlant, l'opposition entre motif et cause ne s'impose pas (on verra plus loin qu'elle est contestable au plan logique où elle est affirmée). Il apparaît bien plutôt que la catégorie du désir, que je prends ici au sens du *wanting* anglais, se propose comme une catégorie mixte dont la pertinence est éludée, dès lors que, pour des raisons logiques, on tire le motif du côté de la raison d'agir. Même si l'on ne veut souligner par là que l'originalité du mode d'implication entre motif et action, le danger reste que la raison-de soit prise dans le sens d'une rationalisation de type technologique, stratégique ou idéologique, et que soit occulté ce qui fait l'étrangeté même du désir, à savoir qu'il se donne, et comme un sens qui peut être exprimé dans le registre de la justification, et comme une force qui peut être transcrite, d'une manière plus ou moins analogique, dans le registre de l'énergie physique ; ce caractère mixte du désir – dont j'ai tenté jadis de faire la sémantique dans mon livre sur Freud – trouve un reflet au plan même où se tient strictement la théorie de l'action, à savoir celui du langage ordinaire. Ne demande-t-on pas : « Qu'est-ce qui vous a poussé à faire ceci ou cela ? » On dit même en anglais : « Qu'est-ce qui vous a " causé " à agir ainsi ? »

Je vois trois situations types où ce genre de question est justifié par une réponse de type causal. La première est celle où, à la question : « Qu'est-ce qui vous a poussé à faire ceci ou cela ? », on donne une réponse qui n'énonce ni un antécédent au sens de la cause humienne, ni une raison-de, au sens rationnel, mais une impulsion incidente, ou, comme on dit en psychanalyse, une pulsion (all. : *Trieb ;* angl. : *drive*). Seconde situation type : celle où, à la question : « Qu'est-ce qui vous amène d'habitude à vous conduire ainsi ? », la réponse mentionne une disposition, une tendance durable, voire permanente. Troisième situation type : si, à la question : « Qu'est-ce qui vous a fait sursauter ? », vous répondez : « Un chien m'a fait peur », vous ne joignez pas comme précédemment le comment au pourquoi, mais l'objet à la cause ; c'est le trait spécifique de l'émotion, au point de vue de son expression linguistique, que son objet soit sa cause et réciproquement.

Ces trois contextes peuvent être rapprochés sous le titre générique de l'*affection* ou de la *passion,* au sens ancien du terme. Dans ces trois contextes, en effet, une certaine passivité s'avère être corrélative à l'action de faire. La médiation de cette passivité paraît bien essentielle à la relation désirer-agir, qu'on ne saurait réduire à la justification que donnerait de son action un agent purement rationnel ; cette action serait précisément sans désir ! Cette phénoménologie du désir, élargie à celle de l'affection, contraint à dire que, même dans le cas de la motivation rationnelle, les motifs ne seraient pas des motifs de l'action s'ils n'étaient pas aussi ses causes.

Cette justification phénoménologique donnera une plausibilité certaine à la thèse causaliste. La question sera alors de savoir si un autre modèle causal que celui de Hume n'est pas requis parallèlement à la refonte de l'idée de motif réduite à celle de raison-de. Ce point ne pourra être discuté qu'au terme de l'itinéraire qui aura conduit à résorber l'idée de motif dans celle de cause.

Ce n'est pas finalement au plan phénoménologique seulement que la dichotomie entre deux univers de discours est critiquable et qu'elle a été critiquée dans le sens que l'on dira plus loin, mais au plan ontologique. Le terme absent de toute la discussion, et qui deviendra tout à l'heure terme exclu, c'est curieusement celui d'*agent*. Or, c'est la référence à l'agent qui nous interdit d'aller jusqu'au bout de la double opposition entre faire arriver et arriver, et entre motif et cause. L'opposition est en effet plausible au niveau du couple *quoi-pourquoi ?*. Dans le vocabulaire de Strawson qui a été le nôtre dans la première étude, elle revient à opposer les prédicats psychiques aux prédicats physiques, sous la réserve qu'une place soit faite au cas mixte du désir avec sa double valence de force et de sens. Mais une conclusion erronée est tirée d'une analyse partiellement juste. Ce qui a été perdu de vue, c'est l'attribution à la même chose – nous disons maintenant au même agent – des deux séries de prédicats. De cette attribution unique résulte que l'action est à la fois une certaine configuration de mouvements physiques et un accomplissement susceptible d'être interprété en fonction des raisons d'agir qui l'expliquent. Seul le rapport à un même particulier de base justifie que les deux jeux de langage ne restent pas juxtaposés, mais superposés, selon le rapport qui prévaut entre le concept de personne et celui de corps, et qui contraint à dire que les personnes sont aussi des corps. C'est donc l'analyse conceptuelle de la notion de personne au plan ontologique des entités dernières, qui exerce ici une contrainte préalable sur la sémantique de l'action ; en retour, il est demandé à celle-ci de satisfaire aux exigences du cadre conceptuel qui détermine notre emploi sensé et approprié du terme de personne.

La fragilité de la théorie dichotomique de l'action que nous venons d'exposer s'explique, à mon avis, par son caractère phénoménologiquement peu plausible et par son manque d'égards pour les contraintes attenantes à la théorie des particuliers de base. Il ne sera dès lors pas étonnant qu'un renversement complet du rapport entre action et événement au niveau du *quoi ?* et du rapport entre motif et cause au niveau du *pourquoi ?* soit lié à un oubli plus complet encore des contraintes ontologiques qu'on vient de dire, oubli qui sera scellé par la substitution d'une ontologie générale de l'événement à l'ontologie régionale de la personne. Mais ce double renversement, au plan de l'analyse du discours et à celui des entités de base, ne sera pas atteint directement. Avant de prendre en considération la confusion des univers de discours au bénéfice de l'événement et de la cause, il est bon de s'attarder au stade intermédiaire, celui de leur empiétement mutuel.

3. *L'analyse conceptuelle de l'intention*

Il est remarquable que ce soit l'analyse conceptuelle de la notion d'*intention,* que nous avons à dessein tenue en réserve jusqu'à présent, qui ait donné lieu à la sorte d'analyse toute en nuances et en dégradés, héritée du Wittgenstein des *Investigations philosophiques,* laquelle, avant toute attaque frontale, a contribué à un effritement des polarités trop symétriques [1]. Le livre d'E. Anscombe *Intention* est à cet égard le témoin le plus éloquent de ce que j'appellerai, sans intention péjorative, un impressionnisme conceptuel, pour le distinguer du tranchant en quelque sorte cubiste de la théorie de D. Davidson à laquelle nous consacrerons l'analyse suivante. On attendrait volontiers d'une analyse conceptuelle de l'intention qu'elle ramène du couple *quoi-pourquoi ?* à la question *qui ?.* L'intention n'est-elle pas, phénoménologiquement parlant, la visée d'une conscience en direction de quelque chose à faire par moi ? Curieusement, l'analyse conceptuelle tourne délibérément le dos à la phénoménologie : l'intention, pour elle, n'est pas l'intentionnalité au sens de Husserl. Elle ne témoigne pas de la transcendance à soi-même d'une conscience. Suivant en cela Wittgenstein, E. Anscombe ne veut rien connaître de phénomènes qui seraient accessibles à la seule intuition privée, et donc susceptibles seulement d'une description ostensive privée. Or ce serait le cas si l'intention était prise au sens d'intention-de... Cette sorte d'intention tournée vers le futur, et non vérifiée par l'action elle-même, n'est par principe accessible qu'à l'agent lui-même qui la déclare. Pour une analyse conceptuelle qui n'admet qu'un critère linguistique public, l'intention-de ne vaut qu'à titre de *déclaration* d'intention. L'intention non déclarée, on ne sait pas ce que c'est. Or la grammaire de surface de la déclaration d'intention est incertaine : rien ne distingue le futur de l'intention (je vais me promener) de celui de l'estimation du futur (je vais être malade) et de celui du commandement (vous allez m'obéir). Par-delà la

1. J.-L. Petit montre dans son ouvrage inédit *La Sémantique de l'action.* (Université Paris I - Sorbonne, 1988) que l'école dite d'Oxford fait essentiellement appel à la traditionnelle philosophie du sens commun pour combler le vide creusé par les *Investigations philosophiques* (§ 611-660) entre le niveau sémantique du langage et l'expérience effective de l'agir. Les paradoxes des *Investigations* occupent dès lors une position stratégique dans la philosophie analytique de l'action.

grammaire de surface, ce qui fait défaut, c'est le critère de vérité de la déclaration d'intention, si l'intuition de la signification « j'ai l'intention-de » est tenue pour irréductible.

Est-ce à dire que l'analyse conceptuelle de l'intention soit impossible ? L'obstacle peut être tourné si, suivant en cela l'usage commun de la langue, nous distinguons entre trois emplois du terme « intention » : avoir fait ou faire quelque chose intentionnellement ; agir dans *(with)* une certaine intention ; avoir l'intention-de. Seul le troisième emploi contient une référence explicite au futur. La référence au passé est en revanche la plus fréquente dans le cas de l'action faite intentionnellement. Mais, surtout, seul le troisième emploi ne tombe sous l'analyse qu'au niveau de sa déclaration. Les deux autres emplois sont des qualifications secondes d'une action observable par tous. On commencera donc par l'usage adverbial du terme « intention » (dont l'équivalent adjectival est « action intentionnelle »). Cet emploi n'oblige à aucune violation des règles de la description.

Cette attaque du problème, fragment après fragment, *(piecemeal),* est pour notre propre investigation très remarquable : en prenant pour pivot de l'analyse l'usage adverbial de l'intention, on privilégie aussi l'usage qui témoigne de la manière la moins explicite du rapport de l'intention à l'agent. Autant le lien paraît étroit entre l'intention-de et celui à qui elle appartient, autant la qualification intentionnelle de l'action va pouvoir se faire indépendamment de toute considération du rapport de possession qui rattache l'action à l'agent. Le critère de l'intentionnel – donc du *quoi ?* de l'action –, c'est en effet la forme assumée par certaines réponses données à la question *pourquoi ?*. En ce sens, c'est le *pourquoi ?* qui gouverne le *quoi ?* et qui, dans cette mesure même, éloigne de l'interrogation sur le *qui ?*.

La thèse centrale s'énonce en effet dans ces termes : « Qu'est-ce qui distingue les actions qui sont intentionnelles de celles qui ne le sont pas ? La réponse que je suggère est que ce sont les actions auxquelles s'applique un certain sens de la question *pourquoi ? ;* ce sens est bien entendu celui selon lequel la réponse, si elle est positive, fournit une raison d'agir[1]. » C'est dans la mise à l'épreuve de ce critère que se manifeste l'esprit de finesse d'une analyse qui va faire s'effriter les dichotomies tranchées de l'analyse antérieure et, paradoxalement, frayer la voie à l'esprit de géométrie d'une théorie de l'action diamétralement opposée à la précédente. Loin, en effet, que le critère de la question *pourquoi ?*

---

1. E. Anscombe, *Intention, op. cit.,* p. 9 [trad. de l'auteur].

ferme le jeu, son *application* donne accès à un champ extra-ordinairement varié d'exemples mixtes et de contre-exemples, quand elle ne fait pas pénétrer en un labyrinthe d'analyses dans lesquelles le lecteur se sent quelque peu perdu. Ce souci de distinctions fines s'exprime d'abord dans l'investigation des cas où la question *pourquoi ?* n'a pas d'application. C'était déjà la précaution prise par Aristote dans son analyse de la *prohairésis* (choix préférentiel) : cas d'ignorance, cas de contrainte. Anscombe raffine : tout dépend sous quelle description de l'action l'agent n'était pas au courant *(aware)* de ce qu'il était en train de faire (il ne savait pas qu'il faisait du bruit en sciant une planche). Mais la principale victime est l'opposition tranchée entre raison d'agir et cause. On a plutôt à faire à une gamme de cas où l'opposition ne vaut que pour les cas extrêmes. Les exemples mixtes sont à cet égard les plus intéressants. Aussi bien, estime Anscombe, est-ce toute la problématique de la causalité qui est dans un état d'excessive confusion ; qu'on se borne donc à dire que, dans certaines des réponses acceptables à la question *pourquoi ?*, nous employons de façon significative le terme de cause. Comme on l'a dit plus haut, on parle volontiers et de façon légitime de ce qui a poussé quelqu'un à agir. Même la notion de cause mentale a sa place légitime dans certaines descriptions de l'action intentionnelle (la musique militaire m'excite ; c'est pourquoi je marche en cadence). Les cas les plus fréquents où raison d'agir et cause tendent à se confondre sont ceux où les motifs regardent eux-mêmes en arrière *(backward-looking motives)* (cas de la vengeance ou de la gratitude, par exemple) ; en revanche, les motifs prospectifs correspondent plutôt à la notion d'intention-dans (ou avec) laquelle on agit. De cela on parlera plus loin. On voit combien est floue la frontière entre raison d'agir, motif prospectif, cause mentale et cause tout court (« Une figure grimaçante m'a fait sursauter »). Le critère de la question *pourquoi ?* est donc ferme ; son application étonnamment flexible.

Qu'en est-il de l'opposition entre action et événement, que, dans l'analyse précédente, nous avons fait paraître avant celle du motif et de la cause ? Ici encore, la position d'E. Anscombe est très nuancée. D'une part, elle tient ferme que l'action intentionnelle est objet de description ; la place occupée par la notion d'action sous telle description en témoigne ; en ce sens, le « quoi » de l'acte relève d'une connaissance qui peut être vraie ou fausse. Nous reviendrons plus loin sur cette insistance sur la description en philosophie analytique. D'autre part, les actions intentionnelles constituent une sous-classe des choses connues sans observation : je ne dis pas que je savais que je faisais ceci ou cela parce que je l'avais observé. C'est en faisant que l'on sait que l'on fait ce que l'on fait et pourquoi on le fait. Cette notion de connaissance sans observation, dont nous avons déjà parlé plus haut, et qui est aussi appelée connaissance pratique (savoir-comment et non savoir-que) rapproche incontestablement la position d'E. Anscombe de celle des partisans de la dualité des jeux de langage.

Mais il ne faudrait pas croire que la notion de connaissance pratique invite à prendre en compte la relation de l'action à son agent, bien que, dans tous les cas examinés, le verbe d'action soit précédé d'un pronom personnel. Le critère par la question *pourquoi ?*, et par les réponses acceptables à cette question, privilégie le côté objectif de l'action, à savoir le résultat obtenu, qui est lui-même un événement. Comme le dit Anscombe de façon à peine paradoxale : je fais ce qui arrive. L'oblitération de l'agent de l'action est encore renforcée par l'accentuation du côté objectif de la raison d'agir. Reprenant l'analyse de l'envie-de, commencée plus haut, l'auteur prend systématiquement en compte la forme du gérondif anglais *(wanting)* sans jamais considérer l'expression « j'ai envie-de » *(I want)* ; ainsi écrit-elle : le sens primitif d'avoir envie-de, c'est essayer d'atteindre *(trying to get* – le gérontif grammatical permet cette élision du sujet du verbe exprimé à des temps verbaux). Quant à l'espèce la plus fréquemment nommée de l'envie, à savoir le désir, ce qui compte pour l'analyse conceptuelle, ce n'est pas le manque et la tension ressentis par un sujet ainsi affecté, mais le « caractère de désirabilité », c'est-à-dire ce en tant que quoi quelque chose est désirable. Pourquoi cette accentuation du côté objectif du désir ? Pour deux raisons. La première est le souci de rendre compte de la dimension d'évaluation inséparable de la dimension descriptive, sans pour autant introduire des considérations morales dans l'analyse conceptuelle. La seconde raison est le souci de fournir une transition intelligible entre action intentionnelle (au sens de « faite intentionnellement ») et action dans l'intention-de.

Ce second emploi du mot « intention » recouvre ce qu'on a appelé plus haut « motif prospectif ». Mais il doit être bien entendu qu'on ne réintroduit pas par là quelque entité interne accessible au seul agent. L'action est là, et, pour la décrire, on l'explique. Or, l'expliquer par la visée d'un résultat ultérieur, c'est simplement procéder à un raisonnement pratique qui donne à la raison d'agir une complexité discursive en même temps que l'on place en position de prémisse un caractère de désirabilité. Nous sommes ici sur un terrain sûr, jalonné autrefois par Aristote sous le titre du syllogisme pratique, même s'il faut corriger les interprétations modernes, voire celles d'Aristote lui-même (dans la mesure où celui-ci en met l'analyse au service de la morale et surtout dans la mesure où il n'apparaît pas clairement que la conclusion du syllogisme pratique soit une action). L'erreur, dit E. Anscombe, est de faire du syllogisme pratique un raisonnement qui prouve, alors que c'est un raisonnement qui conduit à l'action. La vertu du raisonnement pratique, en effet, est de faire apparaître un état de choses futur comme stade ultérieur d'un processus dont l'action considérée est le stade antérieur. Dans l'expression : je fais ceci en vue de cela, l'accent n'est pas mis sur « je » mais sur « en vue de », c'est-à-dire sur la relation de dépendance entre deux états de choses, l'un antérieur, l'autre ultérieur.

C'est ici que l'implication mutuelle entre question *quoi ?* et question *pourquoi ?* joue en plein et dans les deux sens : de la description vers l'explication, mais aussi, à rebours, de l'explication vers la description, dans la mesure où l'ordre introduit entre une série de raisons d'agir par le raisonnement pratique rejaillit sur la description elle-même de l'action[1].

1. Je rappelle l'exemple qui a rendu fameuse l'analyse d'E. Anscombe : Un homme pompe de l'eau dans la citerne qui alimente une maison en eau potable. Quelqu'un a trouvé le moyen de contaminer systématiquement la source au moyen d'un poison lent dont les effets se font sentir quand il est trop tard pour les soigner. La maison est régulièrement habitée par un petit groupe d'agitateurs qui agissent pour le compte de meneurs politiques qui sont à la tête d'un vaste État. Ils sont occupés à exterminer les juifs et peut-être préparent une guerre mondiale. L'homme qui a contaminé la source a calculé que, si ces gens sont détruits, ses maîtres prendront le pouvoir et gouverneront bien, voire établiront le royaume des cieux sur terre et assureront une vie heureuse au peuple entier. Et il a mis au courant de son calcul, en même temps que de la nature du poison, l'homme qui fait marcher la pompe. La mort des habitants de la maison aura, bien entendu, toutes sortes d'autres effets ; par exemple un certain nombre de personnes inconnues à ces hommes recevront des legs dont ils ne connaîtront pas l'origine. Ajoutons pour compliquer l'exemple : le bras de l'homme qui pompe monte et descend. Certains muscles dont les médecins connaissent les noms latins se contractent et se relâchent. Certaines substances sont produites dans certaines fibres nerveuses, substances dont la formation au cours du mouvement volontaire intéresse les physiologistes. Le bras, en bougeant, jette une ombre sur un rocher où il fait apparaître une figure dont le regard semble sortir du rocher. En outre, la pompe produit une suite de grincements qui font apparaître un rythme connu. La question posée par cet exemple est la suivante : qu'est-ce que l'homme est en train de faire ? Quelle est *la* description de son action ? Réponse : la question admet autant de réponses que permet l'échelonnement des « en vue de... » ; toutes les descriptions sont également valables. En particulier, on peut aussi bien dénommer

L'ironie de la situation est que ce soit précisément cette implication mutuelle entre la question *quoi ?* et la question *pourquoi ?* qui ait contribué à oblitérer la question *qui ?*. Je m'explique de la façon suivante ce phénomène à première vue surprenant. C'est à mon avis le souci exclusif pour la vérité de la description qui a tendu à effacer l'intérêt pour l'assignation de l'action à son agent. Or l'assignation de l'action à l'agent pose un problème de véracité, et non plus de vérité, au sens descriptif du terme. C'est ce problème que nous retrouverons plus loin avec l'analyse de la déclaration d'intention que nous avons systématiquement mise de côté. Le montrent aussi les cas d'allégation mensongère faite aux autres ou à soi-même, les méprises de l'auteur de l'action sur ses propres intentions, ou tout simplement les hésitations, les débats intérieurs placés par Aristote sous le titre de la délibération. A cet égard, la relation moyen-fin et la logique qui s'y rattache n'épuisent pas la signification de l'intention dans laquelle on agit. Celle-ci, me semble-t-il, implique en outre le pur acte de visée *(act of intending)* qu'on a délogé de la première place. Je suggère ici de dire que la question de véracité, distincte de celle de vérité, relève d'une problématique plus générale de l'attestation, elle-même appropriée à la question de l'ipséité : mensonge, tromperie, méprise, illusion ressortiraient à ce registre. Il appartient peut-être au style de la philosophie analytique, et à son souci quasi exclusif pour la description, ainsi que pour les critères de vérité appropriés à la description, d'occulter les problèmes afférents à l'attestation. Si la possibilité de soupçonner la véracité d'une déclaration d'intention plaide contre son caractère de description et contre la prétention à la vérité attachée aux descriptions, cette possibilité même de soupçonner prouve à elle seule que le problème posé relève d'une phénoménologie de l'attestation qui ne se laisse pas réduire à une critériologie appropriée à la description. Les tests de sincérité, comme on le dira plus à loisir dans le cadre de l'étude consacrée à l'identité narrative, ne sont pas des vérifications, mais des épreuves qui se terminent finalement dans un acte de confiance, dans un dernier témoignage, quels que soient les épisodes intermédiaires de suspicion. Il y a un

---

l'action en fonction de la première chose qu'on fait ou en fonction du dernier résultat visé. Que l'agent soit mentionné dans chaque question et dans chaque réponse n'importe pas à l'enchaînement des raisons d'agir réglé sur celui des résultats visés. Or c'est cet enchaînement des raisons d'agir qui seul permet de répondre à la question de savoir s'il y a quatre actions ou quatre descriptions d'une même action : pomper, alimenter la citerne, empoisonner les habitants, déclencher la guerre. Cf. *Intention, op. cit.*, § 23*sq.*

moment, reconnaît Anscombe elle-même, où seul un homme peut dire ce qu'est son intention. Mais ce dire est de l'ordre de l'aveu : expression du témoignage intérieur communiqué, l'aveu est accepté ou non. Mais ce n'est jamais l'équivalent d'une description publique ; c'est une confession partagée. Ce qu'Anscombe appelle connaissance sans observation relève, selon moi, et cela contre le gré de l'auteur, de ce registre de l'attestation. Je suis bien d'accord que l'attestation de la visée intentionnelle n'est pas l'œuvre de « quelque étrange œil qui regarderait au milieu de l'agir » (§ 32 [trad. de l'auteur]). Précisément, l'attestation échappe à la vision, si la vision s'exprime dans des propositions susceptibles d'être tenues pour vraies ou fausses ; la véracité n'est pas la vérité, au sens d'adéquation de la connaissance à l'objet [1].

C'est faute de pouvoir thématiser cette attestation que l'analyse conceptuelle d'E. Anscombe est incapable de rendre un compte détaillé du troisième emploi du terme d'intention : l'intention-de... On se rappelle avec quels arguments cet usage, majeur au point de vue phénoménologique, avait été délogé de la première place au début de l'enquête et relégué au troisième rang. Revenant à cet emploi au terme de son parcours, l'auteur se borne à dire que le critère de la question *pourquoi ?* et des réponses appropriées vaut aussi pour l'intention d'une action proposée. Autant dire que la marque du futur, que l'intention partage avec la prédiction ou l'estimation du futur (ceci va arriver), n'est pas discriminante, mais seulement l'explication par des raisons ; de ce point de vue, il n'importe pas que l'intention soit remplie ou non, ou que l'explication se borne à un laconique : parce que j'en avais envie, un point c'est tout. On a simplement éliminé ce que j'appellerai l'intention de l'intention, à savoir l'élan spécifique vers le futur où la chose à faire est à faire par moi, le même *(ipse)* que celui qui dit qu'il fera [2]. Autrement dit, est éliminé ce qui dans l'intention la met sur la voie de la promesse, même s'il manque à la ferme intention le cadre conventionnel et public de la promesse explicite.

1. La question de l'attestation (et celle connexe de la véracité) se fraie lentement son chemin d'étude en étude, avant d'être abordée de front dans la dixième étude.
2. On trouve chez Anscombe elle-même la trace de ce problème ; elle définit ainsi l'expression de l'intention : « C'est la description de quelque chose de futur où le locuteur est une sorte d'agent, description qu'il justifie (si en fait il la justifie) par des raisons d'agir, à savoir des raisons pour lesquelles il serait utile ou attrayant si la description se révélait vraie, non par la preuve matérielle [*evidence*] qu'elle est vraie » (*ibid.*, p. 6 [trad. de l'auteur]).

En conclusion, l'intention-de, reléguée au troisième rang par l'analyse conceptuelle, revient au premier rang dans une perspective phénoménologique. Il restera à dire en quel sens l'attestation de l'intention-de est en même temps attestation du soi.

4. *Sémantique de l'action et ontologie de l'événement*

Le troisième degré de la capture du *quoi ?* dans le *pourquoi ?*, avec son corollaire – l'élision presque complète de la question *qui ?* –, est atteint dans une théorie de l'action où le couple des questions *quoi ?* et *pourquoi ?* se voit aspiré par une *ontologie de l'événement impersonnel* qui fait de l'action elle-même une sous-classe d'événements. Cette double réduction logique et ontologique est menée avec une vigueur remarquable par Donald Davidson dans la série des articles recueillis en volume sous le titre significatif *Actions and Events*[1].

La théorie débute par un paradoxe apparent. Si, en effet, elle commence par souligner le caractère téléologique qui distingue l'action de tous les autres événements, ce trait descriptif se trouve rapidement subordonné à une conception *causale* de l'explication. C'est dans cette subordination que réside l'intervention décisive de cette théorie de l'action, aussi taillée à la hache, aussi carrée si j'ose dire, que les analyses d'E. Anscombe ont pu paraître impressionnistes. A son tour, l'explication causale sert, dans la stratégie de Davidson, à insérer les actions dans une ontologie, non pas occulte, mais déclarée, qui fait de la notion d'événement, au sens d'occurrence incidente, une classe d'entités irréductibles à mettre sur un pied d'égalité avec les substances au sens d'objets fixes. C'est cette ontologie de l'événement, par nature impersonnel, qui, à mon sens, structure l'espace entier de gravitation de la théorie de l'action et empêche un traitement thématique explicite du rapport action-agent que pourtant l'analyse ne cesse de côtoyer. Je vois dans cet échec du retour de l'action à l'agent une incitation, en quelque sorte par défaut, à chercher dans une autre sorte d'ontologie, plus consonante avec la requête du soi, le véritable lieu d'articulation entre l'action et son agent.

1. Procédant par ordre, je conduirai l'analyse dans les limites du groupe d'essais consacrés au rapport entre *intention et action,*

1. D. Davidson, *Essays on Actions and Events*, Oxford, Clarendon Press, 1980.

en prenant pour guide le premier de ces essais : « Actions, Reasons and Causes » (1963)[1]. Cet essai, qui fut tout à la fois un coup d'envoi et un coup de maître, a suscité un réalignement de toute la philosophie de l'action, contrainte à prendre position par rapport à cette nouvelle donne. Ce premier essai – dont on dira plus loin à quelle importante révision il fut soumis quelque quinze ans plus tard dans le dernier essai du groupe, intitulé « Intending » (1978)[2] – ne traite pas thématiquement du fondement ontologique de la théorie de l'action dans une ontologie de l'événement, mais la suppose à chaque page ; l'essai se borne à réduire implacablement l'explication téléologique, qu'on est tenté d'associer à la description de l'action en termes d'intention, à l'explication causale. En effet, l'intérêt et, jusqu'à un certain point, le caractère paradoxal de la théorie de Davidson, c'est qu'elle commence par reconnaître le caractère téléologique de l'action au plan descriptif. Ce qui distingue l'action de tous les autres événements, c'est précisément l'intention. Les actions sont certes des événements, pour autant que leur description désigne quelque chose qui arrive, comme le suggère la grammaire des verbes, mais nulle grammaire ne permet de trancher entre des verbes qui ne désignent pas des actions, tels que « trébucher », et des verbes qui désignent des actions, tels que « frapper », « tuer ». En ce sens, la distinction entre faire-arriver et arriver, sur laquelle les auteurs précédents ont tant insisté, tombe à l'intérieur de la circonscription des événements. C'est l'intention qui constitue le critère distinctif de l'action parmi tous les autres événements.

Mais en quel sens faut-il prendre le mot « intention » ? Dans sa présentation, D. Davidson prend à son compte la distinction proposée par E. Anscombe entre plusieurs usages linguistiques du terme « intention » : intention-dans-laquelle..., intentionnellement, intention-de... La stratégie adoptée en 1963 consiste à privilégier chez lui aussi l'usage adverbial de l'intention (X a fait A intentionnellement) et à lui subordonner l'usage substantif (A a l'intention de faire X dans les circonstances Y), l'intention-dans-laquelle étant tenue pour une simple extension discursive de l'adverbe « intentionnellement ». Plusieurs raisons justifient cette stratégie. D'abord, en traitant l'intention comme un adverbe de l'action, il est possible de la subordonner à la description de l'action en tant qu'elle est un événement *échu* ; il est remarquable

1. In *Essays on Actions and Events, op. cit.*, p. 3-19.
2. *Ibid.*, p. 83-102.

que, dans la plupart des exemples canoniques soumis à l'analyse logique des phrases d'action, les verbes sont énoncés dans l'un des temps verbaux du passé : Brutus tua César, etc. ; ce sera là une source d'embarras dans l'analyse de l'intention-de, où l'orientation vers le futur est aussi fortement marquée que la forme passée de l'action-événement l'est peu. Autre argument : Davidson partage avec toute la philosophie analytique une extrême méfiance à l'égard de ces entités mystérieuses que seraient les volitions, sans pour autant rejeter la notion d'événement mental, puisque les désirs et les croyances, qui seront dans un instant placés dans la position d'antécédent causal, sont bel et bien des événements mentaux. Mais ces événements mentaux sont tels qu'ils ne sont pas incompatibles avec une version physicaliste, dont je ne parlerai pas ici. Ce n'est donc pas la notion d'événement mental qui embarrasse, mais la sorte d'événement qui ne se laisse pas inscrire dans le schéma de la causalité antécédente qu'on va développer plus loin. C'est finalement l'aptitude à entrer dans un schéma causaliste qui fait privilégier l'usage adverbial du terme « intention ». C'est cette inscription de la téléologie du plan descriptif dans la causalité du plan explicatif que l'on va maintenant établir.

A vrai dire, avec l'intention prise au sens adverbial, la description vaut explication. Décrire une action comme ayant été faite intentionnellement, c'est l'expliquer par la raison que l'agent a eue de faire ce qu'il a fait. Autrement dit, c'est donner une explication en forme de *rationalisation* ; c'est dire que la raison alléguée « rationalise » l'action. A partir de là, la thèse de Davidson se développe en deux temps : d'abord expliciter ce que signifie rationaliser ; ensuite montrer que la rationalisation est une espèce d'explication causale. Quelqu'un peut être dit avoir une raison de faire quelque chose, s'il a, d'une part, une certaine « pro-attitude » – disons : une attitude favorable, une inclination – à l'égard des actions d'une certaine sorte, en entendant par inclination quelque chose de plus large que le désir, l'envie *(wanting)*, l'attitude favorable incluant les obligations, et tous les buts privés ou publics de l'agent ; d'autre part, une croyance (connaissance, perception, observation, souvenir) que l'action de l'agent appartient à cette catégorie d'actions. (On peut remarquer que l'agent est ici nommé. Mais sera-t-il thématisé comme tel ?) Bref, une action intentionnelle est une action faite « pour une raison ». On pourra appeler « raison primaire » l'ensemble constitué par l'attitude favorable et la croyance : « connaître la raison primaire pour laquelle quelqu'un a agi comme il a fait, c'est connaître l'intention dans laquelle l'action a été faite [1] ».

C'est sur la base de cette équation entre raison de faire et intention dans laquelle on a fait que Davidson établit sa thèse majeure, selon laquelle l'explication par des raisons est une espèce d'explication causale. C'est d'abord pour lui une thèse de bon sens : ne demande-t-on pas ce qui a mené, conduit (et en anglais *caused*) quelqu'un à faire ce qu'il a fait ? C'est en outre une thèse homogène à toute l'ontologie de l'événement. Qu'est-ce que la causalité, en effet, sinon une relation entre des événements singuliers, discrets ? Or, contrairement à l'argument évoqué dans le paragraphe précédent, raison et action sont bien des événements, par leur caractère d'incidence (une disposition ne devient une raison d'agir qu'en se faisant accès soudain), et en outre des événements distincts, qu'on peut nommer et décrire séparément, donc des candidats sérieux aux rôles de cause et d'effet ; à cet égard, l'événement mental, considéré sous l'angle de l'incidence, est tout à fait parallèle à la fissure soudaine qui transforme un défaut dans la construction d'un pont en événement qui cause la catastrophe.

Ajoutons encore, et ce point est plus délicat, qu'une théorie causale ne doit pas être confondue avec une théorie nomologique : il n'est pas nécessaire de connaître une loi pour affirmer un lien causal, lequel, on l'a dit, régit des événements particuliers. Cette dissociation entre explication causale et explication nomologique permet d'écarter l'obstacle principal opposé en philosophie analytique à une interprétation causale de l'explication de l'action par des raisons. Or c'est une entreprise pour le moins plausible [2]. J'ai défendu moi-même dans *Temps et Récit I* la

---

1. « *To know a primary reason why someone acted as he did is to know an intention with which the action was done* » (*ibid.*, p. 7).
2. Davidson concède que c'est là une version faible de la définition humienne de la causalité. Celle-ci prend certes en compte des événements singuliers, puisqu'elle n'invoque que la ressemblance entre ce qu'elle appelle des « objets » ; mais en outre elle retient la régularité dans la répétition ; un lien causal peut ainsi être observé sans que la loi sous-jacente soit connue. P. Strawson, dans un des essais consacrés à l'œuvre de Davidson (« Causation and explanation », *in* B. Vermazen et M.B. Hintikka (éd.), Essays on Davidson *Actions and events,* Oxford, Clarendon Press, 1985, p. 115-136), apporte à la thèse de Davidson un renfort qui, il est vrai, pourrait finalement l'affaiblir : il observe qu'au simple niveau de l'observation ordinaire, le phénomène de production (le « faire-arriver » tant discuté en philosophie analytique) se prête à une typification d'où émergent des régularités qui, à leur tour, font appel, à un autre niveau de discours explicatif, à de véritables lois ; ainsi voit-on le tracteur tirer ou pousser, comme nous pouvons tirer ou pousser à la force de nos bras. C'est le cas de toutes les « transactions mécaniques », selon l'expression de Strawson. La thèse qui incorpore la téléologie à la causalité entre événements particuliers risque alors de perdre tout caractère non seulement

notion d'explication causale singulière au plan de la connaissance historique, à la suite de Max Weber et de Raymond Aron. En outre, j'ai exprimé un peu plus haut mes propres doutes à l'égard d'un traitement purement dichotomique de la paire conceptuelle motif-cause. Mais je me suis borné alors à un simple inventaire des situations langagières dans lesquelles il paraît légitime de traiter les motifs comme des causes. Je voudrais pousser l'argument plus loin et proposer une interprétation de la motivation qui tout à la fois satisfasse à l'intuition phénoménologique et offre une alternative à la théorie causaliste de Davidson en ce qu'elle reste foncièrement humienne. Si la phénoménologie de l'envie-de exige une refonte de l'idée de motivation qui, comme nous le disions, tienne compte de la dimension de passivité qui paraît bien corrélative de l'action de faire, une refonte parallèle de l'idée de cause qui la dissocie du modèle humien paraît s'imposer. D'un côté, il semble bien que ce soit le prestige de ce modèle qui ait empêché de prendre en compte les cas où motif et cause sont indiscernables, à savoir tous ceux où s'exprime la vieille idée d'efficience, voire l'idée de disposition, remise en honneur par Ryle dans *La Notion d'esprit*[1]. D'un autre côté, on peut certes arguer que l'idée d'efficience, chassée de la physique par la révolution galiléenne, a tout simplement réintégré son lieu d'origine, sa terre natale, dans l'expérience du désir ; mais on ne saurait se satisfaire d'une analyse qui se bornerait à restaurer une signification archaïque de la cause pour faire droit à des expériences où le motif est effective-

---

paradoxal, mais même discriminant. Comme d'autres auteurs l'ont souligné à l'envi, la notion de cause déploie une telle polysémie qu'on ne sait plus si c'est en vertu d'un anthropomorphisme non remarqué que nous croyons voir le bulldozer pousser, comme nous poussons une pierre à coups d'efforts physiques, ou bien si c'est par transfert des choses à nous que nous appliquons à notre propre action un modèle mécanique. Aussi bien Strawson retire-t-il tout intérêt à cette question de priorité dans la mesure où pour lui la coupure importante n'est pas entre causalité humaine (que ce soit dans l'effort ou dans la pesée des motifs) et causalité matérielle, mais entre le caractère *naturel* de la relation causale entre événements et circonstances particulières et le caractère *non naturel* de la relation explicative qui relie entre eux, non les événements eux-mêmes, mais le *fait* qu'ils arrivent. Or, selon Strawson, les faits désignent des *états de choses,* lesquels n'arrivent pas à proprement parler, mais sont seulement exemplifiés par les occurrences singulières. Je ne me laisse pas entraîner ici dans la querelle ouverte par Strawson concernant le rapport entre états de choses (intemporels) et événements (éphémères). Davidson lui consacre deux essais : « Events as Particulars » (1970) et « Eternal vs. Ephemeral Events » (1971), repris dans la seconde section de *Actions and Events, op. cit.*, p. 181-203.
1. G. Ryle, *The Concept of Mind,* Londres, New York, Hutchinson's University Library, 1949 ; trad. fr. de S. Stern-Gillet, *La Notion d'esprit,* Paris, Payot, 1978.

ment vécu comme cause. C'est la grammaire même des notions de pulsion, de disposition, d'émotion, bref la grammaire du concept d'affection, qui exige que le caractère intentionnel de l'action soit articulé sur un type d'explication causale qui lui soit homogène. Celle-ci ne peut être que l'explication téléologique[1].

Qu'est-ce qu'une explication téléologique ? C'est une explication dans laquelle l'ordre est en tant que tel un facteur de sa production, c'est un ordre *self-imposed*. Dire qu'un événement arrive parce qu'il est visé comme fin, ce n'est pas recourir à une entité cachée, *virtus dormitiva* ou autre, mais décrire un système et une loi de système, tels que dans ce système un événement arrive parce que les conditions qui l'ont produit sont celles qui sont requises pour produire cette fin, ou, pour citer Charles Taylor : « La condition d'apparition d'un événement est que se réalise un état de choses tel qu'il amènera la fin en question, ou tel que cet événement est requis pour cette fin. » Ainsi, dire qu'un animal guette sa proie, c'est dire que la sorte d'action décrite comme guet est celle qui, dans son répertoire de comportements disponibles, est requise pour satisfaire sa faim. On ne postule donc aucune entité antérieure ou intérieure ; on dit seulement que le fait pour un événement d'être requis pour une fin donnée est une condition de l'apparition de cet événement. Le fait que l'état de système et son environnement sont tels qu'ils requièrent un événement donné (tel comportement : ici, le guet) pour qu'un certain résultat se produise est parfaitement observable ; de même aussi le fait que cette condition antécédente peut être établie indépendamment de la preuve matérielle produite par l'événement lui-même.

C'est, à partir de là, la tâche de la sémantique de l'action d'établir la corrélation entre la forme de loi propre à l'explication *téléologique* et les traits descriptifs qui nous ont conduits à dire qu'un motif ne remplit sa fonction que s'il est aussi une cause. Entre langage ordinaire et explication téléologique, une corrélation intéressante apparaît alors, qui vaut dans les deux directions. Selon la première direction, la forme d'explication téléologique est le sens implicite de l'explication de l'action par des dispositions ; on peut parler dans ce cas d'une déduction transcendantale de l'explication téléologique à partir du caractère du discours ordinaire que cette explication rend possible. Classer une action comme *intentionnelle*, c'est décider par quel type de loi elle doit être expliquée, et du même coup exclure *(to rule out)* un certain type d'explica-

1. Je dois l'analyse qui suit à Charles Taylor dans *The Explanation of Behaviour*, Londres, Routledge and Kegan Paul, 1954.

tion ; autrement dit, c'est décider de la forme de loi qui régit l'action et en même temps exclure que ce soit une loi mécanique ; ici, décrire et expliquer coïncident ; la classe descriptive est la même chose que le style d'explication : la question *quoi ?* s'effectue dans la question *pourquoi ?;* un énoncé par le but vaut description ; l'explication est une redescription par le but en vue de quoi. L'épistémologie de la causalité téléologique vient légitimer le caractère indépassable du langage ordinaire. Mais, dans la direction inverse, si l'explication téléologique explicite la forme implicite à la description du discours ordinaire (disposition à...), en retour celui-ci ajoute à la forme d'explication la référence à un caractère phénoménologique de l'expérience de l'action, caractère qui n'est pas contenu dans cette forme (qui, en tant que telle, se réduit à la loi d'un système) ; c'est pourquoi il y a plus dans la description phénoménologique que dans l'explication téléologique ; à la notion générale de l'explication par un but, l'expérience humaine ajoute celle d'une orientation *consciente* par un agent capable de se reconnaître comme le sujet de ses actes ; l'expérience n'est pas seulement ici l'application de la loi ; elle la spécifie, en désignant le noyau intentionnel d'une action consciemment orientée.

L'interprétation alternative que je propose ici des rapports entre causalité et motivation ne couvre pas seulement, à mon avis, l'usage adverbial de la notion d'intention, mais rouvre une carrière nouvelle à celle d'intention-de.

2. Le véritable problème posé par l'analyse de l'action chez Davidson n'est en effet pas, à mon sens, de savoir si les raisons d'agir, dans le cas où l'intention est prise adverbialement, sont ou non des causes, mais si l'on est justifié à tenir l'usage substantif de l'intention – l'intention-de – pour dérivé de son usage adverbial.

On a déjà noté qu'en philosophie analytique l'expression « intention dans laquelle » une action est faite revêt par préférence une des formes du passé des temps verbaux. Ce n'est pas surprenant, dès lors que l'événement-action est tenu pour échu ; ce qui, en revanche, surprend, c'est que le temps verbal ne fait l'objet d'aucune analyse distincte ; ce que l'on ne pourra plus omettre de faire avec l'intention-de, dont la direction vers le futur est, comme on le verra plus loin, fortement marquée. On peut alors se demander si la dimension *temporelle* ne doit pas être prise en compte dans l'analyse de l'intention, et si l'intention-dans-laquelle, dont le caractère passé est resté non marqué, n'est pas à cet égard une forme atténuée, sinon mutilée, de l'intention-de, pour laquelle le délai entre intention et action est essentiel. Or un délai nul n'est pas un non-délai, mais une sorte d'accompagnement simultané. Si l'on demande après coup à quelqu'un pourquoi il a fait ceci ou cela intentionnellement, celui-ci répondra en élevant l'intention-dans-laquelle il a agi au rang d'intention-de : la raison de son action est l'intention-de, qu'il aurait formée s'il avait réfléchi, s'il avait eu le temps de délibérer.

Or cette première atténuation, celle de la dimension temporelle, n'est pas sans rapport avec une seconde atténuation, celle de la référence à l'*agent* dans la formulation de l'action-événement et de sa raison-cause ; sans être ignorée, l'attribution de l'action et de ses raisons à leur agent n'est jamais thématisée ; elle aussi reste non marquée[1]. Elle est même absente de la formule que tout l'essai commente, C2 : « La raison primaire d'une action est sa cause » (Davidson, *ibid.*, p. 12)[2]. Ne serait-ce pas,

1. L'agent est nommé par Davidson dans la proposition C1 : « R est une raison primaire pour laquelle un agent a exécuté l'action A sous la description *d*, seulement si R consiste en une pro-attitude de l'agent à l'égard des actions dotées d'une certaine propriété, et une croyance de l'agent que A, sous la description *d*, détient cette propriété » (*Essays on Actions and Events, op. cit.*, p. 5 [trad. de l'auteur]). On peut surprendre le moment de l'atténuation de la référence à l'agent dans la déclaration suivante : « connaître une raison primaire pour laquelle quelqu'un a agi comme il l'a fait, c'est connaître une intention dans laquelle l'action a été faite » (*ibid.*, p. 7). Les syllogismes pratiques construits sur cette base ne mentionnent en effet que le « caractère de désirabilité » de l'attitude favorable, pour reprendre l'expression heureuse d'E. Anscombe dans *Intention*.

2. On trouvera une confirmation de cette atténuation de la référence à l'agent dans l'essai consacré au concept d'« *agency* » (*ibid.*, p. 43-61), que je traduis par « puissance d'agir ». On pourrait attendre, sous ce titre, une analyse du pouvoir-faire de l'agent. Il n'en est rien ; il est seulement question du critère distinctif des actions proprement dites *(deeds and doings)* par rapport aux événements qui ne sont que de simples occurrences *(happenings)*, lorsque semble faire défaut le caractère intentionnel. Le principal contre-exemple ici considéré est celui des *méprises*. Tel amiral coule en fait le *Bismarck* alors qu'il voulait couler le *Tirpitz* ; Hamlet tue Polonius en croyant transpercer un inconnu derrière la tenture. La propriété de constituer une action et non une occurrence quelconque – à quoi équivaut dans ce contexte le terme d'*agency* – fait problème ; dans la mesure où nul ne met en doute que l'événement considéré – couler un navire, tuer un homme – soit une action, alors que fait défaut en première approximation le caractère intentionnel. Peut-il y avoir *agency* sans intention, demande-t-on ? L'argument, fort subtil, consiste à montrer, par une simple analyse logique de la forme des phrases d'action, que le critère de l'action reste intentionnel : « Un homme, est-il dit, est l'agent d'un acte, si ce qu'il fait peut être décrit sous un aspect qui le rend intentionnel » (*ibid.*, p. 46). Va-t-on parler de l'intention de l'agent ? Non point. Tout se joue dans l'écart entre, d'une part, la raison de l'attitude favorable et la croyance qui l'accompagne, et, d'autre part, la réalité de l'effet advenu. Il est pourtant

dès lors, un effet pervers causé par l'alignement sur l'ontologie sous-jacente de l'événement, d'occulter l'attribution de l'action à son agent, dans la mesure où il n'est pas pertinent pour la notion d'événement qu'il soit suscité, amené *(brought about)* par des personnes ou par des choses ?

Ce soupçon trouve une confirmation dans le traitement accordé à l'« intention pure », c'est-à-dire non accompagnée d'action – « *intending* », selon le titre de l'essai qui lui est consacré en 1978, donc quinze ans après « Actions, Reasons and Causes [1] ». Selon la stratégie adoptée dans le premier essai, tous les usages de la notion d'intention devaient pouvoir être dérivés de l'usage adverbial : « *I was wrong* », (« j'avais tort »), avoue Davidson dans l'introduction à sa collection d'essais (*ibid.*, p. XIII). Il n'a pas échappé, en effet, à l'auteur que l'intention-de présente des traits originaux, précisément l'orientation vers le futur, le délai dans l'accomplissement, voire l'absence d'accomplissement, et, en sourdine au moins, l'implication de l'agent. Toutefois, la thèse nouvelle est que ces traits ne requièrent aucune révision fondamentale de l'explication causale en termes d'attitude favorable et de croyance, mais seulement l'adjonction d'un facteur supplémentaire incorporé à la notion bien établie de raison d'agir. De ce facteur supplémentaire, il est exigé qu'il ne réintroduise pas en fraude quelque acte mystérieux du type volitionnel. Avec un soin extrême, plusieurs candidats sont interrogés : ne peut-on traiter le processus de formation de l'intention comme une action ? C'est plausible : mais qu'est-ce qu'une action non observable ? Assimilera-t-on l'intention à quelque acte de discours du type de la promesse (ou de commandement) ? C'est également plausible : mais à l'intention manque l'appareil de conventions, le caractère d'obligation par lequel l'agent se tiendrait lié et le caractère public d'une déclaration, tous traits qui distinguent la promesse en tant qu'acte de discours. Ramènera-t-on l'intention à la croyance que l'on veut faire effectivement, ou que l'on fera si certaines conditions sont satisfaites, ou que l'on pourrait faire si l'on voulait ? On est par là certainement plus près du but : mais l'analyse ne vaut au mieux que pour des intentions conditionnelles, où les conditions invoquées sont de l'ordre des circonstances exté-

---

remarquable que Davidson ne puisse éviter de distinguer dans ce contexte entre *event causality* et *agent causality* pour rendre compte de la substitution considérée. Mais, à ma connaissance du moins, il ne développe nulle part cette distinction empruntée d'ailleurs à I. Thalberg (*ibid.*, p. 52).

1. In *Essays on Actions and Events, op. cit.*, p. 83-102.

rieures. Reste la solution consistant à reprendre à nouveaux frais l'analyse de l'attitude favorable sous la forme de l'analyse canonique de l'envie *(wanting)*.

L'analyse antérieure a, en effet, négligé la composante évaluative, donc le rôle du *jugement,* dans la formation de l'envie. Or, « former une intention », c'est aussi « arriver à un jugement ». Mais il y a deux sortes de jugements : d'une part le jugement que l'on peut appeler *prima facie,* qui correspond au désir, par exemple, de manger quelque chose de sucré, et qui n'est autre que la considération d'un caractère de désirabilité, pour reprendre encore le vocabulaire d'Anscombe[1] ; d'autre part, le jugement inconditionnel *(all-out judgment)* qui peut conclure un raisonnement pratique. Il s'agit d'un jugement supplémentaire selon lequel le caractère désirable *suffit* à régir l'action. Une chose est donc le jugement qui plaide seulement en faveur d'une action, une autre celui qui engage l'action et y suffit. La formation d'une *intention* n'est rien d'autre que ce jugement *inconditionnel*. L'avantage de la théorie est qu'elle reste dans les limites de l'analyse antérieure de la raison d'agir, tout en respectant la distinction entre intention et simple envie. C'est ce que permet l'introduction, au titre d'élément nouveau dans l'analyse de l'action intentionnelle, du jugement inconditionnel. Ainsi « *intending* et *wanting* appartiennent au même genre de pro-attitude exprimé par des jugements de valeur » *(ibid.,* p. 102). Cela dit, l'explication causale de l'intention est sauvée.

A mon avis, Davidson a sous-estimé le bouleversement que cette adjonction du jugement inconditionnel impose à l'analyse antérieure. Toute la problématique tenue jusque-là à l'écart, à savoir le sens à donner à la composante temporelle du *délai* et à la référence à l'*agent* dont l'intention est la sienne, revient en force sous le couvert du jugement inconditionnel. Ainsi lit-on dans la dernière phrase de l'essai : « Les *intendings* purs constituent une sous-classe des *all-out judgments,* à savoir ceux qui sont dirigés vers des actions futures de l'agent et qui sont formés à la lumière de ces croyances » *(ibid.).* Or, avec ce délai, se découvre non seulement le caractère d'anticipation, de visée à vide, de l'intention, comme nous le disons dans une perspective husserlienne, mais le caractère projectif de la condition même d'agent, comme nous le disons dans une perspective heideggérienne. Pour ce qui concerne

1. « Appelons les jugements selon lesquels les actions sont désirables, pour autant qu'ils ont un certain attribut, jugements *prima facie* » (Davidson, *ibid.,* p. 98).

le caractère d'anticipation de l'intention, c'est l'intention-de, et non sa forme adverbiale, qui constitue l'usage de base du concept d'intention. Dans le cas de l'action accomplie intentionnellement, la dimension temporelle de l'intention est seulement atténuée et comme recouverte par l'exécution quasi simultanée. Mais, dès que l'on considère des actions qui, comme on dit, prennent du temps, l'anticipation opère en quelque sorte tout au long de l'action. Est-il un geste un peu prolongé que je puisse accomplir sans anticiper quelque peu sa continuation, son achèvement, son interruption ? Davidson considère lui-même le cas où, écrivant un mot, j'anticipe l'action d'écrire la lettre suivante tout en écrivant la lettre présente. Comment ne pas évoquer, à cette occasion, l'exemple fameux de la récitation du poème dans les *Confessions* d'Augustin ? Toute la dialectique de l'*intentio* et de la *distentio*, constitutive de la temporalité elle-même, s'y trouve résumée : je vise le poème en son entier tout en l'épelant vers après vers, syllabe après syllabe, le futur anticipé transitant à travers le présent en direction du passé révolu.

Pour ce qui concerne le caractère projectif affectant l'*agent* lui-même, c'est encore l'intention-de qui constitue l'usage de base de la notion d'intention. Dans son usage adverbial, l'intention apparaît comme une simple modification de l'action, laquelle peut être traitée comme une sous-classe d'événements impersonnels. Il n'en est plus de même de l'intention-de qui renvoie directement à l'agent à qui elle appartient. Du même coup la question de priorité, au plan phénoménologique, entre les usages multiples de la notion d'intention renvoie au problème ontologique sous-jacent, celui de savoir si une ontologie de l'événement est apte à prendre en compte l'appartenance de l'intention – et, à travers celle-ci, de l'action elle-même – à des personnes.

3. C'est cet enjeu ontologique qui est pris en charge par les essais de Davidson qui, sous le sous-titre « Event and Cause », composent la seconde série de *Actions and Events*. Le poids de l'argumentation vise à justifier la thèse selon laquelle les événements, et parmi eux les actions, méritent autant que les substances le titre d'entités primitives, si l'on appelle entités les réalités qui donnent une valeur de vérité aux propositions qui s'y réfèrent. Ce critère frégéen d'assignation d'existence est commun à maintes écoles de philosophie analytique. Celles-ci diffèrent seulement par la manière dont le critère est appliqué, c'est-à-dire pour l'essentiel en fonction de l'analyse logique des phrases ou

des propositions qui sont le support d'une exigence de vérité *(truth-claim)*. A cet égard, la comparaison entre la thèse de Strawson dans *Les Individus,* que nous avons prise pour guide dans notre première étude, et celle de Davidson dans *Actions and Events,* est du plus haut intérêt. Elle concerne directement le statut de l'agent de l'action au plan ontologique. Dans *Les Individus,* la distinction entre les deux sortes de particuliers de base – les corps et les personnes – se fait en fonction de l'attribution de part et d'autre de séries différentes de prédicats, les prédicats psychiques et les prédicats physiques. C'est ainsi que l'agent de l'action est reconnu comme un particulier ultime, même si à ce titre l'agent n'est pas encore un soi, au sens fort que nous donnons à ce terme, mais seulement une des « choses » dont on parle. Avec Davidson, la coupure imposée par la « forme logique des phrases d'action » – c'est le titre du premier essai de la série considérée – passe entre les substances, c'est-à-dire les *entités fixes,* et les événements, c'est-à-dire les *entités transitoires.* Or cette coupure – c'est là mon souci majeur – non seulement ne permet pas de faire avancer l'ontologie de l'agent, mais contribue d'une certaine façon à l'occulter. En effet, les personnes, au sens de Strawson, sont plutôt du côté des substances, dans la mesure où c'est à elles que les actions-événements arrivent. Chez Davidson, en revanche, dans l'analyse logique de la phrase : « Pierre a asséné un coup », ce qui importe c'est que le verbe assener soit dit de Pierre et du coup. Le coup est dans la position d'événement particulier. Pierre est dans celle de substance, non pas en tant que personne distincte des choses matérielles (des corps dans le vocabulaire de Strawson), mais en tant que porteur de l'événement. Ce qui importe ici, c'est que l'événement ait même dignité ontologique que la substance, que celle-ci soit chose ou personne[1]. Pour achever l'occultation de la problématique spécifique de l'agent, l'assimilation des « raisons primitives » (attitudes favorables et

---

1. Je n'entre pas dans la discussion par Davidson de la thèse de Strawson selon laquelle les événements sont conceptuellement dépendants des objets ; l'analyse de l'exemple cité à l'instant invite à conclure que « ni la catégorie de substance ni la catégorie de changement ne sont concevables à part l'une de l'autre » (Davidson, *op. cit.,* p. 175). Je laisse également de côté la discussion d'une thèse hostile à l'ontologie des événements, à savoir celle de R. Chisholm (*in* « Events and propositions », *Noûs,* n° 5, 1971, p. 179-189), selon laquelle les événements seraient seulement l'exemplification d'états de choses (*states of affairs*) qui seraient les véritables entités en cause : ces deux discussions, auxquelles sont consacrés deux essais appartenant à la même série, se déroulent à l'intérieur d'un même périmètre défini par la reconnaissance des conditions de vérité liées à la « forme logique des phrases d'action ».

croyances) à des événements mentaux fait que la notion de personne se trouve écartelée entre l'événement et la substance, sans jamais être pertinente ; en effet, quand l'accent porte sur le porteur d'événements, la personne est substance sans privilège ; mais quand l'accent tombe sur la notion d'événements mentaux appartenant à la personne, celle-ci tend à se fondre dans la masse des événements, c'est-à-dire de tout ce qui arrive.

Quant au fait que les événements doivent être traités sur un pied d'égalité avec les substances, les raisons avancées par Davidson méritent d'être prises en considération, surtout si l'on tient compte de la prudence et de la modestie avec laquelle la thèse est avancée. La forme logique des phrases d'action exerce ici une contrainte peu discutable. Si l'explication de l'action par des raisons est une espèce d'explication causale, et si la causalité opère entre des événements particuliers, il faut bien que les actions soient des événements et que ces événements existent, pour assurer leur valeur de vérité aux propositions qui s'y réfèrent. Cette thèse vigoureuse trouve un renfort dans les nombreux parallélismes que l'analyse de la forme logique des phrases d'action découvre entre les substances et les événements. Comment, par exemple, pourrait-on dire qu'une certaine action est susceptible de plusieurs descriptions (nous avons rencontré maintes fois l'expression telle action sous une description d) si elle ne constituait pas une entité particulière ? A cet égard, l'analyse des excuses, inaugurée par Austin, et celle des méprises, esquissée plus haut, ramènent par d'autres voies à la notion d'une pluralité de descriptions d'une certaine action accomplie. Il en est de même de la « polyadicité variable [1] » (A. Kenny), en vertu de laquelle il est toujours possible d'ajouter à l'énoncé de l'action la mention du récipiendaire, celle du lieu, celle du temps, celle du moyen et des autres circonstances, sans que soit altérée la valeur de vérité de la référence à telle action effectuée. De façon plus frappante encore, pourrait-on parler de l'identité numérique d'une même action ou de l'identité qualitative entre deux actions ? La question d'identité est tellement centrale dans le plaidoyer en faveur d'une ontologie de l'événement qu'elle fournit l'argument majeur dans l'essai intitulé « The individuation of events » (Davidson, *op. cit.*, p. 163 sq.). Celui-ci commence ainsi : « Quand des événements sont-ils identiques, et quand distincts ? Quel critère existe-t-il pour décider dans un sens ou dans l'autre dans les cas parti-

1. A. Kenny, *Action, Emotion and Will,* Londres, Routledge and Kegan Paul, 1963.

culiers ? » (*Ibid.*, p. 163.) La réponse est que les critères d'identité sont les mêmes pour les événements et pour les objets-substances. Pourrait-on dire qu'une action se produit plusieurs fois (récurrence d'une occurrence), pourrait-on quantifier la dénomination d'une action (une, quelques, toutes), si les actions n'étaient pas des événements dont on peut dire qu'ils existent au même titre que les objets matériels (et, pouvons-nous ajouter, que les personnes en position de substance) ? Tout concourt à soutenir la thèse que les événements sont *individués* au même titre que les substances singulières. Il est dès lors plausible de conclure : « L'individuation des événements ne pose en principe aucun problème plus grave que ceux que pose l'individuation des objets matériels. Il y a de bonnes raisons de croire que les événements existent » (*ibid.*, p. 180).

La disparition de la référence aux personnes, dans la dernière assertion citée, n'est pas fortuite et devrait alerter notre attention. La question posée est celle-ci : une ontologie des événements, fondée sur la sorte d'analyse logique des phrases d'action conduite avec la rigueur et la subtilité dont il faut créditer Davidson, n'est-elle pas condamnée à occulter la problématique de l'agent en tant que *possesseur* de son action ? Un indice de cet effet d'occultation est fourni par la discussion même à laquelle il vient d'être fait allusion concernant l'identité entre événements. Il ne s'agit, du début à la fin, que de l'identité au sens de l'*idem* et non de l'identité au sens de l'*ipse* qui serait celle d'un soi[1]. A mon sens, cette occultation de la question de l'agent est le résultat accumulé d'une série de choix stratégiques qui peuvent tous être mis en question.

D'abord, la priorité donnée à l'intention-dans-laquelle par rapport à l'intention-de a permis d'atténuer, sans réussir tout à fait à

1. Cf. la définition : « Des événements sont identiques si et seulement si ils ont exactement les mêmes [*same*] causes et les mêmes effets » (Davidson, *op. cit.*, p. 179). Quoi qu'il en soit des autres critères de mêmeté (même lieu, même temps), la mêmeté des relations causales est la seule condition toujours suffisante pour établir la mêmeté des événements. Entre ces critères d'identité et la position d'entité, le rapport est étroit ; on lit dans « The individuation of events » : « Quine s'est risqué à dire : *Pas d'entité sans identité*, à l'appui de la thèse frégéenne selon laquelle nous n'avons le droit d'affirmer des entités que si nous sommes prêts à donner un sens aux phrases qui affirment ou qui nient l'identité de ces entités. Mais alors s'affirme avec plus d'évidence la formule : *pas d'identité sans une entité*, sans oublier sa contrepartie linguistique : *pas d'énoncé d'identité sans terme singulier* » (*ibid.*, p. 164). Nous nous tenons fermement sur le terrain délimité par Frege, à savoir que toutes les phrases semblables quant à leur valeur de vérité dénomment la même chose (même au sens d'*idem*).

l'abolir, la dimension temporelle d'anticipation qui accompagne le jet en avant de soi de l'agent lui-même. C'est la tâche d'une phénoménologie explicite du projet, comme celle que j'esquissais autrefois au début du *Volontaire et l'Involontaire,* de porter au langage le non-dit de ce choix initial.

Ensuite, l'inclusion de l'explication téléologique par des raisons dans l'explication causale a consacré l'effacement du sujet au bénéfice d'une relation entre événements impersonnels. Il revient à une analyse de caractère épistémologique de rétablir les droits de la *causalité téléologique,* et de montrer son affinité avec le moment phénoménologique, préalablement dégagé, de l'intentionnalité. On a commencé à le faire plus haut.

Enfin, il importe de se demander si l'incapacité d'une ontologie de l'événement à rendre compte de l'imputation de l'action à son agent ne résulte pas de la manière dont cette ontologie est introduite. Tout se passe comme si la recherche d'une symétrie entre l'incidence de l'événement et la permanence de la substance empêchait de poursuivre la confrontation engagée par Strawson dans *Les Individus* entre ces particuliers de base que sont les personnes et les choses. La question de l'agent devient non pertinente dans cette recherche de symétrie entre événement et substance. Pour répondre à ce défi, au plan ontologique où il est posé, il faudrait introduire la question du mode d'être de l'agent sur une autre base que l'analyse de la forme logique des phrases d'action, sans aucunement récuser la validité, sur son propre terrain, de cette approche typique de la philosophie analytique. Il s'agirait bien, selon nous, d'une ontologie *autre,* en consonance avec la phénoménologie de l'intention et avec l'épistémologie de la causalité téléologique évoquée à l'instant. Cette ontologie autre serait celle d'un être en projet, auquel appartiendrait de droit la problématique de l'ipséité, comme appartient de droit à l'ontologie de l'événement la problématique de la mêmeté.

Ce sera la tâche de la prochaine étude d'explorer les ressources de la notion d'*ascription* de l'action à l'agent, laissée en suspens au terme de la première étude, dans la perspective de cette ontologie autre[1]. On peut s'attendre aussi que le rôle épistémologique,

---

1. Ces deux ontologies sont-elles exclusives l'une de l'autre ? Je ne le pense pas ; elles sont, selon moi, simplement autres en raison de la différence entre leurs points de départ, incomparables. Davidson serait-il aussi accueillant de son côté à cette ontologie autre que je le suis à l'égard de la sienne ? Je ne sais : je m'autorise néanmoins de la modestie de son propos, telle qu'elle s'exprime dans le texte suivant que je traduis *in extenso* : « Nous avons appris à nous méfier (...) de ce que suggère la surface du langage, spécialement quand il touche à l'ontologie. Après tout, les événements en tant que particuliers pourraient n'être pas à la base de

plusieurs fois côtoyé, de l'*attestation* passe au premier plan avec l'analyse de l'ascription. Ni l'ascription, ni son attestation ne pouvaient trouver place dans une sémantique de l'action que sa stratégie condamne à demeurer une sémantique de l'action sans agent.

---

notre compréhension du monde. Mais comment trancher ? Nous serions mieux placés pour en juger si nous disposions d'une conception cohérente et englobante des conditions auxquelles nos croyances communes (ou les phrases que nous tenons pour vraies) sont vraies. Si nous disposions d'une telle théorie et si cette théorie requérait un domaine d'événements particuliers, tandis que nous ne trouverions, en dépit de tous nos efforts, aucune théorie qui marche aussi bien sans événements, alors nous aurions toutes les raisons imaginables de dire que les événements existent. Le début même d'une telle théorie englobante nous fait encore défaut ; cela, nous le savons ; mais nous pouvons apprendre en essayant » (*ibid.*, p. 181-182).

De l'action à l'agent

Le propos de cette étude est de remettre sur le chantier la question du rapport de l'action à son agent après les résultats décevants de l'étude précédente. Pour ce faire, remontons quelque peu en arrière. Nous notions au début de la première étude que les questions *qui ?*, *quoi ?*, *pourquoi ?*, appliquées au champ sémantique de l'action, forment un réseau d'intersignifications tel que, pouvoir répondre à l'une d'entre elles, c'est pouvoir répondre à toute autre appartenant au même circuit de sens. Or, l'étude précédente, prenant appui sur une sémantique du discours, n'a parcouru le réseau que dans une direction qui a éloigné progressivement de la question *qui ?* au bénéfice de la paire *quoi-pourquoi ?*. Est-il possible, faisant fond davantage sur une pragmatique du discours, de parcourir la chaîne des questions en sens inverse, autrement dit de remonter de la paire *quoi-pourquoi ?* à la question-pivot *qui ?* L'obstacle majeur, ce fut jusqu'à présent l'attraction exercée sur l'analyse logique des phrases d'action par une ontologie de l'événement qui ferme la voie de retour à la question *qui ?*. C'est dans cette situation bloquée qu'une reprise des analyses de Strawson, au point où nous les avons laissées au terme de la première étude, peut paraître opportune. En effet, les trois thèses que nous avons retenues de l'analyse de Strawson visent, chacune à son tour, et avec une exigence croissante, un unique phénomène de langage que je désignerai, après l'auteur, par le terme d'*ascription*. Je rappelle ces thèses :

1) Les personnes sont des particuliers de base, en ce sens que toute *attribution* de prédicats se fait, à titre ultime, soit à des corps, soit à des personnes. L'attribution de certains prédicats à des personnes n'est pas traductible en termes d'attribution à des corps.

2) C'est « aux mêmes choses » – les personnes – que nous *attribuons* des prédicats psychologiques et des prédicats physiques ; autrement dit, la personne est l'entité unique à quoi nous attribuons les deux séries de prédicats ; il n'y a donc pas lieu de poser une dualité d'entités correspondant à la dualité des prédicats psychiques et physiques.

3) Les prédicats psychiques, tels qu'intentions et motifs, sont d'emblée *attribuables* à soi-même et à un autre que soi ; dans les deux cas, ils gardent le même sens.

C'est cette attribution trois fois visée qui est mieux dénommée ascription. Ce terme désigne désormais le point critique de toute notre entreprise ; la question est en effet de savoir si l'ascription d'une action à un agent n'est pas une espèce si particulière d'attribution qu'elle remette en question la logique apophantique de l'attribution. Dès lors, si la sémantique de l'action trébuche sur la question du rapport de l'action à l'agent, ce n'est peut-être pas seulement parce qu'une ontologie adverse, celle de l'événement anonyme, fait obstacle à l'identification de la personne comme particulier de base, mais aussi parce que l'ascription pose à la sémantique de l'action un problème qu'elle est mal armée pour résoudre. La pragmatique sera-t-elle d'un secours plus efficace ?

1. *Un problème ancien et un problème nouveau*

La difficulté que nous affrontons n'est pas nouvelle. Elle a été formulée dès l'Antiquité sans les ressources analytiques dont nous disposons, et pourtant avec un flair linguistique qui ne laisse pas d'étonner.

Que l'action *dépende* de l'agent, en un sens spécifique de la relation de dépendance, Aristote le laisse entendre, bien avant les Stoïciens, sans toutefois traiter thématiquement ce rapport. Il est néanmoins un des premiers, après les sophistes peut-être, à vérifier et à codifier la pertinence des choix linguistiques faits par les orateurs, les poètes tragiques, les magistrats, et aussi les usagers du langage ordinaire, dès lors qu'il s'agit de soumettre l'action et son agent au jugement moral. C'est pourquoi le soin qu'Aristote apporte dans ses distinctions et dans ses définitions mérite qu'on examine celles-ci en portant une attention particulière aux ressources de langage qu'elles mettent en œuvre.

Aristote, on l'a assez dit, ne dispose pas dans ses *Éthiques* d'un concept unifié de volonté, comme on le trouvera chez Augustin, Descartes et les cartésiens, Kant, Hegel. Afin néanmoins de donner un point d'ancrage au plan de l'action à son étude détaillée des vertus, c'est-à-dire des traits d'excellence de l'action, il procède au Livre III de l'*Éthique à Nicomaque*[1] à une première délimitation du couple des actions qu'on dit faites malgré soi *(Akôn, akousios)* ou de son plein gré *(hékôn, hékousios)*[2], puis à une délimitation plus fine à l'intérieur de ce premier cercle des actions exprimant un choix, plus précisément un choix préférentiel *(prohairésis)* que détermine au préalable la délibération *(bouleusis)*. Ce rapport entre préféré et prédélibéré *(probébouleuménon)* sert de socle à une définition de la vertu qui met en jeu d'autres traits différentiels que nous considérerons dans une autre étude[3].

Comment, sur cette base, *dire* le rapport de l'action à l'agent ? L'expression la plus abrégée de ce rapport réside dans une formule qui fait de l'agent le principe *(arkhè)* de ses actions, mais en un sens de l'*arkhè* qui autorise à dire que les actions dépendent de (préposition *épi*) l'agent lui-même *(autô)* (*Éth. Nic.*, III, 1, 1110 a 17).

La relation de l'agent est ainsi exprimée par la conjonction entre le concept générique de principe et l'un des déictiques de la famille du soi, dont on fera plus loin l'énumération, par le truchement d'une préposition privilégiée et de quelques autres de sens voisin. La présence simultanée de ces trois composantes est essentielle à l'interprétation aristotélicienne de ce que nous appelons aujourd'hui ascription. Cette triple membrure de l'ascription prend un sens de plus en plus précis à mesure que l'analyse progresse depuis le plan du contre-gré et du plein gré jusqu'au plan du choix préférentiel où le rapport entre théorie de l'action et théorie éthique se fait plus étroit.

Commençant par les actions faites à contre-gré caractérisées par la contrainte ou l'ignorance, Aristote déclare : « Est fait par contrainte tout ce qui a son principe hors [de nous], c'est-à-dire un principe dans lequel on ne relève aucun concours de l'agent ou du patient » (III, 1, 1110 a 1-3)[4]. Par contraste, « le principe qui [dans les actions faites de plein gré] meut les parties instru-

1. Trad. fr. de J. Tricot, Paris, Vrin, 1987.
2. Je suis ici la traduction de Gauthier-Jolif (Louvain, Publications universitaires de Louvain, Paris, Béatrice Nauwelaerts, 1958) de préférence à celle de Tricot qui traduit *akôn-hékôn* par involontaire-volontaire. On pourrait, de façon plus frappante, opposer le *contre-gré* au *plein gré*.
3. « Ainsi donc la vertu est une disposition à agir d'une façon délibérée, consistant en une médiété relative à nous, laquelle est rationnellement déterminée comme le déterminerait l'homme prudent [le *phronimos*] » (*Éth. Nic.*, trad. Tricot, II, 6, 1106 b 36 - 1107 a 2).
4. Cf. de même III, 1, 1110 b 15-17 (qui conclut le chapitre sur le malgré soi) : « Ainsi donc il apparaît bien que l'acte forcé soit celui qui a son principe hors de nous, sans aucun concours de l'agent qui subit la contrainte. »

mentales de son corps réside en lui [*en autô*] et, les choses dont le principe est en l'homme même [*en autô*], il dépend de lui [*ép'autô*] de les faire ou de ne les pas faire » (III, 1, 1110 a 15-18) [1]. On remarque qu'à ce stade de l'analyse, la préposition « dans » *(en)* prévaut sur la préposition « de » *(épi)*. Ce ne sera plus le cas avec l'analyse plus précise (plus près de l'éthique, dira Aristote) du choix préférentiel. Mais l'analyse linguistique et conceptuelle du « malgré soi » et du « de plein gré » permet déjà de mettre l'accent sur la conjonction entre la notion de principe et un pronom répondant à la question *qui ?* (« nous », « quelqu'un », « chacun » et, pour résumer, *autos*, « lui-même »). Or cette conjonction pose un problème considérable dès l'analyse du couple *akôn-hékôn*, dans la mesure où la notion de principe, prise isolément, ne suffit pas à *marquer* le sens pré-moral du volontaire au sens large (le « de plein gré ») et *a fortiori* le sens plus approprié au champ éthique du choix préférentiel (ou décision) au sens strict du terme. « Principe », en effet, est commun à toute investigation des choses premières, quelles qu'elles soient : il ne peut donc servir à départager le plan physique et le plan éthique ; ainsi, c'est parce que la nature est principe de mouvement qu'on peut s'attacher à éclaircir la notion de mouvement, ce qui est le dessein principal de la *Physique* [2]. Si donc la notion de principe peut être commune à la physique et à l'éthique, c'est parce que, de part et d'autre, il est question de devenir, de changement, de mouvement. Nos modernes diraient : d'événement. Du même coup, la notion de principe ne suffit pas à elle seule à spécifier le lien de l'action à l'agent. La notion plus spécifique de principe *interne* ou *immanent* n'a pas davantage valeur discriminante : car ce qui distingue les êtres naturels (les animaux et leurs parties, les plantes, les corps élémentaires simples et tous les êtres du même

1. Et plus loin : « l'acte volontaire semblerait être ce dont le principe réside dans [*en*] l'agent lui-même [*autô*] connaissant les circonstances particulières au sein desquelles son action se produit » (III, 3, 1110 a 22-23).
2. On lit en *Physique* III, 1, début, 200 b 12-15 : « Puisque la nature est principe de mouvement et de changement et que notre recherche porte sur la nature, il importe de ne pas laisser dans l'ombre ce qu'est le mouvement ; nécessairement, en effet, si on l'ignore, on ignore aussi la nature » (trad. fr. de H. Carteron, Paris, Les Belles Lettres, 1961). Sur tout ceci, cf. A. Mansion, *Introduction à la physique aristotélicienne*, Louvain, 1946, p. 49-79 ; rééd., Paris, Vrin, 1973. Cet auteur rappelle que l'expression de 184 a 15-16, *ta péri tas arkhas*, a même extension que le titre classique *péri phuséôs*, reçu des Présocratiques. Ainsi parle-t-on des « principes des êtres naturels concernant leur production » (191 a 3). Ces principes sont, comme l'enseigne le premier livre de la *Physique*, la matière, la forme et la privation.

genre) des produits de l'art, disons des êtres artificiels, c'est précisément qu'ils ont en eux-mêmes un principe de mouvement et de repos[1].

Si donc ce n'est ni le terme « principe », ni même la préposition « dans », qui spécifient la relation de l'action à l'agent, seule peut le faire la conjonction entre le principe et l'un des termes qui répondent à la question *qui ?* (« nous », etc.). *Un principe qui est soi, un soi qui est principe,* voilà le trait marquant de la relation cherchée. Eu égard à cette relation sans égale au plan physique, le subtil glissement de la préposition « dans » à la préposition « de » (« de nous ») revêt un sens certain. On pourrait dire que le « dans » *(en)* marque la continuité entre la physique et l'éthique, continuité plus visible dans la classe plus vaste des actes faits malgré soi ou de plein gré, tandis que la préposition « de » *(épi)* atteste la spécificité du plan éthique, plus évidente dans la classe plus restreinte des actes choisis, décidés, préférés après délibération[2]. Quoi qu'il en soit de cette variation fine, c'est la fonction de ces prépositions de relier le principe au pronom personnel. L'effet est à double sens : en plaçant le « nous » paradigmatique en position de complément grammatical, la préposition installe le soi dans la position du principe ; inversement, en qualifiant le principe par la dépendance à « nous », elle déplace la notion de principe du plan physique au plan éthique. Là est l'essentiel : la sorte de court-circuit instauré entre *arkhè* et *autos* fait que chacun de ces termes est interprété en fonction de l'autre. Dans cette interprétation mutuelle, réside toute l'énigme de ce que les Modernes placent sous le titre de l'ascription[3].

1. On lit la définition complète et précise de la *phusis* en *Physique* II, 1, 192 b 20 : « La nature est un principe et une cause de mouvement et de repos pour la chose en laquelle elle réside immédiatement, à titre d'attribut essentiel et non accidentel. » Cf. Mansion, *op. cit.,* p. 99. Autrement dit, la tendance interne au changement est ce qui fondamentalement distingue la nature de l'art.

2. Nous évoquerons, plus loin, à propos de l'amitié (septième étude, section 2), un jeu plus subtil entre le pronom non réfléchi *autos* et le réfléchi *héauton.* (Faut-il être ami de soi-même pour être ami de l'autre ?) Ce jeu est anticipé dans le chapitre III de l'*Éthique à Nicomaque* à l'occasion d'une notation remarquable : « Ces différentes circonstances, personne, à moins d'être fou, ne saurait les ignorer toutes à la fois ; il est évident aussi que l'ignorance ne peut pas non plus porter sur l'agent, car comment s'ignorer soi-même *[héauton]* ? » (III, 2, 1111 a 8.)

3. Les variations dans les traductions françaises témoignent de la situation insolite créée par la conjonction entre principe et soi par le truchement d'une préposition déterminée ; ainsi Tricot traduit *eph'hèmin* par « dépend de nous » ; Gauthier-Jolif préfèrent : « est en notre pouvoir ». L'introduction du terme « pouvoir » met sur la piste d'un développement que nous entreprendrons à la fin de la présente étude.

C'est avec l'analyse de la *prohairésis*, du choix préférentiel (ou décision), que la détermination éthique du principe de l'action l'emporte sur sa détermination physique. Nous atteignons ici le noyau de l'agir proprement humain dont Aristote dit qu'il est « essentiellement propre à » la vertu (Voilquin)[1] ou « étroitement apparenté » à celle-ci (Tricot), ou possédant « un lien plus étroit » avec elle (Gauthier-Jolif) (*Éth. Nic.,* III, 4, 111 1 b 5) ; c'est en effet le choix préférentiel qui rend l'action humaine susceptible de louange ou de blâme, dans la mesure où c'est lui qui permet « mieux que les actes [extérieurs] de porter un jugement sur le caractère de [quelqu'un] » *(ibid.).* De ce choix préférentiel, il est dit, avec plus de force et de précision que du plein gré, qu'il « porte, selon toute apparence, sur les choses qui dépendent de nous *[ta eph'hèmin]* » (trad. Tricot, 1111 b 30). Certes, dans l'analyse qui suit, l'accent principal n'est pas mis sur ce lien de dépendance (Tricot), de pouvoir (Gauthier-Jolif), mais sur la délibération qui précède le choix : le pré-féré, note Aristote, exprime le pré-délibéré. Aristote anticipe ainsi toutes les analyses dont nous avons traité plus haut, où le rapport *quoi-pourquoi ?* tend à éclipser le rapport *quoi-qui ?* par neutralisation de l'attribution expresse à un agent. Mais le philosophe ne tarde pas à préciser que, de toutes les choses sur lesquelles on ne délibère pas (les entités éternelles, les intempéries, le gouvernement des autres peuples, etc.), aucune ne « pourrait être produite par [*dia*] nous » (III, 5, 1112 a 30). « Mais nous délibérons sur les choses qui dépendent de nous *[tôn eph'hèmin]*, que nous pouvons réaliser (Tricot) [celles qui sont objets d'action (G.-J.)] (...) et chaque classe d'hommes *[hékastoi]* délibère sur les choses qu'ils peuvent réaliser eux-mêmes *[péri tôn di'hautôn praktôn]* » (cf. Tricot, III, 5, 1112 a 30-34)[2]. La définition canonique du choix préférentiel exprime à merveille cette attribution subtile de l'action à l'agent à travers le pré-délibéré : « L'objet du choix étant, parmi les choses

---

1. Aristote, *Éthique à Nicomaque,* trad. A. Voilquin, Paris, Garnier, 1963, Garnier-Flammarion, 1965.
2. Bien des remarques terminologiques et grammaticales seraient à faire ici : on notera en particulier l'expression à la voix passive de ce que, en termes husserliens, on appellerait le *noème d'action :* le « réalisé » (qui appelle à son tour la préposition *dia* proche de *épi*) ; on notera en outre une construction grammaticale différente quelques lignes plus loin : « Il apparaît ainsi que l'homme est principe de [ses] actions et que la délibération porte sur les choses qui sont réalisables par [l'agent] lui-même *[tôn autô praktôn]* » (1112 b 31-32). On notera aussi l'emploi du distributif « chacun » *(hékastoi)* et le recours au terme « l'homme » équivalent au « nous » des autres textes cités. Enfin, le jeu entre le pronom non réfléchi *(autos)* et le réfléchi *(hautôn, hautô)* se poursuit.

en notre pouvoir, un objet de désir sur lequel on a délibéré [G.-J. : du désir délibéré], le choix sera un désir délibératif des choses qui dépendent de nous. Car, une fois que nous avons décidé à la suite d'une délibération, nous désirons alors conformément à [notre] délibération » (1113 a 9-12) [1].

Je ne voudrais pas clore cette revue des choix terminologiques et grammaticaux d'Aristote sans avoir évoqué quelques expressions qui soulignent le caractère énigmatique de ce rapport entre l'action et son agent. Deux d'entre elles sont franchement métaphoriques. La première opère un rapprochement entre principe et *paternité*. Ce lien métaphorique a pour contexte la réfutation du proverbe selon lequel « nul [*oudeis*] n'est volontairement ni malgré soi bienheureux » (Tricot, III, 7, 1113 b 14-15). Admettre cet aphorisme serait, dit Aristote, « refuser à l'homme d'être principe et générateur [G.-J. : père] de ses actions, comme il l'est de ses enfants » (1113 b 18-19). La seconde métaphore, *politique* cette fois, est celle de la maîtrise, qui paraît en clair dans le texte suivant : « De nos actions (...) c'est depuis le commencement jusqu'à la fin que nous sommes les maîtres [*kurioi*] » (1114 b 31-32). Ces deux métaphores prises ensemble marquent de façon oblique l'originalité de l'ascription de l'action à son agent par rapport à l'attribution ordinaire à un sujet logique. Ne pourrait-on pas dire que le lien entre principe *(arkhè)* et soi *(autos)* est lui-même profondément métaphorique, au sens du « voir-comme » que je propose dans *La Métaphore vive* ? L'éthique, en effet, ne demande-t-elle pas à « voir » le principe « comme » soi et le soi « comme » principe ? En ce sens, les métaphores expresses de la paternité et de la maîtrise seraient la seule manière de porter au langage le lien issu du court-circuit entre principe et soi.

Dernière approche oblique de l'ascription en philosophie aristotélicienne : pour exprimer la sorte de collaboration, ou pour mieux dire de synergie, entre nos choix et la nature, dans la formation des dispositions *(hexeis)* dont l'ensemble constitue notre caractère, Aristote forge l'expression *sunaitioi*, « co-responsables » : « Si donc, comme il est dit, nos vertus sont volontaires (et, en fait, nous sommes bien nous-mêmes, dans une certaine mesure, partiellement causes [*sunaitioi pôs*] de nos propres dispositions, et, d'autre part, c'est la nature même de notre caractère

---

1. La deuxième partie de la phrase citée déplace l'accent sur le rapport décision-délibération, donc quoi-pourquoi ; mais ce rapport n'efface pas l'insistance préalable sur la dépendance à nous de l'objet du désir délibératif, donc sur le pouvoir qui est le nôtre à l'égard de ces choses.

qui nous fait poser telle ou telle fin), nos vices seront volontaires, car le cas est le même » (trad. Tricot, III, 7, 1114 b 20-25). L'intention d'Aristote est assurément d'étendre la responsabilité de nos actes à nos dispositions, donc à notre personnalité morale tout entière ; elle est aussi de la tenir dans les limites d'une responsabilité partielle. Or le langage pour le dire ne peut être qu'insolite (*aition* plutôt qu'*aitia,* adjonction de *sun* et nuance du *pôs*)[1]. Ici aussi, serait-on tenté de dire, les mots manquent.

C'est bien ce qu'un bond à travers les siècles va nous faire redécouvrir.

Je voudrais montrer que la théorie moderne de l'action conduit à donner à l'ascription une signification distincte de l'attribution, signification qui transforme le cas particulier en exception, le place du même côté – à savoir celui de la pragmatique – que la capacité de se désigner soi-même, dont nous connaissons le lien avec la théorie de l'énonciation et des actes de discours. Cette signification distincte est signalée, chez Strawson lui-même, par des traits qui rappellent Aristote. Dans *Les Individus,* l'auteur observe en effet que les caractères physiques et psychiques *appartiennent* à la personne, que celle-ci les *possède.* Or, ce dont un possesseur *(owner)* dispose est dit lui être propre *(own),* en opposition à ce qui appartient à un autre et qui, de ce fait, est dit lui être étranger. A son tour, le propre gouverne le sens que nous donnons aux adjectifs et pronoms que nous appelons précisément possessifs : « mon - le mien », « ton - le tien », « son/sa - le sien/la sienne »..., sans oublier l'impersonnel « on » *(one's own),* ni le distributif « chacun », comme dans l'expression « à chacun le sien », sur laquelle se construit l'éthique du juste, comme on le montrera plus loin.

La question est de savoir si ces expressions, bien souvent idiomatiques, reposent sur des significations universelles qui méritent d'être assimilées à des transcendantaux du même ordre que ceux que nous avons assignés au champ sémantique de l'action. Il y a tout lieu de le penser. Il est remarquable en effet que l'ascription marque le renvoi de tous les termes du réseau conceptuel de l'action à son pivot *qui ?.* Inversement, nous déterminons la réponse à la question *qui ?* en procurant une réponse à la chaîne

---

1. Sur l'expression *sunaition,* on lira W.F.R. Hardie, *Aristotle's Ethical Theory,* Oxford University Press, 2ᵉ éd., 1981, p. 177-181 ; le chapitre VIII, consacré à « la distinction entre le volontaire et l'involontaire », et le chapitre IX, consacré « au choix et à l'origine [*origination*] de l'action », proposent une revue complète des problèmes discutés ici sous l'angle particulier de la relation entre l'action et son agent.

des questions *quoi ?, pourquoi ?, comment ?,* etc. Vérifions-le pour les deux questions qui nous ont occupés dans l'étude précédente : la question *quoi ?* et la question *pourquoi ?*

C'est d'abord de l'*action* elle-même que nous disons qu'elle est de moi, de toi, de lui/d'elle, qu'elle dépend de chacun, qu'elle est en son pouvoir. C'est encore de l'*intention* que nous disons qu'elle est l'intention de quelqu'un et c'est de quelqu'un que nous disons qu'il (ou elle) a l'intention-de. Nous pouvons certes comprendre l'intention en tant que telle ; mais, si nous l'avons détachée de son auteur pour l'examiner, nous la lui restituons en la lui attribuant comme étant la sienne. C'est d'ailleurs ce que fait l'agent lui-même lorsqu'il considère les options ouvertes devant lui et qu'il délibère, selon l'expression d'Aristote. L'ascription consiste précisément dans la réappropriation par l'agent de sa propre délibération : se décider, c'est trancher le débat en faisant sienne une des options considérées. Quant à la notion de *motif,* dans la mesure où elle se distingue de l'intention dans laquelle on agit, principalement en tant que motif rétrospectif, l'appartenance à l'agent fait autant partie de la signification du motif que son lien logique à l'action elle-même dont il est la cause ; on demande légitimement : « Pourquoi A a-t-il fait X ? » « Qu'est-ce qui a amené A à faire X ? » Mentionner le motif, c'est mentionner aussi l'agent. Ce rapport a même un caractère particulièrement étrange, paradoxal. D'une part, la recherche de l'auteur est une enquête *terminable* qui s'arrête à la détermination de l'agent, généralement désigné par son nom propre : « Qui a fait cela ? Un tel. » D'autre part, la recherche des motifs d'une action est une enquête *interminable,* la chaîne des motivations se perdant dans le brouillard des influences internes et externes insondables : la psychanalyse a un rapport direct avec cette situation. Cela n'empêche pas toutefois que nous reliions l'enquête interminable des motifs à l'enquête terminable de l'agent ; cette relation étrange fait partie de notre concept d'ascription. C'est donc en fonction du réseau entier qui quadrille la sémantique de l'action que nous comprenons l'expression : agent. Cette remarque est l'occasion de rappeler que la maîtrise du réseau entier est comparable à l'apprentissage d'une langue et que, comprendre le mot « agent », c'est apprendre à le placer correctement dans le réseau.

2. *Les apories de l'ascription*

Si les choses paraissent relativement simples aussi longtemps qu'on reste dans les généralités concernant la relation d'inter-signification qui unit entre eux tous les termes du réseau et en particulier le *qui ?* le *quoi ?* et le *pourquoi ?* de l'action, comment expliquer la résistance, observable dans les diverses versions de la théorie de l'action, à toute investigation plus serrée du rapport d'ascription ? Il ne suffit pas d'incriminer l'ontologie adverse de l'événement, dont nous avons montré la force d'obstruction à l'égard d'une investigation plus poussée des rapports de l'action à l'agent. On peut se demander s'il ne faut pas sortir du cadre de la sémantique de l'action, à l'intérieur duquel se déploie la théorie des particuliers de base selon Strawson. La personne, en tant que terme référentiel, reste une des « choses » dont nous parlons. En ce sens, la théorie tout entière des particuliers de base est comme aspirée par une ontologie du *quelque chose en général* qui, confrontée à la requête de reconnaissance de l'*ipse,* développe une résistance comparable, quoique différemment argumentée, à celle de l'ontologie de l'événement.

Cela veut-il dire que la pragmatique du discours, axée sur l'énonciation et ouverte sur la désignation par soi de l'énonciateur, est d'un plus grand secours ? Oui, sans doute. Mais jusqu'à un certain point seulement, dans la mesure où se désigner comme agent signifie plus que se désigner comme locuteur. C'est de cet écart entre deux degrés d'autodésignation que témoignent les apories propres à l'ascription. Celles-ci, comme c'est généralement le cas avec les apories les plus intraitables, ne portent pas condamnation contre la philosophie qui les découvre. Bien au contraire, elles sont à mettre à son crédit, comme je l'ai montré par ailleurs [1].

1. La *première difficulté* peut être aperçue dans le prolongement de la troisième des thèses de Strawson rappelée ci-dessus, la thèse selon laquelle il appartient au sens des prédicats pratiques, comme à celui de tous les prédicats psychiques, d'être attribuables à un autre que soi, dès lors qu'ils sont attribuables à soi, et de garder le même sens dans les deux situations d'attribution.

---

1. *Temps et Récit,* t. III, est entièrement construit sur le rapport entre une aporétique de la temporalité et la riposte d'une poétique de la narrativité.

Il est remarquable que, à la différence des deux autres thèses considérées, l'attribution se fait ici non plus seulement à la « même chose » – donc sous le couvert du quelque chose en général – mais au *soi* et à son *autre (self-ascribable/other-ascribable)*. Le rapport du *qui ?* au *quoi ?* est ici mis à nu. Or, l'étrangeté de ce rapport mérite qu'on s'y arrête. Le dédoublement de l'ascription entre soi-même et un autre suggère que l'ascription compense en quelque sorte une opération inverse, consistant à tenir en suspens l'attribution à quelqu'un, dans le seul but de donner une teneur descriptive aux prédicats d'action ainsi mis, si j'ose dire, en réserve d'attribution. C'est le rapport entre le dédoublement de l'ascription effective et la possibilité de tenir celle-ci en suspens qui fait problème. Or, c'est un phénomène étonnant qui, à l'échelle d'une culture entière, prend des proportions considérables, que nous ne cessions d'accroître le répertoire des pensées, au sens large du mot, incluant cognitions, volitions, émotions, dont nous comprenons le sens sans tenir compte de la différence des personnes auxquelles elles sont attribuées. C'est ce que vérifient les *Traités des passions,* en commençant par le livre II de la *Rhétorique* d'Aristote, et en continuant par les traités médiévaux et classiques (saint Thomas, Descartes, Spinoza, etc.)[1].

Non seulement les phénomènes psychiques, que les classiques appelaient des affections et des actions, sont attribuables à quiconque, à chacun, mais leur sens peut être compris hors de toute attribution explicite. C'est très exactement sous cette forme qu'ils entrent dans le *thesaurus* des significations psychiques. On peut même dire que cette aptitude des prédicats psychiques à être compris en eux-mêmes, dans le suspens de toute attribution expli-

---

1. Ainsi lit-on dans le premier article du *Traité des passions de l'âme* de Descartes · « Et, pour commencer, je considère que tout ce qui se fait ou qui arrive de nouveau, est généralement appelé par les Philosophes une Passion au regard du sujet auquel il arrive et une Action au regard de celui qui fait qu'il arrive. En sorte que, bien que l'agent et le patient soient souvent fort différents, l'Action et la Passion ne laissent pas d'être toujours une même chose qui a ces deux noms, à raison des deux divers sujets auxquels on la peut rapporter » (Descartes, *Les Passions de l'âme,* intr. et notes p. G. Rodis-Lewis, Paris, Vrin, 1964 ; et éd. Adam-Tannery, t. XI, Paris, Vrin, 1974). C'est pourquoi le dénombrement des passions peut se faire sans acception de personnes. Certes, les passions sont appelées passions de l'*âme.* Mais le mot « âme » n'introduit aucune différence entre « je » et « tu ». C'est pourquoi le « nous », qui entre dans la définition de chacune des passions, désigne quiconque à qui les passions sont attribuées. On lira à cet égard les articles 53, 56, 57, 61, qui donnent les définitions des passions principales et les rapports de chacune à un « nous » indéterminé. Dans ce contexte, « nous » ne signifie pas plus que « on » ou « chacun ». Aussi bien parle-t-on, sans scrupule particulier, de l'âme à la troisième personne.

cite, constitue ce qu'on peut appeler « le psychique ». La littérature nous donnera plus tard une confirmation éclatante de la compréhension que nous avons d'états psychiques non attribués ou en suspens d'attribution, dans la mesure où cette compréhension est la condition de leur attribution à des personnages fictifs. Cette possibilité de dénommer des phénomènes psychiques et d'en comprendre le sens, abstraction faite de leur attribution, définit très exactement leur statut de prédicat : « le psychique », c'est le répertoire des prédicats psychiques disponibles pour une culture donnée.

Ce suspens de l'attribution des prédicats pratiques à un agent déterminé révèle la particularité du rapport entre la question *qui ?* et le couple des questions *quoi-pourquoi ?* Il appartient en effet à ce rapport de pouvoir être suspendu, et l'ascription se comprend précisément en corrélation avec ce suspens. Du même coup il devient compréhensible que la théorie de l'action développée dans l'étude précédente ait pu procéder à une *épokhè* méthodique de la question de l'agent, sans paraître faire violence à l'expérience et à son expression au niveau du langage ordinaire. L'attraction exercée par l'épistémologie causaliste et par l'ontologie de l'événement sur l'analyse logique des phrases d'action se trouvait favorisée, et en quelque sorte encouragée, par la moindre résistance du réseau conceptuel de l'action au point de suture entre la question *qui ?* et le bloc des autres questions suscitées par le phénomène de l'action. L'attention portée au contenu de nos intentions et à leur motivation tend d'elle-même à détacher le *quoi ?* de la chose à faire, et le *pourquoi ?* de la chose faite, du *qui ?* de l'action. Ce détachement a le double effet, d'une part, de faciliter l'incorporation du sens des intentions et des motifs au répertoire des phénomènes psychiques, sans que nous ayons à préciser à qui ces phénomènes appartiennent, d'autre part, de rendre plus énigmatique l'appropriation qui lève le suspens de l'ascription.

La levée du suspens présente en effet des degrés. Entre le suspens total de l'attribution et l'attribution effective à tel ou tel agent s'intercalent au moins trois degrés : celui du *on*, entièrement anonyme, antithèse absolue du soi ; celui du *quiconque* au sens du n'importe qui, donc au sens d'une individuation admettant la substitution indifférente, celui enfin du *chacun*, qui implique une opération de distribution de « parts » distinctes, comme le suggère l'adage juridique « à chacun le sien » *(suum cuique)*. Ces phases intermédiaires d'attribution neutralisée sont précisément celles qui assurent la permutation visée par Strawson entre l'ascription à soi et à un autre que soi. Il résulte de cette dialectique de suspens et d'appropriation que la présente aporie de l'ascription ne peut trouver sa solution dans le cadre de la théorie de la référence identifiante : pour passer du suspens de l'ascription, à travers l'ascription neutralisée, à l'ascription effective et singulière, il faut qu'un agent puisse se *désigner lui-même,* de telle sorte qu'il ait un *autre* véritable à qui la même attribution est faite de façon pertinente. Il faut alors sortir de la sémantique de l'action et entrer dans la pragmatique qui prend en compte les propositions dont la signification varie avec la position du sujet parlant et, dans cette même mesure, implique une situation d'interlocution mettant face à face un « je » et un « tu ». Mais, si le recours à la pragmatique du discours est nécessaire, suffit-elle à rendre compte des particularités de l'autodésignation comme agent ? C'est la question que soulèvent les autres apories de l'ascription.

2. La *seconde difficulté* concerne le statut de l'ascription par rapport à la *description.* Si ascrire n'est pas décrire, n'est-ce pas en vertu d'une certaine affinité, qui reste à préciser, avec *prescrire ?* Or prescrire s'applique simultanément aux agents et aux actions. C'est à quelqu'un qu'il est prescrit d'agir en conformité avec telle ou telle règle d'action. Ainsi se déterminent simultanément le permis et le non-permis du côté des actions, le blâme et la louange du côté des agents. Une double présupposition est ainsi assumée, à savoir que les actions sont susceptibles d'être soumises à des règles et que les agents peuvent être tenus pour responsables de leurs actions. On peut appeler *imputation* l'acte de tenir un agent pour responsable d'actions tenues elles-mêmes pour permises ou non permises.

Cette sorte d'analyse peut s'autoriser d'Aristote qui, on l'a vu plus haut, joint d'emblée le choix préférentiel à l'idée de louange et de blâme. Pour lui, les critères du plein gré et plus encore ceux du choix préférentiel sont d'emblée des critères d'imputation morale et juridique. La contrainte et l'ignorance ont valeur expresse d'excuse, de décharge de responsabilité. Si le plein gré mérite louange et blâme, le contre-gré appelle pardon et pitié (il est vrai toutefois qu'Aristote ne précise pas ce qui relève plus précisément des tribunaux ou de la simple appréciation morale). De là l'idée ingénieuse de tenir l'imputation, non pas comme une opération surajoutée à l'ascription, mais de même nature qu'elle. Ainsi H.L.A. Hart [1] propose-t-il, pour interpréter les propositions

---

1. H.L.A. Hart, « The Ascription of Responsability and Rights », in *Proceedings of the Aristotelian Society,* n° 49, 1948, p. 171-194.

du langage ordinaire du type : « il a fait cela », de les rapprocher des décisions juridiques par lesquelles un juge *statue* que ceci est un contrat valide, que ceci est un meurtre, non un assassinat. Selon l'auteur, la transition entre les propositions du langage ordinaire, sans coloration morale ou juridique, et les décisions juridiques, est assurée par des propositions de statut intermédiaire de la forme : ceci est à moi, à vous, à lui, c'est-à-dire des propositions qui revendiquent, confèrent, transfèrent, reconnaissent, bref attribuent des droits. De ce rapprochement entre imputation et attribution de droits, résulte par contraste la complète césure entre ascrire et décrire. Ascrire, selon Hart, est le résultat d'un processus spécifique où des revendications *(claims)* opposées sont confrontées, et où l'une d'entre elles est déboutée, invalidée *(defeated)*, non parce qu'on aurait atteint le noyau positif de l'intention bonne ou mauvaise, mais parce qu'on aurait épuisé les excuses tenues pour recevables dans les cas semblables. L'aptitude d'une revendication à être déboutée – la *defeasibility* – devient ainsi un critère de toute prétention à ascrire une action à un agent.

L'intention qui préside à cette assimilation entre ascription et imputation morale et juridique est fort légitime : elle tend à creuser l'écart qui sépare l'ascription au sens moral et l'attribution au sens logique. Cet écart concerne aussi le sens assigné aux mots « posséder » et « appartenir », ainsi qu'au groupe de déictiques de la famille des adjectifs et des pronoms possessifs. L'agent, disions-nous, est le possesseur de ses actions qui sont les siennes. Il appartient à quelqu'un, disions-nous aussi, de faire ceci plutôt que cela. Or la possession n'a cessé de poser un problème juridique, comme l'attestent l'école du droit naturel, la philosophie kantienne du droit privé tout entière centrée sur la distinction du mien et du tien dans la *Métaphysique des mœurs,* et la théorie du droit abstrait dans les *Principes de la philosophie du droit* de Hegel[1].

On peut douter toutefois que l'imputation morale et juridique constitue la forme forte d'une structure logique dont l'ascription serait la forme faible. Ceci pour deux raisons au moins.

Première raison : les énonciations juridiques s'appliquent difficilement à des actions aussi simples – certains diront outrageusement banales – que celles que la grammaire et la logique des

1. Même la possession du corps propre peut être tenue pour une déclaration de teneur juridique (*Principes de la philosophie du droit,* § 47-48 ; trad. fr. de R. Dera-thé, Paris, Vrin, 1989, p. 104-105).

phrases d'action se plaisent à décrire, dans le dessein légitime de ne pas laisser l'intérêt moral, politique ou idéologique que le lecteur peut avoir pour les contenus d'action considérés interférer avec leur structure propositionnelle. L'imputation morale ou juridique n'entre véritablement en ligne de compte que lorsque l'on considère des actions complexes – ces chaînes d'actions que nous appellerons dans la sixième étude des pratiques. Or les règles de complexification qui président à la *composition* de ces pratiques relèvent d'un autre type d'enquête que celle que contrôle encore la sémantique des phrases d'action, même si la pragmatique ajoute sa complexité propre à ladite sémantique. Il faudra donc ajourner l'examen de l'imputation morale et juridique au-delà de l'étude consacrée aux pratiques.

Seconde raison : si l'on reste dans le cadre prescrit par la pragmatique, il semble bien que les énonciations proprement juridiques s'appliquent de façon sélective à des actions considérées sous l'angle du blâmable et du punissable. Or sont blâmées les actions jugées mauvaises par un verdict de condamnation. L'imputation juridique s'inscrit ainsi dans une classe d'actes de discours, à savoir celles des verdictives, lesquelles outrepassent la simple ascription d'une action à un agent. Soumettre une action à un acte de condamnation, c'est la soumettre à une procédure accusatoire qui a, comme tous les actes de discours, ses règles constitutives propres. Or, si l'ascription paraît être une opération préalable à toute énonciation accusatoire du type des verdictives, le trait distinctif de l'ascription est-il à chercher au plan où se distinguent les actes de discours ?

Troisième raison : ce que l'assignation de responsabilité au sens éthico-juridique paraît présupposer est d'une autre nature que la désignation par soi-même d'un locuteur, à savoir un lien de nature causale – qui reste à déterminer – et que désigne l'expression de pouvoir-faire ou de puissance d'agir. Il faut que l'action puisse être dite dépendre de l'agent pour tomber sous le blâme et la louange. Ainsi, dans l'*Éthique à Nicomaque,* Aristote a-t-il fait précéder, on l'a rappelé ci-dessus, sa théorie des vertus par une analyse d'un acte fondamental, le choix préférentiel, dans lequel s'exprime une puissance d'agir plus primitive que le caractère blâmable ou louable – nous dirions aujourd'hui « verdictible » – de l'action produite. Nous sommes ainsi renvoyés vers une analyse spécifique de la puissance d'agir, centrée sur l'efficacité causale de cette puissance. C'est en ce point que le lien de l'action à son agent ajoute une dimension nouvelle, proprement pratique, à la désignation par soi du locuteur et à la désignation de son interlocuteur comme autre que soi.

3. Mais que signifie puissance d'agir ? C'est ici que surgit la *troisième aporie* dans laquelle semble s'enliser notre concept d'ascription. Dire qu'une action dépend de son agent, c'est dire de façon équivalente qu'elle est en son pouvoir[1].

Or, avec la notion de pouvoir-faire revient la vieille idée de causalité efficiente que la révolution galiléenne avait chassée de la physique. Est-il permis de dire qu'avec l'ascription, la causalité efficiente réintègre simplement son lieu d'origine, sa terre natale, à savoir précisément l'expérience vive de la puissance d'agir ? Suffit-il, pour autoriser une telle réhabilitation, de tirer argument de la réelle polysémie de la notion de causalité, que maints auteurs contemporains reconnaissent volontiers, soit pour justifier une reformulation de la causalité appropriée aux sciences humaines, en particulier à l'historiographie, comme on le voit chez Collingwood[2], soit pour justifier son élimination définitive du champ scientifique des idées de lois ou de fonctions, comme on le voit chez Russell[3] ?

Mais une restauration de la causalité efficiente au seul bénéfice de l'ascription risque de faire figure d'argument paresseux, comme toutes les fois qu'on invoque quelque chose comme un fait *primitif*. Je ne récuse pas la notion de fait primitif. Il m'arrivera, à un stade beaucoup plus avancé de cette investigation, d'opposer la modestie de l'aveu de quelques faits primitifs inhérents à l'élaboration d'une anthropologie fondamentale à l'ambition prométhéenne d'une fondation ultime sur le modèle du *Cogito* cartésien et de ses radicalisations successives[4]. Encore ne faut-il pas rendre les armes avant d'avoir combattu. C'est pourquoi je veux donner la forme de l'aporie à l'aveu que la puissance d'agir de l'agent doit être tenue en dernière instance pour un fait primitif. Fait primitif ne veut pas dire fait brut. Bien au contraire, on ne doit pouvoir reconnaître un fait primitif qu'au terme d'un travail de pensée, d'une dialectique, c'est-à-dire d'un conflit d'arguments, dont il faut avoir éprouvé toute la rigueur.

Cette dialectique passe, selon moi, par deux stades : un stade

1. Cf. ci-dessus, p. 113, notre remarque sur la traduction française du *eph'hèmin* d'Aristote.
2. Cf. *Temps et Récit*, t. I, Paris, Éd. du Seuil, 1983, p. 179, n. 1.
3. *Ibid.*, p. 162.
4. Cf. ci-dessous, dixième étude.

disjonctif, au terme duquel est affirmé le caractère nécessairement antagoniste de la causalité primitive de l'agent par rapport aux autres modes de causalité ; un stade *conjonctif,* au terme duquel est reconnue la nécessité de coordonner de manière synergique la causalité primitive de l'agent avec les autres formes de causalité : alors, et alors seulement, sera reconnu le fait primitif de ce qu'il faudra appeler non seulement pouvoir-faire, mais, au sens fort du mot, *initiative.*

Dans sa phase disjonctive, notre dialectique croise inéluctablement l'argument kantien de la « Troisième antinomie cosmologique de la Raison pure[1] ». Je ne propose ici aucune interprétation nouvelle de l'antinomie kantienne de la causalité libre et de la causalité selon les lois de la nature. Mon ambition est de porter au jour, à la lumière de la dialectique kantienne, quelques-uns des points forts de notre analyse de l'ascription, voire d'en susciter de nouveaux.

Insistons d'abord sur le caractère *nécessairement* dialectique de la notion de puissance d'agir, autrement dit sur la formulation *nécessairement* antithétique de la position même de la question. Je rappelle l'énoncé kantien de la thèse de la causalité libre : « La causalité selon les lois de la nature n'est pas la seule dont puissent être dérivés tous les phénomènes du monde. Il est encore nécessaire d'admettre une causalité libre pour l'explication de ces phénomènes » (III, 308) [A 444, B 472][2]. Or notre discussion de la théorie analytique de l'action nous a constamment confrontés à une formulation antithétique semblable à celle de Kant. On n'a pas oublié l'opposition entre l'événement qui arrive et l'événement qu'on fait arriver, ou l'opposition entre cause et motif, dans

1. Une certaine reconnaissance du caractère antagoniste de la causalité se laisse déjà discerner dans l'analyse d'Aristote par laquelle nous avons commencé cette étude. S'il y a des choses qui dépendent de nous, il en est d'autres qui relèvent de causes traditionnellement placées sous le titre de la nature, de la nécessité et de la fortune (*Éth. Nic.,* III, 5, 1112 a 31-32). Après avoir affirmé que l'homme est principe et générateur (père) de ses actions comme il l'est de ses enfants, Aristote ajoute : « Mais, s'il est manifeste que l'homme est bien l'auteur de ses propres actions, et si nous ne pouvons pas ramener nos actions à d'autres principes que ceux qui sont en nous, alors les actions dont les principes sont en nous dépendent elles-mêmes de nous et sont volontaires » (trad. Tricot, III, 7, 1113 b 18-19). Ainsi, le « de nous » est-il dialectiquement opposé au « par d'autres causes que nous », à l'intérieur même du champ d'application de la notion de principe.
2. E. Kant, *Critique de la Raison pure,* trad. fr. d'A. Tremesaygues et B. Pacaud, Paris, PUF, 1963, p. 348. Se reporter également à l'édition F. Alquié des *Œuvres philosophiques* de Kant, Paris, Gallimard, coll. « Bibliothèque de la Pléiade », t. I, 1980, pour la *Critique de la Raison pure,* qui comporte en marge la pagination correspondant à celle de l'édition de l'Académie de Berlin. Ici, t. I, p. 1102.

la phase dichotomique de la théorie de l'action. On pourrait objecter que, dans une phase ultérieure, cet aspect dichotomique a été surmonté. Il n'en a rien été. On a vu resurgir ultérieurement l'antithèse sous d'autres formes plus subtiles, que ce soit chez E. Anscombe, avec l'opposition entre connaissance par observation et connaissance sans observation, ou chez D. Davidson lui-même avec la distinction entre *event agency* et *agent agency*[1]. Mais c'est dans la polarité entre ascrire et décrire que culmine la formulation antithétique du problème, qui fait dire, avec Kant, que « la causalité selon les lois de la nature n'est pas la seule... ».

Entrons maintenant dans l'argument proprement dit de la *Thèse* dans l'antinomie kantienne de la liberté et du déterminisme. Ce qui se donne ici à penser, c'est ce que Kant dénomme « spontanéité absolue des causes », qu'il définit par la capacité de « commencer de *soi-même* [*von selbst*] une série de phénomènes qui se déroulera selon des lois de la nature » (III, 310)[2] ; dans la « Remarque » qui suit la « Preuve », Kant note qu'une telle « spontanéité absolue de l'action » est le « fondement propre de l'imputabilité de cette action » (III, 310 [A 448, B 476])[3]. Nous avions donc bien raison de chercher sous l'imputation, au sens moral et juridique du terme, la couche primitive d'un pouvoir-faire. Qu'est-ce qui, dans la théorie analytique de l'action, correspond à la notion kantienne de spontanéité absolue ? C'est la notion devenue classique, à la suite d'A. Danto, d'« actions de base ». Je rappelle la définition que Danto en donne : ce sont des actions qui ne requièrent aucune autre action intermédiaire qu'il faudrait avoir faites pour *(in order to)* pouvoir faire ceci ou cela. En éliminant ainsi, dans la définition de l'action de base, la clause « de sorte que », on met à nu une sorte de causalité qui se définit par elle-même. Sont des actions de base celles de nos actions qui relèvent du répertoire de ce que chacun sait comment faire, sans recourir à une action médiate d'ordre instrumental ou stratégique qu'il aurait fallu apprendre au préalable. En ce sens, le concept d'action de base désigne un fait primitif. On comprend pourquoi il en est ainsi : le concept primitif d'action de base tient dans l'ordre pratique la place qu'occupe l'évidence dans l'ordre cognitif : « Nous savons tous de façon directe et intuitive, écrit

1. Cf. ci-dessus, p. 100 n. 2.
2. Tremesaygues-Pacaud, p. 350 ; Alquié, t. I, p. 1104.
3. *Ibid.*

A. Danto, qu'il y a des actions de base et quelles actions sont des actions de base [1]. »

Le lien entre cette dernière assertion et l'argument antithétique de type kantien reste masqué aussi longtemps qu'on ne le replace pas dans le champ conflictuel de la causalité. C'est en effet à titre de *commencement* d'une série causale que la notion d'action de base revêt son caractère problématique et du même coup échappe à l'accusation d'argument paresseux. Sous sa forme négative, en effet, l'idée de commencement implique un arrêt dans le mouvement de la pensée remontant plus haut en direction d'une cause antérieure. Or, c'est cet arrêt que l'*Antithèse* kantienne dénonce comme illégitime affranchissement des lois ; c'est en ce point précis que prend naissance le nécessaire « conflit des idées transcendantales ». La théorie de l'action ne saurait ignorer ce caractère antithétique de la notion de commencement qui risque de rester masqué dans une approche encore naïve du concept d'action de base. A vrai dire, c'est parce que cette notion laisse non développée la question de l'attribution à un agent que son caractère antithétique reste lui-même inaperçu. En revanche, l'antinomie passe au premier plan lorsqu'on confronte les réponses à la question *qui ?* aux réponses à la question *pourquoi ?*. Ainsi avons-nous noté avec surprise que, si la recherche des motifs d'une action est interminable, celle de son auteur est terminable : les réponses à la question *qui ?*, qu'elles contiennent un nom propre, un pronom, une description définie, mettent fin à l'enquête. Ce n'est pas que l'investigation soit interrompue arbitrairement, mais les réponses qui terminent l'enquête sont tenues pour suffisantes par celui qui les donne et acceptables comme telles par celui qui les reçoit. Qui a fait cela ? demande-t-on. Un tel, répond-on. L'agent s'avère ainsi être une étrange cause, puisque sa mention met fin à la recherche de la cause, laquelle se poursuit sur l'autre ligne, celle de la motivation. De cette façon, l'antithétique dont parle Kant pénètre dans la théorie de l'action au point d'articulation de la puissance d'agir et des raisons d'agir.

Mais nous n'avons pas encore atteint l'essentiel de l'argument kantien. L'idée de commencement absolu n'est pas seulement justifiée par un argument négatif (il n'est pas nécessaire de remonter dans la chaîne causale) ; elle l'est plus encore par l'argument positif qui constitue le nerf même de la preuve. Sans un commencement dans la série, argumente Kant, la série des causes ne serait

---

1. A. Danto, « Basic actions », *American Philosophical Quarterly*, n° 2, 1965, p. 141-143 [trad. de l'auteur].

pas complète ; il appartient donc à l'idée de commencement que celui-ci assure « l'intégralité de la série du côté des causes dérivant les unes des autres » (III, 308 [A 446, B 474])[1] ; ce sceau de complétude apposé sur l'idée de série causale est essentiel à la formulation de l'antinomie ; c'est à l'idée même d'intégralité d'une série causale que s'oppose l'ouverture illimitée du processus causal selon l'antithèse. Mais l'argument kantien n'est pas encore complet. Dans la « remarque » qui fait suite à la « Preuve » de la *Thèse*, Kant distingue deux sortes de commencements, l'un qui serait le commencement du monde, l'autre qui est un commencement au milieu du cours du monde ; ce dernier est celui de la liberté. Or, concède Kant, il y a là la source d'un malentendu : n'a-t-on pas appelé plus haut absolue, c'est-à-dire non relative, la spontanéité ? Comment peut-on parler maintenant d'un commencement « relativement premier » (III 312 [A 450, B 478])[2] ? Réponse : commencement absolu eu égard à une série particulière d'événements, la liberté n'est qu'un commencement relatif eu égard au cours entier du monde. Kant précise : « Nous ne parlons pas ici d'un commencement absolument premier quant au temps, mais quant à la causalité » *(ibid.).* Suit l'exemple de l'homme qui se lève de son siège « tout à fait librement et sans subir l'influence nécessairement déterminante des causes naturelles » *(ibid.)*[3]. Et Kant de répéter : « Ce n'est donc pas au point de vue du temps qu'il doit être un commencement absolument premier d'une série de phénomènes, mais par rapport à la causalité » (III, 313 [A 451, B 477]). Cette distinction entre commencement *du* monde et commencement *dans* le monde est essentielle à la notion de commencement pratique prise du point de vue de sa fonction d'intégration. Le commencement pratique *in medias res* n'exerce sa fonction de complétude que sur des séries déterminées de causes qu'il contribue à distinguer d'autres séries inaugurées par d'autres commencements.

Cette fonction d'intégration du commencement par rapport à une série déterminée de causes trouve dans nos analyses antérieures une confirmation intéressante, en même temps que l'antinomie kantienne en révèle le caractère antithétique implicite.

La théorie de l'action rencontre le problème du rapport entre commencement et série complète dans des termes qui lui sont propres. Elle le fait d'abord dans le cadre provisoire de la théorie

1. Tremesaygues-Pacaud, p. 348 ; Alquié, t. I, p. 1102.
2. Tremesaygues-Pacaud, p. 350 ; Alquié, t. I, p. 1106.
3. Tremesaygues-Pacaud, p. 352 ; Alquié, t. I, p. 1108.

des descriptions. Le problème initial, comme on l'a montré plus haut, est d'identifier et de dénommer les actions appartenant à une chaîne pratique. La question est alors de savoir quelle est la « vraie » description dans ce cas complexe. On se rappelle l'exemple d'E. Anscombe : des hommes, en mouvant leurs bras, actionnent une pompe, qui fait monter à l'étage supérieur une eau préalablement empoisonnée ; ce faisant ils font mourir des comploteurs et contribuent au succès d'un mouvement révolutionnaire. Que font au juste ces hommes ? Si les multiples réponses données sont également recevables, c'est parce que, selon le mot d'Anscombe, le premier geste – qui est en fait une action de base selon les critères de Danto – « avale » *(swallows)* la chaîne des événements qui en résultent jusqu'à la dernière série, à laquelle l'histoire s'arrête. Pour la logique du raisonnement pratique, la série, pour parler comme Kant, est unifiée par un lien d'implication du type moyen-fin ; mais, du point de vue causal, celui des événements et non plus des intentions, l'unification de la série est assurée par la capacité d'intégration et de sommation exercée par le commencement lui-même de la série considérée, dont la visée intentionnelle traverse la série entière[1].

Ces hésitations de la description, qui ne constituent pas à vrai dire une aporie, conduisent au seuil d'un véritable embarras, lorsqu'on passe de la description du *quoi ?* à l'ascription au *qui ?*. Le problème prend alors la forme suivante : *jusqu'où* s'étend l'efficace du commencement et, par conséquent, la responsabilité de l'agent, eu égard au caractère illimité de la série des conséquences physiques ? Ce problème est, en un sens, inverse de celui des actions de base : on se demandait alors s'il fallait s'arrêter en amont de la série ascendante des causes ; on se demande maintenant où il faut s'arrêter en aval de la série descendante des effets ; or, si la causalité de l'agent constituait une sorte de butoir pour le mouvement de remontée dans la série des causes, la diffusion de l'efficace du commencement paraît sans bornes du côté des effets. Or ce problème, qu'on peut appeler celui de la *portée* du commencement, a un rapport étroit avec la notion kantienne d'un commencement « relativement premier dans le cours entier du monde ». Dès lors que le commencement de l'action ne coïncide pas avec celui du monde, il prend place en effet dans une constellation de commencements qui ont chacun une portée qu'il s'agit

---

1. Nous reviendrons sur cette question de l'unité intégrale d'une série, lorsque nous parlerons ultérieurement de l'unité narrative d'une vie et de l'identité narrative d'un personnage.

précisément d'apprécier comparativement. Pour chacun de ces commencements, il est légitime de s'interroger sur ce qu'on pourrait appeler les confins du règne du commencement. Cette question ouvre un problème très réel que connaissent bien les juristes, pénalistes ou autres, mais aussi les historiens. Un agent n'est pas *dans* les conséquences lointaines comme il l'est en quelque sorte *dans* son geste immédiat. Le problème est alors de délimiter la sphère d'événements dont on peut le rendre responsable. Or ce n'est pas aisé. Cela pour plusieurs raisons. D'abord, à ne suivre qu'une seule série, les effets d'une action se détachent en quelque sorte de l'agent, comme le discours le fait de la parole vive par la médiation de l'écriture. Ce sont les lois de la nature qui prennent en charge la suite de nos initiatives. C'est ainsi que l'action a des effets qu'on peut dire non voulus, voire pervers. Seulement, la séparation de ce qui revient à l'agent et de ce qui revient aux enchaînements de causalité externe se révèle être une opération fort complexe ; il faudrait pouvoir mettre les segments intentionnels susceptibles d'être formalisés en syllogismes pratiques à part des segments qu'on peut dire systémiques, dans la mesure où ils expriment la structure de systèmes physiques dynamiques ; mais, comme on le dira plus loin, la continuation, qui prolonge l'énergie du commencement, exprime l'enchevêtrement des deux modes de liaison ; sans cet enchevêtrement, on ne pourrait pas dire qu'agir, c'est produire des changements dans le monde.

Ajoutons qu'il est une autre sorte d'enchevêtrement qui rend difficile d'attribuer à un agent particulier une série déterminée d'événements ; c'est celui de l'action de chacun avec l'action de chaque autre. Nous avons insisté ailleurs, à la suite de W. Schapp, sur l'idée, propre au champ narratif, « d'être enchevêtré dans des histoires »[1] ; l'action de chacun (et son histoire) est enchevêtrée non seulement dans le cours physique des choses, mais dans le cours social de l'activité humaine. Comment, en particulier, distinguer dans une action de groupe ce qui revient à chacun des acteurs sociaux ? Cette difficulté, comme la précédente, ne concerne pas moins l'historien que le juge, dès lors qu'il s'agit de désigner distributivement des auteurs en leur assignant des sphères distinctes d'action ; ici, attribuer, c'est distribuer. Il ne faut pas craindre de dire que la détermination du point extrême où s'arrête la responsabilité d'un agent est affaire de décision plutôt que de constatation ; c'est ici que reprend vigueur la thèse de H.L.A. Hart[2] selon laquelle l'attribution d'une action à un agent

1. W. Schapp, *In Geschichten verstrickt*, Wiesbaden, B. Heymann, 1976.
2. H.L.A. Hart, « The Ascription of Responsability and Rights », art. cité.

ressemble plus à l'arrêt – c'est le cas de le dire – par lequel un juge attribue à chacune des parties en compétition ce qui lui revient ; l'ascription tend à nouveau à se confondre avec l'imputation, dans une situation d'affrontement entre revendications rivales ; toutefois, le seul fait que l'historien peut avoir lui aussi à répartir des responsabilités entre les acteurs d'une action complexe donne à penser que cette délimitation de sphères respectives de responsabilité ne revêt pas nécessairement un aspect d'incrimination et de condamnation. Raymond Aron, à la suite de Max Weber, n'avait pas tort de distinguer responsabilité historique et responsabilité morale [1]. Ce que l'une et l'autre ont en commun, c'est précisément d'illustrer la notion kantienne d'un commencement relativement premier ; celle-ci implique en effet une multiplicité d'agents et de commencements d'actions qui ne se laissent identifier que par les sphères distinctes d'actions qui peuvent être assignées à chacun. Or la structure conflictuelle de cette assignation ne saurait être éliminée ; la délimitation de la portée d'une décision responsable contribue à l'effet de clôture sans lequel on ne saurait parler de série intégrale ; mais cet effet de clôture, essentiel à la thèse de la causalité libre, contredit l'ouverture illimitée de la série des causes exigée par l'*Antithèse* dans l'antinomie kantienne.

Tout cela étant dit, peut-on en rester au stade antinomique dans la compréhension de ce qui est signifié par puissance d'agir ? Kant lui-même ne le fait pas. Après avoir dit et répété que la *Thèse* et l'*Antithèse* du commencement, comme la *Thèse* et l'*Antithèse* des trois autres antinomies cosmologiques, doivent être « renvoyées dos à dos par le tribunal de la raison » (III, 345 [A 501, B 529]) [2], Kant réserve finalement un sort différent aux idées transcendantales qu'il appelle mathématiques et qui ont rapport à l'extension finie ou infinie de la matière (première et deuxième antinomies cosmologiques) ; pour celles-ci, la solution sceptique reste sans appel. Il n'en est pas de même des idées transcendantales dites dynamiques concernant le commencement relativement premier, celui des actions humaines, et le commencement absolu du monde dans son ensemble ; la solution des deux premières antinomies était une solution sceptique, parce que « dans la liaison mathématique des séries de phénomènes, il est impossible d'introduire d'autres conditions qu'une condition sensible ; c'est-à-dire une condition qui soit elle-même une partie de la

---

1. *Temps et Récit*, t. I, *op. cit.*, p. 265, n. 1.
2. Tremesaygues-Pacaud, p. 378 ; Alquié, t. I, p. 1145.

série » (III, 360 [A 530, B 558])[1]. En revanche, la solution de la
troisième et de la quatrième antinomie peut consister à garder
côte à côte la *Thèse* et l'*Antithèse*; en effet, « la série dynamique
des conditions sensibles permet encore une condition hétérogène
qui n'est pas une partie de la série, mais qui, en tant que purement *intelligible,* réside en dehors de la série, ce qui donne satisfaction à la raison et place l'inconditionné à la tête des phénomènes, sans troubler la série de ces phénomènes toujours
conditionnés et sans pour cela la briser contrairement au principe
de l'entendement (III, 362 [A 531, B 559])[2]. Il en résulte que la
Thèse et l'*Antithèse* peuvent être tenues pour vraies toutes les
deux, à condition de les maintenir sur deux plans différents. On
connaît la suite : la liberté comme idée transcendantale pure, sans
attaches phénoménales, constitue le sens ultime de la faculté de
commencer de soi-même une série causale. Sur cette liberté transcendantale se fonde le concept *pratique* de liberté, c'est-à-dire
l'indépendance de la volonté par rapport à la contrainte des pen-
chants de la sensibilité (III, 362 [A 532, B 560])[3]. Mais qu'est-ce
qu'une liberté transcendantale ? C'est une liberté *intelligible,* si
l'on appelle intelligible « ce qui dans un objet des sens n'est pas
lui-même phénomène » (III, 366 [A 358, B 566])[4]. Et la suite :
« Si donc ce qui doit être considéré comme phénomène dans le
monde sensible a aussi en lui-même un pouvoir, qui n'est pas un
objet d'intuition sensible, mais par lequel, cependant, il peut être
une cause des phénomènes, on peut alors considérer la causalité
de cet être sous deux points de vue, comme intelligible quant à
son action, ou comme causalité d'une chose en soi, et comme sensible quant aux effets de cette action, ou comme causalité d'un
phénomène dans le monde sensible »[5].

Je voudrais suggérer ici une autre issue à l'antinomie, issue vers
laquelle Kant lui-même s'oriente en un sens lorsqu'il déclare :
« Rien n'empêche d'attribuer à cet objet transcendantal, outre la
propriété qu'il a de nous apparaître, une causalité encore qui n'est
pas phénomène bien que son effet se rencontre cependant dans le
phénomène[6]. » Or quel est cet effet qui se rencontre dans le phénomène ? Kant l'appelle *caractère,* en distinguant caractère empirique et caractère intelligible. Ne pourrait-on pas dire que, en un

1. Tremesaygues-Pacaud, p. 393 ; Alquié, t. I, p. 1106.
2. *Ibid.*
3. Tremesaygues-Pacaud, p. 394-408 ; Alquié, t. I, p. 1167-1186.
4. Tremesaygues-Pacaud, p. 397 ; Alquié, t. I, p. 1171.
5. Tremesaygues-Pacaud, p. 397 ; Alquié, t. I, p. 1171-1172.
6. Tremesaygues-Pacaud, p. 397 ; Alquié, t. I, p. 1172.

sens non phénoméniste du terme phénomène, c'est-à-dire au sens de ce qui se montre, le phénomène de l'agir exige que soient conjointes la *Thèse* et l'*Antithèse* dans un phénomène – au sens que je viens de dire – spécifique du champ pratique, qu'on peut appeler *initiative*[1] ?

Penser l'initiative, telle est la tâche qui se propose au terme de la présente étude. L'initiative, dirons-nous, est une *intervention* de l'agent de l'action dans le cours du monde, intervention qui *cause* effectivement des changements dans le monde. Que nous ne puissions nous représenter cette prise de l'agent humain sur les choses, au milieu du cours du monde, comme le dit lui-même Kant, que comme une conjonction entre plusieurs sortes de causalité, cela doit être reconnu franchement comme une contrainte liée à la structure de l'action en tant qu'initiative. A cet égard, Aristote a frayé la voie, avec sa notion de *sunaition,* qui fait de l'agent une cause partielle et concourante dans la formation des dispositions et du caractère. Mais on se rappelle la prudence avec laquelle Aristote a introduit cette notion mixte, qu'il nuance d'un « en quelque sorte » *(pôs).* C'est en effet « en quelque sorte » que se composent les causalités. Nous avons nous-mêmes rencontré à plusieurs reprises l'exigence de procéder à une telle union ; elle résulte à titre ultime de la nécessité même de conjoindre le *qui ?* au *quoi ?* et au *pourquoi ?* de l'action, nécessité issue elle-même de la structure d'intersignification du réseau conceptuel de l'action. En accord avec cette exigence, il apparaît nécessaire de ne pas se borner à opposer le caractère terminable de l'enquête sur l'agent et le caractère interminable de l'enquête sur les motifs. La puissance d'agir consiste précisément dans la liaison entre l'une et l'autre enquête, où se reflète l'exigence de lier le *qui ?* au *pourquoi ?* à travers le *quoi ?* de l'action. Mais le cours de motivation ne fait pas sortir de ce qu'on peut appeler avec précaution le plan

---

1. Comparer avec « l'éclaircissement de l'idée cosmologique d'une liberté en union avec la nécessité universelle de la nature » (III, 368 [A 543, B 570] *sq.* ; Tremesaygues-Pacaud, p. 399-408 ; Alquié, t. I, p. 1174-1186). Kant parle en ce sens de l'« action primitive, par rapport aux phénomènes d'une cause qui, à ce titre, n'est donc pas un phénomène mais qui est intelligible quant à ce pouvoir, bien que, du reste, elle doive être comprise comme un anneau de la chaîne de la nature dans le monde sensible » (III, 369 [A 544, B 572] ; Tremesaygues-Pacaud, p. 480 ; Alquié, t. I, p. 1175-1176). Mais, pour Kant le critère exclusif de la réalité de la liberté intelligible, c'est l'aptitude de l'action à se soumettre à des règles, à obéir ou non au devoir. C'est à cette solution *morale,* prématurée à mon sens, que je veux résister ici, en cherchant dans le phénomène de la puissance d'agir les raisons d'un dépassement de l'antinomie.

des « faits mentaux ». C'est sur le cours de la nature « extérieure » que la puissance d'agir exerce sa prise.

La représentation la plus rapprochée d'une telle conjonction me paraît être celle proposée par H. von Wright, dans *Explanation and Understanding*[1], sous le titre de *modèle quasi causal*. J'en ai rendu compte ailleurs dans le cadre d'une investigation consacrée à l'explication en histoire[2]. Mais, en fait, il s'agissait bien, par-delà l'épistémologie de la connaissance historique, de rendre compte du phénomène général de l'intervention. Le modèle proposé est un modèle mixte, en ce sens qu'il conjoint des segments téléologiques, justiciables du raisonnement pratique, et des segments systémiques, justiciables de l'explication causale. Ce qui importe ici et qui fait difficulté, ce sont précisément les points de suture entre les uns et les autres. En effet, chaque résultat d'un syllogisme pratique est une action effective qui introduit un fait nouveau dans l'ordre du monde, lequel fait déclenche à son tour une chaîne causale ; parmi les effets de celle-ci, de nouveaux faits surgissent qui sont assumés à titre de circonstances par le même agent ou d'autres agents. Or qu'est-ce qui rend fondamentalement possible cet enchaînement entre fins et causes ? Essentiellement la capacité qu'a l'agent de faire coïncider une des choses qu'il sait faire (qu'il sait pouvoir faire) avec l'état initial d'un système dont il détermine du même coup les conditions de clôture[3]. Selon l'expression même de von Wright, cette conjonction n'advient que si nous sommes assurés *(we feel confident),* sur la base de l'expérience passée, de pouvoir ainsi mettre en mouvement un système dynamique. Avec l'idée de « mettre un système en mouvement », les notions d'action et de causalité se rejoignent, déclare von Wright. Mais se recouvrent-elles ?

Il est remarquable que, dans une telle analyse, que j'abrège ici outrageusement, les deux composantes – systémique et téléologique – restent distinctes quoique enchevêtrées. Cette impuissance à surmonter la discontinuité – au plan épistémologique –

1. Londres, Routledge and Kegan Paul, 1971.
2. *Temps et Récit*, t. I, *op. cit.*, p. 187-202. Je laisse ici de côté l'interprétation narrative que je propose de l'enchaînement des causes et des fins dans le modèle dit quasi causal.
3. Je reprends ici les termes mêmes de mon exposé dans *Temps et Récit I* : « L'*action* réalise un autre type remarquable de clôture, en ceci que c'est en faisant quelque chose qu'un agent apprend à " isoler " un système clos de son environnement, et découvre les possibilités de développement inhérentes à ce système. Cela, l'agent l'apprend en mettant en mouvement le système à partir d'un état initial qu'il " isole ". Cette mise en mouvement constitue l'intervention, à l'intersection d'un des pouvoirs de l'agent et des ressources du système » (p. 192).

entre les composantes disparates de l'intervention n'est-elle pas l'indice que ce serait dans un type de discours différent de celui que nous tenons ici que le « je peux » pourrait être reconnu comme l'*origine* même de la liaison entre les deux ordres de causalité ? Ce qui ferait de ce discours du « je peux » un discours autre, c'est, à titre ultime, son renvoi à une ontologie du *corps propre*, c'est-à-dire d'*un* corps qui est aussi *mon* corps et qui, par sa double allégeance à l'ordre des corps physiques et à celui des personnes, se tient au point d'articulation d'un pouvoir d'agir qui est le nôtre et d'un cours des choses qui relève de l'ordre du monde. Ce n'est que dans cette phénoménologie du « je peux » et dans l'ontologie adjacente au corps propre que le statut de fait primitif accordé à la puissance d'agir serait définitivement établi.

Au terme de cette investigation consacrée au rapport entre l'action et son agent, il importe de dessiner les voies ouvertes par les apories successives auxquelles donne lieu le phénomène de l'ascription. Aucune complaisance pour l'aporie en tant qu'aporie ne doit en effet transformer la lucidité réflexive en paralysie consentie. Le phénomène de l'ascription ne constitue, tout compte fait, qu'une détermination partielle et encore abstraite de ce qui est signifié par l'ipséité du soi. De l'aporétique de l'ascription peut et doit résulter une impulsion à franchir les limites imposées par la théorie du discours exposée ci-dessus en direction de déterminations plus riches et plus concrètes de l'ipséité du soi. Chacune des apories de l'ascription pointe vers un dépassement spécifique du point de vue strictement linguistique.

La première aporie fait encore appel à une transition interne au point de vue linguistique, à savoir de la sémantique à la *pragmatique*. Ce qui distingue en effet l'ascription de la simple attribution d'un prédicat à un sujet logique, c'est d'abord le pouvoir de l'agent de se désigner lui-même en désignant un autre. La considération strawsonienne portant sur l'identité de sens que conservent les prédicats psychiques dans l'ascription à soi-même et dans l'ascription à un autre que soi orientait déjà vers un tel déplacement en direction d'opérations de langage où prédomine la double désignation de soi et de l'autre dans une situation d'interlocution. En ce sens, la première aporie n'était pas vaine.

La seconde aporie non plus ne s'est pas fermée sur une impasse. Les difficultés qu'a rencontrées notre effort pour distinguer l'ascription de l'imputation conduisent à penser que l'écart entre l'une et l'autre doit être comblé par une investigation de modalités pratiques, qui, par leur complexité et leur organisation, excèdent les limites de la théorie de l'action elle-même, du moins au sens limité qui a été le nôtre jusqu'à présent. Ce sera la tâche d'une enquête sur la *praxis* et les pratiques de discerner les points d'implantation d'une évaluation proprement éthique de l'agir humain, au sens téléologique et au sens déontologique, autrement dit selon le bon et selon l'obligatoire. Alors, mais alors seulement, il pourra être rendu compte de l'articulation entre ascription et imputation, au sens moral et juridique.

La troisième aporie, suscitée par la notion de puissance d'agir, donc par l'efficacité causale assignée à l'agent de l'action, a pu paraître la plus intraitable. Elle l'est en effet. Le passage par la troisième antinomie kantienne a certainement accentué l'apparence d'une difficulté sans issue. Nous n'avons pourtant pas manqué d'affirmer que l'antinomie relevait d'une stratégie antithétique destinée à combattre l'accusation d'argument paresseux opposée, comme il se doit, à toute allégation de fait primitif. Car c'est bien d'un fait primitif qu'il s'agit, à savoir l'assurance que l'agent a de pouvoir faire, c'est-à-dire de pouvoir produire des changements dans le monde. Le passage du stade disjonctif au stade conjonctif de la dialectique n'avait pas d'autre but que de porter à un niveau réflexif et critique ce qui est déjà pré-compris dans cette assurance de pouvoir-faire. Dire assurance, c'est dire deux choses. C'est d'abord mettre en lumière, au plan épistémologique, un phénomène que nous avons plusieurs fois côtoyé, celui de l'attestation. Nous sommes assurés, d'une certitude qui n'est pas une croyance, une *doxa* inférieure au savoir, que nous pouvons faire les gestes familiers que Danto enracine dans les actions de base. Mais l'aveu du fait primitif attesté dans la certitude de pouvoir faire n'a pas seulement une face épistémologique, il a aussi une face ontologique. Le fait primitif de pouvoir-faire fait partie d'une constellation de faits primitifs qui relèvent de l'ontologie du soi que nous esquisserons dans la dixième étude. Ce que nous venons de dire de la phénoménologie du « je peux » et de l'ontologie adjacente au corps propre pointe déjà dans la direction de cette ontologie du soi. Quant à dire par quels liens concrets cette phénoménologie du « je peux » et cette ontologie du corps propre ressortissent à une ontologie du soi, en tant que sujet agissant et souffrant, ce n'est qu'au terme d'un long parcours au travers et au-delà des philosophies de la subjectivité que nous pourrons l'établir. En ce sens, la troisième aporie de l'ascription ne sera effectivement dépassée qu'au terme de notre entreprise.

L'identité personnelle et l'identité narrative

Avec la discussion des rapports entre agent et action, une première série d'études, placées sous l'égide de la conception analytique du langage, a atteint son terme. Dans les deux premières études, on s'est borné aux ressources que la sémantique et la pragmatique, considérées successivement, offraient à l'analyse de l'action et des rapports complexes entre action et agent. Au cours de cette analyse, il est apparu que, en dépit de sa dépendance de principe à l'égard de la théorie du langage, la théorie de l'action constituait une discipline autonome, en raison des traits propres de l'agir humain et de l'originalité du lien entre l'agir et son agent. Pour asseoir son autonomie, cette discipline nous a paru requérir une alliance nouvelle entre la tradition analytique et la tradition phénoménologique et herméneutique, dès lors que l'enjeu majeur en était moins de savoir ce qui distingue les actions des autres événements survenant dans le monde, que ce qui spécifie le soi, impliqué dans le pouvoir-faire, à la jonction de l'agir et de l'agent. Ainsi affranchi de sa tutelle initiale, la théorie de l'action assumait le rôle de propédeutique à la question de l'ipséité. En retour, la question du soi, reprenant le pas sur celle de l'action, suscite des remaniements considérables au plan même de l'agir humain.

La lacune la plus considérable que présentent nos études antérieures à un regard rétrospectif concerne bien évidemment la dimension *temporelle* tant du soi que de l'action elle-même. Ni la définition de la personne dans la perspective de la référence identifiante, ni celle de l'agent dans le cadre de la sémantique de l'action, censée pourtant enrichir la première approche, n'ont pris en compte le fait que la personne dont on parle, que l'agent dont l'action dépend, ont une histoire, sont leur propre histoire. L'approche du soi sur le second versant de la philosophie du langage, celui de l'énonciation, n'a pas non plus suscité de réflexion particulière concernant les changements qui affectent un sujet capable de se désigner lui-même en signifiant le monde. Or ce n'est pas seulement une dimension importante parmi d'autres qui a été ainsi omise, mais une problématique entière, à savoir celle de l'*identité personnelle* qui ne peut précisément s'articuler que dans la dimension temporelle de l'existence humaine. C'est pour combler cette lacune majeure que je me propose de remettre ici en chantier la théorie narrative, non plus dans la perspective de ses rapports avec la constitution du temps humain comme il a été fait dans *Temps et Récit,* mais de sa contribution à la constitution du soi. Les débats contemporains, très vifs dans le champ de la philosophie anglo-américaine, sur la question de l'identité personnelle ont paru offrir une occasion excellente pour aborder de front la distinction entre mêmeté et ipséité, toujours présupposée dans les études précédentes, mais jamais traitée thématiquement. On espère montrer que c'est dans le cadre de la théorie narrative que la dialectique concrète de l'ipséité et de la mêmeté – et non pas seulement la distinction nominale entre les deux termes invoqués jusqu'à présent – atteint son plein épanouissement [1].

Une fois la notion d'identité narrative confrontée – victorieusement, à mon avis – aux perplexités et aux paradoxes de l'identité personnelle, il sera possible de déployer, dans un style moins polémique et plus constructif, la thèse annoncée dès l'introduc-

---

1. La notion d'identité narrative, introduite dans *Temps et Récit III,* répondait à une autre problématique : au terme d'un long voyage à travers le récit historique et le récit de fiction, je me suis demandé s'il existait une structure de l'expérience capable d'intégrer les deux grandes classes de récits. J'ai formé alors l'hypothèse selon laquelle l'identité narrative, soit d'une personne, soit d'une communauté, serait le lieu recherché de ce chiasme entre histoire et fiction. Selon la précompréhension intuitive que nous avons de cet état de choses, ne tenons-nous pas les vies humaines pour plus lisibles lorsqu'elles sont interprétées en fonction des histoires que les gens racontent à leur sujet ? Et ces histoires de vie ne sont-elles pas rendues à leur tour plus intelligibles lorsque leur sont appliqués des modèles narratifs – des intrigues – empruntés à l'histoire proprement dite ou à la fiction (drame ou roman) ? Il semblait donc plausible de tenir pour valable la chaîne suivante d'assertions : la compréhension de soi est une interprétation ; l'interprétation de soi, à son tour, trouve dans le récit, parmi d'autres signes et symboles, une médiation privilégiée ; cette dernière emprunte à l'histoire autant qu'à la fiction, faisant de l'histoire d'une vie une histoire fictive, ou, si l'on préfère, une fiction historique, entrecroisant le style historiographique des biographies au style romanesque des autobiographies imaginaires. Ce qui manquait à cette appréhension intuitive du problème de l'identité narrative, c'est une claire compréhension de ce qui est en jeu dans la question même de l'identité appliquée à des personnes ou à des communautés. La question de l'entrecroisement entre histoire et fiction détournait en quelque sorte l'attention des difficultés considérables attachées à la question de l'identité en tant que telle. C'est à ces difficultés qu'est consacrée la présente étude.

tion à cet ouvrage, selon laquelle la théorie narrative trouve une de ses justifications majeures dans le rôle qu'elle exerce entre le point de vue descriptif sur l'action, auquel nous nous sommes tenus jusqu'à présent, et le point de vue prescriptif qui prévaudra dans les études ultérieures. Une triade s'est imposée à moi : décrire, raconter, prescrire – chaque moment de la triade impliquant un rapport spécifique entre constitution de l'action et constitution du soi. Or la théorie narrative ne saurait exercer cette médiation, c'est-à-dire être plus qu'un segment intercalé dans la suite discrète de nos études, s'il ne pouvait être montré, d'une part, que le champ pratique couvert par la théorie narrative est plus vaste que celui couvert par la sémantique et la pragmatique des phrases d'action, d'autre part, que les actions organisées en récit présentent des traits qui ne peuvent être élaborés thématiquement que dans le cadre d'une éthique. Autrement dit, la théorie narrative ne fait véritablement médiation entre la description et la prescription que si l'élargissement du champ pratique et l'anticipation de considérations éthiques sont impliqués dans la structure même de l'acte de raconter. Qu'il suffise pour le moment de dire qu'en maints récits, c'est à l'échelle d'une vie entière que le soi cherche son identité ; entre les actions courtes, auxquelles se sont bornées nos analyses antérieures, sous la contrainte de la grammaire des phrases d'action, et la *connexion d'une vie,* dont parle Dilthey dans ses essais théoriques sur l'autobiographie, s'étagent des degrés de complexité qui portent la théorie de l'action au niveau requis par la théorie narrative [1]. C'est de la même façon que je dirai par anticipation qu'il n'est pas de récit éthiquement neutre. La littérature est un vaste laboratoire où sont essayés des estimations, des évaluations, des jugements d'approbation et de condamnation par quoi la narrativité sert de propédeutique à l'éthique. C'est à ce double regard, rétrospectif en

---

1. On a souvent reproché à la philosophie analytique de l'action la pauvreté des exemples invoqués. Pour ma part, je ne raille pas ce misérabilisme dans l'emploi des exemples ; en mettant entre parenthèses les enjeux éthiques et politiques, la philosophie analytique de l'action a pu se concentrer sur la seule constitution grammaticale, syntaxique et logique des phrases d'action. Or, c'est à ce même ascétisme de l'analyse que nous sommes redevables, jusque dans la critique interne que nous avons faite de cette théorie de l'action. Nous n'avons pas eu besoin de restituer à l'action ni la complexité des pratiques quotidiennes, ni la dimension téléologique et déontologique requise par une théorie morale de l'imputation, pour dessiner les premiers linéaments d'une théorie de l'ipséité. Les actions les plus simples – tirées, disons, des actions de base selon Danto – suffisent à faire paraître l'énigme de la mêmeté, en laquelle se trouvent résumées *in nuce* toutes les difficultés d'une théorie développée de l'ipséité.

direction du champ pratique, prospectif en direction du champ éthique, que sera consacrée la sixième étude dont je marque ici l'étroite solidarité avec la présente étude.

1. *Le problème de l'identité personnelle*

Le problème de l'identité personnelle constitue à mes yeux le lieu privilégié de la confrontation entre les deux usages majeurs du concept d'identité que j'ai maintes fois évoqués sans jamais les thématiser véritablement. Je rappelle les termes de la confrontation : d'un côté l'identité comme *mêmeté* (latin : *idem ;* anglais : *sameness ;* allemand : *Gleichheit*), de l'autre l'identité comme ipséité (latin : *ipse ;* anglais : *selfhood ;* allemand : *Selbstheit*). L'ipséité, ai-je maintes fois affirmé, n'est pas la mêmeté. Et c'est parce que cette distinction majeure est méconnue – la deuxième section le vérifiera – que les solutions apportées au problème de l'identité personnelle ignorant la dimension narrative échouent. Si cette différence est si essentielle, pourquoi, demandera-t-on, ne l'avoir pas traitée thématiquement plus tôt, alors que son fantôme n'a cessé de hanter les analyses antérieures ? Pour la raison précise qu'elle n'est élevée au rang problématique que lorsque passent au premier plan ses implications temporelles. C'est avec la question de la *permanence dans le temps* que la confrontation entre nos deux versions de l'identité fait pour la première fois véritablement problème.

1. A première vue, en effet, la question de la permanence dans le temps se rattache exclusivement à l'identité-*idem,* que d'une certaine façon elle couronne. C'est bien sous cette unique rubrique que les théories analytiques que nous examinerons plus loin abordent la question de l'identité personnelle et les paradoxes qui s'y rattachent. Rappelons rapidement l'articulation conceptuelle de la mêmeté, afin de pointer la place éminente qu'y tient la permanence dans le temps.

La mêmeté est un concept de relation et une relation de relations. En tête, vient l'identité *numérique :* ainsi, de deux occurrences d'une chose désignée par un nom invariable dans le langage ordinaire, disons-nous qu'elles ne forment pas deux choses différentes mais « une seule et même » chose. Identité, ici, signifie unicité : le contraire est pluralité (non pas une mais deux ou plusieurs) ; à cette première composante de la notion d'identité correspond l'opération d'identification, entendue au sens de réidentification du même, qui fait que connaître c'est reconnaître : la même chose deux fois, *n* fois.

Vient en second rang l'identité *qualitative,* autrement dit la ressemblance extrême : nous disons de X et de Y qu'ils portent le même costume, c'est-à-dire des vêtements tellement semblables qu'il est indifférent qu'on les échange l'un pour l'autre ; à cette deuxième composante correspond l'opération de substitution sans perte sémantique, *salva veritate.*

Ces deux composantes de l'identité sont irréductibles l'une à l'autre, comme chez Kant les catégories de quantité et de qualité ; elles ne sont point pour autant étrangères l'une à l'autre ; c'est précisément dans la mesure où le temps est impliqué dans la suite des occurrences de la même chose que la réidentification du même peut susciter l'hésitation, le doute, la contestation ; la ressemblance extrême entre deux ou plusieurs occurrences peut alors être invoquée à titre de critère indirect pour renforcer la présomption d'identité numérique : c'est ce qui arrive lorsque l'on parle de l'identité physique d'une personne ; on n'a pas de peine à reconnaître quelqu'un qui ne fait qu'entrer et sortir, apparaître, disparaître, réapparaître ; encore le doute n'est-il pas loin, dans la mesure où l'on compare une perception présente à un souvenir récent ; l'identification de son agresseur par une victime, parmi une série de suspects qui lui sont présentés, donne au doute une première occasion de s'insinuer ; il croît avec la distance dans le temps ; ainsi, un accusé présenté à la barre du tribunal peut contester qu'il soit le même que celui qui est incriminé ; que fait-on alors ? on compare l'individu présent à des marques matérielles tenues pour la trace irrécusable de sa présence antérieure dans les lieux eux-mêmes en litige ; il arrive que l'on étende la comparaison à des témoignages oculaires, tenus avec une grande marge d'incertitude pour équivalents à la présentation passée de l'individu examiné ; la question de savoir si l'homme ici présent à la barre du tribunal et l'auteur présumé d'un crime ancien sont une seule et même personne peut alors rester sans réponse assurée ; les procès de criminels de guerre donnent l'occasion de pareilles confrontations, dont on connaît les aléas.

C'est la faiblesse de ce critère de similitude, dans le cas d'une grande distance dans le temps, qui suggère que l'on fasse appel à un autre critère, lequel relève de la troisième composante de la notion d'identité, à savoir la *continuité ininterrompue* entre le premier et le dernier stade du développement de ce que nous tenons pour le même individu ; ce critère l'emporte dans tous les cas où la croissance, le vieillissement, opèrent comme des facteurs de dissemblance et, par implication, de diversité numérique ; ainsi disons-nous d'un chêne qu'il est le même, du gland à l'arbre entièrement développé ; de même d'un animal, de la naissance à la mort ; de même enfin d'un homme – je ne dis pas d'une personne – en tant que simple échantillon de l'espèce. La démonstration de cette continuité fonctionne comme critère annexe ou substitutif de la similitude ; la démonstration repose sur la mise en série ordonnée de changements faibles qui, pris un à un, menacent la ressemblance sans la détruire ; ainsi faisons-nous avec les portraits de nous-mêmes à des âges successifs de la vie ; comme on voit, le temps est ici facteur de dissemblance, d'écart, de différence.

C'est pourquoi la menace qu'il représente pour l'identité n'est entièrement conjurée que si l'on peut poser, à la base de la similitude et de la continuité ininterrompue du changement, un principe de *permanence dans le temps*. Ce sera par exemple la structure invariable d'un outil dont on aura progressivement changé toutes les pièces ; c'est encore le cas, qui nous touche de près, de la permanence du code génétique d'un individu biologique ; ce qui demeure ici, c'est l'organisation d'un système combinatoire ; l'idée de structure, opposée à celle d'événement, répond à ce critère d'identité, le plus fort qui puisse être administré ; elle confirme le caractère relationnel de l'identité, qui n'apparaissait pas dans l'antique formulation de la substance, mais que Kant rétablit en classant la substance parmi les catégories de la relation, en tant que condition de possibilité de penser le changement comme arrivant à quelque chose qui ne change pas, du moins dans le moment de l'attribution de l'accident à la substance ; la permanence dans le temps devient ainsi le transcendantal de l'identité numérique [1]. Toute la problématique de l'identité personnelle

1. Le déplacement chez Kant de l'idée de substance du plan ontologique au plan transcendantal est marqué par la simple correspondance entre la catégorie, son schème et le principe (ou premier jugement). A la substance, première catégorie de la relation, correspond le schème qui en dit la constitution temporelle, à savoir : « la permanence *[Beharrlichkeit]* du réel dans le temps, c'est-à-dire la représentation de ce réel comme un substrat de la détermination empirique de temps en général, substrat qui demeure donc pendant que tout le reste change » (*Critique de la Raison pure*) III, 137 [A 144, B 183] ; Tremesaygues-Pacaud, p. 154 ; Alquié, t. I, p. 889). Au schème de la substance correspond le principe qui en exprime la constitution relationnelle, à savoir (« Première analogie de l'expérience ») : « Tous les phénomènes contiennent quelque chose de permanent [*das Beharrliche*] (substance) considéré comme l'objet lui-même, et quelque chose de changeant, considéré comme une simple détermination de cet objet » (III, 162 [A 182] ; Tremesaygues-Pacaud, p. 177 ; Alquié, t. I, p. 919). Et dans la seconde

va tourner autour de cette quête d'un invariant relationnel, lui donnant la signification forte de permanence dans le temps.

2. Cette analyse conceptuelle de l'identité-mêmeté étant faite, nous pouvons revenir à la question qui régit la présente étude : l'ipséité du soi implique-t-elle une forme de permanence dans le temps qui ne soit pas réductible à la détermination d'un *substrat*, même au sens relationnel que Kant a assigné à la catégorie de substance, bref, une forme de permanence dans le temps qui ne soit pas simplement le schème de la catégorie de substance ? Pour reprendre les termes d'une opposition qui a jalonné nos études antérieures : une forme de permanence dans le temps se laisse-t-elle rattacher à la question *qui ?* en tant qu'irréductible à toute question *quoi ?* Une forme de permanence dans le temps qui soit une réponse à la question : « qui suis-je ? »

Que la question soit difficile, la réflexion suivante va tout de suite le rendre manifeste. Parlant de nous-mêmes, nous disposons en fait de deux modèles de permanence dans le temps que je résume par deux termes à la fois descriptifs et emblématiques : le *caractère* et la *parole tenue.* En l'un et en l'autre, nous reconnaissons volontiers une permanence que nous disons être de nous-mêmes. Mon hypothèse est que la polarité de ces deux modèles de permanence de la personne résulte de ce que la permanence du caractère exprime le recouvrement quasi complet l'une par l'autre de la problématique de l'*idem* et de celle de l'*ipse,* tandis que la fidélité à soi dans le maintien de la parole donnée marque l'écart extrême entre la permanence du soi et celle du même, et donc atteste pleinement l'irréductibilité des deux problématiques l'une à l'autre. Je me hâte de compléter mon hypothèse : la polarité que je vais scruter suggère une intervention de l'identité narrative dans la constitution conceptuelle de l'identité personnelle, à la façon d'une médiété spécifique entre le pôle du caractère, où *idem* et *ipse* tendent à coïncider et le pôle du maintien de soi, où l'ipséité s'affranchit de la mêmeté. Mais j'anticipe trop !

Que faut-il entendre par *caractère ?* En quel sens le terme a-t-il à la fois valeur descriptive et valeur emblématique ? Pourquoi dire qu'il cumule l'identité du soi et celle du même ? Qu'est-ce qui trahit, sous l'identité du même, l'identité du soi et empêche d'assigner purement et simplement l'identité du caractère à celle du même ?

édition : « La substance persiste [*beharrt*] dans tout le changement des phénomènes et sa quantité n'augmente ni ne diminue dans la nature » ([B 224] ; Tremesaygues-Pacaud, p. 177 ; Alquié, t. I, p. 918-919).

J'entends ici par caractère l'ensemble des marques distinctives qui permettent de réidentifier un individu humain comme étant le même. Par les traits descriptifs que l'on va dire, il cumule l'identité numérique et qualitative, la continuité ininterrompue et la permanence dans le temps. C'est par là qu'il désigne de façon emblématique la mêmeté de la personne.

Ce n'est pas la première fois que je rencontre sur mon chemin la notion de caractère. A l'époque où j'écrivais *Le Volontaire et l'Involontaire,* je plaçais le caractère sous le titre de l'« involontaire absolu », pour l'opposer à l'« involontaire relatif » des motifs dans l'ordre de la décision volontaire et à celui des pouvoirs dans l'ordre de la motion volontaire. En tant qu'involontaire absolu, je l'assignais, en conjonction avec l'inconscient et avec l'être-en-vie symbolisé par la naissance, à la couche de notre existence que nous ne pouvons changer, mais à quoi il nous faut *consentir.* Et déjà je soulignais la nature immuable du caractère en tant que perspective finie, non choisie, de notre accès aux valeurs et de l'usage de nos pouvoirs[1]. Je devais revenir dix ans plus tard, dans *L'Homme faillible,* à ce thème fascinant du caractère, mais dans un contexte quelque peu différent. Non plus en fonction de la polarité du volontaire et de l'involontaire, mais

---

1. Cette immutabilité du caractère, que je nuancerai tout à l'heure, servait à la même époque de caution à une discipline, la caractérologie, dont nous mesurons mieux aujourd'hui la nature approximative, sinon arbitraire. Ce qui m'intéressait néanmoins dans cette entreprise périlleuse, c'était la prétention de donner un équivalent objectif à cette couche de notre existence subjective. C'est ce que j'appellerai aujourd'hui l'inscription du caractère dans la Mêmeté. La caractérologie, en effet, entendait traiter le caractère comme un portrait dessiné de l'extérieur ; ce portrait, elle le recomposait par un jeu de corrélations entre un petit nombre d'invariants (activité / émotivité, primarité / secondarité), de manière à dessiner, par cette combinatoire de traits distinctifs, une typologie susceptible d'un affinement relativement pertinent ; quels que soient les simplifications et durcissements de cette caractérologie, aujourd'hui tombée en défaveur, elle témoignait par son ambition même de la valeur emblématique du caractère comme destin. Ce mot même de destin, qui rappelle invinciblement le mot fameux d'Héraclite, rapprochant « caractère » *(èthos)* et *daimôn* (Diels / Kranz, *Fragmente der Vorsokratiker,* B 119, trad. fr. de J.-P. Dumont, D. Delattre et J.-L. Poirier, *Les Présocratiques,* Paris, Gallimard, coll. « Bibliothèque de la Pléiade », 1988, p. 173), suffit à alerter notre attention, car il ne relève plus d'une problématique objectivante, mais existentielle. Seule une liberté a ou est un destin. Cette simple remarque restitue aux déterminations mises en avant par la caractérologie l'équivocité qui la fait participer simultanément à deux règnes, celui de l'objectivité et celui de l'existence. Un portrait peint du dehors ? Mais aussi une manière d'être propre. Une combinatoire de traits permanents ? Mais un style indivisible. Un type ? Mais une singularité insubstituable. Une contrainte ? Mais un destin que je suis, c'est-à-dire cela même à quoi je dois consentir.

sous le signe du thème pascalien de la « disproportion », de la non-coïncidence entre finitude et infinitude. Le caractère m'apparaissait alors comme ma manière d'exister selon une perspective finie affectant mon ouverture sur le monde des choses, des idées, des valeurs, des personnes[1].

D'une certaine façon, c'est encore dans la même direction que je poursuis mon investigation. Le caractère m'apparaît, aujourd'hui encore, comme l'autre pôle d'une polarité existentielle fondamentale. Mais, au lieu de concevoir le caractère dans une problématique de la perspective et de l'ouverture, comme le pôle fini de l'existence, je l'interprète ici en fonction de sa place dans la problématique de l'identité. Ce déplacement d'accent a pour vertu principale de remettre en question le statut d'immutabilité du caractère, tenu pour acquis dans mes analyses antérieures. En fait, cette immutabilité s'avère être d'un genre bien particulier, comme l'atteste la réinterprétation du caractère en termes de dis-

1. Cette notion de perspective était franchement transposée du plan théorétique, précisément de la phénoménologie husserlienne de la perception, au plan pratique. Elle servait ainsi de résumé à tous les aspects de finitude pratique (réceptivité du désir, persévération des habitudes), ce qui me permettait d'insister pour la première fois sur le caractère de totalité finie du caractère : ainsi parlais-je du caractère comme « ouverture limitée de notre champ de motivation considéré dans son ensemble ». Cette deuxième version du caractère dans *L'Homme faillible* confirmait en un sens la mêmeté du caractère, au prix peut-être d'une insistance excessive sur son immutabilité, autorisée par la lecture et l'approbation de quelques textes étincelants d'Alain. Je suis ainsi allé jusqu'à dire qu'à la différence de la perspective de perception, que je peux changer en me déplaçant, « il n'y a plus de mouvement par lequel je changerais l'origine zéro de mon champ total de motivation » p. 79). Ma naissance, disais-je encore, c'est le « déjà là de mon caractère » (p. 80). Ainsi le caractère pouvait-il être défini sans nuance comme « nature immuable et héritée » *(ibid.)*. Mais, en même temps, l'adhérence de la perspective au mouvement d'ouverture par quoi je définissais l'acte d'exister imposait de placer le caractère dans le plan de l'existence dont je souligne aujourd'hui la mienneté : « Le caractère, c'est l'ouverture finie de mon existence prise comme un tout » (p. 72). Le caractère, dirai-je aujourd'hui, c'est la mêmeté dans la mienneté. Dans *L'Homme faillible*, la raison fondamentale pour laquelle le caractère devait être placé du côté de l'existence vécue en dépit de son immutabilité présumée, c'était sa relation contrastée avec le pôle d'infinité que je voyais représenté, dans une perspective à la fois aristotélicienne et kantienne, par la notion de bonheur. L'ouverture dont le caractère marque la fermeture, la partialité constitutive, c'est la visée du bonheur. Cette opposition se justifiait, dans une anthropologie d'une part attentive à la « faille » de l'existence, ce qui rend possible la « chute » dans le mal, d'autre part prompte à interpréter la disproportion responsable de la faillibilité dans les termes du couple fini-infini. L'avantage majeur était de faire porter tout le poids de la fragilité sur le troisième terme, lieu de la faille existentielle. La présente étude placera la narrativité dans une position comparable de médiation entre deux extrêmes.

position acquise. Avec cette notion, se laisse enfin thématiser pour elle-même la dimension *temporelle* du caractère. Le caractère, dirais-je aujourd'hui, désigne l'ensemble des dispositions durables *à quoi* on reconnaît une personne. C'est à ce titre que le caractère peut constituer le point limite où la problématique de l'*ipse* se rend indiscernable de celle de l'*idem* et incline à ne pas les distinguer l'une de l'autre. Il importe par conséquent de s'interroger sur la dimension temporelle de la disposition : c'est elle qui remettra plus loin le caractère sur la voie de la narrativisation de l'identité personnelle.

Premièrement, à la notion de disposition se rattache celle d'habitude, avec sa double valence d'habitude en train d'être, comme on dit, contractée, et d'habitude déjà acquise[1]. Or ces deux traits ont une signification temporelle évidente : l'habitude donne une histoire au caractère ; mais c'est une histoire dans laquelle la sédimentation tend à recouvrir et, à la limite, à abolir l'innovation qui l'a précédée. Ravaison le premier s'étonnait, dans sa fameuse thèse *De l'habitude,* de cette force de l'habitude où il voyait le retour de la liberté à la nature. C'est cette sédimentation qui confère au caractère la sorte de permanence dans le temps que j'interprète ici comme recouvrement de l'*ipse* par l'*idem*. Mais ce recouvrement n'abolit pas la différence des problématiques : en tant même que seconde nature, mon caractère c'est moi, moi-même, *ipse ;* mais cet *ipse* s'annonce comme *idem*. Chaque habitude ainsi contractée, acquise et devenue disposition durable, constitue un *trait* – un trait de caractère, précisément –, c'est-à-dire un signe distinctif *à quoi* on reconnaît une personne, on la réidentifie comme étant la même, le caractère n'étant pas autre chose que l'ensemble de ces signes distinctifs.

Deuxièmement, se laisse rattacher à la notion de disposition l'ensemble des *identifications acquises* par lesquelles de l'autre entre dans la composition du même. Pour une grande part, en effet, l'identité d'une personne, d'une communauté, est faite de ces *identifications-à* des valeurs, des normes, des idéaux, des modèles, des héros, *dans* lesquels la personne, la communauté se reconnaissent. Le se reconnaître-*dans* contribue au se

1. Aristote est le premier à avoir rapproché caractère et habitude à la faveur de la quasi-homonymie entre *êthos* (caractère) et *éthos* (habitude, coutume). Du terme *éthos,* il passe à *hexis* (disposition acquise), qui est le concept anthropologique de base sur lequel il édifie son éthique, dans la mesure où les vertus sont de telles dispositions acquises, en conformité à la règle droite et sous le contrôle du jugement du *phronimos,* de l'homme prudent (*Éth. Nic.,* trad. Tricot, III, 4, 1112 a 13 *sq. ;* VI, 2, 1139 a 23-24 ; VI, 13, 1144 b 27).

reconnaître-*à*... L'identification à des figures héroïques manifeste en clair cette altérité assumée ; mais celle-ci est déjà latente dans l'identification à des valeurs qui fait que l'on met une « cause » au-dessus de sa propre vie ; un élément de loyauté, de loyalisme, s'incorpore ainsi au caractère et le fait virer à la fidélité, donc au maintien de soi. Ici les pôles de l'identité se composent. Cela prouve que l'on ne peut penser jusqu'au bout l'*idem* de la personne sans l'*ipse,* lors même que l'un recouvre l'autre. Ainsi s'intègrent aux traits de caractère les aspects de préférence évaluative qui définissent l'aspect éthique du caractère, au sens aristotélicien du terme [1]. Cela se fait par un processus parallèle à la contraction d'une habitude, à savoir par l'intériorisation qui annule l'effet initial d'altérité, ou du moins le reporte du dehors dans le dedans. La théorie freudienne du surmoi a affaire avec ce phénomène qui donne à l'intériorisation un aspect de sédimentation. Ainsi se stabilisent les préférences, appréciations, estimations, de telle façon que la personne se reconnaît à ses dispositions qu'on peut dire évaluatives. C'est pourquoi un comportement qui ne correspond pas à ce genre de dispositions fait dire qu'il n'est pas dans le caractère de l'individu considéré, que celui-ci n'est plus lui-même, voire qu'il est hors de soi.

Par cette stabilité empruntée aux habitudes et aux identifications acquises, autrement dit aux dispositions, le caractère assure à la fois l'identité numérique, l'identité qualitative, la continuité ininterrompue dans le changement et finalement la permanence dans le temps qui définissent la mêmeté. Je dirai de façon à peine paradoxale que l'identité du caractère exprime une certaine adhérence du *quoi ?* au *qui ?*. Le caractère, c'est véritablement le « quoi » du « qui ». Ce n'est plus exactement le « quoi » encore extérieur au « qui », comme c'était le cas dans la théorie de l'action, où l'on pouvait distinguer entre ce que quelqu'un fait, et celui qui fait (et nous avons vu la richesse et les pièges de cette distinction qui conduit tout droit au problème de l'ascription). Il s'agit bien ici de recouvrement du *qui ?* par le *quoi ?*, lequel fait glisser de la question : *qui suis-je ?* à la question : *que suis-je ?*.

Mais ce recouvrement de l'*ipse* par l'*idem* n'est pas tel qu'il exige de renoncer à leur distinction. La dialectique de l'innovation et de la sédimentation, sous-jacente au processus d'identification, est là pour rappeler que le caractère a une histoire, contractée dirait-on, au double sens du mot « contraction » :

1. Sur l'évaluation considérée comme seuil de l'éthique, cf. ci-dessous, septième étude.

abréviation et affection. Il est compréhensible dès lors que le pôle stable du caractère puisse revêtir une dimension narrative, comme on le voit dans les usages du terme « caractère » qui l'identifient au personnage d'une histoire racontée ; ce que la sédimentation a contracté, le récit peut le redéployer. Et c'est le langage dispositionnel, pour lequel Gilbert Ryle plaide dans *La Notion d'esprit*, qui prépare ce redéploiement narratif. Que le caractère doive être replacé dans le mouvement d'une narration, nombre de vains débats sur l'identité l'attestent, en particulier lorsqu'ils ont pour enjeu l'identité d'une communauté historique. Lorsque Fernand Braudel traite de *L'Identité de la France*, il s'emploie certes à dégager des traits distinctifs durables, voire permanents, *à quoi* on reconnaît la France en tant que quasi-personnage. Mais, séparés de l'histoire et de la géographie, ce que le grand historien se garde bien de faire, ces traits se durciraient et donneraient aux pires idéologies de l'« identité nationale » l'occasion de se déchaîner. Ce sera la tâche d'une réflexion sur l'identité narrative de mettre en balance les traits immuables que celle-ci doit à l'ancrage de l'histoire d'une vie dans un caractère, et ceux qui tendent à dissocier l'identité du soi de la mêmeté du caractère.

3. Avant de nous engager dans cette voie, il importe de tirer argument, en faveur de la distinction entre identité du soi et identité du même, de l'usage que nous faisons de la notion dans les contextes où les deux sortes d'identité cessent de se recouvrir au point de se dissocier entièrement, mettant en quelque sorte à nu l'ipséité du soi sans le support de la mêmeté. Il est en effet un autre modèle de permanence dans le temps que celui du caractère. C'est celui de la parole tenue dans la fidélité à la parole donnée. Je vois dans cette *tenue* la figure emblématique d'une identité polairement opposée à celle du caractère. La parole tenue dit un *maintien de soi* qui ne se laisse pas inscrire, comme le caractère, dans la dimension du quelque chose en général, mais uniquement dans celle du *qui ?*. Ici aussi l'usage des mots est un bon guide. Une chose est la persévération du caractère[1] ; une autre, la persévérance de la fidélité à la parole donnée. Une chose est la continuation du caractère ; une autre, la constance dans l'amitié. A cet égard, Heidegger a raison de distinguer de la permanence

1. Il est remarquable que Kant désigne la substance (première catégorie de la relation) par le terme *das Geharrliche* (ce qui persiste) (cf. ci-dessus, p. 142, n. 1).

substantielle le maintien de soi *(Selbständigkeit)* décomposé en *Selbst-Ständigkeit* – que Martineau traduit par « maintien de soi », plutôt que par « constance à soi », comme je le fais dans *Temps et Récit III*[1]. Cette distinction majeure demeure, même s'il n'est pas certain que la « résolution devançante », face à la mort, épuise le sens du maintien de soi[2]. Aussi bien cette posture exprime-t-elle un certain investissement existentiel des transcendantaux de l'existence que Heidegger appelle existentiaux, desquels relève l'ipséité. D'autres attitudes, situées à la même jonction de l'existential et de l'existentiel que toutes les analyses heideggériennes tournant autour de l'être-pour (ou envers)-la-mort, sont tout autant révélatrices de la conjonction fondamentale entre la problématique de la permanence dans le temps et celle du soi, en tant que le soi ne coïncide pas avec le même.

A cet égard, la tenue de la promesse, comme il a été rappelé plus haut, paraît bien constituer un défi au temps, un déni du changement : quand même mon désir changerait, quand même je changerais d'opinion, d'inclination, « je maintiendrai ». Il n'est pas nécessaire, pour qu'elle fasse sens, de placer la tenue de la parole donnée sous l'horizon de l'être-pour (ou envers)-la-mort. Se suffit à elle-même la justification proprement éthique de la promesse, que l'on peut tirer de l'obligation de sauvegarder l'institution du langage et de répondre à la confiance que l'autre met dans ma fidélité. Cette justification éthique, prise en tant que telle, déroule ses propres implications temporelles, à savoir une modalité de permanence dans le temps susceptible d'être polairement opposée à celle du caractère. Ici, précisément, ipséité et mêmeté cessent de coïncider. Ici, en conséquence, se dissout l'équivocité de la notion de permanence dans le temps.

---

1. « Ontologiquement, le *Dasein* est fondamentalement différent de tout étant sous-la-main ou réel. Sa " teneur " [*Bestand*] ne se fonde pas dans la substantialité d'une substance, mais dans le maintien du soi-même [*Selbständigkeit*] existant, dont l'être a été conçu comme souci » (*Être et Temps, op. cit.* [303], trad. Martineau modifiée selon sa propre traduction de *Selbst-Ständigkeit* dans d'autres contextes, cf. note suivante). F. Vezin traduit : « Ontologiquement, le *Dasein* diffère fondamentalement de tout ce qui est là-devant et de tout ce qui est réel. Ce en quoi il " consiste " ne se ramène pas à la *substantialité* d'une substance, mais à la " *constance en soi* " [*Selbständigkeit*] du soi-même existant dont l'être a été conçu comme souci » (*op. cit.* [303], p. 363). Il est vrai que Heidegger dit encore ici *Selbständigkeit*, que Martineau traduit par « autonomie », et pas encore *Selbst-Ständigkeit*.

2. « "Le maintien du soi-même" (autonomie) [*die Selbst-Ständigkeit*] ne signifie existentialement rien d'autre que la résolution devançante » (Martineau, p. 227 [322]). « *La constance de soi-même* [*Selbstständigkeit*] ne signifie existentialement rien d'autre que la résolution en marche » (Vezin [322], p. 382-383).

Cette manière nouvelle [1] d'opposer la mêmeté du caractère au maintien de soi-même dans la promesse ouvre un *intervalle de sens* qui reste à combler. Cet intervalle est ouvert par la polarité, en termes temporels, entre deux modèles de permanence dans le temps, la persévération du caractère et le maintien de soi dans la promesse. C'est donc dans l'ordre de la temporalité que la médiation est à chercher. Or, c'est ce « milieu » que vient occuper, à mon avis, la notion d'identité narrative. L'ayant ainsi située dans cet intervalle, nous ne serons pas étonnés de voir l'identité narrative osciller entre deux limites, une limite inférieure, où la permanence dans le temps exprime la confusion de l'*idem* et de l'*ipse,* et une limite supérieure, où l'*ipse* pose la question de son identité sans le secours et l'appui de l'*idem.*

Mais auparavant il faut examiner les titres de théories de l'identité personnelle qui ignorent à la fois la distinction de l'*idem* et de l'*ipse* et les ressources qu'offre la narrativité pour résoudre les paradoxes de l'identité personnelle, que ces mêmes théories ont l'avantage de poser en termes forts et clairs.

2. *Les paradoxes de l'identité personnelle*

1. Que, sans le fil conducteur de la distinction entre deux modèles d'identité et sans le secours de la médiation narrative, la question de l'identité personnelle se perde dans les arcanes de difficultés et de paradoxes paralysants, les philosophes de langue anglaise et de culture analytique l'ont appris d'abord chez Locke et chez Hume.

Du premier, la tradition ultérieure a retenu l'équation entre identité personnelle et mémoire. Mais il faut voir au prix de

1. La manière est nouvelle, si on la compare à la stratégie développée dans mes ouvrages antérieurs. Dans *Le Volontaire et l'Involontaire,* la médiation n'était pas un problème majeur ; je parlais alors tranquillement de la réciprocité du volontaire et de l'involontaire et reprenais sans grand scrupule la formule de Maine de Biran : « *Homo simplex in vitalitate, duplex in humanitate* » ; tout au plus pouvait-on dire que le volontaire relatif de la motivation et des pouvoirs occupait le milieu entre les deux extrêmes du projet et du caractère. Dans *L'Homme faillible,* tout entier construit sur la « disproportion » de l'homme, la question du troisième terme, lieu par excellence de fragilité, devenait l'enjeu même de l'entreprise. Ayant posé le problème en termes de fini et d'infini, je voyais dans le respect de la personne morale, union de la particularité et de l'universalité représentée chez Kant par l'idée d'humanité, le troisième terme requis par la disproportion entre le caractère et le bonheur.

quelle inconsistance dans l'argumentation et de quelle invraisem-
blance dans l'ordre des conséquences cette équation a été payée.
Inconséquence dans l'argumentation, d'abord : au début du
fameux chapitre XXVII de l'*Essai philosophique concernant l'entendement humain* (2ᵉ éd., 1694)[1], intitulé « Identité et diversité »,
Locke introduit un concept d'identité qui paraît échapper à notre
alternative de la mêmeté et de l'ipséité ; après avoir dit que l'identité résulte d'une comparaison, Locke introduit l'idée singulière
de l'identité d'une chose à elle-même (mot à mot : de mêmeté
avec elle-même, *sameness with itself*) ; c'est en effet en comparant
une chose avec elle-même dans des temps différents que nous formons les idées d'identité et de diversité ; « quand nous deman-
dons si une chose est la même [*same*] ou non, il est toujours fait
référence à quelque chose qui a existé en tel temps et tel lieu, dont
il était certain qu'à ce moment cette chose était identique à elle-
même [*the same with itself*] ». Cette définition paraît cumuler les
caractères de la mêmeté en vertu de l'opération de comparaison,
et ceux de l'ipséité en vertu de ce qui fut coïncidence instantanée,
maintenue à travers le temps, d'une chose avec elle-même. Mais
la suite de l'analyse décompose les deux valences de l'identité.
Dans la première série d'exemples – le navire dont on a changé
toutes les pièces, le chêne dont on accompagne la croissance du
gland à l'arbre, l'animal et même l'homme dont on suit le développement de la naissance à la mort –, c'est la mêmeté qui prévaut ; l'élément commun à tous ces exemples, c'est la permanence
de l'organisation, laquelle, il est vrai, n'engage, selon Locke,
aucun substantialisme. Mais, au moment d'en venir à l'identité
personnelle que Locke ne confond pas avec celle d'un homme,
c'est à la *réflexion* instantanée qu'il assigne la « mêmeté avec soi-
même » alléguée par la définition générale. Reste seulement à
étendre le privilège de la réflexion de l'instant à la durée ; il suffit
de considérer la mémoire comme l'expansion rétrospective de la
réflexion aussi loin qu'elle peut s'étendre dans le passé ; à la
faveur de cette mutation de la réflexion en mémoire, la « mêmeté
avec soi-même » peut être dite s'étendre à travers le temps. Ainsi
Locke a-t-il cru pouvoir introduire une césure dans le cours de
son analyse sans avoir à abandonner son concept général de
« mêmeté [d'une chose] avec elle-même ». Et pourtant, le tournant de la réflexion et de la mémoire marquait en fait un renversement conceptuel où l'ipséité se substituait silencieusement à la
mêmeté.

---

1. *Essai philosophique concernant l'entendement humain*, trad. fr. de P. Coste,
Paris, Vrin, 1972.

Mais ce n'est pas au niveau de la cohérence de l'argument que Locke a suscité la perplexité majeure : la tradition l'a crédité de l'invention d'un *critère* d'identité, à savoir l'identité psychique, à quoi l'on pourra désormais opposer le *critère* d'identité corporelle, duquel relevait en fait la première série d'exemples où prévalait la permanence d'une organisation observable du dehors. Une discussion sur les critères de l'identité occupera désormais l'avant-scène, suscitant des plaidoyers opposés et également plausibles en faveur de l'un ou de l'autre. Ainsi, à Locke et à ses partisans, on opposera régulièrement les apories d'une identité suspendue au seul témoignage de la mémoire ; apories psychologiques concernant les limites, les intermittences (durant le sommeil par exemple), les défaillances de la mémoire, mais aussi apories plus proprement ontologiques : plutôt que de dire que la personne existe pour autant qu'elle se souvient, n'est-il pas plus plausible, demande J. Butler [1], d'assigner la continuité de la mémoire à l'existence continue d'une âme-substance ? Sans l'avoir prévu, Locke révélait le caractère aporétique de la question même de l'identité. En témoignent plus que tout les paradoxes qu'il assumait sans sourciller, mais que ses successeurs ont transformés en épreuves d'indécidabilité : soit le cas d'un prince dont on transplante la mémoire dans le corps d'un savetier ; celui-ci devient-il le prince qu'il se souvient avoir été, ou reste-t-il le savetier que les autres hommes continuent d'observer ? Locke, cohérent avec lui-même, tranche en faveur de la première solution. Mais des lecteurs modernes, plus sensibles à la collision entre deux critères opposés d'identité, concluront à l'indécidabilité du cas. De cette façon, l'ère des *puzzling cases* était ouverte, en dépit de l'assurance de Locke. On y reviendra plus loin [2].

Auparavant s'était ouverte avec Hume l'ère du doute et du

---

1. J. Butler, « Of personal Identity », *The Analogy of Religion* (1736), repris *in* J. Perry (éd.), *Personal Identity*, University of California Press, 1975, p. 99-105.
2. Ce n'est pas chez Locke, mais chez ses successeurs, que la situation créée par l'hypothèse de la transplantation d'une même âme dans un autre corps a commencé de paraître plus indéterminée que simplement paradoxale, c'est-à-dire contraire au sens commun. Car comment la mémoire du prince pourrait-elle ne pas affecter le corps du cordonnier au plan de la voix, des gestes, des postures ? Et comment situer l'expression du caractère habituel du cordonnier par rapport à celle de la mémoire du prince ? Ce qui est devenu problématique après Locke, et ce qui ne l'était pas pour ce dernier, c'est la possibilité de distinguer entre deux critères d'identité : l'identité dite psychique et l'identité dite corporelle, comme si l'expression de la mémoire n'était pas un phénomène corporel. En fait le vice inhérent au paradoxe de Locke, outre la circularité éventuelle de l'argument, c'est une description imparfaite de la situation créée par la transplantation imaginaire.

soupçon. C'est un concept fort de la relation d'identité que Hume pose au début de l'analyse qu'on lit dans le *Traité de la nature humaine,* livre I, quatrième partie, sixième section (1739) : « Nous avons une idée distincte d'un objet qui demeure invariable et ininterrompu durant une variation supposée de temps ; cette idée, nous l'appelons identité ou *sameness*[1]. » Point d'ambiguïté, donc : il n'existe qu'un modèle d'identité, la mêmeté. Comme Locke, Hume parcourt une suite d'exemples-types, des navires et des plantes aux animaux et aux humains. A la différence de Locke, toutefois, il introduit, dès ses premiers exemples, des *degrés* dans l'assignation d'identité, selon par exemple que les mutations d'un être matériel ou vivant sont plus ou moins amples ou plus ou moins soudaines. La question de l'identité se trouve ainsi soustraite dès le début aux réponses en noir et blanc. Mais, surtout, à la différence de Locke, Hume ne renverse pas ses critères d'assignation d'identité quand il passe des choses et des êtres animés au soi. Et comme, en bon empiriste, il demande pour chaque idée une impression correspondante (« il doit exister une impression qui donne naissance à chaque idée réelle[2]... ») et qu'à l'examen de « son intérieur » il ne trouve qu'une diversité d'expériences et nulle impression invariable relative à l'idée d'un soi, il conclut que cette dernière est une illusion.

Mais cette conclusion ne clôt pas le débat, elle l'ouvre plutôt. Qu'est-ce qui, demande Hume, nous donne une propension si forte à superposer une identité à ces perceptions successives, et à supposer que nous sommes en possession d'une existence invariable et ininterrompue durant le cours entier de nos vies ? C'est dans l'explication de l'*illusion* d'identité que Hume déploie les ressources de subtilité qui, après avoir fait grande impression sur Kant, ont laissé une marque durable sur la discussion ultérieure. Deux concepts nouveaux entrent en scène, l'imagination et la croyance. C'est à l'*imagination* qu'est attribuée la faculté de passer avec facilité d'une expérience à l'autre si leur différence est faible et graduelle, et ainsi de transformer la diversité en identité. C'est la *croyance* qui sert ensuite de relais, comblant le déficit de l'impression. Dans une culture comme celle à laquelle Hume appartient encore, l'aveu qu'une idée repose sur une croyance, et

---

1. Trad. de l'auteur. La traduction de Leroy (Hume, *Traité de la nature humaine,* 2 vol., Paris, Aubier-Montaigne, 1968) rend trop approximativement *sameness* par « du même » (t. I, p. 345) et *self* par « moi ».
2. Trad. de l'auteur (cf. trad. Leroy, *op. cit.,* t. I, p. 343).

non sur une impression, ne discrédite pas entièrement cette idée ; les croyances ont une place et un rôle que la philosophie précisément délimite. Toutefois, dire que la croyance engendre des fictions, c'est annoncer un temps où la croyance sera devenue incroyable. Hume ne franchit pas encore ce pas et suggère que l'unité de la personnalité peut être assimilée à celle d'une république ou d'un *Commonwealth* dont les membres ne cessent de changer tandis que les liens d'association demeurent. Il appartiendra à Nietzsche d'achever le pas du soupçon. La violence de la dénégation remplacera la subtilité de l'insinuation.

On objectera : Hume ne cherchait-il pas ce qu'il ne pouvait trouver : un soi qui ne soit qu'un même ? Et ne présupposait-il pas le soi qu'il ne cherchait pas ? Qu'on lise son argument principal : « Quant à moi, quand je pénètre le plus intimement dans ce que j'appelle moi-même, je bute toujours sur l'une ou l'autre perception particulière, chaleur ou froid, lumière ou ombre, amour ou haine, douleur ou plaisir. Je ne m'atteins jamais moi-même à un moment quelconque en dehors d'une perception et ne peux rien observer d'autre que la perception [1]. » Voici donc *quelqu'un* qui professe ne pas trouver autre chose qu'un donné privé d'ipséité ; *quelqu'un* qui pénètre en lui-même, cherche et déclare n'avoir rien trouvé. Au moins, observe Chisholm dans *Person and Object* [2], *quelqu'un* se trouve-t-il en train de trébucher, en train d'observer une perception. Avec la question *qui ?* – qui cherche, trébuche et ne trouve pas, et qui perçoit ? –, revient le soi au moment où le même se dérobe.

C'est un paradoxe semblable que la suite de la discussion va maintes fois côtoyer. Je ne m'arrêterai pas à la question de savoir si le meilleur critère de l'identité est d'ordre corporel ou psychologique. Et cela pour plusieurs raisons.

D'abord, je ne veux pas laisser croire que le critère psychologique aurait une affinité privilégiée pour l'ipséité et le critère corporel pour la mêmeté. Si la mémoire a pour l'ipséité une affinité sur laquelle je reviendrai plus loin, le critère psychologique ne se réduit pas à la mémoire ; tout ce qui a été dit plus haut sur le caractère l'atteste suffisamment ; or, on l'a vu, le fait du caractère est ce qui incline le plus à penser l'identité en termes de mêmeté. Le caractère, disions-nous, c'est le soi sous les apparences de la mêmeté. En sens inverse, le critère corporel n'est pas par nature

1. Cf. trad. Leroy, *op. cit.*, t. I, p. 343.
2. R. Chisholm, *Person and Object, a Metaphysical Study*, Londres, G. Allen & Unwin, 1976, p. 37-41.

étranger à la problématique de l'ipséité, dans la mesure où l'appartenance de mon corps à moi-même constitue le témoignage le plus massif en faveur de l'irréductibilité de l'ipséité à la mêmeté[1]. Aussi semblable à lui-même que demeure un corps – encore n'est-ce pas le cas : il suffit de comparer entre eux les autoportraits de Rembrandt –, ce n'est pas sa mêmeté qui constitue son ipséité, mais son appartenance à quelqu'un capable de se désigner lui-même comme celui qui a son corps.

Ensuite, j'ai le plus grand doute concernant l'usage du terme de *critère* dans le champ de la présente discussion. Est critère ce qui permet de distinguer le vrai du faux dans une compétition entre prétentions à la vérité. Or la question est précisément de savoir si ipséité et mêmeté se prêtent de la même façon à l'épreuve du jugement de vérité. Dans le cas de la mêmeté, le terme de critère a un sens bien précis : il désigne les épreuves de vérification et de falsification des énoncés portant sur l'identité en tant que relation : même que... (on se rappelle l'affirmation de Locke et de Hume selon lesquels l'identité résulte d'une comparaison ; chez Kant encore, la substance est la première catégorie de la relation). On peut alors légitimement appeler critère l'épreuve de vérité des assertions portant sur la mêmeté. En est-il de même de l'ipséité ? L'appartenance de mon corps à moi-même relève-t-elle d'une critériologie ? Ne tombe-t-elle pas plutôt dans le champ de l'*attestation*[2] ? La mémoire – le prétendu critère psychologique privilégié – est-elle le critère de quoi que ce soit ? Ne tombe-t-elle pas, elle aussi, dans le champ de l'attestation ? On peut hésiter : on répondra non, si l'on identifie critère à épreuve de vérification ou de falsification ; oui, si l'on admet que l'attestation se prête à une épreuve de vérité d'un autre ordre que l'épreuve de vérification ou de falsification. Or, cette discussion ne pourra être menée à bien que lorsque la distinction des deux problématiques de l'ipséité et de la mêmeté aura été fermement établie et après que l'éventail entier des cas de figure, allant de leur superposition à

---

1. La confrontation entre critère corporel et critère psychologique a donné lieu à une littérature considérable en langue anglaise ; on consultera les collections d'essais suivants : Amelie Oksenberg Rorty, *The Identities of Persons,* Univ. of California Press, 1976 ; J. Perry, *Personal Identity,* Univ. of California Press, 1975 ; et les ouvrages de Sidney Shoemaker, *Self-knowledge and Self-Identity,* Ithaca, Cornell University Press, 1963, et de Bernard Williams, *Problems of the Self,* Cambridge University Press, 1973.

2. Ce n'est pas la première fois que le statut épistémologique de l'attestation passe au premier plan : cf. ci-dessus, p. 108. Le lien entre ipséité et attestation sera abordé de front dans la dixième étude.

leur disjonction, aura été parcouru. Ce qui ne se pourra faire qu'au terme de nos réflexions sur l'identité narrative.

2. Plutôt donc qu'entrer dans la discussion des critères d'identité personnelle, j'ai délibérément choisi de me mesurer avec une œuvre majeure, qui, transcendant le débat sur les mérites respectifs du critère psychologique et du critère corporel, s'adresse directement aux *croyances* que nous attachons d'ordinaire à la revendication d'identité personnelle. Cette œuvre hors du commun est celle de Derek Parfit, *Reasons and Persons*[1]. J'y ai reconnu l'adversaire – non l'ennemi, loin de là – le plus redoutable pour ma thèse de l'identité narrative, dans la mesure où ses analyses se déroulent sur un plan où l'identité ne peut signifier que mêmeté, à l'exclusion expresse de toute distinction entre mêmeté et ipséité, et donc de toute dialectique – narrative ou autre – entre mêmeté et ipséité. L'œuvre rappelle à la fois celle de Locke, moins par la place qu'y tient la mémoire que par le recours aux cas paradoxaux, et celle de Hume, par sa conclusion sceptique ; les fameux *puzzling cases* qui servent d'épreuve de vérité tout au long du livre de Parfit conduisent en effet à penser que la question même de l'identité peut se révéler vide de sens, dans la mesure où, dans les cas paradoxaux au moins, la réponse est indéterminée. La question sera pour nous de savoir si, comme Hume, Parfit n'a pas cherché ce qu'il ne pouvait trouver, à savoir un statut ferme de l'identité personnelle définie en termes de mêmeté, et s'il ne présuppose pas le soi qu'il ne cherchait pas, principalement lorsqu'il déploie, avec une vigueur de pensée peu commune, les implications morales de sa thèse et en vient à écrire : *« personal identity is not what matters »* (l'identité personnelle n'est pas ce qui importe)[2].

C'est aux croyances de base sous-jacentes au maniement des critères d'identité que s'attaque Parfit. Pour une raison didactique, on peut décomposer en trois séries d'assertions les croyances ordinaires relatives à l'identité personnelle ; la première concerne ce que l'on doit entendre par identité, à savoir l'existence séparée d'un noyau de permanence ; la seconde consiste en la conviction qu'il peut toujours être donné une réponse déterminée concernant l'existence d'une telle permanence ; la troisième énonce que la question posée est impor-

1. Oxford, Oxford University Press, 1986.
2. *Reasons and Persons, op. cit.*, p. 255 et *passim* (trad. de l'auteur). On remarquera que D. Parfit écrit parfois : *« our identity is not what matters »* (p. 245 et *passim*), formule qui ne manque pas de réintroduire la question de l'appartenance *(ownership)*.

tante, pour que la personne puisse revendiquer le statut de sujet moral. La stratégie de Parfit consiste à démanteler l'une après l'autre ces trois séries d'assertions qui sont moins juxtaposées que superposées, de la plus manifeste à la plus dissimulée.

La première thèse de Parfit est que la croyance commune doit être reformulée dans des termes qui ne lui sont pas propres, à savoir dans ceux de la thèse adverse qu'il tient pour seule vraie et qu'il appelle thèse réductionniste. La thèse adverse sera donc appelée thèse non réductionniste. Selon la thèse réductionniste, l'identité à travers le temps se ramène sans reste au fait d'un certain enchaînement *(connectedness)* entre événements, que ceux-ci soient de nature physique ou psychique. Les deux termes ici employés doivent être bien compris : par événement, il faut entendre toute occurrence susceptible d'être décrite *sans* qu'il soit explicitement affirmé que les expériences qui composent une vie personnelle sont la possession de cette personne, sans que soit affirmé que cette personne existe. C'est sous la condition d'une telle description impersonnelle que toute recherche de connexion peut être menée, que ce soit au plan physique ou corporel, ou au plan mental ou psychique.

La thèse réductionniste réintroduit ainsi dans le débat la notion neutre d'*événement* avec laquelle nous nous sommes confrontés une première fois dans le cadre de la théorie de l'action à l'occasion des thèses de Donald Davidson sur le rapport entre action et événement [1]. Comme chez Davidson, la catégorie d'événement paraît être primitive, c'est-à-dire non tributaire de celle d'entité substantielle, au contraire de la notion d'état qui, semble-t-il, doit être état de quelque entité. La notion d'événement une fois prise en ce sens large, incluant événement psychique et événement physique, la thèse réductionniste peut être ainsi formulée : « l'existence d'une personne consiste exactement en l'existence d'un cerveau et d'un corps et dans l'occurrence d'une série d'événements physiques et mentaux reliés entre eux [2] ».

---

1. Cf. ci-dessus, troisième étude, p. 73 *sq.*
2. D. Parfit, *Reasons and Persons, op. cit.,* p. 211 [trad. de l'auteur]. Il est vrai que Parfit admet deux variantes de la thèse réductionniste : selon la première, la personne n'est que ce qu'on vient de dire ; selon la deuxième, la personne pourrait être tenue pour une entité distincte sans que cette entité ait une existence séparée : cette variante fait droit à l'analogie proposée par Hume entre la personne et une république ou *Commonwealth ;* ainsi dit-on que la France existe mais non la Rusitanie, bien que la première n'existe pas séparément, à part de ses citoyens et de son territoire. C'est cette deuxième version que Parfit adopte pour la notion de personne. A ses yeux, elle ne viole pas la thèse réductionniste. Dans cette deuxième version, la personne peut être mentionnée sans que son existence soit revendiquée *(claimed).*

Qu'est-ce que la thèse réductionniste exclut ? Exactement : « que nous sommes des entités existant séparément » (*Reasons and Persons*, p. 210). Par rapport à la simple continuité psychique ou psychologique, la personne constitue un « fait séparé supplémentaire » *(a separate further fact)*. En quel sens, séparé ? Au sens de distinct de son cerveau et de son vécu psychique *(his experiences)*. Pour Parfit, la notion de substance spirituelle, à quoi il identifie le pur *ego* cartésien, n'est sans doute qu'une des versions de la thèse non réductionniste, mais c'est la plus connue, même si une version matérialiste est également concevable ; l'essentiel en est l'idée que l'identité consiste dans un fait supplémentaire par rapport à la continuité physique et/ou psychique : « j'appelle cette conception la Conception du Fait Supplémentaire » (*Further Fact View* – ibid., p. 210).

Avant d'aller plus loin, il importe de souligner que c'est la thèse réductionniste qui établit le vocabulaire de référence dans laquelle la thèse adverse est formulée, à savoir le vocabulaire de l'événement, du fait, décrit de façon impersonnelle ; par rapport à ce vocabulaire de base, la thèse adverse est définie à la fois par ce qu'elle dénie (le réductionnisme) et ce qu'elle ajoute (le fait supplémentaire). De cette manière est éludé, à mon avis, le phénomène central que la thèse réduit, à savoir la possession par quelqu'un de son corps et de son vécu. Le choix de l'événement comme terme de référence exprime, ou mieux opère, cette élusion ou mieux cette élision de la mienneté. Et c'est dans le vocabulaire de l'événement, issu de pareille élision, que l'existence de la personne fait figure de fait supplémentaire. La thèse dite non réductionniste est ainsi rendue parasitaire de la thèse réductionniste, érigée en unité de compte. Or, toute la question est de savoir si la mienneté relève de la gamme des faits, de l'épistémologie des observables, finalement de l'ontologie de l'événement. Nous sommes ainsi renvoyés une fois de plus à la distinction entre deux problématiques de l'identité, celle de l'*ipse* et celle de l'*idem*. C'est parce qu'il ignore cette possible dichotomie que Parfit n'a pas d'autre ressource que de tenir pour superflu, au sens précis du terme, le phénomène de mienneté par rapport à la factualité de l'événement.

De cette méconnaissance résulte à titre de corollaire la fausse apparence que la thèse dite non réductionniste trouve son illustration la plus remarquable dans le dualisme spiritualiste à quoi le cartésianisme est lui-même trop rapidement assimilé. A mon sens, ce que la thèse réductrice réduit, ce n'est pas seulement, ni même à titre primaire, la mienneté du vécu psychique *(the expe-riences,* au sens anglais du terme), mais plus fondamentalement celle du corps propre : de mon corps. L'impersonnalité de l'événement marque avant toute chose la neutralisation du corps propre. Dès lors, la véritable différence entre thèse non réductionniste et thèse réductionniste ne coïncide aucunement avec le soi-disant dualisme entre substance spirituelle et substance corporelle, mais entre appartenance mienne et description impersonnelle. Dans la mesure où le corps propre constitue une des composantes de la mienneté, la confrontation la plus radicale doit mettre en présence les deux perspectives sur le corps, le corps comme mien et le corps comme un corps parmi les corps. La thèse réductionniste, en ce sens, marque la réduction du corps propre au corps quelconque. C'est cette neutralisation qui, dans toutes les expériences de pensée que l'on va maintenant faire paraître, facilite la focalisation sur le cerveau du discours sur le corps. Le *cerveau,* en effet, diffère de maintes parties du corps, et du corps tout entier en tant qu'expérience intégrale, en ce qu'il est dénué de tout statut phénoménologique et donc du trait d'appartenance mienne. J'ai un rapport vécu à mes membres en tant qu'organes de mouvement (la main) ou de perception (l'œil), d'émotion (le cœur) ou d'expression (la voix). Je n'ai aucun rapport vécu à mon cerveau. A vrai dire, l'expression « mon cerveau » ne signifie rien, du moins directement : absolument parlant, il y a *un cerveau* dans mon crâne, mais je ne le sens pas. Ce n'est que par le détour global par mon corps, en tant que mon corps est aussi un corps et que le cerveau est contenu dans ce corps, que je puis dire : mon cerveau. Le caractère déroutant de cette expression se trouve renforcé par le fait que le cerveau ne tombe pas sous la catégorie des objets perçus à distance du corps propre. Sa proximité dans ma tête lui confère le caractère étrange d'intériorité non vécue.

Quant aux phénomènes psychiques, ils posent un problème comparable ; à cet égard, on peut tenir pour le moment le plus critique de toute l'entreprise la tentative pour dissocier le critère psychologique du trait d'appartenance mienne. Si, estime Parfit, le *Cogito* cartésien ne peut bien évidemment être dépouillé du trait de la première personne, il n'en est pas de même de l'identité définie par la seule continuité psychique ou corporelle. On doit donc pouvoir définir la continuité *mnémique* sans référence au mien, au tien, au sien. Si on le pouvait, on se serait véritablement débarrassé du trait d'appartenance mienne, bref du propre. On le pourrait, si l'on pouvait créer une réplique de la mémoire de l'un dans le cerveau de l'autre (il s'agit certes de manipulation sur le cerveau, mais on verra plus loin la place que celle-ci et d'autres semblables tiennent dans les expériences imaginaires construites par Parfit) ; la mémoire peut alors être tenue pour équivalente à une trace cérébrale. On parlera en ce sens de traces mnémiques. Rien alors ne s'oppose à ce que l'on fabrique une réplique de ces traces. Sur cette base, on peut définir un concept large de *quasi-mémoire*, dont la mémoire ordinaire serait une sous-classe, à savoir celle des quasi-souvenirs de nos propres expériences passées (cf. *ibid.*, p. 220). Mais le propre peut-il être un cas particulier de l'impersonnel ? En fait, on s'est tout accordé en substituant à la mémoire propre la notion de trace mnémique, laquelle relève en effet de la problématique de l'événement neutre. C'est ce glissement préalable qui autorise à traiter en termes de dépendance causale l'enchaînement spécifique entre expérience passée et expérience présente.

Le cas de la mémoire est seulement le cas le plus frappant dans l'ordre de la continuité psychique. Ce qui est en cause, c'est l'ascription de la pensée à un penseur. Peut-on substituer, sans perte sémantique, « cela pense » (ou : « la pensée est en cours ») à « je pense » ? L'ascription à soi et à un autre, pour reprendre le vocabulaire de Strawson, paraît bien intraduisible dans les termes de la description impersonnelle.

La seconde croyance à laquelle Parfit s'attaque est celle que la question de l'identité est toujours déterminable, donc que tous les cas apparents d'indéterminabilité peuvent être tranchés par oui ou par non. En vérité, cette croyance est sous-jacente à la précédente : c'est parce que nous tenons pour déterminables les cas aberrants que nous cherchons la formule stable de l'identité. A cet égard, l'invention de *puzzling cases* avec le secours de la science-fiction, où s'atteste l'indécidabilité de la question d'identité, exerce une fonction stratégique si décisive que Parfit ouvre la partie de son ouvrage, la troisième, consacrée à l'identité personnelle, par la présentation du plus troublant de ses *puzzling cases*. Ainsi est insinuée dès le début la vacuité d'une question qui suscite une telle indétermination de la réponse. J'ai néanmoins préféré commencer par l'exposé de la thèse réductionniste parce qu'elle régit, en fait, la construction et la sélection des *puzzling cases*.

En un sens, la question de l'identité a toujours suscité l'intérêt pour des cas paradoxaux. Les croyances religieuses et théologiques relatives à la transmigration des âmes, à l'immortalité, à la résurrection de la chair, n'ont pas manqué d'intriguer les esprits les plus spéculatifs (on en a un témoignage dans la réponse de saint Paul aux paroissiens de Corinthe dans 1 Cor 15,35*sq.*). On a vu plus haut de quelle façon Locke se sert d'un cas imaginaire troublant, non pas certes pour miner par en dessous la croyance, mais pour mettre à l'épreuve du paradoxe sa propre thèse sur l'équation entre identité personnelle et mémoire. Ce sont ses successeurs qui ont transformé le paradoxe de Locke en *puzzling case*. La littérature de l'identité personnelle est pleine d'inventions de cette sorte : transplantation de cerveau, bisection, duplication d'hémisphères cérébraux, etc., pour ne rien dire des cas offerts par l'observation clinique de dédoublement de la personnalité, cas plus familiers au public de langue française. Nous-mêmes serons conduits à assigner une place considérable à l'équivalent des *puzzling cases* de Parfit, dans le cadre d'une conception narrative de l'identité personnelle. La confrontation entre les deux sortes de *puzzling cases* sera même un des points forts du plaidoyer en faveur de notre propre thèse. Bornons-nous pour l'instant à l'observation suivante : cette continuité saisissante dans le recours à l'imagination de cas susceptibles de paralyser la réflexion laisse entendre que la question de l'identité constitue un lieu privilégié d'apories. Peut-être faudra-t-il conclure, non que la question est vide, mais qu'elle peut demeurer comme une question sans réponse : c'est là précisément l'enjeu de cette stratégie singulière.

Que la sélection des *puzzling cases* de Parfit soit régie par l'hypothèse réductionniste qu'on vient de discuter, c'est ce qu'il importe de souligner avec force. Soit l'expérience fictive de télé-transportation qui ouvre avec éclat la troisième partie de *Reasons and Persons*. L'auteur en propose deux versions : dans les deux cas, il est fait une copie exacte de mon cerveau, cette copie est transmise par radio à un poste récepteur placé sur une autre planète où une machine reconstitue sur la base de cette information une réplique exacte de moi-même, donc identique au sens d'exactement semblable quant à l'organisation et à l'enchaînement des états de choses et des événements. Dans le premier cas, mon cerveau et mon corps sont détruits au cours de mon voyage spatial. La question est de savoir si j'ai *survécu* dans ma réplique ou si je suis mort. Le cas est indécidable : quant à l'identité numérique, ma réplique est un autre que moi ; quant à l'identité qualitative, elle est indiscernable de moi, donc substituable. Dans le deuxième cas, mon cerveau et mon corps ne sont pas détruits mais mon cœur est abîmé ; je rencontre ma réplique sur Mars, je coexiste avec elle ; elle sait que je vais mourir avant elle et entreprend de me consoler en me promettant qu'elle tiendra ma place ; que puis-je encore attendre du futur ? Vais-je mourir ou survivre dans ma réplique ?

Quelle présupposition préside à la fabrication de ce *puzzling case* et de bien d'autres plus ingénieux les uns que les autres ? Il s'agit d'abord de cas imaginaires qui restent *concevables,* lors même qu'ils ne seraient pas techniquement réalisables. Il leur suffit de n'être ni logiquement, ni physiquement impossibles ; la question sera de savoir s'ils ne violent pas une contrainte d'un autre ordre, relative à l'enracinement terrien de l'homme. On y reviendra plus tard lorsque l'on comparera les cas de science-fiction aux fictions littéraires d'ordre narratif. En outre, il s'agit de manipulations de haute technologie exercées sur le *cerveau* tenu pour l'équivalent de la personne. C'est en ce point que la thèse réductionniste exerce son contrôle ; dans une ontologie de l'événement et dans une épistémologie de la description impersonnelle des enchaînements porteurs de l'identité, le lieu privilégié des occurrences dans lesquelles la personne est mentionnée, sans que son existence distincte soit explicitement revendiquée, est le cerveau. Il est clair que les fictions de Parfit, à la différence des fictions littéraires dont nous parlerons plus loin, portent sur des entités relevant du registre du manipulable d'où la question de l'ipséité a été par principe éliminée.

La conclusion que Parfit tire de la situation d'indécidabilité révélée par les *puzzling cases* est que la question posée était elle-même vide. Si l'on tient qu'identité veut dire mêmeté, la conclusion est irrésistible ; en effet, dans les cas les plus embarrassants, aucune des trois solutions envisagées n'est plausible, à savoir :

a) il n'existe personne qui soit *même* que moi ;

b) je suis le *même* que l'un des deux individus issus de l'expérimentation ;

c) je suis le *même* que les deux individus.

Le paradoxe est bien un paradoxe de la mêmeté : il a fallu tenir pour équivalentes la question : « Vais-je survivre ? » et la question : « Y aura-t-il une personne qui soit la *même* personne que moi ? » Dans ce cadre prédéterminé, résoudre le paradoxe, c'est dissoudre la question, bref la tenir pour vide. A vrai dire, il faudrait nuancer et dire : dans cette situation, la question est indéterminée. Si, par une sorte d'extrapolation discutable, Parfit accorde aux *puzzling cases* un rôle si éminent, c'est parce que ceux-ci dissocient les composantes que dans la vie quotidienne nous tenons pour indissociables et dont nous tenons même la liaison pour non contingente, à savoir le recouvrement entre la connexion psychologique (et éventuellement corporelle), qui peut à la rigueur relever d'une description impersonnelle, et le sentiment d'appartenance – en particulier des souvenirs – à quelqu'un capable de se désigner lui-même comme leur possesseur. Ce sera une des fonctions de la comparaison ultérieure entre science-fiction et fiction littéraire de remettre sur le chantier la question de la contingence présumée des traits les plus fondamentaux de la condition humaine. Parmi ceux-ci, il en est au moins un qui, dans les expériences imaginaires de télétransportation, paraît indépassable, à savoir la *temporalité,* non du voyage, mais du voyageur télétransporté. Tant que l'on considère seulement l'adéquation de la réplique au cerveau rédupliqué, seule compte l'identité de structure, comparable à celle du code génétique, préservé tout au long de l'expérience[1]. Quant à moi qui suis télétransporté, il ne cesse de m'arriver quelque chose : je crains, je crois, je doute, je me demande si je vais mourir ou survivre, bref, je me soucie. A cet égard, le glissement de la discussion des problèmes de *mémoire* aux problèmes de *survie*[2] marque l'entrée en scène d'une dimension d'historicité dont il paraît bien difficile de faire une description impersonnelle.

La troisième croyance que Parfit soumet à sa critique féroce concerne le jugement *d'importance* que nous attachons à la question de l'identité. J'ai déjà cité le mot fameux : « *Identity is not what matters.* » Le lien de la croyance ici attaquée à la croyance précédente est le suivant : si l'indécidabilité nous semble inacceptable, c'est parce qu'elle nous trouble ; cela est clair dans tous les cas bizarres où la survie est en jeu : que va-t-il m'arriver, me demandé-je ? Or, si nous sommes troublés, c'est parce que le juge-

1. Encore que l'on puisse objecter à la construction même du cas imaginaire que, si la réplique de mon cerveau était une réplique intégrale, elle devrait contenir, outre les traces de mon histoire passée, la marque de mon histoire à venir tissée de rencontres aléatoires ; or cette condition paraît bien violer les règles du concevable : dès la séparation entre moi et ma réplique, nos *histoires* nous distinguent et nous rendent insubstituables. La notion même de réplique risque de perdre tout sens.
2. Sur le problème de la survie, au sens de la persistance dans le futur au terme d'une épreuve d'altération radicale de l'identité personnelle, cf. *in* J. Perry (éd.), *Personal Identity, op. cit.,* la section V : « Personal Identity and Survival » (articles de B. Williams et de D. Parfit), p. 179-223 ; *in* A.O. Rorty (éd.), *The Identities of Persons, op. cit.,* les articles de D. Lewis, « Survival and identity », p. 18-40, et G. Rey, « Survival », p. 41-66.

ment d'identité nous paraît important. Si nous renonçons à ce jugement d'importance, nous cessons d'être troublés. Mis en face des options ouvertes par les *puzzling cases,* nous sommes prêts à concéder que nous savons tout ce qu'il est possible de savoir sur le cas en question et à arrêter là l'enquête : « sachant cela, nous savons tout » (*ibid.,* p. 261).

Cette attaque contre le jugement d'importance occupe en fait dans l'ouvrage entier de Parfit une position stratégique centrale. On a en effet négligé de dire que le problème de l'identité discuté dans la troisième partie du livre est destiné à résoudre un problème moral posé dans les deux parties précédentes, à savoir le problème de la *rationalité* du choix éthique posé par la morale utilitariste prédominante dans le monde de langue anglaise. Parfit en attaque la version la plus égoïste qu'il dénomme « théorie de l'intérêt propre » *(self-interest theory)* [1]. C'est bien le soi dans sa dimension éthique qui est ici en jeu. La thèse de Parfit est que la dispute entre égoïsme et altruisme ne peut être tranchée au plan où elle se déroule, si l'on n'a pas d'abord pris position sur la question de savoir quelle sorte d'entités sont les personnes (d'où le titre de l'ouvrage *Reasons and Persons*). Les raisons valables du choix éthique passent par la dissolution des croyances fausses sur le statut ontologique des *personnes.* C'est donc à la question posée par la première partie que nous revenons au terme de la troisième. En retour, c'est tout le poids des questions éthiques du début qui retombe sur la question de l'identité. Celle-ci devient un enjeu proprement axiologique ; le jugement d'importance est un jugement qui donne rang dans la hiérarchie des estimations. Mais à quelle identité – à l'identité en quel sens du terme – est-il demandé de renoncer ? Est-ce à la mêmeté que Hume tenait déjà pour introuvable et peu digne d'intérêt ? Ou à la mienneté qui, selon moi, constitue le noyau de la thèse non réductionniste ? En vérité, tout porte à penser que Parfit, à la faveur de l'indistinction entre ipséité et mêmeté, vise la première à travers la seconde. Ce qui est loin d'être inintéressant : car la sorte de bouddhisme que la thèse morale de Parfit insinue consiste précisément à ne pas faire la différence entre mêmeté et mienneté. Ce faisant, ne risque-t-il pas de vider l'enfant avec l'eau du bain ? Car, autant je suis prêt à admettre que les variations imaginatives sur l'identité

1. Parfit la résume dans ces termes : « A chaque personne [la théorie] S donne pour but les aboutissements qui seraient les meilleurs pour lui et qui assureraient à sa vie le cours le meilleur possible pour lui » (*Reasons and Persons, op. cit.,* p. 3 [trad. de l'auteur]).

personnelle conduisent à une crise de l'ipséité elle-même – et les cas bizarres d'ordre narratif que nous considérerons plus loin le confirmeront à l'envi –, autant je ne vois pas comment la question *qui ?* peut disparaître dans les cas extrêmes où elle reste sans réponse. Car enfin, comment s'interrogerait-on sur *ce qui* importe si l'on ne pouvait demander *à qui* la chose importe ou non ? L'interrogation portant sur *ce* qui importe ou non ne relève-t-elle pas du souci de soi, qui paraît bien constitutif de l'ipséité ? Et, si l'on remonte du troisième niveau au second, puis au premier niveau des croyances passées au crible de la critique, ne continue-t-on pas de se mouvoir dans l'élément de la croyance, de la croyance concernant ce que *nous* sommes ? La ténacité des pronoms personnels, jusque dans l'énoncé de la thèse réductionniste dont nous sommes partis, trahit beaucoup plus que la rhétorique de l'argumentation : elle marque la résistance de la question *qui ?* à son élimination dans une description impersonnelle [1].

Ce dont il s'agit en dernier ressort, c'est de changer la conception que nous faisons « de nous-mêmes et de notre vie effective » (*ibid.*, p. 217). C'est « notre manière de voir [*our view*] la vie » qui est en cause.

On objectera ici à mon plaidoyer en faveur de l'irréductibilité du trait de mienneté, et, par implication, de la question même de l'ipséité, que le quasi-bouddhisme de Parfit ne laisse pas intacte l'assertion même d'ipséité. Ce que Parfit demande, c'est que nous nous souciions moins de nous-même, entre autres de notre vieillissement et de notre mort ; que nous attachions moins d'importance à la question de savoir « si telles ou telles expériences proviennent de mêmes vies ou de vies différentes » (*ibid.*, p. 341) : donc que nous nous intéressions aux « expériences » elles-mêmes plutôt qu'à « la personne qui les a » (*ibid.*) ; que nous fassions moins de différences entre nous-même à des époques différentes de notre vie et autrui ayant des expériences semblables aux nôtres ; que nous ignorions le plus possible les frontières entre les vies en donnant moins d'importance à l'unité de chaque vie ; que nous fassions de l'unité même de notre vie davantage une œuvre d'art qu'une revendication d'indépendance... N'est-ce pas à la

1. Il faudrait pouvoir citer en entier les conclusions provisoires des pages 216-217 du livre de Parfit où il n'est question que de « nos cerveaux », « nos pensées et nos actions », « notre identité ». La substitution des déictiques autres que les pronoms et adjectifs personnels (« le cerveau de cette personne », « ces expériences ») ne change rien à l'affaire, vu la constitution des déictiques. A cet égard, l'expression la plus étonnante est celle qui résume toute la thèse : « Ma thèse [est] que nous pourrions décrire nos vies de manière impersonnelle » (*ibid.*, p. 217).

neutralisation même de la question de l'ipséité, par-delà l'observation impersonnelle de l'enchaînement d'une vie, que Parfit moraliste invite ? N'est-ce pas l'*insouciance* – prêchée aussi, après tout, par Jésus dans le Sermon sur la montagne – que Parfit oppose au souci ? J'entends bien l'objection. Mais je crois qu'elle peut être incorporée à la défense de l'ipséité face à sa réduction à la mêmeté. Ce que la réflexion morale de Parfit provoque, c'est finalement une crise *interne* à l'ipséité. La crise consiste en ceci que la notion même d'appartenance de mes expériences à moi-même a un sens ambigu ; il y a possession et possession. Ce que Parfit vise, c'est précisément l'égotisme qui nourrit la thèse de l'intérêt propre contre laquelle son ouvrage est dirigé. Mais un moment de dépossession de soi n'est-il pas essentiel à l'authentique ipséité ? Et ne faut-il pas, pour se rendre disponible, s'appartenir en quelque façon ? Nous l'avons demandé : la question d'importance se poserait-elle s'il ne restait pas quelqu'un à qui la question de son identité cesse d'importer ? Ajoutons maintenant : si mon identité perdait toute importance à tous égards, celle d'autrui ne deviendrait-elle pas, elle aussi, sans importance [1] ?

Nous retrouverons ces mêmes questions au terme de notre plaidoyer en faveur d'une interprétation narrative de l'identité ; celle-ci, on va le voir, a aussi ses cas bizarres qui ramènent l'assertion de l'identité à son statut de question – et parfois de question sans réponse : qui suis-je en vérité ? C'est en ce point que la théorie narrative, sollicitée de s'affronter aux interrogations de Parfit, sera invitée, elle aussi, à explorer sa frontière commune avec la théorie éthique.

---

1. Sur la parenté entre les thèses de Parfit et le bouddhisme, cf. D. Parfit, *Reasons and Persons, op. cit.,* p. 280 ; et M. Kapstein, « Collins, Parfit and the problem of personal identity in two philosophical traditions – A review of selfless persons », *Feature Book Review* (tiré à part).

Le soi et l'identité narrative

La présente étude est étroitement solidaire de la précédente. Le ton en est toutefois différent. On n'a traité jusqu'ici de l'identité narrative que sur un mode polémique et au total plus défensif que constructif. Deux tâches positives restent à accomplir.

La première est de porter à son plus haut degré *la dialectique de la mêmeté et de l'ipséité,* implicitement contenue dans la notion d'identité narrative.

La seconde est de compléter cette investigation du soi raconté, par l'exploration des médiations que la théorie narrative peut opérer entre théorie de l'action et théorie morale. Cette seconde tâche aura elle-même deux versants. Revenant à notre ternaire – *décrire, raconter, prescrire* – nous nous demanderons d'abord quelle *extension du champ pratique* la fonction narrative suscite, si l'action décrite doit pouvoir s'égaler à l'action racontée. Nous examinerons ensuite de quelle manière le récit, jamais éthiquement neutre, s'avère être le premier *laboratoire du jugement moral.* Sur ce double versant, pratique et éthique, de la théorie narrative, se poursuivra la constitution réciproque de l'action et du soi.

1. L'identité narrative et la dialectique de l'ipséité et de la mêmeté

La nature véritable de l'identité narrative ne se révèle, à mon avis, que dans la dialectique de l'ipséité et de la mêmeté. En ce sens, cette dernière représente la contribution majeure de la théorie narrative à la constitution du soi.

L'ordre suivi par l'argument sera le suivant :

1. On montrera d'abord, dans le prolongement des analyses de *Temps et Récit,* comment le modèle spécifique de connexion entre événements que constitue la mise en intrigue permet d'intégrer à la permanence dans le temps ce qui paraît en être le contraire sous le régime de l'identité-mêmeté, à savoir la diversité, la variabilité, la discontinuité, l'instabilité.

2. On montrera ensuite comment la notion de mise en intrigue, transposée de l'action aux personnages du récit, engendre la dialectique du personnage qui est très expressément une dialectique de la mêmeté et de l'ipséité ; revenant, à cette occasion, sur la stratégie des *puzzling cases* de la philosophie analytique, on fera place, dans l'espace de variations imaginatives ouvert par la dialectique de l'ipséité et de la mêmeté, à des cas limites de dissociation entre deux modalités d'identité, dignes d'entrer en compétition avec les cas indécidables de Parfit ; une occasion remarquable sera ainsi offerte de confronter les ressources respectives de la fiction littéraire et de la science-fiction face au caractère éminemment problématique de l'identité personnelle.

1. Lorsque Dilthey formait le concept de *Zusammenhang des Lebens*, de connexion de la vie, il le tenait spontanément pour équivalent à celui d'histoire d'une vie. C'est cette précompréhension de la signification historique de la connexion que tente d'articuler, à un niveau supérieur de conceptualité, la théorie narrative de l'identité personnelle. L'identité, narrativement comprise, peut être appelée, par convention de langage, identité du *personnage*. C'est cette identité que l'on replacera plus loin dans le champ de la dialectique du même et du soi. Mais, auparavant, on montrera comment l'identité du personnage se construit en liaison avec celle de l'intrigue. Cette dérivation d'une identité à l'autre, seulement indiquée dans *Temps et Récit*, sera ici explicitée.

Rappelons d'abord ce que dans *Temps et Récit* on entend par identité au plan de la mise en intrigue. On la caractérise, en termes dynamiques, par la concurrence entre une exigence de concordance et l'admission de discordances qui, jusqu'à la clôture du récit, mettent en péril cette identité. Par concordance, j'entends le principe d'ordre qui préside à ce qu'Aristote appelle « agencement des faits ». Par discordance, j'entends les renversements de fortune qui font de l'intrigue une transformation réglée, depuis une situation initiale jusqu'à une situation terminale. J'applique le terme de *configuration* à cet art de la composition qui fait médiation entre concordance et discordance. Afin d'étendre la validité de ce concept de configuration narrative au-delà de l'exemple privilégié d'Aristote – la tragédie grecque et, à un moindre degré, l'épopée –, je propose de définir la concordance discordante, caractéristique de toute composition narrative, par la notion de synthèse de l'hétérogène. Par là, je tente de rendre compte des diverses médiations que l'intrigue opère – entre le divers des événements et l'unité temporelle de l'histoire racontée ; entre les composantes disparates de l'action, intentions, causes et hasards, et l'enchaînement de l'histoire ; enfin, entre la pure succession et l'unité de la forme temporelle –, médiations qui, à la limite, peuvent bouleverser la chronologie au point de l'abolir. Ces multiples dialectiques ne font qu'expliciter l'opposition, présente déjà dans le modèle tragique selon Aristote, entre la dispersion épisodique du récit et la puissance d'unification déployée par l'acte configurant qu'est la *poièsis* elle-même.

C'est à la configuration narrative ainsi comprise qu'il faut comparer la sorte de connexion revendiquée par une description impersonnelle. La différence essentielle qui distingue le modèle narratif de tout autre modèle de connexion réside dans le statut de l'*événement*, dont nous avons fait à plusieurs reprises la pierre de touche de l'analyse du soi [1]. Alors que, dans un modèle de type causal, événement et occurrence restent indiscernables, l'événement narratif est défini par son rapport à l'opération même de configuration ; il participe de la structure instable de concordance discordante caractéristique de l'intrigue elle-même ; il est source de discordance, en tant qu'il surgit, et source de concordance, en ce qu'il fait avancer l'histoire [2]. Le paradoxe de la mise en intrigue est qu'elle inverse l'effet de contingence, au sens de ce qui aurait pu arriver autrement ou ne pas arriver du tout, en l'incorporant en quelque façon à l'effet de nécessité ou de probabilité, exercé

---

1. Cf. la discussion de Davidson dans la troisième étude et celle de Parfit dans la cinquième étude. Je ne conteste pas l'acquis de ces théories, à savoir, ni que l'événement, en tant qu'occurrence, ait droit à un statut ontologique au moins égal à celui de la substance, ni qu'il puisse faire l'objet d'une description impersonnelle. Je dis qu'en entrant dans le mouvement d'un récit qui conjoint un personnage à une intrigue, l'événement perd sa neutralité impersonnelle. Du même coup, le statut narratif conféré à l'événement prévient la dérive de la notion d'événement, qui rendrait difficile, sinon impossible, la prise en compte de l'agent dans la description de l'action.

2. Je retrouve ici quelque chose de l'*Ursprung* selon Walter Benjamin, dont le surgissement ne se laisse pas réduire à ce qui est d'ordinaire entendu par *Entstehung*, et encore moins par *Entwicklung*. Or, aussi incoordonnable à un tout que soit le surgissement de l'événement narratif, il ne s'épuise pas dans son effet de rupture, de césure ; il comporte des potentialités de développement qui demandent à être « sauvées ». Cette *Rettung* de l'*Ursprung* – thème central chez Benjamin –, c'est, selon moi, l'intrigue qui l'opère. L'intrigue « rachète » l'origine de la « chute » dans l'insignifiance. Cf. Jeanne-Marie Gagnebin, « Histoire, mémoire et oubli chez Walter Benjamin » (inédit).

par l'acte configurant[1]. L'inversion de l'effet de contingence en effet de nécessité se produit au cœur même de l'événement : en tant que simple occurrence, ce dernier se borne à mettre en défaut les attentes créées par le cours antérieur des événements ; il est simplement l'inattendu, le surprenant, il ne devient partie intégrante de l'histoire que compris après coup, une fois transfiguré par la nécessité en quelque sorte rétrograde qui procède de la totalité temporelle menée à son terme. Or cette nécessité est une nécessité narrative dont l'effet de sens procède de l'acte configurant en tant que tel ; c'est cette nécessité narrative qui transmue la contingence physique, adverse de la nécessité physique, en contingence narrative, impliquée dans la nécessité narrative.

De ce simple rappel de la notion de mise en intrigue, et avant toute considération de la dialectique du personnage qui en est le corollaire, il ressort que l'opération narrative développe un concept tout à fait original d'identité dynamique, qui concilie les catégories mêmes que Locke tenait pour contraires l'une à l'autre : l'identité et la diversité.

Le pas décisif en direction d'une conception narrative de l'identité personnelle est fait lorsque l'on passe de l'action au personnage. Est personnage celui *qui* fait l'action dans le récit. La catégorie du personnage est donc elle aussi une catégorie narrative et son rôle dans le récit relève de la même intelligence narrative que l'intrigue elle-même. La question est alors de savoir ce que la catégorie narrative du personnage apporte à la discussion de l'identité personnelle. La thèse ici soutenue sera que l'identité du personnage se comprend par transfert sur lui de l'opération de mise en intrigue d'abord appliquée à l'action racontée ; le personnage, dirons-nous, est lui-même mis en intrigue.

Rappelons brièvement de quelle manière la théorie narrative rend compte de la *corrélation* entre action et personnage.

La corrélation entre histoire racontée et personnage est simplement postulée par Aristote dans la *Poétique*. Elle y paraît même si étroite qu'elle prend la forme d'une subordination. C'est en effet dans l'histoire racontée, avec ses caractères d'unité, d'articulation interne et de complétude, conférés par l'opération de mise en intrigue, que le personnage conserve tout au long de l'histoire une identité corrélative de celle de l'histoire elle-même[2].

---

1. Sur la nécessité ou la probabilité attachée par Aristote au *muthos* de la tragédie ou de l'épopée, cf. les textes d'Aristote cités dans *Temps et Récit*, t. I, *op. cit.*, p. 69-70.
2. J'ai commenté dans *Temps et Récit I* ce primat de la mise en intrigue (*muthos*) sur le personnage (p. 64). Dans la séquence des six « parties » de la tragé-

La narratologie contemporaine a tenté de donner à cette corrélation le statut de contrainte sémiotique, implicite en un sens à l'analyse conceptuelle du *muthos* en « parties » par Aristote. Propp a donné le branle à cette investigation à un niveau d'abstraction que je discute dans *Temps et Récit* et sur lequel je ne reviens pas ici [1]. L'auteur de *Morphologie du conte* [2] commence par dissocier les « fonctions », à savoir les segments récurrents d'action, des personnages, afin de définir le conte par le seul enchaînement des fonctions. Mais, au moment de ressaisir l'unité synthétique de la chaîne, il doit prendre en compte le rôle joué par les personnages. Ainsi est-il le premier à tenter une typologie de ces rôles établie sur la seule base de leur récurrence [3]. Or la liste des rôles n'est pas indépendante de celle des fonctions ; elles se croisent en plusieurs points que Propp appelle les sphères d'action : « De nombreuses fonctions se groupent logiquement selon certaines sphères. Ces sphères correspondent aux personnages qui accomplissent les fonctions » (*Morphologie du Conte*, p. 96). « Le problème de la distribution des fonctions peut être résolu, au niveau du problème de la distribution des sphères d'action entre les personnages » (*ibid.*, p. 97). Citant ces déclarations de Propp dans *Temps et Récit II*, p. 60-61, je pose la question de savoir si toute mise en intrigue ne procède pas d'une genèse mutuelle entre le développement d'un caractère et celui d'une histoire racontée. J'adopte l'axiome énoncé par Frank Kermode

---

die selon Aristote, l'intrigue vient en tête avant les caractères et la pensée *(dianoia)*, qui, avec l'intrigue, constituent le « quoi » de l'imitation de l'action. Aristote pousse la subordination jusqu'à déclarer : «la tragédie est représentative *[mimésis]* non d'hommes, mais d'action, de vie et de bonheur (le malheur réside aussi dans l'action), et le but visé est une action, non une qualité (...) De plus, sans action, il ne saurait y avoir de tragédie, tandis qu'il pourrait y en avoir sans caractères » (Aristote, *La Poétique*, texte, trad. et notes par R. Dupont-Roc et J. Lallot, Paris, Éd. du Seuil, 1980, VII, 1450 a 16-24). Cette dernière hypothèse nous arrêtera plus loin, quand nous évoquerons la disparition du personnage dans une partie de la production romanesque contemporaine.
    1. Dans *Temps et Récit II*, je suis soucieux de souligner la filiation de sens entre l'*intelligence* narrative, immanente à la compétence du spectateur, de l'auditeur ou du lecteur, et la *rationalité* narratologique que je tiens pour dérivée de la première. Ce problème de prééminence ne me concerne pas ici. Je cherche plutôt dans la narratologie une confirmation de la précompréhension que nous avons au niveau de l'intelligence narrative, de la coordination entre intrigue et personnage.
    2. Trad. fr. de M. Derrida, T. Todorov et C. Kahn, Paris, Éd. du Seuil, coll. « Points », 1965 et 1970.
    3. Je rappelle la liste de Propp : l'agresseur, le donateur (ou pourvoyeur), l'auxiliaire, la personne recherchée, le mandateur, le héros, le faux héros. Cf. *Temps et Récit*, t. II, Paris, Éd. du Seuil, 1984, p. 60.

selon lequel, pour développer un caractère, il faut raconter plus [1].

C'est ce qu'a parfaitement mis en relief Claude Bremond dans sa *Logique du récit* [2] ; pour lui, le *rôle* ne saurait être défini que par « l'attribution à un sujet-personne d'un prédicat-processus éventuel, en acte, ou achevé » (p. 134). On peut voir dans cette attribution la solution narrative, discutée dans les études précédentes, du problème de l'ascription de l'action à l'agent. La séquence élémentaire d'un récit contient déjà cette corrélation. En outre, la référence, dans la définition même du rôle, aux trois stades de l'éventualité, du passage ou non à l'acte, de l'achèvement ou de l'inachèvement, situe d'emblée le rôle dans un dynamisme d'action. Sur la base de cette définition de la séquence élémentaire, il devient possible de composer un répertoire aussi complet que possible des rôles, en tenant compte d'une série d'enrichissements portant à la fois sur le sujet-personne et sur le prédicat-processus. Il est remarquable que la première grande dichotomie soit celle des patients, affectés par des processus modificateurs ou conservateurs, et, par corrélation, des agents initiateurs de ces processus. Ainsi est prise en compte la précompréhension que nous avons que les récits sont au sujet d'agents et *de patients*. Pour ma part, je n'omets jamais de parler de l'homme agissant et souffrant. Le problème moral, on le dira assez plus loin, se greffe sur la reconnaissance de cette dissymétrie essentielle entre celui qui fait et celui qui subit, culminant dans la violence de l'agent puissant. Être affecté par un cours d'événements racontés, voilà le principe organisateur de toute une série de rôles de patients, selon que l'action exercée est une influence, une amélioration ou une détérioration, une protection ou une frustration. Un enrichissement remarquable de la notion de rôle concerne l'introduction de ce dernier dans le champ des valorisations par le biais des transformations qu'on vient de dire, puis dans celui des rétributions, où le patient apparaît bénéficiaire de mérites ou victime de démérites, selon que l'agent se révèle parallèlement distributeur de récompenses et de punitions. Bremond note avec raison que c'est à ces stades seulement qu'agents et patients se trouvent élevés au rang de personnes et d'initiateurs d'action. Ainsi vient s'attester au plan narratif, par le biais des rôles relevant du champ des valorisations et de celui des rétribu-

---

1. F. Kermode, *The genesis of secrecy, on the interpretation of narrative*, Cambridge, Harvard University Press, 1979, p. 75-99.
2. Claude Bremond, *Logique du récit*, Paris, Éd. du Seuil, 1973.

tions, la connexion étroite entre théorie de l'action et théorie éthique que l'on considérera plus loin.

C'est avec le modèle *actantiel* de Greimas que la corrélation entre intrigue et personnage est portée à son niveau le plus élevé de radicalité, antérieurement à toute figuration sensible. C'est pourquoi on ne parle pas ici de personnage mais d'*actant*, afin de subordonner la représentation anthropomorphique de l'agent à sa position d'opérateur d'actions sur le parcours narratif. La radicalisation se poursuit sur deux lignes : du côté de l'actant, du côté du parcours narratif. Sur la première ligne, à la liste encore empirique des personnages du conte russe selon Propp est substitué un modèle établi sur la base de trois catégories : de désir (principe de la quête d'un objet, d'une personne, d'une valeur), de communication (principe de tout rapport de destinateur à destinataire), d'action proprement dite (principe de toute opposition entre adjuvants et opposants). Voilà donc un modèle où, à l'inverse de Propp, on procède des relations possibles entre actants en direction de la riche combinatoire des actions, que celles-ci s'appellent contrats, épreuves, quêtes, luttes. Sur la seconde ligne, celle des parcours narratifs, j'aimerais insister sur la place qu'occupent à un plan médian entre structures profondes et plan figuratif une série de notions qui n'ont de place que dans une conception narrative de la cohésion intime de la vie : d'abord celle de *programme narratif*, puis celle de relation *polémique* entre deux programmes, d'où résulte l'opposition entre sujet et anti-sujet. Nous retrouvons là ce que nous avons précompris au plan de la simple intelligence narrative, à savoir que l'action est interaction, et l'interaction, compétition entre projets tour à tour rivaux et convergents. Ajoutons encore toutes les translations ou transferts d'objets-valeurs qui narrativisent l'échange. Il faudrait enfin rendre compte de la topologie sous-jacente au changement de « lieux » – lieux initiaux et lieux terminaux de transfert –, à partir de quoi il peut être parlé de *suite performantielle*[1].

Si l'on recroise les deux lignes de l'analyse que je viens de résumer grossièrement (renvoyant à *Temps et Récit II*, p. 71-91), on voit se renforcer mutuellement une sémiotique de l'actant et une sémiotique des parcours narratifs, jusqu'au point où ceux-ci

1. Pas plus qu'à propos de Propp et de Bremond, je ne reviens, à propos de Greimas, sur les difficultés épistémologiques liées à l'entreprise de déchronologisation des structures narratives. Encore une fois, je ne m'intéresse ici qu'à ce qui légitime la *corrélation* entre intrigue et personnage, intuitivement comprise au plan de la simple intelligence narrative.

apparaissent comme parcours du personnage. J'aimerais insister, pour conclure sur ce thème de la corrélation nécessaire entre intrigue et personnage, sur une catégorie que le *Maupassant*[1] de Greimas a fortement accentuée, bien qu'elle fût présente dès le premier modèle actantiel, à savoir celle du destinateur. Le couple destinateur/destinataire prolonge celui du mandat chez Propp ou du contrat inaugural dans le premier modèle actantiel de Greimas, contrat en vertu duquel le héros reçoit la compétence de faire. Les destinateurs – qui peuvent être des entités indivi- duelles, sociales ou même cosmiques, comme on voit dans la nou- velle « Deux amis » – relèvent dans le *Maupassant* de ce que Greimas appelle un statut « proto-actantiel » (p. 63)[2].

Il n'a pas été vain de rappeler de quelle manière la structure narrative conjoint les deux procès de mise en intrigue, celui de l'action et celui du personnage. Cette conjonction est la véritable réponse aux apories de l'ascription évoquées dès la première étude. Il reste vrai que, d'un point de vue paradigmatique, les questions *qui ?*, *quoi ?*, *comment ?*, etc., peuvent désigner les termes discrets du réseau conceptuel de l'action. Mais, d'un point de vue syntagmatique, les réponses à ces questions forment une chaîne qui n'est autre que l'enchaînement du récit. Raconter, c'est dire qui a fait quoi, pourquoi et comment, en étalant dans le temps la connexion entre ces points de vue. Il reste également vrai qu'on peut décrire séparément les prédicats psychiques pris hors attribution à une personne (ce qui est la condition même de la description du « psychique »). Mais c'est dans le récit que se recompose l'attribution. De la même façon, l'articulation entre intrigue et personnage permet de mener de front une enquête vir- tuellement infinie au plan de la recherche des motifs, et une enquête en principe finie au plan de l'attribution à quelqu'un. Les deux enquêtes s'enchevêtrent dans le double procès d'identifica- tion de l'intrigue et du personnage. Il n'est pas jusqu'à la plus redoutable aporie de l'ascription qui ne trouve sa réplique dans la dialectique du personnage et de l'intrigue. Confrontée à la troi- sième antinomie kantienne, l'ascription apparaît déchirée entre la thèse, qui pose l'idée de commencement d'une série causale, et l'antithèse, qui lui oppose celle d'un enchaînement sans commen-

1. A.J. Greimas, *Maupassant : la sémiotique du texte, exercices pratiques*, Paris, Éd. du Seuil, 1976.
2. On trouvera une bonne synthèse de l'approche sémiotique de la catégorie de personnage dans P. Hamon, « Statut sémiologique du personnage », *in* R. Barthes *et al.*, *Poétique du récit*, Paris, Éd. du Seuil, 1977.

cement ni interruption. Le récit résout à sa façon l'antinomie, d'une part en conférant au personnage une initiative, c'est-à-dire le pouvoir de commencer une série d'événements, sans que ce commencement constitue un commencement absolu, un commencement du temps, d'autre part donnant au narrateur en tant que tel le pouvoir de déterminer le commencement, le milieu et la fin d'une action. En faisant ainsi coïncider l'initiative du personnage et le commencement de l'action, le récit donne satisfaction à la thèse sans violer l'antithèse. Il constitue, sous ses multiples aspects, la *réplique poétique* que la notion d'identité narrative apporte aux apories de l'ascription. Je reprends à dessein le terme de réplique poétique appliqué par *Temps et Récit III* au rapport entre les apories du temps et la fonction narrative. Je disais alors que la fonction narrative ne donnait pas une réponse spéculative à ces apories, mais les rendait productives dans un autre registre du langage. C'est de la même façon que la dialectique du personnage et de l'intrigue rend productives les apories de l'ascription et que l'identité narrative peut être dite leur apporter une réplique poétique.

2. De cette corrélation *entre* action et personnage du récit résulte une dialectique *interne* au personnage, qui est l'exact corollaire de la dialectique de concordance et de discordance déployée par la mise en intrigue de l'action. La dialectique consiste en ceci que, selon la ligne de concordance, le personnage tire sa singularité de l'unité de sa vie considérée comme la totalité temporelle elle-même singulière qui le distingue de tout autre. Selon la ligne de discordance, cette totalité temporelle est menacée par l'effet de rupture des événements imprévisibles qui la ponctuent (rencontres, accidents, etc.) ; la synthèse concordante-discordante fait que la contingence de l'événement contribue à la nécessité en quelque sorte rétroactive de l'histoire d'une vie, à quoi s'égale l'identité du personnage. Ainsi le hasard est-il transmué en destin. Et l'identité du personnage qu'on peut dire mis en intrigue ne se laisse comprendre que sous le signe de cette dialectique. La thèse de l'identité que Parfit appelle non réductionniste en reçoit plus qu'un renfort, un complet remaniement. La personne, comprise comme personnage de récit, n'est pas une entité distincte de *ses* « expériences ». Bien au contraire : elle partage le régime de l'identité dynamique propre à l'histoire racontée. Le récit construit l'identité du personnage, qu'on peut appeler son identité narrative, en construisant celle de l'histoire racontée. C'est l'identité de l'histoire qui fait l'identité du personnage.

C'est cette dialectique de concordance discordante du personnage qu'il faut maintenant inscrire dans la dialectique de la mêmeté et de l'ipséité. La nécessité de cette réinscription s'impose dès lors que l'on confronte la concordance discordante du personnage à la requête de permanence dans le temps attachée à la notion d'identité, et dont nous avons montré dans la précédente étude l'équivocité : d'un côté, disions-nous, la mêmeté d'un caractère, de l'autre l'ipséité du maintien de soi. Il s'agit maintenant de montrer comment la dialectique du personnage vient s'inscrire dans l'intervalle entre ces deux pôles de la permanence dans le temps pour faire médiation entre eux.

Cette fonction *médiatrice* que l'identité narrative du personnage exerce entre les pôles de la mêmeté et de l'ipséité est essentiellement attestée par les *variations imaginatives* auxquelles le récit soumet cette identité. A vrai dire, ces variations, le récit ne fait pas que les tolérer, il les engendre, il les recherche. En ce sens, le littérature s'avère consister en un vaste laboratoire pour des expériences de pensée où sont mises à l'épreuve du récit les ressources de variation de l'identité narrative. Le bénéfice de ces expériences de pensée est de rendre manifeste la différence entre les deux significations de la permanence dans le temps, en faisant varier le rapport de l'une à l'autre. Dans l'expérience quotidienne, on l'a dit, elles tendent à se recouvrir et à se confondre ; ainsi, compter sur quelqu'un c'est à la fois faire fond sur la stabilité d'un caractère et s'attendre que l'autre tienne parole, quels que soient les changements susceptibles d'affecter les dispositions durables à quoi il se laisse reconnaître. Dans la fiction littéraire, l'espace de variations ouvert aux rapports entre les deux modalités d'identité est immense. A une extrémité, le personnage est un caractère identifiable et réidentifiable comme même : c'est à peu près le statut du personnage des contes de fées et du folklore. Quant au roman classique – de *La Princesse de Clèves* ou du roman anglais du XVIIIe siècle à Dostoïevski et Tolstoï –, on peut dire qu'il a exploré l'espace intermédiaire de variations où, à travers les transformations du personnage, l'identification du même décroît sans disparaître. On se rapproche du pôle inverse avec le roman dit d'apprentissage et, plus encore, le roman du courant de conscience. Le rapport entre intrigue et personnage paraît alors s'inverser : au contraire du modèle aristotélicien, l'intrigue est mise au service du personnage. C'est alors que l'identité de ce dernier, échappant au contrôle de l'intrigue et de son principe d'ordre, est mise véritablement à l'épreuve. On atteint ainsi le pôle extrême de variation, où le personnage a cessé d'être un caractère. C'est à ce pôle que se rencontrent les cas limites où la fiction littéraire se prête à une confrontation avec les *puzzling cases* de la philosophie analytique. C'est dans cette confrontation que vient culminer le conflit entre une version narrativiste et une version non narrativiste de l'identité personnelle.

Que la narrativité ait aussi ses cas déroutants, c'est ce que le théâtre et le roman contemporain enseignent à l'envi. En première approximation, ces cas se laissent décrire comme des fictions de la perte d'identité. Avec Robert Musil, par exemple, *L'Homme sans qualités* – ou plus exactement sans propriétés (*ohne Eigenschaften*) – devient à la limite non identifiable, dans un monde, est-il dit, de qualités (ou de propriétés) sans hommes. L'ancrage du nom propre devient dérisoire au point de devenir superfétatoire. Le non-identifiable devient l'innommable. Pour préciser l'enjeu philosophique de pareille éclipse de l'identité du personnage, il importe de remarquer que, à mesure que le récit s'approche du point d'annulation du personnage, le roman perd aussi ses qualités proprement narratives, même interprétées, comme plus haut, de la façon la plus flexible et la plus dialectique. A la perte d'identité du personnage correspond ainsi la perte de la configuration du récit et en particulier une crise de la clôture du récit[1]. Il se fait ainsi un choc en retour du personnage sur l'intrigue. C'est un même schisme – pour parler comme Frank Kermode, dans *The Sense of an Ending*[2] – qui affecte à la fois la tradition de l'intrigue menée jusqu'à un terme qui vaut clôture, et la tradition du héros identifiable. L'érosion des paradigmes – Kermode, encore – frappe à la fois la figuration du personnage et la configuration de l'intrigue ; ainsi, dans le cas de Robert Musil, la décomposition de la forme narrative, parallèle à la perte d'identité du personnage, fait franchir les bornes du récit et attire l'œuvre littéraire dans le voisinage de l'essai. Ce n'est pas non plus par hasard si maintes autobiographies contemporaines, celle de Leiris, par exemple, s'éloignent délibérément de la forme narrative et rejoignent, elles aussi, le genre littéraire le moins configuré, l'essai précisément.

Mais que signifie ici perte d'identité ? Plus exactement de quelle modalité de l'identité s'agit-il ? Ma thèse est que, replacés dans le cadre de la dialectique de l'*idem* et de l'*ipse*, ces cas dérou-

---

1. Sur cette crise de la clôture, cf. *Temps et Récit*, t. III, *op. cit.*, p. 35-48.
2. F. Kermode, *The Sense of an Ending. Studies in the Theory of Fiction*, Londres, Oxford, New York, Oxford University Press, 1966.

tants de la narrativité se laissent réinterpréter comme mise à nu de l'ipséité par perte de support de la mêmeté. C'est en ce sens qu'ils constituent le pôle opposé à celui du héros identifiable par superposition de l'ipséité et de la mêmeté. Ce qui est maintenant perdu, sous le titre de « propriété », c'est ce qui permettait d'égaler le personnage à son caractère.

Mais qu'est-ce que l'ipséité, quand elle a perdu le support de la mêmeté ? C'est ce que la comparaison avec les *puzzling cases* de Parfit va permettre de préciser.

Les fictions littéraires diffèrent fondamentalement des fictions technologiques en ce qu'elles restent des variations imaginatives autour d'un invariant, la condition corporelle vécue comme médiation existentielle entre soi et le monde. Les personnages de théâtre et de roman sont des humains comme nous. Dans la mesure où le corps propre est une dimension du soi, les variations imaginatives *autour* de la condition corporelle sont des variations sur le soi et son ipséité. En outre, en vertu de la fonction médiatrice du corps propre dans la structure de l'être dans le monde, le trait d'ipséité de la corporéité s'étend à celle du monde en tant que corporellement habité. Ce trait qualifie la condition terrestre en tant que telle et donne à la Terre la signification existentielle que, sous des guises diverses, Nietzsche, Husserl et Heidegger lui reconnaissent. La Terre est ici plus et autre chose qu'une planète : c'est le nom mythique de notre ancrage corporel dans le monde. Voilà ce qui est ultimement présupposé par le récit littéraire en tant que soumis à la contrainte qui en fait une *mimèsis* de l'action. Car l'action « imitée », dans et par la fiction, reste elle aussi soumise à la contrainte de la condition corporelle et terrestre.

Or ce que les *puzzling cases* frappent de plein fouet d'une contingence radicale, c'est cette condition corporelle et terrestre que l'herméneutique de l'existence, sous-jacente à la notion de l'agir et du souffrir, tient pour indépassable. Et quel est l'opérateur de cette inversion de sens par quoi l'invariant existential devient la variable d'un nouveau montage imaginaire ? C'est la technique ; mieux : par-delà la technique disponible, la technique concevable, bref le rêve technologique. Selon ce rêve, le cerveau est tenu pour l'équivalent substituable de la personne. C'est le cerveau qui est le point d'application de la haute technologie. Dans les expériences de bissection, de transplantation, de réduplication, de télétransport, le cerveau figure l'être humain en tant que manipulable. C'est de ce rêve technologique, illustré par les manipulations cérébrales, que se rend solidaire le traitement

LE SOI ET L'IDENTITÉ NARRATIVE

impersonnel de l'identité au plan conceptuel. En ce sens, on peut dire que les variations imaginatives de la science-fiction sont des variations relatives à la mêmeté, tandis que celle de la fiction littéraire sont relatives à l'ipséité, ou plus exactement à l'ipséité dans son rapport dialectique à la mêmeté.

La véritable perplexité, dès lors, ne réside pas à l'intérieur de l'un ou l'autre champ de variations imaginatives, mais, si l'on peut dire, *entre* l'un et l'autre. Sommes-nous capables, je ne dis pas d'effectuer, mais de concevoir des variations telles que la condition corporelle et terrestre elle-même devienne une simple variable, une variable contingente, si l'individu télétransporté ne transporte pas avec lui quelques traits résiduels de cette condition, sans lesquels il ne pourrait être dit ni agir ni souffrir – ne serait-ce que la question qu'il se pose de savoir s'il va survivre ?

Peut-être cette perplexité de second degré ne peut-elle pas être tranchée au plan de l'imaginaire mis à contribution de part et d'autre. Elle ne peut l'être qu'au plan éthique auquel nous viendrons dans la dernière section de cette étude, lorsque nous confronterons l'identité narrative, oscillant entre mêmeté et ipséité, et l'identité éthique, laquelle requiert une personne comptable de ses actes. C'est par rapport à cette capacité d'imputation que des manipulations cérébrales peuvent être dites porter atteinte à l'identité personnelle et donc violer un droit, celui de la personne à son intégrité physique. Mais, pour que la capacité d'imputation, dont la signification est purement morale et juridique, ne soit pas arbitrairement assignée aux personnes, ne faut-il pas que l'invariant existential de la corporéité et de la mondanéité, autour duquel tournent les variations imaginatives de la fiction littéraire, soit lui-même tenu pour indépassable à un plan ontologique ? Ce que les manipulations imaginaires sur le cerveau violent, n'est-ce pas plus qu'une règle, plus qu'une loi, à savoir la condition existentiale de possibilité pour qu'il y ait des règles, des lois, c'est-à-dire finalement des préceptes adressés à la personne comme agissant et souffrant ? Autrement dit : l'inviolable, n'est-ce pas la différence entre le soi et le même, dès le plan de la corporéité ?

Je laisse en l'état de suspens ce que je viens d'appeler perplexité de deuxième degré. Car, si un imaginaire qui respecte l'invariant de la condition corporelle et terrestre a plus d'affinité avec le principe moral de l'imputation, une censure de l'autre imaginaire, celui qui frappe de contingence cet invariant même, ne serait-elle pas à son tour immorale à un autre point de vue, en tant qu'interdiction de rêver ? Il faudra sans doute interdire un jour de faire ce à quoi la science-fiction se borne à rêver. Mais le rêve n'a-t-il pas toujours été transgression de l'interdit ? Rêvons donc avec Parfit. Mais souhaitons seulement que jamais les chirurgiens-manipulateurs de ces rêves n'aient les moyens, ni surtout le droit de faire ce qu'il reste parfaitement licite d'imaginer [1].

2. *Entre décrire et prescrire : raconter*

Il reste à justifier dans la seconde section de ce parcours l'assertion avancée dès l'introduction générale, et reprise au début de la cinquième étude, selon laquelle la théorie narrative occupe dans le parcours complet de notre investigation une position charnière entre la théorie de l'action et la théorie éthique. En quel sens, donc, est-il légitime de voir dans la théorie de l'intrigue et du personnage une transition significative entre l'ascription de l'action à un agent qui peut, et son imputation à un agent qui doit ?

La question, cela est clair, a deux versants ; sur le premier, qui regarde vers les études « logico-pratiques » précédentes, il importe de montrer dans quelle mesure la connexion, révélée par la théorie narrative, entre intrigue et personnage, outre l'éclairage nouveau qu'elle jette sur les difficultés attachées au rapport de l'action à son agent, appelle une *extension* considérable du champ pratique, si l'action décrite doit pouvoir s'égaler à l'action racontée. Sur le second versant, qui regarde vers les études « morales » qui suivent, la question est celle des *appuis* et des *anticipations* que la théorie narrative propose à l'interrogation éthique. Le rapport de l'intrigue au personnage n'apporte des lumières nouvelles sur le rapport entre l'action et son agent qu'au prix d'une *extension* du champ pratique, au-delà des segments d'action que la grammaire logique inscrit le plus aisément dans des phrases d'action, et même au-delà des chaînes d'action dont le seul intérêt réside dans le mode de connexion logique relevant d'une praxéologie. Il est remarquable qu'Aristote, à qui nous devons la définition de la tragédie comme imitation d'action, entend par action un assemblage *(sustasis, sunthésis)* d'incidents,

1. Mon dernier mot concernant Parfit n'est pas encore dit. On se demandera plus loin si une certaine convergence entre les fictions littéraires que j'assigne à l'ipséité et celles de la science-fiction qui, selon moi, n'affectent que la mêmeté ne se reconstitue pas lorsque l'on prend en compte les implications éthiques de la narrativité ; il y a peut-être, pour nous aussi, une manière de dire : l'identité n'est pas ce qui importe.

de faits, d'une nature telle qu'ils puissent se plier à la configuration narrative. Il précise : « Le plus important de ces éléments [de la tragédie] est l'agencement des faits en système. En effet la tragédie est représentation [*mimèsis*] non d'hommes mais d'action, de vie [*bion*] et de bonheur (le malheur aussi réside dans l'action), et le but visé [*télos*] est une action [*praxis tis*], non une qualité [*ou poiotès*] ; or, c'est d'après leur caractère que les hommes ont telle ou telle qualité, mais d'après leurs actions qu'ils sont heureux ou l'inverse[1]. » On ne saurait mieux dire qu'une révision du rapport entre action et agent exige en outre une révision du concept même d'action, s'il doit pouvoir être porté au niveau de la configuration narrative déployée à l'échelle d'une vie.

Par révision, il faut entendre bien plus qu'un allongement des connexions entre les segments d'action mis en forme par la grammaire des phrases d'action. Il faut faire paraître une hiérarchie d'unités praxiques qui, chacune à son niveau, comporte un principe d'organisation spécifique intégrant une diversité de connexions logiques.

1. Les premières unités composées sont celles qui méritent le nom de *pratiques* (en français, la forme verbale « pratiquer » – pratiquer un sport, la médecine, etc. – est plus usitée que la forme nominale que j'adopte ici sur le modèle du terme anglais *practice*).

Les exemples les plus familiers en sont les métiers, les arts, les jeux[2]. On peut se faire une première idée de ce que sont les pratiques en partant de la description des actions de base dans la théorie analytique de l'action. On se souvient que Danto définit celle-ci en soustrayant des actions ordinaires la relation « en vue de ». Restent des actions de base, à savoir ces actions que nous savons faire et que nous faisons en effet, sans avoir à faire une autre chose en vue de faire ce que nous faisons ; tels sont en gros les gestes, les postures, les actions corporelles élémentaires, que nous apprenons certes à coordonner et à maîtriser, mais dont nous n'apprenons pas véritablement les rudiments. Par contraste, tout le reste du champ pratique est construit sur la relation « en vue de » : pour faire Y, il faut d'abord faire X. Nous faisons arriver Y en nous procurant X. On pourrait alors objecter à l'introduction du concept de pratique qu'il est superflu. Ne suffit-il pas,

---

1. Aristote, *La Poétique, op. cit.*, VI, 1450 a 7,15-19.
2. On montrera au chapitre suivant en quel sens le choix, conforme à celui fait par Aristote, de ces premières unités de compte de la *praxis* s'accorde à sa version téléologique de l'éthique.

pour égaler le concept d'action à celui de *praxis*, d'une part d'allonger les chaînes de moyens et de fins, comme le fait E. Anscombe dans l'exemple fameux d'*Intention* considéré plus haut, d'autre part de coordonner entre eux les segments de causalité physique et les segments intentionnels, formalisés en syllogismes pratiques, à l'intérieur d'un modèle mixte, celui par exemple que propose G. Von Wright dans *Explanation and Understanding*[1] ? On obtiendrait alors de longues chaînes d'action où le passage du point de vue systémique au point de vue téléologique serait assuré en chaque point de la chaîne par le fait que l'agent est capable de tenir des effets de causalité pour des circonstances de décision, tandis qu'en retour les résultats voulus ou non voulus des actions intentionnelles deviennent de nouveaux états de choses entraînant de nouvelles chaînes causales. Cet enchevêtrement de la finalité et de la causalité, de l'intentionnalité et des connexions systématiques, est certainement constitutif de ces actions longues que sont les pratiques. Il y manque toutefois l'unité de configuration qui découpe un métier, un jeu, un art, dans ces longues chaînes d'actions.

Une seconde sorte de connexion contribue à la délimitation des pratiques en tant qu'unités de second ordre ; il s'agit, non plus des relations linéaires que nous venons de considérer, mais de relations d'enchâssement. Le vocabulaire attaché à notre répertoire de pouvoirs exprime à merveille ces relations de subordination plus que de coordination ; ainsi le métier d'agriculteur inclut des actions subordonnées, telles que labourer, semer, moissonner ; à son tour, labourer implique conduire un tracteur, et ainsi de suite en descendant jusqu'à des actions de base, du genre tirer ou pousser. Or, cette liaison d'enchâssement, donc de subordination des actions partielles à une action totale, ne s'articule sur la liaison de coordination entre segments systémiques et segments téléologiques que dans la mesure où les connexions de l'une et l'autre sorte sont unifiées sous les lois de sens qui font du métier d'agriculteur une pratique. On en dirait autant d'autres pratiques ; de même que l'agriculture est une pratique, au sens d'un métier, et non pas labourer et encore moins mettre en route le tracteur, de même, tenir une maison, au sens grec de l'*oikos* auquel nous devons le mot d'économie, ou encore occuper une fonction publique dans l'État – exemple sur lequel nous reviendrons plus tard – désignent autant de pratiques, sans que les comportements subordonnés méritent ce titre : composer un menu, prononcer un

---

1. G.H. von Wright, *Explanation and Understanding, op. cit.*

discours dans une réunion publique ; de même encore peindre est une pratique, à la fois en tant que métier et art, non poser une tache de couleur sur la toile. Un dernier exemple va nous mettre sur la voie d'une transition utile : déplacer un pion sur l'échiquier n'est en soi qu'un geste, mais pris dans la pratique du jeu d'échecs, ce geste revêt la signification d'un coup dans une partie de jeu.

Ce dernier exemple atteste que l'unité de configuration constitutive d'une pratique repose sur une relation particulière de sens, celle qu'exprime la notion de règle constitutive, laquelle a été empruntée précisément à la théorie des jeux avant d'être étendue à la théorie des actes de discours, bientôt réintégrée, comme je le fais ici, à la théorie de la praxis. Par règle constitutive, on entend des préceptes dont la seule fonction est de statuer que, par exemple, tel geste de déplacer un pion sur l'échiquier « compte comme » un coup dans une partie d'échecs. Le coup n'existerait pas, avec cette signification et cet effet dans la partie, sans la règle qui « constitue » le coup en tant que phase de la partie d'échecs. La règle est constitutive en ce sens qu'elle n'est pas surajoutée, à la façon d'un règlement extérieur appliqué à des mouvements qui auraient déjà leur propre organisation (comme les signaux lumineux par rapport à la circulation de conducteurs ayant chacun leur propre projet). La règle à elle seule revêt le geste de la signification : déplacer un pion ; la signification procède de la règle dès lors que la règle est constitutive : constitutive précisément de la signification, du « valoir comme ». La notion de règle constitutive peut être étendue de l'exemple du jeu à d'autres pratiques, pour la simple raison que les jeux sont d'excellents modèles pratiques. Ainsi J. Searle a-t-il pu étendre la notion au domaine des actes de discours, dans la mesure où ceux-ci sont aussi des actions ou des phases de pratiques plus vastes ; ainsi les actes illocutoires, tels que promettre, commander, avertir, constater, se distinguent par leur « force » qui est elle-même constituée par la règle qui dit, par exemple, que promettre c'est se placer sous l'obligation de faire demain ce que je déclare aujourd'hui que je ferai.

Il importe de bien noter que les règles constitutives ne sont pas des règles morales. Elles statuent seulement sur la *signification* de gestes particuliers et font, comme on l'a dit plus haut, que tel geste de la main « compte comme », par exemple, saluer, voter, héler un taxi, etc. Certes, les règles constitutives mettent sur la voie des règles morales, dans la mesure où celles-ci régissent les conduites susceptibles de revêtir une signification. Mais ce n'est là que le premier pas en direction de l'éthique. Même la règle constitutive de la promesse, telle qu'on l'a énoncée plus haut, n'a pas en tant que telle une signification morale, bien qu'elle comporte dans son énoncé la référence à une obligation ; elle se borne à définir ce qui « compte comme » promesse, ce qui en fait la « force » illocutoire. La règle morale, qu'on peut appeler règle de fidélité, selon laquelle on doit tenir ses promesses, a seule un statut déontique[1].

L'introduction de la notion de règle constitutive à ce stade de l'analyse a une autre vertu que d'introduire dans la structure des pratiques des relations spécifiques de signification ; elle a en outre celle de souligner le caractère d'*interaction* qui s'attache à la plupart des pratiques. Ce caractère n'est pas souligné dans la théorie analytique de l'action, parce que les phrases d'action sont extraites de leur environnement social. Ce n'est que sous l'aspect pragmatique que la réception par un allocutaire du sens assigné à une phrase d'action par un locuteur s'incorpore à la signification de la phrase. Encore l'interlocution ne constitue-t-elle que la dimension verbale de l'action. Les pratiques reposent sur des actions dans lesquelles un agent tient compte par principe de l'action d'autrui ; c'est ainsi que Max Weber définit successivement et conjointement les termes d'action et d'action sociale au début de son grand ouvrage *Économie et Société* : « Nous entendons par " activité " [*Handeln*] un comportement humain (peu importe qu'il s'agisse d'un acte extérieur ou intime, d'une omission [*Unterlassen*] ou d'une tolérance [*Dulden*]), quand et pour autant que l'agent ou les agents lui communiquent un sens subjectif. Et, par activité " sociale ", l'activité qui, d'après son sens visé [*gemeinten Sinn*] par l'agent ou les agents, se rapporte au comportement d'autrui, par rapport auquel s'oriente son déroulement[2]. »

Se rapporter à, tenir compte de la conduite des autres agents, c'est là l'expression la plus générale et la plus neutre qui puisse couvrir la multitude des relations d'interaction que l'on rencontre au niveau de ces unités d'action que sont les pratiques. Ces interactions peuvent elles-mêmes être placées, comme les actions intentionnelles prises selon leur signification subjective, sous les rubriques réservées à ces dernières par Max Weber. Les manières « externes », « ouvertes » de tenir compte du comportement des autres agents se rencontrent dans les interactions échelonnées du

1. Cf. ci-dessous, huitième étude.
2. M. Weber, *Économie et Société*, trad. fr. de J. Freund, P. Kamnitzer, P. Bertrand, E. de Dampierre, J. Maillard et J. Chavry, Paris, Plon, 1971, p. 4.

conflit à la coopération, en passant par la compétition. L'interaction devient une relation elle-même « interne » – intériorisée – par exemple dans la relation d'apprentissage peu à peu résorbée dans la compétence acquise ; on peut ainsi jouer seul, jardiner seul, plus encore pratiquer seul une recherche, au laboratoire, en bibliothèque ou dans son bureau ; mais les règles constitutives de telles pratiques viennent de beaucoup plus loin que l'exécutant solitaire ; c'est de quelqu'un d'autre que la pratique d'une habileté, d'un métier, d'un jeu, d'un art, est apprise ; et l'apprentissage et l'entraînement reposent sur des traditions qui peuvent être transgressées certes, mais qui doivent d'abord être assumées ; tout ce que nous avons dit ailleurs sur la traditionalité et sur le rapport entre tradition et innovation reprend sens ici dans le cadre du concept d'interaction intériorisée. J'aimerais ajouter à cet exemple canonique d'interaction, où la référence à autrui est devenue elle-même intérieure, le subtil exemple que Hegel se plaît à évoquer au chapitre v de *Phénoménologie de l'Esprit* : il correspond au moment où la conscience prend la mesure de la disproportion entre l'œuvre, en tant qu'effectivité bornée, déterminée, et la puissance d'*opérer* qui porte le destin universel de la raison opérante. Au moment où l'œuvre se détache de son auteur, tout son être est recueilli par la signification que l'autre lui accorde. Pour l'auteur, l'œuvre, en tant qu'indice de son individualité, et non de sa vocation universelle, est tout simplement renvoyée à l'éphémère [1]. Cette manière pour l'œuvre de ne tenir son sens, son existence même comme œuvre, que de l'autre souligne l'extraordinaire précarité du rapport entre œuvre et auteur, tant la médiation de l'autre est constitutive de son sens.

Serait-ce enfin céder à l'esprit de symétrie que de donner un parallèle en terme d'interaction à ces manières dont un agent comprend subjectivement l'action sur le mode négatif de l'omission *(Unterlassen)* et de la tolérance *(Dulden)* ? A vrai dire, omettre et supporter, voire subir, souffrir, sont autant des faits

---

1. « L'œuvre *est*, c'est-à-dire qu'elle est pour d'autres individualités, et est pour eux une réalité effective étrangère, à la place de laquelle *ils* doivent poser la leur propre, pour se donner, moyennant leur opération, la conscience de *leur unité* avec la réalité effective ; en d'autres termes, *leur* intérêt à cette œuvre, posée à travers leur propre nature originaire, est un autre intérêt que l'intérêt spécifique et particulier de cette œuvre qui, par là même, est transformée en quelque chose d'autre. L'œuvre est donc en général quelque chose d'éphémère qui s'éteint par le contre-jeu des autres forces et des autres intérêts, et qui présente la réalité de l'individualité plutôt comme disparaissante que comme accomplie » (Hegel, *Phénoménologie de l'Esprit*, trad. fr. de J. Hyppolite, Paris, Aubier-Montaigne, 1947, t. I, p. 332).

d'interaction que des faits de compréhension subjective. Ces deux termes rappellent qu'au plan de l'interaction comme à celui de la compréhension subjective, le non-agir est encore un agir : négliger, omettre de faire, c'est aussi laisser faire par un autre, parfois de façon criminelle ; quant à supporter, c'est se tenir soi-même, de gré ou de force, sous la puissance d'agir de l'autre ; quelque chose est fait à quelqu'un par quelqu'un ; supporter devient subir, lequel confine à souffrir. En ce point, la théorie de l'action s'étend des hommes agissants aux hommes souffrants. Cette adjonction est si essentielle qu'elle commande une grande partie de la réflexion sur le pouvoir, en tant qu'exercé par quelqu'un sur quelqu'un, et sur la violence en tant que destruction par quelqu'un d'autre de la capacité d'agir d'un sujet, et du même coup conduit au seuil de l'idée de justice, en tant que règle visant à égaliser les patients et les agents de l'action[1]. A vrai dire, toute action a ses agents et ses patients.

Telles sont quelques-unes des complexités de l'action sur lesquelles l'opération narrative appelle l'attention, dans la mesure même où elle se tient à son égard dans une relation mimétique. Non que les pratiques comportent en tant que telles des scénarios narratifs tout constitués ; mais leur organisation leur confère une qualité prénarrative que j'ai placée naguère sous le sigle de *Mimèsis I* (préfiguration narrative). Ce rapport étroit avec la sphère narrative est renforcé par les aspects d'interaction propres aux pratiques : c'est à ceux-là mêmes que le récit confère la forme polémique d'une compétition entre programmes narratifs.

2. Le même rapport entre *praxis* et récit se répète à un degré plus élevé d'organisation : on a rappelé ce texte de la *Poétique* où Aristote rapproche *praxis* et *bios* : « En effet, la tragédie est représentation [*mimèsis*] non d'hommes, mais d'action, de vie... » Avant de considérer ce que MacIntyre appelle l'« unité narrative d'une vie[2] », donnant ainsi une coloration narrative à l'expression dilthéyenne de « connexion d'une vie », il vaut la peine de s'arrêter à un niveau médian entre les pratiques – métiers, jeux, arts – et le projet global d'une existence ; on appellera *plans de vie* ces vastes unités pratiques que nous désignons comme vie professionnelle, vie de famille, vie de loisir, etc. ; ces plans de vie prennent forme – forme mobile et révocable au reste – à la faveur

1. Cf. ci-dessous, huitième étude.
2. *After Virtue, a Study In Moral Theory,* Notre Dame (Ind.), University of Notre Dame Press, 1981.

d'un mouvement de va-et-vient entre les idéaux plus ou moins lointains, qu'il faut maintenant spécifier, et la pesée des avantages et des inconvénients du choix de tel plan de vie au niveau des pratiques. Dans l'étude suivante, on développera les applications proprement éthiques de cette formation des plans de vie et on reprendra à cette occasion, sous la conduite de Gadamer, l'analyse aristotélicienne de la *phronèsis* et du *phronimos*. Ce qu'on veut mettre ici en lumière, c'est le simple fait que le champ pratique ne se constitue pas de bas en haut, par composition du plus simple au plus élaboré, mais selon un double mouvement de complexification ascendante à partir des actions de base et des pratiques, et de spécification descendante à partir de l'horizon vague et mobile des idéaux et des projets à la lueur desquels une vie humaine s'appréhende dans son unicité. En ce sens, ce que MacIntyre appelle « unité narrative d'une vie » ne résulte pas seulement de la sommation des pratiques dans une forme englobante, mais est aussi régi à titre égal par un projet de vie, aussi incertain et mobile soit-il, et par des pratiques fragmentaires, qui ont leur propre unité, les plans de vie constituant la zone médiane d'échange entre l'indétermination des idéaux recteurs et la détermination des pratiques. A vrai dire, il arrive que, dans cet échange, le projet global soit le premier à être fermement dessiné, comme dans les cas de vocation précoce ou impérieuse, et que, sous la poussée de cette contrainte venue de plus haut, les pratiques perdent leurs contours assignés par la tradition et conformés par l'apprentissage. Le champ pratique apparaît ainsi soumis à un double principe de détermination qui le rapproche de la compréhension herméneutique d'un texte par échange entre tout et partie. Rien n'est plus propice à la configuration narrative que ce jeu de double détermination.

3. C'est le moment de dire un mot de la notion d'« unité narrative d'une vie » que MacIntyre place au-dessus de celles de pratiques et de plans de vie. Il faut dire que cette notion ne désigne pas chez lui le dernier degré sur l'échelle de la *praxis*. Dans une perspective délibérément éthique qui ne sera la nôtre que dans la prochaine étude, l'idée d'un rassemblement de la vie en forme de récit est destinée à servir de point d'appui à la visée de la vie « bonne », clé de voûte de son éthique, comme elle sera de la nôtre. Comment, en effet, un sujet d'action pourrait-il donner à sa propre vie, prise en entier, une qualification éthique, si cette vie n'était pas rassemblée, et comment le serait-elle si ce n'est précisément en forme de récit ?

Je me réjouis de cette rencontre heureuse entre mes analyses de *Temps et Récit* et celles de *After Virtue*. Je ne voudrais pas néanmoins identifier sans autre examen la démarche de MacIntyre et la mienne. Le premier a principalement en vue les histoires rencontrées au vif de l'action quotidienne et n'attache pas une importance décisive, du moins pour l'investigation éthique dans laquelle il est engagé, à l'écart entre les fictions littéraires et les histoires qu'il dit mises en acte *(enacted)*. Or, dans mon propre traitement de la fonction *mimétique* du récit, la rupture opérée par l'entrée du récit dans le champ de la fiction est prise si au sérieux que cela devient un problème fort épineux de faire se rejoindre à nouveau la littérature et la vie par le *truchement* de la lecture. Pour MacIntyre, les difficultés liées à l'idée d'une refiguration de la vie par la fiction ne se posent pas. En revanche, il ne tire pas avantage, comme je cherche à le faire, du double fait que c'est dans la fiction littéraire que la jointure entre l'action et son agent se laisse le mieux appréhender, et que la littérature s'avère être un vaste laboratoire pour des expériences de pensée où cette jonction est soumise à des variations imaginatives sans nombre. Cet avantage d'un détour par la fiction, il est vrai, a son revers. Et une difficulté que ne connaît pas MacIntyre se pose. A savoir : comment les expériences de pensée suscitées par la fiction, avec toutes les implications éthiques qu'on dira plus loin, contribuent-elles à l'examen de soi-même dans la vie réelle [1] ? Si le fossé est si grand qu'il paraît entre la fiction et la vie, comment avons-nous pu, dans notre propre parcours des niveaux de la *praxis,* situer l'idée d'unité narrative de la *vie* au sommet de la hiérarchie des pratiques multiples ? On pourrait penser que le fossé a été franchi par la théorie de la lecture que je propose dans *Temps et Récit III*, dans le dessein de mettre en contact le monde du texte et le monde du lecteur [2]. Mais c'est précisément de l'acte de lire que

---

1. Selon le mot de Louis O. Mink, le grand théoricien du récit historique, « les histoires ne sont pas vécues, mais racontées » « History and fiction as modes of comprehension » *New Literary History, op. cit.,* I, 1979, p. 557-558. Sur Louis O. Mink, cf. *Temps et Récit,* t. I, p. 219-228. Les principaux essais de Louis O. Mink sur la philosophie de l'histoire ont été rassemblés par Brian Fay *et al.* dans un volume posthume : *Louis O. Mink, Historical Understanding,* Cornell University Press, 1987.

2. Je retiens ici des analyses de *Temps et Récit III* que la lecture, loin d'être une imitation paresseuse, est, au meilleur d'elle-même, une lutte entre deux stratégies, la stratégie de séduction menée par l'auteur sous la guise d'un narrateur plus ou moins fiable, et avec la complicité de la *« Willing suspension of disbelief »* (Coleridge) qui marque l'entrée en lecture, et la stratégie de suspicion menée par le lecteur vigilant, lequel n'ignore pas que c'est lui qui porte le texte à la signifiance à la faveur de ses lacunes calculées ou non. A ces notations de *Temps et Récit,* j'ajoute-

surgissent les obstacles que l'on va dire sur le trajet du retour de la fiction à la vie.

Qu'en est-il, d'abord, du rapport entre auteur, narrateur et personnage, dont les rôles et les discours sont bien distincts au plan de la fiction ? Quand je m'interprète dans les termes d'un récit de vie, suis-je à la fois les trois, comme dans le récit auto-biographique[1] ? Narrateur et personnage, sans doute, mais d'une vie dont, à la différence des êtres de fiction, je ne suis pas l'auteur, mais au plus, selon le mot d'Aristote, le coauteur, le *sunaition*[2]. Mais, compte tenu de cette réserve, la notion d'auteur ne souffre-t-elle pas d'équivocité quand on passe de l'écriture à la vie ?

Autre difficulté : au plan même de la forme narrative, qu'on voudrait semblable dans la fiction et dans la vie, des différences sérieuses affectent les notions de commencement et de fin. Certes, dans la fiction, ni le commencement ni la fin ne sont nécessairement ceux des événements racontés, mais ceux de la forme narrative elle-même. Ainsi la *Recherche* commence par la phrase célèbre : « Longtemps, je me suis couché de bonne heure. » Ce « longtemps », suivi d'un parfait accompli, renvoie à un antérieur quasi immémorial. Il n'empêche que cette phrase est la première du livre et vaut commencement narratif. Il en est de même des futurs conditionnels de la fin du « Temps retrouvé », qui ouvrent sur un futur indéterminé, où l'écriture de l'œuvre est adjurée de lutter de vitesse avec la venue de la mort. Et pourtant

---

rai aujourd'hui que la condition de possibilité de l'application de la littérature à la vie repose, quant à la dialectique du personnage, sur le problème de l'*identification-avec* dont nous avons dit plus haut qu'il est une composante du caractère. Par le biais de l'identification avec le héros, le récit littéraire contribue à la narrativisation du caractère. Sur ce thème, cf. H.R. Jauss, « La jouissance esthétique : les expériences fondamentales de la *poièsis*, de l'*aisthèsis* et de la *catharsis* », *Poétique*, n° 39, Paris, Éd. du Seuil, septembre 1979. C'est dans le cadre de la lutte entre les deux stratégies propres à l'acte de lire et sous le signe de la narrativisation du caractère (et de l'identification-avec qui en est une composante) qu'il faut replacer ce qui suit.

1. Cf. P. Lejeune, *Le Pacte autobiographique*, Paris, Éd. du Seuil, 1975.
2. Cf. ci-dessus, quatrième étude, p. 115. MacIntyre, dans *After Virtue*, ne voit pas de difficulté à unir les traits des récits de fiction et ceux des récits de vie. Pour ce dernier, les histoires de vie sont des « récits mis en action » *(enacted narratives)*. Toutefois, après avoir dit : « Ce que j'ai appelé histoire est un récit dramatique mis en action où les personnages sont aussi les auteurs » (p. 215), MacIntyre doit concéder qu'en raison de la dépendance où les actions des uns sont à l'égard des actions des autres, « la différence entre personnages imaginaires et personnages réels ne réside pas dans la forme narrative de ce qu'ils font, mais dans le degré auquel ils sont les auteurs de cette forme et de leurs propres actions » *(ibid.* [trad. de l'auteur]).

il y a une dernière page qui vaut fin narrative[1]. C'est cette clôture, cette clôture littéraire, si l'on veut, qui manque à ce qu'A. MacIntyre, dans *After Virtue,* appelle unité narrative de la vie et dont il fait une condition de la projection de la « vie bonne ». Il faut que la vie soit rassemblée pour qu'elle puisse se placer sous la visée de la vraie vie. Si ma vie ne peut être saisie comme une totalité singulière, je ne pourrai jamais souhaiter qu'elle soit réussie, accomplie. Or, rien dans la vie réelle n'a valeur de commencement narratif ; la mémoire se perd dans les brumes de la petite enfance ; ma naissance et, à plus forte raison, l'acte par lequel j'ai été conçu appartiennent plus à l'histoire des autres, en l'occurrence celle de mes parents, qu'à moi-même. Quant à ma mort, elle ne sera fin racontée que dans le récit de ceux qui me survivront ; je suis toujours vers ma mort, ce qui exclut que je la saisisse comme fin narrative.

A cette difficulté fondamentale s'en joint une autre, qui n'est pas sans rapport avec la précédente ; sur le parcours connu de ma vie, je peux tracer plusieurs itinéraires, tramer plusieurs intrigues, bref raconter plusieurs histoires, dans la mesure où, à chacune, manque le critère de la conclusion, ce *« sense of an ending »* sur lequel Kermode insiste tant.

Allons plus loin : alors que chaque roman déploie un monde du texte qui lui est propre, sans que l'on puisse le plus souvent mettre en rapport les intrigues en quelque sorte incommensurables de plusieurs œuvres (à l'exception peut-être de certaines séries comme celles des romans de générations : *Buddenbrook* de Thomas Mann, *Les Hommes de bonne volonté* de Jules Romains sur le modèle du bout-à-bout des histoires des patriarches dans la Bible), les histoires vécues des uns sont enchevêtrées dans les histoires des autres. Des tranches entières de ma vie font partie de l'histoire de la vie des autres, de mes parents, de mes amis, de mes compagnons de travail et de loisir. Ce que nous avons dit plus haut des pratiques, des relations d'apprentissage, de coopération et de compétition qu'elles comportent, vérifie cet enchevêtrement de l'histoire de chacun dans l'histoire de nombreux autres. C'est ce même point que MacIntyre souligne avec le plus de force, renchérissant, sans le savoir sans doute, sur ce que Wilhelm Schapp avait déjà écrit sous le titre *In Geschichten verstrickt* (enchevêtré dans des histoires)[2]. Or, c'est précisément par cet

---

1. J'ai discuté dans *Temps et Récit,* t. II, *op. cit.,* ce problème de la distinction entre clôture du récit et ouverture par les deux bouts de la série des choses dites.
2. Cf. *Temps et Récit,* t. I, *op. cit.,* p. 114.

enchevêtrement, autant que par leur caractère ouvert par les deux extrémités, que les histoires de vie diffèrent des histoires littéraires, que celles-ci relèvent de l'historiographie ou de la fiction. Peut-on encore parler alors de l'unité narrative de la vie ?

Dernière objection : dans la compréhension de soi, la *mimèsis praxéôs* paraît ne pouvoir couvrir que la phase déjà révolue de la vie et devoir s'articuler sur les anticipations, les projets, selon un schéma voisin de celui que propose R. Koselleck dans *Vergangene Zukunft* [1], où la dialectique entre « espace d'expérience » et « horizon d'attente » met en relation la sélection des événements racontés avec les anticipations relevant de ce que Sartre appelait le projet existentiel de chacun.

Tous ces arguments sont parfaitement recevables : équivocité de la notion d'auteur ; inachèvement « narratif » de la vie ; enchevêtrement des histoires de vie les unes dans les autres ; inclusion des récits de vie dans une dialectique de remémoration et d'anticipation. Ils ne me semblent pas, toutefois, susceptibles de mettre hors jeu la notion même d'*application* de la fiction à la vie. Les objections ne valent que contre une conception naïve de la *mimèsis*, celle même que mettent en scène certaines fictions à l'intérieur de la fiction, tels le premier *Don Quichotte* ou *Madame Bovary*. Elles sont moins à réfuter qu'à intégrer à une intelligence plus subtile, plus dialectique, de l'*appropriation*. C'est dans le cadre de la lutte, évoquée plus haut, entre le texte et le lecteur qu'il faut replacer les objections précédentes. Équivocité de la position d'auteur ? Mais ne doit-elle pas être préservée plutôt que résolue ? En faisant le récit d'une vie dont je ne suis pas l'auteur quant à l'existence, je m'en fais le coauteur quant au sens. Bien plus, ce n'est ni un hasard ni un abus si, en sens inverse, maints philosophes stoïciens ont interprété la vie elle-même, la vie vécue, comme la tenue d'un rôle dans une pièce que nous n'avons pas écrite et dont l'auteur, par conséquent, recule au-delà du rôle. Ces échanges entre les multiples sens des termes « auteur » et « position d'auteur » *(authorship)* contribuent à la richesse de sens de la notion même de la puissance d'agir *(agency)* discutée dans la quatrième étude.

Quant à la notion d'unité narrative de la vie, il faut aussi y voir un mixte instable entre fabulation et expérience vive. C'est précisément en raison du caractère évasif de la vie réelle que nous avons besoin du secours de la fiction pour organiser cette dernière rétrospectivement dans l'après-coup, quitte à tenir pour

---

1. Cf. *Temps et Récit*, t. III, Paris, Éd. du Seuil, 1985, p. 301-313.

révisable et provisoire toute figure de mise en intrigue empruntée à la fiction ou à l'histoire. Ainsi, c'est à l'aide des commencements narratifs auxquels la lecture nous a familiarisés que, forçant en quelque sorte le trait, nous stabilisons les commencements réels que constituent les initiatives – au sens fort du terme – que nous prenons. Et nous avons aussi l'expérience, qu'on peut dire inexacte, de ce que veut dire terminer un cours d'action, une tranche de vie. La littérature nous aide en quelque sorte à fixer le contour de ces fins provisoires. Quant à la mort, les récits que la littérature en fait n'ont-ils pas la vertu d'émousser l'aiguillon de l'angoisse en face du rien inconnu, en lui donnant imaginairement le contour de telle ou telle mort, exemplaire à un titre ou à l'autre ? Ainsi la fiction peut-elle concourir à l'apprentissage du mourir. La méditation de la Passion du Christ a de cette façon accompagné plus d'un croyant jusqu'au dernier seuil. Quand F. Kermode ou W. Benjamin prononcent à cet égard le mot de « consolation », il ne faut pas crier trop vite à la tromperie de soi. En tant que contre-désolation, la consolation peut être une manière lucide – lucide comme la *catharsis* d'Aristote – de mener le deuil de soi-même. Ici un échange fructueux peut s'instaurer entre la littérature et l'être-pour-(ou envers)-la-mort.

L'enchevêtrement des histoires de vie les unes dans les autres est-il rebelle à l'intelligence narrative que nourrit la littérature ? Ne trouve-t-il pas plutôt dans l'enchâssement d'un récit dans l'autre, dont la littérature donne maints exemples, un modèle d'intelligibilité ? Et chaque histoire fictive, en faisant affronter en son sein des destins différents de protagonistes multiples, n'offre-t-elle pas des modèles d'interaction où l'enchevêtrement est clarifié par la compétition des programmes narratifs ?

La dernière objection repose sur une méprise qu'il n'est pas toujours facile de déjouer. On croit volontiers que le récit littéraire, parce qu'il est rétrospectif, ne peut instruire qu'une méditation sur la partie passée de notre vie. Or le récit littéraire n'est rétrospectif qu'en un sens bien précis : c'est seulement aux yeux du narrateur que les faits racontés paraissent s'être déroulés autrefois. Le passé de narration n'est que le quasi-passé de la voix narrative [1]. Or, parmi les faits racontés à un temps du passé, prennent place des projets, des attentes, des anticipations, par quoi les protagonistes du récit sont orientés vers leur avenir mortel : en témoignent les dernières pages puissamment prospectives

1. Sur cette interprétation dont je n'ai pas manqué de souligner le caractère exploratoire, cf. *Temps et Récit*, t. II, *op. cit.*, p. 131-149, en particulier p. 147-148.

de la *Recherche*, déjà évoquée plus haut au titre de la clôture ouverte du récit de fiction. Autrement dit, le récit raconte aussi le souci. En un sens, il ne raconte que le souci. C'est pourquoi il n'y a pas d'absurdité à parler de l'unité narrative d'une vie, sous le signe de récits qui enseignent à articuler narrativement rétrospection et prospection.

Il résulte de cette discussion que récits littéraires et histoires de vie, loin de s'exclure, se complètent, en dépit ou à la faveur de leur contraste. Cette dialectique nous rappelle que le récit fait partie de la vie avant de s'exiler de la vie dans l'écriture ; il fait retour à la vie selon les voies multiples de l'appropriation et au prix des tensions inexpugnables que l'on vient de dire.

3. *Les implications éthiques du récit*

Qu'en est-il, sur le second versant de notre investigation, des rapports de la théorie *narrative* à la théorie *éthique* ? Ou, pour reprendre les termes proposés plus haut : de quelle manière la composante narrative de la compréhension de soi appelle-t-elle pour complément les déterminations éthiques propres à l'imputation morale de l'action à son agent ?

Ici encore, la notion d'identité narrative aide à expliciter des relations entre narrativité et éthique qui ont été anticipées dans ce qui précède sans être tirées au clair ; mais il faudra dire qu'elle apporte, ici aussi, des difficultés nouvelles liées à la confrontation entre la version narrative et la version éthique de l'ipséité.

Que la fonction narrative ne soit pas sans implications éthiques, l'enracinement du récit littéraire dans le sol du récit oral, au plan de la préfiguration du récit, le laisse déjà entendre. Dans son essai fameux sur « le narrateur[1] », W. Benjamin rappelle que, sous sa forme la plus primitive, encore discernable dans l'épopée et déjà en voie d'extinction dans le roman, l'art de raconter est l'art d'échanger des *expériences ;* par expériences, il entend non l'observation scientifique, mais l'exercice populaire de la sagesse pratique. Or cette sagesse ne laisse pas de comporter des appréciations, des évaluations qui tombent sous les catégories

---

1. W. Benjamin, « Der Erzähler, Betrachtungen zum Werk Nicolaj Lesskows », in *Illuminationen,* Francfort, Suhrkamp, 1969 ; trad. fr. de M. de Gandillac, « Le narrateur », in *Poésie et Révolution,* Paris, Denoël, 1971 ; repris dans *Rastelli raconte et autres récits,* Paris, Éd. du Seuil, 1987.

téléologiques et déontologiques que nous élaborerons dans la prochaine étude ; dans l'échange d'expériences que le récit opère, les actions ne manquent pas d'être approuvées ou désapprouvées et les agents d'être loués ou blâmés.

Dira-t-on que le récit littéraire, au plan de la configuration narrative proprement dite, perd ces déterminations éthiques au bénéfice de déterminations purement esthétiques ? Ce serait se méprendre sur l'esthétique elle-même. Le plaisir que nous prenons à suivre le destin des personnages implique certes que nous suspendions tout jugement moral réel en même temps que nous mettons en suspens l'action effective. Mais, dans l'enceinte irréelle de la fiction, nous ne laissons pas d'explorer de nouvelles manières d'évaluer actions et personnages. Les expériences de pensée que nous conduisons dans le grand laboratoire de l'imaginaire sont aussi des explorations menées dans le royaume du bien et du mal. Transvaluer, voire dévaluer, c'est encore évaluer. Le jugement moral n'est pas aboli, il est plutôt lui-même soumis aux variations imaginatives propres à la fiction.

C'est à la faveur de ces exercices d'évaluation dans la dimension de la fiction que le récit peut finalement exercer sa fonction de découverte et aussi de transformation à l'égard du sentir et de l'agir du lecteur, dans la phase de refiguration de l'action par le récit. Dans *Temps et Récit III,* je me suis même risqué à dire que la forme de récit qui se veut la plus neutre à cet égard, à savoir le récit historiographique, n'atteint jamais le degré zéro de l'estimation. Sans manifester une préférence personnelle pour les valeurs de telle ou telle époque, l'historien qui se veut davantage mû par la curiosité que par le goût de commémorer ou d'exécrer ne s'en trouve pas moins rapporté, par cette curiosité même, à la manière dont les hommes ont visé, atteint ou manqué ce qu'ils tenaient pour constituer la vraie vie. C'est au moins sur le mode de l'imagination et de la sympathie qu'il fait revivre des manières d'évaluer qui continuent d'appartenir à notre humanité profonde. Par là, l'historiographie est rappelée à sa relation de dette à l'égard des hommes du passé. En certaines circonstances, en particulier lorsque l'historien est confronté à l'horrible, figure limite de l'histoire des victimes, la relation de dette se transforme en devoir de ne pas oublier[1].

1. Je reprendrai le problème en sens inverse dans la prochaine étude. Si les histoires racontées offrent tant de points d'appui au jugement moral, n'est-ce pas parce que celui-ci a besoin de l'art de raconter pour, si l'on peut dire, schématiser sa visée ? Au-delà des règles, des normes, des obligations, des législations qui constituent ce qu'on peut appeler la morale, il y a, dirons-nous alors, cette visée de la vraie vie, que MacIntyre, reprenant Aristote, place au sommet de la hiérarchie

Ce n'est pas toutefois sur les certitudes afférentes aux implications éthiques de la fonction narrative que je veux conclure cette étude. De même que, sur le premier versant, des difficultés particulières étaient apparues au point où se recroisent théorie narrative et théorie de l'action, des difficultés symétriques surgissent au point où la théorie narrative s'infléchit en théorie éthique. Elles ont affaire avec le destin distinct, voire opposé, de l'*identité,* thème directeur de la présente étude dans l'un et l'autre registre. Dans la section consacrée à la problématique de l'identité, nous avons admis que l'identité-ipséité couvrait un spectre de significations depuis un pôle extrême où elle recouvre l'identité du même jusqu'à l'autre pôle extrême où elle s'en dissocie entièrement. Ce premier pôle nous a paru symbolisé par le phénomène du caractère, par quoi la personne se rend identifiable et réidentifiable. Quant au deuxième pôle, c'est par la notion, essentiellement éthique, du maintien de soi qu'il nous a paru représenté. Le maintien de soi, c'est pour la personne la manière telle de se comporter qu'autrui peut *compter* sur elle. Parce que quelqu'un compte sur moi, je suis *comptable* de mes actions devant un autre. Le terme de responsabilité réunit les deux significations : compter sur..., être comptable de... Elle les réunit, en y ajoutant l'idée *d'une réponse* à la question : « Où es-tu ? », posée par l'autre qui me requiert. Cette réponse est : « Me voici [1] ! » Réponse qui dit le maintien de soi.

En opposant polairement le maintien de soi au caractère, on a voulu cerner la dimension proprement éthique de l'ipséité, sans égards pour la perpétuation du caractère. On a ainsi marqué l'écart entre deux modalités de la permanence dans le temps, que dit bien le terme de maintien de soi, opposé à celui de perpétuation du même. Où se situe finalement l'identité narrative sur ce spectre de variations entre le pôle d'ipséité-mêmeté du caractère et le pôle de pure ipséité du maintien de soi ?

A cette question, la réponse paraît déjà donnée : l'identité narrative se tient dans l'entre-deux ; en narrativisant le caractère, le

---

des niveaux de la *praxis.* Or cette visée ne peut manquer, pour devenir vision, de s'investir dans des récits à la faveur desquels nous mettons à l'essai divers cours d'action en jouant, au sens fort du terme, avec des possibilités adverses. On peut parler à cet égard d'imagination éthique, laquelle se nourrit d'imagination narrative. Cf. P. Kemp, « Ethics and narrativity », *Aquinas,* Rome, Presses de l'Université du Latran, 1988, p. 435-458, et *Éthique et Médecine,* Paris, Tierce-Médecine, 1987.

1. E. Lévinas, *Autrement qu'être ou au-delà de l'essence,* La Haye, 1974, M. Nijhoff, p. 180.

récit lui rend son mouvement, aboli dans les dispositions acquises, dans les identifications-avec sédimentées. En narrativisant la visée de la vraie vie, il lui donne les traits reconnaissables de personnages aimés ou respectés. L'identité narrative fait tenir ensemble les deux bouts de la chaîne : la permanence dans le temps du caractère et celle du maintien de soi.

Où donc est la difficulté ? La difficulté vient des cas déroutants sur lesquels nous avons conclu la section précédente. Ces cas limites paraissent proposer une *problématisation* telle de l'identité narrative que, loin de jouxter l'identité éthique figurée par le maintien de soi, elle paraît bien plutôt lui retirer tout point d'appui. Aussi longtemps que la ligne de partage passait entre les cas troublants de la fiction littéraire et les *puzzling cases* de la science-fiction, les premiers exerçaient une sorte de fonction *apologétique* au bénéfice de l'ipséité et aux dépens de sa confusion avec la mêmeté. Pourquoi, en effet, nous intéresserions-nous au drame de la dissolution de l'identité du personnage de Musil et serions-nous plongés par lui dans la perplexité, si le non-sujet ne restait pas une figure du sujet, fût-ce sur le mode négatif ? Un non-sujet n'est pas rien, comme le rappelle la sémiotique du sujet de discours ou d'action [1]. Ce plaidoyer pour l'ipséité, que documentent les cas troublants de la fiction littéraire, commence à virer à son contraire lorsque, la fiction retournant à la vie, le lecteur en quête d'identité se trouve affronté à l'hypothèse de sa propre perte d'identité, à cette *Ichlosigkeit* qui fut à la fois le tourment de Musil et l'effet de sens interminablement cultivé par son œuvre. Le soi ici refiguré par le récit est en réalité confronté à l'hypothèse de son propre néant. Certes, ce néant n'est pas le rien dont il n'y a rien à dire. Cette hypothèse donne au contraire beaucoup à dire, comme en témoigne l'immensité d'une œuvre comme *L'Homme sans qualités*. La phrase : « Je ne suis rien », doit garder sa forme paradoxale : « rien » ne signifierait plus rien, si « rien » n'était en effet attribué à « je ». Mais qui est encore *je* quand le sujet dit qu'il n'est rien ? Un soi privé du secours de la mêmeté, avons-nous dit et répété. Soit. A cet égard, l'hypothèse ne manque pas de vérifications existentielles : il se pourrait en effet que les transformations les plus dramatiques de l'identité personnelle dussent traverser l'épreuve de ce néant d'identité, lequel néant serait l'équivalent de la case vide dans les trans-

1. J'adopte ici le vocabulaire de J. Coquet dans *Le Discours et son Sujet : 1. Essai de grammaire modale. 2. Pratique de la grammaire modale*, Paris, Klincksieck, 1984-1985.

formations chères à Lévi-Strauss. Maints récits de conversion portent témoignage sur de telles nuits de l'identité personnelle. En ces moments de dépouillement extrême, la réponse nulle à la question *qui suis-je ?* renvoie, non point à la nullité, mais à la nudité de la question elle-même.

Or, ce qui rouvre le débat, c'est précisément cette mise à nu de la question *qui ?*, confrontée à la fière réponse : « Me voici ! » Comment tenir ensemble le caractère *problématique* de l'*ipse* au plan narratif et son caractère *assertif* au plan de l'engagement moral ? On est tenté de dire que les cas troublants de la fiction littéraire ramènent paradoxalement au voisinage de la conclusion éthique que Parfit tirait de l'indécidabilité de ses *puzzling cases* : à savoir que l'identité personnelle n'est pas ce qui importe ; s'effacent alors, non seulement l'identité du même, mais l'identité du soi, qu'on avait cru sauvée du désastre de la première. En un sens, cela est vrai : les récits qui racontent la dissolution du soi peuvent être tenus pour des récits interprétatifs à l'égard de ce qu'on pourrait appeler une appréhension apophatique du soi[1]. L'apophase du soi consiste en ceci que le passage du « *Qui* » suis-je ? au « *Que* » suis-je ? a perdu toute pertinence. Or, le « quoi » du « qui », nous l'avons dit plus haut, c'est le caractère, c'est-à-dire l'ensemble des dispositions acquises et des identifications-avec sédimentées. L'impossibilité absolue de reconnaître quelqu'un à sa manière durable de penser, de sentir, d'agir, n'est peut-être pas praticable, du moins est-elle pensable à la limite. Seule est sans doute praticable la mise en échec d'une suite indéfinie de tentatives d'identification, lesquelles sont la matière de ces récits à valeur interprétative au regard du retrait du soi.

Comment, dès lors, maintenir au plan éthique un soi qui, au plan narratif, paraît s'effacer ? Comment dire à la fois : « Qui suis-je ? », et : « Me voici ! » ? N'est-il pas possible de faire travailler à la limite l'écart entre identité narrative et identité morale au bénéfice de la dialectique vivante entre l'une et l'autre ? Voici comment je vois l'opposition se muer en tension fructueuse.

D'un côté, il n'est pas douteux que le « Me voici ! » par quoi la personne se reconnaît sujet d'imputation marque un coup d'arrêt à l'égard de l'errance à laquelle peut conduire la confrontation de soi-même avec une multitude de modèles d'action et de vie, dont certains vont jusqu'à paralyser la capacité d'engagement ferme.

---

1. Sur la catégorie du récit interprétatif, cf. mon article « Le récit interprétatif. Exégèse et théologie dans les récits de la Passion », *Recherches de science religieuse*, 1985.

Entre l'imagination qui dit : « Je peux tout essayer », et la voix qui dit : « Tout est possible, mais tout n'est pas bénéfique [entendons : à autrui et à toi-même] », une sourde discorde s'installe. C'est cette discorde que l'acte de la promesse transforme en concorde fragile : « Je peux tout essayer », certes, mais : « Ici je me tiens ! »

De l'autre côté, l'angoissante question *Qui suis-je ?*, que mettent à nu les cas troublants de la fiction littéraire, peut, d'une certaine façon, s'incorporer à la fière déclaration : « Ici je me tiens ! » La question devient : « Qui suis-je, moi, si versatile, pour que, *néanmoins,* tu comptes sur moi ? » L'écart entre la question dans laquelle s'abîme l'imagination narrative et la réponse du sujet rendu responsable par l'attente de l'autre devient faille secrète au cœur même de l'engagement. Cette faille secrète fait la différence entre la modestie du maintien de soi et l'orgueil stoïcien de la raide constance à soi. C'est en ce point exactement que la voie ici suivie recoupe celle de Parfit. En un sens, la caractérisation de l'ipséité par le rapport de possession (ou d'appartenance) entre la personne et ses pensées, ses actions, ses passions, bref ses « expériences », n'est pas sans ambiguïté au plan éthique. Autant ce rapport ne prête à aucune confusion au plan grammatical des déictiques (mon / le mien ; ton / le tien ; son, sa / le sien, la sienne, etc.), autant il reste suspect au plan où Parfit mène son combat contre le principe du *self-interest*. Dans une philosophie de l'ipséité comme la nôtre, on doit pouvoir dire : la possession n'est pas ce qui importe. Ce que suggèrent les cas limites engendrés par l'imagination narrative, c'est une dialectique de la possession et de la dépossession, du souci et de l'insouciance, de l'affirmation de soi et de l'effacement de soi. Ainsi le néant imaginé du soi devient-il « crise » existentielle du soi[1].

Que ce dépouillement, évoqué par des penseurs aussi différents que Jean Nabert, Gabriel Marcel, Emmanuel Lévinas, ait affaire avec le primat éthique de l'autre que soi sur le soi, cela est clair. Encore faut-il que l'irruption de l'autre, fracturant la clôture du même, rencontre la complicité de ce mouvement d'effacement par quoi le soi se rend disponible à l'autre que soi. Car il ne faudrait pas que la « crise » de l'ipséité ait pour effet de substituer la haine de soi à l'estime de soi.

---

1. Sur la catégorie de la crise, cf. P. Landsberg et É. Weil, *Logique de la philosophie,* Paris, Vrin, 1950, chap. XII, « Personnalité », p. 293-296.

Le soi et la visée éthique

Prises ensemble, les trois études qui commencent ici ajoutent aux dimensions langagière, pratique et narrative de l'ipséité une dimension nouvelle, à la fois éthique et morale (sous la réserve de la distinction que je proposerai sous peu entre les deux termes souvent tenus pour synonymes). Une dimension nouvelle, mais qui ne marque aucune rupture de méthode avec les précédentes.

Comme il a été dit dans la préface, les quatre sous-ensembles qui composent ces études jusqu'au seuil de la dixième correspondent, en effet, à quatre manières de répondre à la question *qui ?* : qui parle ? qui agit ? qui se raconte ? qui est le sujet moral d'imputation ? Nous ne sortons pas du problème de l'ipséité aussi longtemps que nous restons dans l'orbe de la question *qui ?*. Le quatrième sous-ensemble que nous abordons ici obéit, en effet, comme les trois précédents, à la règle fondamentale du détour de la réflexion par l'analyse : ainsi, les prédicats « bon » et « obligatoire », appliqués à l'action, jouent le même rôle que la proposition discursive par rapport au locuteur qui se désigne lui-même en la prononçant, ou que les phrases d'action par rapport à la position de l'agent capable de faire, ou enfin que les structures narratives par rapport à la constitution de l'identité narrative. Les déterminations éthiques et morales de l'action seront traitées ici comme des prédicats d'un nouveau genre, et leur rapport au sujet de l'action comme une nouvelle médiation sur le chemin de retour vers le soi-même.

La détermination de l'action par des prédicats tels que « bon » et « obligatoire » ne marquerait une rupture radicale avec tout ce qui précède que pour la tradition de pensée issue de Hume, pour laquelle devoir-être s'oppose à être, sans transition possible. Prescrire signifie alors tout autre chose que décrire. On peut déjà trouver dans les études précédentes plusieurs raisons de refuser cette dichotomie.

D'abord, les « êtres » sur lesquels nous avons médité sont bien particuliers : ce sont des parlants et des agissants ; or il appartient à l'idée d'action qu'elle soit accessible à des *préceptes* qui, sous la forme du conseil, de la recommandation, de l'instruction, enseignent à réussir, donc a bien faire, ce qu'on a entrepris. Les préceptes ne sont certes pas tous d'ordre moral – loin de là : ce peuvent être des préceptes techniques, stratégiques, esthétiques, etc. ; du moins les règles morales s'inscrivent-elles dans le cercle plus vaste des préceptes, lesquels sont intimement liés aux pratiques qu'ils concourent à délimiter.

Ensuite, en plaçant la théorie narrative à la charnière de la théorie de l'action et de la théorie morale, nous avons fait de la narration une transition naturelle entre description et prescription ; c'est ainsi que, dans les dernières pages de l'étude précédente, la notion d'identité narrative a pu servir d'idée directrice pour une extension de la sphère pratique au-delà des actions simples décrites dans le cadre des théories analytiques de l'action ; or ce sont ces actions complexes qui sont refigurées par des fictions narratives riches en anticipations de caractère éthique ; raconter, a-t-on observé, c'est déployer un espace imaginaire pour des expériences de pensée où le jugement moral s'exerce sur un mode hypothétique.

Qu'en est-il maintenant de la distinction proposée entre éthique et morale ? Rien dans l'étymologie ou dans l'histoire de l'emploi des termes ne l'impose. L'un vient du grec, l'autre du latin ; et les deux renvoient à l'idée intuitive de *mœurs*, avec la double connotation que nous allons tenter de décomposer, de ce qui est *estimé bon* et de ce qui *s'impose* comme obligatoire. C'est donc par convention que je réserverai le terme d'éthique pour la *visée* d'une vie accomplie et celui de morale pour l'articulation de cette visée dans des *normes* caractérisées à la fois par la prétention à l'universalité et par un effet de contrainte (on dira le moment venu ce qui lie ces deux traits l'un à l'autre). On reconnaîtra aisément dans la distinction entre visée et norme l'opposition entre deux héritages, un héritage aristotélicien, où l'éthique est caractérisée par sa perspective *téléologique*, et un héritage kantien, où la morale est définie par le caractère d'obligation de la norme, donc par un point de vue *déontologique*. On se propose d'établir, sans souci d'orthodoxie aristotélicienne ou kantienne, mais non sans une grande attention aux textes fondateurs de ces deux traditions : *1)* la primauté de l'éthique sur la morale ; *2)* la nécessité pour la visée éthique de passer par le crible de la norme ; *3)* la légitimité d'un recours de la norme à la visée, lorsque la norme conduit à des impasses pratiques, qui rappelleront à ce nouveau stade de notre méditation les diverses situations aporétiques auxquelles a dû faire face notre méditation sur l'ipséité. Autrement dit, selon l'hypothèse de travail proposée, la morale ne constituerait qu'une effectuation limitée, quoique légitime et même indispensable, de la visée éthique, et l'éthique en ce sens envelopperait la morale. On ne verrait donc pas Kant se substituer à Aristote en dépit d'une tradition respectable. Il s'établirait plutôt entre les deux héritages un rapport à la fois de subordination et de complémentarité, que le recours final de la morale à l'éthique viendrait finalement renforcer.

En quoi cette articulation d'un genre très particulier entre visée téléologique et moment déontologique affecte-t-elle notre examen de l'ipséité ? L'articulation entre visée téléologique et moment déontologique, d'abord aperçue au niveau des prédicats appliqués à l'action – prédicat « bon », prédicat « obligatoire » – trouvera enfin sa réplique au plan de la désignation de soi : c'est à la visée éthique que correspondra ce que nous appellerons désormais estime de soi, et au moment déontologique le respect de soi. Selon la thèse proposée ici, il devrait apparaître : *1)* que l'estime de soi est plus fondamentale que le respect de soi ; *2)* que le respect de soi est l'aspect que revêt l'estime de soi sous le régime de la norme ; *3)* enfin, que les apories du devoir créent des situations où l'estime de soi n'apparaît pas seulement comme la source mais comme le recours du respect, lorsque aucune norme certaine n'offre plus de guide sûr pour l'exercice *hic et nunc* du respect. Ainsi, estime de soi, et respect de soi représenteront conjointement les stades les plus avancés de cette croissance qui est en même temps un dépli de l'ipséité.

Pour conclure cette brève introduction aux trois études qu'on va lire, disons d'un mot de quelle manière la distinction entre éthique et morale répond à l'objection humienne d'un fossé logique entre prescrire et décrire, entre devoir-être et être. On peut attendre de la conception téléologique par laquelle on caractérisera l'éthique qu'elle enchaîne de façon directe sur la théorie de l'action prolongée par celle de la narration. C'est en effet dans des évaluations où estimations immédiatement appliquées à l'action que s'exprime le point de vue téléologique. En revanche, les prédicats déontiques relevant d'une morale du devoir paraissent s'imposer du dehors – ou de haut – à l'agent de l'action, sous les espèces d'une contrainte que l'on dit précisément morale, ce qui donne du poids à la thèse de l'opposition irréductible entre devoir-être et être. Mais, si l'on arrive à montrer que le point de vue déontologique est subordonné à la perspective téléologique, alors l'écart entre devoir-être et être paraîtra moins infranchissable que dans une confrontation directe entre la description et la prescription ou, selon une terminologie proche, entre jugements de valeur et jugements de fait.

1. *Viser à la « vie bonne »...*

La présente étude se bornera à établir la primauté de l'éthique sur la morale, c'est-à-dire de la visée sur la norme. Ce sera la tâche de la suivante de donner à la norme morale sa juste place sans lui laisser le dernier mot.

Enquérir sur la visée éthique, abstraction faite du moment déontologique, est-ce renoncer à tout discours sensé et laisser le champ libre à l'effusion des « bons » sentiments ? Il n'en est rien. La définition qui suit suscite au contraire, par son caractère articulé, un travail de pensée qui occupera le reste de cette étude. Appelons « visée éthique » *la visée de la « vie bonne » avec et pour autrui dans des institutions justes.* Les trois moments forts de cette définition feront successivement l'objet d'une analyse distincte. Ce sont ces trois mêmes composantes qui, dans les deux études suivantes, formeront les points d'appui successifs de notre réflexion sur le rapport de la norme morale à la visée éthique.

L'avantage majeur d'une entrée dans la problématique éthique par la notion de « vie bonne » est de ne pas faire directement référence à l'ipséité sous la figure de l'estime de soi. Et, si l'estime de soi tire effectivement sa première signification du mouvement réflexif par lequel l'évaluation de certaines actions estimées bonnes se reporte sur l'auteur de ces actions, cette signification reste abstraite aussi longtemps que lui fait défaut la structure dialogique que la référence à autrui introduit. A son tour, cette structure dialogique reste incomplète hors de la référence à des institutions justes. En ce sens, l'estime de soi n'a son sens complet qu'au terme du parcours de sens que les trois composantes de la visée éthique jalonnent.

La première composante de la visée éthique est ce qu'Aristote appelle « vivre-bien », « vie bonne » : « vraie vie », pourrait-on dire dans le sillage de Proust. La « vie bonne » est ce qui doit être nommé en premier parce que c'est l'objet même de la visée éthique. Quelle que soit l'image que chacun se fait d'une vie accomplie, ce couronnement est la fin ultime de son action. C'est le moment de se souvenir de la distinction que fait Aristote entre le bien tel que l'homme le vise et le Bien platonicien. En éthique aristotélicienne, il ne peut être question que du bien pour nous. Cette relativité à nous n'empêche pas qu'il ne soit contenu dans aucun bien particulier. Il est plutôt ce qui manque à tous les biens. Toute l'éthique suppose cet usage non saturable du prédicat « bon ».

Le discours est-il une fois encore menacé par l'informe ? Non point. La première grande leçon que nous retiendrons d'Aristote est d'avoir cherché dans la *praxis* l'ancrage fondamental de la visée de la « vie bonne »[1]. La seconde est d'avoir tenté d'ériger la téléologie interne à la *praxis* en principe structurant de la visée de la « vie bonne ». A cet égard, il n'est pas certain qu'Aristote ait résolu le paradoxe apparent selon lequel la *praxis,* du moins la bonne *praxis,* serait à elle-même sa propre fin, tout en visant une fin ultérieure. Le paradoxe serait résolu si l'on trouvait un principe de hiérarchie tel que les finalités soient en quelque sorte incluses les unes dans les autres, le supérieur étant comme l'excès de l'inférieur. Or la suite des livres de l'*Éthique à Nicomaque* ne semble pas offrir une analyse cohérente de cette hiérarchie des actions et des fins correspondantes. Nombreux sont les commentateurs qui voient une discordance entre le livre III et le livre VI. Les uns la tiennent pour insurmontable, les autres non. La discordance consiste en ceci : au livre III, comme on l'a rappelé

---

1. Les premières lignes de l'*Éthique à Nicomaque I* nous mettent sur la voie : « Tout art [*tekhnè*] et toute investigation [*méthodos*] et pareillement toute action [*praxis*] et tout choix préférentiel [*prohairésis*] tendent vers quelque bien, à ce qu'il semble. Aussi a-t-on déclaré avec raison que le Bien est ce à quoi toute chose tend » (trad. Tricot modifiée, I, 1,1094 a 1-3). Laissons en suspens l'équation entre bien et bonheur. Attardons-nous à l'énumération aux contours indécis des activités ainsi téléologiquement orientées. *Tekhnè* est le premier terme nommé ; il est mis en couple avec *méthodos,* le pratique en général étant ainsi coordonné avec le théorétique en général ; puis *tekhnè* est simplement juxtaposé à *praxis* et à *prohairésis* sans qu'aucune hiérarchie soit proposée. En outre, *praxis* n'est pas encore opposé à *poièsis.* Ce n'est qu'au livre VI que la *praxis,* plus exactement la « science pratique », sera opposée à la « science poétique » : nous apprenons alors que la *praxis* est une activité qui ne produit aucune œuvre distincte de l'agent et qui n'a d'autre fin que l'action elle-même, l'« eupraxie », « la bonne pratique étant elle-même sa propre fin » (trad. Tricot, VI, 5, 1140 b 6), tandis que la *poièsis* (et la science poétique qui lui correspond) « a une fin autre qu'elle-même » *(ibid.).*

dans la quatrième étude, tout repose sur le lien entre choix préférentiel et délibération. Or le même livre propose un modèle de délibération qui semble exclure celle-ci de l'ordre des fins. Cette limitation de la délibération aux moyens est répétée trois fois : « nous délibérons non pas sur les fins elles-mêmes [remarquez le pluriel], mais sur les moyens d'atteindre les fins [*ta pros to télos*] » (III, 5, 1112 b 12). Certes, on comprend que soit éliminé du champ de la délibération tout ce qui échappe à notre pouvoir : d'un côté les entités éternelles, de l'autre tous les événements qui ne sauraient être produits par nous. Mais de là à réduire les choses qui dépendent de nous à des moyens, il y a un pas qui est franchi dans les exemples qui suivent : le médecin ne se demande pas s'il doit guérir, ni l'orateur s'il doit persuader, ni le politique s'il doit établir de bonnes lois. Une fois que chacun a posé une fin, il examine comment et par quel moyen il la réalisera, la délibération portant sur le choix du moyen le plus approprié. Restreignant encore la portée de la délibération, Aristote se hâte d'assimiler ce choix des moyens à la construction d'une figure par le géomètre, la figure à construire tenant lieu de fin pour les opérations intermédiaires.

Certes, on comprend la prédilection d'Aristote pour ce modèle : si la délibération doit porter sur les choses qui dépendent de nous, les moyens de nos fins sont bien ce qui est le plus en notre pouvoir ; la visée des fins doit alors être renvoyée du côté du souhait *(boulèsis)* qui porte volontiers sur des choses hors de notre pouvoir. En outre, et cet argument est peut-être le plus fort, « si on devait toujours délibérer, on irait à l'infini » (*Éth. Nic.* ; III, 5, 1113 a 2). Or, n'a-t-on pas dit qu'« il faut s'arrêter quelque part [*anankè stènai*] » et que le bonheur est en quelque sorte ce qui met un point d'arrêt à la fuite en avant du désir ? L'argument laisse néanmoins perplexe : Aristote aurait-il ignoré qu'un homme peut être placé dans la situation de choisir entre devenir médecin plutôt qu'orateur ou homme politique ? Le choix entre plusieurs cours d'action n'est-il pas un choix sur les fins, c'est-à-dire sur leur conformité plus ou moins étroite ou lointaine à un idéal de vie, c'est-à-dire à ce qui est tenu par chacun pour sa visée du bonheur, sa conception de la « vie bonne » ? Cette perplexité, qui alimentera plus loin notre réflexion, contraint d'avouer que le modèle moyen-fin ne recouvre pas tout le champ de l'action, mais seulement la *tekhné*, en tant qu'elle se soustrait à une réflexion fondamentale que précisément la *phronèsis* du livre VI apportera. Pire, le modèle moyen-fin semble bien conduire sur une fausse route, dans la mesure où il invite à construire tous les rapports entre fins subordonnées et fin ultime sur une relation qui reste fondamentalement instrumentale[1].

Le livre VI, qui, faut-il le rappeler, porte sur les vertus dianoétiques et non plus sur les vertus du caractère traitées aux livres II-V (courage, modération, libéralité, justice) offre, en revanche, un modèle de délibération plus complexe. La délibération est ici le chemin que suit la *phronèsis,* la sagesse pratique (mot que les Latins ont traduit par *prudentia*[2]), et, plus précisément, le chemin que suit l'homme de la *phronèsis* – le *phronimos* – pour diriger sa vie[3]. La question ici posée semble bien être celle-ci : qu'est-ce qui

---

1. Certains commentateurs se sont efforcés d'atténuer la difficulté en remettant en question la traduction classique du grec *pros to télos* par « moyen » ; or l'expression grecque, qu'il faudrait selon eux traduire par « les choses relatives à la fin », laisserait ouverte une pluralité d'interprétations. Selon D. Wiggins (« Deliberation and practical reason », *in* A. O. Rorty (éd.), *Essays on Aristotle's ethics,* University of California Press, 1980, p. 222-225) sont relatifs à la fin, non seulement les instruments de l'action, mais les éléments constitutifs de la fin elle-même. Le tort des exemples choisis par Aristote est de limiter le *pros to télos* à un cas typique, celui où la fin est déjà fixée, le singulier étant pris au sens distributif, la fin du médecin, celle de l'orateur, celle de l'homme politique. En somme, le médecin est déjà médecin et ne se demande pas tous les jours s'il a eu raison de choisir de le devenir ou de le rester, ce qui serait délibérer sur la fin et, craint Aristote, délibérer sans fin. Un médecin, un architecte, un homme politique, transformés en Hamlet, ne seraient plus aux yeux d'Aristote un bon médecin, un bon architecte, un bon politicien. Il reste que ces cas typiques ne sauraient épuiser le sens du *pros to télos* et laissent la porte ouverte à la sorte de délibération dont l'enjeu serait celui-ci : qu'est-ce qui va compter pour moi comme une description adéquate de la fin de ma vie ? Si telle est bien la question ultime, la délibération prend un tout autre cours qu'un choix entre des moyens ; elle consiste plutôt à spécifier, à rendre plus déterminée pratiquement, à faire cristalliser cette nébuleuse de sens que nous appelons « vie bonne ».
2. Pierre Aubenque, *La Prudence chez Aristote,* Paris, PUF, 1963.
3. Lisons VI, 5, 1140 a 24-28 : « Une façon dont nous pourrions appréhender la nature de la sagesse pratique [Tricot : la prudence], c'est de considérer quelles sont les personnes que nous appelons sages [prudents]. De l'avis général, le propre d'un homme sage, c'est d'être capable de délibérer correctement sur ce qui est bon et avantageux pour lui-même, non pas sur un point partiel (comme par exemple quelles sortes de choses sont favorables à la santé ou à la vigueur du corps), mais d'une façon générale, quelles sortes de choses par exemple conduisent à la vie heureuse. Une preuve, c'est que nous appelons aussi sages ceux qui le sont dans un domaine déterminé, quand ils calculent avec justesse en vue d'atteindre une fin particulière digne de prix, dans des questions où il n'est pas question d'art [*tekhné*] ; il en résulte que, en un sens général aussi, sera un homme sage celui qui est capable de délibération » (trad. Tricot modifiée). Lisons encore VI, 5, 1141 b 8-16 : « Or la sagesse pratique [prudence] a un rapport aux choses humaines et aux choses qui admettent la délibération : car le sage, disons-nous, a pour œuvre principale de bien délibérer ; mais on ne délibère jamais sur les choses qui ne peuvent

compte comme la spécification la plus appropriée aux fins
ultimes poursuivies ? A cet égard, l'enseignement le plus fort du
livre VI concerne le lien étroit établi par Aristote entre la *phronè-*
sis et le *phronimos,* lien qui ne prend sens que si l'homme de jugement sage détermine en même temps la règle et le cas, en saisis-
sant la situation dans sa pleine singularité. C'est à cet usage de la
phronèsis que nous reviendrons dans la neuvième étude, lorsque
nous suivrons le mouvement de retour de la norme morale à la
visée éthique dans des situations singulières inédites[1].

C'est accompagnés par ces esquisses de solutions et par ces perplexités que nous allons chercher dans la révision du concept
d'action proposée dans l'étude précédente le moyen, sinon de
résoudre les difficultés du texte d'Aristote – en un sens archéo-
logique et philologique –, du moins de leur répondre avec les ressources de la pensée contemporaine.

On se rappelle de quelle manière, sous la pression de la théorie
narrative, nous avons été conduits non seulement à élargir mais à
hiérarchiser le concept de l'action de manière à le porter au
niveau de celui de *praxis :* ainsi avons-nous placé, à des hauteurs
différentes sur l'échelle de la *praxis,* pratiques et plans de vie, rassemblés par l'anticipation de l'unité narrative de la vie. Nous
avons alors fait porter l'accent sur le principe unificateur propre à
chacune de ces entités pratiques. C'est la même hiérarchie de la
praxis que nous allons parcourir à nouveau, cette fois du point de
vue de son intégration éthique sous l'idée de la « vie bonne ».

Le principe unificateur d'une *pratique* – métier, jeu, art – ne
réside pas seulement dans des relations logiques de coordination,
voire de subordination ou d'enchâssement[2], ni même dans le rôle

---

être autrement qu'elles ne sont, ni sur celles qui ne comportent pas quelque fin à
atteindre, fin qui consiste en un bien réalisable. Le bon délibérateur au sens
absolu est l'homme qui s'efforce d'atteindre le meilleur des biens réalisables pour
l'homme, et qui le fait par raisonnement » (trad. Tricot modifiée).
1. Évoquons dès maintenant VI, 9, 1142 a 22-31 : Aristote n'hésite pas à rapprocher la singularité du choix selon la *phronèsis* de ce qu'est la perception *(aisthè-*
sis) dans la dimension théorétique. L'argument qui est ainsi joint ne manquera
pas d'étonner : « car dans cette direction aussi on devra s'arrêter » *(ibid).* La
sagesse pratique paraît ainsi avoir deux limites : une limite supérieure, le bonheur,
et une limite inférieure, la décision singulière.
2. Ce lien entre coordination et subordination dans la connexion logique d'une
pratique autorise une réinterprétation prudente du rapport entre *poièsis* et *praxis*
chez Aristote. Du point de vue de la coordination linéaire, le lien ressemble plus à
la *poièsis* d'Aristote, dans lequel l'action a son résultat à l'extérieur de l'agent, en
ce sens que le résultat est extérieur au segment considéré auquel l'agent confie son
pouvoir-faire ; du point de vue de la subordination, le lien ressemble plus à la
praxis, en ce sens que labourer est fait *pros to télos,* en vue de la fin, tandis
qu'exercer le métier d'agriculteur est une action faite « pour elle-même », aussi

des règles constitutives, au sens de la théorie des jeux et de la théorie des actes de discours, dont la neutralité éthique doit être rappelée. C'est toutefois la dimension significative apportée par la notion de règle constitutive qui ouvre l'espace de sens dans lequel peuvent se déployer des appréciations de caractère évaluatif (et ultérieurement normatif) attachées aux préceptes du bien faire. La qualification proprement éthique de ces préceptes est assurée par ce que MacIntyre appelle « étalons d'excellence » *(standards of excellence)*, lesquels permettent de qualifier bons un médecin, un architecte, un peintre, un joueur d'échecs[1]. Ces étalons d'excellence sont des règles de comparaison appliquées à des aboutissements différents, en fonction d'idéaux de perfection communs à une certaine collectivité d'exécutants et intériorisés par les maîtres et les virtuoses de la pratique considérée. On voit combien est précieux ce recours aux étalons d'excellence de la pratique pour réfuter ultérieurement toute interprétation solipsiste de l'estime de soi, sur le trajet de laquelle nous plaçons les pratiques. Les pratiques, avons-nous observé à la suite de MacIntyre, sont des activités coopératives dont les règles constitutives sont établies socialement ; les étalons d'excellence qui leur correspondent au niveau de telle ou telle pratique viennent de plus loin que l'exécutant solitaire. Ce caractère coopératif et traditionnel des pratiques n'exclut pas, mais bien plutôt suscite la controverse, principalement quant à la définition des étalons d'excellence qui ont eux aussi leur propre histoire. Il reste vrai, néanmoins, que la compétition entre exécutants et la controverse concernant les étalons d'excellence n'auraient pas lieu s'il n'existait pas dans la culture commune aux praticiens un accord assez durable sur les critères qui définissent les niveaux de succès et les degrés d'excellence.

De quelle manière ces étalons d'excellence se rapportent-ils à la visée éthique du bien-vivre ? D'une double manière. D'une part, avant de qualifier comme bon l'exécutant d'une pratique, les étalons d'excellence permettent de donner sens à l'idée de *biens immanents* à la pratique. Ces biens immanents constituent la téléologie interne à l'action, comme l'expriment au plan phéno-

---

longtemps toutefois que l'agriculteur ne met pas en question le choix de son métier. Si notre analyse est correcte, aucune action n'est seulement *poièsis* ou seulement *praxis*. Elle doit être *poièsis* en vue d'être *praxis*. Cette remarque ôte beaucoup de son intérêt à la distinction, au reste peu stable chez Aristote, entre *poièsis* et *praxis* : l'épopée qui raconte l'action des héros et la tragédie qui la met en scène ne sont-elles pas des formes de *poièsis* ?

1. A. MacIntyre, *After Virtue, op. cit.*

ménologique les notions d'intérêt et de satisfaction qu'il ne faut pas confondre avec celles de plaisir. Ce concept de bien immanent, cher à MacIntyre, donne ainsi un premier point d'appui au moment réflexif de l'estime de soi, dans la mesure où c'est en appréciant nos actions que nous nous apprécions nous-mêmes comme en étant l'auteur. D'autre part, le concept de biens immanents doit être tenu en réserve en vue d'une reprise ultérieure à l'intérieur de la conception proprement normative de la morale, lorsqu'il s'agira de donner un contenu à la forme vide de l'impératif catégorique. En ce sens, l'idée de biens immanents occupe dans notre entreprise une double position stratégique.

C'est à cette notion de biens immanents à la pratique que l'intégration des actions partielles dans l'unité plus vaste des *plans de vie* donne une extension parallèle. On se rappelle de quelle manière la théorie narrative a suscité la prise en compte de ce degré plus élevé d'intégration des actions dans des projets globaux, incluant par exemple vie professionnelle, vie de famille, vie de loisir, vie associative et politique. Un second regard jeté sur cette notion permet de revenir sur une des difficultés rencontrées dans l'*Éthique à Nicomaque* concernant la validité du rapport moyen-fin. Selon ce modèle, le médecin est déjà médecin, il ne se demande pas s'il souhaite le rester ; ses choix sont de nature purement instrumentale : soigner ou opérer, purger ou tailler. Mais qu'en est-il du choix de la vocation médicale ? Ici le modèle moyen-fin ne suffit plus. Il s'agit plutôt de spécifier les vagues idéaux concernant ce qui est tenu pour « vie bonne » au regard de l'homme tout entier, en usant de cette *phronèsis* dont nous avons montré plus haut qu'elle échappe au modèle moyen-fin. Les configurations d'action que nous appelons plans de vie procèdent alors d'un mouvement de va-et-vient entre des idéaux lointains, qu'il faut maintenant spécifier, et la pesée des avantages et des inconvénients du choix d'un tel plan de vie au niveau de la pratique. C'est en ce sens que Gadamer interprète la *phronèsis* aristotélicienne [1].

Une remarque encore concernant l'expression « plan de vie ». L'apparition du mot « vie » mérite réflexion. Il n'est pas pris en un sens purement biologique, mais au sens éthico-culturel, bien connu des Grecs, lorsqu'ils comparaient les mérites respectifs des *bioi* offerts au choix le plus radical : vie de plaisir, vie active au sens politique, vie contemplative. Le mot « vie » désigne

---

1. *Vérité et Méthode*, Paris, Éd. du Seuil, 1973, deuxième partie, chap. II, 2 : « La pertinence herméneutique d'Aristote ».

l'homme tout entier par opposition avec les pratiques fragmentées. Ainsi Aristote – encore lui ! – demandait-il s'il y a un *ergon* – une fonction, une tâche pour l'homme en tant que tel, comme il y a une tâche pour le musicien, pour le médecin, pour l'architecte... Pris comme terme singulier, le mot « vie » reçoit la dimension appréciative, évaluative, de l'*ergon* qui qualifie l'homme en tant que tel. Cet *ergon* est à la vie, prise dans son ensemble, ce qu'est l'étalon d'excellence à une pratique particulière.

C'est ce lien entre l'*ergon* de l'homme – ce que nous appelons « plan de vie » – et les étalons d'excellence spécifiés par chaque pratique qui permet de répondre à la difficulté de l'*Éthique à Nicomaque* évoquée plus haut : comment, demandions-nous, peut-on soutenir à la fois que chaque *praxis* a une « fin en elle-même » et que toute action tend vers une « fin ultime » ? C'est dans le rapport entre pratique et plan de vie que réside le secret de l'emboîtement des finalités ; une fois choisie, une vocation confère aux gestes qui la mettent en œuvre ce caractère de « fin en elle-même » ; mais nous ne cessons de rectifier nos choix initiaux ; parfois nous les renversons entièrement, lorsque la confrontation se déplace du plan de l'exécution des pratiques déjà choisies à la question de l'adéquation entre le choix d'une pratique et nos idéaux de vie, aussi vagues soient-ils et pourtant plus impérieux parfois que la règle du jeu d'un métier que nous avons tenue jusque-là pour invariable. Ici la *phronèsis* suscite une délibération fort complexe, où le *phronimos* n'est pas moins impliqué qu'elle.

Je ne reviendrai pas ici sur la place assignée par MacIntyre à l'« unité narrative d'une vie » entre les pratiques et plans de vie et ce qu'Aristote désigne du terme de bien-vivre. Le terme de vie qui figure trois fois dans les expressions « plan de vie », « unité narrative d'une vie », « vie bonne », désigne à la fois l'enracinement biologique de la vie et l'unité de l'homme tout entier, en tant qu'il jette sur lui-même le regard de l'appréciation. C'est dans la même perspective que Socrate a pu dire qu'une vie non examinée n'est pas digne de ce nom. Quant au terme « unité narrative », c'est moins la fonction de rassemblement, exercée par le récit au sommet de l'échelle de la *praxis*, que nous soulignons ici, que la jonction que le récit opère entre les estimations appliquées aux actions et l'évaluation des personnages eux-mêmes. L'idée d'unité narrative d'une vie nous assure ainsi que le sujet de l'éthique n'est pas autre que celui à qui le récit assigne une identité narrative. En outre, tandis que la notion de plan de vie met l'accent sur le côté volontaire, voire volontariste, de ce que Sartre appelait projet existentiel, la notion d'unité narrative met l'accent sur la composition entre intentions, causes et hasards, que l'on retrouve en tout récit. L'homme y apparaît d'emblée comme souffrant autant qu'agissant et soumis à ces aléas de la vie qui font parler l'excellente helléniste et philosophe Martha Nussbaum de la *fragility of goodness,* qu'il faudrait traduire par la fragilité de la qualité bonne de l'agir humain.

La série d'intermédiaires que nous venons de parcourir trouve, sinon un achèvement, du moins un horizon, ou si l'on préfère une idée limite, dans la notion plusieurs fois évoquée de « vie bonne ». Mais il ne faut pas se méprendre sur le contenu et le statut de cette notion dans la théorie de la *praxis.*

Concernant le contenu, la « vie bonne » est, pour chacun, la nébuleuse d'idéaux et de rêves d'accomplissement au regard de laquelle une vie est tenue pour plus ou moins accomplie ou inaccomplie. C'est le plan du temps perdu et du temps retrouvé. En ce sens, c'est le « ce en vue de quoi » tendent ces actions dont nous avons dit pourtant qu'elles ont leur fin en elles-mêmes. Mais cette finalité dans la finalité ne ruine pas la suffisance à soi des pratiques, aussi longtemps que leur fin est déjà posée et reste posée ; cette ouverture, qui fracture des pratiques qu'on aurait dites closes sur elles-mêmes, lorsque le doute nous saisit concernant l'orientation de notre vie, maintient une tension, le plus souvent discrète et tacite, entre le clos et l'ouvert dans la structure globale de la *praxis.* Ce qui est ici à penser, c'est l'idée d'une finalité supérieure qui ne cesserait pas d'être intérieure à l'agir humain.

Quant au statut épistémique de cet horizon ou de cette idée limite, il met en jeu de façon décisive le lien évoqué plus haut entre la *phronèsis* et le *phronimos.* Dans un langage plus moderne, nous dirions que c'est dans un travail incessant d'interprétation de l'action et de soi-même que se poursuit la recherche d'adéquation entre ce qui nous paraît le meilleur pour l'ensemble de notre vie et les choix préférentiels qui gouvernent nos pratiques. Il y a plusieurs façons d'introduire à ce stade final le point de vue herméneutique. D'abord, entre notre visée de la « vie bonne » et nos choix particuliers, se dessine une sorte de cercle herméneutique en vertu du jeu de va-et-vient entre l'idée de « vie bonne » et les décisions les plus marquantes de notre existence (carrière, amours, loisirs, etc.). Il en est ainsi comme d'un *texte* dans lequel le tout et la partie se comprennent l'un par l'autre. Ensuite, l'idée d'interprétation ajoute, à la simple idée de signification, celle de signification pour quelqu'un. Interpréter le texte de l'action, c'est pour l'agent s'interpréter lui-même. Je rejoins ici un thème important de Ch. Taylor dans ses *Philosophical Papers* : l'homme, dit-il, est un *self-interpreting animal*[1]. Du même coup, notre concept du soi sort grandement enrichi de ce rapport entre interprétation du texte de l'action et auto-interprétation. Au plan éthique, l'interprétation de soi devient estime de soi. En retour, l'estime de soi suit le destin de l'interprétation. Comme celle-ci, elle donne lieu à la controverse, à la contestation, à la rivalité, bref au conflit des interprétations, dans l'exercice du jugement pratique. Cela signifie que la recherche d'adéquation entre nos idéaux de vie et nos décisions, elles-mêmes vitales, n'est pas susceptible de la sorte de vérification que l'on peut attendre des sciences fondées sur l'observation. L'adéquation de l'interprétation relève d'un exercice du jugement qui peut au mieux se prévaloir, au moins aux yeux des autres, de la plausibilité, même si, aux yeux de l'agent, sa propre conviction confine à la sorte d'évidence expérientielle qui, au terme du livre VI de l'*Éthique à Nicomaque,* faisait comparer la *phronèsis* à l'*aisthèsis*. Cette évidence expériencielle est la nouvelle figure que revêt l'*attestation,* quand la certitude d'être l'auteur de son propre discours et de ses propres actes se fait conviction de bien juger et de bien agir, dans une approximation momentanée et provisoire du bien-vivre.

2. ... avec et pour l'autre...

C'est d'une seule traite, sans solution apparente de continuité, qu'a été prononcée au début de cette étude la définition de la perspective éthique : *viser à la vraie vie avec et pour l'autre dans des institutions justes.* Au second stade de notre méditation, la question posée est celle-ci : comment la seconde composante de la visée éthique, que nous désignons du beau nom de *sollicitude,* enchaîne-t-elle avec la première ? La question prend un tour paradoxal qui suscite la discussion, dès lors que l'on caractérise par l'estime de soi l'aspect réflexif de cette visée. La réflexivité sem-

1. Ch. Taylor, *Philosophical Papers,* 2 vol., Cambridge University Press, 1985, t. I, *Human Agency and Language,* chap. II, p. 45.

ble en effet porter en elle la menace d'un repli sur soi, d'une fermeture, au rebours de l'ouverture sur le grand large, sur l'*horizon* de la « vie bonne ». En dépit de ce péril certain, ma thèse est que la sollicitude ne s'ajoute pas du dehors à l'estime de soi, mais qu'elle en déplie la dimension dialogale jusqu'ici passée sous silence. Par dépli, comme il a été déjà dit dans un autre contexte, j'entends, certes, une rupture dans la vie et dans le discours, mais une rupture qui crée les conditions d'une continuité de second degré, telle que l'estime de soi et la sollicitude ne puissent se vivre et se penser l'une sans l'autre.

Que la solution ici esquissée du paradoxe ne soit *pas impensable,* c'est tout ce que l'on peut affirmer au terme de la précédente analyse.

Observons d'abord que ce n'est pas un hasard s'il a été constamment parlé d'estime de soi et non d'estime de moi. *Dire soi n'est pas dire moi.* Certes, la mienneté est impliquée d'une certaine façon dans l'ipséité, mais le passage de l'ipséité à la mienneté est marqué par la clause « à chaque fois » (allemand : *je*), que Heidegger prend soin de joindre à la position de mienneté. Le soi, dit-il, est chaque fois mien [1]. Or, sur quoi se fonde ce « à chaque fois », sinon sur la référence non dite à l'autre ? Sur la base de ce « à chaque fois », la mienne possession de mes expériences est en quelque sorte distribuée sur toutes les personnes grammaticales. Mais à quelle condition cet autre sera-t-il, non une réduplication du moi, un autre moi, un *alter ego,* mais véritablement un autre que moi ? A cet égard, la réflexivité d'où procède l'estime de soi reste abstraite, en ce sens qu'elle ignore la différence entre moi et toi.

Autre observation préliminaire : si l'on demande à quel titre le soi est déclaré digne d'estime, il faut répondre que ce n'est pas principalement au titre de ses accomplissements, mais fondamentalement à celui de ses capacités. Pour bien entendre ce terme de *capacité,* il faut revenir au « je peux » de Merleau-Ponty et l'étendre du plan physique au plan éthique. Je suis cet être qui peut évaluer ses actions et, en estimant bons les buts de certaines d'entre elles, est capable de s'évaluer lui-même, de s'estimer bon. Le discours du « je peux » est certes un discours en *je*. Mais l'accent principal est à mettre sur le verbe, sur le pouvoir-faire, auquel correspond au plan éthique le pouvoir-juger. La question est alors de savoir si la médiation de l'autre n'est pas requise sur le trajet de la capacité à l'effectuation.

1. Heidegger, *Être et Temps,* § 25.

La question n'est aucunement rhétorique. Sur elle, comme l'a soutenu Charles Taylor, se joue le sort de la théorie politique. Ainsi maintes philosophies du droit naturel présupposent un sujet complet déjà bardé de droits avant l'entrée en société. Il en résulte que la participation de ce sujet à la vie commune est par principe contingente et révocable, et que l'individu – puisqu'il faut appeler ainsi la personne dans cette hypothèse – est fondé à attendre de l'État la protection de droits constitués en dehors de lui, sans que pèse sur lui l'obligation intrinsèque de participer aux charges liées au perfectionnement du lien social. Cette hypothèse d'un sujet de droit, constitué antérieurement à tout lien sociétal, ne peut être réfutée que si on en tranche la racine. Or, la racine, c'est la méconnaissance du rôle *médiateur* de l'autre entre capacité et effectuation.

C'est très exactement ce rôle médiateur qui est célébré par Aristote dans son traité de l'*amitié (philia – Éth. Nic.,* VIII-IX)[1]. Il ne me déplaît pas de faire route un moment avec Aristote dans une étude dont le ton est de bout en bout aristotélicien. Mais les raisons de ce choix sont plus topiques. D'abord, chez Aristote lui-même, l'amitié fait transition entre la visée de la « vie bonne », que nous avons vue se réfléchir dans l'estime de soi, vertu solitaire en apparence, et la justice, vertu d'une pluralité humaine de caractère politique. Ensuite, l'amitié ne ressortit pas à titre premier à une psychologie des sentiments d'affection et d'attachement pour les autres (ce que le traité aristotélicien est aussi à bien des égards), mais bien à une éthique : l'amitié est une vertu – une excellence –, à l'œuvre dans des délibérations choisies et capable de s'élever au rang d'*habitus,* sans cesser de requérir un exercice effectif, sans quoi elle cesserait d'être une activité. Enfin, et surtout, le traité, qui semble longtemps faire la part belle à ce qui paraît bien être une forme raffinée d'égoïsme, sous le titre de *philautia,* finit par déboucher, de façon presque inattendue, sur l'idée que « l'homme heureux a besoin d'amis » (*ibid.,* IX, 9). L'altérité retrouve ainsi les droits que la *philautia* paraissait devoir occulter. Or, c'est en liaison avec les notions de capacité et d'effectuation, c'est-à-dire finalement de *puissance* et d'*acte*[2], que

1. Sur la place de la philosophie aristotélicienne de l'amitié dans la philosophie antique, cf. J.-C. Fraisse, *Philia. La notion d'amitié dans la philosophie antique,* Paris, Vrin, 1984, p. 189-286.
2. On verra en IX, 9, l'analyse de l'amitié côtoyer le difficile problème de la puissance et de l'acte, de l'activité *(énergéia)* et de l'acte au sens fort *(entéléchéia),* que nous prendrons le risque d'affronter directement dans la dixième étude, deuxième section.

place est faite au *manque,* et par la médiation du manque à *l'autre.* La fameuse aporie, consistant à savoir s'il faut s'aimer soi-même pour aimer un autre que soi, ne doit donc pas nous aveugler. C'est elle en fait qui conduit directement au cœur de la problématique du soi et de l'autre que soi[1]. Nous n'attaquerons toutefois pas directement cette question disputée, suscitée tant par les dictons populaires et les souvenirs littéraires (Homère, Thucydide, les Tragiques...) que par les querelles d'école, ouvertes dès le *Lysis* de Platon et envenimées par les successeurs de ce dernier à la direction de l'Académie. Deux thèses doivent au préalable être mises en place.

Il faut d'abord prendre un solide appui sur la définition par laquelle Aristote entend se distinguer, au plan éthique précisément, de ses prédécesseurs et concurrents : l'amitié, déclare Aristote d'entrée de jeu, n'est pas d'une seule espèce ; c'est une notion essentiellement *équivoque,* que l'on ne peut tirer au clair qu'en interrogeant la sorte de choses qui lui donnent naissance, son « objet », en ce sens, les *philèta.* Ainsi faut-il distinguer trois sortes d'amitiés : selon le « bon », selon l'« utile », selon l'« agréable ». On ne saurait trop souligner, dans la perspective de la fameuse aporie de l'« égoïsme », cette distinction entre trois objets-motifs. Le côté « objectif » de l'amour de soi fera précisément que la *philautia* – qui fait de chacun l'ami de soi-même – ne sera jamais prédilection non médiatisée de soi-même, mais désir orienté par la référence au *bon.*

Seconde thèse préalable : quoi qu'il en soit de la place de la *philautia* dans la genèse de l'amitié, celle-ci se donne d'emblée comme une relation *mutuelle.* La réciprocité appartient à sa définition la plus élémentaire et enveloppe dès lors la question disputée du primat de la *philautia.* Celui-ci ne sera jamais qu'un aspect relevant de la genèse de sens plutôt que de la chronologie des sentiments de mutualité. Cette réciprocité, on le verra, va jusqu'à la mise en commun d'un « vivre-ensemble » *(suzèn)* – bref, jusqu'à l'intimité.

Ce second trait importe autant que le premier à notre propre investigation ; non seulement l'amitié relève effectivement de l'éthique, comme étant le premier dépli du souhait de vivre bien ; mais, surtout, elle porte au premier plan la problématique de la

---

1. Nous serons particulièrement attentifs à cet égard au jeu subtil, et parfaitement contrôlé, entre le pronom *autos* (lui), et sa forme réfléchie *héauton, héautou, héautô* (soi-même, de soi-même, à soi-même), toujours déclinée à l'accusatif et aux cas indirects.

réciprocité, nous autorisant ainsi à réserver pour une dialectique de second degré, héritée de la dialectique platonicienne des « grands genres » – le Même et l'Autre –, la question de l'altérité en tant que telle[1]. L'idée de mutualité a en effet des exigences propres que n'éclipseront ni une genèse à partir du Même, comme chez Husserl, ni une genèse à partir de l'Autre, comme chez Lévinas. Selon l'idée de mutualité, chacun aime l'autre *en tant que ce qu'il est* (VIII, 3, 1156 a 17). Ce n'est précisément pas le cas dans l'amitié utilitaire, où l'un aime l'autre en raison de l'avantage attendu, moins encore dans l'amitié plaisante. On voit ainsi s'imposer, dès le plan éthique, la réciprocité, qui, au plan moral, à l'heure de la violence, sera requise par la Règle d'Or et l'impératif catégorique du respect[2]. Ce « en tant que » (en tant que ce que l'autre est) prévient toute dérive égologique ultérieure : il est constitutif de la mutualité. Celle-ci, en retour, ne se laisse pas penser sans le rapport au bon, dans le soi, dans l'ami, dans l'amitié, si bien que la réflexivité du soi-même n'est pas abolie, mais comme dédoublée, par la mutualité, sous le contrôle du prédicat « bon », appliqué aussi bien aux agents qu'aux actions[3].

Ajoutons que par la mutualité l'amitié jouxte la justice ; le vieil adage « amitié-égalité » désigne exactement la zone d'intersection : chacun des deux amis rendant à l'autre l'égal de ce qu'il reçoit. L'amitié n'est toutefois pas la justice, dans la mesure où celle-ci régit les institutions, et celle-là les rapports interpersonnels. C'est pour cette raison que la justice enveloppe de

1. La définition provisoire qu'on lit en VIII, 2, 1156 a 2-5 marque bien la combinaison des deux traits de l'amitié au plan éthique : primat de l'amitié vertueuse sur l'amitié utilitaire et agréable, mutualité des sentiments de bienveillance (à quoi Aristote ajoute la non-ignorance, que nous retrouverons plus loin en rapport avec le concept technique de conscience) : « Il faut donc qu'il y ait bienveillance mutuelle, chacun souhaitant le bien de l'autre ; que cette bienveillance ne reste pas ignorée des intéressés ; et qu'elle ait pour cause l'un des objets dont nous avons parlé » (trad. Tricot, p. 387).

2. Il est remarquable à cet égard que le premier usage du pronom réfléchi soit lié à la mutualité médiatisée par le bon : « Ainsi donc, ceux dont l'amitié réciproque a pour source l'utilité ne s'aiment pas l'un l'autre pour eux-mêmes [*kath'hautous*], mais en tant qu'il y a quelque bien qu'ils retirent l'un de l'autre [*autois par'allèllôn*] » (VIII, 3, 1156 a 10-12). Ce jeu entre le terme non réfléchi *(autos)* et les formes réfléchies *(héauton...)* court à travers les livres VIII et IX.

3. « Mais la parfaite amitié est celle des hommes vertueux et qui sont semblables en vertus : car ces amis-là se souhaitent pareillement du bien les uns aux autres en tant qu'ils sont bons, et ils sont bons par eux-mêmes [*kath'hautous*] » (VIII, 4, 115 6 b 7-9) ; et un peu plus loin : « Et en aimant leur ami ils aiment ce qui est bon pour eux-mêmes [*hautois*], puisque l'homme bon, en devenant un ami, devient un bien pour celui qui est son ami » (VIII, 7, 1157 b 31-32).

nombreux citoyens, alors que l'amitié ne tolère qu'un très petit nombre de partenaires ; en outre, dans la justice l'égalité est pour l'essentiel égalité proportionnelle, compte tenu de l'inégalité des contributions, alors que l'amitié ne règne qu'entre des gens de bien de rang égal ; en ce sens, l'égalité est présupposée par l'amitié alors que, dans les cités, elle demeure une cible à atteindre. C'est pourquoi seule l'amitié peut viser à l'intimité – à la *sunèthéia* – (VIII, 7, 1158 a 15) d'une vie partagée *(suzèn)*.

On voit ainsi se préparer de longue main la réponse nuancée à la question disputée de savoir s'il faut être l'ami de soi-même pour être l'ami de l'autre. Le traitement de cette difficulté héritée de la tradition est entièrement subordonné à la référence au bon dans les souhaits que les amis formulent l'un à l'égard de l'autre. Car, le soi-même que l'on aime, c'est le meilleur de soi, appelé plusieurs fois pensée ou intellect *(noûs)*, ou même âme, à savoir ce qui en soi-même est le plus durable, le plus stable, le moins vulnérable au changement des humeurs et des désirs, ainsi qu'aux accidents de la fortune. Bien avant d'en venir (en IX, 4 et 8) à la fameuse question disputée, Aristote déclare que le plus grand bien que l'ami désire à son ami, c'est qu'il demeure ce qu'il est, et non par exemple un dieu ; à quoi il ajoute : « peut-être même ne lui souhaitera-t-il pas tous les plus grands biens, car c'est surtout pour soi-même [*hautô*] que tout homme souhaite les choses qui sont bonnes » (VIII, 9, 1159 a 11-12). L'amour de l'homme bon pour lui-même contredit d'autant moins le désintéressement prôné par Platon dans le *Lysis* que ce qu'on aime en soi-même n'est pas la partie désirante qui motive l'amitié utilitaire ou agréable, mais la meilleure part de soi-même [1].

Cette solidité de l'être raisonnable, qui met le soi à l'abri même du regret, de la pénitence, peut nous paraître bien éloignée de la fragilité et de la vulnérabilité que notre réflexion sur l'identité personnelle a soulignées. Nous verrons tout à l'heure la limite de cette prétention, quand nous évoquerons le besoin, donc le manque, qui portent le soi vers l'autre. C'est du moins à cette stabilité de la meilleure part de soi-même que nous devons la belle formule selon laquelle l'ami est « un autre soi » *(allos autos)* (IX,

1. Je laisse de côté la casuistique de l'amitié qui traverse sans interruption les deux traités que l'*Éthique à Nicomaque* consacre à l'amitié. Le philosophe joue constamment sur les limites, qu'il s'agisse d'amitié entre égaux ou entre inégaux ou qu'il s'agisse de situations à la frontière du désintéressement, de l'intérêt et du plaisir. M'intéresse seule la dialectique de soi-même et de l'autre dans le maniement des *concepts* qui structurent l'amitié entre gens de bien.

4, 1166 a 32) [1]. Cela devient dès lors une simple question d'école, qu'Aristote joint à d'autres questions disputées, de savoir s'il faut s'aimer soi-même plutôt que l'autre. Son verdict est clair : les adversaires de la *philautia* ont raison, si celle-ci relève de l'espèce utilitaire ou plaisante de l'amitié ; mais ils ont tort, s'ils feignent d'ignorer que, ce qui est aimable en chacun, c'est le meilleur du soi, la partie pensante, l'intellect. Ce qu'Aristote suggère ici, mais ne semble pas mettre en question, c'est que la réflexivité adhère au raisonnable, s'il est vrai que « toujours l'intellect choisit ce qu'il y a de plus excellent pour lui-même [*héautô*] » (IX, 8 1169 a 18) ; l'argument demande seulement que cette réflexivité soit partagée à titre égal entre soi-même et l'autre. De cette façon, elle n'empêche pas que l'amitié soit désintéressée et ce, jusqu'au sacrifice (IX, 8), car le désintéressement est déjà enraciné dans le rapport de soi à soi, en vertu du lien originaire entre intellect, excellence et réflexivité. On peut seulement se plaindre de ce qu'Aristote ait laissé en suspens la question de savoir s'il peut y avoir amitié entre soi et soi-même ; cette question, dit Aristote, « nous pouvons la laisser de côté pour le moment » (IX, 4, 1166 a 32). La véritable réponse est à chercher au détour de l'examen d'une question plus fondamentale que toutes les précédentes, à savoir « si l'homme heureux aura ou non *besoin* d'amis » (IX, 9).

La question ici posée est si peu secondaire que c'est à la résoudre qu'Aristote déploie la plus impressionnante batterie d'arguments de tout le traité double sur l'amitié [2]. Avec le besoin et le manque, c'est l'altérité de l'« autre soi » *(hétéros autos)* (IX, 9, 1169 b 6 - 7 et 1170 b 6) qui passe au premier plan. L'ami, en tant qu'il est cet autre soi, a pour rôle de pourvoir ce qu'on est incapable de se procurer par soi-même *(di'hautou)* (IX, 9, 1169 b 6-7). « La possession des amis, lit-on avec étonnement, est tenue d'ordinaire pour le plus grand des biens extérieurs » *(ibid.,* b 10). Il est remarquable que, pour dénouer ce nœud, Aristote soit contraint de jouer les atouts majeurs de sa métaphysique, à savoir la distinction enttre *acte* et *puissance*, à quoi ressortit la notion de possession qui est en jeu ici.

1. On notera encore une fois le jeu subtil entre *autos* non réfléchi et *héauton* réfléchi que l'on rencontre dans la formule : il faut être l'ami de soi-même *(dei philauton einai,* IX, 8, 1169 a 12).
2. Tricot *(op. cit.,* p. 464-465) et Gauthier-Jolif *(op. cit.,* t. II, *Commentaires,* deuxième partie, p. 757-759) ne dénombrent pas moins d'une dizaine de « proto-syllogismes » et d'« arguments » – ou de raisonnements (G.-J.) – dans la partie du chapitre où Aristote dit qu'il serrera « de plus près la nature même des choses » *(phusikôteron* – trad. Tricot ; G.-J. traduisent : « à aller plus au fond de notre nature »).

Si l'homme bon et heureux a besoin d'amis, c'est que l'amitié est une « activité » *(énergéia)*, laquelle est évidemment un « devenir », et donc seulement l'actualisation inachevée de la puissance. Par là, elle est en défaut par rapport à l'acte, au sens fort du terme *(entéléchéia)*. La porte est ainsi ouverte à une rectification de la conception intellectualiste de l'amitié développée jusqu'ici. Sous l'égide du besoin, un lien se noue entre activité et *vie*, enfin entre bonheur et plaisir. C'est donc aux conditions d'effectuation de la *vie*, considérée dans *sa bonté intrinsèque et son agrément foncier*, que l'amitié concourt. Il faut aller plus loin : aux notions de vie et d'activité, il faut joindre celle de *conscience*[1]. La conscience n'est pas seulement conscience de la perception et de l'activité, mais conscience de la vie. Dans la mesure dès lors où la conscience de la vie est agréable, on peut dire que le sens profond de la *philautia* est *désir :* la propre existence de l'homme de bien est pour lui-même désirable ; dès lors, c'est aussi l'existence de son ami qui est également désirable pour lui. Ayant ainsi joint dans une gerbe unique l'activité et la vie, le désirable et l'agréable, la conscience d'exister et la joie de la conscience d'exister, Aristote peut poser, à titre de conclusion partielle de son raisonnement compliqué : « Dans ces conditions, de même que pour chacun de nous sa propre existence est une chose désirable, de même est désirable pour lui au même degré, ou à peu de chose près, l'existence de son ami » (IX, 9, 1170 b 7-8). Et l'argument peut rebondir : « Mais nous avons dit que ce qui rend son existence désirable c'est la conscience qu'il a de sa propre bonté, et une telle conscience est agréable par elle-même. Il a besoin, par conséquent, de participer aussi à la conscience qu'a son ami de sa propre existence » (IX, 9, 1170 b 9-11). Ce qui ne peut se réaliser que dans le « vivre-ensemble » (*suzèn, ibid.*, l. 11).

En quoi ce raisonnement tortueux répond-il à la question posée de savoir en quel sens un homme peut être ami de lui-même ? La réponse, au moins partielle, est dans l'affirmation proférée plus haut : « la propre existence de l'homme de bien est pour lui-même désirable ». Ce désirable propre, si l'on peut ainsi parler, n'est pas étranger au besoin d'amis qu'éprouve l'homme heureux. Ce besoin tient non seulement à ce qu'il y a d'actif et d'inachevé dans le vivre-ensemble, mais à la sorte de carence ou de manque qui tient au rapport même du soi à sa propre existence. Du même coup, l'assurance de stabilité sur laquelle repose l'amitié comprise

---

1. Le verbe *sunaisthesthai,* ici employé (IX, 9, 1170 b 4), préfigure très exactement le latin *con-scientia*.

comme un partage purement intellectuel d'opinions et de pensées se voit secrètement menacée par cette référence au désirable et à l'agréable, à l'existence et à la conscience d'exister, dont se soutient le vivre-ensemble. *C'est ainsi que le manque habite le cœur de l'amitié la plus solide.*

On accordera volontiers qu'il n'y a pas place pour un concept franc d'altérité chez Aristote. L'*agapè* chrétienne suffira-t-elle à lui faire plein droit ? Ou faut-il attendre que l'idée de *lutte* reflue du champ politique dans le champ interpersonnel, rendant, comme chez Hegel dans la *Phénoménologie de l'esprit,* le conflit contemporain du dédoublement de la conscience en deux consciences de soi ? Ou n'est-ce que de nos jours qu'un penseur comme Lévinas ose renverser la formule : « pas d'autre que soi sans un soi », pour lui substituer la formule inverse : « pas de soi sans un autre qui le convoque à la responsabilité » ? Ce n'est que dans la dixième étude, quand nous aurons clos notre enquête éthico-morale, que nous aurons les moyens de porter le débat au niveau de ce que j'appellerai, en souvenir de Platon, les « grands genres » du Même et de l'Autre.

D'Aristote, je ne veux retenir que l'éthique de la mutualité, du partage, du vivre-ensemble. Ce thème de l'intimité, sur lequel se conclut son analyse en IX, 12, tient en suspens les deux interprétations adverses que nous opposerons le moment venu. Quant à l'idée que seul un soi peut avoir un autre que soi [1], elle me paraît

---

1. Je rejoins ici certaines des analyses de Rémi Brague dans *Aristote et la question du monde* (Paris, PUF, 1988), livre sur lequel je reviendrai longuement dans la dixième étude. L'auteur, soucieux de porter au jour le non-dit de l'ontologie aristotélicienne sous la conduite d'une thématique heideggérienne, reconnaît au soi une fonction d'ouverture par rapport à la structure englobante de l'être-dans-le-monde. *Tout* est l'affaire du soi. Cette centralité du soi, R. Brague la retrouve précisément dans de nombreux textes d'Aristote en dehors de ceux que je commente ici, non sans qu'il déplore la confusion du *soi,* thème phénoménologique, avec *l'homme,* thème anthropologique. Je dirai le moment venu pourquoi je ne suis pas R. Brague dans cette dichotomie, contraire au rôle médiateur que j'accorde à toutes les objectivités (prédicats discursifs, praxiques, narratifs, prescriptifs) dans le procès réflexif du soi. Cela dit, je rends un vif hommage aux analyses précises et aux traductions superbes qu'il fait, entre autres, de fragments qui mettent en scène le soi-même (*op. cit.,* p. 132, 137, 142, 171, 173, 183, 187). En exergue de son interprétation, il cite le : « Je sais moi-même » *(autos oida)* de Xénophane (*op. cit.,* p. 11), où le terme non réfléchi *autos* veut dire « en personne » ou « personnellement », comme dans l'allemand *Selbstgegebenheit,* « autodonation ». Pour qu'il y ait monde, il faut que je sois là en personne, sans que le soi fasse nombre avec les choses qui meublent le monde. C'est en ce sens que le réfléchi *hauton* vient accentuer cette non-totalisation du soi et des choses du monde. A cet égard le traité sur l'amitié est à rapprocher de celui sur la *phronèsis* (*Éth. Nic.,* VI). C'est dans son cadre qu'on rencontre l'expression : « le fait de

cohérente avec toutes nos études antérieures ; elle trouve sa légitimation la plus proche dans l'idée que l'estime de soi est le moment réflexif originaire de la visée de la vie bonne. A l'estime de soi, l'amitié ajoute sans rien retrancher. Ce qu'elle ajoute, c'est l'idée de mutualité dans l'échange entre des humains qui s'estiment chacun eux-mêmes. Quant au corollaire de la mutualité, à savoir l'égalité, il met l'amitié sur le chemin de la justice, où le partage de vie entre un très petit nombre de personnes cède la place à une distribution de parts dans une pluralité à l'échelle d'une communauté politique historique.

Au terme de ce parcours en compagnie d'Aristote, la question se pose de savoir quels traits nous accordons à la sollicitude qui ne se trouvent pas déjà décrits à l'enseigne de l'amitié.

Je ne m'attarderai pas à ceux des caractères de la *philia* antique qui relèvent plus de l'histoire des mentalités que de l'analyse conceptuelle, tels que le lien entre amitié et loisir – tributaire lui-même de la condition de citoyen libre, dont sont exclus les esclaves, les métèques, les femmes et les enfants –, et la réduction du vivre-ensemble à un penser-ensemble, lui-même orienté vers la contemplation du sage, selon le dernier livre de l'*Éthique à Nicomaque*. C'est du rapport entre *autos* et *héauton* que je partirai pour élaborer un concept englobant de sollicitude, basé fondamentalement sur l'échange entre *donner et recevoir*[1]. L'amitié, même dégagée des limitations socioculturelles de la *philia*, me paraît constituer seulement un point fragile d'équilibre où le don-

---

savoir [ce qui est bon] pour soi... » (VI, 8, 1141 b 33). La *phronèsis* est un tel « savoir à soi » (*to hautô eidénai* de VI, 9, 1141 b 34), qui se laisse interpréter par : « savoir que c'est à soi de... ». C'est pourquoi R. Brague ne paraît aucunement choqué de ce que l'amitié soit bâtie, chez Aristote, sur cet intéressement de soi, parfaitement compatible avec le désintéressement au sens moral du terme. L'autre, finalement, n'est autre que soi que parce qu'il est un autre soi, c'est-à-dire, comme nous-même, soi : « Nous désirons que ce qu'il y a de bon soit à nous, parce que nous sommes, de façon définitive et incontournable, un " nous-même " » (Brague, *op. cit.*, p. 141). Et pourquoi en est-il ainsi ? Parce qu'il nous est impossible d'être autrui et de méconnaître ce fait primitif. « " Je est un autre " est pour Aristote une formule impossible » (*ibid.*, p. 134). J'accorde à R. Brague qu'Aristote ne donne pas les moyens de comprendre en quel sens « l'intellect est l'*ipse*, voire même l'*ipsissimum* de l'homme » (*ibid.*, p. 173), ou, plus grave encore, de dire que l'homme est à lui-même le plus proche, au point d'être son propre ami. J'ai cru, pour ma part, trouver une réponse partielle à cette difficulté dans l'idée de soi est structuré par le désir de sa propre existence. Et si Aristote n'a pas de réponse complète à ces questions, est-ce véritablement parce que le concept, anthropologique, d'homme étouffe celui, phénoménologique, de soi, concept que seule une ontologie du souci permettrait de constituer ?

1. Peter Kemp, *Éthique et Médecine, op. cit.*

ner et le recevoir sont égaux par hypothèse. A vrai dire, c'est cette égalité qu'Aristote a en vue lorsqu'il définit le caractère *mutuel* de l'amitié. Or ce point d'équilibre peut être considéré comme le milieu d'un spectre dont les extrêmes opposés sont marqués par des disparités inverses entre le donner et le recevoir, selon que l'emporte, dans l'initiative de l'échange, le pôle du soi ou celui de l'autre.

Plaçons-nous d'abord dans la première hypothèse. Toute la philosophie d'E. Lévinas repose sur l'initiative de l'autre dans la relation intersubjective. A vrai dire, cette initiative n'instaure aucune relation, dans la mesure où l'autre représente l'extériorité absolue au regard d'un moi défini par la condition de séparation. L'autre, en ce sens, s'ab-sout de toute relation. Cette irrelation définit l'extériorité même[1].

En vertu de cette irrelation, l'« apparoir » de l'Autre dans son *visage* se soustrait à la vision des formes et même à l'écoute des voix. En vérité, le visage n'apparaît pas, il n'est pas phénomène, il est épiphanie. Mais de qui est ce visage ? Je ne pense pas limiter indûment la portée des analyses au reste admirables de *Totalité et Infini,* pour ne rien dire ici d'*Autrement qu'être ou au-delà de l'essence,* en disant que ce visage est celui d'un maître de justice, d'un maître qui *instruit* et n'instruit que sur le mode éthique : il interdit le meurtre et commande la justice. Qu'en est-il du rapport entre cette instruction, cette injonction, et l'amitié ? Ce qui frappe immédiatement, c'est le contraste entre la réciprocité de l'amitié et la dissymétrie de l'injonction. Certes, le soi est « assigné à responsabilité » par l'autre. Mais, l'initiative de l'injonction revenant à l'autre, c'est à l'*accusatif* seulement que le soi est rejoint par l'injonction. Et l'assignation à responsabilité n'a pour vis-à-vis que la passivité d'un moi convoqué. La question est alors de savoir si, pour être entendue et reçue, l'injonction ne doit pas faire appel à une réponse qui compense la dissymétrie du face-à-face. Prise à la lettre, en effet, une dissymétrie non compensée romprait l'échange du donner et du recevoir et exclurait l'instruction par le visage du champ de la sollicitude. Mais comment pareille instruction s'inscrirait-elle dans la dialectique du donner et du recevoir, si une capacité de donner en échange n'était libérée par l'initiative même de l'autre ? Or de quelles res-

---

1. Je n'exprimerai ici qu'une faible partie de ma dette à l'égard de Lévinas, réservant pour la dixième étude la discussion du thème immense de l'altérité, qui relève, comme je le suggère plus haut, d'une investigation des « grands genres » du discours philosophique, à la jointure de l'éthique et de l'ontologie.

sources peut-il bien s'agir, sinon de ressources de *bonté* qui ne sauraient jaillir que d'un être qui ne se déteste pas soi-même au point de ne plus entendre l'injonction de l'autre ? Je parle ici de bonté : il est, en effet, remarquable que, dans de nombreuses langues, la bonté se dit à la fois de la qualité éthique des buts de l'action et de l'orientation de la personne vers autrui, comme si une action ne pourrait être estimée bonne, si elle n'était faite en faveur d'autrui, par *égard* pour lui. C'est cette notion d'égard qui doit maintenant nous arrêter.

Pour la cerner, il faut revenir à l'hypothèse de travail qui régit cette étude et la suivante, à savoir le primat de l'éthique sur la morale. De ce point de vue, le vocabulaire de l'assignation, de l'injonction, est peut-être déjà trop « moral » et, cela admis, à juste titre hanté par la Guerre, par le Mal[1] ; c'est pourquoi l'Autre, sous la figure du maître de justice, et même sous celle du persécuteur, qui passe au premier plan dans *Autrement qu'être ou au-delà de l'essence,* doit forcer les défenses d'un moi séparé. Mais on est déjà dans l'ordre de l'impératif, de la norme. Notre pari, c'est qu'il est possible de creuser sous la couche de l'obligation et de rejoindre un sens éthique qui n'est pas à ce point enfoui sous les normes qu'il ne puisse être invoqué comme recours lorsque ces normes deviennent à leur tour muettes face à des cas de conscience indécidables. C'est pourquoi il nous importe tant de donner à la sollicitude un statut plus fondamental que l'obéissance au devoir[2]. Ce statut est celui d'une *spontanéité bienveillante,* intimement liée à l'estime de soi au sein de la visée de la vie « bonne ». C'est du fond de cette spontanéité bienveillante que le recevoir s'égale au donner de l'assignation à responsabilité, sous la guise de la reconnaissance par le soi de la supériorité de l'autorité qui lui enjoint d'agir selon la justice[3]. Cette égalité n'est certes pas celle de l'amitié, où le donner et le recevoir s'équilibrent par hypothèse. Elle compense plutôt la dissymétrie initiale, résultant du primat de l'autre dans la situation d'instruction, par le mouvement en retour de la reconnaissance.

Quelle est alors, à l'autre extrémité du spectre de la sollicitude,

1. Le mot de Guerre est prononcé dès la première page de la préface de *Totalité et Infini.*
2. Dans l'étude suivante, nous interpréterons la Règle d'Or comme la structure de transition entre la sollicitude et l'impératif catégorique qui impose de traiter l'humanité dans ma personne et dans celle d'autrui comme une fin en soi et non pas seulement comme un moyen.
3. Sur ce rapport entre autorité et reconnaissance de supériorité, cf. H.G. Gadamer, *Vérité et Méthode, op. cit.,* p. 118, suiv.

la situation inverse de celle de l'instruction par l'autre sous la figure du maître de justice ? Et quelle inégalité nouvelle se donne-t-elle là à compenser ? La situation inverse de l'injonction est la *souffrance*. L'autre est maintenant cet être *souffrant* dont nous n'avons cessé de marquer la place en creux dans notre philosophie de l'action, en désignant l'homme comme agissant *et* souffrant. La souffrance n'est pas uniquement définie par la douleur physique, ni même par la douleur mentale, mais par la diminution, voire la destruction de la capacité d'agir, du pouvoir-faire, ressenties comme une atteinte à l'intégrité du soi. Ici, l'initiative, en termes précisément de pouvoir-faire, semble revenir exclusivement au soi qui *donne* sa sympathie, sa compassion, ces termes étant pris au sens fort du souhait de partager la peine d'autrui. Confronté à cette bienfaisance, voire à cette bienveillance, l'autre paraît réduit à la condition de seulement *recevoir*. En un sens, il en est bien ainsi. Et c'est de cette façon que le souffrir-avec se donne, en première approximation, pour l'inverse de l'assignation à responsabilité par la voix de l'autre. Et, d'une autre manière que dans le cas précédent, une sorte d'égalisation survient, dont l'autre souffrant est l'origine, grâce à quoi la sympathie est préservée de se confondre avec la simple pitié, où le soi jouit secrètement de se savoir épargné. Dans la sympathie vraie, le soi, dont la puissance d'agir est au départ plus grande que celle de son autre, se retrouve affecté par tout ce que l'autre souffrant lui offre en retour. Car il procède de l'autre souffrant un donner qui n'est précisément plus puisé dans sa puissance d'agir et d'exister, mais dans sa faiblesse même. C'est peut-être là l'épreuve suprême de la sollicitude, que l'inégalité de puissance vienne à être compensée par une authentique réciprocité dans l'échange, laquelle, à l'heure de l'agonie, se réfugie dans le murmure partagé des voix ou l'étreinte débile de mains qui se serrent. C'est peut-être en ce point qu'Aristote, trop préoccupé par la distinction entre l'amitié vertueuse et le couple de l'amitié utile et de l'amitié plaisante – distinction inséparable de l'attention presque exclusive qu'il porte à l'amitié intellectuelle vouée à la recherche de la sagesse –, est passé à côté d'une autre dissymétrie que celle sur laquelle E. Lévinas édifie son éthique, celle qui oppose le souffrir au jouir. Partager la peine du souffrir n'est pas le symétrique exact de partager le plaisir[1]. A cet égard, la philosophie ne doit

---

1. Aristote, il est vrai, inclut dans le vivre-ensemble le partage des joies et des peines (*Éth. Nic.*, IX, 9). Il écrit même que « l'amitié consiste plutôt à aimer qu'à être aimé » (VIII, 8, 1159 a 27).

pas cesser de se laisser enseigner par la tragédie. La trilogie « purification » *(catharsis)*, « terreur » *(phobos)*, « pitié » *(éléos)* ne se
laisse pas enfermer dans la sous-catégorie de l'amitié plaisante.
L'avers de la « fragilité de la bonté » – selon la formule heureuse
de Martha C. Nussbaum à laquelle nous reviendrons plus loin [1]
vient corriger, sinon démentir, la prétention de la *philautia* à la
stabilité, à la durée. Un soi rappelé à la vulnérabilité de la condition mortelle peut recevoir de la faiblesse de l'ami plus qu'il ne lui
donne en puisant dans ses propres réserves de force. Ici, la
magnanimité – autre vertu grecque, encore célébrée par Descartes
– doit baisser pavillon. Nous aurons l'occasion, dans la dixième
étude, de revenir sur la catégorie de l'être-affecté dans son rapport avec le « grand genre » de l'Autre. Au niveau phénoménologique où nous nous tenons encore ici, les sentiments sont à considérer comme des affections incorporées au cours de la motivation
à ce niveau de profondeur qu'Aristote désignait du terme de disposition, terme qui reviendra sous une autre guise – la *Gesinnung*
– chez Kant lui-même. Bornons-nous ici à souligner la part que
prennent les *sentiments* – qui sont en dernier ressort des affections – dans la sollicitude. Ce que la souffrance de l'autre, autant
que l'injonction morale issue de l'autre, descelle dans le soi, ce
sont des sentiments spontanément dirigés vers autrui [2]. C'est cette
union intime entre la visée éthique de la sollicitude et la chair
affective des sentiments qui m'a paru justifier le choix du terme
« sollicitude ».

Tentons, pour conclure, de prendre une vue d'ensemble de
l'éventail entier des attitudes déployées entre les deux extrêmes
de l'assignation à responsabilité, où l'initiative procède de l'autre,
et de la sympathie pour l'autre souffrant, où l'initiative procède

1. M.C. Nussbaum, *The fragility of goodness. Luck and ethics in Greek tragedy
and philosophy*, Cambridge University Press, 1986.
2. A cet égard, les sentiments de pitié, de compassion, de sympathie, jadis exal-
tés par la philosophie de langue anglaise, méritent réhabilitation. Sur cette lancée,
les analyses de Max Scheler consacrées à la sympathie, à la haine et à l'amour,
restent inégalées, concernant principalement la distinction majeure entre la sympathie et la fusion ou confusion affective, ainsi que le jeu de la distance et de la
proximité dans l'amour (Max Scheler, *Zur Phänomenologie der Sympathiegefühle
und von Liebe und Hasse*, Halle, Niemeyer, 1913 ; trad. fr. de M. Lefebvre,
Nature et Formes de la sympathie, Paris, Payot, 1928 ; nlle éd., « Petite Bibliothèque Payot », 1971). Soit dit en passant, on peut regretter qu'à l'exception de
Stephan Strasser, dans son grand livre *Das Gemüt* (Utrecht, Vitgeverijet Spectrum, 1956), les phénoménologues aient trop délaissé la description des sentiments, comme par peur de tomber dans quelque *affective fallacy*. C'est oublier que
les sentiments ont été aussi puissamment travaillés par le langage, et portés aussi
haut que les pensées à la dignité littéraire.

du soi aimant, l'amitié apparaissant comme un milieu où le soi et l'autre partagent à égalité le même souhait de vivre-ensemble. Alors que dans l'amitié l'égalité est présupposée, dans le cas de l'injonction venue de l'autre elle n'est rétablie que par la reconnaissance par le soi de la supériorité de l'autorité de l'autre ; et, dans le cas de la sympathie qui va de soi à l'autre, l'égalité n'est rétablie que par l'aveu partagé de la fragilité, et finalement de la mortalité[1].

C'est cette recherche d'égalité à travers l'inégalité, que celle-ci résulte de conditions culturelles et politiques particulières comme dans l'amitié entre inégaux, ou soit constitutive des positions initiales du soi et de l'autre dans la dynamique de la sollicitude, qui définit la place de la sollicitude sur la trajectoire de l'éthique. A l'estime de soi, entendue comme moment réflexif du souhait de « vie bonne », la sollicitude ajoute essentiellement celle du *manque,* qui fait que nous avons *besoin* d'amis ; par choc en retour de la sollicitude sur l'estime de soi, le soi s'aperçoit lui-même *comme* un autre parmi les autres. C'est le sens du « l'un l'autre » *(allèlous)* d'Aristote, qui rend l'amitié *mutuelle.* Cette aperception s'analyse en plusieurs éléments : *réversibilité, insubs-tituabilité, similitude.* De la *réversibilité,* nous avons un premier modèle dans le langage sous le couvert de l'interlocution. L'échange des pronoms personnels est à cet égard exemplaire ; quand je dis « tu » à un autre, il comprend « je » pour lui-même. Quand il s'adresse à moi à la seconde personne, je me sens concerné à la première personne ; la réversibilité porte simultanément sur les rôles d'allocuteur et d'allocutaire, et sur une capacité de se désigner soi-même présumée égale chez le destinataire du discours et son destinateur. Mais ce sont seulement des *rôles* qui sont réversibles. Seule l'idée d'*insubstituabilité* prend en compte les personnes qui tiennent ces rôles. En un sens, l'insubstituabilité est également présupposée dans la pratique du discours, mais d'une autre façon que dans l'interlocution à savoir en rapport à l'ancrage du « je » en emploi[2]. Cet ancrage fait que je ne quitte pas mon lieu et que je n'abolis pas la distinction entre ici et là-bas, lors même qu'en imagination et en sympathie je me mets à la

---

1. Werner Marx, *Ethos und Lebenswelt. Mitleidenkönnen als Mass,* Hambourg, Felix Meiner Verlag, 1986. On a pu dire aussi que c'est seulement dans l'œuvre théâtrale que peut s'exercer cette justice supérieure qui reconnaît à chacun des protagonistes sa part de vérité et du même coup lui assigne sa part égale d'estime (G. Fessard, *Théâtre et Mystère,* préface à Gabriel Marcel, *La Soif,* Paris, Desclée de Brouwer, 1938).
2. Cf. ci-dessus, deuxième étude, p. 65.

place de l'autre. Ce que le langage enseigne en tant précisément que pratique, toutes les pratiques le vérifient. Les agents et les patients d'une action sont pris dans des relations d'échange qui comme le langage conjuguent réversibilité des rôles et insubstituabilité des personnes. Ce que la *sollicitude* ajoute, c'est la dimension de valeur qui fait que chaque personne est *irremplaçable* dans notre affection et dans notre estime. A cet égard, c'est dans l'expérience du caractère irréparable de la perte de l'autre aimé que nous apprenons, par transfert d'autrui sur nous-même, le caractère irremplaçable de notre propre vie. C'est d'abord pour l'autre que je suis irremplaçable. En ce sens, la sollicitude répond à l'estime de l'autre pour moi-même. Mais, si cette réponse n'était pas d'une certaine façon spontanée, comment la sollicitude ne se réduirait-elle pas à un morne devoir ?

Au-dessus enfin des idées de réversibilité des rôles et d'insubstituabilité des personnes – cette dernière idée élevée jusqu'à celle d'irremplaçabilité –, je placerai la *similitude,* qui n'est pas seulement l'apanage de l'amitié, mais, de la façon qu'on a dite, de toutes les formes initialement inégales du lien entre soi-même et l'autre. La similitude est le fruit de l'échange entre estime de soi et sollicitude pour autrui. Cet échange autorise à dire que je ne puis m'estimer moi-même sans estimer autrui *comme* moi-même. Comme moi-même signifie : toi *aussi* tu es capable de commencer quelque chose dans le monde, d'agir pour des raisons, de hiérarchiser tes préférences, d'estimer les buts de ton action et, ce faisant, de t'estimer toi-même comme je m'estime moi-même. L'équivalence entre le « toi aussi » et le « comme moi-même » repose sur une confiance qu'on peut tenir pour une extension de l'attestation en vertu de laquelle je crois que je peux et que je vaux. Tous les sentiments éthiques évoqués plus haut relèvent de cette phénoménologie du « toi aussi » et du « comme moi-même ». Car ils disent bien le paradoxe inclus dans cette équivalence, le paradoxe de l'échange au lieu même de l'irremplaçable. Deviennent ainsi fondamentalement équivalentes l'estime de l'*autre comme un soi-même* et l'estime de *soi-même comme un autre*[1].

1. Est-ce là le secret du paradoxal commandement : « Tu aimeras ton prochain comme toi-même » ? Ce commandement relèverait de l'éthique plus que de la morale, si l'on pouvait, à la suite de Rosenzweig dans *L'Étoile de la rédemption,* tenir le commandement « Aime-moi » que l'amant adresse à l'aimé dans l'esprit du Cantique des Cantiques pour antérieur et supérieur à toutes les lois (Franz Rosenzweig, *Der Stern der Erlösung,* La Haye, Martinus Nijhoff, 1976, p. 210 ; trad. fr. de A. Derczanski et J.L. Schlegel, *L'Étoile de la rédemption,* Paris, Éd. du Seuil, 1982).

3. ... dans des institutions justes

Que la visée du bien-vivre enveloppe de quelque manière le sens de la justice, cela est impliqué dans la notion même de l'autre. L'autre, c'est aussi l'autre que le « tu ». Corrélativement, la justice s'étend plus loin que le face-à-face.

Deux assertions sont ici en jeu : selon la première, le vivre-bien ne se limite pas aux relations interpersonnelles, mais s'étend à la vie des *institutions*. Selon la seconde, la justice présente des traits éthiques qui ne sont pas contenus dans la sollicitude, à savoir pour l'essentiel une exigence d'*égalité*. L'institution comme point d'application de la justice et l'égalité comme contenu éthique du sens de la justice, tels sont les deux enjeux de l'investigation portant sur la troisième composante de la visée éthique. De cette double enquête résultera une détermination nouvelle du soi, celle du chacun : à chacun son droit.

Par institution, on entendra ici la structure du *vivre-ensemble* d'une communauté historique – peuple, nation, région, etc. –, structure irréductible aux relations interpersonnelles et pourtant reliée à elles en un sens remarquable que la notion de distribution permettra tout à l'heure d'éclairer. C'est par des mœurs communes et non par des règles contraignantes que l'idée d'institution se caractérise fondamentalement. Nous sommes par là ramenés à l'*éthos* d'où l'éthique tire son nom. Une manière heureuse de souligner la primauté éthique du vivre-ensemble sur les contraintes liées aux systèmes juridiques et à l'organisation politique est de marquer, avec Hannah Arendt, l'écart qui sépare le *pouvoir-en-commun* de la *domination*. On se souvient que Max Weber, dans sa mise en ordre des concepts majeurs de la sociologie au début d'*Économie et Société*, avait spécifié l'institution politique parmi toutes les institutions par la relation de domination, qui distingue les gouvernants et les gouvernés[1]. Cette relation marque à la fois une *scission* et une référence à la *violence* qui l'une et l'autre relèvent du plan moral sur lequel s'établira la prochaine étude[2]. Plus fondamentale que la relation de domination

1. *Op. cit.*, chap. I, § 16, *Macht, Herrschaft.*
2. Dans « Le métier et la vocation d'homme politique », (in *Le Savant et le Politique*, trad. fr. de J. Freund, Paris, Plon, 1959 ; réédd., UGE, coll. « 10/18 », 1963), conférence adressée à de jeunes pacifistes allemands tentés par la non-violence à l'issue désastreuse de la Première Guerre mondiale, Max Weber définit

est celle de pouvoir-en-commun. Selon Arendt, le pouvoir procède directement de la catégorie d'action en tant qu'irréductible à celles de travail et d'œuvre : cette catégorie revêt une signification politique, au sens large du mot, irréductible à étatique, si l'on souligne d'une part la condition de *pluralité*[1], d'autre part de *concertation*[2].

Par l'idée de *pluralité* est suggérée l'extension des rapports interhumains à tous ceux que le face-à-face entre le « je » et le « tu » laisse en dehors au titre de tiers. Mais le tiers est, sans jeu de mots, d'emblée *tiers inclus* par la pluralité constitutive du pouvoir. Ainsi est imposée une limite à toute tentative pour reconstruire le lien social sur la seule base d'une relation dialogale strictement dyadique. La pluralité inclut des tiers qui ne seront jamais des visages. Un plaidoyer pour l'anonyme, au sens propre du terme, est ainsi inclus dans la visée la plus ample de la vraie vie[3]. Cette inclusion du tiers, à son tour, ne doit pas être limitée à l'aspect *instantané* du vouloir agir ensemble, mais étalé dans la *durée*. C'est de l'institution précisément que le pouvoir reçoit cette dimension temporelle. Or celle-ci ne concerne pas seulement le passé, la tradition, la fondation plus ou moins mythique, toutes

---

ainsi l'État : « un rapport de domination [*Herrschaft*] de l'homme sur l'homme fondé sur le moyen de la violence légitime (c'est-à-dire sur la violence qui est considérée comme légitime) » (*op. cit.*, p. 101).

1. « L'action, la seule activité qui mette directement les hommes en relation sans l'intermédiaire des objets ni de la matière, correspond à la condition humaine de la pluralité », *La Condition de l'homme moderne*, *op. cit.*, p. 15.

2. « Le *pouvoir* correspond à l'aptitude de l'homme à agir, et à agir de façon concertée. Le pouvoir n'est jamais une propriété individuelle ; il appartient à un groupe et continue à lui appartenir aussi longtemps que ce groupe n'est pas divisé » (*Du mensonge à la violence*, trad. fr. de G. Durand, Paris, Calmann-Lévy, 1972, p. 153). Et d'évoquer dans la suite du texte l'*isonomie* selon Périclès, la *civitas* romaine, mais aussi l'expérience des soviets, des conseils ouvriers, l'insurrection de Budapest, le printemps de Prague et les multiples exemples de résistance à l'occupation étrangère. Rien donc de nostalgique dans cette réhabilitation du pouvoir de tous, à l'encontre non seulement de la violence, mais même de la relation de domination. Importe seul le caractère non hiérarchique et non instrumental de la relation de pouvoir : « C'est le soutien populaire qui donne leur pouvoir aux institutions d'un pays et ce soutien n'est que la suite naturelle du consentement [*consent*] qui a commencé par donner naissance aux lois existantes » (*ibid.*, p. 150).

3. Cette inclusion du lointain dans le projet éthique pouvait être anticipée sur la base de ce qui a été dit plus haut des pratiques (métiers, jeux, arts) ; ce sont, avons-nous dit, des interactions réglées ; en ce sens, des institutions. Les étalons d'excellence qui situent ces pratiques sur l'échelle de la *praxis*, et ainsi sur la trajectoire du vivre-bien, comportent d'emblée une dimension « corporative », inséparable de la dimension de traditionalité corrélative de celle d'innovation.

choses qu'Arendt place sous le titre de l'Autorité, en souvenir de l'*auctoritas* romaine – *potestas in populo, auctoritas in senatu* –, elle concerne plus encore l'avenir, l'ambition de durer, c'est-à-dire non de passer mais de demeurer. C'était déjà le propos de Machiavel : comment arracher les républiques à l'éphémère ? C'est encore un souci de Arendt[1]. Comment la *vita activa* riposte-t-elle à la dure condition temporelle d'être mortel ? L'action, dans sa dimension politique, constitue la tentative la plus haute pour conférer l'immortalité, à défaut de l'éternité, à des choses périssables. Certes, le pouvoir a sa propre fragilité, puisqu'il existe aussi longtemps que les hommes agissent ensemble, et qu'il s'évanouit dès qu'ils se dispersent. En ce sens, le pouvoir est le modèle d'une activité en commun qui ne laisse aucune œuvre derrière elle et, comme la *praxis* selon Aristote, épuise sa signification dans son propre exercice. Toutefois, la fragilité du pouvoir n'est plus la vulnérabilité brute et nue des mortels en tant que tels, mais la fragilité au second degré des institutions et de toutes les affaires humaines qui gravitent autour d'elles.

L'idée de *concertation* est plus difficile à fixer, si l'on ne veut pas entrer trop vite dans le détail des structures institutionnelles propres aux différentes sphères d'activité en commun, comme on le fera avec prudence et parcimonie au terme de la prochaine étude. H. Arendt se borne à parler de l'action publique comme d'un tissu *(web)* de relations humaines au sein duquel chaque vie humaine déploie sa brève histoire. L'idée d'espace public et celle de publicité qui s'y rattache nous sont familières depuis l'époque des Lumières. C'est elles qu'Arendt reprend sous le titre d'« espace public d'apparition » au sein duquel les activités que

1. Dans une préface à *La Condition de l'homme moderne,* écrite en 1983, je propose d'interpréter le passage du premier grand ouvrage d'Arendt, *Les Origines du totalitarisme,* à *La Condition de l'homme moderne,* à partir de la thèse que le totalitarisme repose sur le mythe selon lequel « tout est permis, tout est possible » – selon lequel, donc, le maître peut fabriquer un homme nouveau. La tâche est alors de penser les conditions d'un univers non totalitaire : « le critère le mieux approprié à la nouvelle enquête peut alors consister dans une évaluation des différentes activités humaines du point de vue temporel de leur durabilité » (Hannah Arendt, *La Condition de l'homme moderne, op. cit.,* préface de Paul Ricœur, p. 15). Cette approche ne concerne pas seulement le politique, mais toutes les catégories de l'ouvrage, y compris la triade travail, œuvre, action. Le caractère consomptible des produits du travail en dénonce la précarité. La fonction de l'artifice résumée dans l'œuvre est d'offrir aux mortels un séjour plus durable et plus stable qu'eux-mêmes (cf. *La Condition de l'homme moderne, op. cit.,* p. 171). En ce sens le temps du travail est passage, celui de l'œuvre est durée. L'action trouve enfin sa stabilité dans la cohérence d'une histoire racontée qui dit le « qui » de l'action.

nous avons appelées des pratiques viennent au jour. Mais la publicité prise en ce sens est, nous le savons bien, une tâche plus qu'une donnée. Il faut bien avouer, avec H. Arendt elle-même, que cette strate du pouvoir caractérisée par la pluralité et la concertation est d'ordinaire *invisible,* tant elle est recouverte par les relations de domination, et qu'elle n'est portée au jour que lorsqu'elle est sur le point d'être ruinée et laisse le champ libre à la violence, comme il arrive dans les grandes débâcles historiques. C'est pourquoi il est peut-être raisonnable d'accorder à cette initiative commune, à ce vouloir vivre ensemble, le statut de l'*oublié*[1]. C'est pourquoi ce fondamental constitutif ne se laisse discerner que dans ses irruptions discontinues au plus vif de l'histoire sur la scène publique. C'est pourquoi aussi ne se souvient-on, dans l'ordinaire des jours, que de cette augmentation que constitue l'autorité, dont nous ne parlons peut-être plus aujourd'hui qu'au passé[2].

Aussi évasif que soit le pouvoir dans sa structure fondamentale, aussi infirme qu'il soit sans le secours d'une autorité qui l'articule sur une fondation toujours plus ancienne, c'est lui, en tant que vouloir agir et vivre ensemble, qui apporte à la visée éthique le point d'application de son indispensable troisième dimension : la *justice.*

Est-ce bien encore du plan éthique et téléologique, et non moral et déontologique, que relève le sens de la justice ? L'œuvre de Rawls, que nous discuterons dans la prochaine étude, n'est-elle pas de bout en bout la vérification que c'est dans une ligne kantienne, donc foncièrement déontologique, et en opposition à *une* tradition téléologique, incarnée par l'utilitarisme, que l'idée de justice peut être repensée ? Que la reconstruction par Rawls de l'idée de justice s'inscrive dans une perspective antitéléologique n'est pas contestable. Mais c'est à une autre téléologie que celle des utilitaristes de langue anglaise que l'idée de justice se rattache. Une téléologie que vient opportunément rappeler l'emploi du terme « vertu » dans la déclaration liminaire de *Théorie de la justice* selon laquelle : « La justice est la première vertu des institu-

---

1. P. Ricœur, « Pouvoir et violence », in *Ontologie et Politique. Hannah Arendt,* Paris, Tierce, 1989, p. 141-159.
2. Dans l'essai consacré au concept d'autorité (in *La Crise de la culture,* trad. fr. de *Between past and future,* Paris, Gallimard, 1972), H. Arendt rappelle que celle-ci renvoie à quelques événements fondateurs plus ou moins mythifiés. Mais, à dire vrai, on ne connaît guère de société qui ne se réfère à de tels événements fondateurs. Ainsi l'*auctoritas* constitue-t-elle encore de nos jours l'augmentation *(augere)* que le pouvoir tire de l'énergie transmise de ces commencements.

tions sociales comme la vérité est celle des systèmes de pensée[1]. »

Le *juste*, me semble-t-il, regarde de deux côtés : du côté du *bon*, dont il marque l'extension des relations interpersonnelles aux institutions ; et du côté du *légal*, le système judiciaire conférant à la loi cohérence et droit de contrainte[2]. C'est sur le premier versant exclusivement que nous nous tiendrons dans cette étude.

Deux raisons légitiment l'entreprise. D'une part, l'origine quasi immémoriale de l'idée de justice, son émergence hors du moule mythique dans la tragédie grecque, la perpétuation de ses connotations divines jusque dans les sociétés sécularisées attestent que le sens de la justice ne s'épuise pas dans la construction des systèmes juridiques qu'il ne cesse pourtant de susciter. D'autre part, l'idée de justice est mieux nommée *sens* de la justice au niveau fondamental où nous restons ici. Sens du juste et de l'injuste, vaudrait-il mieux dire ; car c'est d'abord à l'injustice que nous sommes sensibles : « Injuste ! Quelle injustice ! » nous écrions-nous. C'est bien sur le mode de la plainte que nous pénétrons dans le champ de l'injuste et du juste. Et, même au plan de la justice instituée, devant les cours de justice, nous continuons de nous comporter en « plaignants » et de « porter plainte ». Or le sens de l'injustice n'est pas seulement plus poignant, mais plus perspicace que le sens de la justice ; car la justice est plus souvent ce qui manque et l'injustice ce qui règne. Et les hommes ont une vision plus claire de ce qui manque aux relations humaines que de la manière droite de les organiser. C'est pourquoi, même chez les philosophes, c'est l'injustice qui la première met en mouvement la pensée. En témoignent les *Dialogues* de Platon et l'éthique aristotélicienne, et leur souci égal de nommer ensemble l'injuste et le juste.

Aristote ! peut-être objectera-t-on à notre tentative pour l'enrôler à notre cause que, s'il a pu placer la justice dans le champ des vertus, et donc de l'éthique au sens téléologique que nous attachons à ce terme, c'est parce qu'il applique aux transactions directes d'homme à homme sa définition initiale – son esquisse, comme il dit – empruntée au sens commun et aux idées reçues (*endoxa*) : « Nous observons que tout le monde entend signifier par *justice* cette sorte de disposition [*hexis*] qui rend les hommes

---

1. J. Rawls, *A Theory of Justice*, Harvard University Press, 1971 ; trad. fr. C. Audard, *Théorie de la justice*, Paris, Éd. du Seuil, 1987, p. 29.
2. Le mot « droit », en français, couvre les deux usages ; nous parlons d'un homme droit et de sa droiture, en un sens non juridique, mais nous parlons aussi du droit comme d'une discipline qui s'appelle ailleurs loi (*law school*).

aptes à accomplir les actions [*praxeis*] justes et qui les fait agir justement et à vouloir les choses justes » (*Éthique à Nicomaque*, trad. Tricot, V, 1, 1129 a 6-9). Et, pour mieux ancrer la justice dans le plan des vertus, il cherche quelle « médiété » – quelle juste mesure, quel moyen terme – quelle *mésotès* entre deux extrêmes assigne à la justice une place parmi les vertus philosophiquement réfléchies. Or la *mésotès* est le trait raisonnable commun à toutes les vertus de caractère privé ou interpersonnel.

Mais, faut-il répondre, ce sont les traits propres à la *mésotès*, par quoi le juste se distingue de l'injuste, qui font passer sans transition du plan interpersonnel au plan institutionnel. La décision méthodologique la plus importante prise par Aristote, au début de son chapitre sur la justice (*ibid.,* V), est en effet de découper dans la vaste polysémie du juste et de l'injuste [1].

L'intersection entre l'aspect privé et l'aspect public de la justice distributive se laisse reconnaître à tous les stades de l'analyse.

D'abord, Aristote tient le domaine qu'il circonscrit pour une « partie » *(méros)* du champ « total » *(holos)* des actions prescrites par les lois *(nomima)*. A ce niveau englobant, le relais institutionnel est hors de doute dans la mesure où c'est la loi positive qui définit la légalité. Ici, éthique et politique se recroisent [2].

---

1. « Or, semble-t-il bien, la justice est prise en plusieurs sens, et l'injustice aussi, mais, du fait que ces différentes significations sont voisines, leur homonymie échappe et il n'en est pas comme pour les notions éloignées l'une de l'autre où l'homonymie est plus visible » (*Éth. Nic.,* V, 2, 1129 a 26-27). L'homonymie de l'injuste est d'abord prise pour guide : « on considère généralement comme étant injuste à la fois celui qui viole la loi, celui qui reprend plus que son dû, et enfin celui qui manque à l'égalité » (*ibid.,* l. 32). Mais, quand on passe de l'injuste au juste, il ne reste plus que l'observation de la loi et le respect de l'égalité. Passant en outre de l'agent à l'action, on dira : « le juste, donc, est ce qui est conforme à la loi et ce qui respecte l'égalité, et l'injuste, ce qui est contraire à la loi et ce qui manque à l'égalité » (*ibid.,* a 35 - b 1). Ainsi, prendre plus que son dû et manquer à l'égalité ont une partie commune qui est précisément l'*anisotès* – l'inégalité – du *pléonoktês* – de l'avide, du cupide. De l'avide, il est dit « qu'il manque aussi à l'égalité, car l'inégalité est une notion qui enveloppe les deux choses à la fois et leur est commune » (*ibid.,* 1129 b 10). Reste donc l'homonymie de la conformité à la loi et de l'égalité.

2. « Or les lois prononcent sur toutes sortes de choses, et elles ont en vue l'utilité commune (...) ; par conséquent, d'une certaine manière, nous appelons actions justes toutes celles qui tendent à produire ou à conserver le bonheur avec les éléments qui le composent, pour la communauté politique » (V, 3, 1129 b 14-18). Il est en outre remarquable qu'Aristote appelle « justice totale » la conformité à la loi, en ce sens que la loi commande aussi d'accomplir les actes conformes à toutes les autres vertus ; la justice devient ainsi le *pros'hétéron*, le rapport à autrui, de toutes les vertus (*ibid.,* l. 26-31).

La vertu « partielle » à laquelle Aristote se limite ne saurait, en conséquence, être moins éthico-politique que la vertu totale qui l'englobe.

Autre raison de tenir la médiation institutionnelle pour indispensable : c'est toujours par rapport à des biens extérieurs et précaires, en rapport à la prospérité et à l'adversité, que le vice de vouloir avoir toujours plus – la *pléonexia* – et l'inégalité se déterminent. Or ces maux et ces biens adverses sont précisément des biens à partager, des charges à répartir. C'est ce partage qui ne peut pas ne pas passer par l'institution. De fait, la première espèce de la justice particulière se définit très exactement par une opération *distributive* qui implique la communauté politique, qu'il s'agisse de distribuer « des honneurs, ou des richesses, ou des autres avantages qui se répartissent entre les membres de la communauté politique » (V, 5, 1130 b 30-33)[1].

Reprochera-t-on à Aristote d'avoir trop limité le champ de la justice en la définissant comme justice distributive ? Il faut à mon sens, à ce stade de notre analyse, garder au terme de distribution sa plus grande souplesse, à savoir d'apporter l'élément de distinction qui manque à la notion de vouloir agir ensemble[2]. C'est cet aspect de distinction qui passe au premier plan avec le concept de *distribution* qui, d'Aristote aux médiévaux et à John Rawls, est étroitement lié à celui de justice. Ce concept ne doit pas être limité au plan économique, en complément à celui de production. Il désigne un trait fondamental de toutes les institutions, dans la mesure où celles-ci règlent la répartition de rôles, de tâches, d'avantages, de désavantages entre les membres de la société. Le terme même de répartition mérite attention : il exprime l'autre face de l'idée de partage, la première étant le fait de prendre part à une institution ; la seconde face serait celle de la distinction des parts assignées à chacun dans le système de distribution. Avoir part à est une chose, recevoir une part en est une autre. Et les deux se tiennent. Car c'est en tant que les parts distribuées sont coordonnées entre elles que les porteurs de parts peuvent être dits

1. On ne dira rien ici de la justice corrective, dont Aristote dit qu'elle se rapporte aux transactions privées, soit volontaires (achat, vente, prêt), soit involontaires (torts de toutes sortes et actes de vengeance). La médiation institutionnelle n'est pas absente mais indirecte, soit que la loi détermine le tort, soit que les tribunaux tranchent les conflits. Ainsi le *rapport à autrui* est le lien fort qui demeure malgré l'homonymie des termes « juste » et « injuste » (V, 5, 1130 b 1).

2. Nous avions déjà rencontré ce danger de céder à la pente fusionnelle du rapport à autrui lorsque nous avions opposé au plan interpersonnel l'idée de sympathie à celle de fusion émotionnelle, à la suite de Max Scheler.

participer à la société considérée, selon l'expression de Rawls, comme une entreprise de coopération. Il fallait à mon sens introduire à ce stade de notre analyse le concept de distribution, afin d'assurer la transition entre le niveau interpersonnel et le niveau sociétal à l'intérieur de la visée éthique. L'importance du concept de distribution réside en ceci qu'il renvoie dos à dos les protagonistes d'un faux débat sur le rapport entre individu et société. Dans la ligne du sociologisme à la façon de Durkheim, la société est toujours plus que la somme de ses membres ; de l'individu à la société, il n'y a pas continuité. Inversement, dans la ligne de l'individualisme méthodologique, les concepts clés de la sociologie ne désignent rien de plus que la probabilité que des individus se comporteront d'une certaine façon[1]. Par l'idée de probabilité est éludée toute chosification, et finalement toute ontologie des entités sociales. La conception de la société comme système de distribution transcende les termes de l'opposition. L'institution en tant que régulation de la distribution des rôles, donc en tant que système, est bien plus et autre chose que les individus porteurs de rôles. Autrement dit, la relation ne se réduit pas aux termes de la relation. Mais une relation ne constitue pas non plus une entité supplémentaire. Une institution considérée comme règle de distribution n'existe que pour autant que les individus y prennent part. Et cette participation, au sens de prise de part, se prête aux analyses probabilistes qui n'ont pas d'autre point d'application que les comportements individuels. Ce n'est pas l'objet de la présente étude de s'avancer plus avant dans la discussion épistémologique. Cette brève incursion dans un domaine qui n'est pas le mien n'avait pour but que de conforter la seule idée qui importe à nôtre enquête, à savoir que la prise en considération de l'institution appartient à la visée éthique prise selon son amplitude entière. Il ne fallait pas qu'un mur s'élève entre l'individu et la société, empêchant toute transition du plan interpersonnel au plan sociétal. Une interprétation distributive de l'institution contribue à abattre ce mur et assure la cohésion entre les trois composantes individuelles, interpersonnelles et sociétales de notre concept de visée éthique.

Le cadre éthico-juridique de l'analyse étant précisé, un nom

1. On a déjà rencontré plus haut (p. 227) la définition de la domination concentrée dans l'État par Max Weber : « un rapport de l'homme sur l'homme fondé sur le moyen de la violence légitime (c'est-à-dire sur la violence qui est considérée comme légitime) ». Elle s'inscrit dans une suite de définitions où l'idée de probabilité (*chance* en allemand) dispense chaque fois d'introduire des entités distinctes des individus.

peut être donné au noyau éthique commun à la justice distributive et à la justice réparatrice. Ce noyau commun c'est l'*égalité (isotès).* Corrélativement, l'injuste, souvent cité avant le juste, a pour synonyme l'*inégal.* C'est l'inégal que nous déplorons et condamnons. Aristote continue ainsi une grande tradition grecque, et plus précisément athénienne, marquée par Solon et Périclès. Mais le trait de génie – trait double, à vrai dire –, c'est d'avoir donné un contenu philosophique à l'idée reçue de la tradition. D'un côté, Aristote retrouve dans l'égal le caractère de médiété entre deux extrêmes, qu'il transporte de vertu en vertu. En effet, là où il y a partage, il peut y avoir du trop et du pas assez. L'injuste est celui qui prend trop en termes d'avantages (et l'on retrouve la *pléonexia,* le vouloir avoir plus) ou pas assez en termes de charges [1]. D'un autre côté, il délimite avec soin la sorte de médiété, à savoir l'*égalité proportionnelle,* qui définit la justice distributive. Que l'égalité arithmétique ne convienne pas tient, selon lui, à la nature des personnes et des choses partagées. D'un côté les personnes ont, dans une société antique, des parts inégales *(axia),* lié à des mérites inégaux, que d'ailleurs les diverses constitutions définissent différemment ; de l'autre, les parts sont elles-mêmes hors justice inégales, on devrait dire susceptibles d'un partage sauvage, comme dans la guerre et le pillage. La justice distributive consiste alors à rendre égaux deux rapports entre chaque fois une personne et un mérite. Elle repose donc sur un rapport de proportionnalité à quatre termes : deux personnes et deux parts [2].

Aristote posait ainsi le redoutable problème, que Rawls reprendra à nouveaux frais, de justifier une certaine idée de l'égalité sans cautionner l'égalitarisme. Notre problème n'est pas de savoir si l'égalité peut toujours être définie en termes de médiété, et si l'idée d'égalité proportionnelle n'est pas un nid de difficultés inextricables ; il est plutôt de recueillir la force convaincante et durable de la liaison entre justice et égalité. Médiété et égalité proportionnelle ne sont à cet égard que des procédés secondaires pour « sauver » philosophiquement et éthiquement l'égalité.

1. La médiété « est l'égal, car en toute espèce d'action admettant le plus et le moins il y a aussi l'égal. Si donc l'injuste est inégal, le juste est égal, et c'est là, sans autre raisonnement, une opinion unanime » (*Éth. Nic.,* V, 6, 1131 a 12-13). Le recours à l'opinion commune reste une constante chez Aristote. Il ne sera pas moindre chez Kant, comme on le dira dans l'étude suivante. C'est pourquoi nous parlons du sens de la justice.
2. « Le juste est, par suite, une sorte de proportion (...) la proportion étant une égalité de rapports et supposant quatre termes au moins » (*ibid.,* V, 6, 1131 a 29-32).

L'égalité, de quelque manière qu'on la module, *est à la vie dans les institutions ce que la sollicitude est aux relations interpersonnelles.* La sollicitude donne pour vis-à-vis au soi un autre qui est un visage, au sens fort qu'Emmanuel Lévinas nous a appris à lui reconnaître. L'égalité lui donne pour vis-à-vis un autre qui est un *chacun.* En quoi le caractère distributif du « chacun » passe du plan grammatical, où nous l'avons rencontré dès la préface, au plan éthique. Par là, le sens de la justice ne retranche rien à la sollicitude ; il la suppose, dans la mesure où elle tient les personnes pour irremplaçables. En revanche, la justice ajoute à la sollicitude, dans la mesure où le champ d'application de l'égalité est l'humanité entière.

Qu'une certaine équivoque, déjà aperçue avec l'introduction de l'idée de distribution, affecte profondément l'idée de justice, ce n'est pas douteux. L'idée de parts justes renvoie d'un côté à celle d'une appartenance qui va jusqu'à l'idée d'un infini *endettement mutuel,* qui n'est pas sans rappeler le thème lévinassien de l'otage ; d'un autre côté, l'idée de parts justes conduit, dans la meilleure hypothèse, à l'idée qu'on retrouvera chez Rawls d'un mutuel désintérêt pour les intérêts les uns des autres : au pire, elle reconduit à l'idée – lévinassienne elle aussi – de séparation.

Le soi et la norme morale

De la thèse proposée au début de l'étude précédente, seule la première des trois propositions qui la composent a été développée avec quelque ampleur, à savoir l'affirmation de la primauté de l'éthique sur la morale. On a ainsi construit sur la base du seul prédicat « bon » les trois phases d'un discours allant de la visée de la vie bonne au sens de la justice en passant par la sollicitude. A cette structure tripartite du prédicat « bon » appliqué aux actions, a correspondu, par voie réflexive, la structure homologue de l'*estime de soi*. A la présente étude revient la tâche de justifier la seconde proposition, à savoir qu'il est nécessaire de soumettre la visée éthique à l'épreuve de la norme. Restera à montrer de quelle façon les conflits suscités par le formalisme, lui-même étroitement solidaire du moment déontologique, ramènent de la morale à l'éthique, mais à une éthique enrichie par le passage par la norme, et investie dans le jugement moral en situation. C'est sur le lien entre *obligation* et *formalisme* que va se concentrer la présente étude, non pour dénoncer à la hâte les faiblesses de la morale du devoir, mais pour en dire la grandeur, aussi loin que pourra nous porter un discours dont la structure tripartite doublera exactement celle de la visée éthique.

Dans la première étape de notre nouveau parcours, la visée de la « vie bonne » sera soumise à l'épreuve de la norme sans égard pour la structure dialogique de la norme elle-même. Cette structure sera au centre de la seconde étape, en écho à la sollicitude qui désigne le rapport originaire, au plan éthique, de soi à l'autre que soi. C'est au cours de la troisième étape que nous donnerons une suite à notre investigation du sens de la justice, au moment où celui-ci devient règle de justice, sous l'égide du formalisme moral étendu des rapports interpersonnels aux rapports sociaux et aux institutions qui sous-tendent ces derniers. Il en résulte que le respect de soi, qui répond au plan moral à l'estime de soi du plan éthique, n'atteindra sa pleine signification qu'au terme de la troisième étape, lorsque le respect de la norme se sera épanoui en respect d'autrui et de « soi-même comme un autre », et que celui-ci se sera étendu à quiconque est en droit d'attendre sa juste part dans un partage équitable. Le respect de soi a la même structure complexe que l'estime de soi. Le respect de soi, c'est l'estime de soi sous le régime de la loi morale. C'est pourquoi sa structure triadique est homologue à celle de l'estime de soi.

1. La visée de la « vie bonne » et l'obligation

Que nous ajournions l'examen du moment dialogique de la norme ne signifie pas que nous fassions précéder la réciprocité des personnes par un quelconque solipsisme moral. Le soi, est-il besoin de le rappeler, n'est pas le moi. Il s'agit plutôt d'isoler le moment d'*universalité* qui, à titre d'ambition ou de prétention – on en discutera dans la prochaine étude –, marque la mise à l'épreuve par la norme du souhait de vivre bien. Ce sera, corrélativement, de la même universalité que s'autorisera le soi au plan réflexif. On a de bonnes raisons d'objecter son caractère abstrait à une requête de la norme qui ne fait pas acception des personnes : c'est précisément cette abstraction qui nous poussera de la première à la deuxième configuration de la norme. En revanche, on ne saurait rendre cette abstraction solidaire de quelque point de vue *égologique* que ce soit. L'universel à ce stade n'est à proprement parler ni vous, ni moi.

Sans nier aucunement la rupture opérée par le formalisme kantien par rapport à la grande tradition téléologique et eudémoniste, il n'est pas inapproprié de marquer, d'une part, les traits par lesquels cette dernière tradition fait signe en direction du formalisme et, d'autre part, ceux par lesquels la conception déontologique de la morale reste rattachée à la conception téléologique de l'éthique.

S'agissant des anticipations de l'universalisme implicites à la perspective téléologique, ne peut-on pas dire que l'établissement par Aristote d'un critère commun à toutes les vertus – à savoir la *mésotès,* le terme moyen, la médiété – prend rétrospectivement le sens d'une amorce d'universalité ? Et quand nous-même avons, dans le sillage encore d'Aristote, donné pour objet à l'estime de soi des *capacités* telles que l'initiative de l'action, le choix par des raisons, l'estimation et l'évaluation des buts de l'action, n'avonsnous pas implicitement donné un sens universel à ces capacités, comme étant ce *en vertu de quoi* nous les tenons pour estimables, et nous-mêmes par surcroît[1] ? D'une façon semblable, quand nous avons, à la suite de Heidegger, reconnu dans la *mienneté* un caractère assigné « à chaque fois » au soi, cet « à chaque fois » ne désigne-t-il pas le trait qu'on peut dire universel grâce auquel on peut écrire : *das Dasein, das Selbst* ? Que l'aspect universel de ce que nous appelons néanmoins des existentiaux ne remette pas en question la distinction entre deux identités, celle de l'*ipse* et celle de l'*idem,* cela n'est pas contestable : en vertu de ces universaux que sont les existentiaux, nous disons précisément *en tant que quoi* l'*ipse* se distingue de l'*idem* ou, équivalemment, en tant que quoi le *qui ?* est digne d'estime.

Or, si l'éthique fait signe vers l'universalisme par les quelques traits qu'on vient de rappeler, l'obligation morale n'est pas non plus sans attaches dans la visée de la « vie bonne ». Cet ancrage du moment déontologique dans la visée téléologique est rendu manifeste par la place qu'occupe chez Kant le concept de bonne volonté au seuil des *Fondements de la métaphysique des mœurs :* « De tout ce qu'il est possible de concevoir dans le monde, et même en général hors du monde, il n'est rien qui puisse sans restriction [*ohne Einschränkung*] être tenu pour bon, si ce n'est une *bonne volonté*[2]. »

Dans cette déclaration liminaire sont incluses deux affirmations qui, l'une et l'autre, préservent une certaine continuité entre le point de vue déontologique et la perspective téléologique, en dépit de la rupture significative qu'on va dire plus loin. Il est d'abord entendu que « bon moralement » signifie « bon sans res-

---

1. La théorie morale d'Alan Gewirth dans *Reason and Morality* (Chicago University Press, 1978) repose sur l'explicitation de la dimension universelle attachée à la reconnaissance de ces capacités en chacun. S'il parle ici de traits « génériques », ce n'est eu égard à la classification par genres et espèces, mais pour désigner le caractère universel des capacités *en raison* desquelles nous nous reconnaissons membres du genre humain – ou de l'espèce humaine –, en un sens unique des termes « genre » et « espèce ».

2. *Fondements de la métaphysique des mœurs*, (Ak.393, trad. fr. de V. Delbos revue et modifiée par F. Alquié *in* E. Kant, *Œuvres philosophiques, op. cit.*, t. II, 1985, p. 250). On voudra bien noter les multiples occurrences des termes « estime », « estimer », « estimable » dans la première section des *Fondements,* toujours en relation avec la bonne volonté. Ce n'est pas seulement l'ancrage dans la tradition téléologique que ces termes expriment, mais l'ancrage dans l'expérience morale ordinaire ; comme chez Aristote, la philosophie morale, chez Kant, ne part pas de rien ; sa tâche n'est pas d'inventer la morale, mais d'extraire le *sens* du *fait* de la moralité, comme É. Weil le dit de la philosophie kantienne dans son ensemble ; cf. Éric Weil, *Problèmes kantiens*, Paris, Vrin, 1970, « Sens et fait », p. 56-107.

triction », c'est-à-dire sans égard pour les conditions intérieures et les circonstances extérieures de l'action ; tandis que le prédicat « bon » conserve l'empreinte téléologique, la réserve « sans restriction » annonce la mise hors jeu de tout ce qui peut retirer à l'usage du prédicat bon sa marque morale[1]. Deuxième affirmation : le porteur du prédicat « bon » est désormais la *volonté*. Ici aussi, une certaine continuité avec la perspective éthique est préservée : on peut homologuer le concept kantien de volonté avec le pouvoir de poser un commencement dans le cours des choses, de se déterminer par des raisons, pouvoir qui, avons-nous dit, est l'objet de l'estime de soi. Mais la volonté prend en morale kantienne la place que le désir raisonnable occupait en éthique aristotélicienne ; le désir se reconnaît à sa visée, la volonté à son rapport à la loi[2] ; elle est le lieu de la question : « Que dois-je faire ? » Dans un vocabulaire plus proche de nous, on dirait que le vouloir s'exprime dans des actes de discours relevant de la famille des *impératifs,* alors que les expressions verbales du désir – y compris le bonheur – sont des actes de discours de type *optatif.*

Nous sommes entrés dans la problématique kantienne par le porche royal de l'universalité. Mais cette problématique à elle seule ne suffit pas à caractériser une morale de l'obligation. A l'idée de l'universalité est indissociablement liée celle de la *contrainte,* caractéristique de l'idée de *devoir ;* et ceci, en vertu des limitations qui caractérisent une volonté finie. Par sa constitution fondamentale, en effet, la volonté n'est autre que la raison pratique, commune en principe à tous les êtres rationnels ; par sa

1. Otfried Höffe, dans son *Introduction à la philosophie pratique de Kant (la morale, le droit et la religion)* (trad. fr. de F. Rüegg et S. Gillioz, Fribourg, Albeuve, Suisse, Éd. Castella, 1985), qualifie de « méta-éthique » cette première affirmation qui fait du concept du bien sans restriction « la condition nécessaire et suffisante pour déterminer définitivement la question du bien » (p. 59). J'appellerai simplement éthique cette déclaration liminaire, afin d'en souligner le lien avec la visée éthique. En outre, O. Höffe a raison de souligner que l'idée normative de bon sans restriction est d'une ampleur telle qu'elle couvre les deux domaines juxtaposés de la *praxis* personnelle, à laquelle se limitent les *Fondements* et la *Critique de la Raison pratique,* et de la *praxis* publique, dont ne traite seulement dans la partie de la *Métaphysique des mœurs* consacrée à la *Doctrine du droit.* On y reviendra dans la section « justice » de cette étude.

2. La définition par Kant de la volonté, en son sens le plus général, porte la marque de cette référence à la norme ; à la différence des phénomènes naturels qui exemplifient des lois, la volonté est la faculté d'agir « d'après la *représentation* des lois » (*Fondements...* trad. Delbos [IV, 412], p. 274) ; la définition est caractéristique du style législatif qui traverse l'œuvre entière de Kant, comme l'observe Simone Goyard-Fabre au début de son ouvrage *Kant et le Problème du droit,* Paris, Vrin, 1975.

constitution finie, elle est empiriquement déterminée par des inclinations sensibles. Il en résulte que le lien entre la notion de bonne volonté – porte d'accès à la problématique déontologique – et la notion d'une action faite par devoir est si étroit que les deux expressions en deviennent substituables l'une à l'autre[1]. Une volonté bonne sans restriction est à titre initial une volonté constitutionnellement soumise à des limitations. Pour celle-ci le bon sans restriction revêt la forme du devoir, de l'impératif, de la contrainte morale. Toute la démarche critique est de remonter de cette condition finie de la volonté à la raison pratique conçue comme autolégislation, comme *autonomie*. A ce stade seulement, le soi aura trouvé la première assise de son statut moral, sans préjudice de la structure dialogique qui, sans s'y ajouter du dehors, en déploie le sens dans la dimension interpersonnelle.

En deçà de ce sommet, la réflexion morale est une patiente *mise à l'épreuve* des candidats au titre de bon sans restriction et, par implication, en vertu du statut d'une volonté finie, au titre de catégoriquement impératif. Le style d'une morale de l'obligation peut alors être caractérisé par la stratégie progressive de mise à distance, d'épuration, d'exclusion, au terme de laquelle la volonté bonne sans restriction sera égalée à la volonté autolégislatrice, selon le principe suprême d'autonomie.

Si l'on aborde cette stratégie du point de vue de ce qui est ainsi mis à l'écart, plusieurs stades doivent être distingués. Au premier stade, l'inclination, signe de finitude, n'est mise à l'écart qu'en raison de son inadéquation purement épistémique au regard du critère d'universalité. Il est important, pour la discussion ultérieure, de séparer l'impureté *empirique* de l'inclination, de la

---

1. Afin de « développer le concept d'une volonté souverainement estimable en elle-même, d'une volonté bonne indépendamment de toute intention ultérieure », il faut « examiner le concept du *devoir*, qui contient celui d'une bonne volonté, avec certaines restrictions, il est vrai, et certaines entraves subjectives ; mais qui, bien loin de le dissimuler et de le rendre méconnaissable, le font plutôt ressortir par contraste et le rendent d'autant plus éclatant » (*Fondements...*, trad. Delbos [IV, 397], p. 255). C'est ici que se fait la rupture entre la critique et le sens moral ordinaire : « Il y a néanmoins dans cette idée de la valeur absolue de la simple volonté, dans cette façon de l'estimer sans faire entrer aucune utilité en ligne de compte, quelque chose de si étrange que, malgré même l'accord complet qu'il y a entre elle et la raison commune, un soupçon peut cependant s'éveiller : peut-être n'y a-t-il là au fond qu'une transcendante chimère, et peut-être est-ce comprendre à faux l'intention dans laquelle la nature a délégué la raison au gouvernement de notre volonté. Aussi allons-nous, de ce point de vue, mettre cette idée à l'épreuve [*Prüfung*] » (*Fondements...*, trad. Delbos [IV, 394-395], p. 252). Cette idée de *mise à l'épreuve* va être le fil conducteur de notre reconstruction de la morale de l'obligation.

récalcitrance et donc de la désobéissance virtuelle, qui rendent compte du caractère de contrainte de l'impératif moral. Les deux problématiques de l'universalité et de la contrainte sont sans doute difficiles à distinguer en raison de la constitution finie de la volonté. Mais on peut au moins *concevoir* un mode de détermination subjective qui ne porterait pas la marque de l'antagonisme entre la raison et le désir. Aucune réprobation ne serait alors attachée à la mise hors circuit de l'inclination : seule son empiricité la disqualifierait. Ce stade peut parfaitement être isolé dans la démarche kantienne. Il correspond à la soumission des maximes de l'action à la *règle d'universalisation*[1]. C'est en effet uniquement par le truchement de ces maximes, c'est-à-dire de « propositions renfermant une détermination générale de la volonté dont dépendent plusieurs règles pratiques[2] », que les inclinations peuvent être mises à l'épreuve. En effet, comment pourrais-je savoir si, au cours de l'action, l'estime d'une chose est adéquate à l'estime absolue de la bonne volonté, sinon en posant la question : la maxime de mon action est-elle universalisable ? La médiation offerte ici par la maxime suppose que, dans la position par la volonté d'un projet de quelque ampleur, soit potentiellement incluse une *prétention à l'universalité* que la règle d'universalisation vient précisément mettre à l'épreuve[3]. Il faut avouer qu'ainsi caractérisée, la notion de maxime est sans précédent dans la tradition téléologique, en dépit des traces d'universalisme que nous avons repérées plus haut. Ce n'est pas en effet la prétention à l'universalité, mais la téléologie interne qui, chez Aristote, d'abord, caractérisait la notion de « désir rationnel », puis, dans nos propres analyses de la *praxis*, les notions de pratiques, de plans de vie et d'unité narrative d'une vie. Ces dernières notions peuvent certes être retranscrites dans le vocabulaire de la maxime, à la faveur de leur parenté avec le caractère de généralité de la maxime au plan d'une phénoménologie de la *praxis* ; mais c'est l'*épreuve d'universalisation* qui donne à la maxime sa signification spécifique, en même temps que cette épreuve définit pour

1. Selon l'expression heureuse de O. Höffe, dans sa remarquable analyse de la maxime en tant qu'« objet de l'universalisation » (*op. cit.*, p. 82-102), les maximes sont les régularités que l'agent constitue lui-même en les faisant siennes.
2. *Critique de la Raison pratique*, trad. fr. de F. Picavet, Paris, PUF, 1943, 4e éd., 1965 [V, 19], p. 17. Nous citerons *C.R.Pr.* cf. également Kant, *Œuvres philosophiques*, éd. Alquié, *op. cit.*, t. II, p. 627.
3. Sur la notion kantienne de maxime, cf., outre O. Höffe, B. Carnois, *La cohérence de la doctrine kantienne de la liberté*, Paris, Éd. du Seuil, 1973, p. 137-139 et *passim*.

la première fois le formalisme, comme en témoigne la formulation la plus générale de l'impératif catégorique : « Agis uniquement d'après la maxime qui fait que tu peux vouloir en même temps qu'elle devienne une loi universelle » (*Fondements...*, trad. Delbos [IV, 421], p. 285). A ce stade, aucune récalcitrance de l'inclination n'est prise en considération ; seul le critère d'universalisation rend manifeste l'inadéquation de la *prétention* à l'universalité attachée à la maxime, au regard de l'*exigence* d'universalité inscrite dans la raison pratique[1].

C'est avec le deuxième et le troisième degré de la scission qu'une morale de l'obligation revêt les traits qui l'opposent le plus radicalement à une éthique fondée sur la visée de la « vie bonne ». Dans l'analyse qui précède, on a isolé l'aspect universel de l'aspect contraignant du devoir, en dépit de leur liaison étroite dans la structure d'une volonté finie, c'est-à-dire empiriquement déterminée. L'aspect contraignant mérite à son tour un examen distinct, dans la mesure où c'est lui qui détermine la forme de l'*impératif* que revêt la règle de l'universalisation. Or, considéré du point de vue de la théorie des actes de discours, l'impératif pose un problème spécifique : outre des conditions de succès (un commandement a-t-il été effectivement émis en accord avec les conventions qui l'autorisent ?), les actes de discours sont soumis à des conditions de satisfaction (ce commandement a-t-il été suivi d'*obéissance* ou non ?)[2]. Cette relation entre commandement et obéissance marque une différence nouvelle entre la norme morale et la visée éthique. Or il est remarquable que, dans le langage ordinaire, cette espèce d'acte de discours requiert un locuteur et un allocutaire distincts : l'un commande, l'autre est contraint d'obéir en vertu de la condition de satisfaction de l'impératif. C'est cette situation que Kant a intériorisée en plaçant dans le même sujet le pouvoir de commander et celui d'obéir ou de désobéir. L'inclination se trouve dès lors définie par son pouvoir de désobéissance. Ce pouvoir, Kant l'assimile à la passivité inhérente à l'inclination, qui lui fait appeler « pathologique » le désir[3].

1. Nous mettrons en question dans l'étude suivante ce privilège accordé par Kant à la règle d'universalisation et la version étroite qu'il en donne en termes exclusifs de non-contradiction.

2. Sur la distinction entre conditions de succès et conditions de satisfaction, cf. Daniel Vanderveken, *Les Actes de discours*, Liège, Bruxelles, Mariaga, 1988.

3. « Dans la volonté affectée pathologiquement d'un être raisonnable, il peut y avoir conflit [*Widerstreit*] entre les maximes et les lois pratiques reconnues par l'être lui-même » (*C.R.Pr.*, trad. F. Picavet, chap. I, § 1, scolie [V, 19], p. 17 ; cf. éd. Alquié, t. II, p. 627-628).

Il est difficile, en ce point, de ne pas reprendre l'accusation classique de rigorisme, selon laquelle Kant tiendrait le désir pour intrinsèquement hostile à la rationalité[1]. On peut résister jusqu'à un certain point à cette accusation en faisant passer, comme Kant, la ligne de partage à l'intérieur même de la famille des impératifs, et en distinguant, comme il est bien connu, entre l'impératif catégorique et les impératifs simplement hypothétiques, ceux de l'habileté et ceux de la prudence. Cette distinction s'avère être l'homologue exact, dans l'ordre de la contrainte, de celle qu'introduit le critère d'universalisation. Si l'on admet que la forme impérative est requise par la structure d'une volonté finie, alors l'impératif catégorique est l'impératif qui a passé avec succès l'épreuve de l'universalisation.

La nouveauté introduite par le caractère de contrainte de l'obligation n'est pleinement explicitée que par les premiers *Théorèmes* et les deux *Problèmes* de l'*Analytique de la Raison pure pratique*. Ce qui est ici théorisé, c'est précisément ce que l'impératif catégorique exclut, à savoir la motivation propre aux autres impératifs[2]. Un second seuil de formalisme est ainsi franchi : la médiation par les maximes n'est pas oubliée, mais les maximes subjectives sont ramenées en bloc à leur source unique, la « faculté de désirer », et les maximes objectives à la simple *(blosse)* forme d'une législation[3].

1. Kant paraît en effet près de Platon, distinguant entre la partie de l'âme qui commande, parce qu'irrationnelle, et celle qui, parce qu'irrationnelle, est capable de rébellion. Il n'est pas jusqu'au *thumos* platonicien, placé au milieu, qui n'ait son parallèle dans l'analyse kantienne de l'acte volontaire, qui lui-même se divise entre la volonté déterminée par la loi *(Wille)* et la volonté capable d'hésiter *entre* la loi et le désir, et, à ce titre, placée dans la position d'arbitre entre les deux : ce que signifie exactement l'*arbitrium*, devenu chez Kant *Willkühr*, qu'il faudrait traduire simplement par « arbitre ».

2. Le *Théorème I* énonce qu'un principe qui ne se fonde que sur la capacité de sentir du plaisir ou de la peine peut servir de maxime mais non de loi. Le rôle de la désobéissance possible – du « conflit » – est rigoureusement défini par l'état terminal de ce qu'on a nommé jusqu'ici inclination, à savoir le plaisir et la peine érigés en principes déterminants de l'arbitre. Le *Théorème II* aligne sur le plaisir et la peine des affects aussi différents au point de vue phénoménologique que l'agrément, la satisfaction, le contentement, la félicité (le vocabulaire des affects est à cet égard d'une richesse insoupçonnée). La faculté de désirer est ainsi unifiée en vertu de sa position antagoniste, l'amour de soi et le bonheur personnel tombant sous la même rubrique.

3. « Toutes les règles pratiques *matérielles* placent le principe déterminant de la volonté dans la *faculté inférieure de désirer*, et s'il n'y avait aucune loi simplement formelle de la volonté, qui la déterminât suffisamment, il n'y aurait lieu d'admettre aucune *faculté supérieure de désirer* » (§ 3, *Théorème II, Corollaire*, trad. Picavet, p. 21 ; cf. éd. Alquié, t. II, p. 633).

Le seuil décisif de la scission est franchi avec l'idée d'autolégislation ou *autonomie*[1]. Ce n'est plus seulement de volonté qu'il s'agit, mais de liberté. Ou plutôt, la liberté désigne la volonté *(Wille)* dans sa structure fondamentale, et non plus selon sa condition finie *(Willkühr)*. De cette liberté, la Dialectique de la *Critique de la Raison pure* n'avait pu établir que le caractère simplement pensable. Voici la liberté justifiée pratiquement : d'abord, en termes négatifs, par l'indépendance totale à l'égard de « la loi naturelle des phénomènes dans leur rapport mutuel, c'est-à-dire de la loi de la causalité » *(Problème I, C.R.Pr.,* trad. Picavet, p. 28 ; cf. éd. Alquié [V, 29], p. 641), puis, positivement, en tant qu'autodonation de la loi *(Théorème IV)*. Avec l'*autonomie,* la scission dont nous suivons le destin de degré en degré, atteint son expression la plus radicale : à l'autonomie s'oppose l'*hétéronomie* de l'arbitre, en vertu de quoi la volonté se donne seulement « le précepte d'une obéissance raisonnable à une loi pathologique » *(Théorème IV,* trad. Picavet, p. 33 ; cf. éd. Alquié [V, 33], p. 648). Avec cette opposition – ce *Widerstreit* – entre autonomie et hétéronomie, le formalisme est porté à son comble ; Kant peut en effet proclamer : la morale réside là où « la simple forme législative des maximes est à elle seule le principe suffisant de détermination de la volonté » *(C.R.Pr.,* trad. Picavet, p. 28 ; cf. éd. Alquié [V, 28], p. 640). Certes, nous n'avons pas quitté le vocabulaire de l'impératif ; mais nous l'avons en quelque sorte sublimé : quand l'autonomie substitue à l'obéissance à l'autre l'obéissance à soi-même, l'obéissance a perdu tout caractère de dépendance et de soumission. L'obéissance véritable, pourrait-on dire, c'est l'autonomie.

La reconstruction qui précède du concept kantien de moralité a été réduite aux éléments qui suffisent à caractériser le point de vue déontologique face à la conception téléologique de l'éthique : bonne volonté en tant que détermination du bon sans restriction, critère d'universalisation, législation par la forme seule, enfin

---

1. O. Höffe caractérise à juste titre l'autonomie comme le « méta-critère », afin de la distinguer de la règle d'universalisation, critère unique du « bon sans restriction » *(op. cit.,* p. 127). Il note l'origine chez Rousseau de l'idée d'autolégislation : « L'obéissance à la loi qu'on s'est prescrite est liberté » *(Contrat social,* livre I, chap. VIII, cité par Höffe, p. 128). L'autonomie devient ainsi l'équivalent d'un contrat passé avec soi-même : « Une volonté à laquelle la pure forme législative de la maxime peut servir de loi est une volonté libre » *(Problème I,* p. 28). Ce lien du formalisme moral avec la tradition contractualiste nous intéresse d'autant plus que nous retrouverons cette dernière quand nous traiterons de la règle formelle de justice. Concernant la place de l'autonomie sur l'« arbre généalogique » des différents concepts de liberté chez Kant, cf. B. Carnois, *op. cit.,* p. 70*sq.* et 191-193.

autonomie. Les antagonismes caractéristiques de la fondation kantienne ont été ordonnés selon les degrés d'une logique d'exclusion. L'opposition entre autonomie et hétéronomie est ainsi apparue comme constitutive de l'ipséité morale. Dans l'esprit du kantisme, la position du soi législateur ne doit pas être confondue avec une thèse égologique. Comme il a été dit plus haut en termes généraux, le caractère abstrait de ce premier moment de la structure triadique de la moralité est proportionnel au degré d'universalité atteint par le jugement moral en général. En conséquence, le principe d'autonomie prétend échapper à l'alternative du monologue et du dialogue. Selon la formule de Kant dans les *Fondements,* on observera une progression d'un genre très particulier lorsque l'on passera de la formulation générale de l'impératif catégorique à la seconde et à la troisième formulation, qui régiront la seconde et la troisième étape de notre propre itinéraire. La progression, dit Kant, se fait de la « *forme,* qui consiste dans l'universalité », à la « *matière »,* où les personnes sont appréhendées comme des fins en elles-mêmes, et de là à la « *détermination complète* de toutes les maximes », avec la notion de *règne des fins*[1]. « Le progrès, ajoute Kant, se fait ici en quelque sorte selon les catégories, en allant de l'*unité* de la forme de la volonté (son universalité) à la *pluralité* de la matière (des objets, c'est-à-dire des fins) et de là à la *totalité* ou intégralité du système » (*Fondements...* [IV, 436], p. 304)[2]. Unité, pluralité, totalité sont certes des catégories de la quantité. Mais c'est seulement « en quelque sorte » que l'*unité* de la forme est distinguée de la *pluralité* de la matière. Cette unité n'est pas celle d'un *ego* solitaire. C'est celle de l'*universalité* de vouloir, saisie en ce moment abstrait où elle ne s'est pas encore distribuée entre la pluralité des personnes. Cette progression seulement pédagogique ou psychagogique

1. *Fondements...* [IV, 436] p. 303-304. Kant souligne avec insistance que chaque formule « contient en elle par elle-même les deux autres » *(ibid.) ;* il ajoute : « Il y a cependant entre elles une différence, qui à vrai dire est plutôt subjectivement qu'objectivement pratique, et dont le but est de rapprocher (selon une certaine analogie) une idée de la raison de l'intuition et par là du sentiment » (*ibid.* [IV, 436], p. 303).
2. La prééminence de la première formule n'en demeure pas moins : « on fait mieux de procéder toujours, quand il s'agit de porter un *jugement* moral, selon la stricte méthode, et de prendre pour principe la formule universelle de l'impératif catégorique : *Agis selon la maxime qui peut en même temps s'ériger elle-même en loi universelle.* Pourtant, si l'on veut en même temps ménager à la loi morale l'*accès* des âmes, il est très utile de faire passer la même action par les trois concepts indiqués et de la rapprocher par là, autant que possible, de l'intuition » (*ibid.* [IV, 436-437], p. 304).

(« ménager à la loi morale l'*accès* des âmes » !) fera l'objet d'une discussion en règle lorsque nous aurons achevé le parcours entier des formulations de la moralité.

Avant de passer de l'autonomie du soi, dans sa dimension universelle, au régime de pluralité qui caractérisera notre seconde étape, désignons trois « lieux » qui, avant toute critique dirigée du dehors contre la moralité kantienne, sont pointés par le texte kantien lui-même comme des lieux de virtuelle aporie[1].

Le premier de ces « lieux » a affaire avec la nature de la « déduction » que Kant déclare avoir faite du principe de l'autonomie.

Si, comme il se doit, on entend par déduction, au sens juridique de la *quaestio juris,* la remontée à des présuppositions dernières, il faut avouer que, dans le cas de l'autonomie, cette remontée s'arrête à l'attestation d'un fait, le fameux *Factum der Vernunft* – le « fait de la raison » –, qui a suscité tant de commentaires. Certes, Kant ne parle de fait qu'à propos de la conscience *(Bewusstsein)* que nous prenons de la capacité autolégislatrice du sujet moral (*C.R.Pr.,* trad. Picavet, p. 31 ; éd. Alquié [V, 31], p. 645). Mais cette conscience est le seul accès que nous ayons à la sorte de relation synthétique que l'autonomie instaure entre la liberté et la loi. En ce sens, le fait de la raison n'est autre que la conscience

---

1. C'est à dessein qu'il n'a pas été fait état, dans une reconstruction soucieuse de situer avec précision le moment de plus grand écart entre le point de vue déontologique et la perspective téléologique, de l'apport original de la *Dialectique de la Raison pure pratique.* Celle-ci ouvre, si l'on peut dire, un nouveau chantier, avec le thème du *souverain bien.* Sous l'égide de ce terme, Kant s'interroge sur ce qu'il convient d'appeler « l'objet entier d'une raison pure pratique » (trad. Picavet, p. 117 ; éd. Alquié, [V, 109], p. 741), ou encore « la totalité inconditionnée » de cet objet. On pourrait dire que cette nouvelle interrogation ramène Kant dans les eaux de la téléologie aristotélicienne. Certaines expressions telles que celle-ci : « le bien complet et parfait en tant qu'objet de la faculté de désirer d'êtres raisonnables et finis » (trad. Picavet, p. 119 ; éd. Alquié [V, 119], p. 742), donnent quelque crédit à cette interprétation. Mais, outre le fait que la conjonction de nature non analytique mais synthétique entre vertu et bonheur pose en elle-même un problème spécifique, lequel à son tour débouche sur celui plus considérable encore des Postulats de la raison pratique, il importe de répéter après Kant que la *Dialectique* ne défait pas ce que l'*Analytique* a construit : c'est seulement pour une volonté autonome que s'ouvre la carrière de cette nouvelle problématique du souverain bien et du bonheur. Il est en outre frappant qu'en se concentrant sur la nature du lien « identitaire ou non, entre vertu et bonheur », Kant n'avait pas de raison de croiser Aristote sur son chemin ; il ne rencontrait parmi ses devanciers que l'épicurisme et le stoïcisme (*ibid.,* trad. Picavet, p. 120*sq.* ; éd. Alquié [V, 112*sq.*], p. 745*sq.*). Le formalisme de la moralité lui interdisait de poser le problème du souverain bien en termes de dynamique et de visée, en dépit des expressions en apparence si proches d'Aristote évoquées à l'instant.

que nous prenons de cette liaison originaire. Pour ma part, je reconnais volontiers dans cette conscience la forme spécifique que revêt l'attestation du *qui* ? dans sa dimension morale ; autrement dit, le témoignage porté sur le statut pratique de la volonté libre[1]. Le vocabulaire de Kant le confirme : dans ce *factum*, dit-il, « la raison pure se manifeste [*sich beweist*] comme réellement pratique en nous » (*C.R.Pr.*, trad. Picavet, p. 41 ; éd. Alquié [V, 42], p. 658) ; c'est en ce sens très particulier que l'autonomie est appelée elle-même un fait « apodictiquement certain » (*C.R.Pr.*, trad. Picavet, p. 47 ; éd. Alquié [V, 47], p. 664)[2]. Le rapport entre modèle et copie, archétype et ectype, monde de l'entendement pur et monde sensible, justifie l'usage analogique de la nature dans la première formulation secondaire de l'impératif catégorique, « comme si un ordre naturel devait être enfanté par notre volonté » (trad. Picavet, p. 44 ; cf. éd. Alquié [V, 44], p. 661)[3]. Nous retrouvons, au terme de la mise à l'épreuve et du criblage des concurrents du devoir, la confiance placée initialement dans l'expérience morale commune. Mais cette auto-attestation peut-elle être assimilée à une autoposition ? N'y a-t-il pas plutôt là, dissimulé sous la fierté de l'assertion d'autonomie, l'aveu d'une certaine réceptivité, dans la mesure où la loi, en déterminant la liberté, *l'affecte* ?

1. Mon interprétation est proche de celle de O. Höffe : « Avec le terme " fait de la raison pratique ", Kant veut indiquer que la morale existe effectivement » (*op. cit.*, p. 136). Plus loin : « Kant parle d'un fait [*factum*] parce qu'il considère la conscience de la loi morale comme une réalité, comme quelque chose de réel et non pas de fictif, de simplement admis » (*op. cit.*, p. 137).

2. La première occurrence du terme « fait de la raison » se lit ici : « cependant, pour ne pas se méprendre, en admettant cette loi *comme donnée*, il faut bien remarquer qu'elle n'est pas un fait empirique, mais le fait unique de la raison, qui s'annonce par là comme originairement législative *(sic volo, sic jubeo)* » (*C.R.Pr.*, trad. Picavet, p. 31 ; éd. Alquié [V, 31], p. 645). On notera d'autres expressions : « lettre de créance [*Creditiv*] de la loi morale », « garantie [*Sicherung*] de son problématique concept de liberté » (trad. Picavet, p. 49 ; éd. Alquié [V, 49], p. 667). Il est dit encore que ce fait a une « signification purement pratique » (trad. Picavet, p. 50 ; éd. Alquié [V, 50], p. 668) et qu'il est « inexplicable par toutes les données du monde sensible » (trad. Picavet, p. 42 ; cf. Alquié [V, 43], p. 659). Il est vrai que Kant paraît identifier cette attestation pratique à une véritable percée dans l'ordre nouménal jusqu'à la « nature supra-sensible des êtres raisonnables en général » (*ibid.*, cf. Alquié [V, 43], p. 659). Mais la réserve qui suit ne doit pas être omise : une nature sensible qui n'est connue que par des lois de caractère pratique « n'est qu'une *nature sous l'autonomie de la raison pure pratique* » (trad. Picavet, p. 43 ; cf. éd. Alquié [V, 43], p. 660).

3. Sur ces textes difficiles, cf. D. Henrich, « Der Begriff der sittlichen Einsicht und Kants Lehre von Faktum der Vernunft » (*in* G.P. Prauss [éd.], *Kant*, Cologne, Kiepenheuer und Witsch, 1973, p. 223-224 ; cf. également B. Carnois, *op. cit.*, p. 93-117).

Ce soupçon trouve quelque renfort dans le traitement qui est réservé par la *Critique de la Raison pratique* au *respect*. En un sens, il peut paraître prématuré de parler du respect avant de l'avoir déployé lui aussi selon la triple membrure de la moralité, selon la distinction qui vient d'être faite entre unité (ou universalité), pluralité et totalité. Le respect, dont nous avons fait le titre emblématique de la doctrine entière de la moralité, n'aura reçu sa signification plénière que lorsque sa structure triadique aura été assurée. Néanmoins, c'est au niveau du principe d'autonomie, dans la nudité du rapport de la liberté à la loi, lorsqu'il n'a pas encore été fait acception des personnes en tant que fins en elles-mêmes, que le respect révèle son étrange nature [1]. Celle-ci tient à la place du respect, en tant que sentiment, parmi les « *mobiles de la raison pure pratique* » (*Analytique,* chap. III). Le respect est un mobile en ceci qu'il incline, sur le mode d'une affection passivement reçue, à « faire une maxime de la loi elle-même » (trad. Picavet, p. 80 ; éd. Alquié [V, 76], p. 701) [2].

Or il est remarquable que Kant ne se soit pas posé le problème du rapport entre le caractère de quasi-position de soi par soi de l'autonomie et le caractère virtuel d'affection par l'autre impliqué par le statut du respect en tant que mobile. Il a pensé que la difficulté pouvait en quelque sorte être résolue, avant d'être formulée dans ces termes, en *scindant* en deux l'affectivité elle-même, et en consacrant tous ses efforts à cette scission. L'idée d'un sentiment imprimé dans le cœur humain par la raison seule est supposée éteindre le feu avant qu'il ait été allumé. Tout se joue à partir de là sur le départage, au sein des affects, entre ceux qui continuent de relever de la pathologie du désir et ceux qui peuvent être

1. Que le respect puisse être considéré indifféremment sous l'angle de la formule générale de l'impératif catégorique, qui n'est autre que la règle d'universalisation érigée en principe, ou sous celui de la seconde formulation de ce principe, où la pluralité des personnes est prise en compte, cela est confirmé par la juxtaposition de textes où c'est la loi morale qui est l'objet du respect et ceux où ce sont les personnes ; ainsi lit-on que « le respect s'applique toujours uniquement aux personnes, jamais aux choses » (*C.R.Pr.,* trad. Picavet, p. 80 ; éd. Alquié [V, 76], p. 701), alors que l'expression « respect pour la loi morale » est celle qui revient le plus fréquemment. Cette oscillation apparente s'explique par le fait que l'enjeu véritable n'est pas ici l'*objet* du respect, mais son statut en tant que *sentiment,* donc affection, par rapport au principe d'autonomie.

2. Notre insistance, à la suite de O. Höffe, sur la notion de maxime trouve ici une justification supplémentaire. L'équation entre maxime et mobile est presque parfaite dans l'expression : « un principe subjectif de détermination, c'est-à-dire un mobile pour cette action par l'influence qu'elle exerce sur la moralité du sujet et par le sentiment qu'elle provoque, sentiment favorable à l'influence de la loi sur la volonté » (trad. Picavet, p. 79 ; éd. Alquié [V, 75], p. 699-700).

tenus pour la marque même de la raison dans le sentiment : à savoir, sur le mode négatif, l'humiliation de l'amour-propre, et, sur le mode positif, la vénération pour la puissance de la raison en nous.

Cette scission qui brise en deux l'affectivité ne peut pas ne pas concerner notre investigation sur le lien – jamais rompu selon nous – entre norme morale et visée éthique. Si l'estime de soi est bien, comme nous l'avons admis, l'expression réflexive de la visée de la « vie bonne », elle semble tomber sous le couperet kantien qui la rejette du mauvais côté de la ligne de partage [1]. Mais la question n'a jamais été pour nous d'harmoniser le ton kantien et le ton aristotélicien. En vérité, la véritable question n'est pas là. Car il est parfaitement légitime de voir dans le respect kantien la variante de l'estime de soi qui a passé avec succès l'épreuve du critère d'universalisation. Anticipant ce que nous dirons plus loin sur la place du mal dans une conception déontologique de la moralité, on peut dire que ce qui est « terrassé », « humilié », c'est cette variante de l'estime de soi que Kant appelle *Selbstliebe* et qui en constitue la perversion toujours possible et, de fait, ordinaire [2]. En ce sens, la mise hors circuit de l'« amour de soi »

1. La condamnation morale de l'amour de soi *(Selbstliebe)* atteint ce dernier sous sa double forme d'amour-propre *(Eigenliebe)*, au sens de bienveillance excessive pour soi-même, et de présomption *(Eigendünkel)*, ou complaisance à soi *(Wohlgefallen)*. Le texte le plus précis à cet égard est celui-ci : « On peut nommer cette tendance à se faire soi-même, d'après les principes subjectifs de détermination de son libre arbitre [*Willkühr*], principe objectif de détermination de la volonté [*Willen*] en général, l'amour de soi, qui, s'il se donne pour législateur et comme principe pratique inconditionnel, peut s'appeler présomption » *(C.R.Pr.,* trad. Picavet, p. 78 ; éd. Alquié [V, 74], p. 698). Ce que nous avons appelé estime de soi ne semble pas échapper à cette condamnation : « Toutes les prétentions à l'estime de soi-même [*Selbstschätzung*] qui précèdent l'accord avec la loi morale sont nulles et illégitimes » (trad. Picavet, p. 77 ; éd. Alquié [V, 73], p. 697).
2. Une expression de Kant rend plausible cette interprétation : évoquant le sentiment d'élévation *(Erhebung)*, face positive inverse du sentiment de coercition *(Zwang)* dans la constitution contrastée du respect, il propose d'appeler « l'effet subjectif sur le sentiment (...) relativement à cette élévation, simplement *approbation de soi-même* [*Selbstbilligung*] » (trad. Picavet, p. 85 ; éd. Alquié [V, 81], p. 706). Une raison de penser que la critique du *Selbstliebe* ne rompt pas tout lien possible avec une évaluation positive de soi en tant que titulaire de l'autonomie est fournie par les nombreuses considérations finalistes, si présentes dans la *Critique de la faculté de juger,* se rapportant au plein exercice des inclinations constitutives de la nature humaine : or la personnalité est placée au sommet de la hiérarchie de ces inclinations, comme il sera rappelé plus loin à propos de l'*Essai sur le mal radical.* Dans le chapitre de la *Critique de la Raison pratique* consacré aux mobiles, on lit ceci : ce qui élève l'homme au-dessus de lui-même « n'est pas autre chose que la *personnalité,* c'est-à-dire la liberté et l'indépendance à l'égard du mécanisme de la nature entière, considéré cependant comme un pouvoir d'un être

exerce à l'égard de l'estime de soi une fonction critique et, par référence au mal, une fonction purgative. L'amour de soi, me risquerai-je à dire, c'est l'estime de soi pervertie par ce que nous appellerons tout à l'heure le penchant au mal[1]. Et le respect, c'est l'estime de soi passée au crible de la norme universelle et contraignante, bref, l'estime de soi sous le régime de la loi. Cela dit, le problème le plus redoutable que pose le respect en tant que *mobile* est l'introduction d'un facteur de *passivité* au cœur même du principe de l'autonomie. C'est cette conjonction dans le respect entre l'autoposition et l'auto-affection qui nous autorisera à mettre en question, dans l'étude suivante, l'indépendance du principe de l'autonomie – fleuron de la conception déontologique de la moralité – par rapport à la perspective téléologique, autrement dit, à mettre en doute l'autonomie de l'autonomie.

Le troisième « lieu » de virtuelle aporie, par rapport à la place éminente conférée à l'autonomie dans l'*Analytique,* est à chercher dans l'*Essai sur le mal radical* sur lequel s'ouvre *La Religion dans les limites de la simple raison.* Tout ce qui, dans cet essai, tend à disculper le désir, l'inclination, reporte du même coup sur le (libre) arbitre lui-même la source de toutes les scissions dont nous avons suivi plus haut la progression : inadéquation de l'inclination en tant qu'empirique à passer l'épreuve de la règle d'universalisation, opposition du désir pathologique à l'impératif catégorique, résistance du penchant à l'hétéronomie au principe d'autonomie. Si le désir est innocent[2], c'est au niveau de la *formation des maximes* qu'il faut situer le mal, avant de s'interroger – en vain sans doute – sur son origine, et la déclarer *inscrutable.* Le mal est, au sens propre du mot, perversion, à savoir renversement de l'ordre qui impose au respect le respect pour la loi au-dessus de l'inclination. Il s'agit ici d'un usage mauvais du (libre) arbitre, et non de la malfaisance du désir (ni non plus, d'ailleurs,

---

qui est soumis à des lois spéciales, c'est-à-dire aux lois pures pratiques données par sa propre raison, de sorte que la personne, comme appartenant au monde sensible, est soumise à sa propre personnalité, en tant qu'elle appartient en même temps au monde intelligible » (trad. Picavet, p. 91 ; éd. Alquié [V, 87], p. 713-714).

1. On remarquera que Kant parle ici, comme dans l'*Essai sur le mal radical,* de l'amour de soi comme d'un penchant, d'une propension *(Hang),* à faire des inclinations la condition pratique suprême.

2. Le principe du mal ne peut être placé dans la sensibilité et dans les inclinations qui en découlent « car celles-ci n'ont pas même de rapport direct avec le mal » (*La Religion dans les limites de la simple raison,* trad. fr. de Gibelin, Paris, Vrin, 1968, p. 559 ; cf. E. Kant, *Œuvres philosophiques, op. cit.,* t. III, 1986 [VI, 34], p. 48).

de la corruption de la raison pratique elle-même, ce qui rendrait l'homme diabolique et non pas simplement – si l'on ose dire – méchant)[1].

Une fois de plus, tout se joue au plan des maximes. Mais il s'agit cette fois de faire place à une maxime mauvaise qui serait le fondement subjectif de toutes les maximes mauvaises. En cette maxime primordiale consiste la *propension (Hang)* au mal. Certes, Kant prend bien soin de distinguer cette propension au mal de la disposition *(Anlage)* au bien, laquelle il tient pour inhérente à la condition d'une volonté finie, et, en conséquence, d'affirmer la contingence de cette propension à l'échelle de l'histoire humaine. Il reste néanmoins que la propension au mal *affecte* l'usage de la liberté, la capacité à agir par devoir, bref la *capacité* à être effectivement autonome. Là est pour nous le véritable problème. Car cette *affection* de la liberté, même si elle n'atteint pas le principe de la moralité, qui reste l'autonomie, met en cause son exercice, son effectuation. C'est cette situation insolite qui ouvre d'ailleurs à la religion un espace distinct de celui de la morale – la religion, selon Kant, n'ayant pas d'autre thème que la *régénération* de la liberté, c'est-à-dire la restauration de l'empire sur elle du bon principe. En outre, avec cette considération de la capacité – perdue et à retrouver – de la liberté, revient au premier plan celle du bien et du mal, qu'une version strictement déontologique de la moralité avait fait reculer à un rang subsidiaire *(Analytique,* chap. II). Autrement dit, la question du bien et du mal revient avec la question du « fondement subjectif de l'usage de la liberté »[2].

1. « La différence entre l'homme bon et l'homme mauvais doit nécessairement se trouver non dans la différence des motifs qu'ils admettent dans les maximes (non dans la matière de celles-ci), mais dans leur subordination (leur forme) » (*La Religion...,* trad. Gibelin, p. 57 ; cf. éd. Alquié [VI, 36], p. 50). Il est remarquable que Kant ne s'attarde pas à la litanie des plaintes concernant la méchanceté humaine, mais va droit à la figure la plus subtile du mal, celle où l'amour de soi devient le mobile d'une conformité tout extérieure à la loi morale, ce qui définit très exactement la *légalité* par opposition à la moralité. Quand il se loge dans la malice d'un cœur humain qui se dupe sur la nature véritable de ses intentions, le mal apparaît plus retors que s'il s'identifiait simplement à la nature sensible en tant que telle.

2. En portant la question du mal au niveau des « dispositions » *(Gesinnungen)*, Kant renoue avec la téléologie de la *Critique de la faculté de juger.* Il parcourt d'ailleurs les degrés de cette téléologie appliquée à *la* nature humaine au début de l'*Essai sur le mal radical :* disposition à l'*animalité*, à l'*humanité*, à la *personnalité* *(op. cit.,* p. 45 ; cf. éd. Alquié [VI, 26], p. 37). Dans la mesure où le concept de disposition relève de la téléologie, le vocabulaire du bon et du mauvais revient dans le présent contexte, il est vrai en un sens tout autre que celui qui a été écarté de la *Critique,* au chapitre II de l'*Analytique.* C'est en effet au niveau de la troisième

Ce problème concerne directement le statut de l'autonomie, par la sorte d'affection qui paraît coextensive à son effectuation. Deux idées sont ici à retenir. La première est l'idée, si fortement soulignée par Nabert, que le mal, rapporté à la formation des maximes, est à penser dans les termes d'une *opposition réelle,* au sens de l'*Essai pour introduire en philosophie le concept de grandeur négative*[1]. Or c'est au plan où la loi morale est elle-même motif que le penchant au mal se dresse comme « répugnance réelle », selon l'expression de Nabert, à savoir en tant que « motif contraire influant sur le libre arbitre » (*La Religion...,* trad. Gibelin, p. 42). Il faut donc admettre que le penchant au mal affecte le libre arbitre au plan même où le respect est lui-même l'affection spécifique qu'on a dite, l'affection de la liberté par la loi. C'est bien à ce titre que le mal est radical (et non originaire) : « Ce mal est *radical* parce qu'il corrompt le fondement de toutes les maximes, de plus, en tant que penchant naturel, il ne peut être extirpé par les forces humaines » (*La Religion...,* trad. Gibelin, p. 58 ; cf. éd. Alquié [VI, 37], p. 51)[2].

---

disposition que la propension au mal s'exerce, disposition définie ici comme « l'aptitude à ressentir le respect de la loi morale *en tant que motif en soi suffisant du libre arbitre* » (*ibid.,* p. 47 ; cf. éd. Alquié [VI, 27], p. 39). Or il est rappelé que « toutes ces dispositions dans l'homme ne sont pas seulement (négativement) *bonnes* (elles ne s'opposent pas à la loi morale), mais sont aussi des dispositions au *bien* (en avancent l'accomplissement). Elles *sont originelles* en tant que faisant partie de la possibilité de la nature humaine » (*ibid.* ; cf. éd. Alquié [VI, 28], p. 40). C'est sur ce terrain dispositionnel - à haute finalité ! - que la notion de *propension* au mal vient se placer : « par propension (penchant), j'entends le fondement subjectif de la possibilité d'une inclination (...) en tant que contingente pour l'humanité en général » (*ibid.,* p. 48 ; cf. éd. Alquié [VI, 28], p. 40). La propension au mal s'inscrit donc dans la théorie plus générale des dispositions, comme une sorte de disposition au deuxième degré, une disposition profondément enracinée à former des maximes qui s'écartent de celles de la loi morale. C'est pourquoi on n'en peut parler qu'en termes de *fondement subjectif.*

1. Jean Nabert, « Note sur l'idée du mal chez Kant », *Essai sur le mal,* Paris, PUF, 1955, p. 159-165. Nabert commente ici la note de Kant qu'on lit dans *La Religion...,* trad. Gibelin, p. 41, n. 1 (cf. éd. Alquié [VI, 22-24], p. 33-34).

2. Je ne prends pas ici en considération ce qui, dans l'*Essai sur le mal radical,* concerne l'origine « historique » ou « rationnelle » de ce penchant. Cette question ramène Kant dans les parages d'une discussion ancienne, délimitée par le conflit entre Augustin et Pélage. On voit en effet Kant soucieux de préserver quelque chose de la tradition augustinienne - en faisant du penchant au mal une quasi-nature, au point de pouvoir déclarer *inné* le penchant au mal - tout en assumant une position délibérément pélagienne ! Le mal, d'une certaine façon, commence et recommence avec chaque acte mauvais, bien que, d'une autre façon, il soit toujours déjà là. Cette emphase sur la question de l'origine est responsable de la réception généralement hostile de l'*Essai,* et a empêché d'en reconnaître la véritable grandeur comme ont magnifiquement réussi à le faire Karl Jaspers (« Le

253

Seconde idée importante : en radicalisant le mal, en introduisant l'idée difficile d'une maxime mauvaise de toutes les maximes, Kant a radicalisé aussi l'idée même du (libre) arbitre, du seul fait qu'il en a fait le siège d'une opposition réelle à la source de la formation des maximes. En cela, le mal est le révélateur de la nature ultime du (libre) arbitre. Le (libre) arbitre humain apparaît porteur d'une blessure originaire qui atteint sa capacité à se déterminer pour ou contre la loi ; l'énigme de l'origine du mal se reflète dans celle qui affecte l'exercice actuel de la liberté ; que ce penchant soit toujours déjà là en chaque occasion de choisir, mais qu'il soit néanmoins une maxime du (libre) arbitre, voilà ce qui n'est pas moins inscrutable que l'origine du mal.

De la réunion de ces deux idées résulte la supposition qui désormais régira le parcours entier des moments de la conception déontologique de la moralité : n'est-ce pas du mal, et de l'inscrutable constitution du (libre) arbitre qui en résulte, que découle la *nécessité* pour l'éthique d'assumer les traits de la morale ? Parce qu'*il y a* le mal, la visée de la « vie bonne » doit assumer l'épreuve de l'obligation morale, que l'on pourrait récrire dans les termes suivants : « Agis uniquement d'après la maxime qui fait que tu peux vouloir en même temps que *ne soit pas* ce qui *ne devrait pas être,* à savoir le mal. »

2. *La sollicitude et la norme*

De la même façon que la sollicitude ne s'ajoute pas du dehors à l'estime de soi, de même le respect dû aux personnes ne constitue pas un principe moral hétérogène par rapport à l'autonomie du soi, mais en déploie, au plan de l'obligation, de la règle, la structure dialogique implicite.

La justification de cette thèse se fera en deux temps : on montrera d'abord par quel lien la norme du respect dû aux personnes demeure rattachée à la structure dialogale de la visée éthique, c'est-à-dire précisément à la sollicitude. On vérifiera ensuite que le respect dû aux personnes est, au plan moral, dans le même rapport à l'autonomie que la sollicitude l'est à la visée de la vie bonne au plan éthique. Cette procédure indirecte rendra plus

---

mal radical chez Kant », *in* K. Jaspers, *Bilan et Perspectives,* trad. fr. de H. Naef et J. Hersch, Desclée de Brouwer, 1956, p. 189-215) et Jean Nabert *(op. cit.).*

compréhensible la transition, abrupte chez Kant, de la formulation générale de l'impératif catégorique à la notion de la personne comme fin en elle-même, dans la deuxième formulation secondaire de l'impératif.

De la même manière que l'estimation de la bonne volonté comme bonne sans restriction nous avait paru assurer la transition entre la visée de la vie bonne et sa transposition morale dans le principe de l'obligation, c'est la *Règle d'Or* qui nous paraît constituer la formule de transition appropriée entre la sollicitude et le second impératif kantien. Comme c'était le cas pour l'estime que nous portons à la bonne volonté, la Règle d'Or paraît faire partie de ces *endoxa* dont se réclame l'éthique d'Aristote, de ces notions reçues que le philosophe n'a pas à inventer, mais à éclaircir et à justifier. Or, que dit la Règle d'Or ? Lisons-la chez Hillel, le maître juif de saint Paul (Talmud de Babylone, Shabbat, p. 31a) : « Ne fais pas à ton prochain ce que tu détesterais qu'il te soit fait. C'est ici la loi tout entière ; le reste est commentaire. » La même formule se lit dans l'Évangile : « Ce que vous voulez que les hommes fassent pour vous, faites-le semblablement pour eux » (Lc 6,31)[1]. Les mérites respectifs de la formule négative (ne fais pas...) et de la formule positive (fais...) s'équilibrent ; l'interdiction laisse ouvert l'éventail des choses non défendues, et ainsi fait place à l'invention morale dans l'ordre du permis ; en revanche, le commandement positif désigne plus clairement le motif de bienveillance qui porte à faire quelque chose en faveur du prochain. A cet égard, la formule positive se rapproche du commandement qu'on lit en *Lévitique* 19,18 et qui est repris in Mt 22,39 : « Tu aimeras ton prochain comme toi-même » ; cette dernière formule marque peut-être mieux que les précédentes la filiation entre la sollicitude et la norme. En revanche, la formule de Hillel et ses équivalents évangéliques expriment mieux la structure commune à toutes ces expressions, à savoir l'énonciation d'une *norme de réciprocité*.

Mais le plus remarquable, dans la formulation de cette règle, c'est que la réciprocité exigée se détache sur le fond de la présupposition d'une dissymétrie initiale entre les protagonistes de l'action – dissymétrie qui place l'un dans la position d'agent et l'autre dans celle de patient. Cette absence de symétrie a sa projection grammaticale dans l'opposition entre la forme active du faire et la

---

1. De même chez Matthieu : « ainsi, tout ce que vous désirez que les autres fassent pour vous, faites-le vous-mêmes pour eux : voilà la Loi et les Prophètes » (Mt 7,12).

forme passive du être fait, donc du subir. Or, le passage de la sollicitude à la norme est étroitement solidaire de cette dissymétrie de base, dans la mesure où c'est sur cette dernière que se greffent toutes les dérives maléfiques de l'interaction, commençant avec l'influence et s'achevant dans le meurtre. Au terme extrême de cette dérive, la norme de réciprocité paraît se détacher de l'élan de la sollicitude pour se concentrer dans l'interdiction du meurtre, « Tu ne tueras pas » ; le lien entre cette interdiction et la Règle d'Or y paraît même complètement oblitéré. C'est pourquoi il n'est pas inutile de reconstituer les formes intermédiaires de la dissymétrie dans l'action présupposée par la Règle d'Or, dans la mesure où l'itinéraire de la sollicitude à l'interdiction du meurtre double celui de la violence à travers les figures de la non-réciprocité dans l'interaction.

L'occasion de la violence, pour ne pas dire le tournant vers la violence, réside dans le *pouvoir* exercé *sur* une volonté par une volonté. Il est difficile d'imaginer des situations d'interaction où l'un n'exerce pas un pouvoir sur l'autre du fait même qu'il agit. Insistons sur l'expression « pouvoir-sur ». Il importe, vue l'extrême ambiguïté du terme « pouvoir », de distinguer l'expression « pouvoir-sur » de deux autres emplois du terme « pouvoir » auquel il nous est arrivé de recourir dans les études précédentes. Nous avons appelé *pouvoir-faire*, ou puissance d'agir, la capacité qu'a un agent de se constituer en auteur de son action, avec toutes les difficultés et apories adjacentes. Nous avons aussi appelé *pouvoir-en-commun* la capacité que les membres d'une communauté historique ont d'exercer de façon indivisible leur vouloir-vivre ensemble, et nous avons distingué avec soin ce pouvoir-en-commun de la relation de domination où se loge la violence politique, aussi bien celle des gouvernants que celle des gouvernés. Le *pouvoir-sur*, greffé sur la dissymétrie initiale entre ce que l'un fait et ce qui est fait à l'autre – autrement dit, ce que cet autre subit –, peut être tenu pour l'occasion par excellence du mal de violence. La pente descendante est aisé à jalonner depuis l'influence, forme douce du pouvoir-sur, jusqu'à la torture, forme extrême de l'abus. Dans le domaine même de la violence physique, en tant qu'usage abusif de la force contre autrui, les figures du mal sont innombrables, depuis le simple usage de la menace, en passant par tous les degrés de la contrainte, jusqu'au meurtre. Sous ces formes diverses, la violence équivaut à la diminution ou ia destruction du pouvoir-faire d'autrui. Mais il y a pire encore : dans la torture, ce que le bourreau cherche à atteindre et parfois – hélas ! – réussit à briser, c'est l'estime de soi de la victime, estime que le passage par la norme a porté au rang de respect de soi. Ce qu'on appelle humiliation – caricature horrible de l'humilité – n'est pas autre chose que la destruction du respect de soi, par-delà la destruction du pouvoir-faire. Ici semble être atteint le fond du mal. Mais la violence peut aussi se dissimuler dans le langage en tant qu'acte de discours, donc en tant qu'action ; c'est l'occasion d'anticiper l'analyse que nous ferons plus loin de la promesse : ce n'est pas un hasard si Kant compte la fausse promesse parmi les exemples majeurs de maximes rebelles à la fois à la règle d'universalisation et au respect de la différence entre la personne-fin-en-soi et la chose-moyen. La trahison de l'amitié, figure inversée de la fidélité, sans égaler l'horreur de la torture, en dit long sur la malice du cœur humain. C'est en prenant une vue large du langage qu'Éric Weil, au seuil de son grand œuvre *Logique de la philosophie*, opposait globalement la violence au discours. Une opposition semblable se retrouverait aisément dans l'éthique de la communication chez J. Habermas ou chez K.O. Apel, sous la figure de ce qu'on pourrait appeler le refus du meilleur argument. Dans un sens différent, la catégorie de l'avoir désigne un immense domaine où le tort fait à autrui revêt des guises innombrables. Dans la *Métaphysique des mœurs,* Kant a esquissé une configuration du tort sur la base de la distinction entre *le mien* et *le tien ;* cette insistance peut être particulière à une époque où le droit de propriété occupe une place excessive dans l'appareil juridique et surtout où le viol de ce droit suscite une réaction démesurée qui s'exprime dans l'échelle des punitions. Mais on ne connaît pas de régime politique ou social où la distinction du mien et du tien disparaîtrait, ne serait-ce qu'au plan de l'*habeas corpus*. En ce sens, la catégorie de l'avoir reste un repère indispensable dans une typologie du tort. Une combinaison remarquable entre la trahison au plan verbal et le tort au plan de l'avoir serait la ruse, forme vicieuse à la fois de l'ironie et de l'habileté. La confiance d'autrui y est deux fois abusée. Que dire encore de la persistance têtue des formes de violence sexuelle, depuis le harcèlement des femmes jusqu'au viol, en passant par le calvaire des femmes battues et des enfants maltraités ? Dans cette intimité du corps-à-corps s'insinuent les formes sournoises de la torture.

Ce parcours sinistre – et non exhaustif – des figures du mal dans la dimension intersubjective instaurée par la sollicitude a sa contrepartie dans l'énumération des prescriptions et des interdictions issues de la Règle d'Or selon la variété des compartiments de l'interaction : tu ne mentiras pas, tu ne voleras pas, tu ne tueras pas, tu ne tortureras pas. A chaque fois la morale réplique à la violence. Et, si le commandement ne peut manquer de revêtir la forme de l'interdiction, c'est précisément à cause du mal : à toutes les figures du mal répond le *non* de la morale. Là réside sans doute la raison ultime pour laquelle la forme négative de l'interdiction est inexpugnable. La philosophie morale en fera d'autant plus volontiers l'aveu que, au cours de cette descente en enfer, le primat de l'éthique sur la morale n'aura pas été perdu de vue. Au plan de la visée éthique, en effet, la sollicitude, en tant qu'échange mutuel des estimes de soi, est de part en part affirmative. Cette affirmation, qu'on peut bien dire originaire, est l'âme cachée de l'interdiction. C'est elle qui, à titre ultime, arme notre indignation, c'est-à-dire notre refus de l'*indignité* infligée à autrui.

Abordons maintenant la deuxième phase de notre argument, à savoir que le respect dû aux personnes, posé dans la deuxième formule de l'impératif kantien[1], est, au plan moral, dans le même rapport par rapport à l'autonomie que la sollicitude *l'était, au plan éthique, à la visée de la « vie bonne »*. Or ce dernier lien avait ceci de particulier que la continuité entre le premier et le second moment de la visée éthique était au prix d'un véritable saut, l'altérité venant briser ce que Lévinas appelle la « séparation » du moi ; c'est à ce prix seulement que la sollicitude a pu apparaître *après coup* comme le dépli de la visée de la « vie bonne ». Or, chez Kant, il paraît en être tout autrement : la seconde formule de l'impératif catégorique est traitée explicitement comme un développement de la formule générale de l'impératif : « Agis de telle sorte que la maxime de ta volonté puisse toujours valoir en même temps comme principe d'une législation universelle[2]. » A la lumière de la dialectique intime de la sollicitude, le second impératif kantien se révèle être le siège d'une tension entre les deux termes clés : celui d'humanité et celui de personne comme fin en soi. L'idée d'humanité, en tant que terme singulier, est introduite dans le prolongement de l'universalité abstraite qui régit le prin-

---

1. Nous lisons la formule kantienne : « Agis de telle sorte que tu traites l'humanité aussi bien dans ta personne que dans la personne de tout autre toujours en même temps comme une fin, et jamais simplement comme un moyen » (trad. Delbos [IV, 429], p. 295).

2. On a évoqué plus haut les textes des *Fondements...* selon lesquels l'explication suivait le fil des catégories : « De la forme de la volonté (de son universalité) à la pluralité de la matière (des objets, c'est-à-dire des fins) et de là à la totalité ou à l'intégralité du système » (*ibid.* [IV, 436], p. 304).

cipe d'autonomie, sans acception des personnes ; en revanche, l'idée des personnes comme fins en elles-mêmes demande que soit prise en compte la pluralité des personnes, sans toutefois que l'on puisse conduire cette idée jusqu'à celle d'altérité. Or, tout dans l'argumentation explicite de Kant vise à privilégier la continuité, assurée par l'idée d'humanité, avec le principe d'autonomie, aux dépens de la discontinuité inavouée que marque l'introduction soudaine de l'idée de fin en soi et des personnes comme fins en elles-mêmes.

Afin de porter au jour cette tension dissimulée dans l'énoncé kantien, il a paru opportun de prendre appui sur la Règle d'Or, dans la mesure où elle représente la formule la plus simple qui fasse transition entre la sollicitude et le second impératif kantien. En plaçant la Règle d'Or dans cette position intermédiaire, nous nous donnons la possibilité de traiter l'impératif kantien comme la formalisation de la Règle d'Or.

C'est la Règle d'Or en effet qui impose au départ le terrain nouveau sur lequel le formalisme va chercher à s'imposer. Ce que Kant appelle *matière* ou *pluralité*, est très exactement ce champ d'interaction où une volonté exerce un pouvoir-sur une autre et où la règle de réciprocité réplique à la dissymétrie initiale entre agent et patient. Appliqué à cette règle de réciprocité qui égalise agent et patient, le processus de formalisation tend à répéter, dans ce champ nouveau de la pluralité, la mise à l'épreuve par la règle d'universalisation qui avait assuré le triomphe du principe d'autonomie. C'est ici qu'entre en jeu la notion d'*humanité* superposée à la polarité de l'agent et du patient. A cet égard, la notion d'humanité peut être tenue pour l'expression plurale de l'exigence d'universalité qui présidait à la déduction de l'autonomie, donc pour le déploiement plural du principe même d'autonomie. Introduite comme terme médiateur entre la diversité des personnes, la notion d'humanité a pour effet d'atténuer, au point de l'évacuer, l'altérité qui est à la racine de cette diversité même et que dramatise la relation dissymétrique de pouvoir d'une volonté sur une autre, à laquelle la Règle d'Or fait face.

Cette intention formalisante qu'exprime l'idée médiatrice d'humanité apparaît clairement quand on prend la mesure de la distance que Kant prend à l'égard de la Règle d'Or (laquelle est d'ailleurs rarement citée par lui et chaque fois avec quelque dédain). Cette méfiance s'explique par le caractère imparfaitement formel de la Règle. Celle-ci peut sans doute être tenue pour partiellement formelle, en ceci qu'elle ne dit pas ce qu'autrui aimerait ou détesterait qu'il lui soit fait. En revanche, elle est imparfaitement formelle, dans la mesure où elle fait référence à l'aimer et au détester : elle introduit ainsi quelque chose de l'ordre des inclinations. L'épreuve d'universalisation opère ici à plein : elle élimine tout candidat qui ne passe pas son test. Tous les degrés du procès d'épuration mené plus haut en faveur du principe d'autonomie se retrouvent ici. Amour et haine sont les principes subjectifs de maximes qui, en tant qu'empiriques, sont inadéquates à l'exigence d'universalité ; d'autre part, l'amour et la détestation sont virtuellement des désirs hostiles à la règle, et donc entrent dans le conflit entre principe subjectif et principe objectif. En outre, si l'on tient compte de la corruption de fait de ces affections, il faut avouer que la règle de réciprocité manque d'un critère discriminant capable de trancher dans le vif de ces affections et de distinguer entre demande légitime et demande illégitime. Il résulte de cette critique que nul lien direct entre soi et l'autre que soi ne peut être établi sans que soit nommé ce qui, dans ma personne et dans celle d'autrui, est digne de respect. Or l'humanité, prise, non au sens extensif ou énumératif de la somme des humains, mais au sens compréhensif ou principiel de ce qui rend digne de respect, n'est pas autre chose que l'universalité considérée du point de vue de la *pluralité* des personnes : ce que Kant appelle « objet » ou « matière » [1].

A cet égard, l'intention kantienne n'est pas douteuse : à qui objecterait que l'idée d'humanité fait écran dans le face-à-face direct entre soi-même et l'autre, il faudrait répondre, dans l'esprit de Kant : si vous admettez que la règle d'universalisation est une condition nécessaire du passage de la visée éthique à la norme morale au niveau de sa première composante, il faut trouver pour

---

1. Cette inflexion de l'unité à la pluralité trouve un appui dans la téléologie de la *Critique de la faculté de juger*, rappelée plus haut à l'occasion des développements sur le mal radical, qui placent la disposition à la personnalité en tant qu'être raisonnable et responsable au-dessus de la disposition de l'homme en tant qu'être vivant à l'animalité (*le Religion...*, trad. Gibelin, p. 45 ; cf. éd. Alquié [VI, 26], p. 37). Cette téléologie, basée sur la notion de disposition originelle au bien dans la nature humaine, n'est pas facile à dissocier entièrement de la téléologie de style aristotélicien qui reste ancrée dans une anthropologie du désir. A cet égard, la rupture kantienne n'est peut-être pas aussi radicale que Kant a voulu et a cru la réaliser. Notre critique de la Critique trouvera ici un de ses points d'application. Ce sera un des effets de la crise ouverte par le formalisme moral de réintroduire au niveau des conditions d'effectuation de la liberté et des principes moraux qui la règlent quelque chose comme des « biens génériques », des « biens sociaux ». Sans cette adjonction de concepts nettement téléologiques, on ne voit pas ce que l'idée « matérielle » d'humanité ajoute à l'idée « formelle » d'universalité.

sa deuxième composante l'équivalent de l'universel requis pour la première ; cet équivalent n'est autre que l'idée d'humanité : celle-ci présente la même structure dialogique que la sollicitude, mais en élimine toute altérité radicale, se bornant à conduire le principe d'autonomie de l'unité, qui ne fait pas acception des personnes, à la pluralité. Ce faisant, cette pluralisation, interne à l'universel, vérifie rétrospectivement que le soi impliqué réflexivement par l'impératif formel n'était pas de nature monologique, mais simplement indifférent à la distinction des personnes et, en ce sens, capable d'une inscription dans le champ de la pluralité des personnes. Or, c'est précisément cette inscription qui fait problème. S'il se suffisait à lui-même, l'argument en faveur du primat de l'impératif catégorique, dans sa formulation générale, par rapport à la seconde formulation de l'impératif aboutirait à retirer toute originalité au respect dû aux personnes dans leur diversité.

C'est ici que la notion de *personne* en tant que fin en elle-même vient équilibrer celle d'*humanité*, dans la mesure où elle introduit dans la formulation même de l'impératif la distinction entre « ta personne » et « la personne de tout autre ». Avec la personne seulement vient la pluralité. Cette subtile tension à l'intérieur d'une formule qui paraît homogène reste dissimulée du fait que l'épreuve d'universalisation, essentielle à la position d'autonomie, se poursuit avec l'élimination de la maxime opposée : ne traiter l'humanité *jamais simplement comme un moyen*. Le principe d'utilité n'était-il pas le premier candidat au poste de « bon sans restriction » éliminé dès les premières pages des *Fondements ?* Mais le parallélisme de l'argument masque la secrète discontinuité introduite par l'idée même de personne comme fin en elle-même. Quelque chose de neuf est dit lorsque les notions de « matière », d'« objet » du devoir sont identifiées à celles de fin en soi. Ce qui est dit ici de neuf, c'est exactement ce que la Règle d'Or énonçait au plan de la sagesse populaire, avant d'être passée au crible de la critique. Car c'est bien son intention profonde qui ressort ici clarifiée et purifiée. Qu'est-ce en effet que traiter l'humanité dans ma personne et dans celle d'autrui comme un *moyen*, sinon exercer *sur* la volonté d'autrui ce pouvoir qui, plein de retenue dans l'influence, se déchaîne dans toutes les formes de la violence et culmine dans la torture ? Et qu'est-ce qui donne l'occasion de ce glissement de la violence du pouvoir exercé par une volonté *sur* une autre, sinon la dissymétrie initiale entre ce que l'un fait et ce qui est fait à l'autre ? La Règle d'Or et l'impératif du respect dû aux personnes n'ont pas seulement le même terrain d'exercice, ils ont en outre la même visée : établir la réciprocité là où règne le manque de réciprocité. Et, à l'arrière de la Règle d'Or refait surface l'intuition, inhérente à la sollicitude, de l'altérité véritable à la racine de la pluralité des personnes. A ce prix, l'idée unifiante et unitaire d'humanité cesse d'apparaître comme un doublet de l'universalité à l'œuvre dans le principe d'autonomie, et la seconde formulation de l'impératif catégorique retrouve son originalité entière.

Ce faisant, avons-nous fait violence au texte kantien ? L'originalité que nous revendiquons pour l'idée de personne comme fin en elle-même est ratifiée par les textes des *Fondements de la métaphysique des mœurs* qui donnent une « démonstration » indépendante de la corrélation entre personne et fin en soi : « Mais à supposer qu'il y ait quelque chose *dont l'existence en soi-même* ait une valeur absolue, quelque chose qui, comme *fin en soi*, pourrait être un principe de lois déterminées, c'est alors en cela, et en cela seulement, que se trouverait le principe d'un impératif catégorique possible, c'est-à-dire d'une loi pratique. Or, je dis : l'homme, et en général tout être raisonnable, *existe* comme fin en soi, et *non pas simplement comme moyen* dont telle ou telle volonté puisse user à son gré ; dans toutes ses actions, aussi bien dans celles qui le concernent lui-même que dans celles qui concernent d'autres êtres raisonnables, il doit toujours être considéré *en même temps comme fin* » (trad. Delbos [IV, 428], p. 293). Un étrange parallélisme est ainsi créé entre le principe d'autonomie et celui du respect des personnes ; non plus au niveau des contenus, mais au niveau de la « démonstration ». C'est de la même manière que *s'attestent* directement l'autonomie et la notion de personne comme fin en soi. La conscience de l'autonomie, avons-nous observé plus haut, est appelée un « fait de la raison », à savoir le fait que la morale *existe*. Or, il est dit maintenant que la morale existe parce que la personne elle-même existe *(existiert)* comme fin en soi[1]. Autrement dit, nous avons dès toujours su la différence entre la personne et la chose : on peut se procurer la seconde, l'échanger, l'employer ; la manière d'exister pour la personne consiste précisément en ceci qu'elle ne peut être

---

1. Kant revient sur ce point avec insistance : « Voici le fondement de ce principe : *la nature raisonnable existe comme fin en soi.* L'homme se représente nécessairement ainsi sa propre existence [*sein eignes Dasein*] », trad. Delbos [IV, 429], p. 294).

obtenue, utilisée, échangée[1]. L'existence revêt ici un caractère à la fois pratique et ontologique : pratique, en ce sens que c'est dans la manière d'agir, de *traiter* l'autre, que se vérifie la différence entre les modes d'être ; ontologique : en ce sens que la proposition « la nature raisonnable existe comme fin en soi » est une proposition existentielle. Si elle ne dit pas l'être, elle dit l'être-ainsi. Cette proposition, qu'on peut dire de nature ontico-pratique, s'impose sans intermédiaire. On objectera que cette proposition se trouve dans la seconde section des *Fondements*..., donc avant la conjonction opérée dans la troisième section entre monde nouménal et liberté pratique ; c'est pourquoi Kant observe en note : « Cette proposition, je l'avance ici comme un postulat. On en trouvera les raisons dans la dernière section » (*ibid.* [IV, 429], p. 294). Mais l'appartenance des êtres raisonnables à un monde intelligible, n'étant l'objet d'aucune *connaissance,* n'ajoute aucun complément à la conjonction ici postulée entre le statut de personne et l'existence comme fin en soi : « En s'introduisant ainsi par la *pensée* dans un monde intelligible, la raison pratique ne dépasse en rien ses limites ; elle ne les dépasserait que si elle voulait, en *entrant* en ce monde, s'y *apercevoir,* s'y *sentir* » (*ibid.* [IV, 458], p. 330).

Au total, Kant a-t-il réussi à distinguer, au plan déontologique où il se tient, le respect dû aux personnes de l'autonomie ? Oui et non. Oui, dans la mesure où la notion d'*exister comme fin en soi* reste distincte de celle de *se donner à soi-même une loi ;* en conséquence, la pluralité, qui faisait défaut à l'idée d'autonomie, est introduite directement avec celle de personne comme fin en soi. Non, dans la mesure où, dans des expressions telles que « l'homme », « tout être raisonnable », « la nature rationnelle », l'altérité est comme empêchée de se déployer par l'universalité qui l'enserre, par le biais de l'idée d'humanité[2].

Afin de porter au jour cette subtile discordance au sein de l'impératif kantien, n'était-il pas légitime de voir dans cet impératif la

1. « ... les êtres raisonnables sont appelés des *personnes*, parce que leur nature les désigne déjà comme des fins en soi, autrement dit comme quelque chose qui ne peut être employé simplement comme moyen » (*ibid.* [IV, 428], p. 294).
2. On remarquera l'alternance du singulier et du pluriel dans les formules kantiennes. Singulier : « la nature raisonnable existe comme fin en soi ». Pluriel : « les êtres raisonnables sont appelés des personnes, parce que leur nature les désigne déjà comme des fins ». A ce second registre ressortit l'idée d'*irremplaçabilité* des personnes, directement dérivée de l'opposition entre fin et moyen : les personnes « sont des *fins objectives*, c'est-à-dire des choses dont l'existence est une fin en soi-même, et même une fin telle qu'elle ne peut être remplacée par aucune autre, au service de laquelle les fins objectives devraient se mettre, *simplement* comme moyens » (*ibid.* [IV, 428], p. 294).

formalisation de la Règle d'Or, laquelle désigne obliquement la dissymétrie initiale d'où procède le processus de victimisation auquel la Règle oppose l'exigence de réciprocité ? Et n'était-il pas non moins légitime de faire entendre, à l'arrière de la Règle d'Or, la voix de la sollicitude, qui demande que la pluralité des personnes et leur altérité ne soient pas oblitérées par l'idée englobante d'humanité ?

3. *Du sens de la justice aux « principes de justice »*

Que la règle de justice exprime au plan des institutions la même exigence normative, la même formulation déontologique que l'autonomie au niveau pré-dialogique, et que le respect des personnes au niveau dialogique et interpersonnel, cela ne surprendra pas, tant la *légalité* paraît résumer la vision morale du monde. En revanche, la filiation d'une conception déontologique de la justice – que nous appellerons avec Ch. Perelman *règle de justice* – à partir d'un sens de la justice relevant encore de la visée de l'éthique appelle une justification distincte. Cette filiation doit être fortement argumentée, si l'on doit pouvoir ultérieurement comprendre quelle sorte de recours le sens de la justice demeure, quand la déontologie s'embarrasse dans les conflits qu'elle suscite.

Rappelons l'acquis des pages consacrées au sens de la justice dans l'étude précédente. C'est aux institutions, disions-nous, que s'applique d'abord la vertu de justice. Et par institutions nous avons entendu les structures variées du vouloir vivre ensemble, qui assurent à ce dernier durée, cohésion et distinction. Un thème en est résulté, celui de distribution, que l'on trouve impliqué dans l'*Éthique à Nicomaque* au titre de la justice distributive. C'est ce concept de distribution que l'on va montrer placé à la charnière de la visée éthique et du point de vue déontologique. C'est encore à la visée éthique qu'appartiennent les idées de partage juste et de juste part sous l'égide de l'idée d'égalité. Mais, si l'idée de juste part est le legs que l'éthique fait à la morale, ce legs est chargé de lourdes ambiguïtés qu'il appartiendra au point de vue déontologique de tirer au clair, quitte à les renvoyer ultérieurement au jugement en situation avec une acuité accrue. La première ambiguïté concerne l'idée même de juste part, selon que l'accent est mis sur la *séparation* entre ce qui appartient à l'un à l'exclusion de l'autre, ou sur le lien de *coopération* que le partage instaure ou renforce. Nous avons pu conclure nos réflexions sur le sens de la justice en disant qu'il tendait à la fois vers le sens de l'endettement mutuel et celui de l'intérêt désintéressé. On va voir le point de vue normatif faire prévaloir le second sens, qui penche vers l'individualisme, sur le premier, qu'on peut dire plus volontiers communautaire. Autre ambiguïté : si l'égalité est le ressort éthique de la justice, comment justifier le dédoublement de la justice en fonction de deux usages de l'égalité, l'égalité simple ou arithmétique, selon laquelle toutes les parts sont égales, et l'égalité proportionnelle, selon laquelle l'égalité est une égalité de rapports supposant quatre termes et non une égalité de parts ? Mais rapport entre quoi et quoi ? Que pouvons-nous dire aujourd'hui pour justifier certaines inégalités de fait au nom d'un sens plus complexe de l'égalité ? Ici encore la norme peut trancher, mais à quel prix ? Ne sera-ce pas encore au bénéfice d'un calcul prudentiel dont le sens de l'appartenance sera la victime ? Mais le legs principal de l'éthique à la morale, c'est l'idée même du *juste*, laquelle désormais regarde de deux côtés : du côté du « bon » en tant qu'extension de la sollicitude au « chacun » des sans visage de la société ; du côté du « légal », tant le prestige de la justice paraît se dissoudre dans celui de la loi positive. C'est le souci de tirer au clair cette ambiguïté majeure qui anime les tentatives pour retirer toute assise téléologique à l'idée de justice et lui assurer un statut purement déontologique. C'est par une formalisation très semblable à celle que nous avons vu appliquée dans la section précédente à la Règle d'Or qu'une interprétation purement déontologique de la justice a pu être proposée. C'est de cette formalisation qu'il va être exclusivement question dans les pages qui suivent.

Anticipant notre argument final, nous pouvons annoncer que c'est dans une conception purement *procédurale* de la justice qu'une pareille formalisation atteint son but. La question sera alors de savoir si cette réduction à la procédure ne laisse pas un résidu qui demande un certain retour à un point de vue téléologique, non au prix d'un reniement des procédures formalisantes, mais au nom d'une demande à laquelle ces procédures mêmes donnent une voix, de la façon qu'on dira le moment venu. Mais il faut conquérir le droit de cette critique en accompagnant aussi loin que possible le processus de formalisation de l'idée de justice d'où le point de vue déontologique tire sa gloire.

L'approche déontologique n'a pu prendre pied dans le champ institutionnel où s'applique l'idée de justice qu'à la faveur d'une conjonction avec la tradition contractualiste, plus précisément avec la *fiction* d'un contrat social grâce auquel une certaine collection d'individus réussissent à surmonter un état supposé primitif de nature pour accéder à l'état de droit. Cette rencontre entre une perspective délibérément déontologique en matière morale et le courant contractualiste n'a rien de contingent. La fiction du contrat a pour but et pour fonction de séparer le *juste* du *bon*, en substituant la procédure d'une délibération imaginaire à tout engagement préalable concernant un prétendu bien commun. Selon cette hypothèse, c'est la procédure contractuelle qui est supposée engendrer le ou les principes de justice.

Si c'est bien là l'enjeu principal, la question ultérieure sera de savoir si une théorie contractualiste est susceptible de substituer une approche procédurale à toute fondation de l'idée de justice, à quelque conviction que ce soit concernant le bien commun du tout, de la *politéia*, de la république ou du *Commonwealth*. On pourrait dire que le contrat occupe, au plan des institutions, la place que l'autonomie occupe au plan fondamental de la moralité. A savoir : une liberté suffisamment dégagée de la gangue des inclinations se donne une loi qui est la loi même de la liberté. Mais, alors que l'autonomie peut être dite un fait de raison, c'est-à-dire le fait que la moralité existe, le contrat ne peut être qu'une fiction, une fiction fondatrice certes, comme on va le dire, mais néanmoins une fiction, parce que la république n'est pas un fait, comme l'est la conscience qui naît du savoir confus mais ferme que seule une volonté bonne est le bon sans restriction – et qui a toujours compris et admis la Règle d'Or qui égalise l'agent et le patient de l'action. Mais les peuples asservis pendant des millénaires savent-ils, de ce savoir qui relève de l'attestation, qu'ils sont souverains ? Ou bien le fait est-il que la république n'est pas encore fondée, qu'elle est encore à fonder et qu'elle ne le sera jamais vraiment ? Reste alors la fiction du contrat pour égaler une conception déontologique de la justice au principe moral de l'autonomie et de la personne comme fin en soi.

L'énigme non résolue de la fondation de la république transpire à travers la formulation du contrat tant chez Rousseau[1] que chez Kant[2]. Chez le premier, il faut recourir à un législateur pour sor-

---

1. *Le Contrat social*, livre II, chap. VII.

2. On lit au § 46 de la *Doctrine du droit* : « Le pouvoir *législatif* ne peut appartenir qu'à la volonté unifiée du peuple. En effet, comme c'est d'elle que doit procéder tout droit, elle ne doit par sa loi *pouvoir* faire, absolument, d'injustice à quiconque. » Et plus loin au § 47 : « L'acte par lequel un peuple se constitue lui-même en État, à proprement parler l'Idée de celui-là, qui seule permet d'en penser la légalité, est le *contrat originaire*, d'après lequel tous [*omnes et singuli*] aban-

tir du labyrinthe du politique. Chez le second, le lien est présupposé, mais non justifié, entre l'autonomie ou autolégislation et le contrat social par lequel chaque membre d'une multitude abandonne sa liberté sauvage en vue de la recouvrer sous forme de liberté civile en tant que membre d'une république.

C'est à ce problème non résolu que Rawls a tenté de donner une solution, une des plus fortes qui ait été offerte à l'époque contemporaine[1]. Si le terme *fairness,* qu'on a traduit par *équité,* est proposé comme clé du concept de justice, c'est parce que la *fairness* caractérise la situation originelle du contrat dont est censée dériver la justice des institutions de base. Rawls assume donc entièrement l'idée d'un contrat originel entre des personnes libres et rationnelles soucieuses de promouvoir leurs intérêts individuels. Contractualisme et individualisme avancent ainsi la main dans la main. Si la tentative réussissait, une conception purement procédurale de la justice, non seulement se libérerait de toutes présuppositions concernant le bien, mais libérerait définitivement le juste de la tutelle du bien, d'abord au niveau des institutions, puis par extension à celui des individus et des États-nations considérés comme de grands individus. Pour prendre une juste mesure de l'orientation antitéléologique de la théorie rawlsienne de la justice, il faut dire que sa théorie n'est dirigée explicitement que contre une version téléologique particulière de la justice, à savoir celle de l'utilitarisme, qui a prédominé pendant deux siècles dans le monde de langue anglaise et trouvé chez John Stuart Mill et Sidgwick ses avocats les plus éloquents. Platon et Aristote ne donnent guère lieu qu'à quelques notes en bas de page. L'utilitarisme est en effet une doctrine téléologique, dans la mesure où il définit la justice par la maximisation du bien pour le plus grand nombre. Quant à ce bien, appliqué à des institutions, il n'est que l'extrapolation d'un principe de choix construit au niveau de l'individu, selon lequel un plaisir simple, une satisfaction immédiate, devraient être *sacrifiés* au bénéfice d'un plai-

---

donnent dans le *peuple* leur liberté extérieure, pour la retrouver derechef comme membre d'une république, c'est-à-dire d'un peuple considéré comme État [*universi*] et l'on ne peut pas dire que l'homme dans l'État ait sacrifié une *partie* de sa liberté extérieure innée à une fin, mais il a entièrement abandonné la liberté sauvage et sans loi, pour retrouver sa liberté en général dans une dépendance légale, c'est-à-dire dans un État juridique, donc entière, car cette dépendance procède de sa propre volonté législatrice » (*La Métaphysique des mœurs*, première partie, *Doctrine du droit*, trad. fr. d'A. Philonenko, Paris, Vrin, 1971, p. 196-198 ; cf. E. Kant, *Œuvres philosophiques,* éd. Alquié, *op. cit.,* t. III, 1986, [VI, 313], p. 578, et [VI, 315-316], p. 581).

1. J. Rawls, *Théorie de la justice, op. cit.*

sir ou d'une satisfaction plus grands quoique éloignés. La première idée qui vient à l'esprit est qu'il y a un fossé entre la
conception téléologique de l'utilitarisme et la conception déontologique en général : en extrapolant de l'individu au tout social
comme le fait l'utilitarisme, la notion de sacrifice prend une tournure redoutable : ce n'est plus un plaisir privé qui est sacrifié
mais toute une couche sociale ; l'utilitarisme, comme un disciple
français de René Girard, Jean-Pierre Dupuy[1], le soutient,
implique tacitement un principe sacrificiel qui équivaut à légitimer la stratégie du bouc émissaire. La riposte kantienne serait
que le moins favorisé dans une division inégale d'avantages ne
devrait pas être sacrifié, parce qu'il est une personne, ce qui est
une façon de dire que, dans la ligne du principe sacrificiel, la victime potentielle de la distribution serait traitée comme un moyen
et non comme une fin. En un sens, c'est là aussi la conviction de
Rawls comme je m'efforcerai de le montrer plus loin. Mais, si
c'est sa conviction, ce n'est pas son argument. Or c'est celui-ci qui
compte. Le livre entier est une tentative pour déplacer la question
de fondation au bénéfice d'une question d'accord mutuel, ce qui
est le thème même de toute théorie contractualiste de la justice.
La théorie rawlsienne de la justice est sans aucun doute une théorie déontologique, en tant qu'opposée à l'approche téléologique
de l'utilitarisme, mais c'est une déontologie sans fondation transcendantale. Pourquoi ? Parce que c'est la fonction du contrat
social de dériver les contenus des principes de justice d'une procédure équitable *(fair)* sans aucun engagement à l'égard de critères prétendument objectifs du juste, sous peine, selon Rawls, de
réintroduire ultimement quelques présuppositions concernant le
bien. Donner une solution procédurale à la question du juste, tel
est le but déclaré de *Théorie de la justice.* Une procédure équitable en vue d'un arrangement juste des institutions, voilà ce qui
est exactement signifié par le titre du chapitre I, « La justice
comme équité [*fairness*] ».

Ces considérations préliminaires achevées, considérons les
réponses que Rawls apporte aux trois questions suivantes :
qu'est-ce qui assurerait l'équité de la situation de délibération
d'où pourrait résulter un accord concernant un arrangement juste
des institutions ? Quels principes seraient choisis dans cette situation fictive de délibération ? Quel argument pourrait convaincre
les parties délibérantes de choisir unanimement les principes

---

1. J.-P. Dupuy, « Les paradoxes de *Théorie de la justice* (John Rawls) », *Esprit,*
n° 1, 1988, p. 72*sq.*

rawlsiens de la justice plutôt que, disons, une variante quelconque de l'utilitarisme ?

A la première question correspond la supposition de la *position originelle* et la fameuse allégorie qui l'accompagne, le *voile d'ignorance*. On ne saurait trop insister sur le caractère non historique, mais hypothétique de cette position[1]. Une part énorme de spéculation est dépensée par Rawls concernant les conditions auxquelles la situation originelle peut être dite équitable à tous égards. C'est à faire le compte de ces contraintes qu'est destinée la fable du voile d'ignorance[2]. Le parallélisme, mais aussi le manque de similitude signalé plus haut entre la fondation kantienne de l'autonomie et le contrat social, expliquent la complexité des réponses que Rawls donne à la question de savoir ce que les individus doivent connaître sous le voile d'ignorance, afin que de leur choix dépende une distribution d'avantages et de désavantages dans une société réelle où, derrière des droits, des intérêts sont en jeu. D'où la première contrainte : que chaque partenaire ait une connaissance suffisante de la psychologie générale de l'humanité en ce qui concerne les passions et les motivations fondamentales[3]. Seconde contrainte : les partenaires doivent savoir ce que tout être raisonnable est présumé souhaiter posséder, à savoir les biens sociaux primaires sans lesquels l'exercice de

1. En fait, la position originelle est substituée à l'état de nature dans la mesure où c'est une position d'égalité. On se souvient que chez Hobbes l'état de nature était caractérisé par la guerre de tous contre tous et, comme le souligne Leo Strauss, comme un état où chacun est motivé par la crainte de la mort violente. Ce qui est donc en jeu chez Hobbes, ce n'est pas la justice, mais la sécurité. Rousseau et Kant, sans partager l'anthropologie pessimiste de Hobbes, décrivent l'état de nature comme sans loi, c'est-à-dire sans aucun pouvoir d'arbitrage entre revendications opposées. En revanche les principes de la justice peuvent devenir le propos d'un choix commun si et seulement si la position originelle est équitable, c'est-à-dire égale. Or, elle ne peut être équitable que dans une situation hypothétique.

2. L'idée est la suivante : « Parmi les traits essentiels de cette situation, il y a le fait que personne ne connaît sa place dans la société, sa position de classe ou son statut social, pas plus que personne ne connaît le sort qui lui est réservé dans les répartitions des capacités et des dons naturels, par exemple l'intelligence, la force, etc. J'irai moi-même jusqu'à poser que les partenaires ignorent leurs propres conceptions du bien ou leurs tendances psychologiques particulières » (John Rawls, *Théorie de la justice, op. cit.*, p. 38).

3. Rawls reconnaît franchement que son anthropologie philosophique est très proche de celle de Hume dans le *Traité de la nature humaine,* livre III, en ce qui concerne besoins, intérêts, fins, revendications conflictuelles, y compris « les intérêts d'un moi qui considère que sa conception du bien mérite d'être reconnue et qui avance des revendications en sa faveur demandant à être satisfaites » (*Théorie de la justice, op. cit.*, p. 160). Rawls appelle ces contraintes « le contexte d'application [*circumstances*] de la justice » (*ibid.*, p. 22).

la liberté serait une revendication vide. A cet égard, il est important de noter que le respect de soi appartient à cette liste des biens primaires[1]. Troisième contrainte : le choix étant entre plusieurs conceptions de la justice, les partenaires doivent avoir une information convenable concernant les principes de justice en compétition. Ils doivent connaître les arguments utilitaires et, bien entendu, les principes rawlsiens de la justice, puisque le choix n'est pas entre des lois particulières, mais entre des conceptions globales de la justice[2]. La délibération consiste très précisément à donner un *rang* aux théories alternatives de la justice. Autre contrainte : tous les partenaires doivent être égaux en information ; c'est pourquoi la présentation des alternatives et des arguments doit être publique[3]. Autre contrainte encore : ce que Rawls appelle la stabilité du contrat, c'est-à-dire l'anticipation qu'il sera contraignant dans la vie réelle, quelles que soient les circonstances prévalentes.

Tant de précautions témoignent de la difficulté du problème à résoudre, à savoir « établir une procédure équitable [*fair*] de telle sorte que tous les principes sur lesquels un accord interviendrait soient justes. L'objectif est d'utiliser la notion de justice procédurale pure, comme base de la théorie ». Ce que la situation originelle doit plus que tout annuler, ce sont les effets de contingence, dus tant à la nature qu'aux circonstances sociales, le prétendu mérite étant mis par Rawls au nombre de ces effets de contingence. L'attente du théoricien est alors immense : « puisque les partenaires ignorent ce qui les différencie, et qu'ils sont tous également rationnels et placés dans la même situation, il est clair qu'ils seront tous convaincus par la même argumentation » (§ 24, p. 171)[4].

Se pose maintenant la seconde question : *quels principes* seraient choisis sous le voile d'ignorance ? La réponse à cette

1. En ce sens, des considérations téléologiques sont prises en compte, mais du point de vue des partenaires entrant en délibération, non au titre des clauses du contrat lui-même ; cf. § 15, « Les biens sociaux premiers comme bases des attentes ». On reviendra dans les études suivantes sur cette notion d'expectation.
2. C'est une des raisons pour lesquelles, dans *Théorie de la justice*, les principes de la justice sont décrits et interprétés *avant* le traitement systématique de la position originelle.
3. Rawls parle à cet égard des « contraintes formelles du concept du juste » (§ 23) pour désigner les contraintes qui valent pour le choix de tout principe moral et non seulement pour ceux de la justice.
4. Et encore : « Si quelqu'un, après mûre réflexion, préfère une conception de la justice à une autre, alors tous la préféreront et on parviendra à un accord unanime » (*ibid.*).

question se trouve dans la description des deux principes de justice et dans leur mise en ordre correcte. Ces principes, il faut le dire avant de les énoncer, sont des principes de distribution. L'étude précédente nous a familiarisés avec cette notion de distribution et ses implications épistémologiques concernant la fausse alternative entre la transcendance de la société et l'individualisme méthodologique : la notion de partenaire social satisfait à l'une et à l'autre exigence, dans la mesure où la règle de distribution définit l'institution comme système et où cette règle n'existe qu'autant que les titulaires de parts pris ensemble font de l'institution une aventure de coopération *(cooperative venture)*. Rawls non seulement assume cette présupposition, mais l'étend en la diversifiant. La justice en tant que distributive s'étend, en effet, à toutes les sortes d'avantages susceptibles d'être traités comme des parts à distribuer : droits et devoirs, d'une part, bénéfices et charges, d'autre part. Il est clair que, pour Rawls, l'accent ne doit pas être mis sur la signification propre des choses à partager, sur leur *évaluation en tant que biens distincts,* sous peine de réintroduire un principe téléologique et, à sa suite, d'ouvrir la porte à l'idée d'une diversité de biens, voire à celle de conflits irréductibles entre biens. Le formalisme du contrat a pour effet de neutraliser la diversité des biens au bénéfice de la règle de partage. Ce primat de la procédure n'est pas sans rappeler la mise entre parenthèses des inclinations dans la détermination kantienne du principe d'universalisation. Une fois encore, nous sommes rappelés à la différence entre la problématique de l'autonomie et celle du contrat. Si la première peut s'autoriser d'un fait de raison – quel qu'en soit le sens –, il n'en est rien du second, dans la mesure même où il a pour enjeu une allocation de parts. En tant même que la société se présente comme système de distribution, tout partage est *problématique* et ouvert à des alternatives également raisonnables ; puisqu'il y a plusieurs manières plausibles de répartir avantages et désavantages, la société est de part en part un phénomène consensuel-conflictuel ; d'un côté, toute allocation de parts peut être contestée, spécialement, comme nous allons le voir, dans le contexte d'une répartition inégale ; d'un autre côté, pour être stable, la distribution requiert un consensus concernant les procédures en vue d'arbitrer entre revendications concurrentes. Les principes que nous allons maintenant considérer portent exactement sur cette situation problématique engendrée par l'exigence d'une répartition équitable et stable.

Rawls est en effet confronté, comme Aristote l'avait été, avec le paradoxe central introduit par l'équation entre justice et égalité. Il est remarquable, à cet égard, que, chez Rawls comme chez Aristote et sans doute tous les moralistes, c'est le scandale de l'inégalité qui met en mouvement la pensée. Rawls pense d'abord aux inégalités qui affectent les chances initiales à l'entrée de la vie, ce qu'on peut appeler les « positions de départ » *(the starting places)* [1]. Il pense, bien entendu aussi aux inégalités liées à la diversité des contributions des individus à la marche de la société, aux différences de qualification, de compétence, d'efficacité dans l'exercice de la responsabilité, etc. : inégalités dont nulle société connue n'a pu ou voulu se départir. Le problème est alors, comme chez Aristote, de définir l'égalité de telle sorte que soient réduites à leur minimum inéluctable ces inégalités. Mais, là encore, de même que la procédure unique de délibération dans la situation originelle fait passer au second plan la diversité des biens attachés aux choses partagées, l'égalité des contractants dans la situation fictive confère à l'avance aux inégalités consenties par les termes du contrat le sceau de la *fairness* caractéristique de la condition originelle.

Cette égide de la *fairness* n'empêche pas que l'idée de justice doive donner naissance à deux principes de justice, et que le second comporte lui-même deux moments. Le premier assure les libertés égales de la citoyenneté (libertés d'expression, d'assemblée, de vote, d'éligibilité aux fonctions publiques). Le second principe s'applique aux conditions inéluctables d'inégalité évoquées plus haut ; il pose dans sa première partie les conditions sous lesquelles certaines inégalités doivent être tenues pour préférables à la fois à des inégalités plus grandes, mais aussi à une répartition égalitaire ; dans sa seconde partie, il égalise autant qu'il est possible les inégalités liées aux différences d'autorité et de responsabilité : d'où le nom de « principe de différence » [2]. Aussi

1. Il n'est pas sans importance de noter que, dès le début, le mérite *(merit or desert)* est écarté, soit comme une variété de chance initiale, soit comme une justification indue des inégalités affectant les positions de départ.

2. « La première présentation des deux principes est la suivante : *En premier lieu : chaque personne doit avoir un droit égal au système le plus étendu de libertés de base égales pour tous qui soit compatible avec le même système pour les autres. En second lieu : les inégalités sociales et économiques doivent être organisées de façon à ce que, à la fois, (a) l'on puisse raisonnablement s'attendre à ce qu'elles soient à l'avantage de chacun, et (b) qu'elles soient attachées à des positions et à des fonctions ouvertes à tous* » (Rawls, *Théorie de la justice, op. cit.,* p. 91). Et plus loin : « Le second principe s'applique, dans la première approximation, à la répartition des revenus et de la richesse et aux grandes lignes des organisations qui utilisent des différences d'autorité et de responsabilité [d'où le nom de principe de différence]. Si la répartition de la richesse et des revenus n'a pas besoin d'être

importante que le contenu de ces principes est la règle de priorité qui les lie l'un à l'autre. Rawls parle ici d'ordre sériel ou lexical [1], heurtant de front le marxisme aussi bien que l'utilitarisme. Appliqué aux principes de justice, l'ordre sériel ou lexical signifie que « des atteintes aux libertés de base égales pour tous qui sont protégées par le premier principe ne peuvent être justifiées ou compensées par des avantages sociaux ou économiques plus grands » (Rawls, p. 92). En outre, l'ordre lexical s'impose entre les deux parties du second principe : les moins favorisés en termes économiques doivent être lexicalement prioritaires à l'égard de tous les autres partenaires. C'est ce que J.-P. Dupuy (« Les paradoxes de *Théorie de la justice* (John Rawls) ») désigne comme l'implication antisacrificielle du principe de Rawls : celui qui pourrait être la victime ne devrait pas être sacrifié même au bénéfice du bien commun. Le principe de différence sélectionne ainsi la situation la plus égale compatible avec la règle d'unanimité [2].

Cette dernière assertion conduit à la troisième question : *pour quelles raisons* les partenaires placés sous le voile d'ignorance pré-

égale, elle doit être à l'avantage de chacun et, en même temps, les positions d'autorité et de responsabilité doivent être accessibles à tous. On applique le second principe en gardant les positions ouvertes, puis, tout en respectant cette contrainte, on organise les inégalités économiques et sociales de manière que chacun en bénéficie » (*op. cit.*, p. 92). On peut s'interroger sur le poids des considérations familières à une économie de marché dans la formulation du second principe. Au niveau économique, admettons, la somme à partager n'est pas fixée à l'avance, mais dépend de la façon dont elle est partagée. En outre, des différences de productivité résultent de la manière dont la distribution est ordonnée. Dans un système d'égalité arithmétique, la productivité pourrait être si basse que même le plus défavorisé le serait plus encore. Il existerait donc un seuil où les transferts sociaux deviendraient contre-productifs. C'est à ce moment que le principe de différence entre en jeu.

1. Cet ordre lexical ou lexicographique est facile à commenter : la première lettre d'un mot quelconque est *lexicalement* première, en ce sens qu'aucune compensation au niveau des lettres ultérieures ne pourra effacer l'effet négatif qui résulterait de la substitution de toute autre lettre à cette première place ; cette impossible substitution donne à la première lettre un poids infini. Néanmoins, l'ordre suivant n'est pas dénué de poids, puisque les lettres ultérieures font la différence entre deux mots ayant même commencement. L'ordre lexical donne à tous les constituants un poids spécifique sans les rendre mutuellement substituables.

2. Il résulte de cette distinction entre deux principes de justice que Rawls se trouve pris entre deux groupes d'adversaires. Sur sa droite, il est accusé d'égalitarisme (priorité aux plus défavorisés) ; sur sa gauche, il est accusé de légitimer l'inégalité. Au premier groupe, il répond : dans une situation d'inégalité arbitraire les avantages des plus favorisés seraient menacés par la résistance des pauvres ou simplement par le manque de coopération de leur part. Au second groupe : une solution plus égalitaire serait rejetée unanimement, parce que tous seraient perdants.

féreraient-ils ces principes dans leur ordre lexical plutôt que n'importe quelle version de l'utilitarisme ? L'argument, qui occupe une place considérable dans *Théorie de la justice,* est emprunté à la théorie de la décision dans un contexte d'incertitude ; il est désigné du terme de *maximin,* pour la raison que les partenaires sont censés choisir l'arrangement qui maximise la part minimale. L'argument a toute sa force dans la situation originelle sous le voile d'ignorance. Nul ne sait quelle sera sa place dans la société réelle. Il raisonne donc sur de simples possibilités. Or les contractants sont engagés à l'égard les uns des autres en vertu d'un contrat dont les termes ont été publiquement définis et unanimement acceptés. Si deux conceptions de la justice sont en conflit et si l'une d'entre elles rend possible une situation que quelqu'un pourrait ne pas accepter tandis que l'autre exclurait cette possibilité, alors la seconde prévaudra. La question est ainsi posée de savoir jusqu'à quel point un pacte « anhistorique » peut *lier* une société « historique ». Le seul fait que cette question se pose confirme combien le contrat social présumé, par lequel une société est censée se donner ses institutions de base, diffère de l'autonomie en vertu de laquelle une liberté personnelle est censée se donner sa loi. Ici, point de fait de raison à assumer, mais le recours laborieux à la théorie de la décision dans un contexte d'incertitude. Ce sont les difficultés liées à cette situation sans parallèle dans la théorie de la moralité qui posent la question de principe – qu'on appellerait mieux question de confiance –, celle de savoir si ce n'est pas au sens éthique de la justice que d'une certaine façon la théorie déontologique de la justice fait appel. En d'autres termes : une conception purement procédurale de la justice réussit-elle à rompre ses amarres avec un sens de la justice qui la précède et l'accompagne de bout en bout ?

Ma thèse est que cette conception fournit au mieux la formalisation d'un sens de la justice qui ne cesse d'être présupposé[1]. De

---

1. Dans un article spécialement consacré au « Cercle de la démonstration dans *Théorie de la justice* (John Rawls) » (*Esprit,* n° 2, 1988, p. 78), j'observe que l'ouvrage dans son ensemble n'obéit pas à l'ordre lexical prescrit par l'énoncé des principes, mais à un ordre circulaire. Ainsi les principes de la justice se trouvent définis et même développés (§ 11 et 12) avant l'examen des circonstances du choix (§ 20 à 25), par conséquent avant le traitement thématique du voile d'ignorance (§ 24) et, de façon plus significative, avant la démonstration que ces principes sont les seuls rationnels (§ 26, 30). De fait, il est annoncé très tôt (§ 3) que les principes de justice sont ceux « que des personnes libres et rationnelles, désireuses de favoriser leurs propres intérêts et placées dans une position initiale d'égalité, accepteraient, et qui définiraient, selon elles, les termes fondamentaux de leur association » (J. Rawls, *Théorie de la justice, op. cit.,* p. 37). Ce n'est pas seulement le critère de la situation originelle qui est ainsi anticipé, mais ses caractéristiques

l'aveu même de Rawls, l'argument sur lequel s'appuie la conception procédurale ne permet pas d'édifier une théorie indépendante mais repose sur une précompréhension de ce que signifie l'injuste et le juste, qui permet de définir et d'interpréter les deux principes de justice avant qu'on puisse prouver – si jamais on y arrive – que ce sont bien les principes qui seraient choisis dans la situation originelle sous le voile d'ignorance. A vrai dire, Rawls ne renie jamais son ambition de donner une preuve indépendante de la vérité de ses principes de justice, mais, de façon plus complexe, revendique pour sa théorie ce qu'il appelle un *équilibre réfléchi* entre la théorie et nos « convictions bien pesées » *(considered convictions)* [1]. Ces convictions doivent être bien pesées, car, si dans certains cas flagrants d'injustice (intolérance religieuse, discrimination raciale) le jugement moral ordinaire paraît sûr, nous avons bien moins d'assurance quand il s'agit de répartir équitablement la richesse et l'autorité. Il nous faut, dit Rawls, chercher un moyen de dissiper nos doutes. Les arguments théoriques jouent alors le même rôle de mise à l'épreuve que Kant assigne à la règle d'universalisation des maximes [2]. Tout l'appareil de l'argumentation peut ainsi être considéré comme une rationalisation progressive de ces convictions, lorsque celles-ci sont affectées par des préjugés ou affaiblies par des doutes. Cette rationalisation consiste dans un processus complexe d'ajustement mutuel entre la conviction et la théorie [3].

---

principales, à savoir l'idée que les partenaires ont des intérêts mais ne savent pas lesquels, et en outre qu'ils ne prennent pas intérêt aux intérêts les uns des autres *(ibid.)*. De cette façon la théorie est posée comme un tout, indépendamment de tout ordre sériel enchaînant, comme nous l'avons tenté dans notre reconstitution, la situation originelle, la formulation des principes soumis à l'examen, enfin l'argument rationnel en leur faveur.

1. « On peut, cependant, justifier d'une autre façon une description particulière de la position originelle. C'est en voyant si les principes qu'on choisirait s'accordent avec nos convictions bien pesées sur ce qu'est la justice ou s'ils les prolongent d'une manière acceptable » (Rawls, *op. cit.,* p 46).

2. « Nous pouvons (...) tester la valeur d'une interprétation de la situation initiale par la capacité des principes qui la caractérisent à s'accorder avec nos convictions bien pesées et à nous fournir un fil conducteur, là où il est nécessaire » *(ibid.)*.

3. « Par un processus d'ajustement, en changeant parfois les conditions des circonstances du contrat, dans d'autres cas en retirant des jugements et en les adaptant aux principes, je présume que nous finirons par trouver une description de la situation initiale qui, tout à la fois, exprime des conditions préalables raisonnables et conduise à des principes en accord avec nos jugements bien pesés, dûment élagués et remaniés. Je qualifie cet état final d'équilibre réfléchi [*reflective equilibrium*] » *(op. cit.,* p. 47). Le livre entier peut être considéré comme la recherche de cet équilibre réfléchi. Notre critique prendra son point de départ là où *Théorie de*

Au terme de ce parcours, deux conclusions se dessinent. D'une part, on peut montrer en quel sens une tentative de fondation purement procédurale de la justice appliquée aux institutions de base de la société porte à son comble l'ambition d'affranchir le point de vue déontologique de la morale de la perspective téléologique de l'éthique. D'autre part, il apparaît que c'est aussi avec cette tentative qu'est le mieux soulignée la limite de cette ambition.

L'affranchissement du point de vue déontologique de toute tutelle téléologique a son origine dans la position par Kant d'un critère de la moralité défini comme exigence d'universalité. En ce sens, l'impératif kantien, sous sa forme la plus radicale : « Agis uniquement d'après la maxime qui fait que tu peux vouloir en même temps qu'elle devienne une loi universelle », ne concerne pas seulement la constitution d'une volonté personnelle rationnelle, ni même la position de la personne comme fin en soi, mais la règle de justice sous sa formulation procédurale.

Dans les trois moments de l'analyse, l'ambition universaliste de la règle a eu pour premier corollaire le formalisme du principe ; celui-ci signifie qu'aucun contenu empirique ne passe avec succès l'épreuve du critère d'universalisation ; le formalisme équivaut ainsi à une mise à l'écart dont on peut suivre l'expression dans chacune des trois sphères du formalisme : mise à l'écart de l'inclination dans la sphère de la volonté rationnelle, du traitement d'autrui simplement comme un moyen dans la sphère dialogique, de l'utilitarisme enfin dans la sphère des institutions. A cet égard, on ne saurait trop souligner que l'exclusion de l'utilitarisme dans la situation originelle a même signification que les deux exclusions qu'on vient d'évoquer et se construit en quelque sorte sur la base de ces deux exclusions préalables. Enfin, le point de vue déontologique est par trois fois fondé sur un principe qui s'autorise de lui-même : l'autonomie dans la première sphère, la position de la personne comme fin en soi dans la seconde, le contrat

---

la justice paraît trouver son propre équilibre. Situons sans attendre le lieu du débat : la sorte de circularité que la recherche de l'équilibre réfléchi semble présumer paraît menacée par les forces centrifuges exercées par l'hypothèse contractualiste à laquelle l'approche déontologique a lié son sort. Dès l'hypothèse du voile d'ignorance, tout le cours de l'argument obéit à une tendance artificialiste et constructiviste que renforce la revendication d'autonomie en faveur de l'argument théorique. Est-il possible de concilier la complète autonomie de l'argument avec le vœu initial de préserver la relation d'ajustement [*fitness*] entre théorie et conviction ? Ce peut être le fardeau incommode de toute théorie contractualiste de dériver d'une procédure agréée par tous les principes mêmes de justice qui, de façon paradoxale, motivent déjà la recherche d'un argument rationnel indépendant.

social dans la troisième. Ici encore, il faut affirmer avec force que l'autonomie régit les trois sphères ; l'idée de la personne comme fin en soi est censée en être l'expression dialogale ; et le contrat en est l'équivalent au plan des institutions.

Quant aux limites inhérentes à une telle entreprise d'affranchissement du point de vue déontologique, elles se lisent dans les difficultés croissantes que rencontre la sorte d'autofondation que suppose un tel affranchissement. Ces difficultés me paraissent atteindre un point critique remarquable avec la version contractualiste de la justice. Il faut revenir au point de départ : le principe d'autonomie. Celui-ci ne s'autorise que de lui-même. D'où le statut difficile, dans la *Critique de la Raison pratique,* du fameux « fait de la raison ». Si on admet avec certains commentateurs que ce fait de la raison signifie seulement que la moralité *existe,* qu'elle jouit de la même autorité dans l'ordre pratique que l'expérience dans l'ordre théorique, alors il faut dire que cette existence ne peut être qu'*attestée,* que cette attestation renvoie à la déclaration qui ouvre les *Fondements...,* à savoir que « de tout ce qu'il est possible de concevoir dans le monde, et même en général hors du monde, il n'est rien qui puisse sans restriction être tenu pour bon, si ce n'est seulement une bonne volonté ». Or cet aveu réenracine le point de vue déontologique dans la perspective téléologique. Même problème et même difficulté avec l'affirmation que la personne *existe* comme fin en soi, que ce mode d'être appartient à la *nature* des êtres raisonnables. Nous savons dès toujours qu'on ne se procure pas une personne comme une chose, que celle-ci a un prix et celle-là une valeur. Cette précompréhension pratique est l'exact parallèle de l'attestation du fait de la raison au plan dialogique de la raison pratique. C'est ici que la comparaison de l'hypothèse contractualiste, d'où s'autorise la théorie de la justice, avec les deux modalités précédentes d'attestation, s'avère instructive. Le contrat se trouve occuper au plan des institutions la place que l'autonomie revendique au plan fondamental de la moralité. Mais, alors que l'autonomie peut être dite un « fait de la raison », le contrat social paraît ne pouvoir s'autoriser que d'une fiction, une fiction fondatrice certes, mais néanmoins une fiction. Pourquoi en est-il ainsi ? Est-ce parce que l'autofondation du corps politique manque de l'attestation de base dont s'autorise la bonne volonté et la personne fin en soi ? Est-ce parce que les peuples, asservis pendant des millénaires à un principe de domination transcendant leur vouloir-vivre-ensemble, ne savent pas qu'ils sont souverains, autrement qu'en vertu d'un contrat imaginaire, mais en vertu du vouloir-vivre-ensemble qu'ils ont *oublié* ? Une fois cet oubli accompli, il ne reste que la fiction pour égaler le contrat au principe d'autonomie et à celui de la personne fin en soi. Si maintenant, par un mouvement à rebours, on reporte ce doute affectant la fiction du contrat sur le principe d'autonomie, ce dernier ne risque-t-il pas lui aussi de se découvrir comme une fiction destinée à combler l'oubli de la fondation de la déontologie dans *le désir de vivre bien avec et pour les autres dans des institutions justes* ?

Le soi et la sagesse pratique : La conviction

Nous abordons ici le troisième volet de la thèse qui gouverne les études que nous consacrons à la dimension éthique du soi : une morale de l'obligation, avons-nous annoncé, engendre des situations conflictuelles où la sagesse pratique n'a d'autre ressource, selon nous, que de recourir, dans le cadre du jugement moral en situation, à l'intuition initiale de l'éthique, à savoir la vision ou la visée de la « vie bonne » avec et pour les autres dans des institutions justes. Cela dit, deux malentendus sont à éviter.

D'abord, il ne s'agit pas d'ajouter à la perspective éthique et au moment du devoir une troisième instance, celle de la *Sittlichkeit* hégélienne ; ceci, en dépit des emprunts ponctuels que nous ferons aux analyses hégéliennes concernant précisément l'effectuation concrète de l'action sensée. En effet, le recours à une telle instance, déclarée supérieure à la moralité, met en jeu un concept d'esprit – *Geist* – qui, en dépit de la vigueur avec laquelle il conjugue une conceptualité supérieure avec un sens aigu de l'effectivité, a paru superflu dans une investigation centrée sur l'ipséité. Le passage des maximes générales de l'action au jugement moral en situation ne demande, selon nous, que le réveil des ressources de singularité inhérentes à la visée de la vraie vie. Si le jugement moral développe la dialectique qu'on va dire, la conviction reste la seule issue disponible, sans jamais constituer une troisième instance qu'il faudrait ajouter à ce que nous avons appelé jusqu'ici visée éthique et norme morale.

Second malentendu à dissiper : il ne faudrait pas attacher à ce renvoi de la morale à l'éthique la signification d'un désaveu de la morale de l'obligation. Outre que celle-ci ne cesse pas de nous apparaître comme la mise à l'épreuve des illusions sur nous-mêmes et sur le sens de nos inclinations qui obscurcissent la visée de la vie bonne, ce sont les conflits mêmes suscités par la rigueur du formalisme qui confèrent au jugement moral en situation sa véritable gravité. Sans la traversée des conflits qui ébranlent une pratique guidée par les principes de la moralité, nous succomberions aux séductions d'un situationnisme moral qui nous livrerait sans défense à l'arbitraire. Il n'y a pas de plus court chemin que celui-là pour atteindre à ce tact grâce auquel le jugement moral en situation, et la conviction qui l'habite, sont dignes du titre de *sagesse pratique*.

*
* *

Le tragique de l'action

pour Olivier encore

Afin de restituer au conflit la place que toutes les analyses conduites jusqu'ici ont évité de lui accorder, il nous a paru approprié de faire entendre une autre voix que celle de la philosophie – même morale ou pratique –, une des voix de la non-philosophie : celle de la tragédie grecque. De cette irruption intempestive, nous attendons le choc susceptible d'éveiller notre méfiance à l'encontre non seulement des illusions du cœur, mais aussi des illusions nées de l'hubris de la raison pratique elle-même. Nous dirons dans un moment pourquoi, comme Hegel, nous avons choisi Antigone *plutôt, disons, qu'*Œdipe roi *pour guider cette instruction insolite de l'éthique par le tragique*[1].

L'irruption du tragique, en ce point de notre méditation, doit son caractère intempestif à sa dimension non philosophique. Celle-ci ne saurait être occultée par ce qui vient d'être appelé l'instruction par le tragique. Bien au contraire, faute de produire un enseignement direct et univoque, la sagesse tragique renvoie la sagesse pratique à l'épreuve du seul jugement moral en situation.

*Que le tragique résiste à une « répétition » intégrale dans le discours de l'éthique et de la morale, ce trait doit être rappelé avec brièveté, mais avec fermeté, de peur que la philosophie ne soit tentée de traiter la tragédie à la façon d'une carrière à exploiter, d'où elle tirerait les plus beaux blocs qu'elle retaillerait ensuite à sa guise souveraine. Certes, la tragédie a bien pour thème l'action, comme on entendra plus loin Hegel le souligner. Elle est ainsi l'œuvre des agissants eux-mêmes et de leur individualité. Mais, comme l'*Antigone *de Sophocle en témoigne, ces agissants sont au service de grandeurs spirituelles qui, non seulement les dépassent, mais, à leur tour, fraient la voie à des énergies archaïques et mythiques qui sont aussi les sources immémoriales du malheur.*

---

1. Sophocle, *Antigone*, trad. fr. de P. Mazon, Paris, Les Belles Lettres, 1934.

Ainsi, l'obligation qui contraint Antigone à assurer à son frère une sépulture conforme aux rites, bien qu'il soit devenu l'ennemi de la cité, fait plus qu'exprimer les droits de la famille face à ceux de la cité. Le lien de la sœur au frère, qui ignore la distinction politique entre ami et ennemi, est inséparable d'un service des divinités d'en bas, qui transforme le lien familial en un pacte ténébreux avec la mort. Quant à la cité, à la défense de laquelle Créon subordonne les liens familiaux qui sont aussi les siens en privant de sépulture l'ami devenu ennemi, elle reçoit de sa fondation mythique, et de sa structure religieuse durable, une signification plus que politique. Pour ne s'arrêter qu'à un symptôme du tragique, manifeste dans la surface du texte et de l'action elle-même, la façon totalement discordante dont les deux protagonistes tirent la ligne entre ami et ennemi, entre philos et ekhthros, est tellement surchargée de sens que cette détermination pratique ne se laisse pas réduire à une simple modalité du choix et de la délibération, telle que décrite par Aristote et par Kant. Et la passion qui pousse chacun des deux protagonistes aux extrêmes plonge dans un fond ténébreux de motivations que nulle analyse de l'intention morale n'épuise : une théologie, inavouable spéculativement, de l'aveuglement divin se mêle de façon inextricable à la revendication non ambiguë, que chacun élève, d'être l'auteur seul responsable de ses actes[1]. *Il en résulte que la finalité du spectacle tragique déborde infiniment toute intention directement didactique. Comme on sait, la catharsis, sans manquer d'être une clarification, un éclaircissement, que l'on peut légitimement rapporter à la compréhension de l'intrigue, ne laisse pas d'être une purification proportionnée à la profondeur des arrière-fonds de l'action qu'on vient de sonder brièvement ; à ce titre, elle ne peut être dépouillée de son cadre cultuel sous l'égide de Dionysos, invoqué dans une des dernières odes lyriques du chœur. C'est pourquoi, si le tragique peut s'adresser indirectement à notre pouvoir de délibérer, c'est dans la mesure où la catharsis s'est adressée directement aux passions qu'elle ne se borne pas à susciter, mais qu'elle est destinée à purifier. Cette métaphorisation du phobos et de l'éléos – de la terreur et de la pitié – est la condition de toute instruction proprement éthique.*

1. « Erreurs [*hamartèmata*] de mon insensée sagesse » (v. 1261), s'écrie trop tard Créon. Et pourtant, plus loin : « Hélas ! ces malheurs, j'en suis bien l'auteur et ils ne pourront jamais être rejetés sur un autre » (v. 1317-1318). Sur cette théologie qui ne peut être que montrée, cf. mon analyse ancienne du tragique dans *La Symbolique du Mal, Philosophie de la volonté*, t. II, *Finitude et Culpabilité*, Paris, Montaigne, 1960, 1988.

Tels sont les traits qui marquent le caractère non philosophique de la tragédie : puissances mythiques adverses doublant les conflits identifiables de rôles ; mélange inanalysable de contraintes destinales et de choix délibérés ; effet purgatif exercé par le spectacle lui-même au cœur des passions que celui-ci engendre[1].

Et pourtant la tragédie enseigne. Si, en effet, j'ai choisi Antigone, *c'est parce que cette tragédie dit quelque chose d'unique concernant le caractère inéluctable du conflit dans la vie morale, et en outre esquisse une sagesse – la sagesse tragique dont parlait Karl Jaspers*[2] *–, capable de nous orienter dans les conflits d'une tout autre nature que nous aborderons plus loin dans le sillage du formalisme en morale.*

*Si la tragédie d'*Antigone *peut encore nous enseigner, c'est parce que le contenu même du conflit – en dépit du caractère perdu et non répétable du fond mythique dont il émerge et de l'environnement festif qui entoure la célébration du spectacle – a conservé une permanence ineffaçable*[3]. *La tragédie d'*Antigone *touche à ce que, à la suite de Steiner, on peut appeler le fond agonistique de l'épreuve humaine, où s'affrontent interminablement l'homme et la femme, la vieillesse et la jeunesse, la société et l'individu, les vivants et les morts, les hommes et le divin. La reconnaissance de soi est au prix d'un dur apprentissage acquis au cours d'un long voyage à travers ces conflits persistants, dont l'universalité est inséparable de leur localisation chaque fois indépassable.*

L'instruction de l'éthique par le tragique se borne-t-elle à l'aveu, en forme de constat, du caractère intraitable, non négociable, de ces conflits ? Une voie moyenne est à tracer entre le conseil direct, qui s'avérera bien décevant, et la résignation à l'insoluble. La tra-

---

1. Cette étrangeté du tragique, non répétable en rationalité, est fortement rappelée par J.-P. Vernant dans « Tensions et ambiguïtés dans la tragédie grecque », *in* J.-P. Vernant et P. Vidal-Naquet, *Mythe et Tragédie en Grèce ancienne,* Paris, La Découverte, 1986, t. I, p. 21-40, et George Steiner au début et tout au long de son grand livre *Antigones,* Oxford, Clarendon Press, 1984 (trad. fr., *Les Antigones,* Paris, Gallimard, 1986).

2. K. Jaspers, *Von der Wahrheit,* Munich, Piper Verlag, 1947, p. 915-960. P. Aubenque, dans *La Prudence chez Aristote* (*op. cit.,* p. 155-177), est attentif à la « source tragique » de la *phronèsis* chez Aristote, que rappelle le *phronein* d'*Antigone.*

3. Ce contraste suscite l'étonnement insistant de G. Steiner dont une grande partie de la méditation porte sur les réappropriations d'*Antigone,* en particulier au XIXe siècle, avant que Freud ne donne la préférence à *Œdipe roi.* Simone Fraisse avait fait un travail comparable dans le domaine français : *Le Mythe d'Antigone,* Paris, Colin, 1973.

gédie est comparable à cet égard à ces expériences limites, généra-trices d'apories, auxquelles n'a échappé aucune de nos études pré-cédentes. Essayons donc.

Ce qu'*Antigone* enseigne sur le ressort tragique de l'action a été bien aperçu par Hegel dans la **Phénoménologie** de l'esprit *et dans les* Leçons sur l'esthétique, *à savoir l'étroitesse de l'angle d'engagement de chacun des personnages. Peut-être faut-il, avec Martha Nussbaum[1], aller plus loin, dans un sens qui, on le verra, n'est pas aussi anti-hégélien qu'elle le croit, et discerner chez les deux principaux protagonistes une stratégie d'évitement à l'égard des conflits internes à leurs causes respectives. C'est sur ce second point, plus encore que sur le premier, que pourra se greffer la sagesse tragique capable d'orienter une sagesse pratique.*

La conception que Créon se fait de ses devoirs à l'égard de la cité, non seulement n'épuise pas la richesse de sens de la polis *grecque, mais ne prend pas en compte la variété et peut-être l'hété-rogénéité des tâches de la cité. Pour Créon, on y a déjà fait allu-sion, l'opposition ami-ennemi est enfermée dans une catégorie politique étroite et ne souffre ni nuance, ni exception. Cette étroi-tesse de vues se reflète dans son appréciation de toutes les vertus. N'est « bien » que ce qui sert la cité, « mal » que ce qui lui nuit ; n'est « juste » que le bon citoyen et la « justice » ne régit que l'art de gouverner et d'être gouverné. La « piété », vertu considérable, est rabattue sur le lien civique, et les dieux sommés de n'honorer que les citoyens morts pour la patrie. C'est cette vision appauvrie et simplifiée de sa propre cité qui mène Créon à sa perte. Son retour-nement tardif fait de lui le héros qui apprend trop tard[2].*

Il faut accorder à Hegel que la vision du monde d'Antigone n'est pas moins rétrécie et soustraite aux contradictions internes que celle de Créon. Sa manière de trancher entre philos *et* ekhthros *n'est pas moins rigide que celle de Créon ; seul compte le lien fami-lial, d'ailleurs magnifiquement concentré dans la « sororité ». Encore ce lien[3] est-il privé de cet* éros *qui se réfugie en Hémon et*

---

1. M.C. Nussbaum, *The Fragility of Goodness, op. cit.*
2. Le coryphée : « Hélas ! c'est bien tard, il me semble que tu vois ce qui est juste [*tèn dikèn*] ». On reviendra plus loin sur le sens d'une leçon qui ne peut gué-rir, ni même soigner.
3. On notera à cet égard l'étrange lien entre *éros* et les « lois [*thesmôn*] suprêmes du monde », qui introduit le conflit au cœur même du divin (« car irrésistible se joue de nous la déesse Aphrodite » – v. 795-799).

*que le chœur célèbre dans une de ses plus belles odes lyriques (v.
781-801). A la limite, seul le parent mort est* philos. *Antigone se
tient en ce point limite. Les lois de la cité sont dès lors découron-
nées de leur auréole sacrée : « Car ce n'est pas Zeus qui a promul-
gué pour moi cette défense, et* Dikè, *celle qui habite avec les dieux
souterrains, n'a pas établi de telles lois parmi les hommes » (v.
450 sq.). Or, c'est une autre* Dikè, *non moins ténébreuse, que
célèbre le coryphée : « Tu t'es portée à un excès d'audace et tu t'es
heurtée avec violence, ma fille, contre le trône élevé de* Dikè : *tu
expies quelque faute paternelle » (v. 854-856). Ce sont bien deux
visions partielles et univoques de la justice qui opposent les protagonistes. La stratégie de simplification, comme dit Nussbaum, que
scelle l'unique allégeance aux morts –* « Ô tombeau, chambre nup-
tiale... » *(v. 892) – ne rend pas Antigone moins inhumaine que
Créon. Finalement, la compagnie des morts la laissera sans conci-
toyens, privée du secours des dieux de la cité, sans époux et sans
descendance, et même sans amis pour la pleurer (v. 880-882). La
figure qui s'éloigne de nous ne souffre pas seulement : elle* est *la
souffrance (v. 892-928).*

*Pourquoi notre préférence va-t-elle néanmoins à Antigone ?
Est-ce la vulnérabilité en elle de la femme qui nous émeut ? Est-ce
que parce que, figure extrême de la non-violence face au pouvoir,
elle seule n'a fait violence à personne ? Est-ce parce que la « sororité » révèle une qualité de* philia *que n'altère pas l'*éros *? Est-ce
parce que le rituel de la sépulture atteste un lien entre les vivants et
les morts, où se révèle la limite du politique, plus précisément celle
de ce rapport de domination qui, lui-même, n'épuise pas le lien
politique ? Cette dernière suggestion trouve un appui dans les vers
qui ont le plus marqué la tradition, et que Hegel cite par deux fois
dans la* Phénoménologie : « Je ne croyais pas non plus que ton édit
eût assez de force pour donner à un être mortel le pouvoir d'en-
freindre les décrets divins, qui n'ont jamais été écrits et qui sont
immuables : ce n'est pas d'aujourd'hui ni d'hier qu'ils existent ; ils
sont éternels et personne ne sait à quel passé ils remontent » *(Antigone, v. 452-455). En un sens, Antigone elle-même a rétréci à leur
exigence funèbre ces lois non écrites. Mais, en les invoquant pour
fonder son intime conviction, elle a posé la limite qui dénonce le
caractère humain, trop humain de toute institution.*

*L'instruction de l'éthique par le tragique procède de la
reconnaissance de cette limite. Mais la poésie ne procède pas
conceptuellement. C'est principalement à travers la succession des
Odes lyriques du chœur (et aussi des paroles prêtées à Hémon et*

Tirésias) que s'esquisse, non point un enseignement au sens le plus didactique du terme, mais une conversion du regard, que l'éthique aura pour tâche de prolonger dans son discours propre. La célébration du soleil, dans la première Ode, est celle d'un œil – « œil du jour ruisselant » – moins partial que celui des mortels[1]. Vient un peu plus loin, prononcée sur le mode gnomique, la fameuse déclaration qui ouvre l'Ode sur l'homme : « Nombreux sont les deina de la nature, mais de tous le plus deinon, c'est l'homme » (v. 332-333). Faut-il, avec Mazon, traduire deinon par « merveille » ? En fait, le deinon, évoqué maintes fois dans la pièce, a le sens que l'expression « formidable » a parfois en français : oscillant entre l'admirable et le monstrueux[2]. Plus deinon que tout homme est, en ce sens ambigu du mot, le héros tragique. Plus tard encore, quand le destin des protagonistes sera scellé, le chœur, laissé sans ressource d'avis, ne peut que gémir : « Lorsque les dieux ébranlent une maison, le malheur s'acharne sans répit sur la multitude de ses descendants » (v. 584-585). Et encore : « Dans la vie des mortels, aucune prospérité excessive n'arrive sans que le malheur s'y mêle » (v. 612-613). Ici le tragique se révèle dans la dimension non philosophique qu'on a dite. Face au désastre, les vieillards du chœur ne feront plus qu'osciller d'un parti à l'autre, inclinant plutôt du côté d'Hémon et de Tirésias. S'adressant à Créon : « Prince, il convient, s'il donne un avis opportun [il s'agit d'Hémon] de l'écouter, et toi fais-en autant pour lui : des deux côtés [diplè] vous avez bien parlé » (v. 724-726). Seule l'éloge d'Éros donne à la lamentation une hauteur de vues comparable à celle atteinte dans l'hymne au soleil. Mais à cette hauteur ne sauraient se maintenir ceux qui se savent eux-mêmes « mortels et issus de mortels » (v. 835). C'est seulement la mémoire des défaites immémoriales que le chœur saura chanter :

1. Nussbaum souligne une expression que le chœur applique à Polynice et que Mazon traduit par « querelleuses discordes » ; or le grec, serré de plus près, suggère l'idée d'« arguments à deux côtés » (*amphilogon*, v. p. 111). C'est pour un œil non humain que la querelle de Polynice recèle pareille amphibologie (Nussbaum, *The Fragility of Goodness, op. cit.*, p. 71).

2. Nussbaum, à qui je dois cette suggestion, observe combien est finalement ambigu l'éloge de l'homme ; « doué dans son industrie d'une ingéniosité inespérée, il va tantôt vers le mal, tantôt vers le bien, confondant les lois de la terre et le droit [*dikan*] qu'il a juré par les dieux d'observer, quand il est à la tête d'une cité » (v. 365-369). On notera quelques autres occurrences du terme *deinon* : « mais la puissance du destin est *deina* » (v. 951). En témoigne l'épreuve de Lycurgue, soumis au « joug » de la nécessité : « Ainsi tomba la fureur terrible [*deinon*] de sa folie » (v. 959). Créon vaincu avoue : « Céder est *deinon*, mais résister et se heurter contre le malheur n'est pas moins *deinon* » (v. 1096-1097).

Danaé, Lycurgue, la jeune fille sans nom, tous paralysés, immobilisés, pétrifiés, jetés hors praxis *(v. 944-987). Le seul conseil qui soit encore disponible, sera, en écho à l'objurgation de Tirésias : « Cède au mort, ne frappe pas un cadavre » (v. 1029). Le Coryphée aura tout de même un mot, qui sera pour nous une clé ; à Créon qui s'est écrié : « Céder est dur, mais résister et se heurter contre le malheur ne l'est pas moins », il répliquera : « Il faut de la prudence* [euboulias] *– fils de Ménœcée, Créon » (v. 1098). Et après une invocation à Bacchus, dans le ton de l'Ode au soleil et de l'Ode à Éros, qui préserve la hauteur du sacré dans l'indigence du conseil, le chœur retombe à la vaine déploration : « C'est bien tard, il me semble, que tu vois ce qui est juste* [tèn dikèn] *» (v. 1270). Le dernier mot du chœur est d'une navrante modestie : « La sagesse* [to phronein] *est de beaucoup la première source de bonheur : il ne faut pas être impie envers les dieux. Les paroles hautaines, par les grands coups dont les paient les gens orgueilleux, leur apprennent* [édidaxan], *mais seulement quand ils sont vieux, à être sages* [to phronein] *» (v. 1347-1353).*

Quelle instruction, alors ? Ce dernier appel à to phronein *fournit à cet égard un fil qui mérite qu'on le remonte*[1]*. Un appel à « bien délibérer » (euboulia) traverse obstinément la pièce : comme si « penser juste » était la réplique cherchée à « souffrir le terrible » (pathein to deinon) (v. 96)*[2]*.*

De quelle manière la philosophie morale répondra-t-elle à cet appel à « penser juste », à « bien délibérer » ? Si l'on attendait de l'instruction tragique l'équivalent d'un enseignement moral, on se tromperait du tout au tout. La fiction forgée par le poète est celle de conflits que Steiner a raison de tenir pour intraitables, non

---

1. Martha C. Nussbaum, s'appuyant sur le *Lexicon Sophocleum* de Ellendt, dénombre dans la seule pièce d'*Antigone* cinquante occurrences (sur les cent quatre-vingts des sept pièces de Sophocle) de termes relatifs à la délibération à partir des racines *boul, phren/phron*. Il faudrait ajouter *manthanein*, apprendre, rapproché de *phronein* en 1031-1032.
2. Créon ne veut pas être enseigné à *phronein* par un jeune homme comme Hémon (v. 727), qui ose lui dire qu'il a perdu le sens du *euphronein* (v. 747). C'est précisément du penser juste *(euphronein)* que Créon se croit aussi le maître. A Tirésias, qui vient de demander « combien la sagesse [*euboulia*] l'emporte sur les autres biens », Créon répond : « Autant, je pense, que l'imprudence [*mè phronein*] est le plus grand des maux » (v. 1051). Trop tard, Créon avoue sa folie *(dusbouliais)* (v. 1269). Reste au chœur à prononcer la sentence : « la sagesse [*to phronein*] est de beaucoup la première source de bonheur », mais c'est au vieillard brisé que les coups du sort « ont appris à être sage [*to phronein*] » (v. 1353). Le cycle du *phronein* est clos.

négociables. La tragédie, prise comme telle, engendre une aporie éthico-pratique qui s'ajoute à toutes celles qui ont jalonné notre quête de l'ipséité ; elle redouble en particulier les apories de l'identité narrative accumulées dans une étude précédente. A cet égard, une des fonctions de la tragédie à l'égard de l'éthique est de créer un écart entre sagesse tragique et sagesse pratique. En refusant d'apporter une « solution » aux conflits que la fiction a rendus insolubles, la tragédie, après avoir désorienté le regard, condamne l'homme de la praxis *à réorienter l'action, à ses propres risques et frais, dans le sens d'une sagesse pratique en situation qui réponde le mieux à la sagesse tragique. Cette réponse, différée par la contemplation festive du spectacle, fait de la conviction l'au-delà de la* catharsis.

Reste à dire comment la catharsis *tragique, en dépit de l'échec du conseil direct, ouvre la voie au moment de la conviction.*

Cette transition de la catharsis *à la conviction consiste pour l'essentiel dans une méditation sur la place inévitable du conflit dans la vie morale. C'est sur ce chemin que notre méditation croise celle de Hegel. Une première chose est ici à dire : si l'on doit quelque part « renoncer à Hegel », ce n'est pas à l'occasion de son traitement de la tragédie ; car la « synthèse » qu'on reproche volontiers à Hegel d'imposer à toutes les divisions que sa philosophie a le génie de découvrir ou d'inventer, ce n'est précisément pas dans la tragédie qu'il la trouve. Et, si quelque conciliation fragile s'annonce, elle ne reçoit sens que des conciliations véritables que la* Phénoménologie de l'esprit *ne rencontre qu'à un stade considérablement plus avancé de la dialectique. A cet égard, nous ne saurions manquer de remarquer que la tragédie n'est évoquée qu'au début du vaste parcours qui occupe tout le chapitre* VI, *intitulé* Geist *(signalant ainsi que ce chapitre est homologue à la totalité de l'œuvre) : la véritable réconciliation n'advient qu'à la toute fin de ce parcours, à l'issue du conflit entre la conscience jugeante et l'homme agissant ; cette réconciliation repose sur un renoncement effectif de chaque parti à sa partialité et prend valeur d'un pardon où chacun est véritablement reconnu par l'autre. Or c'est précisément une telle conciliation par renoncement, un tel pardon par reconnaissance, que la tragédie – du moins celle d'*Antigone – *est incapable de produire. Pour que les puissances éthiques que les protagonistes servent subsistent ensemble, la* disparition *de leur existence particulière est le prix entier à payer. Ainsi les héros-victimes du drame*[1] *ne bénéfi-*

1. Dans la *Phénoménologie de l'esprit,* le tragique est ce moment de l'esprit où l'unité harmonieuse de la belle cité est rompue par une action *(Handlung),* l'action

cient pas de la « certitude de soi » qui est l'horizon du procès édu-catif dans lequel la conscience de soi est engagée.

Le traitement de la tragédie dans les Leçons sur l'esthétique *confirme et renforce ce diagnostic. Ici, la tragédie n'est pas placée sur la trajectoire qui, dans la* Phénoménologie, *conduit à l'« esprit certain de lui-même » ; elle est simplement opposée à la comédie au plan des genres poétiques. Or, en tant que l'un des genres de la poésie dramatique, la tragédie se distingue de la comédie en ce que, dans la première, les individualités qui incarnent les puis-sances spirituelles* (die geistige Mächte), *et sont entraînées dans une* collision *inévitable en vertu de l'unilatéralité qui les définit, doivent disparaître dans la mort ; dans la comédie, l'homme reste, par le rire, le témoin lucide de la non-essentialité des buts qui se détruisent réciproquement*[1]. *Si l'on doit prendre un autre chemin que celui de Hegel, le point de séparation n'est pas là où on le situe trop souvent, comme si Hegel avait imposé une solution* théorique *au conflit, et comme si le conflit devait être salué comme facteur subversif à l'égard de la tyrannie d'une raison totalitaire*[2]. *Pour*

---

d'individualités particulières, d'où procède le conflit entre les caractères. Cette *Entzweiung* – ce partage en deux – a pour effet de scinder les puissances éthiques qui les surplombent : le divin contre l'humain, la cité contre la famille, l'homme contre la femme. A cet égard, les plus belles pages sont celles qui assignent à la sœur – la femme qui n'est ni fille, ni mère, ni épouse – la garde du lien familial qui réunit les morts et les vivants. Par la sépulture accordée au frère, Antigone élève la mort au-dessus de la contingence naturelle. Mais, s'il y a un sens à tout cela, il n'est pas « pour eux », mais « pour nous ». « Pour eux », la disparition dans la mort ; « pour nous », la leçon indirecte de ce désastre. La calme réconciliation chantée par le chœur ne saurait tenir lieu de pardon. L'unilatéralité de chacun des caractères, y compris celui d'Antigone, exclut une telle reconnaissance mutuelle. C'est pourquoi Hegel passe d'*Antigone* à *Œdipe roi*, où il voit la tragédie de l'igno-rance et de la reconnaissance de soi, concentrée dans la même individualité tra-gique. La conscience de soi fait ici un pas de plus, mais sans accéder encore à la sorte de réconciliation que la fin du chapitre VI propose. Il faudra auparavant tra-verser le conflit lié à la culture *(Bildung)*, qui est celui de l'« esprit aliéné à soi-même » *(der sich entfremdete Geist)*, pour apercevoir cette issue. C'est pourquoi Hegel ne pouvait attendre de la tragédie qu'elle tire de soi la solution des conflits qu'elle engendre.

1. « Alors que la tragédie met en relief le substantiel éternel et le montre dans son rôle d'agent de conciliation dont il s'acquitte en débarrassant les individuali-tés qui se combattent de leur fausse unilatéralité et en les rapprochant par ce qu'il y a de positif dans le vouloir de chacun, c'est, au contraire, *la subjectivité* qui, dans son assurance infinie, constitue l'élément dominant de la *comédie* » (*Esthétique*, trad. fr. de S. Jankélévitch, Paris, Flammarion, coll. « Champs », t. IV, 1979, p. 267).

2. M. Gellrich, *Tragedy and Theory, the Problem of Conflict since Aristotle*, Princeton University Press, 1988.

nous qui sommes partis d'une éthique de style aristotélicien et avons assumé ensuite les rigueurs d'une morale de style kantien, la question est d'identifier les conflits que la moralité suscite au niveau même de ces puissances spirituelles que Hegel semble tenir pour non contaminées par le conflit, seule l'unilatéralité des caractères étant source de tragique. Le tragique, au stade que notre investigation a atteint, n'est pas à chercher seulement à l'aurore de la vie éthique, mais au contraire au stade avancé de la moralité, dans les conflits qui se dressent sur le chemin conduisant de la règle au jugement moral en situation. Cette voie est non hégélienne en ce sens qu'elle prend le risque de se priver des ressources d'une philosophie du Geist. Je me suis expliqué plus haut sur les raisons de cette réticence. Elles tiennent à la méfiance éprouvée à l'égard de la Sittlichkeit, *qu'une philosophie du* Geist *exige de placer au-dessus de la moralité, et à l'égard de la philosophie politique, et plus spécifiquement de la théorie de l'État, à quoi tous ces développements aboutissent. Mon pari est que la dialectique de l'éthique et de la moralité, au sens défini dans les études précédentes, se noue et se dénoue dans le jugement moral en situation, sans l'adjonction, au rang de troisième instance, de la* Sittlichkeit, *fleuron d'une philosophie du* Geist *dans la dimension pratique.*

Deux questions restent ainsi posées, au point d'inflexion de la catharsis tragique *à la conviction morale : qu'est-ce qui rend inévitable le conflit éthique ? Et quelle solution l'action est-elle susceptible de lui apporter ? A la première question, la réponse proposée sera celle-ci : non seulement l'unilatéralité des caractères, mais celle même des principes moraux confrontés à la complexité de la vie est source de conflits. A la seconde question posée, la réponse esquissée sera : dans les conflits que suscite la moralité, seul un recours au fond éthique sur lequel la morale se détache peut susciter la sagesse du jugement en situation. Du phronein* tragique *à la phronèsis* pratique *: telle serait la maxime susceptible de soustraire la conviction morale à l'alternative ruineuse de l'univocité ou de l'arbitraire.*

*
* *

1. *Institution et conflit*

C'est le tragique de l'action, à jamais illustré par l'*Antigone* de Sophocle, qui reconduit le formalisme moral au plus vif de l'éthique. Le conflit est chaque fois l'aiguillon de ce recours en appel, dans les trois régions déjà deux fois sillonnées : le soi universel, la pluralité des personnes et l'environnement institutionnel.

Plusieurs raisons m'ont persuadé de refaire ce parcours dans l'ordre inverse. Première raison : en portant le fer du conflit d'abord au plan de l'institution, nous sommes sans tarder confrontés au plaidoyer hégélien en faveur de la *Sittlichkeit,* cette morale effective et concrète qui est censée prendre la relève de la *Moralität,* de la morale abstraite, et qui trouve précisément son centre de gravité dans la sphère des institutions et dans celle, les couronnant toutes, de l'État. Si l'on réussissait à montrer que le tragique de l'action déploie précisément dans cette sphère quelques-unes de ses figures exemplaires, on lèverait par là même l'hypothèse hégélienne quant à la sagesse pratique instruite par le conflit. La *Sittlichkeit* ne désignerait plus alors une troisième instance supérieure à l'éthique et à la morale, mais désignerait un des lieux où s'exerce la sagesse pratique, à savoir la hiérarchie des médiations institutionnelles que cette sagesse pratique doit traverser pour que la justice mérite véritablement le titre d'équité. Une seconde raison a guidé le choix de l'ordre ici suivi. Notre problème n'étant pas d'ajouter une philosophie politique à la philosophie morale, mais de déterminer les traits nouveaux de l'ipséité correspondant à la *pratique politique,* les conflits relevant de cette pratique ont servi de toile de fond pour les conflits engendrés par le formalisme lui-même au plan interpersonnel entre la norme et la sollicitude la plus singularisante. C'est seulement lorsque nous aurons traversé ces deux zones conflictuelles que nous pourrons nous confronter avec l'idée d'autonomie qui reste en dernière analyse la pièce maîtresse du dispositif de la morale kantienne : c'est là que les conflits les plus dissimulés désignent le point d'inflexion de la morale à une sagesse pratique qui n'aurait pas oublié son passage par le devoir.

Reprenons la règle de justice au point où nous l'avons quittée au terme de la précédente étude. La possibilité du conflit nous avait déjà paru inscrite dans la structure équivoque de l'idée de distribution juste. Vise-t-elle à délimiter des intérêts individuels mutuellement désintéressés ou à renforcer le lien de coopération ? Les expressions de *part* et de *partage* nous ont paru trahir cette équivoque au niveau même du langage. Loin de résoudre cette équivocité, la formalisation opérée par Rawls la confirme et risque même de la renforcer. La faille entre les deux versions de l'idée de distribution juste nous a paru seulement masquée par l'idée d'un équilibre réfléchi entre la théorie qui donne son titre au livre et nos convictions bien pesées [1]. Selon la théorie, en effet, les individus placés dans la situation originelle sont des individus rationnels indépendants les uns des autres et soucieux de promouvoir leurs intérêts respectifs sans tenir compte de ceux des autres. Aussi le principe de *maximin,* considéré seul, pourrait-il se réduire à une forme raffinée de calcul utilitaire. Ce serait le cas s'il n'était précisément équilibré par des convictions bien pesées où le point de vue du plus défavorisé est pris pour terme de référence. Or cette prise en considération repose en dernière analyse sur la règle de réciprocité, proche de la Règle d'Or, dont la finalité est de redresser la dissymétrie initiale liée au pouvoir qu'un agent exerce sur le patient de son action et que la violence transforme en exploitation.

Cette fine déchirure interne à la règle de justice n'indique encore que le lieu possible du conflit. Une situation réellement conflictuelle apparaît lorsque, creusant sous la pure règle de procédure, on met à nu la diversité entre les biens distribués que tend à oblitérer la formulation des deux principes de justice. On l'a dit, la diversité des choses à partager disparaît dans la procédure de distribution. On perd de vue la différence qualitative entre choses à distribuer, dans une énumération qui met bout à bout les revenus et les patrimoines, les avantages sociaux et les charges correspondantes, les positions de responsabilité et d'autorité, les hon-

---

1. Cf. ci-dessus, huitième étude, p. 275.

neurs et les blâmes, etc. Bref la diversité des *contributions* individuelles ou collectives qui donnent lieu à un problème de distribution. Aristote avait rencontré ce problème dans sa définition de la justice proportionnelle, où l'égalité ne se fait pas entre des parts mais entre le rapport de la part de l'un à sa contribution et le rapport de l'autre à sa contribution différente. Or, l'estimation de la valeur respective de ces contributions est tenue par Aristote pour variable selon les régimes politiques[1]. Si l'on déplace l'accent de la procédure de distribution sur la différence entre les choses à distribuer, deux sortes de problèmes sont soulevés, qui, dans la littérature postérieure au grand livre de Rawls, ont été le plus souvent traités en même temps, mais qu'il importe de bien distinguer. Le premier marque le retour en force de concepts téléologiques qui relient à nouveau le juste au bon, par l'idée de *biens sociaux premiers*. Rawls n'y voit pas malice et paraît à l'aise avec cette idée qu'il relie sans scrupules apparents aux attentes de personnes représentatives[2]. Mais, si l'on demande ce qui qualifie comme bons ces biens sociaux, on ouvre un espace conflictuel, dès lors que ces biens apparaissent relatifs à des significations, à des estimations hétérogènes. Un second problème est posé, non plus seulement par la diversité des biens à partager, mais par le caractère historiquement et culturellement déterminé de l'estimation de ces biens. Le conflit est ici entre la prétention universaliste (je prends « prétention » au sens positif de revendication, à la façon du *claim* de langue anglaise) et les limitations contextualistes de la règle de justice. Je renvoie ce second problème à la dernière partie de cette étude, dans la mesure où le conflit entre universalisme et contextualisme affecte au même degré toutes les sphères de la moralité. C'est donc à la seule question de la réelle diversité des biens à partager que nous nous attacherons dans la discussion qui suit.

Chez un auteur comme Michael Walzer[3], la prise en compte de cette réelle diversité des biens, appuyée sur celle des estimations ou évaluations qui déterminent les choses à partager comme des biens, aboutit à un véritable démembrement de l'idée unitaire de justice au bénéfice de l'idée de « sphères de justice ». Constituent une sphère distincte les règles qui régissent la citoyenneté *(mem-*

---

1. Cf. la note de Tricot concernant la notion aristotélicienne d'*axia (in* Aristote, *Éthique à Nicomaque, op. cit.,* 1131 a 24, trad. p. 228, n. 1).
2. Rawls, *Théorie de la justice, op. cit.,* p. 95.
3. M. Walzer, *Spheres of Justice, a Defense of Pluralism and Equality,* New York, Basic Books, 1983.

bership) et traitent par exemple des conditions de son acquisition ou de sa perte, du droit des résidents étrangers, des émigrés, des exilés politiques, etc. Maints débats en cours, jusque dans les démocraties avancées, attestent que des problèmes ne cessent de surgir qui renvoient finalement à des prises de position de nature éthique sur la nature politique desquelles on reviendra plus loin. Autre est la sphère de la sécurité et de l'assistance publique *(welfare)*, qui répond à des besoins *(needs)* estimés tels, dans nos sociétés, qu'ils appellent de droit la protection et le secours de la puissance publique. Autre est encore la sphère de l'argent et des marchandises, délimitée par la question de savoir ce qui, par sa nature de bien, peut être acheté ou vendu. Il ne suffit donc pas de distinguer massivement les personnes qui ont une valeur et les choses qui ont un prix ; la catégorie de marchandises a ses exigences propres et ses limites. Autre est encore la sphère des emplois *(office)* dont la distribution repose non sur l'hérédité ou la fortune mais sur des qualifications dûment évaluées par des procédures publiques (on retrouve ici la question de l'égalité des chances et de l'ouverture à tous des places ou positions, selon le second principe de justice de Rawls).

Notre problème n'est pas ici de proposer une énumération exhaustive de ces sphères de justice, ni même de préciser le destin de l'idée d'égalité dans chacune d'elles. Il est celui de l'arbitrage requis par la concurrence de ces sphères de justice et par la menace d'empiétement de l'une sur l'autre qui donne son véritable sens à la notion de conflit social[1].

C'est ici que l'on peut être tenté par une issue hégélienne du conflit, dans la mesure même où les questions de délimitation et de priorité entre sphères de justice relèvent d'un arbitrage aléa-

---

1. La théorie des biens de Walzer se résume dans les quelques propositions qui suivent : « tous les biens auxquels la justice distributive a affaire sont des biens sociaux » ; « les hommes et les femmes doivent leurs identités concrètes à la manière dont ils reçoivent et créent, donc possèdent et emploient les biens sociaux » ; « on ne peut concevoir un unique ensemble de biens premiers ou de base qui engloberait tous les mondes moraux et matériels » ; « mais c'est la signification des biens qui détermine leurs mouvements » ; « les significations sociales sont historiques par nature ; dès lors les distributions – justes et injustes – changent avec le temps » ; « quand les significations sont distinctes, les distributions doivent être autonomes » *(op. cit.*, p. 6-10 [trad. de l'auteur]). Il en résulte qu'il n'est d'étalon valable que pour chaque bien social et chaque sphère de distribution dans chaque société particulière ; et, comme ces étalons sont souvent violés, les biens usurpés, les sphères envahies par des hommes et des femmes dotés de pouvoir, ces phénomènes inéluctables d'usurpation et de monopole font de la distribution un lieu de conflit par excellence.

toire qui est l'équivalent au plan institutionnel de la sagesse pratique qu'Aristote appelait *phronèsis*. La solution n'est-elle pas de reporter dans la sphère politique, et singulièrement étatique, le traitement de conflits posés jusqu'ici en termes de justice ? On demandera alors de placer l'arbitrage du conflit entre sphères de justice sous la catégorie hégélienne de *Sittlichkeit* plutôt que sous la catégorie aristotélicienne de *phronèsis*.

Je l'ai dit, mon problème n'est pas de proposer ici une philosophie politique digne de celle d'Éric Weil, de Cornelius Castoriadis ou de Claude Lefort. Il est seulement de savoir si la *pratique politique* fait appel aux ressources d'une moralité concrète qui ne trouvent leur exercice que dans le cadre d'un savoir de soi que l'État en tant que tel détiendrait. C'est là précisément ce qu'enseigne Hegel dans les *Principes de la philosophie du droit* [1].

Rappelons auparavant que le concept hégélien de droit, qui enveloppe toute l'entreprise, déborde de toutes parts celui de justice : « Le système du droit, est-il dit dans l'introduction, est le royaume de la liberté effectivement réalisée, le monde de l'esprit, monde que l'esprit produit à partir de lui-même comme une seconde nature » (§ 4, p. 71), et encore : « Qu'une existence empirique en général soit existence empirique de la volonté, c'est cela qui est le droit. Le droit est donc la liberté en général, en tant qu'Idée » (§ 2, p. 88). Cette problématique de la réalisation, de l'effectuation de la liberté, est aussi la nôtre dans cette étude. Mais, exige-t-elle la restriction drastique du domaine de la justice qu'on va dire, et surtout l'élévation du domaine politique bien au-dessus de la sphère où l'idée de justice est valide ? En ce qui concerne la limitation du champ d'exercice de la justice, elle coïncide avec celle du *droit abstrait,* lequel a pour fonction majeure d'élever la prise de possession au rang de propriété légale dans un rapport triangulaire entre une volonté, une chose et une autre volonté : rapport constitutif du contrat légal. Le champ de ce dernier s'en trouve d'autant réduit, à l'encontre de la tradition contractualiste à laquelle se rattache Rawls, qui fait sortir l'ensemble des institutions d'un contrat fictif. Il en résulte que le concept de justice subit une contraction identique. Il est remarquable, en effet, qu'il soit introduit sous le titre négatif de l'injustice, sous les aspects de la fraude, du parjure, de la violence et du crime (§ 82-103) ; en retour, le droit abstrait se résout dans la contre-violence, qui réplique à la violence *(Zwang)* dans le

1. Hegel, *Principes de la philosophie du droit* ou *Droit naturel et Science de l'État en abrégé, op. cit.*

domaine où la liberté s'extériorise dans des choses possédées :
« Le droit abstrait est un droit de contrainte [*Zwangsrecht*], parce
que la négation du droit est une violence exercée contre l'exis-
tance de ma liberté dans une chose extérieure » (§ 94, p. 139)[1]. Ce
qui fait fondamentalement défaut au droit abstrait, au contrat et
à l'idée de justice qui en est solidaire, c'est la capacité de lier orga-
niquement les hommes entre eux ; le droit, comme l'avait admis
Kant, se borne à séparer le mien du tien[2]. L'idée de justice souffre
essentiellement de cet atomisme juridique. En ce sens la faille que
nous venons de rappeler, et qui affecte la société entière en tant
que système de distribution – faille que présuppose la situation
originelle dans la fable de Rawls –, devient chez Hegel infirmité
insurmontable. La personne juridique reste aussi abstraite que le
droit qui la définit.

C'est précisément à l'opposé de ce lien contractuel externe
entre individus rationnels indépendants, et au-delà de la moralité
simplement subjective, que la *Sittlichkeit* se définit comme le lieu
des figures de l'« esprit objectif » selon le vocabulaire de l'*Encyclopédie*... Et c'est parce que la société civile, lieu des intérêts en
compétition, ne crée pas non plus de liens organiques entre les
personnes concrètes que la société politique apparaît comme le
seul recours contre la fragmentation en individus isolés.

Les raisons de « renoncer à Hegel » au plan de la philosophie
politique ne sont pas comparables à celles qui se sont imposées à
moi au plan de la philosophie de l'histoire[3]. Le projet philosophique de Hegel dans les *Principes de la philosophie du droit* me
reste très proche, dans la mesure où il renforce les thèses dirigées
dans la septième étude contre l'atomisme politique. Nous avons
alors admis que c'était seulement dans un milieu institutionnel
spécifique que les capacités et dispositions qui distinguent l'agir
humain peuvent s'épanouir ; l'individu, disions-nous alors, ne
devient humain que sous la condition de certaines institutions ; et

1. Il est vrai que la catégorie du tribunal réapparaît dans le cadre de la « vie
éthique » (*Sittlichkeit*), mais dans les limites de la *société civile* ; la section « Admi-
nistration de la justice » (*ibid.*, § 209-229) se trouve ainsi encadrée par la théorie
de la société civile comme « système des besoins » et par celle de « la police et la
corporation ».
2. La *Doctrine du droit*, qui constitue la première partie de la *Métaphysique des
mœurs*, construit le droit privé sur la distinction « du mien et du tien en général » :
« *Le mien selon le droit* [*meum juris*] est ce à quoi je suis tellement lié, que l'usage
qu'un autre en ferait sans mon agrément me léserait. La *possession* [*Besitz*] est la
condition subjective de la possibilité de l'usage en général » (trad. Philonenko,
p. 119 ; cf. éd. Alquié [VI, 245], p. 494).
3. *Temps et Récit*, t. III, *op. cit.*, II, chap. VI.

nous ajoutions : s'il en est bien ainsi, l'obligation de servir ces institutions est elle-même une condition pour que l'agent humain continue de se développer. Ce sont là autant de raisons d'être redevable au travail de hiérarchisation des modalités d'effectuation de la liberté élaborées par Hegel dans les *Principes de la philosophie du droit.* Dans cette mesure, et dans cette mesure seulement, la notion de *Sittlichkeit,* entendue d'une part au sens de système des instances collectives de médiation intercalées entre l'idée abstraite de liberté et son effectuation « comme seconde nature », et d'autre part comme triomphe progressif du lien organique entre les hommes sur l'extériorité du rapport juridique – extériorité aggravée par celle du rapport économique –, cette notion de *Sittlichkeit* n'a pas fini de nous instruire. Ajouterais-je que j'interprète, à la suite d'Éric Weil, la théorie hégélienne de l'État comme une théorie de l'État libéral, dans la mesure où la pièce maîtresse en est l'idée de *constitution ?* En ce sens, le projet politique de Hegel n'a pas été dépassé par l'histoire et pour l'essentiel n'a pas encore été réalisé. La question, pour nous, est plutôt celle-ci : l'obligation de servir les institutions d'un État constitutionnel est-elle d'une autre nature que l'obligation morale, voire d'une nature supérieure ? Plus précisément, a-t-elle un autre fondement que l'idée de justice, dernier segment de la trajectoire de la « vie bonne » ? Et a-t-elle une autre structure normative-déontologique que la règle de justice ?

L'opposition entre *Sittlichkeit* et *Moralität* perd de sa force et devient inutile – sinon même nuisible, comme je le dirai plus loin –, si, d'une part, on donne à la règle de justice, par l'intermédiaire de celle de distribution, un champ d'application plus vaste que celui que lui assignaient la doctrine kantienne du droit privé et la doctrine hégélienne du droit abstrait, et si, d'autre part, on dissocie, autant qu'il est possible, les admirables analyses de la *Sittlichkeit* de l'ontologie du *Geist* – de l'esprit – qui transforme la médiation institutionnelle de l'État en instance capable de se penser elle-même [1]. Séparée de l'ontologie du *Geist,* la phénoménologie de la *Sittlichkeit* cesse de légitimer une instance de jugement supérieure à la conscience morale dans sa structure tria-

---

1. « L'État est la réalité effective de l'Idée éthique en tant que volonté substantielle, révélée, claire à elle-même, qui se pense et se sait, qui exécute ce qu'elle sait et dans la mesure où elle le sait. Il a son existence immédiate dans les mœurs, son existence médiatisée dans la conscience de soi, dans le savoir et l'activité de l'individu, de même que, par sa conviction, l'individu possède sa liberté substantielle en lui [l'État] qui est son essence, son but et le produit de son activité » (*Principes de la philosophie du droit, op. cit.,* § 257, p. 258).

dique : autonomie, respect des personnes, règle de justice [1]. Ce qui donne à la *Sittlichkeit* l'apparence d'une transcendance par rapport à la moralité formelle, c'est son lien avec des institutions dont on a admis plus haut le caractère irréductible par rapport aux individus. Seulement, une chose est d'admettre que les institutions ne dérivent pas des individus mais toujours d'autres institutions préalables, une autre est de leur conférer une spiritualité distincte de celle des individus. Ce qui finalement est inadmissible chez Hegel, c'est la thèse de l'esprit objectif et son corollaire, la thèse de l'État érigé en instance supérieure dotée du savoir de soi. Le réquisitoire est certes impressionnant, que Hegel a dressé contre la conscience morale lorsqu'elle s'érige en tribunal suprême dans l'ignorance superbe de la *Sittlichkeit* où s'incarne l'esprit d'un peuple. Pour nous, qui avons traversé les événements monstrueux du XXᵉ siècle liés au phénomène totalitaire, nous avons des raisons d'écouter le verdict inverse, autrement accablant, prononcé par l'histoire elle-même à travers la bouche des victimes. Quand l'esprit d'un peuple est perverti au point de nourrir une *Sittlichkeit* meurtrière, c'est finalement dans la conscience morale d'un petit nombre d'individus, inaccessibles à la peur et à la corruption, que se réfugie l'esprit qui a déserté des institutions devenues criminelles [2]. Qui oserait railler encore la belle âme, quand elle seule reste à témoigner contre le héros de l'action ? Certes, le déchirement entre la conscience morale et l'esprit du peuple n'est pas toujours aussi désastreux ; mais il garde toujours une valeur de rappel et d'avertissement. Il atteste de façon paroxystique l'indépassable tragique de l'action, auquel Hegel lui-même a rendu justice dans ses belles pages sur *Antigone*.

La meilleure manière de démystifier l'État hégélien et, par là même, de libérer ses ressources inépuisables au plan de la philosophie politique, c'est d'interroger la *pratique politique* elle-même et d'examiner les formes spécifiques qu'y revêt le tragique de l'action.

Or, pourquoi la pratique politique serait-elle le lieu de conflits spécifiques ? Et de quelle façon ceux-ci renvoient-ils au sens éthique de la justice ?

Il faut partir ici de la différence sur laquelle nous avons si forte-

1. Ce que fait Hegel au § 258 des *Principes de la philosophie du droit* : « ce but final [*Endzweck*] possède le droit le plus élevé à l'égard des individus dont le devoir suprême est d'être membres de l'État » (*ibid.*, p. 258).
2. Václav Havel, « Le pouvoir des sans-pouvoir », in *Essais politiques*, Paris, Calmann-Lévy, 1989.

ment insisté dans la troisième section de la septième étude entre pouvoir et domination. Le *pouvoir,* avons-nous admis à la suite de Hannah Arendt, n'existe qu'autant et aussi longtemps que le vouloir vivre et agir en commun subsiste dans une communauté historique. Ce pouvoir est l'expression la plus haute de la *praxis* aristotélicienne qui ne fabrique rien hors d'elle-même, mais se donne pour fin son propre entretien, sa stabilité et sa durabilité. Mais, avons-nous aussi admis, ce pouvoir est *oublié* en tant qu'origine de l'instance politique, et recouvert par les structures hiérarchiques de la domination entre gouvernants et gouvernés. A cet égard, rien n'est plus grave que la confusion entre pouvoir et domination ou, pour évoquer le vocabulaire de Spinoza, dans le *Traité politique,* entre *potentia* et *potestas*[1]. La vertu de justice, au sens de l'*isotès* de Périclès et d'Aristote, vise précisément à égaliser ce rapport, c'est-à-dire à remettre la domination sous le contrôle du pouvoir en commun. Or cette tâche, qui définit peut-être la démocratie, est une tâche sans fin, chaque nouvelle instance de domination procédant d'une instance antérieure de même nature, du moins dans nos sociétés occidentales[2].

Cet écart entre domination et pouvoir se marque, au sein même de la structure étatique, par la dialectique que j'ai jadis résumée sous le vocable du *paradoxe politique* où ne cessent de s'affronter au sein de la même instance la forme et la force[3]. Tandis que la forme a son expression dans l'approximation par la constitution du rapport de reconnaissance mutuelle entre les individus et entre ceux-ci et l'instance supérieure, la force a sa marque dans toutes les cicatrices qu'a laissées la naissance dans la violence de tous les États devenus des États de droit ; force et forme se conjuguent dans l'usage légitime de la violence, dont Max Weber rappelle la valeur de critère dans la définition du politique[4].

C'est à partir de cet écart entre domination et pouvoir, constitutif *du politique,* qu'il est possible de définir *la politique* comme l'ensemble des pratiques organisées relatives à la distribution du pouvoir politique, mieux appelé domination. Ces pratiques

1. M. Revault d'Allonnes, « Amor Mundi : la persévérance du politique », in *Ontologie et Politique. Hannah Arendt, op. cit.*.
2. Il faudrait considérer ici les recherches en sociologie sur l'existence d'un lien politique sans État dans certaines sociétés encore existantes.
3. « Le paradoxe politique », *Esprit,* n° mai 1957, repris in *Histoire et Vérité,* Paris, Éd. du Seuil, 1964, 3ᵉ éd. augmentée, 1987.
4. « Le métier et la vocation d'homme politique », in *Le Savant et le Politique, op. cit.*

concernent aussi bien le rapport vertical entre gouvernants et gouvernés que le rapport horizontal entre groupes rivaux dans la distribution du pouvoir politique. Les conflits propres à ces sphères de la *praxis* peuvent être répartis entre trois niveaux de radicalité.

A un premier niveau, celui de la *discussion* quotidienne dans un État de droit dont les règles du jeu font l'objet d'un assentiment large, le conflit est de règle dans les activités de délibération mettant en jeu les priorités à établir entre ces biens premiers auxquels la théorie rawlsienne de la justice a fait une maigre part et que ses adversaires libertariens ou communautariens ont portés au centre de leur réflexion ; la menace d'usurpation de monopole liée à la pluralité des sphères de justice détermine le premier niveau où la délibération politique a pour objet l'établissement provisoire et toujours révisable d'un *ordre de priorité* entre les requêtes concurrentes de ces sphères de justice. La délibération et la prise de position relatives à ces conflits ordinaires constituent la première occasion qui nous est offerte d'infléchir la *Sittlichkeit* hégélienne en direction de la *phronèsis* aristotélicienne. Dans l'État de droit, la notion aristotélicienne de délibération coïncide avec la discussion publique, avec ce « statut public » *(Öffentlichkeit)* réclamé avec tant d'insistance par les penseurs des Lumières ; à son tour, la *phronèsis* aristotélicienne a pour équivalent le jugement en situation qui, dans les démocraties occidentales, procède de l'élection libre. A cet égard il est vain – quand il n'est pas dangereux – d'escompter un consensus qui mettrait fin aux conflits. La démocratie n'est pas un régime politique sans conflits, mais un régime dans lequel les conflits sont ouverts et négociables selon des règles d'arbitrage connues. Dans une société de plus en plus complexe, les conflits ne diminueront pas en nombre et en gravité, mais se multiplieront et s'approfondiront. Pour la même raison, le pluralisme des opinions ayant libre accès à l'expression publique n'est ni un accident, ni une maladie, ni un malheur ; il est l'expression du caractère non décidable de façon scientifique ou dogmatique du bien public. Il n'existe pas de lieu d'où ce bien puisse être aperçu et déterminé de façon si absolue que la discussion puisse être tenue pour close. La discussion politique est sans conclusion, bien qu'elle ne soit pas sans décision. Mais toute décision peut être révoquée selon les procédures acceptées et elles-mêmes tenues pour indiscutables, du moins au niveau délibératif où nous nous tenons encore ici. De nombreuses prétentions s'affrontent alors qui manifestent un premier degré d'indétermination dans l'espace public de la discussion. Ces prétentions sont en dernier ressort relatives à la priorité à accorder, dans une culture et une conjoncture historique déterminées, à tel ou tel des biens premiers qui définissent les sphères de justice, et finalement aux *préférences* présidant à la mise en relation de ces sphères de justice en l'absence d'un ordre lexical aussi impératif que celui des principes formels de justice. Dans ce jugement en situation, que les démocraties avancées identifient pour l'essentiel au vote majoritaire, le seul équivalent de l'*euboulia* – la bonne délibération – recommandée par le chœur dans les Odes lyriques d'*Antigone,* c'est le jugement éclairé qu'on peut attendre du débat public.

A un second niveau de discussion, le débat porte sur ce qu'on peut appeler les *fins du « bon » gouvernement ;* c'est une discussion à plus long terme, susceptible d'affecter la structure même de l'espace de discussion ; les politologues empiriques ou positivistes ont tendance à tenir ce débat pour le terrain privilégié de l'idéologie, au sens péjoratif du terme [1]. Bien au contraire, le débat sur le « bon » gouvernement fait partie intégrante de la médiation politique à travers laquelle nous aspirons à une vie accomplie, à la « vie bonne ». C'est pourquoi nous rencontrons ce débat sur le trajet de retour de la morale à l'éthique dans le cadre du jugement politique en situation.

La controverse se joue autour de mots clés tels que sécurité, prospérité, liberté, égalité, solidarité, etc. Ce sont là les termes emblématiques qui dominent de haut la discussion politique. Leur fonction est de justifier, non pas l'obligation de vivre dans un État en général, mais la préférence pour une forme d'État. Le débat se joue ainsi à mi-chemin entre les règles de délibération à l'intérieur d'une forme déjà consentie de constitution et les principes de légitimation dont on parlera plus loin. Que ces grands mots aient une charge émotionnelle supérieure à leur teneur de sens, et soient ainsi à la merci de la manipulation et de la propagande, cette situation rend d'autant plus nécessaire la clarification qui est une des tâches de la philosophie politique. Aussi bien ont-ils une histoire respectable chez les plus grands penseurs politiques : Platon, Aristote, Machiavel, Hobbes, Locke, Rousseau, Kant, Hegel, Marx, Tocqueville, Mill. Replacées dans leur his-

---

1. Pour une appréciation plus nuancée de la polysémie et de la polyvalence du concept d'idéologie, cf. mes essais sur le sujet dans *Du texte à l'action, op. cit.,* troisième partie, et dans mes cours publiés sous le titre *Lectures on Ideology and Utopia,* éd. G. H. Taylor, New York, Columbia University Press, 1986.

toire conceptuelle, ces expressions résistent à l'arbitraire des propagandistes qui voudraient leur faire dire n'importe quoi. Les rejeter purement et simplement du côté des évaluations émotionnelles irrécupérables pour l'analyse, c'est consentir précisément au mésusage idéologique au pire sens du mot. La tâche est au contraire de dégager leur noyau de sens, en tant précisément que termes appréciatifs relatifs aux fins du bon gouvernement. Ce qui a pu faire croire que ces concepts ne sauraient être sauvés, c'est que l'on n'a pas pris en compte deux phénomènes majeurs qu'une philosophie de l'action de type herméneutique est préparée à reconnaître : à savoir, premièrement, que chacun de ces termes a une pluralité de sens insurmontable ; deuxièmement, que la pluralité des fins du « bon » gouvernement est peut-être irréductible, autrement dit que la question de *la* fin du « bon » gouvernement est peut-être indécidable [1].

L'irréductible pluralité des fins du « bon » gouvernement implique que la réalisation historique de telles valeurs ne peut être obtenue sans faire tort à telle autre, bref que l'on ne peut servir toutes les valeurs à la fois. Il en résulte, une nouvelle fois, la nécessité d'infléchir la *Sittlichkeit* hégélienne du côté de la *phronèsis* d'Aristote, élevée cette fois au niveau de la recherche de la « bonne » constitution, quand les accidents de l'histoire créent précisément un vide constitutionnel. C'est dans une conjoncture (géographique, historique, sociale, culturelle) contingente, et pour des motifs non transparents aux acteurs politiques du moment, que ceux-ci peuvent prétendre offrir à leur peuple une « bonne » constitution. Ce choix est un nouvel exemple du jugement politique en situation, où l'*euboulia* n'a d'autre appui que la conviction des constituants, finalement leur sens de la justice – vertu des institutions – dans le moment d'un choix « historique ».

Une indécision plus redoutable que celle qui résulte de l'ambiguïté des grands mots de la pratique politique atteint à un troisième niveau les choix plus fondamentaux que ceux de telle

---

1. Un exercice remarquable de clarification du terme « liberté » est dû à Isaiah Berlin dans *Four Essays on Liberty* (Londres, 1969 ; trad. fr., *Éloge de la liberté*, Paris, Calmann-Lévy, 1988). Au reste, la polysémie caractéristique de ce que j'appelle les grands mots de la politique est reconnue par Aristote en ce qui concerne la justice elle-même, dès les premières lignes de l'*Éthique à Nicomaque*, V. Si la polysémie des termes emblématiques de la politique est aussi fondamentale qu'Aristote le dit de la justice, il n'y a rien d'étonnant à ce que telle signification particulière du terme « liberté » recouvre telle signification partielle de l'égalité, tandis que telle autre répugne entièrement à une autre signification partielle du terme adverse.

constitution démocratique. Elle concerne le procès de *légitimation* même de la démocratie sous la variété de ses guises. On parle à juste titre de *crise de légitimation* pour désigner le manque de fondement qui paraît affecter le choix même d'un gouvernement du peuple, pour le peuple et par le peuple. Nos réflexions sur la distinction entre domination et pouvoir prennent ici leur pleine signification. Si le pouvoir est la source oubliée de la domination, comment faire dériver *visiblement* la domination du vouloir vivre ensemble ? C'est ici que la fiction du contrat social, portée à un degré supérieur de raffinement par la fable rawlsienne d'une situation originelle caractérisée par la *fairness,* se révèle combler un vide, à savoir, comme il a été suggéré plus haut, l'absence pour le contrat social de la sorte d'attestation en vertu de laquelle l'autonomie est pour l'individu un « fait de raison » et le respect des personnes une implication de leur « nature rationnelle ». L'absence de parallélisme est flagrant entre l'autonomie morale et ce que serait pour un peuple l'autolégislation par laquelle la domination ne ferait qu'arracher à l'oubli le vouloir vivre et l'agir ensemble d'un peuple. Je rejoins ici, par une autre voie, une analyse que Claude Lefort fait de la démocratie par contraste avec le totalitarisme. Ce fut précisément l'erreur – plutôt le crime – du totalitarisme de vouloir imposer une conception univoque de ce qu'il croyait être un homme nouveau et d'éluder par ce moyen les tâtonnements historiques de la compréhension de soi de l'homme moderne. Le penseur de la démocratie commence par avouer une « *indétermination* dernière quant aux fondements du Pouvoir, de la Loi et du Savoir, et au fondement de la relation de l'*un avec l'autre* sur tous les registres de la vie sociale[1] ». La démocratie, selon Claude Lefort, naît d'une révolution au sein du symbolisme le plus fondamental d'où procèdent les formes de société ; c'est le régime qui accepte ses contradictions au point d'institutionnaliser le conflit[2]. Cette « indétermination dernière » ne saurait constituer le dernier mot : car les hommes ont des *raisons* de préférer au totalitarisme un régime aussi incertain du fondement de sa légitimité. Ces raisons sont celles mêmes qui sont constitutives du vouloir vivre ensemble et dont une des manières de prendre

1. Claude Lefort, *Essais sur le politique,* Paris, Éd. du Seuil, 1986, p. 29.
2. « La démocratie se révèle ainsi la société historique par excellence, société qui, dans sa forme, accueille et préserve l'indétermination en contraste remarquable avec le totalitarisme qui, s'édifiant sous le signe de la création de l'homme nouveau, s'agence en réalité contre cette indétermination, prétend détenir la loi de son organisation et de son développement et se dessine secrètement dans le monde moderne comme société sans histoire » (*op. cit.,* p. 25).

conscience est la projection de la fiction d'un contrat social anhistorique. Ces raisons mêlent des prétentions à l'universalité et des contingences historiques dans ce que Rawls appelle, dans un essai postérieur de près de quinze années à *Théorie de la justice*, *« overlapping consensus*[1] ». Celui-ci entrecroise plusieurs héritages culturels : outre le projet de l'*Aufklärung,* qu'Habermas estime à juste titre « inachevé[2] », les formes réinterprétées des traditions juives, grecques et chrétiennes qui ont subi avec succès l'épreuve critique de l'*Aufklärung*. Il n'y a rien de mieux à offrir, pour répondre à la crise de légitimation (qui, à mon sens, frappe l'idée de domination plus que celle de pouvoir, en tant que vouloir vivre et agir d'un peuple), que la réminiscence et l'entrecroisement dans l'espace public d'apparition des traditions qui font une place à la tolérance et au pluralisme, non par concession à des pressions externes mais par conviction interne, celle-ci fût-elle tardive. C'est en faisant mémoire de tous les commencements et de tous les recommencements, et de toutes les traditions qui se sont sédimentées sur leur socle, que le « bon conseil » peut relever le défi de la crise de légitimation. Si, et dans la mesure où ce « bon conseil » prévaut, la *Sittlichkeit* hégélienne – qui elle aussi s'enracine dans les *Sitten,* dans les « mœurs » – s'avère être l'équivalent de la *phronèsis* d'Aristote : une *phronèsis* à plusieurs, ou plutôt publique, comme le débat lui-même.

Ne serait-ce pas le lieu de rappeler la distinction qu'Aristote fait, au terme de son étude de la vertu de justice, entre justice et *équité ?* « A y regarder avec attention, il apparaît que la justice et l'équité ne sont ni absolument identiques, ni génériquement différentes (...) En effet, l'équitable *[épieikès],* tout en étant supérieur à une certaine justice, est lui-même juste, et ce n'est pas comme appartenant à un genre différent qu'il est supérieur au juste. » Que la différence qui fait la supériorité de l'équité par rapport à la justice ait un rapport avec la fonction singularisante de la *phronèsis,* Aristote lui-même le suggère : « La raison en est que la loi est toujours quelque chose de général, et qu'il y a des cas d'espèce pour lesquels il n'est pas possible de poser un énoncé général qui s'y applique avec rectitude. » L'équité remédie à la justice « là où le législateur a omis de prévoir le cas et a péché par esprit de simplification ». En corrigeant l'omission, le décideur public se fait

1. John Rawls, « Un consensus par recoupement », *Revue de métaphysique et de morale,* n° 1, 1988, p. 3-32.
2. J. Habermas, « La modernité : un projet inachevé », *Critique,* n° 413, octobre 1981.

« l'interprète de ce qu'eût dit le législateur lui-même s'il avait été présent à ce moment, et de ce qu'il aurait porté dans sa loi s'il avait connu le cas en question. » Et Aristote de conclure : « Telle est la nature de l'équitable : c'est d'être un correctif de la loi, là où la loi a manqué de statuer à cause de sa généralité[1]. » Quand nous relisons aujourd'hui ces lignes d'Aristote, nous sommes enclins à penser que le débat public et la prise de décision qui en résulte constituent la seule instance habilitée à « corriger l'omission » que nous appelons aujourd'hui « crise de légitimation ». L'équité, conclurons-nous, c'est un autre nom du *sens* de la justice quand celui-ci a traversé les épreuves et conflits suscités par l'application de la *règle* de justice.

2. *Respect et conflit*

Une seconde région conflictuelle est découpée par les applications du second impératif kantien : traiter l'humanité dans sa propre personne et dans celle d'autrui comme une fin en soi et non pas seulement comme un moyen. L'idée qui va guider notre critique procède de la suggestion faite dans l'étude précédente selon laquelle une fine ligne de partage tendrait à séparer le versant universaliste de l'impératif, figuré par l'idée d'humanité, et le versant qu'on peut dire pluraliste, figuré par l'idée des personnes comme des fins en elles-mêmes. Selon Kant, il n'y a à là nulle opposition, dans la mesure où l'humanité désigne la dignité *en tant que quoi* les personnes sont respectables, en dépit – si l'on ose dire – de leur pluralité. La possibilité d'un conflit surgit toutefois dès lors que l'altérité des personnes, inhérente à l'idée même de pluralité *humaine,* s'avère être, dans certaines circonstances remarquables, incoordonnable avec l'universalité des règles qui sous-tendent l'idée d'humanité ; le respect tend alors à se scinder en respect de la loi et respect des personnes. La sagesse pratique peut dans ces conditions consister à donner la priorité au respect des personnes, au nom même de la sollicitude qui s'adresse aux personnes dans leur singularité irremplaçable.

Avant d'entrer dans le vif de l'argument, il importe de le dis-

1. Cf. Aristote, *Éthique à Nicomaque,* trad. Tricot, V, 14, 1137 b 19-27 ; V, 14, 1137 a 31 - 1138 a 3. Il est à remarquer que Gauthier-Jolif, dans leur commentaire de l'*Éthique à Nicomaque (op. cit.,* t. II, p. 431-434), considèrent ce chapitre XIV comme la conclusion du livre V.

tinguer de l'objection trop souvent faite au formalisme d'être vide, en quelque sorte par définition. C'est au contraire parce que l'impératif catégorique engendre une multiplicité de règles que l'universalisme présumé de ces règles peut entrer en collision avec les requêtes de l'altérité, inhérentes à la sollicitude.

La fausseté de l'équation entre formel et vide tient à la méconnaissance du rôle des maximes chez Kant[1]. Deux points sont ici à rappeler : d'abord la règle d'universalisation s'applique à des maximes *multiples* qui sont déjà des régularités de comportement ; sans elles, la règle d'universalisation n'aurait, si l'on peut dire, « rien à moudre », rien à mettre à l'épreuve. Ensuite, et la remarque est plus nouvelle, il existe des maximes qui passent avec succès l'épreuve de l'universalisation ; ce sont celles-là que Kant appelle précisément des devoirs (au pluriel)[2]. Ces devoirs ne sont pas déduits, au sens logique du terme, mais *dérivés,* dans la mesure où ce qu'on pourrait appeler les *propositions de sens* issues de la pratique quotidienne – supporter l'insulte sans en tirer vengeance, résister à la tentation de se suicider par dégoût de la vie, ne pas céder aux attraits d'une fausse promesse, développer ses talents plutôt que céder à la paresse, porter secours à autrui, etc. – satisfont à l'épreuve d'universalisation. La pluralité des devoirs résulte du fait que c'est à la pluralité des maximes, répondant elles-mêmes à une diversité de situations, que la règle formelle est appliquée. Une certaine productivité du jugement moral est ici portée au jour.

C'est précisément sur la voie de cette productivité que le conflit peut apparaître. Kant ne lui fait pas place, parce qu'il ne considère qu'un seul trajet possible dans la mise à l'épreuve de la maxime : le trajet ascendant de subsomption de la maxime sous

---

1. C'est en partie dans la perspective de cette discussion que j'ai tant insisté, à la suite de Bernard Carnois et de Otfried Höffe, sur le rôle des maximes dans la morale kantienne.
2. Sans cela il serait inconcevable que Kant ait pu écrire dans les *Fondements... :* « Nous allons maintenant énumérer quelques devoirs, d'après la division ordinaire en devoirs envers nous-mêmes et devoirs envers les autres hommes, en devoirs parfaits et en devoirs imparfaits » (trad. Delbos [IV, 421], p. 285). Ces devoirs ne sont pas au sens précis du mot des « exemples » (en dépit de la note dans laquelle Kant annonce les développements plus complets et mieux argumentés de la *Métaphysique des mœurs* encore à écrire (*ibid*). L'idée d'une morale basée sur des exemples a été écartée un peu plus haut par Kant, si l'on entend par là, comme dans la morale populaire, un enseignement direct faisant l'économie de principes « purs ». A propos de ces « exemples », Kant parle un peu plus loin de « déduction » (*ibid.* [IV, 424], p. 288), si toutefois il faut corriger *Abteilung* (qu'on lit dans l'édition de l'Académie) par *Ableitung (ibid.).*

la règle. Or c'est sur un second trajet, celui de l'application à la situation concrète, où l'altérité des personnes demande à être reconnue, que le conflit peut apparaître.

Sur le premier trajet, le caractère moral des maximes est vérifié dans une épreuve en deux temps : on élabore d'abord la maxime dans des termes tels qu'on puisse se demander par après si, ainsi formulée, elle subit avec succès l'épreuve d'universalisation. Quant au deuxième temps, celui de la mise à l'épreuve proprement dite, il est strictement limité à une épreuve de contradiction interne à la maxime elle-même. Nous reviendrons, dans la dernière section de cette étude, sur cet usage limité de la notion kantienne d'universalité.

Vérifions-le sur l'exemple de la fausse promesse qui, dans la classe des devoirs stricts, illustre la sous-classe des devoirs envers autrui et nous place ainsi au cœur de notre problème des rapports entre respect et sollicitude. Suivons de près l'argumentation de Kant ; elle consiste en une expérience de pensée dans laquelle nous imaginons l'agent raisonnant ainsi : « Je convertis (...) l'exigence de l'amour de soi en une loi universelle et j'institue la question suivante : qu'arriverait-il si ma maxime devenait une loi universelle ? » (*Fondements...*, trad. Delbos [IV, 422], p. 288.) Tombe le couperet : une telle maxime ne pourrait « s'accorder avec elle-même », mais « devrait nécessairement se contredire » *(ibid.)* [1]. La contradiction, on le voit, n'apparaît que si l'agent a accepté l'expérience de pensée proposée. Une contradiction, qu'on peut peut-être classer parmi les contradictions performatives, précède cette dernière épreuve : elle consiste en la liberté

1. Que la non-contradiction soit le seul ressort de la réfutation est difficile à admettre, à suivre Kant dans son argument : « ce serait même, dit-il, rendre impossible le fait de promettre avec le but qu'on peut se proposer par là, étant donné que personne ne croirait à ce qu'on lui promet, et que tout le monde rirait de pareilles démonstrations, comme de vaines feintes » *(ibid.,* p. 287). Le fait de la défiance suscitée par la promesse ne constitue-t-il qu'une confirmation *extérieure*, mettant en jeu les conséquences de la fausse promesse, au regard de la contradiction *interne* contenue dans l'idée d'une promesse qu'on est décidé à ne pas tenir ? Aussi bien, la non-contradiction est plus difficile à faire apparaître dans les deux « exemples » qui suivent : le devoir de se cultiver et le devoir de porter secours à autrui ; en quoi l'oisiveté érigée en règle de vie contredit-elle logiquement la volonté, supposée commune à tous les êtres raisonnables, de développer leurs propres facultés ? Quant au secours dû au prochain aux prises avec de grandes difficultés, Kant accorde volontiers que l'espèce humaine n'est pas menacée de disparaître si un malheureux de plus n'est pas secouru. Mais alors en quoi la maxime entre-t-elle en contradiction avec elle-même ? A vrai dire, la contradiction n'apparaît que si l'agent a fait l'hypothèse que sa maxime devenait une loi universelle, ce que précisément il ne fait pas.

que l'agent se donne de faire une exception en sa faveur, donc dans le refus de vouloir réellement que sa maxime devienne une loi universelle (*Fondements...*, trad. Delbos [IV, 424], p. 288). En bref la contradiction est celle d'une volonté qui se soustrait à l'épreuve d'universalisation. Elle s'insère, si l'on peut dire, entre la règle et l'exception, et consiste en ceci qu'une règle qui admet des exceptions n'est plus une règle. Mais on aura remarqué que, dans tous les exemples traités par Kant dans les *Fondements* et dans la *Métaphysique des mœurs,* la seule exception prise en considération est celle qui est revendiquée au bénéfice de l'agent, au titre de l'amour de soi. Qu'en est-il de l'exception faite au bénéfice d'autrui ?

Cette nouvelle question ne se pose que sur le second trajet, celui que Kant n'a pas considéré, le trajet de l'application à des situations singulières, où autrui se dresse dans sa singularité irremplaçable. C'est sur ce second trajet que peut prendre corps la suggestion, faite dans l'étude précédente, selon laquelle la considération des personnes comme des fins en elles-mêmes introduit un facteur nouveau, potentiellement discordant, par rapport à l'idée d'humanité, laquelle se borne à prolonger l'universalité dans la pluralité au détriment de l'altérité.

Reprenons l'argument qui condamne la fausse promesse : autrui y est-il véritablement pris en considération ? On peut en douter. Il est frappant que la condamnation du suicide et celle de la fausse promesse, bien qu'appartenant aux deux classes différentes des devoirs envers soi-même et des devoirs envers autrui, tendent à se confondre dans la mesure où c'est l'humanité qui est traitée seulement comme moyen, la première fois dans la propre personne, la seconde fois dans la personne d'autrui[1]. Peut-être faut-il même aller plus loin : n'est-ce pas plutôt l'intégrité personnelle qui est en jeu dans les devoirs dits envers autrui ? N'est-ce pas soi-même qu'on méprise en prononçant un faux serment[2] ? Le tort fait à autrui en tant qu'autre que moi ne pouvait

1. À l'appui de ce soupçon, on peut observer que le cas du suicide et celui de la fausse promesse sont traités deux fois dans les *Fondements...* : une première fois sous l'égide de la première formulation secondaire de l'impératif catégorique, où l'idée analogique de *nature* sert de pivot à l'argument, une deuxième fois dans le sillage de la seconde formulation, où l'accent est mis sur *l'humanité* comme fin en soi. Ce doublet ne laisse-t-il pas entendre que la considération d'autrui comme fin en soi n'est pas essentielle à l'argument ? Au fond, l'idée d'humanité, comme celle de nature, tend à atténuer, sinon annuler, l'altérité d'autrui.

2. Cette assertion est au centre de la réponse que Kant fait à Benjamin Constant dans son bref essai, « Sur un prétendu droit de mentir par humanité » (1797) (trad. fr. de L. Guillermit, in *Théorie et Pratique. Droit de mentir*, Paris, Vrin, 1988).

peut-être pas figurer sur le premier trajet remontant de l'action à la maxime et de la maxime au critère qui en éprouve la teneur morale. Il ne le pourrait que sur le second trajet complémentaire du premier, le trajet descendant de la concrétisation, de l'application au sens fort du mot[1].

Sur ce second trajet, la règle est soumise à une autre sorte de mise à l'épreuve, celle par les circonstances et les conséquences. Et une autre sorte d'exception que celle évoquée plus haut – l'exception à la règle en faveur de soi-même – se propose ; l'exception, ici, prend un autre visage, ou plutôt elle devient un visage, pour autant que l'altérité véritable des personnes fait de chacune de celles-ci une exception.

La *promesse* cesse alors de se rattacher à l'unique souci d'intégrité personnelle, pour entrer dans l'espace d'application de la règle de réciprocité, et plus précisément de la Règle d'Or, dans la mesure où celle-ci prend en compte la dissymétrie initiale de l'agent et du patient, avec tous les effets de violence ressortissant à cette dissymétrie. Traiter autrui seulement comme un moyen, c'est déjà commencer de lui faire violence. A cet égard, la fausse promesse est une figure du mal de violence dans l'usage du langage, au plan de l'interlocution (ou de la communication). Ce lien entre la promesse et la Règle d'Or, ou règle de réciprocité, reste méconnu, si l'on ne prend pas garde de distinguer la règle selon laquelle il *faut* tenir ses promesses, de la règle *constitutive* qui distingue la promesse des autres actes de discours. La règle constitutive de la promesse dit seulement : « *A* se place sous l'obligation de faire *X* en faveur de *B* dans les circonstances *Y*. » En disant cela, *A* fait assurément quelque chose : il s'oblige lui-même ; mais la tenue de la promesse relève seulement des conditions de *satisfaction* de la promesse, non de la condition de *succès* sans quoi la promesse n'existerait pas comme acte de discours déterminé. Or, en caractérisant ainsi la promesse comme acte de discours, nous n'avons pas encore posé le problème moral, à savoir la raison pour laquelle il faut tenir ses promesses. Promettre est une chose. Être obligé de tenir ses promesses en est une autre. Appelons prin-

---

1. On peut légitimement se demander si Kant n'a pas été empêché de prendre en considération cette seconde problématique du fait qu'il transpose au domaine pratique une problématique propre au domaine théorique, celle de la déduction transcendantale, et si le processus d'épuration, séparant l'*a priori* de l'empirique, ne tend pas à casser le ressort de l'action. En ce sens, la question posée par Hegel de l'effectuation de la liberté respecte mieux l'unité de l'agir humain (cf. C. Taylor, « Hegel's concept of action as unity of poiesis and praxis » *in* L.S. Stepelevich et D. Lamb (éd.), *Hegel's Philosophy of Action*, Humanities Press, 1983).

cipe de fidélité l'obligation de tenir ses promesses. C'est de lui qu'il importe de montrer la structure dialogique sur laquelle peuvent se greffer les conflits de devoirs que l'on va dire. Cette structure dialogique doit d'ailleurs s'analyser en structure dyadique, ou duelle, mettant en jeu deux personnes – celle qui promet et l'obligataire envers qui la première s'engage –, et structure plurielle, mettant en jeu éventuellement un témoin devant qui un engagement est pris, puis, à l'arrière de ce témoin, l'institution du langage que l'on s'engage à sauvegarder, voire la référence à quelque pacte social au nom duquel peut régner entre les membres de la société considérée une confiance mutuelle préalable à toute promesse. Par cette structure plurielle, le principe de fidélité ne se distingue pas de la règle de justice discutée plus haut[1]. C'est pourquoi on se bornera ici à la structure dyadique où deux personnes sont engagées.

Il est facile de méconnaître cette structure dyadique de la promesse ; il n'est pas sûr que Kant n'y ait pas contribué par son traitement de la fausse promesse comme contradiction intime à une maxime où une personne n'engage qu'elle-même. Une phénoménologie tronquée de l'engagement incline dans le même sens[2]. Un

1. On sait à quel point des institutions injustes peuvent pervertir les rapports interpersonnels. Quand la peur et le mensonge sont institutionnalisés, même la confiance dans la parole de l'ami peut être subvertie. Il faut avoir fait l'expérience de ces perversions en chaîne pour découvrir, par la voie du manque, combien la confiance mutuelle au plan le plus intimement interpersonnel dépend de ce que saint Thomas appelait la « tranquillité de l'ordre ».
2. M.H. Robins, dans un livre précis – *Promising, Intending and Moral Autonomy,* Cambridge University Press, 1984 –, s'emploie à dériver la force contraignante de l'obligation de tenir ses promesses de la structure monologique de l'intention. Cette structure est vue traverser trois stades qui marquent le renforcement progressif de l'intention. Au plus bas degré, la ferme *intention* de faire quelque chose peut être tenue pour une promesse virtuelle, dans la mesure où elle pose l'identité entre deux « je », celui qui promet et celui qui fera. Un embryon d'obligation est ainsi contenu dans le maintien de soi à travers le temps. Il suffit pour passer au degré suivant que ce maintien de soi-même devienne, en tant que tel, le contenu visé de l'intention, pour que le moment d'obligation prenne du relief. On peut appeler *vœu* cette intention de maintien que Robins appelle clause d'exclusivité : je place mon engagement au-dessus des vicissitudes extérieures et intérieures. Ce faisant, je me lie moi-même, ce qui est déjà m'obliger. On passe au troisième stade, celui de l'obligation au sens fort, lorsque le contenu de la chose à faire régit le maintien de soi, en dépit non seulement des vicissitudes intérieures et extérieures, mais des changements éventuels d'intention. Une relation dialectique s'instaure alors entre l'exigence qui procède de la chose à faire et l'intention qui y souscrit ; d'un côté, l'exigence semble se détacher de l'intention et la régir de manière extrinsèque comme un *mandat,* de l'autre, celui-ci ne m'oblige que pour autant que j'en fais mon affaire, ma « cause ». Le lien qui *me* lie est le même que celui par lequel *je* me lie.

engagement n'a-t-il pas tous les caractères d'une intention ferme ? N'avons-nous pas nous-même fait du maintien de soi à travers le temps l'expression la plus haute de l'identité de l'*ipse*, opposée à celle de l'*idem*, c'est-à-dire à la simple permanence ou persévérance d'une chose (permanence qui ne se retrouve au plan de l'ipséité que dans celle du caractère) ? Rien n'est à renier de ces analyses. Ce qu'il faut plutôt montrer, c'est la structure dialogique-dyadique du maintien de soi, dès lors qu'il revêt une signification morale. L'obligation de *se* maintenir soi-même en *tenant* ses promesses est menacée de se figer dans la raideur stoïcienne de la simple *constance,* si elle n'est pas irriguée par le vœu de répondre à une attente, voire à une requête venue d'autrui. C'est, en vérité, dès le premier stade, celui de l'intention ferme, que l'autre est impliqué : un engagement qui ne serait pas de faire quelque chose que l'autre pourrait choisir ou préférer pourrait n'être qu'un pari stupide. Et, si je nourris le ferme propos de placer la constance à moi-même au-dessus des intermittences de mes désirs, dans le mépris des obstacles et des entraves extérieures, cette constance en quelque sorte monologique risque d'être prise dans l'alternative que Gabriel Marcel décrivait dans son admirable analyse de la disponibilité : « En un certain sens, disait-il dans *Être et Avoir*[1] (p. 56 *sq.*), je ne puis être fidèle qu'à mon propre engagement, c'est-à-dire, semble-t-il, à moi-même ». Mais en ce point naît l'alternative : « Au moment où je m'engage, ou bien je pose arbitrairement une invariabilité de mon sentir qu'il n'est pas réellement en mon pouvoir d'instituer ; ou bien j'accepte par avance d'avoir à accomplir à un moment donné un acte qui ne reflétera nullement mes dispositions intérieures lorsque je l'accomplirai. Dans le premier cas, je me mens à moi-même, dans le second, c'est à autrui que par avance je consens à mentir » (*ibid.,* p. 70). Comment échapper à ce double nœud de la constance à soi ? On connaît la réponse de Gabriel Marcel : « Tout engagement est une réponse » (*ibid.,* p. 63). C'est à l'autre que je veux être fidèle. A cette fidélité, Gabriel Marcel donne le beau nom de disponibilité[2].

Le réseau notionnel dont la notion de disponibilité est un des nœuds est très ramifié. Par son contraire, l'indisponibilité, elle côtoie la dialectique de l'être et de l'avoir. La disponibilité est cet exode qui ouvre le maintien de soi sur la structure dialogique ins-

1. Paris, Aubier, 1935.
2. P. Ricœur, « Entre éthique et ontologie, la disponibilité », *Actes du Colloque Gabriel Marcel (1988),* Paris, Bibliothèque nationale, 1989.

tituée par la Règle d'Or. Celle-ci, en tant que règle de réciprocité posée dans une situation initiale dissymétrique, établit l'autre dans la position d'un obligataire qui compte sur moi et fait du maintien de soi une réponse à cette attente. C'est, dans une large mesure, pour ne pas décevoir cette attente, pour ne pas la trahir, que je fais du maintien de ma première intention le thème d'une intention redoublée : l'intention de ne pas changer d'intention. Dans les formes de promesses sanctionnées par le droit – jurement, contrat, etc. –, l'attente d'un autrui qui compte sur moi devient, de sa part, un droit d'exiger. Nous sommes alors entrés dans le champ des normes juridiques où la filiation de la norme à partir de la sollicitude est comme oblitérée, effacée. Il faut remonter de ces formes de promesses sanctionnées par les tribunaux à celles où le lien du moment normatif à la visée éthique est encore perceptible : « de toi, me dit l'autre, j'attends que tu tiennes ta parole » ; à toi, je réponds : « tu peux compter sur moi ». Ce *compter sur* relie le maintien de soi, dans sa teneur morale, au principe de réciprocité fondé dans la sollicitude. Le principe de fidélité à la parole donnée ne fait ainsi qu'appliquer la règle de réciprocité à la classe des actions où le langage lui-même est en jeu en tant qu'institution régissant toutes les formes de la communauté. Ne pas tenir sa promesse, c'est à la fois trahir l'attente de l'autre et l'institution qui médiatise la confiance mutuelle des sujets parlants.

L'analyse sommaire de la promesse à laquelle on vient de procéder accentue la césure si soigneusement occultée par Kant entre le respect pour la règle et le respect pour les personnes. Cette césure, qui va devenir une déchirure dans les cas de conflits qu'on va évoquer, ne pouvait sans doute pas apparaître sur le trajet de la subsomption de l'action sous la maxime et de la maxime sous la règle. En revanche, la déchirure ne peut manquer d'attirer l'attention dès lors que l'on s'engage sur le trajet de retour de la maxime, sanctionnée par la règle, aux situations concrètes. La possibilité de ces conflits est en effet inscrite dans la structure de réciprocité de la promesse. Si la fidélité consiste à répondre à l'attente de l'autre qui compte sur moi, c'est cette attente que je dois prendre pour mesure de l'application de la règle. Une autre sorte d'exception se profile que l'exception en ma faveur, à savoir l'exception en faveur de l'autre. La sagesse pratique consiste à inventer les conduites qui satisferont le plus à l'exception que demande la sollicitude en trahissant le moins possible la règle. Nous prendrons deux exemples, dont l'un concerne la « vie finissante » et l'autre la « vie commençante ». Le premier exemple est bien connu sous le titre devenu banal de la vérité due aux mourants. Une brèche semble en effet s'ouvrir entre deux attitudes extrêmes. Ou bien dire la vérité sans tenir compte de la capacité du mourant à la recevoir, par pur respect de la loi supposée ne tolérer aucune exception ; ou bien mentir sciemment, de peur, estime-t-on, d'affaiblir chez le malade les forces qui luttent contre la mort et de transformer en torture l'agonie d'un être aimé. La sagesse pratique consiste ici à inventer les comportements justes appropriés à la singularité des cas. Mais elle n'est pas pour autant livrée à l'arbitraire. Ce dont la sagesse pratique a le plus besoin dans ces cas ambigus, c'est d'une méditation sur le rapport entre bonheur et souffrance. « Il n'y a pas d'éthique sans idée d'une vie heureuse, rappelle opportunément Peter Kemp dans *Éthique et Médecine*[1]. Encore faut-il situer le rôle du bonheur dans l'éthique » (p. 63). Or Kant, en enveloppant dans la *Critique de la Raison pratique* (*Théorème III*, corollaire, et scolie) sous une unique rubrique, celle de la faculté inférieure de désirer, toutes les formes d'affectivité, a fermé la voie à une investigation différenciée qui décomposerait le terme équivoque de bonheur entre la jouissance de biens matériels et ce que P. Kemp désigne comme « une pratique commune du donner et recevoir entre personnes libres » (p. 64). Ainsi considéré, le bonheur « n'entre plus en contradiction absolue avec la souffrance » (p. 67)[2]. C'est faute d'une telle méditation sur le rapport entre souffrance et bonheur que le souci de ne « faire souffrir » à aucun prix les malades au terme de leur vie aboutit à ériger en règle le devoir de mentir aux mourants. Jamais la sagesse pratique ne saurait consentir à transformer en règle l'exception à la règle. Encore moins devrait-on légiférer dans un domaine où la responsabilité de choix déchirants ne saurait être allégée par la loi. Dans tels cas, il faut peut-être avoir compassion pour des êtres trop faibles moralement et physiquement pour entendre la vérité. Dans tels autres cas, il faut savoir doser la communication de cette vérité : une chose est de nommer la maladie, une autre d'en révéler le degré de gravité et le peu de chances de survie, une autre d'assener la

---

1. *Op. cit.*
2. On lira dans le même ouvrage de P. Kemp : « le bonheur, la souffrance et l'angoisse devant la mort » (*ibid.*, p. 63 *sq.*). On apprend que l'apprentissage pour soi-même de la vieillesse, aussi bien que le respect de la vieillesse chez les autres, ne sont pas étrangers à ce bon usage de la sollicitude, lorsqu'elle se meut dans cet étroit intervalle où il reste vrai qu'il n'y a pas d'éthique sans bonheur, mais où il est faux que le bonheur exclue la souffrance.

vérité clinique comme une condamnation à mort. Mais il y a aussi des situations, plus nombreuses qu'on ne croit, où la communication de la vérité peut devenir la chance d'un partage où donner et recevoir s'échangent sous le signe de la mort acceptée[1].

C'est dans un esprit semblable que l'on peut aborder le problème du respect de la personne dans la « vie commençante ». Le problème, il est vrai, présente un degré supplémentaire de complexité, en raison des considérations ontologiques que pose la vie commençante et que ne posait pas la vie finissante. S'agissant de l'embryon, puis du fœtus humain, il est difficile de ne pas se demander quelle sorte d'êtres ils sont, s'ils ne sont ni choses, ni personnes. En un sens, la position kantienne concernant la personne n'était pas dénuée de toute implication ontologique, comme l'a rappelé plus haut la formule célèbre : la nature raisonnable *existe* comme une fin en soi. Par contraste, la chose, en tant que manipulable, recevait un mode d'existence opposé, défini précisément par l'aptitude à être manipulée. En outre – et cette remarque prendra ultérieurement tout son poids –, dans cette opposition bipolaire entre la personne et la chose, la distinction entre modes d'êtres restait inséparable de la pratique, c'est-à-dire de la manière de traiter personnes et choses. La question nouvelle posée par la vie commençante est ailleurs : ce que l'embryon et le fœtus humain mettent en question, c'est le caractère dichotomique de ces considérations éthico-ontologiques : pour compliquer les choses, ce n'est pas seulement l'embryon humain dans l'utérus maternel, mais l'embryon séparé, conçu en éprouvette, mis au congélateur et disponible pour la recherche scientifique, qui pose les questions les plus embarrassantes. Comme l'écrit Anne Fagot[2] : « Il y a conflit entre le principe du respect dû à l'être humain et l'instrumentalisation de cet être aux stades embryonnaire ou fœtal – à moins qu'un embryon humain ne soit pas une *personne* humaine ? »

Il est nécessaire d'écouter les tenants des thèses opposées pour mieux déterminer le point d'insertion de la sagesse pratique. Selon les partisans d'un critère *biologique* de la présence ou de l'absence d'une personne humaine, personne et vie sont indissociables, dans la mesure où celle-ci étaye celle-là : or, dit l'argu-

---

1. C'est dans le même esprit que devrait être traitées la question de l'acharnement thérapeutique et celle de l'euthanasie passive, voire active.
2. Anne Fagot et Geneviève Delaisi, « Les droits de l'embryon », *Revue de métaphysique et de morale*, 1987, n° 3, p. 361-387.

ment, le patrimoine génétique ou génome qui signe l'individualité biologique est constitué dès la conception [1]. Sous la forme la plus modérée de la thèse dite biologique, la conséquence éthique est la suivante : le « droit à la vie » de l'embryon est un droit à une « chance de vie » : dans le doute, il ne faut pas prendre le risque d'un homicide. Cette notion de risque, accordons-le, fait entrer l'argument « biologique » dans la région de la sagesse pratique, comme il sera dit plus loin. C'est à ce titre qu'il mérite d'être entendu, lorsqu'il conclut à l'interdiction de toute pratique qui ne sert pas les fins présumées de l'embryon et du fœtus, qui sont de vivre et de se développer. On peut toutefois se demander si la sagesse pratique, sans perdre complètement de vue le critère biologique, ne doit pas prendre en compte les phénomènes de seuil et de stade qui mettent en question l'alternative simple de la personne et de la chose. Seule l'ontologie substantialiste qui double l'argument biologique empêche que se développe une ontologie du développement susceptible de situer le jugement prudentiel dans un domaine typiquement « intermédiaire ». La distinction que nous proposons tout au long de ces études entre l'identité-mêmeté et l'identité-ipséité devrait nous autoriser, sinon à ignorer l'argument biologique, du moins à le dissocier de l'ontologie substantialiste sous-jacente.

La thèse opposée appelle des remarques comparables : si l'on attache l'idée de dignité aux seules capacités pleinement développées, telles que l'autonomie du vouloir, seuls les individus adultes, cultivés, « éclairés », sont des personnes. A parler en toute rigueur, « les êtres qui sont en deçà de la capacité d'autonomie " minimale ", la communauté des personnes peut décider de les protéger (comme on protège la nature), non de les respecter (comme on respecte l'autonomie des personnes) » (A. Fagot, *ibid.*, p. 372). On ne voit donc pas comment la thèse purement morale

---

1. En fait, dans la discussion contemporaine, l'argument biologique sert de caution scientifique à une conception ontologique de type substantialiste, elle-même liée à des considérations théologiques sur le statut de créature de l'être humain ; ces considérations sont pour l'essentiel issues du débat fort ancien portant sur le moment d'infusion de l'âme spirituelle dans l'être humain. S'ajoute encore la crainte que la maîtrise sur les phénomènes relatifs à la vie et à la mort n'institue un rapport de toute-puissance sur l'humain, par quoi la technique transgresserait son champ de légitime maîtrise. Le même argument, note A. Fagot, revêt aussi une forme théologique : Dieu seul est maître de la vie. En ce sens, le critère biologique fonctionne rarement seul. C'est pour les besoins de notre propre investigation que nous l'isolons : « derrière la rigidité des principes posés, il y a donc une vision tragique de la vie morale : quand l'homme substitue ses décisions à celles de la nature, il ne peut que faire le mal » (*ibid.*, p. 370).

du respect peut être entendue dans le présent débat, si elle ne s'accompagne pas, elle aussi, d'une ontologie minimum de développement, qui ajoute à l'idée de capacité, relevant d'une logique du tout ou rien, celle d'aptitude qui admet des degrés d'actualisation[1].

Je me permettrai de suggérer que l'ontologie progressive souhaitée n'est peut-être pas plus autonome à l'égard de l'éthique que les critères de la personne et de la chose chez Kant. Certes, l'identification des seuils et des degrés qui jalonnent l'apparition des propriétés de l'être personnel relève de la seule science. Mais la teneur ontologique assignée au prédicat « potentiel », dans l'expression « personne humaine potentielle », n'est peut-être pas séparable de la manière de « traiter » les êtres correspondant à ces divers stades. Manière d'être et manière de traiter semblent devoir se déterminer conjointement dans la formation des jugements prudentiels suscités par chaque avancée du pouvoir que la technique confère aujourd'hui à l'homme sur la vie à ses débuts. Encore une fois, si la science est seule habilitée à décrire les seuils de développement, l'appréciation des droits et des devoirs relatifs à chacun d'eux relève d'une véritable invention morale qui étagera, selon une progression comparable à celle des seuils biologiques, des droits qualitativement différents : droit de ne pas souffrir, droit à la protection (cette notion présentant elle-même des degrés de « force » ou d'« insistance »), droit au respect, dès lors que quelque chose comme une relation même asymétrique d'échange de signes préverbaux s'esquisse entre le fœtus et sa mère. C'est ce va-et-vient entre description des seuils et appréciation des droits et devoirs, dans la zone intermédiaire entre chose et personne, qui justifie que l'on classe la *bio-éthique* dans la zone du jugement prudentiel. En effet, l'appréciation différenciée et progressive des droits de l'embryon, puis du fœtus, aussi informée soit-elle par la science du développement, éventuellement enracinée dans une ontologie du développement, ne peut manquer d'in-

---

1. Évoquant le point de vue pragmatique, en particulier britannique, selon lequel la question de savoir comment l'embryon doit être traité devrait s'affranchir de tout critère ontologique, A. Fagot observe : « Nous croyons que ce qui se cherche actuellement sous le couvert du pragmatisme est une éthique fondée sur une ontologie *progressive,* en accord avec l'intuition simple et commune que l'être embryonnaire est un être en développement et qu'à l'égard d'une cellule vivante, puis d'un fœtus de cinq mois, puis d'un enfant de cinq ans, nos obligations morales ne sauraient être les mêmes » (*ibid.,* p. 377). On rejoint ainsi la notion de « personne humaine *potentielle* » invoquée par le comité consultatif d'éthique en France et par d'autres commissions de sages ailleurs dans le monde.

corporer des estimations marquées par le même style de traditionalité que les héritages culturels, arrachés à leur sommeil dogmatique et ouverts à l'innovation. Dans ce jeu complexe entre science et sagesse, la pesée des risques encourus à l'égard des générations futures ne peut manquer de tempérer les audaces que les prouesses techniques encouragent. La crainte du pire, comme l'affirme avec force Hans Jonas dans son « principe responsabilité [1] », est une composante nécessaire de toutes les formes de la responsabilité à très long terme que demande l'âge technique. En ce sens, la réticence, par exemple en matière de manipulation des embryons surnuméraires, n'est pas forcément l'apanage des inconditionnels du « droit à la vie » des embryons humains. Elle fait partie de cette sagesse pratique requise par les situations conflictuelles issues du respect lui-même dans un domaine où la dichotomie entre personne et chose est mise en déroute.

La parenté entre la part de sagesse pratique incorporée à la bioéthique et celle que nous avons plus facilement identifiée dans l'orbe de la promesse et dans les cas de conscience posés par la vie finissante se marque à la présence des trois mêmes traits dans les divers cas considérés. Premièrement, il est prudent de s'assurer que les positions adverses se réclament du même principe de respect et ne diffèrent que sur l'amplitude de son champ d'application, en particulier dans la zone intermédiaire entre la chose et la personne moralement développée. Deuxièmement, la recherche du « juste milieu » – de la *mésotès* aristotélicienne ! – paraît être de bon conseil, sans avoir valeur de principe universel ; ainsi la détermination de la période de gestation pendant laquelle l'avortement ne constitue pas un crime demande un tact moral très développé. A cette occasion, il est bon de rappeler que le « juste milieu » peut être autre chose qu'un lâche compromis, à savoir lui-même un « extrême » [2]. D'une façon générale, les décisions morales les plus graves consistent à tirer la ligne de partage entre le permis et le défendu dans les zones elles-mêmes « moyennes », résistant à des dichotomies trop familières. Troisième trait de la sagesse pratique commun à tous nos exemples : l'arbitraire du

1. Hans Jonas, *Das Prinzip Verantwortung, Versuch einer Ethik für die technologische Zivilisation*, Francfort, Insel Verlag, 1980.
2. « C'est pourquoi dans l'ordre de la substance et de la définition exprimant la quiddité, la vertu est une médiété, tandis que, dans l'ordre de l'excellence et du parfait, c'est un sommet » (*Éthique à Nicomaque*, trad. Tricot, II, 6, 1107 a 6-7). Ce remarquable texte d'Aristote est rappelé par Peter Kemp au terme de sa conférence « Éthique et technique ; bio-éthique », prononcée au palais de l'Europe à Strasbourg le 4 novembre 1988.

jugement moral en situation est d'autant moindre que le décideur
– en position ou non de législateur – a pris conseil des hommes et
des femmes réputés les plus compétents et les plus sages. La
conviction qui scelle la décision bénéficie alors du caractère pluriel du débat. Le *phronimos* n'est pas forcément un homme seul[1].

On peut bien dire en conclusion que c'est à la sollicitude, soucieuse de l'altérité des personnes, y compris celle des « personnes
potentielles », que le respect renvoie, dans les cas où il est lui-
même source de conflits, en particulier dans les situations inédites engendrées par les pouvoirs que la technique donne à
l'homme sur les phénomènes de la vie. Mais ce n'est pas la solli-
tude en quelque sorte « naïve » de notre septième étude, mais une
sollicitude « critique », qui a traversé la double épreuve des
conditions morales du respect et des conflits suscités par ce dernier. Cette *sollicitude critique* est la forme que prend la sagesse
pratique dans la région des relations interpersonnelles.

3. *Autonomie et conflit*

Notre parcours à rebours nous reconduit au pied du bastion de
la morale, au sens kantien du terme : l'affirmation de l'autonomie, de l'autolégislation, en tant que méta-critère de la moralité.
Notre thèse selon laquelle c'est la moralité elle-même qui, par les
conflits qu'elle suscite sur la base de ses propres présuppositions,
renvoie à l'affirmation éthique la plus originaire, trouve ici son
dernier point d'application ; elle s'appuie sur des arguments spécifiques qui ont été plusieurs fois côtoyés ou même anticipés dans
les deux sections précédentes et qu'il importe maintenant d'expliciter. Sous diverses guises, ces arguments convergent vers un
affrontement entre la *prétention universaliste* attachée aux règles
se réclamant du principe de la moralité et la reconnaissance des
valeurs positives afférentes aux *contextes historiques et commu-
nautaires* d'effectuation de ces mêmes règles. Ma thèse est ici
qu'il n'y aurait pas place pour un tragique de l'action si la thèse
universaliste et la thèse contextualiste ne devaient pas être main-
tenues chacune à une place qui reste à déterminer, et si la média-

1. Citons encore : « Ainsi donc, la vertu est une disposition à agir de façon délibérée, consistant en une médiété relative à nous, laquelle est rationnellement
déterminée et comme la déterminerait l'homme prudent [*le phronimos*] » *Éth.
Nic.*, II, 6, 1106 b 36).

tion pratique susceptible de surmonter l'antinomie n'était pas confiée à la sagesse pratique du jugement moral en situation.

Afin de donner toute sa force à l'argument, il faut procéder, à mon avis, à une révision étendue du formalisme kantien, dans le dessein non de le réfuter, mais de mettre à nu la prétention universaliste qui en est le noyau dur et de donner ainsi toute sa force à l'antagonisme sur lequel se terminera notre investigation de l'ipséité morale.

Cette révision se fera en trois temps. Dans un premier temps, il faut remettre en question l'ordre de priorité accordé par Kant au principe d'autonomie par rapport au respect appliqué à la pluralité des personnes et au principe de justice pertinent au plan des institutions. Dans la précédente étude, nous avons admis à titre d'hypothèse de travail la présupposition non dite selon laquelle le soi de l'autonomie peut et doit être préservé de toute contamination par quelque thèse égologique que ce soit. Or toute la discussion qui précède – c'est là peut-être l'avantage majeur de la démarche à rebours de la présente étude – tend à suggérer que ce statut non égologique, non monologique, et si l'on peut dire prédialogique du soi autonome ne peut être sauvé qu'au terme d'une démarche régressive partant de l'idée de justice, traversant le principe du respect dû aux personnes dans leur pluralité et dans leur altérité, pour atteindre *in fine* le principe qui dit *en tant que quoi* la catégorie des plus favorisés doit être prise pour terme de référence de toute distribution juste, et *en tant que quoi* le récepteur de mon action – sa victime potentielle – doit être respecté à l'égard de l'agent que je suis. Il n'est pas douteux que cette lecture à rebours, qui place l'autonomie à la fin et non au commencement de la réflexion morale, renverse l'ordre méthodique préconisé par les *Fondements...* : de la « forme » (unité) à la « matière » (pluralité) et à la « détermination complète » (totalité) [1]. Or c'est le sens même de l'autonomie qui se trouve affecté par ce renversement de l'ordre qui la place en fin de parcours. Une approche de l'autonomie à travers la règle de justice au plan des institutions et la règle de réciprocité au plan interpersonnel permet en effet de faire fructifier les apories laissées en suspens au terme de notre présentation du principe kantien de la moralité. Trois « lieux » aporétiques avaient été ainsi dessinés comme en creux par la fière affirmation du principe d'autonomie. Ce fut, d'abord, à l'occasion de la discussion portant sur le « fait de la

---

1. L'emploi ici du terme « méthodique » est celui de Kant dans la deuxième section des *Fondements...* (éd. Alquié, (IV, 436), p. 304).

raison », la reconnaissance d'une certaine réceptivité en vertu de laquelle la liberté est affectée par la loi même qu'elle se donne, comme si l'autoposition ne pouvait être pensée sans auto-affection ; ce fut, ensuite, cette autre affection liée au respect entendu comme mobile, en vertu de quoi la raison d'un être fini, en affectant sa propre sensibilité, se fait raison affectée, selon les modes opposés de l'humiliation et de l'exaltation ; ce fut, enfin, cette affection *radicale,* radicale comme le mal radical, à la suite de quoi l'arbitre se trouve dès toujours soumis à la « propension » au mal, laquelle, sans détruire notre disposition au bien, affecte notre *capacité* à agir par devoir.

En quoi l'approche à rebours de l'autonomie que nous pratiquons ici permet-elle de concilier l'idée d'autonomie avec ces marques de réceptivité, de passivité et même d'impuissance ? En ceci qu'une autonomie solidaire de la règle de justice et de la règle de réciprocité ne peut plus être une autonomie *autosuffisante.* La dépendance selon l'« extériorité », liée à la condition dialogique de l'autonomie, prend en quelque sorte en charge la dépendance selon l'« intériorité » que ces trois apories ont révélée.

De cette réinterprétation du principe d'autorité résulte la nécessité de remettre en chantier l'opposition entre autonomie et hétéronomie. Deux idées différentes l'une de l'autre sont désormais à distinguer. La première, celle que Kant a en vue en parlant d'hétéronomie, ne se distingue pas de l'état de « minorité » que dénonce le pamphlet *Qu'est-ce que les Lumières ?* Cet état de minorité consiste à se laisser mettre sous la tutelle d'autrui de telle façon que le propre jugement dépende du jugement d'autrui ; par contraste avec cet état, l'autonomie prend son sens fort : à savoir la responsabilité du jugement propre. Or Kant n'a pas tenu compte de ce que cette prise de responsabilité est solidaire de la règle de réciprocité de la justice qui la place dans le même espace de pluralité où sévit précisément l'état de minorité (en quoi l'autonomie est autant un principe politique qu'un principe moral ; c'est un principe politique que Kant a moralisé). L'autonomie apparaît ainsi tributaire de l'hétéronomie, mais en un autre sens de l'autre : l'autre de la liberté sous la figure de la loi que pourtant la liberté se donne, l'autre du sentiment sous la figure du respect, l'autre du mal sous la figure du penchant au mal. A son tour, cette triple altérité, intime au soi, rejoint l'altérité proprement dialogique qui rend l'autonomie solidaire et dépendante de la règle de justice et de la règle de réciprocité. L'idée même d'autrui bifurque selon deux directions opposées en corrélation avec deux figures du maître : l'un, le dominateur, ayant pour vis-à-vis l'esclave, l'autre, le maître de justice, ayant pour vis-à-vis le disciple. C'est l'« hétéronomie » de ce dernier qu'il faut intégrer à l'autonomie, non pour l'affaiblir, mais pour renforcer l'exhortation de Kant dans *Qu'est-ce que les Lumières ? : Sapere aude !* Ose apprendre, goûter, savourer par toi-même !

Dans un second temps, il faut remettre en question l'usage *restrictif* que Kant fait du *critère d'universalisation,* par rapport auquel le principe d'autonomie joue le rôle de méta-critère (pour reprendre le vocabulaire d'Otfried Höffe). Cet usage est restrictif en ce sens que, dans l'expérience de pensée proposée à l'occasion des fameux « exemples », une maxime est déclarée non morale si, élevée par hypothèse au rang de règle universelle, elle s'avère être le siège d'une contradiction *interne*. La maxime, dit Kant, se détruit alors elle-même.

Cette réduction de l'épreuve d'universalisation à la non-contradiction donne une idée extraordinairement pauvre de la *cohérence* à quoi peut prétendre un système de morale ; dès lors que l'on entreprend de *dériver* du principe le plus élevé de la moralité – disons, du second impératif catégorique – une pluralité de devoirs, la question n'est plus de savoir si une maxime considérée isolément se contredit ou non, mais si la dérivation exprime une certaine productivité de la pensée tout en préservant la cohérence de l'ensemble des règles. La question que nous soulevons ici ne nous égare pas dans une querelle académique, car les conflits les plus significatifs que suscite la prétention à l'universalité de la morale naissent à propos de devoirs prétendument dérivés qui restent en même temps pris dans la gangue contextuelle d'une culture historique. Il est donc nécessaire d'être au clair sur la portée et la limite de la cohérence des systèmes de morale [1].

1. Le problème se pose à l'intérieur même du kantisme, dès lors que l'on ne se borne pas à l'analyse séparée des « exemples », mais que l'on s'attache à leur mode de dérivation. Celui-ci est esquissé dès les *Fondements...* et traité explicitement dans la *Métaphysique des mœurs.* En fait, on a peu prêté attention au modèle de cohérence mis en jeu dans la *Doctrine de la vertu,* dont on a plutôt souligné l'aspect ennuyeux, banal ou vieillot. Il est vrai que la double partition entre devoirs stricts et devoirs larges, et entre devoirs envers soi-même et devoirs envers autrui, représente une classification plutôt qu'une dérivation, ce qui limite considérablement l'intérêt du traité. Il faut néanmoins prêter attention à l'authentique dérivation qui résulte de la conjonction entre fin et devoir. Tout, dans la *Doctrine de la vertu,* repose sur l'idée d'une fin qui est un devoir : « Seule une fin qui est en même temps un devoir peut être appelée un devoir de vertu » (Kant, *Métaphysique des mœurs,* deuxième partie, *Doctrine de la vertu,* trad. fr. d'A. Philonenko, Paris, Vrin, 1968, p. 53 ; cf. éd. Alquié [VI, 383], p. 661). La pluralité des devoirs procède ainsi de celle des fins susceptibles d'être dérivées de la personne

Une conception plus constructive de la cohérence est proposée par le *raisonnement juridique*. Chez les auteurs de langue anglaise, qu'ils soient philosophes du droit ou de la morale, la souplesse et l'inventivité que permet la *common law* sont toujours prises en compte[1].

Prenons le cas dans lequel une plainte, par exemple une demande en réparation fondée sur un droit légal à la vie privée *(privacy)* n'a fait l'objet d'aucune décision juridique antérieure. Dans ce cas et dans tous les cas semblables – appelés *hard cases* –, le juge examinera les précédents qui paraissent d'une manière ou d'une autre les plus pertinents ; sans y voir l'exemplification d'intuitions morales comparables à des évidences factuelles, il les traitera comme des spécifications d'un principe qu'il reste à construire et qui englobera précédents et cas insolites, au nom de la responsabilité du juge à l'égard de la cohérence qui a prévalu jusqu'alors. On voit déjà poindre l'idée d'un conflit entre les convictions raisonnables investies d'une part dans les précédents, d'autre part dans le cas insolite. Le juge peut, par exemple, penser qu'il est injuste de punir une tentative de meurtre aussi sévèrement qu'un meurtre effectivement perpétré, et néanmoins éprouver quelque difficulté à accorder cette position avec son sentiment non moins raisonné que la culpabilité de l'accusé réside dans l'intention plutôt que dans l'action considérée comme quelque chose qui seulement arrive. La présupposition est que toute conception de la justice requiert une cohérence qui n'est pas seulement à préserver mais à construire. La parenté de cette présupposition avec le critère kantien de l'universalisation n'est pas douteuse, mais le caractère « constructif » de sa mise en œuvre est fort différent de l'usage kantien canonique : un concept juridique est d'abord dérivé d'un groupe de cas apparentés, puis il est appliqué à des cas nouveaux, jusqu'à ce qu'un cas rebelle apparaisse

comme fin en elle-même : « Ces fins sont : ma perfection propre et le bonheur d'autrui » (trad. Philonenko, p. 56 ; cf. éd. Alquié [VI, 385], p. 664). Ici le concept moral de fin en soi, applicable à la seule personne, s'articule sur les concepts téléologiques, déjà évoqués plus haut, reçus de la *Critique de la faculté de juger*. De la pluralité de ces concepts téléologiques résulte celle des devoirs : « Aussi n'y a-t-il qu'*une seule* obligation de vertu, alors qu'il y a plusieurs devoirs de vertu. C'est qu'il y a beaucoup d'objets qui sont pour nous des fins, telles qu'il est de notre devoir de nous les proposer... » (trad. Philonenko, p. 83 ; cf. éd. Alquié [VI, 410], p. 696). On ne peut donc pas dire que le formalisme laisse la morale vide. La question est de savoir si la multiplicité des devoirs forme système : c'est de là que part la discussion moderne sur la cohérence d'un système moral.

1. Cf. R. Dworkin, *Taking Rights Seriously*, Harvard University Press, 1977, chap. IV, VI et VII.

comme un facteur de rupture qui demande la construction d'un nouveau concept [1].

Mais la cohérence d'un système moral peut-elle être celle d'un système juridique ? Les différences sont importantes. D'abord, la notion de précédents a un sens bien précis dans le domaine juridique, dans la mesure où il s'agit de verdicts prononcés par des cours de justice et ayant force de loi aussi longtemps qu'ils n'ont pas été amendés ou abrogés ; ensuite, ce sont des instances publiques qui ont autorité pour construire la nouvelle cohérence requise par les cas insolites ; enfin et surtout, la responsabilité du juge à l'égard de la cohérence exprime la conviction, commune à la société considérée, que la cohérence importe au gouvernement des hommes. De ces traits propres aux systèmes juridiques, il résulte qu'ils ne couvrent jamais que cette région des rapports d'interaction où les conflits sont justiciables du verdict des tribunaux. Aussi la question reste-t-elle entière de savoir si un système moral, qui n'a pas le support de l'institution juridique, est susceptible de cohérence propre. Aussi bien la cohérence des systèmes juridiques renvoie-t-elle à celle du système moral, dans la mesure où l'on peut se demander si le « point de vue public » qui est celui du juge, selon Dworkin, a lui-même un fondement moral.

À cet égard, la tentative la plus remarquable est celle d'Alan Donagan dans *The Theory of Morality*. Celui-ci a entrepris de remettre sur le métier l'entreprise kantienne de dérivation d'une pluralité de devoirs à partir de l'impératif du respect dû aux personnes en tant qu'êtres rationnels, en tenant compte des ressources constructivistes du modèle juridique, mais en subordonnant comme Kant la légalité à la moralité. Je retiendrai de la reconstruction de Donagan le rôle qu'il assigne aux « prémisses additionnelles » ou « spécifiantes », en raison du rôle qu'elles joueront dans la discussion des objections que le *contextualisme* oppose à l'universalisme moral. Ces prémisses ont pour fonction de délimiter d'abord, de corriger ensuite, voire d'étendre, la classe des actions à laquelle l'impératif formel s'applique. Si la dérivation a été correctement menée, on doit pouvoir dire : « nulle action de la sorte [trad. de l'auteur] prise en tant que telle

---

1. Alan Donagan, *The Theory of Morality*, University of Chicago Press, 1977, développe un argument voisin de celui de Dworkin, qui s'appuie à son tour sur les travaux du grand juriste Edward H. Levi, lequel caractérise le mouvement de va-et-vient entre le niveau du concept construit et celui où se tiennent précédents et cas rebelles comme *circular motion* (cité par Donagan, *op. cit.*, p. 68).

ne manque au respect dû à tout être humain en tant qu'être rationnel » (Donagan, *op. cit.,* p. 67). La tâche de la philosophie morale est ici de redéfinir les classes d'action de manière que le contenu de la règle soit adéquat à la forme du principe. Un exemple peu contestable est fourni par le cas de légitime défense : la règle selon laquelle il est permis de tuer si l'on est menacé de mort, ou s'il n'existe pas d'autre moyen de protéger un tiers menacé de mort, limite le champ d'application de l'interdiction de tuer à la classe du meurtre et de l'assassinat. L'exception apparente à l'impératif « Tu ne tueras pas » est ainsi placée sous la règle précisée par la prémisse spécifiante.

On peut accorder à Donagan que c'est une tâche légitime de la philosophie morale de pousser aussi loin que possible la reconstruction du système moral le plus digne d'élever une prétention à l'universalité[1]. La cohérence d'un tel système signifie trois choses : d'abord, que le formalisme n'implique pas la vacuité : on peut dériver une pluralité de devoirs à partir de l'unique impératif qui commande de respecter toutes les personnes en tant qu'êtres raisonnables[2] ; ensuite, que ces devoirs, bien que non dérivables les uns des autres, n'engendrent pas de situations telles que pour obéir à l'un il faudrait désobéir à l'autre, par exemple mentir pour ne pas tuer ou tuer pour ne pas mentir[3] ; enfin, que les règles de dérivation doivent être telles que les

1. Ce fut pendant des siècles la tâche de la casuistique, qu'on peut tenir pour le parallèle au plan moral de la jurisprudence au plan légal.
2. Kant, on l'a vu, le fait en prenant appui sur la pluralité des fins justifiées par le jugement réfléchissant dans l'esprit de la *Critique de la faculté de juger.*
3. En ce sens précis, un conflit de devoirs est inconcevable *si la règle considérée est vraiment un devoir,* c'est-à-dire si elle est correctement dérivée du principe. Donagan (*The Theory of Morality, op. cit.,* p. 143*sq.*) rappelle que saint Thomas niait la possibilité de la perplexité *simpliciter* (qui correspondrait au cas où, pour échapper à une action mauvaise, il faudrait en commettre une autre également mauvaise) et n'admettait que la perplexité *secundum quid,* liée aux actions méritoires ayant pour condition une faute préalable. Kant ne dit pas autre chose : « Un *conflit de devoirs* serait le rapport de ceux-ci, tel que l'un d'eux supprimerait l'autre (tout entier ou en partie). Mais comme le devoir et l'obligation en général sont des concepts, qui expriment la *nécessité* objective pratique de certaines actions, et comme deux règles opposées ne peuvent être en même temps nécessaires, et que, si c'est un devoir d'agir suivant une règle, non seulement ce ne peut être un devoir d'agir suivant l'autre règle, mais cela serait même contraire au devoir : il s'ensuit qu'une *collision des devoirs* et des obligations n'est pas pensable [*obligationes non colliduntur*] » (*Métaphysique des mœurs,* première partie, *Doctrine du droit,* Introduction générale, trad. Philonenko, p. 98 ; cf. éd. Alquié [VI, 224], p. 471). On le voit, l'argument chez Kant est logique autant que moral : « deux règles opposées ne pouvant être en même temps nécessaires... ».

contenus soient en accord avec la règle immédiatement supérieure[1].

C'est ici que la différence entre système moral et système juridique s'affirme. D'un côté, au lieu de précédents déjà dotés d'un statut juridique, on a le plus souvent affaire au plan moral à des « prémisses spécifiantes » non dites, et le plus souvent restrictives, qui marquent l'immixtion des relations de domination et de violence, elles-mêmes institutionnalisées, au cœur des convictions morales tenues pour les plus proches de la Règle d'Or. En conséquence, outre les procédures d'interprétation constructive proches du raisonnement légal, la philosophie morale doit incorporer une critique acérée des préjugés et des résidus idéologiques à son entreprise de reconstruction des prémisses spécifiantes susceptibles d'assurer la cohérence fragile du système moral. C'est ici que le rationalisme recroise de façon inattendue la sagesse tragique : le rétrécissement qui affecte la vision des « grandeurs spirituelles » que les deux protagonistes de l'*Antigone* de Sophocle sont censés servir n'a-t-il pas pour équivalent, au plan de la théorie morale, un usage pervers des « prémisses spécifiantes » qu'il revient à une critique des idéologies de démasquer[2] ?

Il reste que c'est le plaidoyer pour l'*universalité* qui donne tout leur poids aux problèmes liés à l'*historicité* de la morale concrète.

Une troisième réinterprétation de l'héritage kantien nous donne une occasion nouvelle de faire paraître le tragique de l'action dans le sillage de l'exigence d'universalité qui, en dernière instance, s'identifie au moment de la moralité. Il s'agit de la reconstruction du formalisme par K.-O. Apel et J. Habermas, sur

1. L'expression *« unformalized analytical reasoning »* revendiquée par Donagan (*op. cit.*, p. 72) pour sauvegarder la parenté entre le raisonnement moral et le raisonnement légal tout en soulignant la spécificité du premier désigne autant un problème à résoudre qu'une solution absolument convaincante. L'auteur accorde qu'il ne peut s'agir ici de preuve formelle, dès lors qu'un système de devoirs ne peut atteindre à la rigueur d'un système axiomatique. C'est pourquoi l'impossibilité de la contradiction entre devoirs multiples excluant l'exception ne peut être formellement prouvée ; on peut seulement dire que tous les contre-exemples sont réfutables, dès lors que le système moral a été construit avec rigueur et formulé de façon compétente.

2. C'est ici que les analyses anciennes de J. Habermas dans *Connaissance et Intérêt* (trad. fr. de G. Clémençon, Paris, Gallimard, 1976) reprennent toute leur force : entre discours, pouvoir (au sens de domination) et possession, les liens sont si inextricables qu'une thérapeutique sociale des distorsions systématiques du langage doit compléter une simple herméneutique incapable de guérir par le seul discours la mécompréhension dans le discours.

la base d'une morale de la communication[1]. Ma thèse est que cette entreprise atteint son entière légitimité si on la maintient sur le trajet de la voie régressive de la *justification*, laissant ainsi à découvert la zone conflictuelle située sur le trajet progressif de l'*effectuation*[2]. Le paradoxe est que ce souci de justification des normes de l'activité communicationnelle tend à occulter les conflits qui reconduisent la morale vers une sagesse pratique ayant pour site le jugement moral en situation. C'est à mon sens ce paradoxe qui explique la vivacité de la controverse suscitée par la morale de la communication : les avocats d'une éthique contextualiste et communautarienne[3] ne font qu'exalter, par effet de compensation, les conflits que d'une certaine façon la morale de la communication occulte. En revanche, je tiens que ces situations conflictuelles seraient dépouillées de leur caractère dramatique si elles ne se détachaient pas sur l'arrière-plan d'une exigence d'universalité à laquelle la morale de la communication confère aujourd'hui son expression la plus adéquate.

Ce qui fait fondamentalement la force de la morale de la communication, c'est d'avoir fusionné dans une seule problématique les trois impératifs kantiens : le principe d'autonomie selon la catégorie d'unité, le principe du respect selon la catégorie de pluralité, et le principe du royaume des fins selon la catégorie de totalité. Autrement dit le soi est fondé en une fois dans sa dimension d'universalité et dans sa dimension dialogique, tant interpersonnelle qu'institutionnelle. Dans la présente étude, qui n'a pas d'autre dessein que de rendre raison de la dimension morale de l'ipséité, on se bornera aux seuls aspects de l'éthique de la discussion qui ont trait à cette fondation. C'est pourquoi on ira droit à l'argument central de *Morale et Communication,* dans la troisième section de cet ouvrage[4]. Que cet argument prenne place sur le trajet régressif de la justification et de la fondation, l'ordre suivi par l'argument l'atteste amplement. D'abord est mis en évidence le lien entre l'entreprise fondationnelle et « les exigences de

---

1. K.-O. Apel, *Sur le problème d'une fondation rationnelle de l'éthique à l'âge de la science : l'a priori de la communauté communicationnelle et les fondements de l'éthique,* trad. fr. de R. Lellouche et I. Mittmann, Presses Universitaires de Lille, 1987. J. Habermas, *Morale et Communication : conscience morale et activité communicationnelle* (1983), trad. fr. de C. Bonchindhomme, Paris, Éd. du Cerf, 1986. J.-M. Ferry, *Habermas. L'éthique de la communication,* Paris, PUF, 1987, chap. x, « Éthique et communauté ».

2. Sur la distinction entre trajet régressif de la justification et trajet progressif de l'effectuation, cf. ci-dessus, p. 307.

3. M. Walzer, M. Sandel, Ch. Taylor, A. MacIntyre.

4. « Note problématique pour fonder en raison une éthique de la discussion [*Diskursethik*] », *Morale et Communication. op. cit.,* p. 63-130.

validité que nous émettons lorsque nous produisons des actes de langage supposant une norme (ou une règle) » (*op. cit.,* p. 64). Ensuite est justifié le recours à la pragmatique formelle pour dégager ces exigences de validité. Vient enfin la question que Habermas tient pour fondamentale, à savoir : « Comment le principe d'universalisation qui est le seul à pouvoir rendre possible l'entente mutuelle par l'argumentation peut-il être lui-même fondé en raison ? » (*ibid.,* p. 65). C'est à cette dernière question que nous nous attacherons. Nous tiendrons donc pour acquises, d'une part, la reconnaissance du lien entre *attente normative* et activité communicationnelle[1], d'autre part, la reconnaissance du lien entre attente normative et validation par des *raisons.* Cela dit, l'important pour nous réside dans la transformation que subit l'exigence de cohérence du fait de son rattachement à une théorie de l'*argumentation,* qui ne soit réductible ni au raisonnement déductif ni à la preuve empirique. La logique de la discussion pratique tient ici la place qu'occupait dans les pages précédentes l'analyse des conditions de cohérence des systèmes moraux ; alors que celle-ci était menée sans égards pour la dimension dialogique du principe de la moralité, chez Apel et Habermas la théorie de l'argumentation se déploie de bout en bout dans le cadre de l'activité communicationnelle[2]. Habermas ne nie point que ce soient les conflits de la vie quotidienne qui suscitent l'attente normative investie dans la logique de la discussion pratique[3]. C'est même ce souci des argumentations réellement conduites entre participants différents qui éloigne Habermas de la fiction rawlsienne d'une situation originelle et de la fable du contrat hypothétique (*ibid.,* p. 87). La discussion pratique est une discussion *réelle*[4]. Ce ne

1. « J'appelle communicationnelles les interactions dans lesquelles les participants sont d'accord pour coordonner en bonne intelligence leurs plans d'action ; l'entente ainsi obtenue se trouve alors déterminée à la mesure de la reconnaissance intersubjective des exigences de validité » (*ibid.,* p. 79).
2. « Vis-à-vis des jugements moraux, cette exigence de cohérence implique que quiconque, avant d'invoquer une norme définie pour étayer son jugement, doit vérifier s'il lui est possible d'exiger que n'importe qui dans une situation comparable fasse appel à la même norme pour émettre un jugement » (*ibid.,* p. 85).
3. « En entrant dans une argumentation morale, ceux qui y prennent part poursuivent, dans une attitude réflexive, leur activité communicationnelle afin de rétablir un consensus qui a été troublé. Les argumentations morales servent donc à résorber dans le consensus des conflits nés dans l'action » (*ibid.,* p. 88).
4. « Dans un tel processus, chacun fournit à l'autre des raisons par lesquelles il peut souhaiter qu'une manière d'agir soit rendue socialement obligatoire. Chaque personne concernée doit donc pouvoir se convaincre que la norme proposée est " également bonne " pour tous. Or, ce processus, nous l'appelons discussion pratique » (*ibid.,* p. 92).

sont donc pas les conditions historiques d'effectuation de la discussion pratique que Habermas prend en compte, mais la fondation en raison du principe d'universalisation qui sous-tend l'éthique de la discussion. Ce qui le pousse, à la suite d'Apel, dans cette direction, ce sont les objections que le *sceptique* oppose à l'idée même d'un accord moral produit par voie argumentative. C'est par rapport à ces objections qu'il est fait recours aux présuppositions pragmatiques de l'argumentation en général pour fonder en raison les règles argumentatives du discours pratique. La tentative intervient exactement au point où Kant s'arrête lorsqu'il énonce comme un « fait de la raison » la conscience que nous prenons du caractère autolégislatif de la liberté. Chez Karl-Otto Apel, il ne s'agit de rien de moins que d'une « fondation ultime » *(letzte Begründung).* Celle-ci fait appel à l'idée, inaccessible à Kant, de *contradiction performative,* qui permet de sauver l'autoréférentialité propre à l'argumentation transcendantale, de l'accusation bien connue soit de régression à l'infini, soit d'interruption arbitraire de la chaîne de discours, soit de circularité dans l'argumentation. La *pragmatique transcendantale* reprend ainsi, dans le champ pratique, la déduction transcendantale kantienne, en montrant comment le principe d'universalisation, faisant fonction de règle argumentative, est à l'état implicite dans les présuppositions de l'argumentation en général. La présupposition d'une « communauté illimitée de communication » n'a pas d'autre rôle que d'énoncer, au plan des présuppositions, la parfaite congruence entre l'autonomie du jugement de chacun et l'attente du consensus de toutes les personnes concernées dans la discussion pratique.

Je ne m'engagerai pas dans la discussion ouverte entre Habermas et Apel concernant cette prétention de fondation dernière, ultime étape sur le trajet régressif, auquel nous allons à l'instant donner pour contrepartie le trajet progressif de la norme à son effectuation. Notons seulement que l'ambition d'Apel est plus considérable que celle de Habermas pour qui l'idée même de fondation ultime remet en question le changement de paradigme par quoi une philosophie du langage a pris le relais d'une philosophie de la conscience. Le recours à la contradiction performative, pour Habermas, ne signifie pas plus que l'aveu qu'il n'existe pas de principe de remplacement dans le cadre de la pratique argumentative, sans que cette présupposition transcendantale ait pour autant valeur de justification dernière[1]. Je me bornerai à dire que

1. « En fait, dit Habermas, il n'y a aucun préjudice à dénier à la justification pragmatico-transcendantale tout caractère de fondation ultime » (*ibid.*, p. 119).

c'est précisément le renoncement à l'idée de fondation ultime (que l'herméneuticien confirmera par son insistance sur la finitude de la compréhension) qui invite à suivre le trajet inverse de celui de la justification. Si en effet l'on admet avec Habermas lui-même que « les intuitions *morales* quotidiennes n'ont nul besoin des lumières des philosophes » (*ibid.*, p. 119) et que l'entreprise fondationnelle n'a en dernière analyse qu'une fonction thérapeutique, au sens de Wittgenstein, à l'égard des contre-arguments sceptiques érigés en « idéologie professionnelle » (*ibid.*) – alors l'éthique de la discussion ne doit pas être seulement l'enjeu d'une tentative de fondation par voie régressive de l'exigence d'universalisation, mais aussi celui d'une mise à l'épreuve par voie progressive au plan de la pratique effective[1].

Les pages qui précèdent n'avaient pas d'autre ambition que de porter l'exigence d'universalité à son plus haut degré de crédibilité et, corollairement, de porter à un niveau égal les objections tirées du caractère *contextuel* des réalisations de l'éthique de discussion. Comme nous l'avons maintes fois affirmé, les conflits qui donnent crédit aux thèses contextualistes se rencontrent sur le trajet de l'effectuation plutôt que sur celui de la justification. Il importe d'être au clair sur cette différence de *site,* afin de ne pas confondre les arguments qui soulignent l'historicité des choix à faire sur ce second trajet avec les arguments sceptiques qui s'adressent à l'entreprise de fondation. Cette remarque est de la plus grande importance pour la discussion de la thèse universaliste que nous tenons pour exemplaire, à savoir celle de l'éthique de la discussion de Habermas.

Ce ne sont pas des conflits nouveaux, quant au *contenu,* que nous allons faire paraître sous le titre du contextualisme. Ce sont ceux-là mêmes que nous avons croisés en discutant les conditions d'effectuation de la règle de justice, puis celles de la règle de réci-

---

Cette réticence explique que Habermas puisse rechercher une « corroboration maïeutique » (*ibid.*, p. 118) du côté de la théorie du développement de la conscience morale et juridique élaborée par Lawrence Kohlberg. Cet appui dans une psycho-sociologie du développement ne sera pas sans effet dans la discussion qui suit, dans la mesure où le modèle de développement proposé par Kohlberg repose sur le progrès du préconventionnel au conventionnel et enfin au postconventionnel, stade ultime correspondant à l'autonomie kantienne. On dira plus loin les inconvénients attachés à cette méthode de « contrôle ».

1. Ce renversement de perspective ne laisse pas d'être encouragé par l'objection faite par Habermas à Rawls de substituer une argumentation conduite dans une situation originelle hypothétique aux argumentations réelles conduites entre personnes concernées.

procité. Mais, alors que nous avons jusqu'ici souligné l'équivocité, voire l'indécidabilité, des situations auxquelles le jugement
moral doit faire face, c'est maintenant le caractère historiquement et culturellement déterminé des estimations parmi lesquelles le jugement moral doit s'orienter qui doit être pris en
compte.

Je rappelle la première occurrence de cette perplexité ; c'était à
l'occasion de l'interprétation purement procédurale des principes
de justice chez Rawls – interprétation qui légitimait le renvoi de
toute considération téléologique à la conscience privée des partenaires du pacte social. Le concept du juste pouvait ainsi être
entièrement détaché de celui du bon. Or, avec l'idée de biens
sociaux premiers – idée inséparable de celle de distribution –, les
concepts téléologiques sont revenus en force, au point de faire
éclater l'idée unitaire de justice entre une pluralité de sphères en
fonction de la diversité des *estimations* qui régissent la signification attachée aux biens considérés (citoyenneté, besoins, marchandises, position de responsabilité ou d'autorité, etc.). Nous
avons alors ajourné jusqu'à maintenant le problème posé par le
caractère historique et communautaire de ces significations et de
ces estimations, pour nous concentrer sur le problème posé par la
diversité réelle des biens concernés. C'est ce caractère historique
et communautaire qu'il faut maintenant faire passer au premier
plan. Or celui-ci n'atteint pas seulement la signification que revêt,
dans une culture donnée, chacun de ces biens pris séparément,
mais l'ordre de priorité chaque fois institué entre les sphères de
justice et les biens divers et potentiellement rivaux qui leur correspondent. En ce sens, toute distribution, au sens large que nous
avons attribué à ce mot, apparaît problématique : de fait, il
n'existe pas de système de distribution universellement valable et
tous les systèmes connus expriment des choix aléatoires révo-
cables, liés à des luttes qui jalonnent l'histoire violente des sociétés.

Il n'est donc pas étonnant que la même historicité affecte tous
les niveaux de la *pratique politique,* dans la mesure où celle-ci a
précisément pour enjeu la distribution du pouvoir d'où dépend la
priorité assignée chaque fois entre les biens à distribuer. D'un
niveau à l'autre de la pratique politique – de celui du débat politique institutionnalisé dans les démocraties pluralistes à celui de
la discussion portant sur les fins du bon gouvernement (sécurité,
prospérité, égalité, solidarité, etc.), enfin à celui de la légitimation
de la démocratie elle-même – une indétermination croissante des

fins poursuivies s'est affirmée. C'est elle qui nous amène maintenant à souligner l'historicité des choix par lesquels les sociétés tranchent pratiquement ces perplexités accumulées [1].

Si de la sphère politique on passe à celle des relations interpersonnelles, de nouvelles sources de conflits sont apparues, dérivant principalement de la *scission entre respect de la loi et respect des personnes.* C'était, dans ce nouveau cadre, la pluralité réelle des personnes plutôt que celle des biens qui faisait problème, l'altérité des personnes s'opposant à l'aspect unitaire du concept d'humanité. On a insisté à cette occasion sur quelques cas de conscience particulièrement douloureux, ceux qui touchent à la « vie finissante » et ceux que suscite la « vie commençante » à l'âge de la technique. Or ces mêmes cas de conscience peuvent être reformulés en termes de conflits entre l'exigence universelle, liée au principe du respect dû aux personnes *en tant qu'êtres rationnels,* et la recherche tâtonnante de solutions – qu'on peut dire, en ce sens, historiques – que pose le traitement d'êtres qui ne satisfont plus ou pas encore au critère explicite d'humanité qui fonde le respect [2].

Ainsi toutes les discussions menées dans la première et la deuxième section de cette étude trouvent leur réplique et, dirait-on, leur point focal de réflexion dans le conflit entre universalisme et contextualisme. Cette connexion n'a rien d'inattendu, dans la mesure où l'exigence d'universalisation, attachée au principe d'autonomie qui définit en dernière instance l'ipséité morale, trouve son champ privilégié de manifestation dans les relations interpersonnelles régies par le principe du respect dû aux personnes et dans les institutions régies par la règle de justice.

En reformulant sous la forme d'un dilemme entre universalisme et contextualisme les conflits suscités par une conception procédurale de la justice et par une conception abstraite de l'humanité commune à toutes les personnes, nous avons préparé le terrain pour une discussion centrée sur l'éthique de l'argumentation.

1. On se rappelle à cet égard la caractérisation par Claude Lefort de la démocratie comme « société historique par excellence » (ci-dessus, p. 303, n. 2).
2. Bien que la discussion de ces cas de conscience touche au plus vif des rapports de personne à personne, elle recoupe la discussion précédente concernant la pratique politique, dans la mesure où les décisions du plan interpersonnel appellent bien souvent un encadrement juridique (concernant la décriminalisation ou non des pratiques abortives, par exemple), mais aussi politique (ne serait-ce que du point de vue de l'affectation des fonds publics aux institutions de recherche, de protection sociale ou hospitalières).

Celle-ci peut faire valoir que tous les problèmes évoqués doivent trouver leur solution par l'éthique de l'argumentation, dans la mesure où celle-ci est d'un rang supérieur à la règle de justice et à la règle du respect dont les conflits évoqués plus haut montrent les limites d'application. L'adjudication de parts – de quelque nature qu'elle soit – ne résulte-t-elle pas finalement d'une confrontation d'arguments, et cela, non pas seulement dans la situation originelle de la fable rawlsienne, mais dans les discussions réelles ayant pour enjeu la distribution juste de quoi que ce soit ? On ajoutera : plus une conception de la justice se veut strictement procédurale, plus elle s'en remet à une éthique argumentative pour résoudre les conflits qu'elle engendre. La situation n'est-elle pas identique pour les cas de conscience suscités par le principe du respect dû aux personnes en tant qu'êtres rationnels ? Par exemple, le recours qui a été fait à une ontologie développementale pour trancher la question de savoir si un fœtus est une personne, une chose ou une entité intermédiaire n'équivaut-il pas à la recherche du meilleur argument dans le débat concernant les droits du fœtus ? Et cette recherche garde-t-elle un sens hors de la présupposition des réquisits universalistes qui justifient l'éthique de l'argumentation ?

Je reconnais la force de la thèse, et je l'adopte jusqu'à un certain point que je vais dire à l'instant, à l'encontre d'un usage à mon sens désastreux des objections contextualistes tirées de l'observation de la manière dont sont traités et résolus les conflits dans des communautés historiques différentes. On voit de nos jours ces objections portées au crédit de la thèse du caractère ultimement multiple des « cultures », le terme « culture » étant pris en un sens ethnographique, fort éloigné de celui, venu des Lumières et développé par Hegel, d'éducation à la raison et à la liberté. On aboutit ainsi à une apologie de la différence pour la différence qui, à la limite, rend toutes les différences indifférentes, dans la mesure où elle rend vaine toute discussion [1].

Ce que je critique dans l'éthique de l'argumentation, ce n'est pas l'invitation à rechercher en toutes circonstances et en toutes discussions le meilleur argument, mais la reconstruction sous ce titre d'une stratégie d'*épuration,* reprise de Kant, qui rend impensable la médiation contextuelle sans laquelle l'éthique de la communication reste sans prise réelle sur la réalité. Kant dirigeait sa stratégie d'épuration contre l'inclination, la recherche du plai-

1. Je rejoins ici les craintes exprimées par Alain Finkielkraut dans *La Défaite de la pensée,* Paris, Gallimard, 1987.

sir ou du bonheur (toutes modalités affectives confondues). Habermas dirige la sienne contre tout ce qui peut être placé sous le titre de *convention*[1]. J'attribue ce rigorisme de l'argumentation à l'interprétation de la modernité en termes quasi exclusifs de rupture avec un passé supposé figé dans des traditions soumises au principe d'autorité et donc soustraites par principe à la discussion publique. Cela explique que la convention vienne occuper, dans une éthique de l'argumentation, la place tenue chez Kant par l'inclination. De cette façon, l'éthique de l'argumentation contribue à l'impasse d'une opposition stérile entre un universalisme au moins aussi procédural que celui de Rawls et de Dworkin et un relativisme « culturel » qui se met lui-même hors du champ de la discussion[2].

Je voudrais suggérer, au terme de ce long périple, une reformulation de l'éthique de l'argumentation qui lui permettrait d'intégrer les objections du contextualisme, en même temps que celui-ci prendrait au sérieux l'exigence d'universalisation pour se concentrer sur les conditions de *mise en contexte* de cette exigence (c'est pour cette dernière raison que j'ai préféré le terme de contextualisme à ceux d'historicisme ou de communautarisme).

Ce qu'il faut mettre en question, c'est l'antagonisme entre argu-

---

1. A cet égard, le recours au modèle de psychosociologie développementale de L. Kohlberg renforce l'antinomie entre argumentation et convention, dans la mesure où l'échelle du développement est jalonnée par les stades préconventionnels, conventionnels et postconventionnels. Ainsi il est amusant d'observer que, selon ce modèle, la Règle d'Or ressortit au modèle conventionnel et que la règle de justice n'accède pas au niveau supérieur du stade postconventionnel.

2. La même observation vaut pour l'usage toujours péjoratif que Habermas fait de l'idée de tradition, dans le sillage d'une longue confrontation avec Gadamer. J'ai proposé ailleurs de distinguer trois usages du vocable « tradition » : le *style* de traditionalité, dont l'innovation est une composante en quelque sorte antagoniste ; *les* traditions d'un peuple, d'une culture, d'une communauté, lesquelles peuvent être mortes ou vivantes ; et *la* Tradition, en tant qu'autorité anti-argumentative. C'est en ce dernier sens seulement que la croisade anti-traditionaliste de l'éthique de l'argumentation est recevable. On touche là, comme à propos de l'idée de convention, à un point sensible de l'éthique de l'argumentation, à savoir sa tendance à surévaluer la coupure de la modernité, à entériner la sécularisation non seulement comme un fait mais comme une valeur, au point d'exclure du champ de la discussion, de façon tacite ou déclarée, quiconque n'accepte pas comme une donnée de départ la profession nietzschéenne de la « mort de Dieu ». On oublie seulement que, sous le titre des Lumières, on peut désigner tantôt un style de traditionalité que Koselleck a fort bien décrit dans les termes de ses catégories d'espace d'expérience et d'horizon d'attente (cf. *Temps et Récit, op. cit.,* t. III, p. 301-313) ; tantôt une tradition ou un groupe de traditions, avec leurs arrière-plans culturels très typés, comme Hegel déjà en traite dans le chapitre VI de la *Phénoménologie de l'esprit ;* et tantôt une anti-Tradition, ce que l'apologie des Lumières est effectivement devenue après Nietzsche.

mentation et convention et lui substituer une dialectique fine entre *argumentation* et *conviction,* laquelle n'a pas d'issue théorique, mais seulement l'issue pratique de l'arbitrage du jugement moral en situation.

Pour entrer dans cette dialectique ardue, il est bon de rappeler que l'argumentation, considérée sur le trajet de l'effectuation, est un jeu de langage, qui, hypostasié, cesse de correspondre à aucune forme de vie, sinon à la professionnalisation que Habermas lui-même reproche aux tenants des objections sceptiques sur le trajet régressif de la justification de l'éthique de l'argumentation. Dans les discussions réelles, l'argumentation sous forme codifiée, stylisée, voire institutionnalisée, n'est qu'un segment abstrait dans un procès langagier qui met en œuvre un grand nombre de jeux de langage ayant eux aussi un rapport au choix éthique dans les cas de perplexité ; on recourt par exemple à des récits, à des histoires de vie, suscitant, selon les cas, l'admiration, voire la vénération, ou le dégoût, voire la répulsion, ou plus simplement la curiosité pour des expériences de pensée où sont explorés sur le mode de la fiction des genres de vie inédits [1]. Ces jeux de langage constituent autant de pratiques communicationnelles où les humains apprennent ce que signifie vouloir vivre en commun, et cela avant toute mise en forme argumentative. Certes, l'argumentation n'est pas un jeu de langage comme les autres, précisément en raison de son exigence d'universalisation. Mais cette exigence ne devient opérante que si elle assume la médiation des autres jeux de langage qui participent à la formation des options qui sont l'enjeu du débat. Le but visé est alors d'extraire des positions en situation de confrontation le meilleur argument qui puisse être offert aux protagonistes de la discussion. Mais cette action corrective de l'éthique de l'argumentation présuppose que l'on discute sur quelque chose, sur « les choses de la vie » [2].

Et pourquoi l'argumentation doit-elle admettre cette médiation d'autres jeux de langage et assumer ce rôle correctif à l'égard de leur capacité argumentative potentielle ? Précisément parce que l'argumentation ne se pose pas seulement comme antagoniste de la tradition et de la convention, mais comme instance critique opérant *au sein* de convictions qu'elle a pour tâche non d'éli-

---

1. Sur le rapport entre narrativité et éthique, cf. ci-dessus, sixième étude, p. 193 *sq.*
2. Cf. Rüdiger Bubner, « Moralité et *Sittlichkeit* – sur l'origine d'une opposition », *Revue internationale de philosophie,* n° 3, 1988, *Kant et la Raison pratique,* p. 341-360.

miner, mais de porter au rang de « convictions bien pesées », dans ce que Rawls appelle un *équilibre réfléchi.*

C'est un tel équilibre réfléchi entre l'exigence d'universalité et la reconnaissance des limitations contextuelles qui l'affectent qui est l'enjeu final du jugement en situation dans le cadre des conflits évoqués plus haut.

Ce qui fait de la conviction un partenaire inéliminable, c'est le fait qu'elle exprime les prises de position d'où résultent les significations, les interprétations, les évaluations relatives aux biens multiples qui jalonnent l'échelle de la *praxis,* depuis les pratiques et leurs biens immanents, en passant par les plans de vie, les histoires de vie, jusqu'à la conception que les humains se font, seuls ou en commun, de ce que serait une vie accomplie. Car de quoi discute-t-on finalement, même au plan de la pratique politique où les biens concernés transcendent les biens immanents aux pratiques diverses – par exemple dans le débat sur les fins du bon gouvernement et sur la légitimité de la démocratie –, oui, de quoi discute-t-on finalement, sinon de la meilleure manière, pour chaque partenaire du grand débat, de viser, par-delà les médiations institutionnelles, à une vie accomplie avec et pour les autres, dans des institutions justes ? L'articulation que nous ne cessons de renforcer entre déontologie et téléologie trouve son expression la plus haute – et la plus fragile – dans *l'équilibre réfléchi entre éthique de l'argumentation et convictions bien pesées* [1].

Un exemple d'une telle dialectique fine nous est fourni par la discussion actuelle sur les droits de l'homme. Pour l'essentiel, ceux-ci, pris au niveau de textes déclaratifs et non proprement législatifs, peuvent être tenus pour des dérivés bien argumentés de l'éthique même de l'argumentation. Aussi bien ont-ils été ratifiés par la quasi-unanimité des États ; et pourtant le soupçon demeure qu'ils sont seulement le fruit de l'histoire culturelle propre à l'Occident, avec ses guerres de religion, son apprentissage laborieux et jamais terminé de la tolérance. Tout se passe comme si l'universalisme et le contextualisme se recouvraient imparfaitement autour de valeurs peu nombreuses, mais fondamentales, telles que celles qu'on lit dans la Déclaration universelle des droits de l'homme et du citoyen. Mais, qu'en est-il des législations précises qui garantissent l'exercice de ces droits ? Celles-ci sont bel et bien le produit d'une histoire singulière qui

---

1. J'aime à rappeler que conviction se dit en allemand *Überzeugung,* terme apparenté par sa racine à la *Bezeugung* qui signifie attestation. Attestation : mot de passe de tout ce livre.

est en gros celle des démocraties occidentales. Et, dans la mesure où les valeurs produites dans cette histoire ne sont pas partagées par d'autres cultures, l'accusation d'ethnocentrisme rejaillit sur les textes déclaratifs eux-mêmes, pourtant ratifiés par tous les gouvernements de la planète. Il faut, à mon avis, refuser cette dérive, et assumer le paradoxe suivant : d'une part, maintenir la prétention universelle attachée à quelques valeurs où l'universel et l'historique se croisent, d'autre part offrir cette prétention à la discussion, non pas à un niveau formel, mais au niveau des convictions insérées dans des formes de vie concrète. De cette discussion il ne peut rien résulter, si chaque partie prenante n'admet pas que d'autres universels en puissance sont enfouis dans des cultures tenues pour exotiques. La voie d'un consensus éventuel ne peut procéder que d'une reconnaissance mutuelle au plan de la recevabilité, c'est-à-dire de l'admission d'une vérité possible, de propositions de sens qui nous sont d'abord étrangères.

Cette notion d'universels en contexte ou d'universels potentiels ou inchoatifs est, à mon avis, celle qui rend le mieux compte de l'équilibre réfléchi que nous cherchons entre universalité et historicité[1]. Seule une discussion réelle, où les convictions sont invitées à s'élever au-dessus des conventions, pourra dire, au terme d'une longue histoire encore à venir, quels universels prétendus deviendront des universels reconnus par « toutes les personnes concernées » (Habermas), c'est-à-dire désormais par les « personnes représentatives » (Rawls) de toutes les cultures. A cet égard, un des visages de la sagesse pratique que nous traquons tout au long de cette étude est cet art de la conversation où l'éthique de l'argumentation s'éprouve dans le conflit des convictions.

---

1. L'expression « valeur », dont on n'a pas fait usage jusqu'à présent, correspond dans la discussion publique à ces universels inchoatifs dont seule l'histoire ultérieure du dialogue entre les cultures vérifiera la teneur morale véritable. En ce sens, je tiens le quasi-concept de valeur pour un terme de compromis, au point où se recroisent la prétention à l'universalité et l'aveu d'historicité de certains devoirs dérivés auxquels correspond de la part d'autrui un droit d'exiger. En ce sens, la notion de valeur n'est pas un concept moral véritable, mais un concept de compromis, justifié par les cas où universalité et historicité se confortent mutuellement plutôt qu'elles ne se dissocient : condamnation de la torture, de la xénophobie, du racisme, de l'exploitation sexuelle des enfants ou des adultes non consentants, etc. C'était déjà en ce sens mi-transcendantal, mi-empirique – mi-a priorique, mi-historique – que Jean Nabert prenait le terme de valeur dans ses *Éléments pour une éthique* (Paris, Montaigne, 1962), chap. VII, « L'ascèse par les fins », p. 121-138.

*

Notre dernier mot, dans cette « petite éthique » qui couvre les septième, huitième et neuvième études, sera pour suggérer que la sagesse pratique que nous recherchons vise à concilier la *phronèsis* selon Aristote, à travers la *Moralität* selon Kant, et la *Sittlichkeit* selon Hegel. De la *phronèsis* nous retenons qu'elle a pour horizon la « vie bonne », pour médiation la délibération, pour acteur le *phronimos* et pour points d'application les situations singulières[1]. Mais, si au terme de ces trois études le cycle paraît bouclé, c'est, si l'on peut dire, à une autre altitude que nous passons au-dessus de notre point de départ : entre la *phronèsis* « naïve » de nos premières pages (septième étude) et la *phronèsis* « critique » de nos dernières pages, s'étend d'abord la région de l'obligation morale, du devoir (huitième étude), qui demande que ne soit pas ce qui ne doit pas être, à savoir le mal, et plus particulièrement que soient abolies les souffrances infligées à l'homme par l'homme – et, au sortir de cette région aride, celle des conflits relatifs au tragique de l'action (neuvième étude). C'est ainsi que la *phronèsis* « critique » tend, à travers ces médiations, à s'identifier à la *Sittlichkeit*. Mais celle-ci est dépouillée de sa prétention à marquer la victoire de l'Esprit sur les contradictions que celui-ci se suscite à lui-même. Réduite à la modestie, la *Sittlichkeit* rejoint la *phronèsis* dans le jugement moral en situation. En retour, parce qu'elle a traversé tant de médiations et tant de conflits, la *phronèsis* du jugement moral en situation est à l'abri de toute tentation d'anomie. C'est à travers le débat public, le colloque amical, les convictions partagées, que le jugement moral en situation se forme. De la sagesse pratique qui convient à ce jugement, on peut dire que la *Sittlichkeit* y « répète » la *phronèsis,* dans la mesure où la *Sittlichkeit* « médiatise » la *phronèsis.*

♦

Au terme des septième, huitième et neuvième études, il importe de désigner les déterminations nouvelles du soi qui s'ajoutent à celle du soi parlant, agissant et personnage-narrateur

---

1. Il nous plaît de rappeler les grands textes du livre VI de l'*Éthique à Nicomaque* cités ci-dessus, p. 205-206. Au sommet de tous ces textes, nous plaçons celui qui identifie la *phronèsis* au jugement moral en situation, en raison de sa fonction singularisante comparable à celle de l'intuition sensible (*Éth. Nic.,* VI, 12, 1143 a 25 - b 13).

de sa propre histoire. Comme, en outre, ces études achèvent le cycle phénoménologique-herméneutique que composent ensemble les neuf études qui trouvent leur aboutissement ici, il a paru approprié de prendre pour guide les trois problématiques fondamentales énoncées au début de la préface (p. 11-15) : détour de la réflexion sur le *qui ?* par l'analyse du *quoi-pourquoi-comment ?;* concordance et discordance entre l'identité-*idem* et l'identité-*ipse ;* dialectique du soi et de l'autre que soi.

S'il est vrai que les quatre premières études donnent la priorité à la première problématique, et les deux suivantes à la seconde, c'est sur la troisième que nos études éthico-morales mettent l'accent principal. Toutefois, une relecture de ces études autorise à dire qu'elles ont fait progresser d'un même pas les trois problématiques. C'est ce que nous allons maintenant montrer, en choisissant pour chacune d'elles un terme emblématique emprunté à la philosophie morale ancienne et moderne et que nos investigations permettent peut-être d'enrichir et de préciser.

De la première problématique relève en fait le détour entier par les déterminations des prédicats « bon » et « obligatoire », dont les articulations ponctuent le cours de ces trois études ; ce détour correspond à celui par les structures de l'action et du récit dans les études antérieures ; les prédicats « bon » et « obligatoire » sont, en effet, d'abord appliqués aux *actions* en tant que faites ou à faire. Nous avons amorcé le mouvement du retour vers soi en faisant correspondre à l'estimation des buts de l'action l'estime d'un soi capable de hiérarchiser ses préférences et d'agir en connaissance de cause. Il manque néanmoins un terme pour marquer la corrélation entre l'appréciation éthique et morale des actions et les formes de plus en plus complexes que revêt l'estime de soi au cours des développements qui suivent la première section de la septième étude, où la notion d'estime de soi a été mise en place. Le terme classique d'*imputabilité* m'a paru répondre à cette requête, au prix d'une réactualisation que nos investigations suggèrent[1]. L'avantage du choix de ce terme est qu'il permet de reprendre l'analyse de la notion d'*ascription* au point où nous l'avons laissée à la fin de la quatrième étude, dont on se rappelle le tour aporétique. L'imputabilité, dirons-nous, c'est l'ascription de l'action à son agent, *sous la condition des prédicats éthiques et moraux* qui qualifient l'action comme bonne, juste, conforme au devoir, faite par devoir, et finalement comme étant la plus sage dans le cas de situations conflictuelles.

1. Nous avons rencontré une première fois cette notion dans le cadre de la discussion de la troisième antinomie cosmologique, quatrième étude, p. 125 *sq.*

Que l'imputabilité s'inscrive dans le prolongement de l'ascription, c'est ce que présupposent les définitions comme celle du *Vocabulaire technique et critique de la philosophie,* publié naguère par A. Lalande : « *Imputable,* y lit-on, signifie primitivement : qui peut être mis au compte de telle personne. » Seul caractériserait l'imputabilité « le rapport de l'acte à l'agent, abstraction faite, d'une part, de la valeur morale de celui-ci, et, d'autre part, des récompenses, châtiments ou dommages-intérêts qui peuvent s'ensuivre[1] ». En fait, cette définition n'ajoute rien à ce que nous avons appelé ascription, et qui concerne la causalité spécifique de l'agent de l'action. On comprend, certes, le souci des auteurs de cette définition, qui était de ne pas confondre *imputer* et *incriminer*[2]. C'est le risque inverse qu'assumerait une définition de l'imputabilité qui s'appuierait sur la distinction que propose A. Donagan[3] entre deux sortes de préceptes moraux : les préceptes qu'il appelle préceptes de premier ordre, et qui sont relatifs aux actions humaines considérées en tant qu'accomplissements *(deeds),* et les préceptes dits de second ordre, qui sont relatifs aux états d'esprit des agents. Tandis que les premiers se définissent par rapport à l'opposition permis/non permis, les seconds le font par rapport à l'opposition coupable/non coupable[4]. Mais les

1. A. Lalande, *Vocabulaire technique et critique de la philosophie,* Paris, PUF, 1960, p. 484.
2. Je laisse pour l'instant de côté la notion de *compte* dans l'expression « porter au compte » ; j'y reviendrai dans le cadre de la seconde problématique, celle de l'ipséité et de la mêmeté.
3. A. Donagan, *The Theory of Morality, op. cit.,* chap. IV.
4. Que les deux sortes de préceptes ne se recouvrent pas, est attesté par les cas où le non-permis n'entraîne pas la culpabilité ; ce cas est celui où des excuses, préalablement définies et reconnues, contribuent à l'atténuation ou l'annulation du jugement déclarant l'agent coupable. Inversement, l'intention d'un agent peut être condamnée comme coupable, alors qu'aucune violation effective d'une règle n'a été commise, un obstacle ayant empêché que soit exécutée l'intention délibérée de mal agir. On aperçoit la richesse d'analyses que cette distinction entre préceptes de premier ordre et préceptes de second ordre tient en réserve. Aristote avait ouvert la voie à cette casuistique fort légitime en introduisant la clause d'*ignorance* comme susceptible de faire tenir pour involontaires (ou faites malgré soi), des actions pourtant choisies après délibération (*Éth. Nic.,* III, 2 ; trad. Tricot, p. 122-126). Si une casuistique est ici mise en jeu, c'est parce que l'on doit distinguer entre ignorance portant sur les faits (le fils ne savait pas que l'homme qu'il frappait était son père) et ignorance portant sur le droit (il ne savait pas qu'il est mal de déshonorer son père) ; or, si l'ignorance du droit constitue difficilement une excuse, l'ignorance des faits n'est pas non plus toujours acceptée comme excuse : l'agent n'a peut-être pas voulu savoir, ou a évité de s'informer, alors qu'il le pouvait, etc. L'idée de négligence coupable est d'une grande importante dans ce genre de débat, auquel les tragiques événements de la Seconde Guerre mondiale ont donné un écho fracassant...

seconds comme les premiers prétendent à l'universalité. Une définition de l'imputabilité peut résulter de cette distinction entre préceptes « objectifs » et « subjectifs » ; sa fonction serait de coordonner les catégories du permis/non permis et celle du coupable/non coupable. Imputer serait non seulement porter une action au compte de quelqu'un, mais encore porter une *action,* en tant que susceptible de tomber sous la catégorie permis/non permis, au compte de *quelqu'un* susceptible d'être jugé coupable/non coupable. Cette manière d'inscrire dans la définition de l'imputabilité la distinction des deux sortes de préceptes, en soulignant la subordination des préceptes de second ordre à ceux de premier ordre, se reflète dans les définitions plus populaires de l'imputation qui font référence au blâme et à la louange [1], expressions qui combinent (et aux yeux de l'analyste confondent) les deux ordres de préceptes : permis/non permis pour les actions, coupable/non coupable pour les agents.

Il y a quelque chose de juste, à mon avis, dans le souci de dissocier l'imputabilité de l'incrimination – et aussi dans celui, en apparence inverse, de faire référence au blâme et à la louange. La distinction que je fais entre le plan éthique et le plan moral ouvre la voie à une définition qui ferait droit aux deux scrupules. Les préceptes de Donagan relèvent, en effet, d'une théorie de la moralité, qui ignore la distinction qui régit nos trois études éthico-morales : ainsi la Règle d'Or y est d'emblée réinterprétée dans les termes de l'impératif kantien.

Si l'on admet notre distinction, c'est au plan éthique le plus profond qu'il faut assigner le noyau formateur du concept de l'imputable. Nous sommes ainsi renvoyés à l'estime de soi, mais en tant que *médiatisée* par le parcours entier des déterminations du juste, du bon, de l'obligatoire, du juste procédural, enfin du jugement moral en situation. A *qui* une action est-elle alors imputable ? Au soi, en tant que capable de parcourir le cours entier des déterminations éthico-morales de l'action, cours au terme duquel l'estime de soi devient conviction. Dans la conviction se rencontrent les préceptes de premier ordre et les préceptes de second

---

1. Le *Robert,* au mot *imputation,* propose : « 1° Action, fait d'imputer, de mettre sur le compte de quelqu'un (une action blâmable, une faute...) » (p. 448). Au mot *imputer,* il propose : « I. *Imputer à :* mettre (quelque chose) sur le compte de quelqu'un ; 1° Attribuer (à quelqu'un) une chose digne de blâme ; 2° Vx (langue classique) : En bonne part : Attribuer (à quelqu'un) quelque chose de louable, de favorable » (p. 449). Aristote ne manque pas de faire référence au blâme et à la louange dans une perspective éthique où l'évaluation des actions se règle sur les « excellences » reconnues dans l'ordre de l'agir humain.

ordre, selon Donagan, c'est-à-dire les objectivités éthico-morales de l'action et la subjectivité de l'agent qui fait retour sur soi à partir de, et à travers, ces objectivités. C'est à ce prix que l'imputation peut être tenue pour l'expression éthico-morale de l'ascription d'une action à un agent, sans que l'incrimination soit tenue pour la forme canonique de l'imputabilité. Il suffit que l'action et son agent apparaissent justiciables conjointement de la louange et du blâme. Mais c'est d'une certaine façon la louange qui prend le pas sur le blâme dans l'estime de soi.

Replaçons maintenant nos considérations éthico-morales dans la perspective de la seconde problématique dans laquelle la notion du soi est engagée par le rapport conflictuel entre ipséité et mêmeté. C'est le concept de *responsabilité,* plus récent, semble-t-il, que celui d'imputabilité – du moins en philosophie morale –, qui va nous servir de référence, tout en recevant, lui aussi, de nos analyses un enrichissement et une précision supplémentaires. Partons de ce qui fut l'enjeu dans l'étude de l'identité narrative, à savoir cette composante de l'identité qui a rapport au temps, sous la guise de la permanence dans le temps. Nous avons vu deux acceptions de cette catégorie s'affronter au plan narratif, selon que le maintien de soi et la persistance empirique se recouvrent ou se disjoignent. C'est la même dialectique que la notion de responsabilité reprend et porte un degré plus avant.

Pour le montrer, déployons les relations entre responsabilité et temporalité dans les trois directions que la temporalité implique. C'est avec la troisième que le rapport entre ipséité et mêmeté révèle son extrême complexité.

C'est sous l'angle du *futur* que notre réflexion engrène le plus aisément sur celle du sens commun. Selon une de ses significations usuelles, la responsabilité implique que quelqu'un assume les *conséquences* de ses actes, c'est-à-dire tienne certains événements à venir comme des représentants de lui-même, en dépit du fait qu'ils n'ont pas été expressément prévus et voulus ; ces événements sont son *œuvre,* malgré lui. Il est vrai que cette signification a pris corps, d'une part, dans le cadre du droit civil, en rapport avec l'obligation de réparer les dommages que l'on a causés par sa faute (ou dans certains autres cas déterminés par la loi : responsabilité, par exemple, du propriétaire ou du gardien d'animaux), d'autre part, dans le cadre du droit pénal, en rapport avec l'obligation de supporter le châtiment. Cette double priorité du droit dans l'usage du concept de responsabilité n'empêche pas que l'on puisse attacher un sens moral, et non plus simplement juridique, à l'idée d'accepter ou de supporter les conséquences de ses propres actes, dans une mesure que l'on ne peut déterminer à l'avance. C'est sur cette base que H. Jonas a tenté de reconstruire « le principe responsabilité [1] », en prenant en compte les conséquences à longue portée des décisions de la puissance publique et aussi des citoyens à l'âge de la technique. Il pense ainsi susciter une révolution dans notre concept de responsabilité, en l'élevant au rang d'un nouvel impératif catégorique, celui d'agir de telle sorte qu'une humanité future *existe* encore après nous, dans l'environnement d'une terre habitable. Il s'agit d'une révolution, dans la mesure où, en mettant l'accent sur les conséquences de nos actes, le moraliste oriente le regard en sens inverse de la recherche des intentions les plus cachées, comme y incline la notion d'imputabilité. La conséquence est paradoxale : avec cette dernière, il peut y avoir culpabilité sans exécution, sans effectuation ; avec la responsabilité, il peut y avoir culpabilité sans intention ; la *portée* de nos actes, concept que nous avons évoqué plus haut, excède celle de nos projets.

Mais la notion de responsabilité a aussi une face tournée vers le *passé*, dans la mesure où elle implique que nous assumions un passé qui nous affecte sans qu'il soit entièrement notre œuvre, mais que nous assumons comme nôtre. L'idée de *dette*, qui a tenu une grande place dans certaines de nos réflexions de *Temps et Récit III*, relève de cette dimension rétrospective de la responsabilité. Elle recevra un développement approprié dans la dixième étude, dans le cadre d'une réflexion sur la passivité et l'altérité. Disons dès maintenant que reconnaître son propre être en dette à l'égard de qui a fait que l'on est ce qu'on est, c'est s'en tenir responsable.

Ces deux acceptions prospective et rétrospective de la responsabilité se rejoignent et se recouvrent pour la responsabilité dans le *présent*. Mais ce présent n'est pas l'instant-coupure, l'instant ponctuel du temps chronologique. Il a l'épaisseur que lui donne précisément la dialectique de la mêmeté et de l'ipséité, à propos de la permanence dans le temps. Se tenir responsable maintenant, c'est, d'une manière qui reste à préciser, accepter d'être tenu pour le même aujourd'hui que celui qui a fait hier et qui fera demain. Comme dans le cas de l'identité narrative sur laquelle l'identité morale prend appui, les deux acceptions de l'identité entrent en concurrence : d'un côté, un certaine continuité physique ou psy-

1. H. Jonas, *Das Prinzip Verantwortung*, op. cit.

chologique, donc une certaine mêmeté, à quoi nous avons identifié plus haut le caractère, sous-tend la reconnaissance d'identité
morale, en particulier dans les cas de responsabilité qui inté-
ressent le droit civil et le droit pénal ; d'un autre côté, il est des
cas limites, comparables aux *puzzling cases* de l'identité narrative, où l'identification par les critères corporels ou psychologiques usuels devient douteuse, au point que l'on en vient à dire
que l'inculpé – s'il s'agit de droit pénal – est devenu méconnaissable. C'est dans ces cas limites que le maintien de soi, synonyme
de l'identité-*ipse*, est seulement assumé par un sujet moral qui
demande à être tenu pour le même que cet autre qu'il paraît être
devenu. Mais cette responsabilité au présent suppose que la responsabilité des conséquences à venir et celle d'un passé à l'égard
duquel le soi se reconnaît endetté soient intégrées à ce présent
non ponctuel et en quelque sorte récapitulées en lui.

Ce maintien de soi-même, irréductible à toute persistance
empirique, contient peut-être la clé du phénomène que nous
avons plus haut côtoyé et mis à l'écart, bien qu'il soit incorporé à
une définition courante de l'imputation, à savoir qu'imputer c'est
mettre quelque chose au *compte* de... Tout se passe comme si nos
actes s'inscrivaient dans un grand livre de comptes, pour y être
enregistrés et y faire archive. Peut-être cette métaphore de l'inscription et de l'enregistrement exprime-t-elle l'objectivation de ce
que nous venons d'appeler récapitulation dans le présent de la
responsabilité des conséquences et de celle de l'endettement. Le
maintien de soi, ainsi objectivé dans l'image d'un enchaînement
de tous nos actes hors de nous-même, revêt l'apparence d'un destin qui fait du Soi l'ennemi de soi-même [1].

Je serai plus bref quant à la contribution des trois dernières
études à la dialectique du soi-même et de l'autre que soi. D'une
certaine façon, celle-ci a été explicitement présente à tous les
développements antérieurs. En outre, elle sera reprise dans la prochaine étude au titre du Même et de l'Autre. S'il fallait néanmoins nommer la catégorie qui, au niveau de la troisième problématique mise en mouvement pour le retour sur soi,
correspondrait aux catégories précédentes d'imputabilité et de
responsabilité, je choisirais le terme si cher à Hegel dans la pério-

---

1. C'est ici qu'une confrontation avec la pensée orientale sur l'enchaînement
des actes dans le *Kharma* s'avérerait fructueuse, comme a commencé de le montrer T. Hisashige dans *Phénoménologie de la conscience de culpabilité. Essai de
pathologie éthique,* présentation de P. Ricœur, Tokyo, Presses de l'université
Senshu, 1983.

de de Iéna et dans tout le cours ultérieur de son œuvre, celui de *reconnaissance*. La reconnaissance est une structure du soi réfléchissant sur le mouvement qui emporte l'estime de soi vers la sollicitude et celle-ci vers la justice. La reconnaissance introduit la dyade et la pluralité dans la constitution même du soi. La mutualité dans l'amitié, l'égalité proportionnelle dans la justice, en se réfléchissant dans la conscience de soi-même, font de l'estime de soi elle-même une figure de la reconnaissance. Ce que nous dirons dans la prochaine étude sur la conscience, au sens du *Gewissen* allemand, a ses racines dans ces conjonctions du même et de l'autre dans le for intérieur.

Vers quelle ontologie ?

Cette étude a, plus qu'aucune, un caractère exploratoire. Elle vise à porter au jour les implications *ontologiques* des investigations antérieures placées sous le titre d'une herméneutique du soi. Quel mode d'être est donc celui du soi, quelle sorte d'étant ou d'entité est-il ? Afin de diviser la difficulté et de lui appliquer la méthode fragmentaire qui a été constamment la nôtre, reprenons le schéma des questions proposées dans la préface. Selon ce schéma, l'herméneutique est le lieu d'articulation de trois problématiques :

1) approche indirecte de la réflexion par le détour de l'analyse ;

2) première détermination de l'ipséité par la voie de son contraste avec la mêmeté ;

3) seconde détermination de l'ipséité par la voie de sa dialectique avec l'altérité.

On a pu donner le nom d'herméneutique à cet enchaînement, en vertu de l'exacte équivalence entre l'*interprétation* de soi et le déploiement de cette triple médiation.

Il est vrai que la hiérarchisation de ces trois problématiques n'a pas été le fil conducteur de nos études précédentes, construites plutôt sur une certaine polysémie de la question *qui ?* (qui parle ? qui agit ? qui se raconte ? qui est responsable ?). Toutefois, l'ordre suivi jusqu'ici n'a pas été totalement étranger à l'enchaînement de ces trois médiations : l'articulation entre réflexion et analyse s'est en effet imposée dès la première étude, et continûment dans les suivantes ; la dialectique de l'ipséité et de la mêmeté a pris nettement le pas dans la cinquième étude ; enfin, celle de l'ipséité et de l'altérité a régné plus complètement sur les trois dernières études. Ce sont ces trois problématiques et ces trois médiations qui vont guider, dans l'ordre qu'on vient de dire, l'esquisse ontologique qui suit. Leur entrecroisement final fera apparaître la multiplicité des sens de l'être qui se cachent derrière la question initialement posée : quelle sorte d'être est le soi ? A cet égard, toute l'étude qui suit est dominée par la conception polysémique de l'être reçue de Platon et d'Aristote.

Une première question posée concerne l'engagement ontologique général de toutes nos études, et peut être formulée à partir de la notion d'*attestation* sur laquelle nous avons conclu notre préface. La seconde question concerne la portée ontologique de la distinction entre ipséité et mêmeté ; elle procède de la précédente, dans la mesure où l'attestation peut être identifiée à l'assurance que chacun a d'exister comme un même au sens de l'ipséité. La troisième, de loin la plus complexe et la plus englobante, puisqu'elle engage le titre même de cet ouvrage, concerne la structure dialectique spécifique du rapport entre ipséité et altérité.

Or, la dialectique dans laquelle ces deux derniers termes s'opposent et se composent relève d'un discours de second degré, qui rappelle celui tenu par Platon dans le *Théétète,* le *Sophiste,* le *Philèbe,* le *Parménide ;* ce discours met en scène des méta-catégories, des « grands genres », parents du Même et de l'Autre platoniciens, qui transcendent le discours de premier degré auquel appartiennent encore des catégories ou des existentiaux tels que personnes et choses, apparus dès notre première étude au titre des particuliers de base auxquels sont ultimement attribués les prédicats tels que ceux d'action. A cet égard, nos trois dernières études, en donnant un statut éthique et non plus seulement analytique-descriptif à la distinction entre personne et chose, ne sont pas sorties du cadre de ce discours de premier degré. Un traitement soigneux de la méta-catégorie d'altérité, suscité par la troisième dialectique de notre herméneutique du soi, nous contraindra à distinguer nettement ce discours de second degré des aspects plus manifestement phénoménologiques de l'herméneutique du soi.

Mais c'est la troisième dialectique qui laisse le mieux apparaître la dimension spéculative d'une investigation de caractère ontologique portant sur le mode d'être du soi. Dernière raison de situer dès maintenant les premières approches ontologiques dans la perspective de la troisième : ni l'ipséité ni l'altérité, au sens où nous les prendrons, ne se laisseront simplement reformuler dans le langage figé d'une ontologie prête à être répétée, au sens le plus plat de la répétition. L'autre que soi ne sera pas un équivalent strict de l'Autre platonicien, et notre ipséité ne répétera pas le Même platonicien. L'ontologie que nous esquissons ici est fidèle à la suggestion faite dans notre préface, à savoir qu'une ontologie reste possible de nos jours, dans la mesure où les philosophies du passé restent ouvertes à des réinterprétations et des réappropriations, à la faveur d'un potentiel de sens laissé inemployé, voire réprimé, par le processus même de systématisation et de scolarisation auquel nous devons les grands corps doctrinaux que nous identifions d'ordinaire par leurs maîtres d'œuvre : Platon, Aristote, Descartes, Spinoza, Leibniz, etc. A vrai dire, si l'on ne pouvait réveiller, libérer ces ressources que les grands systèmes du passé tendent à étouffer et à masquer, nulle innovation ne serait possible, et la pensée au présent n'aurait le choix qu'entre la répétition et l'errance. Cette position de principe concernant les rapports entre la philosophie se faisant et l'histoire de la philosophie est à rapprocher de ce que nous avons dit ailleurs – dans *La Métaphore vive* et dans *Temps et Récit* – sur les rapports entre tradition et innovation. Mais la mise en œuvre de cette maxime est particulièrement périlleuse au niveau des « grands genres » tels que le Même et l'Autre, dont l'histoire est pour le moins intimidante ; on ne va pas tarder à s'apercevoir que l'engagement ontologique de l'attestation et la portée ontologique de l'ipséité en tant que telle ne rendent pas plus facile notre confrontation avec la tradition.

1. *L'engagement ontologique de l'attestation*

Nous commençons notre investigation ontologique au point où notre préface s'est arrêtée. L'éloge que nous avons fait alors de l'attestation en tant que *créance* et que *confiance* était destiné à faire pièce à la fois à l'ambition de certitude autofondatrice issue du *Cogito* cartésien et à l'humiliation du *Cogito* réduit à l'illusion à la suite de la critique nietzschéenne. C'est donc par rapport à la querelle du *Cogito* que notre première approche de l'attestation restait située. Or les études qui constituent le corps de cet ouvrage se sont déroulées en un lieu que nous avons pu dire *atopos* par rapport à celui de la position du *Cogito*, et donc aussi par rapport à celui de sa déposition. C'est pourquoi nous ne pouvons nous borner à la caractérisation que nous avons faite en commençant de l'attestation en termes de certitude ; ou plutôt, en caractérisant l'attestation du point de vue *aléthique* (ou véritatif), nous avons déjà engagé, sans le dire, un autre débat que celui qu'on pourrait dire purement épistémique, s'il s'y agissait seulement de situer l'attestation sur une échelle du savoir. Or la caractérisation aléthique de l'attestation ne se borne pas à une telle détermination épistémique. Si l'on accepte de prendre pour guide la polysémie de l'être ou plutôt de l'étant – qu'Aristote énonce en *Méta-physique* E 2, l'*être-vrai* et l'*être-faux* sont des significations origi-naires de l'être, distinctes et, semble-t-il, de même rang que l'être selon les catégories, que l'être en puissance et en acte et que l'être par accident [1]. C'est sous le signe de l'être comme vrai que nous rassemblons toutes nos remarques antérieures sur l'attestation comme créance et comme fiance. Est-ce à dire que la méta-catégorie de l'être-vrai et de l'être-faux puisse être répétée dans les termes où Aristote l'a une première fois formulée ? C'est ici la première occasion de mettre à l'épreuve notre hypothèse de tra-vail concernant le lien entre innovation et tradition dans la pen-sée d'aujourd'hui.

L'attestation, en effet, a pour premier vis-à-vis l'articulation de la réflexion sur l'analyse, au sens fort que la philosophie analy-tique a donné à cette notion. C'est l'être-vrai de la *médiation* de la réflexion par l'analyse qui, à titre premier, est attesté. Cette situa-tion est à bien des égards sans précédent. Or, le paradoxe princi-pal consiste en ceci que c'est le passage par l'analyse, que d'autres auteurs auraient appelé objectivation, en un sens volontiers cri-tique, qui impose au procès entier un tour *réaliste*. A cet égard, je veux rendre justice à la philosophie analytique pour l'appui que ne cesse d'y trouver mon esquisse ontologique. Notre toute pre-mière démarche, en compagnie de Strawson, a été encouragée par l'exigence *référentielle* de la sémantique frégéenne ; ainsi le dis-cours tenu sur les corps et les personnes en tant que particuliers de base est-il d'emblée un discours *sur...* : la personne est d'abord celle *dont* on parle ; ce penchant réaliste de la philosophie analy-tique fait dès le début sérieusement contrepoids aux deux ten-dances, respectivement idéaliste et phénoméniste, issues de Des-cartes et de Hume. Par la suite, l'accent réaliste mis par Davidson sur la notion d'événement, placée sur un pied d'égalité avec les entités objectives ou substantielles, m'a été d'un grand renfort, même si je ne peux suivre Davidson sur le terrain du physica-lisme vers lequel son ontologie de l'événement est finalement entraînée. J'en dirai autant de la recherche de critères objectifs de l'identité personnelle chez Parfit. A son tour, la notion d'identité

---

1. Aristote, *Métaphysique* E 2, 1026 a 22 - 1026 b 2 : « L'être proprement dit se prend en plusieurs acceptions : nous avons vu [Δ 7] qu'il y avait d'abord l'être par accident, ensuite l'être comme vrai auquel le faux s'oppose comme non-être ; en outre il y a les types de catégories, à savoir la substance, la qualité, la quantité, le lieu, le temps, et tous autres modes de signification analogues de l'être. Enfin il y a, en dehors de toutes ces sortes d'êtres, l'être en puissance et l'être en acte » (trad. Tricot, p. 335).

narrative aussi nourrie soit-elle de fiction, doit à son rapport – même conflictuel – avec celle d'identité personnelle des philosophes analytiques un sens aigu de la portée ontologique des affirmations sur le soi, fortement médiatisées par les analyses de Strawson, de Davidson et de Parfit, pour ne nommer que ceux avec lesquels j'ai tenté le plus systématiquement de confronter l'herméneutique d'origine phénoménologique.

Mais le service rendu est réciproque : l'attestation qu'il en est bien ainsi du soi rejaillit sur l'analyse elle-même et la met à l'abri de l'accusation selon laquelle elle se bornerait, en raison de sa constitution *linguistique,* à expliciter les idiotismes de telle ou telle langue naturelle, ou, pire, les fausses évidences du sens commun. Certes, nous avons réussi assez souvent à distinguer, à l'intérieur même du langage ordinaire, entre des usages contingents liés à la constitution particulière d'une langue naturelle donnée et les significations qu'on peut dire transcendantales, en ce sens qu'elles sont la condition de possibilité de l'usage des premières. Mais cette distinction toute kantienne entre transcendantal et empirique reste difficile à établir et à maintenir, si ne peut être affirmée la dépendance des déterminations langagières de l'agir à l'égard de la constitution ontologique de cet agir. En ce sens, le renfort que l'attestation apporte en retour à l'analyse linguistique justifie que celle-ci puisse, tour à tour, se prévaloir des usages les plus pertinents du langage ordinaire, en tant que *thesaurus* des expressions qui touchent le plus juste au but – comme le notait Austin – et s'autoriser à critiquer le langage ordinaire en tant que dépôt des préjugés du sens commun, voire des expressions qu'une grammaire trompeuse inclinerait vers une mauvaise ontologie, comme le suspectait Russell.

Ce n'est pas là le seul service que l'ontologie implicite à l'herméneutique rend à l'analyse linguistique. Celle-ci peut être accusée d'un défaut plus grave que sa dépendance des usages contingents d'une langue naturelle donnée ; paradoxalement, le *linguistic turn,* en dépit de la tournure référentielle de la sémantique philosophique, a bien souvent signifié un refus de « sortir » du langage et une méfiance égale à celle du structuralisme français à l'égard de tout l'ordre extralinguistique. Il est même important de souligner que l'axiome implicite selon lequel « tout est langage » a conduit bien souvent à un sémantisme clos, incapable de rendre compte de l'agir humain comme *arrivant* effectivement dans le monde, comme si l'analyse linguistique condamnait à sauter d'un jeu de langage dans l'autre, sans que la pensée puisse jamais rejoindre un faire *effectif*. A cet égard, une phénoménologie comme celle de Husserl, selon laquelle la couche du langage est « inefficace » par rapport à la vie de la conscience intentionnelle, a valeur de correctif, en vertu même de son outrance inverse[1].

C'est finalement du *chiasme* entre réflexion et analyse, au plan même du mode d'être du soi, que l'attestation témoigne.

Je retrouve ici la sorte de *véhémence ontologique* dont il m'est arrivé ailleurs de me faire l'avocat, au nom de la conviction selon laquelle, même dans les usages en apparence les moins référentiels du langage, comme c'est le cas avec la métaphore et la fiction narrative, le langage dit encore l'être, même si cette visée ontologique se trouve comme ajournée, différée par le déni préalable de la référentialité littérale du langage ordinaire.

Mais, si par tous ces traits la dimension *aléthique* (véritative) de l'attestation s'inscrit bien dans le prolongement de l'être-vrai aristotélicien, l'attestation garde à son égard quelque chose de spécifique, du seul fait que ce dont elle dit l'être-vrai, c'est le soi ; et elle le fait à travers les médiations objectivantes du langage, de l'action, du récit, des prédicats éthiques et moraux de l'action. C'est pourquoi il n'est pas possible de répéter purement et simplement la distinction aristotélicienne entre être-vrai et être-faux, tant celle-ci reste doublement prisonnière, d'une part de la prééminence présumée du jugement assertif, de l'*apophansis*, dans l'ordre véritatif, et d'autre part d'une métaphysique dont la réappropriation est, sinon impossible, du moins extrêmement difficile et risquée. On en dira quelque chose plus loin.

Je voudrais marquer par un seul trait différentiel l'écart qui sépare l'être-vrai selon l'attestation de l'être-vrai selon la métaphysique d'Aristote. L'attestation, a-t-il été dit dès la préface, a pour contraire le soupçon. En *ce* sens, le soupçon occupe la place de l'être-faux dans la paire aristotélicienne. Mais, si le soupçon appartient bien au même plan aléthique que l'attestation – donc à un plan à la fois épistémique et ontologique –, il se rapporte à l'attestation d'une façon tout à fait originale. Il n'est pas simplement son contraire, en un sens purement disjonctif, comme l'être-faux l'est par rapport à l'être-vrai. Le soupçon est aussi le chemin *vers*

---

1. On trouvera dans la thèse encore inédite de Jean-Luc Petit *(op. cit.)* une appréciation très critique du sémantisme clos qu'il attribue à Wittgenstein et dont toute l'école post-wittgensteinienne n'aurait pas réussi à se dégager, naviguant de phrase en phrase sans retrouver jamais la terre ferme d'un agir effectif. Seule, selon lui, une phénoménologie de la conscience intentionnelle, considérée dans sa dimension pratique, en relation avec un monde lui-même *praticable,* pourrait soustraire l'analyse linguistique à ce sémantisme clos.

et la traversée *dans* l'attestation. Il hante l'attestation, comme le faux témoignage hante le témoignage vrai. Cette adhérence, cette inhérence du soupçon à l'attestation a marqué tout le cours de nos études. Ainsi le soupçon s'est-il insinué dès la toute première occurrence de l'aporie de l'ascription ; il a repris vigueur avec les apories de l'identité personnelle, et encore avec celles de l'identité narrative ; il a revêtu une forme plus insidieuse sous la guise des hésitations qui ponctuent la conviction dans le jugement moral en situation, confronté aux conflits de devoirs. Une sorte inquiétante d'équilibre entre attestation et soupçon s'est ainsi imposée, toutes les fois que la certitude du soi a dû se réfugier dans la retraite inexpugnable de la question *qui ?*

Il paraît alors difficile d'avancer davantage sur la voie de l'engagement ontologique de l'attestation si l'on ne précise pas sans tarder que ce qui est attesté à titre ultime, c'est l'ipséité, à la fois dans sa différence à l'égard de la *mêmeté* et dans son rapport dialectique avec l'*altérité*.

2. *Ipséité et ontologie*

Comme il vient d'être suggéré, l'attestation est l'assurance – la créance et la fiance – d'*exister* sur le mode de l'ipséité. En exposant ainsi l'enjeu ontologique de l'ipséité, nous ajoutons une dimension nouvelle à l'ontologie que notre herméneutique du soi appelle dans son sillage.

Une voie mérite d'être explorée, même si les difficultés y paraissent plus intraitables que celles rencontrées dans la section précédente : cette voie relie l'investigation de l'être du soi à la réappropriation de celle des quatre acceptions primitives de l'être qu'Aristote place sous la distinction de l'*acte* et de la *puissance*. Toutes nos analyses invitent à cette exploration, dans la mesure où elles font signe en direction d'une certaine unité de l'agir humain – réserve étant faite du thème complémentaire du souffrir auquel nous viendrons dans la section suivante. Cette unité ne relèverait-elle pas de la méta-catégorie de l'être comme acte et comme puissance ? Et l'appartenance ontologique de cette méta-catégorie ne préserve-t-elle pas ce que nous avons appelé plusieurs fois l'unité *analogique* de l'agir, pour marquer la place de la polysémie de l'action et de l'homme agissant que souligne le caractère fragmentaire de nos études ? Mieux : n'avons-nous pas, au cours de nos investigations, tenu bien souvent le terme « acte »

(acte de discours !) pour synonyme des termes « agir » et « action » ? Et n'avons-nous pas, dans les mêmes contextes, recouru au terme de puissance pour dire soit la puissance d'agir de l'agent à qui une action est ascrite ou imputée, soit le pouvoir de l'agent *sur* le patient de son action (pouvoir-sur, qui est l'occasion de la violence sous toutes ses formes), soit le pouvoir-en-commun d'une communauté historique que nous tenons pour plus fondamental que les rapports hiérarchiques de domination entre gouvernants et gouvernés ? Bref, le langage de l'acte et de la puissance n'a cessé de sous-tendre notre phénoménologie herméneutique de l'homme agissant. Ces anticipations justifient-elles que nous rattachions l'unité seulement analogique de l'agir humain à une ontologie de l'être et de la puissance ?

1. Autant la tâche paraît justifiée dans son principe par la pluralité des acceptions de l'être qui semblent ouvrir une carrière autonome aux idées d'acte et de puissance, autant son exécution se heurte à des difficultés si considérables qu'elles rendent fort aventureuses aussi bien notre tentative de réactualisation de l'ontologie aristotélicienne que celles de nos contemporains que j'évoquerai le moment venu.

C'est en *Métaphysique* Δ 12 et en Θ 1-10, où il est explicitement traité de la *dunamis* et de l'*énergéia,* que les résistances à une réappropriation au bénéfice d'une ontologie de l'ipséité s'accumulent. Δ 12, qui traite de la *dunamis* et de notions apparentées, dans le cadre d'un livre en forme de glossaire philosophique, confronte d'emblée le lecteur avec la polysémie d'un terme dont nous attendions qu'il sous-tende l'unité analogique de l'agir. Il y a bien dans cette polysémie une signification dominante (quelquefois appelée simple), à savoir « le principe du mouvement ou du changement qui est dans un autre être ou dans le même être en tant qu'autre » (*Mét.* Δ 12, 1019 a 15*sq.,* trad. Tricot, p. 283-284)[1]. Mais, outre que le rapport de la puissance à l'acte n'est pas pris en considération, la place de la *praxis* humaine par rapport

---

1. Les autres significations de la *dunamis* n'induisent pas, il est vrai, de trop grands écarts dans l'usage du terme : qu'il s'agisse de la puissance *active* de produire changement ou mouvement, de la puissance *passive* de les recevoir ou de les subir, ou de la « faculté de mener quelque chose à bonne fin ou de l'accomplir librement ». En outre, les significations multiples de « puissant », « capable » *(dunaton),* correspondent assez bien à celles de la *dunamis.* Seul l'impossible (ce dont le contraire est nécessairement faux) et le possible (ce dont le contraire n'est pas nécessairement faux) conduisent sur un terrain connexe mais différent, à la frontière du logiquement possible et de l'ontologiquement possible.

au changement fait immédiatement problème, les exemples données – art de construire, art de guérir – penchant du côté de la *poièsis*, tandis que « bien faire » (sens n° 3 qui reviendra en Θ 2) se dit plus volontiers de la *praxis.*

Si l'on passe de cet exercice de définition au traitement systématique de la paire *dunamis-énergéia* en *Mét.* Θ, les perplexités s'accumulent.

D'abord, il semble bien que les deux termes se définissent l'un par l'autre, sans que l'on puisse arrêter le sens de l'un indépendamment de l'autre, sous peine que la *polysémie* reconnue en Δ 12 ne les voue séparément à la dispersion. Mais, peut-on *définir* des notions que rien ne précède [1] ?

En outre, Aristote est moins avare de mots lorsqu'il s'agit de montrer ce que ces notions radicales permettent de penser. Une autre dispersion prévaut alors, celle des champs d'application. Ainsi l'être en tant que puissance (par quoi on commence en Θ 1-5) permet d'inscrire dans l'être, à l'encontre de l'interdit de Parménide, le changement et plus précisément le mouvement local. Parce que la puissance est un véritable mode d'être, le changement et le mouvement sont des êtres de plein droit. Mais, si l'on demande quelle sorte d'être le mouvement est, on est renvoyé à la troublante définition du mouvement selon *Physique* III, 1,201 a 10-11, à savoir « l'entéléchie de ce qui est en puissance en tant que tel » (*op. cit.,* trad. H. Carteron, Paris, Les Belles Lettres, 1961). On perçoit bien l'intention : assurer au mouvement un statut ontologique à part entière ; mais au prix de quelle bizarrerie : l'entéléchie de la puissance ! Voilà pour le premier champ d'application, celui de l'être comme puissance.

1. Le livre Θ commence par l'idée de puissance dans son rapport au mouvement et n'introduit l'acte qu'en Θ 6 : « L'acte, donc, est le fait pour une chose d'exister en réalité et non de la façon dont nous disons qu'elle existe en puissance, quand nous disons par exemple qu'Hermès est en puissance dans le bois, ou la demi-ligne dans la ligne entière parce qu'elle en pourrait être tirée, ou quand nous appelons savant en puissance celui qui même ne spécule pas, s'il a la faculté de spéculer : eh bien ! l'autre façon d'exister est l'existence en acte » (*Mét.* Θ 6, 1048 a 30 ; trad. Tricot, p. 499). A la circularité apparente, s'ajoute, faute de définition directe, le recours à l'induction et à l'analogie : « La notion d'acte que nous proposons peut être élucidée par l'induction, à l'aide d'exemples particuliers, sans qu'on doive chercher à tout définir, mais en se contentant d'apercevoir l'analogie : l'acte sera alors comme l'être qui bâtit est à l'être qui a la faculté de bâtir, l'être éveillé à l'être qui dort, l'être qui voit à celui qui a les yeux ouverts mais possède la vue, ce qui a été séparé de la matière à la matière, ce qui est élaboré à ce qui n'est pas élaboré. Donnons le nom d'acte aux premiers membres de ces diverses relations, l'autre membre, c'est la puissance » (*ibid.,* 1048 a 35 - b 5 ; trad. Tricot, p. 499-500).

Si l'on se porte maintenant à l'autre bout de la chaîne des êtres, il est demandé à la notion d'acte sans puissance de caractériser le statut ontologique du ciel des fixes, au prix d'une audacieuse assimilation, opérée au livre Λ, entre un tel acte pur et la « pensée de la pensée », dont il sera dit par surcroît qu'elle est une *énergéia akinèsias*[1] !

Plus grave encore : en dépit des titres de noblesse que l'idée de puissance tire de sa fonction que l'on peut dire transcendantale à l'égard de la physique, cette notion ne se conçoit qu'à partir de celle d'acte : rien ne peut être dit potentiel sans référence à quelque chose qui est dit réel, au sens d'effectif, d'accompli ; en ce sens, l'acte a priorité sur la puissance « tant selon la notion que selon l'essence » (Θ 8, 1049 b 10 ; trad. Tricot, p. 508) (ceci, pour distinguer cette priorité de l'antériorité temporelle) et même sur le rapport à la substance : ce qui n'est pas sans importance pour notre propos ; en effet l'entrecroisement des deux significations primitives de l'être, celle de l'être selon les catégories (*ousia* que les latins ont traduit par *substantia*, etc.) et celle de l'être en tant qu'acte et puissance, aboutit, semble-t-il, à atténuer la conquête si précieuse de l'idée d'acte et de puissance[2].

La théorie de la substance ne tend-elle pas dès lors à amortir le bénéfice de la distinction entre deux significations primitives de l'être, l'être selon les catégories et l'être en tant que puissance et acte ? Sans aller aussi loin, il faut bien avouer qu'il serait vain de s'autoriser de la pluralité des acceptions de la notion d'être pour *opposer* une ontologie de l'acte à une ontologie de la substance, comme nous n'avons cessé de le faire. Certes, ce que nous avons attaqué, à l'occasion de l'opposition entre ipséité et mêmeté, c'est davantage le substantialisme de la tradition (à laquelle Kant continue d'appartenir par le biais de la première Analogie de l'expérience) que l'*ousia* aristotélicienne, qui ne s'y laisse pas réduire. Reste que, quoi qu'il en soit de la possibilité de libérer également l'*ousia* aristotélicienne des chaînes de la tradition scolaire issue de sa traduction latine par *substantia*, Aristote paraît plus soucieux d'entrecroiser que de dissocier les significations

---

1. *Mét.* Θ rejoint en ce point *Phys.* III : « Le terme acte que nous posons toujours avec celui d'entéléchie a été étendu des mouvements d'où il vient principalement aux autres choses : il semble bien, en effet, que l'acte par excellence c'est le mouvement » (*Mét.* Θ 3, 1047 a 32 ; trad. Tricot, p. 493).

2. « L'acte est une fin, et c'est en vue de l'acte que la puissance est conçue (...) De plus, la matière n'est en puissance que parce qu'elle peut aller vers sa forme et, lorsqu'elle est en acte, alors elle est dans sa forme » (Θ 8, 1950 a 9,15-16 ; trad. Tricot, p. 510 et 511).

attachées respectivement au couple *énergéia-dunamis* et à la série des acceptions ouverte par la notion d'*ousia* (et à l'*ousia* elle-même à laquelle sont consacrés les livres de la *Métaphysique* précédant le livre Θ)[1].

A ces trois sources de perplexité – détermination circulaire de l'acte et de la puissance, écartèlement de leurs champs respectifs d'application (physique du mouvement d'une part, cosmo-théologie du repos et de la « pensée de la pensée » d'autre part), primat de l'acte sur la puissance en liaison avec la théorie de la substance – s'ajoute une perplexité spécifique concernant le rapport de cette acception primitive de l'être avec l'agir humain. C'est en ce point que toute notre d'entreprise est directement concernée. En un sens, on peut dire, en effet, que les exemples tirés d'opérations humaines – voir, comprendre, bien vivre, fabriquer, agir (au sens où les *Éthiques* entendent la *praxis*) – ont valeur paradigmatique[2].

1. C'est ainsi que s'établissent entre la *morphè* de la substance et l'*énergéia* des échanges fort subtils : d'un côté, l'actualité, l'effectivité n'est plénière que dans la forme accomplie de la substance ; de l'autre, l'*ousia* est confirmée dans son dynamisme par l'application à elle de la signification *énergéia* ; en ce sens, ce ne serait pas faire violence au texte d'Aristote que d'affirmer que la substance a « à-être » ce qu'elle est, selon une analyse de F. Calvo dans *Socrate. Platone. Aristotele, Cercare l'uomo*, Gênes, éd. Marietti, 1989, pour lequel il a bien voulu me demander une préface. Si cette interprétation de l'*ousia* n'est pas excessive, il n'est pas étonnant que ce soit chez l'homme, s'agissant de l'âme, que l'*ousia* soit interprétée en terme d'*énergéia-dunamis*, tout autant sinon plus que l'inverse. Cet échange entre significations distinctes de l'être est patent dans la définition de l'âme dans le *Traité de l'âme* : l'âme, est-il dit, est « substance [*ousia*] comme forme [*eidos*] d'un corps naturel ayant la vie en puissance ». Rémi Brague, dans *Aristote et la question du monde*, Paris, PUF, 1988, montre de quelle façon Aristote substitue au premier mot de sa définition le terme d'entéléchie (Aristote, *De l'Âme*, II, 1, 412 a 21*sq.*) et celui d'*organikos* à la seconde moitié de la définition, de telle sorte que l'âme est en fin de compte « la première entéléchie d'un corps physique organique » (*ibid.*, 412 b 5*sq.* ; Rémi Brague, *op. cit.*, p. 333). Je reviendrai plus longuement à l'immense travail de Rémi Brague lorsque j'examinerai les tentatives de réinterprétation heideggérienne de la philosophie d'Aristote.

2. Dès Θ 1, *entéléchéia* et *ergon* sont mis en couple (1045 b 33-34) : Θ 8 conclut l'argument qui établit la priorité de l'acte sur la puissance en mettant en série les trois termes *énergéia, entéléchéia, ergon* : or, c'est dans le cas où l'action est vraiment *praxis* que l'on peut vraiment dire : « l'œuvre est, en effet, ici la fin, et l'acte est l'œuvre [*ergon*]. De ce fait aussi le mot " acte ", qui est dérivé d'" œuvre ", tend vers le sens d'entéléchie » (*Mét.* Θ 8, 1050 a 21). C'est ce qui autorisera Rémi Brague à traduire *énergéia* par « être-en-œuvre » (*op. cit.*, p. 335). Et cette proximité entre *énergéia* et *ergon* n'a-t-elle pas encouragé maints commentateurs à donner un modèle artisanal à la série entière : *entéléchéia, énergéia, ergon* ? Ce qui, en banalisant le propos, rendrait à peu près inutile toute entreprise de réappropriation de l'ontologie de l'acte-puissance au bénéfice de l'être du soi.

En un autre sens, les exemples relevant de la sphère humaine d'activité ne paraissent pas devoir être érigés en modèles, sous peine de rendre vaine l'entreprise métaphysique d'Aristote, sous le double aspect évoqué plus haut : d'une part, assurer au mouvement la dignité ontologique que les parménidiens lui refusent ; d'autre part, s'appuyer sur la notion d'acte pur pour donner dignité ontologique aux entités de la cosmothéologie [1].

Il existe pourtant un fragment de Θ 6 (1048 b 18-35) où, en dépit de son caractère isolé (ce fragment a tout l'air d'une feuille volante, et les commentateurs médiévaux ne l'ont pas tous connu), la notion d'acte est franchement dissociée de celle de mouvement et ajustée de façon préférentielle à celle d'action, au sens de *praxis*. Ce qui rend ce texte remarquable, c'est que la disjonction entre l'acte et le mouvement est soutenue par un critère grammatical concernant le fonctionnement des temps verbaux : à savoir la possibilité de dire à la fois, « ensemble » *(hama)* : il a vu et il voit, il a vécu bien et il vit bien, il a été heureux et il l'est encore [2]. On peut certes monter en épingle ce texte étonnant, mais

1. La distinction introduite en Θ 2 et 5 entre puissances « rationnelles » *(méta logou)* et « irrationnelles » *(alogoi)* semble circonscrire le champ où les exemples tirés des opérations humaines sont pertinents ; la distinction est même soutenue par des traits différentiels précis : ainsi, seule la puissance « rationnelle » est puissance des contraires, à savoir l'effectuation ou sa privation (Θ 2) ; d'autre part, le passage de la puissance à l'acte dans la production se réalise sans rencontrer d'obstacle, tandis que, dans l'ordre naturel, des intermédiaires sont requis ; ainsi la semence n'est homme en puissance que si elle est déposée dans un autre être et par là subit un changement (Θ 7).
2. Rémi Brague consacre une analyse brillante à ce fragment (*op. cit.*, p. 454-474). L'argument appuyé sur la grammaire des temps verbaux est le suivant : « le critère permettant de faire le départ entre mouvement et acte est à chercher du côté du *télos* et de sa relation à l'action, relation d'inhérence ou d'extériorité selon qu'on a, respectivement, une *énergéia* ou un mouvement » (*ibid.*, p. 467). Le jeu des temps verbaux qui s'articule sur cette différence, révèle un phénomène fondamental qui touche à la temporalité propre à l'agir humain : « Le fait que le parfait et le présent soient " ensemble " implique que tout ce que le parfait contient de passé est récapitulé dans le présent » (*ibid.*, p. 473). Alors, l'action survit à sa propre fin et le mot « acte », substitué à *entéléchéia,* désigne plutôt « une libération de l'activité remise à elle-même (...) que son aboutissement achevé » (*ibid.*, p. 471). R. Brague n'a pas tort de souligner la place du *eu zèn,* du bien-vivre (« il a eu et a la belle vie », préfère-t-il traduire) et de son rapport avec le bonheur parmi les exemples d'actes qui ne sont pas des mouvements. Qu'Aristote n'ait eu néanmoins en vue que le contenu du bonheur et son lien avec la contemplation, forme supérieure de la vue, et qu'il ait laissé non thématisé l'acte d'être heureux en tant qu'acte, dans son accomplissement, cette réserve majeure de Brague tient trop à son interprétation d'ensemble de la philosophie d'Aristote pour que nous en disions davantage ici.

on ne voit pas comment, à lui seul, il pourrait lever la masse des ambiguïtés que nous avons énumérées.

Reste alors à transformer en appui l'obstacle que ces ambiguïtés opposent à notre avance, qu'il s'agisse de la définition circulaire de la puissance et de l'acte, de l'écartement extrême des champs respectifs d'application de ces notions, de l'incertitude concernant la centralité ou non des exemples tirés de l'agir humain. Je propose même de partir de cette dernière équivocité pour esquisser la réappropriation que je suggère. N'est-il pas essentiel, pour un approfondissement ontologique de l'agir humain, que les exemples tirés de ce dernier registre apparaissent tour à tour comme *centraux* et *décentrés ?* Je m'explique : si l'*énergéia-dunamis* n'était qu'une autre manière de dire *praxis* (ou, pire, d'extrapoler de façon métaphysique quelque modèle artisanal de l'action), la leçon d'ontologie serait sans portée ; c'est plutôt dans la mesure où l'*énergéia-dunamis* irrigue d'autres champs d'application que l'agir humain, que sa fécondité se manifeste. Il importe peu que, dans le texte d'Aristote, ce soit tantôt au bénéfice de la physique du mouvement que la *dunamis* soit mobilisée, tantôt au bénéfice de la cosmothéologie que l'acte pur soit invoqué. L'essentiel est le *décentrement* lui-même – vers le bas et vers le haut, chez Aristote –, à la faveur duquel l'*énergéia-dunamis* fait signe vers *un fond d'être, à la fois puissant et effectif,* sur lequel se *détache* l'agir humain. En d'autres termes, il apparaît également important que l'agir humain soit le lieu de *lisibilité* par excellence de cette acception de l'être en tant que distincte de toutes les autres (y compris celles que la substance entraîne à sa suite) *et* que l'être comme acte et comme puissance ait d'autres champs d'application que l'agir humain. Centralité de l'agir et décentrement en direction d'un *fond* d'acte et de puissance, ces deux traits sont également et conjointement constitutifs d'une ontologie de l'ipséité en termes d'acte et de puissance. Ce paradoxe apparent atteste que, s'il est un être du soi, autrement dit si une ontologie de l'ipséité est possible, c'est en conjonction avec un *fond* à partir duquel le soi peut être dit *agissant.*

2. Qu'il me soit permis de préciser ce que j'entends par *fond d'être à la fois puissant et effectif* à travers une comparaison entre ma tentative de reconstruction et quelques-unes de celles qui se réclament de Heidegger à l'époque de gestation de *Être et Temps.* Je rappellerai d'abord les thèmes de ce grand livre avec lesquels mon herméneutique de l'ipséité est en résonance, avant de dire

quelques mots sur les réinterprétations d'Aristote que ces thèmes ont inspirées et de marquer, pour finir, la « petite différence » qui subsiste entre ma tentative de reconstruction de l'*énergéia-dunamis* et les reconstructions inspirées par Heidegger.

Sans m'astreindre à suivre l'ordre dans lequel apparaissent, dans *Être et Temps,* les thèmes avec lesquels je me sens dans la plus grande affinité, j'aimerais commencer par le rôle assigné par Heidegger au *Gewissen* – mot que l'on traduit à regret par *conscience* (ou conscience morale, pour la distinguer de la conscience, *Bewusstsein,* au sens de la phénoménologie husserlienne). La manière dont la notion est introduite vaut la peine d'être soulignée ; la question posée avec insistance est de savoir si les analyses menées au chapitre précédent, centrées sur l'être-pour-la-mort (ou mieux l'être-envers-la-mort) sont bien, comme elles le prétendent, originaires. L'attestation de la conscience, ou mieux la conscience comme attestation, est le gage cherché de l'originarité de cette analyse et de toutes celles qui précèdent. L'idée que le *Gewissen,* avant de désigner au plan moral la capacité de distinguer le bien et le mal et de répondre à cette capacité par la distinction entre « bonne » et « mauvaise » conscience, signifie attestation *(Bezeugung)* est pour moi d'un grand secours. Elle confirme mon hypothèse de travail, selon laquelle la distinction entre ipséité et mêmeté ne porte pas seulement sur deux constellations de significations, mais sur deux modes d'être.

Cette équation entre conscience et attestation fait une heureuse transition entre les réflexions de la section précédente de *Être et Temps* et celles qui ressortissent plus proprement à l'ontologie de l'ipséité. C'est cette dernière que Heidegger instaure en établissant une relation de dépendance immédiate entre l'ipséité – *Selbstheit* – et le mode d'être que nous sommes chaque fois, en tant que pour cet être il y va de son être propre, à savoir le *Dasein.* C'est au titre de cette dépendance entre une modalité d'appréhension du soi et une manière d'être dans le monde que l'ipséité peut figurer parmi les existentiaux. En ce sens, elle est au *Dasein* ce que les catégories (au sens rigoureusement kantien) sont aux étants que Heidegger range sous le mode d'être de la *Vorhandenheit* (terme que Martineau traduit par « être-sous-la-main » et Vezin par « être-là-devant »). Le statut ontologique de l'ipséité est ainsi solidement fondé sur la distinction entre les deux modes d'être que sont le *Dasein* et la *Vorhandenheit.* A cet égard, il existe, entre la catégorie de mêmeté de mes propres analyses et la notion de *Vorhandenheit* chez Heidegger, le même genre de corrélation qu'entre l'ipséité et le mode d'être du *Dasein*[1].

A son tour, la jonction entre ipséité et *Dasein* se fait, dans *Être et Temps*, par la médiation de la notion de *souci (Sorge)*, qui est l'existential le plus fondamental susceptible d'assurer l'unité thématique de l'ouvrage, du moins jusqu'à l'entrée en scène de la temporalité dans la deuxième section. On peut à cet égard suivre le fil qui court, dans *Être et Temps*, depuis l'assertion du caractère chaque fois *mien* du *Dasein* (§ 5 et 9), en passant par la question existentiale du *qui ?* du *Dasein* (§ 25), puis par l'équation entre l'être du *Dasein* et le souci (§ 41), pour aboutir à la jonction entre souci et ipséité (§ 64). Le *souci* apparaît ainsi comme le fondement de l'anthropologie philosophique d'*Être et Temps*, avant que l'ontologie ne soit orientée au-delà de toute anthropologie philosophique par la notion de temporalité. Or le *souci* ne se laisse capter par aucune interprétation psychologisante ou sociologisante, ni en général par aucune phénoménologie immédiate, comme ce serait le cas pour les notions subordonnées de *Besorgen* (préoccupation ou souci pour les choses) et de *Fürsorge* (sollicitude ou souci des personnes). Cette place éminente accordée au *souci* ne peut nous laisser indifférents. La question peut être légitimement posée de savoir si l'agir n'occupe pas, dans toute notre entreprise, une place comparable à celle assignée à la *Sorge* dans *Être et Temps* : dans la mesure où, pour nous aussi, aucune détermination ni linguistique, ni praxique, ni narrative, ni éthicomorale de l'action, n'épuise le sens de l'agir. C'est de cette façon que nous nous sommes risqués, dans la préface, à parler de l'*unité analogique de l'agir ;* mais c'était alors pour faire pièce à l'ambition de fondation dernière du *Cogito*. Il nous faut y revenir en rapport avec les déterminations multiples de l'action que nos études précédentes ont présentées de façon fragmentaire. Le *souci*, pris dans sa dimension ontologique, serait-il l'équivalent de ce que nous appelons *unité analogique de l'agir ?*

On ne peut répondre directement à cette question sans avoir au

---

1. Cette parenté trouve une importante confirmation dans la distinction que Heidegger fait entre deux manières de persister dans le temps, l'une proche de la permanence substantielle (que Kant attache à la première catégorie de la relation dans la première Analogie de l'expérience), l'autre manifestée par le phénomène du maintien de soi *(Selbständigkeit),* terme que Heidegger décompose, comme nous l'avons dit plus haut, en *Selbst-Ständigkeit.* Nous ne sommes pas loin ici de l'opposition suscitée par notre notion d'identité narrative entre le caractère (nous-même comme *idem*) et la constance morale illustrée par la promesse (nous-même comme *ipse*).

préalable replacé la *Sorge* elle-même dans le cadre plus vaste encore de l'*être-dans-le-monde* qui est assurément l'englobant dernier de l'analytique du *Dasein*. Tout se joue, comme on sait, sur le sens de la préposition « dans », qui n'a pas d'équivalent du côté du rapport entre les étants ressortissant à la méta-catégorie de la *Vorhandenheit*. Seul un étant qui est un soi est *dans* le monde ; corrélativement, le monde dans lequel il est n'est pas la somme des étants qui composent l'univers des choses subsistantes ou à portée de main. L'être du soi suppose la totalité d'un monde qui est l'horizon de son penser, de son faire, de son sentir – bref, de son *souci*.

Qu'en est-il de la place de ce concept de monde ou d'un concept équivalent dans notre herméneutique du soi[1] ? Si le concept n'y a pas été thématisé en tant que tel, en raison pour l'essentiel de son statut ontologique qui est au mieux resté implicite, on peut admettre qu'il est appelé par cette herméneutique, dans la mesure où le détour par les choses a constitué la règle constante de notre stratégie. Dès lors qu'il n'est répondu à la question *qui ?* que par le détour de la question *quoi ?*, de la question *pourquoi ?*, l'être du monde est le corrélat obligé de l'être du soi. Pas de monde sans un soi qui s'y trouve et y agit, pas de soi sans un monde praticable en quelque façon.

Reste que le concept – si l'on ose encore parler ainsi – d'être du monde se dit lui-même de multiples façons, et que c'est ensemble que soi-même, souci et être-dans-le-monde doivent être déterminés.

C'est dans cet effort pour articuler correctement ces trois termes qu'une certaine réappropriation d'Aristote sous la conduite de concepts heideggériens peut conduire en retour à une meilleure appréhension des concepts directeurs d'*Être et Temps*[2].

Cette réappropriation, il faut l'avouer, est pour moi pleine d'embûches, car il s'agit d'interpréter ontologiquement ma propre

---

1. Le concept d'horizon, venu de Husserl, ou celui de monde au sens de Heidegger, n'ont pas été étrangers à mon œuvre passée. Dans *La Métaphore vive*, je plaide pour l'idée de vérité métaphorique, qui a pour horizon le monde dans lequel nous avons la vie, le mouvement et l'être. Dans un esprit voisin, *Temps et Récit* confronte le monde du texte au monde du lecteur.

2. On sait aujourd'hui que, dans la décennie qui a précédé la publication d'*Être et Temps*, Heidegger s'est confronté longuement avec Aristote au point que Rémi Brague a pu dire que « l'œuvre majeure de Heidegger est le substitut d'un livre sur Aristote qui ne vit pas le jour » (*op. cit.*, p. 55). « Tout se passe en effet – ajoute-t-il – comme si [les concepts élaborés par Heidegger dans *Sein und Zeit*] avaient été taillés à la mesure même d'Aristote – à la mesure d'un Aristote en creux » (*ibid.*, p. 56).

herméneutique du soi, en me servant de la réappropriation hei-deggérienne d'Aristote [1]. Cette voie contournée me paraît, dans l'état actuel de ma recherche, la plus courte, vu la vanité d'une répétition scolastique de l'ontologie d'Aristote en général et plus précisément de sa distinction entre l'être comme acte/puissance et l'être en termes de catégories rattachées à la substance.

La réappropriation d'Aristote à travers Heidegger ne va pas sans un important remaniement conceptuel ; elle va même par-fois jusqu'à reconstruire un non-dit implicite que le texte d'Aris-tote recouvrirait. On peut se borner, il est vrai, à comparer un groupe limité de concepts aristotéliciens à leurs homologues hei-deggériens et à les interpréter les uns en fonction des autres. Ainsi le rapprochement entre la *Sorge* selon Heidegger et la *praxis* selon Aristote peut donner lieu à une intelligence approfondie de l'un et l'autre concept. J'y suis pour ma part d'autant plus attentif que c'est le concept aristotélicien de *praxis* qui m'a aidé à élargir le champ pratique au-delà de la notion étroite d'action dans les termes de la philosophie analytique ; en retour, la *Sorge* heideggé-rienne donne à la *praxis* aristotélicienne un poids ontologique qui ne paraît pas avoir été le propos majeur d'Aristote dans ses *Éthiques*. Ainsi Franco Volpi peut-il attribuer à la *Sorge* un effet global d'ontologisation à l'égard de la *praxis* [2]. Sa tentative nous

1. De Heidegger lui-même, le texte le plus important, dans l'état présent de publication de la *Gesamtausgabe*, est l'interprétation de *Métaphysique* Θ 1-3 : *Aristoteles, Metaphysik* Θ *1-3. Von Wesen und Wirklichkeit der Kraft, GA* 33, Francfort, Vittorio Klostermann, 1981.

2. Franco Volpi, déjà auteur de *Heidegger e Aristotele* (Padoue, Daphni, 1984), publie dans un volume collectif des *Phaenomenologica* (Dordrecht, Boston, Londres, Kluwer Academic Publ., 1988) un article intitulé « *Dasein* comme *praxis* : l'assimilation et la radicalisation heideggérienne de la philosophie pra-tique d'Aristote ». Il y est montré d'abord que ce fut bien dans la perspective des autres significations de l'étant selon Aristote à partir plus précisément du privilège conféré à l'être-vrai, que Heidegger a pu entreprendre de reconstruire la philo-sophie pratique d'Aristote dans les années vingt. L'auteur ne dissimule pas le caractère audacieux de la corrélation qu'il établit entre *Sorge* et *praxis*, dont le prix serait l'ontologisation de la *praxis*, élevée au-dessus des actions de niveau simplement ontique. Ainsi serait conférée à la *praxis* une fonction découvrante capable de transcender la distinction entre « théorique » et « pratique », et surtout d'élever la *praxis* au-dessus des autres termes de la triade : *poièsis - praxis - théo-ria*. Cette corrélation de base entre *praxis* et *Sorge* gouvernerait toute une série de corrélations connexes. Ainsi, à la téléologie du concept de *praxis* correspondrait l'avoir-à-être *(zu-sein)* du *Dasein* ; à la *phronèsis* d'Aristote répondrait le *Gewissen* de Heidegger (cette corrélation est attestée par Gadamer dans ses souvenirs concernant Heidegger : *Heideggers Wege*, Tübingen, Mohr, 1983, p. 31-32, et « Erinnerungen an Heideggers Anfänge », *Itinerari*, vol. XXV, n° 1-2, 1986, p. 10) ; aux passions *(pathè)* répondrait la *Befindlichkeit* ; au *noûs praktikos*, le *Verstehen* ; à l'*orexis dianoètikè* la *Rede* ; à la *prohairésis*, l'*Entschlossenheit*. Où se

aide assurément à consolider le jalon que nous tentons de mettre en place entre l'ipséité et l'être en tant qu'acte/puissance. L'agir est ainsi élevé au rang de concept de second degré par rapport aux versions successives de l'action que nous donnons dans les études qui précèdent, ou encore par rapport à notre ternaire, plus épistémologique qu'ontologique : décrire, raconter, prescrire.

Faut-il, pour autant, conférer à la *praxis* aristotélicienne et à notre propre concept de puissance d'agir une fonction unitaire pour tout le champ de l'expérience humaine ? Si Volpi a raison de reporter sur la temporalité le principe unitaire qui manquerait finalement à la *praxis* aristotélicienne, peut-être ne faut-il pas charger ce dernier concept d'une fonction qu'il n'a pas. Aussi bien, la sorte de pluralité qu'Aristote préserve en laissant côte à côte *théôria, praxis, poièsis,* me paraît-elle mieux en accord avec la sorte de philosophie à laquelle vont mes préférences, qui ne se hâte pas d'unifier par le haut le champ de l'expérience humaine, comme le font précisément les philosophies dont je me suis éloigné dans la préface. Et, même si l'agir peut être dit englober la théorie, en tant qu'activité théorique, il faut corriger la tendance hégémonique ainsi accordée à l'agir par l'aveu de sa polysémie qui n'autorise guère plus que l'idée d'une unité analogique de l'agir [1].

---

ferait alors, selon Volpi, le décrochage décisif de Heidegger par rapport à Aristote ? « Aristote n'aurait pas réussi à voir la temporalité originaire comme le fondement ontologique unitaire des déterminations de la vie humaine, que cependant il saisit et décrit, parce qu'il demeurerait dans l'horizon d'une compréhension naturaliste, chronologique et non kairologique du temps » (art. cité, p. 33). Faute de pouvoir lier *praxis* et temporalité originaire, la *praxis* aristotélicienne resterait une des attitudes fondamentales à côté de la *théôria* et de la poièsis, en dépit des indices qui suggèrent que la *praxis* est la détermination unitaire dont les deux autres dérivent.

1. Il est remarquable que J. Taminiaux, qui se donne lui aussi pour tâche la « réappropriation de l'*Éthique à Nicomaque* » (in *Lectures de l'ontologie fondamentale. Essais sur Heidegger,* Grenoble, Jérôme Millon, 1989, p. 147-189), n'ait pas pris pour fil conducteur la *Sorge* de Heidegger, mais la paire authenticité *(Eigentlichkeit)* - inauthenticité *(Uneigentlichkeit),* qu'il met en couple avec la paire grecque *poièsis-praxis.* Ainsi la *poièsis* devient le modèle du rapport de l'homme au monde quotidien, et, par extension, de la *Vorhandenheit,* dans la mesure où même les choses non immédiatement maniables se réfèrent à une manipulation éventuelle. Mais il ne va pas jusqu'à faire de la *praxis* le principe unitaire, bien qu'il affirme la supériorité éthique et politique de la *praxis* sur la *poièsis.* En outre, le rapprochement entre Heidegger et Aristote ne va pas sans une critique assez vive de Heidegger, à qui il est reproché, d'une part, d'avoir perdu le lien de la *praxis* avec une *pluralité* d'acteurs et une *opinion (doxa),* réversible et fragile – lien réaffirmé au contraire avec force par Hannah Arendt – d'autre part, d'avoir rendu à la *théôria* philosophique une prééminence dans le champ même de la politique, revenant ainsi de la modestie aristotélicienne à la haute prétention

Qu'il me soit permis de terminer ce tour d'horizon de quelques réinterprétations ou réappropriations heideggériennes d'Aristote par celle de Rémi Brague, à laquelle j'ai déjà fait quelques emprunts partiels ; celle-ci est à cet égard fort complexe : ce n'est pas ce que dit Aristote qui est pris pour thème, mais ce qui, dans ce qu'il dit, reste impensé, à savoir, fondamentalement, l'interprétation de l'*énergéia* aristotélicienne dans les termes de l'être-dans-le-monde heideggérien. L'impensé d'Aristote doit dès lors être reconstruit, dans la mesure où l'anthropologie, la cosmologie, la théologie d'Aristote sont agencées de telle façon que cet impensé ne puisse venir à la parole. Je veux dire ici jusqu'où je peux suivre Rémi Brague, et où précisément commencent mes réticences.

Que le soi et l'être-dans-le-monde soient des corrélatifs de base ne me paraît pas discutable. Le soi-même devient ainsi le non-dit de la théorie aristotélicienne de l'âme, et plus généralement de toute l'anthropologie aristotélicienne. Mais est-il acceptable de dire que la vigueur de sens du terme *autos* est émoussée par la confusion entre le *soi*, concept phénoménologique, et l'*homme*, concept anthropologique ? Le rôle que nous faisons jouer à l'analyse implique que le détour par l'objectivation est le plus court chemin de soi à soi-même. En ce sens, le concept anthropologique d'homme me paraît justifié. Certes, en dépit de l'affirmation de l'intériorité de la vie à elle-même, le soi est essentiellement ouverture sur le monde et son rapport au monde est bien, comme le dit Brague, un rapport de concernement total : *tout* me concerne. Et ce concernement va bien de l'être-en-vie à la pensée militante, en passant par la *praxis* et le bien-vivre. Mais comment rendrait-on justice à cette ouverture même, si l'on n'apercevait pas dans l'initiative humaine une coordination spécifique avec les mouvements du monde et tous les aspects physiques de l'action ? C'est le détour *de* la réflexion *par* l'analyse qui est ici en jeu. Or, la fonction découvrante reconnue au *Dasein* non seulement ne me paraît pas substituable à ce détour objectivant, mais me paraît plutôt le supposer ou l'exiger.

---

platonicienne : « dans l'ontologie fondamentale, tout se passe comme si le *bios théôrètikos* dévorait et régissait la *praxis* tout entière » (*op. cit.*, p. 175). En revanche, la reprise de l'*énergéia* dans l'analytique du *Dasein* est considérée avec faveur (*ibid.*, p. 159, 163-164, 166). Finalement, Taminiaux admet qu'à l'époque de l'ontologie fondamentale du *Dasein* la *phusis* aristotélicienne n'est pas encore comprise selon la dimension qui la soustraira à la critique de la *Vorhandenheit* et de son inauthenticité, ce qui vaudra une réhabilitation de la *poièsis*, le statut de déchéance étant réservé à la seule technique moderne (*ibid.*, p. 171).

Mais c'est la notion même d'être-dans-le-monde, tenue pour l'impensé de l'*énergéia,* qui me pose le plus problème. Non que je conteste la distinction entre le concept phénoménologique de monde et le concept cosmologique d'univers (distinction qui n'exclut pas non plus des détours plus grands encore que ceux qui relient la phénoménologie du soi à l'anthropologie de l'homme). Ma réticence porte sur un seul point, mais essentiel. Faut-il faire de la *présence* le nexus fondamental entre l'être soi-même et l'être-au-monde ? Certes, présence ne doit pas être séparé de concernement, dont je viens de rappeler l'ampleur de sens. Mais si le « concernement » n'est pas l'englobant de la présence, comment la présence pourra-t-elle être tenue pour l'impensé le plus plausible de l'*énergéia* aristotélicienne [1] ? La présence de l'être-soi-au-monde se trouve finalement tirée du côté de la *facticité* heideggérienne [2]. Or, je doute que la facticité soit la meilleure clé pour réinterpréter l'*énergéia* et l'*entéléchéia* d'Aristote [3]. J'entends bien que l'*énergéia,* que les Latins ont traduit par *actualitas,* désigne de façon globale ce dans quoi nous sommes effectivement. Mais, en mettant l'accent principal sur le « toujours déjà » et sur l'impossibilité de sortir de ce lien de présence, bref sur la facticité, n'atténue-t-on pas la dimension de l'*énergéia* et de la *dunamis* en vertu de laquelle l'*agir* et le *pâtir* humains sont enracinés dans l'être ? C'est pour rendre compte de cet enracinement que j'ai proposé la notion de *fond à la fois effectif et puissant.* J'insiste sur les deux adjectifs. Une tension existe entre puissance et effectivité, qui me paraît essentielle à l'ontologie de l'agir et qui

1. On lira le remarquable chapitre qui clôt l'ouvrage de Rémi Brague, « L'être en acte » (*op. cit.,* p. 463-509). J'ai dit plus haut ce que je dois à l'exégèse du fragment de *Métaphysique* Θ 6, 1048 b 18-35, présenté comme un « aérolithe aristotélicien » (*ibid.,* p. 454*sq.*). Cette exégèse occupe dans le chapitre une position stratégique, en ceci que les exemples sur lesquels Aristote base la distinction précieuse entre acte et mouvement ramènent, à travers l'expérience *décisive* du bonheur, à l'expérience *fondamentale* de la vie humaine. Celle-ci engloberait la perception, comprise elle-même à partir du contact, à la veille, ou mieux l'être éveillé. De là on passerait à l'idée que la perception est « livrée à elle-même » (*ibid.,* p. 490), en même temps qu'au monde lui-même : « La vie est pour nous un domaine dont il ne nous est pas possible de nous évader, et dans lequel nous ne sommes pas entrés » (*ibid.,* p. 491).
2. « La présence dans le monde est telle que nous nous trouvons dans un intérieur dans lequel nous ne sommes jamais entrés, dans un intérieur sans extérieur. C'est pourquoi cet intérieur est défini par la continuité, par l'impossibilité d'atteindre, à partir du dedans, quelque limite que ce soit » (*ibid.,* p. 492).
3. On notera que, en dépit de la proximité entre *énergéia* et *ergon,* et entre *entéléchéia* et *télos,* ce soit finalement le préfixe commun *en* (dans) qui attire le plus la curiosité de Brague (*ibid.,* p. 492-493).

me paraît effacée dans l'équation entre *énergéia* et *facticité*. La difficile dialectique entre les deux termes grecs est menacée de disparaître dans une réhabilitation apparemment unilatérale de l'*énergéia*. C'est pourtant de cette différence entre *énergéia* et *dunamis*, autant que du primat de la première sur la seconde, que dépend la possibilité d'interpréter conjointement l'agir humain et l'être comme acte et comme puissance.

3. La relative déception sur laquelle se clôt notre attentive écoute des interprétations heideggériennes visant à une réappropriation de l'ontologie aristotélicienne nous invite à chercher un autre relais entre la phénoménologie du soi agissant et souffrant et le fond effectif et puissant sur lequel se détache l'ipséité.

Ce relais, c'est pour moi le *conatus* de Spinoza.

Je n'ai guère écrit sur Spinoza, bien qu'il n'ait cessé d'accompagner ma méditation et mon enseignement. Je partage avec Sylvain Zac la conviction selon laquelle « on peut centrer tous les thèmes spinozistes autour de la notion de vie[1] ». Or qui dit vie, dit aussitôt puissance, comme l'atteste de bout en bout l'*Éthique*[2]. Puissance, ici, ne veut pas dire potentialité, mais productivité, qui n'a donc pas lieu d'être opposé à acte au sens d'effectivité, d'accomplissement. Les deux réalités sont des degrés de la puissance d'exister. En résultent, d'une part, la définition de l'âme comme « idée d'une chose singulière existant en acte » (*Éthique*, II, prop. xi)[3], d'autre part, l'affirmation que ce pouvoir d'animation « est tout à fait général et n'appartient pas plus aux hommes qu'aux autres individus » (*Éthique*, II, prop. xii, scolie)[4].

C'est sur cet arrière-plan, trop rapidement évoqué, que se détache l'idée du *conatus*, en tant qu'effort pour persévérer dans

---

1. Sylvain Zac, *L'Idée de vie dans la philosophie de Spinoza*, Paris, PUF, 1963, p. 15-16.
2. Ce n'est pas la « théologie » de Spinoza qui m'importe ; l'accusation, soit de panthéisme, soit d'athéisme, est sans pertinence pour la reprise de la notion de *conatus* qui importe seule ici. Une seule formule, d'apparence théologique, suffit à mon propos : il nous est aussi « impossible de concevoir Dieu n'agissant pas que Dieu n'existant pas » (*Éthique*, II, prop. iii, scolie, cité Zac, *op. cit.*, p. 18). Ainsi est posé d'emblée que les « propres » de Dieu expriment la propriété fondamentale de celui-ci d'être une *essentia actuosa*. Sur le sens, chez Spinoza, de la formule « Dieu est la vie », cf. Zac, *ibid.*, p. 24*sq*. L'essentiel pour nous est qu'à un Dieu-artisan, s'efforçant de réaliser une œuvre conforme à un modèle, il soit substitué une puissance infinie, une *énergie agissante*. C'est en ce point que Spinoza rencontre saint Paul affirmant qu'en Dieu nous avons l'être et le mouvement (Lettre 73 à H. Oldenburg, citée par Zac, *ibid.*, p. 86).
3. Spinoza, *Éthique, op. cit.*, p. 139.
4. *Ibid.*, trad. Appuhn modifiée.

l'être, qui fait l'unité de l'homme comme de tout individu. J'aime citer ici la proposition VI du livre III : « Chaque chose, autant qu'il est en elle, s'efforce de persévérer dans son être[1] » (la démonstration renvoie pour l'essentiel directement au livre I, où il est montré que « les choses singulières en effet sont des modes par où les attributs de Dieu s'expriment d'une manière certaine et déterminée (...), c'est-à-dire (...) des choses qui expriment la puissance de Dieu, par laquelle il est et agit, d'une manière certaine et déterminée[2] ».

Je n'ignore pas que ce dynamisme du vivant exclut toute initiative rompant avec le déterminisme de la nature, et que persévérer dans l'être n'est pas se dépasser vers autre chose, selon quelque intention qu'on puisse tenir pour la fin de cet effort. Cela est exclu par la proposition VII qui suit immédiatement la définition du *conatus :* « l'effort par lequel chaque chose s'efforce de persévérer dans son être n'est rien en dehors de l'essence actuelle de cette chose » (*Éthique,* III, trad. Appuhn, p. 261). La démonstration évoque aussitôt l'idée de nécessité que le livre I attache à celle d'expression, de sorte que « la puissance d'une chose quelconque, ou l'effort [...] par lequel [une chose] s'efforce de persévérer dans son être n'est rien en dehors de l'essence donnée ou actuelle de la chose » (*ibid.,* trad. Appuhn, p. 263). Mais on ne saurait oublier que le passage des idées inadéquates, que nous nous formons sur nous-mêmes et sur les choses, aux idées adéquates signifie pour nous la possibilité d'être véritablement *actifs*. En ce sens, la puissance d'agir peut être dite accrue par le recul de la passivité liée aux idées inadéquates (cf. *Éthique,* III, proposition I, démonstration et corollaire). C'est cette conquête de l'activité sous l'égide des idées adéquates qui fait de l'ouvrage entier une *éthique*. Ainsi restent étroitement liés le dynamisme interne, qui mérite le nom de vie, et la puissance de l'intelligence, qui règle le passage des idées inadéquates aux idées adéquates. En ce sens, nous sommes puissants lorsque nous comprenons adéquatement notre dépendance en quelque sorte horizontale et externe à l'égard de toutes choses, et notre dépendance verticale et immanente à l'égard du pouvoir primordial que Spinoza nomme encore Dieu.

M'importe finalement, plus qu'aucune, l'idée vers laquelle la discussion précédente de l'*énergéia* selon Aristote s'est orientée, à savoir, d'une part, que c'est dans l'homme que le *conatus,* ou

1. *Ibid.,* p. 261.
2. *Ibid.*

puissance d'être de toutes choses, est le plus clairement lisible, et, d'autre part, que toute chose exprime à des degrés différents la puissance ou la vie que Spinoza appelle vie de Dieu. Je rejoins ainsi, au terme de cette traversée trop rapide de l'*Éthique* de Spinoza, l'idée « que la conscience de soi, loin d'être, comme chez Descartes, au point de départ de la réflexion philosophique, suppose, au contraire, un long détour » (Zac, *op. cit.,* p. 137). C'est précisément la priorité du *conatus* par rapport à la conscience – que Spinoza appelle idée de l'idée – qui impose à la conscience adéquate de soi-même ce long, très long détour, qui ne s'achève qu'au livre V de l'*Éthique*.

Bienvenu serait le penseur qui saurait porter la réappropriation « spinoziste » de l'*énergéia* aristotélicienne à un niveau comparable à celui qu'ont dès maintenant atteint les réappropriations « heideggériennes » de l'ontologie aristotélicienne. Car, si Heidegger a su conjuguer le soi et l'être-dans-le-monde, Spinoza – *de provenance, il est vrai, plus juive que grecque* – est le seul à avoir su articuler le *conatus* sur ce fond d'être à la fois effectif et puissant qu'il appelle *essentia actuosa*.

3. *Ipséité et altérité*

Du lien dialectique entre ipséité et altérité, il était dit, au début de cette étude, qu'il est plus fondamental que l'articulation entre réflexion et analyse, dont l'attestation révèle cependant l'enjeu ontologique, et même que le contraste entre ipséité et mêmeté, dont la notion d'être comme acte et comme puissance marque la dimension ontologique. Le titre même de cet ouvrage est le rappel permanent de la primauté de cette dialectique.

Que l'altérité ne s'ajoute pas du dehors à l'ipséité, comme pour en prévenir la dérive solipsiste, mais qu'elle appartienne à la teneur de sens et à la constitution ontologique de l'ipséité, ce trait distingue fortement cette troisième dialectique de celle de l'ipséité et de la mêmeté, dont le caractère disjonctif restait dominant.

Pour nous guider dans la dernière étape de cette investigation ontologique, nous prendrons appui sur les remarques que nous avons jointes plus haut à l'affirmation de la primauté de cette dialectique. Nous avons d'abord souligné son appartenance au même discours de deuxième degré que la dialectique du Même et de l'Autre ouverte par Platon dans les Dialogues dits « métaphysiques ». Le caractère qu'on peut dire *spéculatif* de la dialectique de l'ipséité et de l'altérité s'est annoncé le premier et s'est ensuite projeté rétrospectivement sur les deux autres moments de l'investigation ontologique. Nous surprenons donc ici ce caractère en son lieu d'origine. Nous avons ensuite annoncé par anticipation le caractère *polysémique* de l'altérité, lequel, disions-nous, implique que l'Autre ne se réduise pas, comme on le tient trop facilement pour acquis, à l'altérité d'un Autrui. Ce second point mérite explication. Il résulte de l'infléchissement de la dialectique fameuse du Même et de l'Autre au contact de l'herméneutique du soi. En fait, c'est le pôle du Même qui a le premier perdu son univocité, en se fracturant en même temps que l'identique était traversé par la ligne de partage qui sépare l'*ipse* de l'*idem*. Le critère temporel de cette division, à savoir la double valence de la permanence dans le temps, selon qu'elle désigne l'immutabilité de l'*idem* ou le maintien de soi de l'*ipse,* mérite d'être rappelé une dernière fois. La polysémie de l'ipséité, la première remarquée, sert en quelque sorte de révélateur à l'égard de la polysémie de l'Autre, qui fait face au Même, au sens de soi-même.

Or, comment rendre compte du travail de l'altérité au cœur de l'ipséité ? C'est ici que le jeu entre les deux niveaux de discours – discours phénoménologique et discours ontologique – se révèle le plus fructueux, en vertu de la force découvrante que ce jeu suscite sur les deux plans à la fois. Pour fixer le vocabulaire, posons que le répondant *phénoménologique* de la méta-catégorie d'altérité, c'est la variété des expériences de passivité, entremêlées de façons multiples à l'agir humain. Le terme « altérité » reste alors réservé au discours spéculatif, tandis que la passivité devient l'attestation même de l'altérité.

La vertu principale d'une telle dialectique est d'interdire au soi d'occuper la place du fondement. Cet interdit convient parfaitement à la structure ultime d'un soi qui ne serait ni exalté, comme dans les philosophies du *Cogito,* ni humilié comme dans les philosophies de l'anti-*Cogito.* J'ai parlé dans la préface de cet ouvrage de *Cogito* brisé pour dire cette situation ontologique insolite. Il faut maintenant ajouter qu'elle fait l'objet d'une *attestation elle-même brisée,* en ce sens que l'altérité jointe à l'ipséité, s'atteste seulement dans des expériences disparates, selon une diversité de foyers d'altérité.

À cet égard, je suggère à titre d'hypothèse de travail ce qu'on pourrait appeler *le trépied de la passivité, et donc de l'altérité.*

D'abord, la passivité résumée dans l'expérience du corps propre, ou mieux, comme on dira plus loin, de la *chair,* en tant que médiatrice entre le soi et un monde lui-même pris selon ses degrés variables de praticabilité et donc d'étrang(èr)eté. Ensuite, la passivité impliquée par la relation de soi à l'*étranger,* au sens précis de l'autre que soi, et donc l'altérité inhérente à la relation d'intersubjectivité. Enfin, la passivité la plus dissimulée, celle du rapport de soi à soi-même qu'est la *conscience,* au sens de *Gewissen* plutôt que de *Bewusstsein.* En plaçant ainsi la conscience en tiers par rapport à la passivité-altérité du corps propre et à celle d'autrui, nous soulignons l'extraordinaire complexité et la densité relationnelle de la méta-catégorie d'altérité. En retour, la conscience projette après coup sur toutes les expériences de passivité placées avant elle sa force d'attestation, dans la mesure où la conscience est aussi de part en part attestation.

Une dernière remarque avant d'esquisser les investigations que chacun de ces trois champs de gravitation appelle : il ne s'agit pas d'ajouter un, deux ou trois niveaux à ceux qui ont déjà été parcourus – linguistique, praxique, narratif, éthique –, mais de dégager le degré de passivité vécue propre à ces divers niveaux d'expérience et ainsi d'identifier la sorte d'altérité qui lui correspond au plan spéculatif.

a. Le corps propre ou la chair

C'est avec cette première figure de passivité-altérité que le renvoi de la phénoménologie à l'ontologie est le plus aisé à mettre en jeu. Le caractère énigmatique du phénomène du corps propre a été aperçu en trois occasions au moins au cours de nos études antérieures.

Ce fut d'abord au cours de l'analyse par Strawson de ce particulier de base qu'est la personne : comment, demandions-nous, des prédicats psychiques et physiques disparates peuvent-ils être ascrits à une seule et même entité, si le corps humain n'est pas à la fois un des corps et mon corps ? Nous nous sommes alors bornés à tenir l'assertion selon laquelle les personnes sont aussi des corps pour une contrainte du langage quand nous parlons des choses comme nous le faisons. Nous n'avons pas manqué d'observer que, si les personnes sont aussi des corps, c'est dans la mesure où chacune est pour soi son propre corps. Rendre compte de cette présupposition exige que nous appuyions l'organisation du langage sur la constitution ontologique de ces entités appelées des personnes.

La double appartenance du corps propre au règne des choses et à celui du soi s'est une seconde fois imposée dans la discussion avec Davidson : comment l'action peut-elle en même temps constituer un événement du monde, en tant que celui-ci est la somme de tout ce qui arrive, et désigner de façon auto-référentielle son auteur, si celui-ci n'appartient pas au monde selon un mode où le soi est constitutif du sens même de cette appartenance ? Le corps propre est le lieu même – au sens fort du terme – de cette appartenance grâce à quoi le soi peut mettre sa marque sur ces événements que sont les actions.

La question de l'identité personnelle, portée à son point extrême de raffinement par Parfit, a enfin remis sur le chantier cette même problématique du corps propre, quand il a fallu relier les critères corporels et psychiques de l'identité – continuité du développement, permanence du caractère, des *habitus,* des rôles et des identifications – au maintien d'un soi qui trouve son ancrage dans le corps propre.

Mais la phénoménologie de la passivité ne dépasse le stade implicite où nous l'avons plusieurs fois évoquée que lorsque, dans ce phénomène global d'ancrage, on souligne un trait marquant que nos analyses antérieures n'ont pas assez pris en compte, à savoir la *souffrance.* Le subir, le pâtir, est en quelque sorte révélé selon son intégrale dimension passive lorsqu'il devient un souffrir. On n'a certes jamais cessé, tout au long de ces études, de parler de l'homme agissant et souffrant. On a même mis plusieurs fois sur la voie de cette corrélation originaire entre agir et souffrir. Ainsi, traitant de l'identité narrative, on a observé que c'est la vertu du récit de conjoindre agents et patients dans l'enchevêtrement de multiples histoires de vie. Mais il faudrait aller plus loin et prendre en compte des formes plus dissimulées du souffrir : l'incapacité de raconter, le refus de raconter, l'insistance de l'inénarrable, phénomènes qui vont bien au-delà de la péripétie, toujours récupérable au bénéfice du sens par la stratégie de mise en intrigue. Discutant, dans une étude antérieure, de la place de la Règle d'Or en éthique, on a pris la mesure de la dissymétrie fondamentale, inhérente à l'interaction, résultant du fait qu'un agent, en exerçant un pouvoir-*sur* un autre, traite celui-ci comme le patient de son action. Mais il faudrait, ici encore, aller plus loin, jusqu'aux formes de mésestime de soi et de détestation d'autrui, où la souffrance excède la douleur physique. Avec la diminution du pouvoir d'*agir*, ressentie comme une diminution de l'effort pour *exister*, commence le règne proprement dit de la souffrance. La plupart de ces souffrances sont infligées à l'homme par l'homme. Elles font que la part la plus importante du mal dans le monde résulte de la violence exercée entre les hommes. Ici, la passivité ressortissant à la méta-catégorie du corps propre recoupe la passivité ressortissant à celle d'autrui : la passivité du souffrir soi-même devient indiscernable de la passivité de l'être-victime de l'autre que soi. La victimisation apparaît alors comme l'envers de passivité qui endeuille la « gloire » de l'action.

Pour articuler spéculativement la modalité d'*altérité* qui correspond à cette passivité, il faudrait accorder à la méta-catégorie du corps propre une ampleur comparable à celle que le souffrir donne au subir. Dans une dialectique acérée entre *praxis* et *pathos*, le corps propre devient le titre emblématique d'une vaste enquête qui, au-delà de la simple mienneté du corps propre, désigne toute la sphère de passivité *intime,* et donc de l'altérité, dont il constitue le centre de gravité. Il faudrait, dans cette perspective, parcourir le travail conceptuel qui s'est fait depuis les Traités classiques des passions, en passant par Maine de Biran, jusqu'à la méditation de Gabriel Marcel, de Merleau-Ponty et de Michel Henry, sur l'incarnation, la chair, l'affectivité et l'auto-affection. Je ne le ferai pas ici et me bornerai à planter quelques repères.

J'aimerais, au début de ce bref survol, rendre justice à celui qui a ouvert ce chantier du corps propre, à savoir Maine de Biran : il a véritablement donné une dimension ontologique appropriée à sa découverte phénoménologique, en dissociant la notion d'existence de celle de substance, et en la rattachant à celle d'acte. Dire « je suis », c'est dire « je veux, je meus, je fais »[1]. Or l'apercep-

---

1. G. Romeyer-Dherbey, dans *Maine de Biran ou le Penseur de l'immanence radicale* (Paris, Seghers, 1974), présente une vue synthétique de la révolution de pensée opérée par Maine de Biran. Le déplacement de la problématique ontologique qui en résulte est en effet plus considérable qu'il ne paraît. L'identification ancienne de l'être avec la substance, que Descartes n'a aucunement remise en cause, reposait sur un privilège exclusif de la représentation quasi visuelle qui transforme les choses en spectacle, en images saisies à distance. Le doute de Descartes est un doute portant sur le spectacle des choses. Et, si Descartes peut douter qu'il a un corps, c'est parce qu'il s'en fait une image que le doute réduit aisément en songe. Il n'en va plus de même si l'aperception de soi est tenue pour l'aperception d'un acte et non pour la déduction d'une substance. Si une telle aperception est indubitable, c'est dans la mesure où elle n'est pas une vision simplement retournée vers le dedans, une intro-spection, laquelle, aussi proche qu'on la veuille de son objet, comporte la distance minimum d'un redoublement. Le sens intime, faut-il dire, n'a pas d'objet. Une telle opposition entre aperception (immanente) et

tion, distincte de toute représentation objectivante, englobe dans l'orbe de la même certitude le moi agissant et son contraire, qui est aussi son complément, la passivité corporelle. Maine de Biran est ainsi le premier philosophe à avoir introduit le corps propre dans la région de la certitude non représentative. Cette inclusion du corps propre présente des degrés croissants de passivité. Au premier degré, le corps désigne la résistance qui cède à l'effort. C'est là pour Maine de Biran l'exemple paradigmatique, l'effort venant occuper la place de l'impression et de la sensation chez Hume et Condillac. La structure relationnelle du moi lui-même y est tout entière contenue, effort et résistance formant une unité indivisible. Le corps y reçoit la signification indélébile d'être mon corps avec sa diversité intime, son étendue irréductible à toute extension imaginée ou représentée, sa masse et sa gravité. Telle est l'expérience *princeps,* celle du « corps actif », qu'illustrent le bonheur et la grâce du corps dansant, docile à la seule musique. Un second degré de passivité est représenté par les allées et venues des humeurs capricieuses – impressions de bien-être ou de mal-être, dont Maine de Biran guette avec anxiété les mouvements dans son *Journal :* la passivité, ici, se fait étrangère et adverse [1]. Un troisième degré de passivité est marqué par la résistance des choses extérieures ; c'est par le tact actif, dans lequel se prolonge notre effort, que les choses attestent leur existence aussi indubitable que la nôtre ; ici, exister, c'est résister ; c'est ainsi le même sens qui donne la plus grande certitude d'existence propre et la plus grande certitude d'existence extérieure. Avec la variété de ces degrés de passivité, le corps propre se révèle être le médiateur entre l'intimité du moi et l'extériorité du monde [2].

---

représentation (transcendante) n'est pas sans parallèle dans la philosophie analytique postwittgensteinienne : E. Anscombe caractérise comme connaissance sans observation le savoir de ce que nous pouvons faire, de la position de notre corps... De même, la notion d'action de base, chez A. Danto et chez H. von Wright, repose sur une telle appréhension non objectivante de soi-même. Ce qui est propre à Maine de Biran, c'est d'avoir aperçu le lien fort qui existe entre l'être comme acte et une telle aperception sans distance.

1. Les commentateurs ont noté que, chez Maine de Biran lui-même, l'expérience des impressions passives est mal accordée avec celle de la résistance qui cède. Michel Henry, dans *Philosophie et Phénoménologie du corps. Essai sur l'ontologie biranienne* (Paris, PUF, 1965), a cherché dans la théorie husserlienne des « synthèses passives » la clé du rapport entre ce que Maine de Biran appelle corps actif et corps passif. La théorie biranienne de l'habitude donne du crédit à cette solution.

2. On se demandera plus loin si cette extériorité des choses matérielles est complète sans le témoignage d'autres que moi, qui décentre le monde et l'arrache à cette sorte de mienneté par lequel le tact annexe les choses elles-mêmes à mon effort.

Le second jalon et le plus important sur la voie qui conduit de la philosophie de l'effort de Maine de Biran aux trois grandes philosophies du corps propre que j'ai nommées plus haut et auxquelles je me borne à renvoyer le lecteur, se trouve incontestablement dans la phénoménologie de Husserl. En un sens, sa contribution à ce qu'il faudrait appeler une ontologie de la chair est plus importante que celle de Heidegger. Cette affirmation est à première vue paradoxale. A un double titre : d'abord la distinction décisive entre *leib* et *körper,* qu'il faut bien rendre par « chair » et « corps », occupe dans les *Méditations cartésiennes* une position stratégique, en vertu de laquelle elle ne devrait être qu'une étape en direction de la constitution d'une nature commune, c'est-à-dire intersubjectivement fondée. Ainsi la notion de chair n'est-elle élaborée que pour rendre possible l'appariement *(Paarung)* d'une chair à une autre chair, sur la base de quoi une nature commune peut se constituer : finalement, cette problématique reste, quant à sa *visée* fondamentale, celle de la constitution de toute réalité dans et par la conscience, constitution solidaire des philosophies du *Cogito* dont nous avons pris congé dès la préface de cet ouvrage. On pourrait alors penser que la philosophie de l'être-dans-le-monde d'*Être et Temps* offre un cadre plus approprié pour une ontologie de la chair, en vertu même de sa rupture avec la problématique de la constitution basée sur l'intentionnalité de la conscience ; or, c'est ici la seconde face du paradoxe, pour des raisons qu'il faudra dire, *Être et Temps* n'a pas laissé se déployer une ontologie de la chair, et c'est chez Husserl, dans l'ouvrage le plus ouvertement dédié au renouveau de l'idéalisme transcendantal, que l'on trouve l'esquisse la plus prometteuse de l'ontologie de la chair qui marquerait l'inscription de la phénoménologie herméneutique dans une ontologie de l'altérité.

C'est précisément à sa position stratégique dans l'argumentation des *Méditations cartésiennes* que la polarité chair/corps doit la radicalité de sa différence [1]. Nous sommes dans une égologie décidée, et non dans une philosophie du soi. Et ce sont préci-

---

1. Remontant en deçà des *Méditations cartésiennes,* Didier Franck, dans *Chair et Corps. Sur la phénoménologie de Husserl* (Paris, Éd. de Minuit, 1981), voit dans le thème de la « donation incarnée » *(Leibhaft),* dès les *Idées... I,* l'antécédent obligé de la problématique de la chair : « La donation incarnée qui définit l'évidence en général (avant toute critique et donc tout problème d'apodicticité, par exemple) ne doit pas être prise pour une métaphore, une manière de dire, un trait propre au style de Husserl » *(op. cit.,* p. 19). Le thème de l'incarnation aurait ainsi précédé celui de la chair.

sément les difficultés d'une telle égologie qui confèrent toute son urgence à la distinction entre chair et corps. Il faut ajouter que ce n'est pas en liaison avec quelque « je peux » ou « je meus » que le thème s'impose, bien que cette dimension ne soit pas absente, mais au plan de la *perception.* En cela, le thème de la chair, dans les *Méditations cartésiennes,* reste dans la ligne du *leibhaft selbst* (du donné soi-même en chair) des écrits antérieurs. Si le mouvoir est pris en compte, c'est dans la mesure où je peux changer ma perspective percevante et ainsi *me* mouvoir.

Je ne discute pas ici la question de savoir si la notion de *l'étranger,* celui que Husserl nomme *l'étranger en soi premier,* à savoir l'autre moi, ne hante pas dès le début la quête d'un propre que l'ultime réduction opérée dans la quatrième *Méditation* prétend avoir isolé[1]. Nous retrouverons cette difficulté quand nous nous porterons au second pôle d'altérité, celui précisément de l'autre en tant qu'étranger. Ce qui doit retenir maintenant notre attention, c'est la nécessité de distinguer entre chair et corps, s'il doit pouvoir être procédé à la dérivation d'un genre unique de l'*alter ego* à partir de l'*ego.* En d'autres termes, ce qui fait sens pour nous, c'est la production même de cette distinction en ce moment crucial de l'entreprise de constitution de la nature objective sur la base de l'intersubjectivité. Qu'une phénoménologie de la constitution échoue à rendre compte de celle de l'altérité de l'étranger est une chose. En revanche, que, pour constituer une subjectivité *étrangère,* il faille former l'idée d'un *propre* qui soit précisément la chair dans sa différence d'avec le corps, est une autre chose : et c'est cette dernière qui nous intéresse ici.

Moi comme chair, avant la constitution de l'*alter ego,* c'est ce que la stratégie de la constitution intersubjective de la nature commune exige de penser. Que nous devions à une impossible entreprise la formation du concept ontologique de chair, voilà la divine surprise. Comme on sait, la décision méthodologique réside dans la réduction au propre d'où seraient exclus tous les prédicats objectifs redevables à l'intersubjectivité. La chair s'avère ainsi être le pôle de référence de tous les corps relevant de cette nature propre[2].

---

1. Cf. mon analyse de la cinquième *Méditation cartésienne* dans *A l'école de la phénoménologie,* Paris, Vrin, 1980.
2. Je cite dans la traduction proposée par D. Franck le texte décisif : « Parmi les corps proprement saisis de cette *nature,* je trouve, dans une distinction unique en son genre, ma chair [*meinen Leib*], à savoir comme l'unique corps qui n'est pas simplement corps mais précisément *chair,* l'unique objet à l'intérieur de ma couche abstraite de monde auquel, conformément à l'expérience, j'ajoute des champs de sensations, et ce sous divers modes d'appartenance (champ des sensa-

Laissons de côté la dérivation de l'*alter ego* par appariement d'une chair à l'autre ; arrêtons-nous au trait phénoménologique de la chair qui la désigne comme paradigme d'altérité. Que la chair soit le plus originairement mien et de toutes choses la plus proche, que son aptitude à sentir se révèle par privilège dans le tact, comme chez Maine de Biran, ces traits primordiaux rendent possible que la chair soit l'organe du vouloir, le support du libre mouvement ; mais on ne peut pas dire qu'ils sont l'objet d'un choix, d'un vouloir. Je, en tant que cet homme : voilà l'altérité prime de la chair au regard de toute initiative. Altérité signifie ici primordialité au regard de tout *dessein*. A partir de cette altérité, je peux *régner sur*. Mais la primordialité n'est pas règne. La chair précède ontologiquement toute distinction entre le volontaire et l'involontaire. On peut certes la caractériser par le « je peux » ; mais précisément « je peux » ne dérive pas de « je veux », mais lui donne racine. La chair est le lieu de toutes les synthèses passives sur lesquelles s'édifient les synthèses actives qui seules peuvent être appelées des œuvres *(Leistungen)* : elle est la matière *(hylè)*, en résonance avec tout ce qui peut être dit *hylè* en tout objet perçu, appréhendé. Bref, elle est l'origine de toute « altération du propre[1] ». De celles-ci résulte que l'ipséité implique une altérité « propre », si l'on peut dire, dont la chair est le support[2]. En ce sens, si même l'altérité de l'étranger pouvait – par impossible – être dérivée de la sphère du propre, l'altérité de la chair lui serait encore préalable.

La question se pose dès lors de savoir si la grande découverte de Husserl, que sanctionne la distinction entre chair et corps, peut être dissociée de ce qu'on a appelé plus haut son rôle stratégique dans la phénoménologie transcendantale à l'époque des *Méditations cartésiennes*. Je le crois. Outre le problème, sur lequel nous reviendrons plus loin, de la dérivation du statut d'étranger à partir de la sphère du propre sur la base de la synthèse passive hors pair que constitue l'« appariement » entre l'*ego* et l'*alter ego,* on peut trouver dans les Inédits des investigations et des développements concernant la différence (et la relation) entre chair et corps, relativement indépendants de la problématique de la

---

tions tactiles, champ du chaud et froid, etc.), l'unique objet *sur* lequel je *règne et domine* immédiatement, et en particulier dont je domine chaque *organe* », *op. cit.*, p. 93-94.

1. « L'altération du propre » : c'est le titre de l'un des chapitres de Didier Franck, *ibid.*, p. 109*sq.*

2. Le terme d'ipséité apparaît en liaison avec celui de donation propre au § 46 des *Méditations cartésiennes* (cité par D. Franck, *ibid.*, p. 111).

constitution intersubjective de la nature commune. Ce qui est dit de la distinction entre l'*ici* et le *là,* en tant qu'irréductibles à toute localisation par repérage objectif, relève par excellence de cette ontologie phénoménologique de la chair. On trouve dans ces textes consacrés à la non-spatialité objective de la chair un écho inattendu aux réflexions de Wittgenstein sur la non-appartenance du sujet au système de ses objets et sur les implications de ce paradoxe concernant la notion d'*ancrage* que nous avons rencontrée très tôt sur le trajet de nos études. Dire que la chair est ici absolument, donc hétérogène à tout système de coordonnées géométriques, c'est dire équivalemment qu'elle n'est nulle part en terme de spatialité objective. Et le là-bas où je pourrais être si je m'y transportais – en dehors de la question de savoir en quel sens le là-bas pour moi peut « ressembler à l'ici pour autrui » – a le même statut d'hétérogénéité que l'ici dont il est le corrélat. Sur le modèle du problème de la localisation de la chair, d'autres problèmes relatifs à la spatialité originaire de la chair pourraient être posés. Parmi ceux-ci, je retiendrai ceux qui ont rapport au *monde ambiant,* en tant que corrélat du corps-chair. Ce que l'on peut lire dans les Inédits sur le monde en tant que praticable complète heureusement ce qui vient d'être dit sur la spatialité en quelque sorte interne de la chair. Aussi bien, les notations sur le contact en tant que forme primordiale du sentir, redonnent vie à toute la problématique biranienne de l'existence-résistance et invitent à déplacer l'accent sur le pôle monde de la spatialité de la chair. C'est, comme l'établit Jean-Luc Petit dans l'ouvrage que nous avons maintes fois cité, sur ce rapport prélinguistique entre ma chair localisée par soi et un monde accessible ou non au « je peux » que doit finalement s'édifier une sémantique de l'action qui ne se perde pas dans l'échange sans fin entre jeux de langage.

C'est seulement lorsque l'ontologie de la chair s'affranchit autant qu'il est possible de la problématique de la constitution qui l'a paradoxalement requise, que l'on peut faire face au paradoxe inverse de celui posé par la théorie strawsonienne des particuliers de base : à savoir, non pas ce que signifie qu'un corps soit mon corps, c'est-à-dire chair, mais que la chair soit aussi un corps parmi les corps. C'est là que la phénoménologie trouve sa limite, du moins celle qui entend dériver les aspects objectifs du monde d'une expérience primordiale non objectivante, par le biais de l'intersubjectivité principalement. Le problème que nous avons appelé, dans *Temps et Récit,* celui de la réinscription du temps phénoménologique dans le temps cosmologique, trouve ici une série d'équivalents : de même qu'il faut inventer le calendrier pour corréler le maintenant vécu avec un instant quelconque, et la carte géographique pour corréler le ici charnel avec un lieu quelconque, et inscrire le nom propre – le mien – sur les registres de l'état civil, de même faut-il, comme le dit lui-même Husserl, *mondanéiser* la chair pour qu'elle apparaisse comme corps parmi les corps. C'est ici que l'altérité d'autrui en tant qu'étranger, autre que moi, paraît devoir être, non seulement entrelacée avec l'altérité de la chair que je suis, mais tenue à sa façon pour préalable à la réduction au propre. Car ma chair n'apparaît comme un corps parmi les corps que dans la mesure où je suis moi-même un autre parmi tous les autres, dans une appréhension de la nature commune, tissée, comme le dit Husserl, dans le réseau de l'inter-subjectivité – elle-même, à la différence de ce que concevait Husserl, instauratrice à sa façon de l'ipséité. C'est parce que Husserl a pensé seulement l'autre que moi comme un autre moi, et jamais le soi comme un autre, qu'il n'a pas de réponse au paradoxe que résume la question : comment comprendre que ma chair soit aussi un corps ?

N'est-ce pas alors du côté d'*Être et Temps* qu'il faudrait se tourner pour élaborer une ontologie de la chair qui tienne également compte de l'intimité à soi de la chair et de son ouverture sur le monde ? C'est ici la seconde face du paradoxe évoqué plus haut, à savoir que c'est Husserl et non Heidegger qui a ouvert la voie à cette ontologie, en dépit du fait que le cadre général de pensée d'*Être et Temps* paraît plus approprié à une telle entreprise ; en substituant la structure englobante de l'être-dans-le-monde au problème de la constitution d'un monde dans et par la conscience, en appelant *Dasein*, être-là, l'étant qui n'appartient pas à l'ensemble des étants tout donnés et maniables, Heidegger n'a-t-il pas libéré en principe la problématique du corps propre de l'épreuve d'une réduction au propre, à l'intérieur de la réduction générale de tout être « allant de soi » ? En progressant régressivement du sens de la « mondanéité » englobante au sens du « dans », n'a-t-il pas pointé le lieu philosophique de la chair ? Bien plus, n'a-t-il pas fait place à l'affection *(Befindlichkeit)*, au-delà de toute psychologie des affects, dans la constitution existentiale du là (§ 29) [1] ? Et n'a-t-il pas aperçu, au cœur de toute affec-

---

1. En un sens, la théorie heideggérienne de l'affection peut être interprétée comme un couronnement de l'entreprise biranienne. L'analytique du *Dasein* se porte d'emblée à ce qui, pour Maine de Biran, restait à la périphérie de l'analyse de l'effort, à savoir la reconnaissance de l'existence extérieure comme résistance des choses dans l'expérience du tact actif. Chez Maine de Biran, en effet, il fallait passer d'abord par le lien de l'effort à la résistance, avant de poser, en quelque

tion, le fait massif de l'impossibilité de sortir d'une condition dans laquelle nul n'est jamais entré, dans la mesure où la natalité elle-même, dont parle si bien Hannah Arendt, n'est pas à proprement parler l'expérience d'entrer dans le monde, mais celle d'être déjà né, et de se trouver déjà là ?

De ces préliminaires on pourrait conclure que, s'il est une catégorie existentiale particulièrement appropriée à une investigation du soi comme chair, c'est celle d'*être-jeté*, jeté-là. Si l'on veut bien admettre que pareille expression ne suggère aucune chute à partir d'un ailleurs, à la façon gnostique, mais la *facticité* à partir de laquelle le *Dasein* devient à charge pour lui-même – alors le caractère de fardeau de l'existence signifie immédiatement remise à soi-même, donc ouverture, en vertu de quoi toutes les tonalités affectives disent à la fois l'intimité à soi de l'être-là et des manières d'apparaître du monde. La notion d'un projet-jeté, voire déchu – ou « échu », selon la traduction proposée par Martineau pour dire le *Verfallen* heideggérien –, porte en effet au concept l'étrangeté de la finitude humaine, en tant qu'elle est scellée par l'incarnation, donc ce que nous appelons ici l'altérité prime, pour la distinguer de l'altérité de l'étranger. On pourrait même dire que la jonction, dans le même existential de l'affection, du caractère de fardeau de l'existence et de la tâche d'avoir à-être exprime au plus près le paradoxe d'une altérité constitutive du soi et donne ainsi une première fois toute sa force à l'expression : « soi-même comme un autre ».

Et pourtant, en dépit de la mise en place d'un appareil notionnel qui paraît si approprié à l'élaboration d'une ontologie de la chair, on doit constater que Heidegger n'a pas élaboré la notion de chair à titre d'existential distinct. A ce silence, je vois plusieurs raisons. La première concerne ce qu'on pourrait appeler l'incitation phénoménologique de l'ontologie du *Dasein*. A trop mettre l'accent sur la peur (*Être et Temps*, § 30) et finalement sur l'angoisse ressortissant à l'être-pour-la-mort, ne néglige-t-on pas les instructions qu'une phénoménologie du souffrir serait plus

---

sorte à la lisière de l'expérience du corps actif, immanent au moi voulant, l'épreuve tactile de la réalité. En donnant pour cadre à toute l'analyse l'existential « être-dans-le-monde », Heidegger ouvre la voie à une ontologie de la chair, où celle-ci se donnerait à penser non seulement comme incarnation du « je suis », mais comme médiation pratique de cet être-au-monde que nous sommes chacun chaque fois. Cette conjonction entre chair et monde permettrait de penser les modalités proprement passives de nos désirs et de nos humeurs, comme le signe, le symptôme, l'indication du caractère contingent de notre insertion dans le monde.

propre à dispenser ? C'est seulement chez Michel Henry qu'on trouve celle-ci mise en œuvre. Ensuite, si l'on reste dans le cadre tracé par l'ontologie de l'être-dans-le-monde, on peut se demander si la phénoménologie de la spatialité, bien amorcée chez Husserl, reçoit chez Heidegger l'attention qu'elle mérite. Certes, le paragraphe 24 d'*Être et Temps* est spécifiquement consacré à la spatialité du *Dasein* et souligne l'irréductibilité de cette spatialité à l'espace géométrique en tant que système de places quelconques. Pourquoi, alors, Heidegger n'a-t-il pas saisi cette occasion pour réinterpréter la notion husserlienne de chair *(Leib),* qu'il ne pouvait pas ignorer, dans les termes de l'analytique du *Dasein* ? La réponse qu'on peut donner à cette question touche peut-être à l'essentiel : comme le suggèrent les paragraphes antérieurs consacrés à la spatialité du monde – à l'« ambiance du monde ambiant » (Martineau) –, c'est principalement aux formes inauthentiques du souci que semble ressortir la dimension spatiale de l'être-dans-le-monde ; la spatialité du *Dasein* n'est certes pas celle d'un être-sous-la-main, ni même d'un être-à-portée-de-la-main, mais c'est sur le fond de la spatialité des choses disponibles et maniables que la spatialité du *Dasein* se détache à grand-peine. Si le thème de l'incarnation apparaît comme étouffé, sinon refoulé, dans *Être et Temps,* c'est sans doute parce qu'il a dû paraître trop dépendant des formes inauthentiques du souci, disons de la préoccupation, qui nous incline à nous interpréter nous-mêmes en fonction des objets de notre souci [1]. On peut se demander, dès lors, si ce n'est pas le déploiement de la problématique de la temporalité, triomphante dans la seconde section d'*Être et Temps,* qui a empêché que ne soit donnée sa chance à une phénoménologie de la spatialité *authentique,* et donc à une ontologie de la chair ; comme si la temporalité était le thème exclusif d'une méditation sur l'existence authentique, et comme si les caractères authentiques de la spatialité devaient être finalement dérivés de ceux de la temporalité. On peut enfin se demander si Heidegger a aperçu les ressources que pouvait receler une philosophie de l'être qui mettrait le transcendantal de l'acte à la

---

1. Ce qui est dit de la réinterprétation des *pathè* au livre II de la *Rhétorique* d'Aristote, va dans ce sens : « Ce n'est point un hasard si la première interprétation traditionnelle systématique des affects ne s'est pas déployée dans le cadre de la " psychologie ". Aristote étudie les *pathè* au livre II de sa *Rhétorique.* Celle-ci doit être envisagée – à l'encontre de l'orientation traditionnelle du concept de rhétorique sur l'idée de " discipline scolaire " – comme la première herméneutique systématique de la quotidienneté de l'être-l'un-avec-l'autre » (*Être et Temps* [139], trad. Martineau, p. 116 ; cf. trad. Vezin, p. 183).

place de celui de la substance, comme le demande une phénoménologie de l'agir et du pâtir. Cette dernière remarque jette un pont entre les réflexions de la présente section et celles de la section précédente de cette étude. C'est le front entier de l'ontologie de l'ipséité qui doit bouger selon les trois dimensions de l'altérité.

b. L'altérité d'autrui

La seconde signification que revêt la méta-catégorie d'altérité – l'altérité d'autrui – est étroitement soudée aux modalités de *passivité* que l'herméneutique phénoménologique du soi a croisées tout au long des études précédentes quant au rapport du soi à l'autre que soi. Une nouvelle dialectique du Même et de l'Autre est suscitée par cette herméneutique qui, de multiples façons, atteste qu'ici l'Autre n'est pas seulement la contrepartie du Même, mais appartient à la constitution intime de son sens. Au plan proprement phénoménologique, en effet, les manières multiples dont l'autre que soi *affecte* la compréhension de soi par soi marquent précisément la différence entre l'*ego* qui se pose et le *soi* qui ne se reconnaît qu'*à travers* ces *affections* mêmes.

Il n'est pas une de nos analyses où cette passivité spécifique du soi affecté par l'autre que soi ne se soit annoncée. Dès le plan linguistique, la désignation par soi du locuteur est apparue entrelacée, pour employer un terme familier du vocabulaire husserlien, à l'interlocution en vertu de laquelle chaque locuteur est affecté par la parole qui lui est adressée. L'écoute de la parole reçue fait dès lors partie intégrante du discours en tant que lui-même est adressé à...

Dans la seconde phase de notre travail, l'autodésignation de l'agent de l'action est apparue inséparable de l'ascription par un autre, qui me désigne à l'accusatif comme l'auteur de mes actions. Dans cet échange entre ascription à la seconde personne et autodésignation, on peut dire que la reprise réflexive de cet être-affecté par l'ascription prononcée par autrui est entrelacée à l'ascription intime de l'action à soi-même. Cet entrelacement s'exprime au plan grammatical par le caractère omnipersonnel du soi qui circule entre tous les pronoms. L'affection du soi par l'autre que soi est le support de cet échange réglé entre les personnes grammaticales.

C'est encore le même échange entre le soi affecté et l'autre affectant qui régit au plan narratif l'assomption par le lecteur du récit des rôles tenus par des personnages le plus souvent construits en troisième personne, dans la mesure où ils sont mis en intrigue en même temps que l'action racontée. La lecture, en tant que milieu où s'opère le transfert du monde du récit – et donc aussi du monde des personnages littéraires – au monde du lecteur, constitue un lieu et un lien privilégiés d'affection du sujet lisant. La *catharsis* du lecteur, pourrait-on dire en reprenant librement quelques catégories de l'esthétique de la réception de H. R. Jauss, ne s'opère que si elle procède d'une *aisthèsis* préalable, que la lutte du lecteur avec le texte transforme en *poièsis* [1]. Il apparaît ainsi que l'affection du soi par l'autre que soi trouve dans la *fiction* un milieu privilégié pour des expériences de pensée que ne sauraient éclipser les relations « réelles » d'interlocution et d'interaction. Bien au contraire, la réception des œuvres de fiction contribue à la constitution imaginaire et symbolique des échanges effectifs de parole et d'action. L'être-affecté sur le mode fictif s'incorpore ainsi à l'être-affecté du soi sur le mode « réel ».

C'est enfin au plan éthique que l'affection de soi par l'autre revêt les traits spécifiques qui relèvent tant du plan proprement éthique que du plan moral marqué par l'obligation. La définition même de l'éthique que nous avons proposée – bien vivre avec et pour autrui dans des institutions justes – ne se conçoit pas sans l'affection du projet de bien-vivre par la sollicitude à la fois exercée et reçue : la dialectique de l'estime de soi et de l'amitié, avant même toute considération portant sur la justice des échanges, peut entièrement être réécrite dans les termes d'une dialectique de l'action et de l'affection. Pour être « ami de soi » – selon la *philautia* aristotélicienne –, il faut déjà être entré dans une relation d'amitié avec autrui, comme si l'amitié pour soi-même était une auto-affection rigoureusement corrélative de l'affection par et pour l'ami autre. En ce sens, l'amitié fait le lit de la justice, en tant que vertu « pour autrui », selon un autre mot d'Aristote. Le passage de l'éthique à la morale – de l'optatif du bien-vivre à l'impératif de l'obligation – s'est opéré, dans l'étude suivante, sous le signe de la Règle d'Or, à laquelle nous avons pensé rendre pleine justice en lui assignant le mérite de faire intervenir le commandement à la jointure même de la relation asymétrique entre le faire et le subir (le bien que tu voudrais qu'il te soit fait, le mal que tu haïrais qu'il te soit fait). L'agir et le pâtir paraissent ainsi être distribués entre deux protagonistes différents : l'agent et le patient,

1. H. R. Jauss, « La jouissance esthétique. Les expériences fondamentales de la *poièsis,* de l'*aisthèsis* et de la *catharsis* », art. cité.

ce dernier apparaissant comme la victime potentielle du premier. Mais, en vertu de la réversibilité des rôles, chaque agent est le patient de l'autre. Et c'est en tant qu'affecté par le pouvoir-*sur lui* exercé par l'autre, qu'il est investi de la responsabilité d'une action d'emblée placée sous la règle de réciprocité, que la règle de justice transformera en règle d'égalité. C'est, en conséquence, la cumulation en chaque protagoniste des rôles d'agent et de patient qui fait que le formalisme de l'impératif catégorique requiert la « matière » d'une *pluralité* d'agissants affectés chacun par une violence réciproquement exercée.

La question ici posée est de savoir quelle figure nouvelle de l'altérité est convoquée par cette affection de l'*ipse* par l'autre que soi ; et, par implication, quelle dialectique du Même et de l'Autre répond au réquisit d'une phénoménologie du soi *affecté* par l'autre que soi.

Je voudrais montrer essentiellement qu'il est impossible de construire de façon unilatérale cette dialectique, soit que l'on tente avec Husserl de dériver l'*alter ego* de l'*ego*, soit qu'avec E. Lévinas on réserve à l'Autre l'initiative exclusive de l'assignation du soi à la responsabilité. Une conception croisée de l'altérité reste ici à concevoir, qui rende justice alternativement au primat de l'estime de soi et à celui de la convocation par l'autre à la justice. L'enjeu, on va le voir, c'est une formulation de l'altérité qui soit homogène à la distinction fondamentale entre deux idées du Même, le Même comme *idem,* et le Même comme *ipse,* distinction sur laquelle s'est fondée toute notre philosophie de l'ipséité.

Nous ne reprendrons pas l'examen de la cinquième *Méditation cartésienne,* au point où nous l'avons laissée avec la réduction à la sphère du propre, réduction à laquelle nous devons l'amorce d'une ontologie de la chair, sans nous être au préalable inquiétés de savoir si la réduction au propre se laisse penser non dialectiquement, c'est-à-dire sans l'interférence simultanée de l'*étranger.* Certes, Husserl sait comme tout le monde que nous ne sommes pas seuls et que nous nions notre solitude transcendantale du seul fait que nous la nommons et l'adressons à quelque partenaire du discours des *Méditations.* Comme chacun, il comprend, avant toute philosophie, le mot autrui comme signifiant autre que moi. Cela dit, la cinquième *Méditation* procède du coup d'audace accompli dans la *Méditation* précédente, coup par lequel l'*ego* méditant réduit ce savoir commun au statut de préjugé, donc le tient pour non fondé [1]. L'*ego* méditant commencera

1. La quatrième *Méditation* dit de l'*ego* que « actif ou passif, [il] vit dans tous les états vécus de la conscience et (...) à travers ceux-ci, se rapporte à tous les *pôles-*

donc par suspendre, donc par rendre entièrement problématique, tout ce que l'expérience ordinaire doit à autrui, afin de discerner ce qui, dans cette expérience réduite à la sphère du propre, requiert la position d'autrui comme position aussi apodictique que la sienne. Ce mouvement de pensée est tout à fait comparable au doute *hyperbolique* de Descartes, sauf qu'il ne s'appuie sur l'hypothèse d'aucun malin génie ; mais il consiste dans une opération étrangère à toute suspicion quotidienne : c'est un acte philosophique de la famille des actes fondateurs. Or, on le verra plus loin, c'est par une hyperbole comparable, mais de sens opposé, qu'E. Lévinas inaugurera sa conception de l'altérité radicale. Quant à elle, l'*épochè* pratiquée ici par Husserl, à l'intérieur de l'*épochè* générale qui inaugure la phénoménologie, est supposée laisser un reste qui ne doit rien à autrui, à savoir la sphère du propre, à laquelle ressortit l'ontologie de la chair dont nous avons parlé plus haut. Il faut insister : cette sphère du propre est entièrement tributaire, quant à son sens, du coup de force de la réduction dans la réduction. La seule voie qui reste dès lors ouverte est de constituer le sens autrui « dans » (*in*) et « à partir » (*aus*) du sens moi. On dira dans un instant quelle trouvaille phénoménologique nous devons à ce coup d'audace, trouvaille qui équivaut à une véritable rébellion à l'égard de tout projet de constitution, si constitution signifie fondation dans et par moi. Mais il faut dire auparavant que tous les arguments qui ambitionnent de « constituer » autrui dans et à partir de la sphère du propre sont circulaires, sans doute parce que la constitution de la chose demeure tacitement le modèle de cette constitution.

Que l'autre soit dès le début présupposé, l'*épochè* par laquelle l'analyse débute le prouve une première fois : d'une manière ou d'une autre, j'ai toujours su que l'autre n'est pas un de mes objets de pensée, mais, comme moi, un sujet de pensée ; qu'il me perçoit moi-même comme un autre que lui-même ; qu'ensemble nous visons le monde comme une nature commune ; qu'ensemble,

---

objets » (Husserl, *Méditations cartésiennes,* trad. fr. de E. Lévinas, Paris, Vrin, 1ʳᵉ éd. 1953, p. 56). C'est donc la détermination des pensées comme des actes et le jeu qui en résulte entre passivité et activité qui singularisent par principe l'*ego*. De plus, l'*ego* de la quatrième *Méditation* s'avère le substrat de ses dispositions, de ses convictions, de ses propriétés permanentes, bref de ce que, depuis Aristote, on appelle *hexis, habitus* ; par là l'*ego* a un *style,* à savoir le caractère d'une personne. Plus fondamentalement encore, l'*ego* est ce à quoi appartiennent toutes les pensées, au sens le plus large du mot, et fait de toutes les transcendances des modalités de son intériorité. L'*ego* se laisse alors penser comme *monade* et la phénoménologie comme égologie transcendantale.

encore, nous édifions des communautés de personnes susceptibles de se comporter à leur tour sur la scène de l'histoire comme des personnalités de degré supérieur. Cette teneur de sens précède la réduction au propre. Puis, la présupposition de l'autre est une deuxième fois – et plus secrètement – contenue dans la formation même du sens : sphère du propre. Dans l'hypothèse où je serais seul, cette expérience ne serait jamais totalisable sans le secours de l'autre qui m'aide à me rassembler, à m'affirmer, à me maintenir dans mon identité[1]. Encore moins, dans cette sphère du propre, la transcendance ainsi réduite à l'immanence mériterait-elle d'être appelée un monde ; monde ne signifie encore rien avant la constitution d'une nature commune. Enfin, et surtout, mon propre corps, ma chair, ne peut servir de premier *analogon* à un transfert analogique s'il n'est pas déjà tenu pour un corps parmi les corps. Husserl lui-même parle ici, comme on l'a noté précédemment, d'une « mondanéisation » par quoi je m'identifie à l'une des choses de la nature, à savoir un corps physique. Cette mondanéisation consiste dans un authentique entrelacs *(Verflechtung)* par quoi je m'aperçois comme chose du monde. Tout n'est-il pas par là même déjà joué ? Que ma chair soit aussi corps, cela n'implique-t-il pas qu'elle apparaisse telle aux yeux des autres ? Seule une chair (pour moi) qui est corps (pour autrui) peut jouer le rôle de premier *analogon* au transfert analogique de chair à chair.

Et pourtant, par un paradoxe semblable à celui que nous évoquions dans la section précédente, l'échec de la constitution d'autrui, en tant que constitution ressortissant à l'ambition de fondation caractéristique d'une phénoménologie transcendantale de caractère ultimement égologique, a été l'occasion d'une authentique découverte, parallèle à celle de la différence entre chair et corps, et d'ailleurs coordonnée à celle-ci, à savoir celle du caractère paradoxal du mode de *donation* d'autrui : les intentionnalités qui visent autrui en tant qu'étranger, c'est-à-dire autre que moi, *excèdent* la sphère du propre dans laquelle pourtant elles s'enracinent.

Husserl a donné le nom d'*apprésentation* à cette donation pour

---

1. Une conception psychanalytique comme celle de Heinz Kohut, appelée précisément *self-analysis*, le confirme amplement ; sans le soutien des *self-objects* (au sens psychanalytique du terme) le *self* manquerait de cohésion, de confiance en soi, d'estime de soi – bref, lui ferait défaut le « narcissisme » vrai. Autrement dit, la chair menacée de fragmentation a besoin du secours de l'autre pour s'identifier. Il en résulte que la chair reste à jamais « imcomplètement constituée » (D. Franck, *op. cit.*, p. 130).

dire, d'une part, qu'à la différence de la *représentation* par signe ou par image la donation d'autrui est une authentique donation, d'autre part, qu'à la différence de la donation *originaire*, immédiate, de la chair à elle-même la donation d'autrui ne permet pas de vivre les vécus d'autrui, et en ce sens n'est jamais convertible en présentation originaire. Cela a été dit par ailleurs de la mémoire : la suite des souvenirs d'autrui ne prendra jamais place dans la suite de mes propres souvenirs. En ce sens, l'écart ne peut être comblé entre la présentation de mon vécu et l'apprésentation de ton vécu.

À cette double caractérisation négative, Husserl ajoute le trait positif qui constitue sa véritable trouvaille. L'apprésentation, dit-il, consiste en un «transfert aperceptif issu de ma chair» (*Méditations cartésiennes,* § 50), plus précisément en une «saisie analogisante» qui a pour siège le corps d'autrui perçu là-bas : saisie analogisante en vertu de laquelle le corps d'autrui est appréhendé comme chair, au même titre que la mienne. On peut demander, avec D. Franck, «en vertu de quoi un corps *là-bas* qui, en tant que tel, se présente comme transcendance immanente, peut recevoir le sens de chair et, grâce à ce sens, apprésenter un autre *ego* dont la transcendance est d'ordre supérieur» (*op. cit.,* p. 125). À vrai dire, la saisie du corps là-bas comme chair *est* l'apprésentation elle-même. Si on cherche là un argument, on ne trouve qu'un cercle : l'apprésentation se présuppose elle-même, ce en quoi elle constitue non seulement un paradoxe par rapport à toute constitution de chose, mais une énigme que l'on ne peut que tourner en tous sens. Avance-t-on d'un degré en caractérisant comme «appariement» *(Paarung)* la saisie du corps là-bas comme chair ? Une idée nouvelle est certes introduite, à savoir celle d'une formation en couple d'une chair avec l'autre. On comprend bien que seul un *ego* incarné, c'est-à-dire un *ego* qui est son propre corps, peut faire couple avec la chair d'un autre *ego*. Mais que signifie faire couple ? Insistera-t-on sur la ressemblance incluse dans la notion d'appariement ? Cela est parfaitement légitime, mais à condition de distinguer le transfert analogique de tout usage discursif de la comparaison ; à cet égard, l'apprésentation ne diffère pas seulement de la saisie par signe ou par image et de l'intuition originaire, mais encore de toute inférence par quoi on conclurait par exemple d'une ressemblance objective entre expressions à une ressemblance entre vécus psychiques[1] ; c'est

---

1. A cet égard, le rôle que Husserl assigne à la saisie *concordante* d'esquisses n'est pas à comprendre dans les termes d'un raisonnement concluant de la concordance des présentations à celle des apprésentations ; il s'agit plutôt d'une relation

plutôt des « synthèses passives » qu'il faudrait rapprocher la saisie analogisante, si celle-ci ne doit pas être une inférence ; le transfert par quoi ma chair forme paire avec une autre chair est une opération préréflexive, antéprédicative ; mais il s'agit alors d'une synthèse passive hors pair – la plus primitive peut-être, et que l'on retrouverait entrelacée à toutes les autres « synthèses passives ». En outre, l'assimilation d'un terme à l'autre, que paraît impliquer la saisie analogisante, doit être corrigée par l'idée d'une dissymétrie fondamentale, liée à l'écart qu'on a dit plus haut entre apprésentation et présentation originaire ; jamais l'appariement ne fera franchir la barrière qui sépare l'apprésentation de l'intuition. La notion d'apprésentation combine ainsi de façon unique similitude et dissymétrie.

Alors, demandera-t-on, qu'a-t-on gagné à introduire ces notions d'apprésentation, de saisie analogisante, d'appariement ? Si elles ne peuvent tenir lieu d'une constitution dans et à partir de l'*ego*, elles servent du moins à cerner une énigme que l'on peut localiser : la sorte de transgression de la sphère du propre que constitue l'apprésentation ne vaut que dans les limites d'un transfert de *sens* : le sens *ego* est transféré à un autre corps qui, en tant que chair, revêt lui *aussi* le sens *ego*. De là l'expression parfaitement adéquate d'*alter ego* au sens de « seconde chair propre » (l'expression est de D. Franck, *op. cit.*, p. 135). Ressemblance et dissymétrie portent sur le sens *ego* et sur le sens *alter ego*. Tenue dans ces bornes, la découverte de Husserl est ineffaçable. On verra plus loin qu'elle ne porte tous ses fruits que coordonnée avec le mouvement venant d'autrui vers moi. Mais si ce second mouvement a priorité dans la dimension éthique, le mouvement de l'*ego* à l'*alter ego* garde une priorité dans la dimension gnoséologique. Dans *cette* dimension, le transfert analogique que pointe Husserl est une opération authentiquement productive, dans la mesure où elle transgresse le programme même de la phénoménologie, en transgressant l'expérience de la chair propre. Si elle ne crée pas l'altérité, toujours présupposée, elle lui confère une signification spécifique, à savoir l'admission que l'autre n'est pas condamné à rester un étranger, mais peut devenir *mon semblable*, à savoir quelqu'un qui, *comme* moi, dit « je ». La ressemblance fondée sur l'appariement de chair à chair vient réduire une distance,

---

indiciaire, où l'interprétation se fait de manière immédiate, comme une lecture de symptômes. Le style de confirmation à quoi ressortit cette lecture d'indices relève du même discours en ni..., ni..., caractéristique de l'apprésentation : ni intuition donatrice originaire, ni inférence discursive.

combler un écart, là même où il crée une dissymétrie. Ce que signifie l'adverbe *comme* : comme moi, l'autre pense, veut, jouit, souffre. Si l'on objecte que le transfert de sens ne produit pas le sens *alter* de l'*alter ego*, mais le sens *ego*, il faut répondre qu'il en est bien ainsi dans la dimension gnoséologique. Le sens *ego*, dans *alter ego*, c'est celui que nous avons présupposé dans toutes nos études portant sur l'autodésignation de toute autre personne que moi, dans le langage, l'action, le récit et l'imputation morale. A la limite, ce transfert de sens peut revêtir la forme d'une citation, en vertu de laquelle « il pense », « elle pense » signifie : « il/elle dit dans son cœur : je pense ». Voilà la merveille du transfert analogique.

C'est ici que le transfert analogique de moi à autrui recroise le mouvement inverse d'autrui à moi. Il le recroise, mais ne l'abolit pas, si même il ne le présuppose.

Ce mouvement d'autrui vers moi est celui qu'inlassablement dessine l'œuvre d'E. Lévinas. A l'origine de ce mouvement, une rupture. Et cette rupture survient au point d'articulation de la phénoménologie et de l'ontologie des « grands genres », le Même et l'Autre. C'est pourquoi nous avons réservé à la présente étude la rencontre avec l'œuvre d'Emmanuel Lévinas. Sous son angle critique, en effet, cette œuvre est dirigée contre une conception de l'identité du Même, à laquelle est polairement opposée l'altérité de l'Autre, mais cela à un plan de radicalité où la distinction que je propose entre deux sortes d'identité, celle de l'*ipse* et celle de l'*idem*, ne peut être prise en compte : non certes par un effet de négligence phénoménologique ou herméneutique, mais parce que, chez E. Lévinas, l'identité du Même a partie liée avec une ontologie de la totalité que ma propre investigation n'a jamais assumée, ni même rencontrée. Il en résulte que le soi, non distingué du moi, n'est pas pris au sens de désignation par soi d'un sujet de discours, d'action, de récit, d'engagement éthique. Une prétention l'habite, qui est plus radicale que celle qui anime l'ambition fichtéenne, puis husserlienne, de constitution universelle et d'autofondation radicale ; cette prétention exprime une volonté de fermeture, plus exactement un état de *séparation,* qui fait que l'altérité devra s'égaler à l'*extériorité* radicale.

De quelle manière Husserl est-il concerné par cet effet de rupture ? En ceci que la phénoménologie, et son thème majeur l'intentionnalité, relèvent d'une philosophie de la *représentation* qui, selon Lévinas, ne peut qu'être idéaliste et solipsiste. Se représenter quelque chose, c'est l'assimiler à soi, l'inclure en soi, donc en nier l'altérité. Le transfert analogique, qui est l'apport essentiel de la cinquième *Méditation cartésienne,* n'échappe pas à ce règne de la représentation. C'est donc sous un régime de pensée non gnoséologique que l'autre s'atteste. Ce régime est fondamentalement celui de l'*éthique.* Quand le visage d'autrui s'élève face à moi, au-dessus de moi, ce n'est pas un apparaître que je puisse inclure dans l'enceinte de mes représentations miennes ; certes l'autre apparaît, son visage se fait apparaître, mais le visage n'est pas un spectacle, c'est une voix [1]. Cette voix me dit : « Tu ne tueras pas. » Chaque visage est un Sinaï qui interdit le meurtre. Et moi ? C'est en moi que le mouvement parti de l'autre achève sa trajectoire : l'autre me constitue responsable, c'est-à-dire capable de répondre. Ainsi la parole de l'autre vient-elle se placer à l'origine de la parole par laquelle je m'impute à moi-même l'origine de mes actes. L'auto-imputation, thème central de nos trois études précédentes, s'inscrit maintenant dans une structure dialogale asymétrique dont l'origine est extérieure à moi.

La question soulevée par cette conception de l'Autre ne se pose pas au niveau des descriptions, d'ailleurs admirables, qui relèvent encore de ce qu'on pourrait appeler une phénoménologie alternative, une herméneutique autre, que l'on pourrait à la rigueur placer dans le prolongement de l'éthique kantienne. En un sens, en effet, Lévinas rompt avec la représentation, comme Kant soustrait la raison pratique au règne de la raison théorique. Mais, alors que Kant mettait le respect de la loi au-dessus du respect des personnes, avec Lévinas le visage singularise le commandement : c'est chaque fois pour la première fois que l'Autre, tel Autre, me dit : « Tu ne tueras pas. » La philosophie de Lévinas, comme on l'a suggéré plus haut, procède plutôt d'un effet de rupture qui survient au point où ce que nous venons d'appeler une phénoménologie alternative s'articule sur un remaniement des « grands genres » du Même et de l'Autre. Parce que le Même signifie totalisation et séparation, l'extériorité de l'Autre ne peut plus désormais être exprimée dans le langage de la relation. L'Autre s'absout de la relation, du même mouvement que l'Infini se soustrait à la Totalité. Mais comment penser l'irrelation qu'implique une telle altérité dans son moment d'ab-solution ?

Il me paraît que l'effet de rupture attaché à cette pensée de l'altérité ab-solue procède d'un usage de l'*hyperbole,* digne du doute hyperbolique cartésien et diamétralement opposé à l'hyperbole

---

1. « Le visage parle » (*Totalité et Infini ; essai sur l'extériorité,* La Haye, M. Nijhoff, 1961, p. 37) ; de même : « L'œil ne luit pas, il parle » (*op. cit.,* p. 38).

par laquelle nous avons caractérisé plus haut la réduction au propre chez Husserl. Par hyperbole, il faut le souligner avec force, il ne faut pas entendre une figure de style, un trope littéraire, mais la pratique systématique de l'*excès* dans l'argumentation philosophique. L'hyperbole apparaît à ce titre comme la stratégie appropriée à la production de l'effet de rupture attaché à l'idée d'extériorité au sens d'altérité ab-solue.

L'hyperbole atteint en fait simultanément les deux pôles du Même et de l'Autre. Il est remarquable que *Totalité et Infini* mette d'abord en place un moi livré à la volonté de faire cercle avec lui-même, de s'identifier. Plus encore que dans *Le Temps et l'Autre,* qui parlait du moi « encombré » de soi (p. 37), le moi d'avant la rencontre de l'autre, on dirait mieux d'avant l'effraction du moi par l'autre, est un moi obstinément fermé, verrouillé, séparé. Ce thème de la *séparation,* tout nourri qu'il soit de phénoménologie – d'une phénoménologie, dirait-on, de l'égotisme –, est déjà marqué du sceau de l'hyperbole : hyperbole qui s'exprime dans la virulence d'une déclaration telle que celle-ci : « dans la séparation le moi ignore Autrui » (*Totalité et Infini,* p. 34). Pour un tel moi, incapable de l'Autre, l'*épiphanie* du visage (thème encore phénoménologique) signifie une extériorité ab-solue, c'est-à-dire non relative (thème relevant de la dialectique des « grands genres »).

A l'hyperbole de la séparation, du côté du Même, répond l'hyperbole de l'épiphanie, du côté de l'Autre. Épiphanie dit autre chose que phénomène. L'« apparoir » du visage se soustrait à la vision des formes et même à l'écoute sensible des voix. C'est que l'Autre, selon *Totalité et Infini,* n'est pas un interlocuteur quelconque, mais une figure paradigmatique du type d'un maître de justice. Hyperbolique, en ce sens, est l'assertion que la parole est « toujours enseignante » (*ibid.,* p. 70). L'hyperbole est à la fois celle de la Hauteur et celle de l'Extériorité. Hauteur : le visage de l'Autre, on l'a dit, m'interpelle comme du Sinaï. Extériorité : l'instruction du visage, à la différence de la maïeutique du *Ménon* de Platon, n'éveille aucune réminiscence. La séparation a rendu l'intériorité stérile. L'initiative revenant intégralement à l'Autre, c'est à l'accusatif – désinence bien nommée – que le moi est rejoint par l'injonction et rendu capable de répondre, à l'accusatif encore : « *Me* voici[1] ! » L'hyperbole, dans *Totalité et Infini,* culmine dans l'affirmation que l'instruction par le visage ne res-

1. Hyperbole : « accusatif qui n'est modification d'aucun nominatif » (*ibid.,* p. 159).

taure aucun primat de la relation sur les termes. Aucun entre-
deux ne vient atténuer l'entière dissymétrie entre le Même et
l'Autre.

Autrement qu'être ou au-delà de l'essence renchérit sur l'hyperbole jusqu'à lui donner un tour paroxystique. Tout un travail préparatoire de démolition consomme les ruines de la « représentation », du « thème », du « Dit », pour ouvrir au-delà du « Dire »
l'ère du « Dédire ». C'est au nom de ce « Dédire » que l'*assignation à la responsabilité* se soustrait au langage de la manifestation,
à son dit et à son thème. C'est en tant que dédire que l'*assignation
à la responsabilité* adopte le tour de l'hyperbole, dans un registre
d'excès encore non atteint. Ainsi l'assignation à la responsabilité
est-elle rapportée à un passé plus vieux que tout passé remémo-
rable, donc encore susceptible de reprise dans une conscience présente ; l'injonction relève d'un en-deçà de tout commencement,
de toute *archè :* le dédit de l'*archè* se nomme *an-archie.* Relève
encore de l'hyperbole l'évocation de l'être assigné, qui ne serait
l'envers d'aucune activité, donc d'« une *responsabilité qui ne se
justifie par aucun engagement préalable* » (*ibid.*, p. 129). A partir
de là, le langage se fait toujours plus excessif : « obsession de
l'Autre », « persécution par l'Autre », enfin et surtout « substitution du moi à l'Autre ». Ici est atteint le point paroxystique de
toute l'œuvre : « *sous* l'accusation de tous, la responsabilité pour
tous va jusqu'à la substitution. Le sujet est otage » (*ibid.*, p. 142).
Et encore : « l'ipséité, dans sa passivité sans *archè* de l'identité,
est otage » (*ibid.*, p. 145). Cette expression, excessive entre toutes,
est jetée là pour prévenir le retour insidieux de l'auto-affirmation
de quelque « liberté clandestine et dissimulée » jusque sous la
passivité du soi assigné à la responsabilité. Le paroxysme de l'hyperbole me paraît tenir à l'hypothèse extrême – scandaleuse
même – que l'Autre n'est plus ici le maître de justice, comme
c'était le cas dans *Totalité et Infini,* mais l'offenseur, lequel, en
tant qu'offenseur, ne requiert pas moins le geste qui pardonne et
qui expie. Que ce soit bien là le lieu où E. Lévinas voulait
conduire son lecteur n'est pas douteux : « Que l'emphase de l'ouverture soit la responsabilité pour l'autre jusqu'à la substitution –
le *pour l'autre* du dévoilement, de la monstration à l'autre, virant
en *pour l'autre* de la responsabilité – c'est en somme la thèse du
présent ouvrage » (*ibid.*, p. 152). En effet, ici seulement, l'abîme
creusé entre altérité et identité est franchi : « Il faut parler ici
d'expiation, comme réunissant identité et altérité » (*ibid.*, p. 151).

Paradoxalement, c'est l'hyperbole de la séparation, du côté du

Même, qui me paraît conduire à l'impasse l'hyperbole de l'extériorité, du côté de l'autre, à moins que l'on ne croise le mouvement – éthique par excellence – de l'autre vers le soi avec le mouvement – gnoséologique, on l'a dit – du soi vers l'autre. A vrai dire, ce que l'hyperbole de la séparation rend impensable, c'est la distinction entre soi et moi, et la formation d'un concept d'ipséité défini par son ouverture et sa fonction découvrante.

Or le thème de l'extériorité n'atteint le terme de sa trajectoire, à savoir l'éveil d'une réponse responsable à l'appel de l'autre, qu'en présupposant une capacité d'accueil, de discrimination et de reconnaissance, qui relève à mon sens d'une autre philosophie du Même que celle à laquelle réplique la philosophie de l'Autre. Si, en effet, l'intériorité n'était déterminée que par la seule volonté de repli et de clôture, comment entendrait-elle jamais une parole qui lui serait si étrangère qu'elle serait comme rien pour une existence insulaire ? Il faut bien accorder au soi une capacité d'accueil qui résulte d'une structure réflexive, mieux définie par son pouvoir de reprise sur des objectivations préalables que par une séparation initiale. Bien plus, ne faut-il pas joindre à cette capacité d'accueil une capacité de discernement et de reconnaissance, compte tenu de ce que l'altérité de l'Autre ne se laisse pas résumer dans ce qui paraît bien n'être qu'une des figures de l'Autre, celle du maître qui enseigne, dès lors que l'on doit prendre en compte celle de l'offenseur dans *Autrement qu'être ?* Et que dire de l'Autre, quand il est le bourreau ? Et qui donc distinguera le maître du bourreau ? le maître qui appelle un disciple, du maître qui requiert seulement un esclave ? Quant au maître qui enseigne, ne demande-t-il pas à être reconnu, dans sa supériorité même ? Autrement dit, ne faut-il pas que la voix de l'Autre qui me dit : « Tu ne tueras pas », soit faite mienne, au point de devenir ma conviction, cette conviction qui égale l'accusatif du : « Me voici ! » avec le nominatif du : « Ici je me tiens » ? Enfin, pour médiatiser l'ouverture du Même sur l'Autre et l'intériorisation de la voix de l'Autre dans le Même, ne faut-il pas que le langage apporte ses ressources de communication, donc de réciprocité, comme l'atteste l'échange des pronoms personnels tant de fois évoqué dans les études précédentes, lequel reflète un échange plus radical, celui de la question et de la réponse où les rôles ne cessent de s'inverser ? Bref, ne faut-il pas qu'une dialogique superpose la relation à la distance prétendument ab-solue entre le moi séparé et l'Autre enseignant [1] ?

1. Cf. Francis Jacques, *Dialogiques II*, Paris, PUF, 1984.

C'est finalement dans le thème de la *substitution,* où culmine la force de l'hyperbole et s'exprime dans sa plus extrême vigueur la philosophie de l'altérité, que je perçois une sorte de renversement du renversement opéré dans *Totalité et Infini.* L'assignation à responsabilité, issue de l'interpellation par l'Autre, et interprétée dans les termes de la passivité la plus totale[1], s'inverse dans un élan d'abnégation où le soi s'atteste par le mouvement même en lequel il se démet. Qui, en effet, est obsédé par l'Autre ? Qui, l'otage de l'Autre, sinon un Même qui n'est plus défini par la séparation, mais par son contraire, la Substitution[2] ? Je trouve confirmation de cette interprétation du thème de la substitution dans le rôle assigné, sous le contrôle d'ailleurs de ce même thème, à la catégorie du témoignage[3]. On voit bien à *quoi* témoignage est rendu : à l'absolu, certes, donc à la Hauteur, dénommée « gloire de l'infini », et à l'Extériorité, dont le visage est comme la trace. En ce sens, « il n'y a de témoignage (...) que de l'infini... » (*Autrement qu'être...,* p. 186). Mais *qui* témoigne, sinon le Soi, distingué désormais du moi, en vertu de l'idée d'assignation à responsabilité ? « Le Soi, c'est le fait même de s'exposer, sous l'accusatif non assumable où le Moi supporte les autres, à l'inverse de la certitude du Moi se rejoignant lui-même dans la liberté » (*ibid.,* p. 151). Le témoignage, c'est donc le mode de vérité de cette auto-exposition du Soi, inverse de la certitude du Moi. Ce témoignage est-il si éloigné de ce que nous avons constamment dénommé attestation ? Certes, Lévinas ne parle jamais d'attestation *de soi,* tant l'expression serait soupçonnée de ramener à la « certitude du Moi ». Il reste que, par le biais de l'accusatif, la première personne est indirectement concernée, et que l'accusatif ne peut rester « non assumable », pour reprendre l'expression citée plus haut, sous peine de retirer toute signification au thème même de

1. Dans le paragraphe consacré au « sujet responsable qui ne s'absorbe pas dans l'être » (*Autrement qu'être...,* p. 172-178), on note ceci : « Dans la responsabilité, le Même, le Moi, c'est moi, assigné, provoqué comme irremplaçable et ainsi accusé comme unique dans la suprême passivité de celui qui ne peut se dérober sans carence » (*ibid.,* p. 172-173).

2. L'étrange renversement opéré, au plan du même, par le thème de la substitution trouve sa consécration dans la formule qui nous a arrêtés plus haut : « il faut parler ici d'expiation comme réunissant identité et altérité » (*ibid.,* p. 151).

3. Je consacre une analyse détaillée à la catégorie de témoignage chez E. Lévinas par la voie d'une confrontation avec Heidegger et avec Jean Nabert, ce dernier rapprochement étant assurément le moins attendu des deux dans « Emmanuel Lévinas, penseur du témoignage », in *Répondre d'autrui. Emmanuel Lévinas* (collectif), Neuchâtel, La Baconnière, 1989.

la substitution sous l'égide duquel celui du témoignage est réassumé par E. Lévinas.

De cette confrontation entre E. Husserl et E. Lévinas ressort la suggestion qu'il n'y a nulle contradiction à tenir pour dialectiquement complémentaires le mouvement du Même vers l'Autre et celui de l'Autre vers le Même. Les deux mouvements ne s'annulent pas dans la mesure où l'un se déploie dans la dimension gnoséologique du sens, l'autre dans celle, éthique, de l'injonction. L'assignation à responsabilité, selon la seconde dimension, renvoie au pouvoir d'autodésignation, transféré, selon la première dimension, à toute troisième personne supposée capable de dire « je ». Cette dialectique *croisée* du soi-même et de l'autre que soi n'avait-elle pas été anticipée dans l'analyse de la promesse ? Si un autre ne comptait sur moi, serais-je capable de tenir ma parole, de me maintenir ?

c. La conscience

Tenir la conscience – au sens de l'allemand *Gewissen* – pour le lieu d'une forme originale de dialectique entre ipséité et altérité constitue une entreprise hérissée d'embûches.

Premier défi : si la métaphore de la voix et de l'appel semble ajouter une dimension inédite aux concepts autour desquels se sont organisées nos investigations des concepts de base de l'éthique, ce surplus de sens ne se concrétise-t-il pas nécessairement dans des notions aussi *suspectes* que la « mauvaise » et la « bonne » conscience ? Ce défi donnera l'occasion de mettre à l'épreuve la thèse selon laquelle l'attestation de l'ipséité est inséparable d'un exercice de *soupçon*.

Second défi : à supposer que l'on puisse la libérer du joug des préjugés liés à la « bonne » et à la « mauvaise » conscience, la conscience désigne-t-elle un phénomène distinct de l'attestation de notre pouvoir-être ? L'enjeu sera ici, face à cette version non morale de la conscience de préciser les phénomènes tels que l'*injonction* ou la *dette* que la métaphore de la voix semble désigner.

Troisième défi : et si l'injonction ou la dette constituent l'ultime réquisit de la conscience, la part d'altérité qui s'y laisse discerner est-elle autre que celle de l'altérité d'autrui, éventuellement sous des guises auxquelles notre investigation précédente n'aurait pas su faire droit ? Bref, qu'est-ce qui légitime que l'on assigne une place, une place distincte, au phénomène de la conscience, au plan des « grands genres » du Même et de l'Autre ?

Le premier défi nous contraint à entrer dans la problématique de la conscience par la porte du *soupçon*. Il n'y a pas lieu de le regretter, dans la mesure où le phénomène de la conscience garde une parenté certaine avec l'attestation, dont nous avons dit plus haut qu'elle entremêle l'être-vrai et l'être-faux. La conscience est en vérité le lieu par excellence où les illusions sur soi-même sont intimement mêlées à la véracité de l'attestation. Le soupçon porte très précisément sur le prétendu surplus de sens que l'idée de conscience paraît superposer au concept majeur de l'éthique : vœu de vivre-bien (avec les adjonctions que l'on sait), obligation et conviction. Après tout, nos trois études consacrées à l'éthique ont toutes été menées sur la base de notions communes, dont la Règle d'Or est l'exemple le plus frappant, sans que l'on ait eu à ériger la conscience en instance supplémentaire. Il y a néanmoins problème, dans la mesure où la conscience, sans rien ajouter à la teneur de sens des concepts directeurs de l'éthique, réinscrit ces concepts dans la dialectique de Même et de l'Autre, sous la guise d'une modalité spécifique de passivité. C'est de cette passivité hors pair que la métaphore de la voix, à la fois intérieure à moi et supérieure à moi, est le symptôme ou l'indice.

Dans le chapitre d'*Être et Temps,* intitulé précisément *Gewissen,* à l'analyse duquel nous reviendrons plus longuement quand nous prendrons en compte le second défi évoqué à l'instant, Heidegger a parfaitement décrit ce moment d'altérité qui distingue la conscience. Or cette altérité, loin d'être étrangère à la constitution de l'ipséité, est étroitement liée à son émergence, dans la mesure où, sous l'impulsion de la conscience, le soi est rendu capable de se reprendre sur l'anonymat du « on ». Cette implication de la conscience dans l'opposition entre le soi et le « on », n'exclut pas une autre sorte de rapport entre être-soi et être-avec, dans la mesure où, d'une part, le « on » est déjà une modalité inauthentique de l'être-avec et où, d'autre part, ce retrait dans le for intérieur offre à autrui le vis-à-vis qu'il est en droit d'attendre, à savoir précisément le soi-même. Or, comment le soi s'arrache-t-il au « on » ? Ici s'annonce le trait qui spécifie le phénomène de la conscience, à savoir la sorte de cri *(Ruf),* d'appel *(Anruf),* que signale la métaphore de la voix. Dans cet intime colloque, le soi apparaît interpellé et, en ce sens, *affecté* de façon singulière. A la différence du dialogue de l'âme avec elle-même, dont parle Platon, cette affection par une voix autre présente une dissymétrie remarquable, qu'on peut dire verticale, entre l'instance qui appelle et le soi appelé. C'est la verticalité de l'appel, égale à son intériorité, qui fait l'énigme du phénomène de la conscience.

Or, l'authenticité de ce phénomène ne peut être que péniblement reconquise, non pas vraiment aux dépens de la métaphoricité en tant que telle de l'expression « voix de la conscience » – la métaphore n'étant pas selon nous exclusive d'une véritable capacité découvrante[1] –, mais à contre-courant des interprétations moralisantes qui en dissimulent précisément la force découvrante.

C'est ici que l'épreuve de soupçon s'avère bénéfique, pour recouvrer la capacité découvrante de la métaphore de la voix. Pour ce faire, on mobilisera la force de dénonciation qui résonne, avant le coup de tonnerre nietzschéen, dans le coup de semonce hégélien.

C'est en effet une virulente critique de la mésinterprétation de la conscience qu'on peut lire dans les pages que la *Phénoménologie de l'esprit* consacre à la « vision morale du monde[2] » ; que le phénomène authentique de la conscience ne soit pas entraîné dans la chute de la vision morale du monde, la suite du chapitre VI auquel la fameuse critique appartient l'atteste : le *Gewissen* est solidaire d'une dialectique de degré supérieur où s'affrontent la conscience agissante et la conscience jugeante : le « pardon », issu de la reconnaissance l'un par l'autre des deux antagonistes confessant la limite de leurs points de vue et renonçant à leur partialité, désigne le phénomène authentique de la conscience. C'est sur le chemin de cette reconnaissance que prend place la critique de la vision morale du monde.

Il est remarquable que cette critique acerbe s'attaque à des « postulats » entièrement construits pour les besoins de la cause, et dans lesquels il est difficile de reconnaître non seulement ce que Kant appelle postulat dans la *Dialectique de la Raison pratique*, mais plus encore les traits du formalisme kantien, ramené, comme nous l'avons fait plus haut, à la mise en œuvre de l'épreuve d'universalisation. Il ne faut pourtant pas regretter l'artifice de la construction hégélienne de cette figure ; artifice qui prend place parmi les excès, transgressions, hyperboles de toutes sortes dont se nourrit la réflexion morale et peut-être la réflexion philosophique en général. En outre, que ce soit une vision *du monde* que le moralisme mobilise est de la plus grande importance. Le premier postulat est en effet que la moralité, tout en exigeant que le devoir soit fait, donc devienne réel, frappe d'insignifiance la nature entière, à travers la condamnation du désir, qui

1. Cf. *La Métaphore vive*, septième étude.
2. *Phénoménologie de l'esprit, op. cit.*, t. II, p. 144.

est la nature en nous ; second postulat : faute de savoir produire aucune harmonie entre le devoir-être et l'être, la moralité ajourne à l'infini le moment de la satisfaction que pourtant l'agent cherche dans l'effectivité de l'action ; enfin, troisième postulat, cet accord de la forme et du contenu n'étant pas donné ici-bas, il est reporté dans une autre conscience, celle d'un saint législateur situé hors du monde.

Il importe peu, encore une fois, que Hegel ait travesti Kant ou probablement Fichte dans la construction de ses postulats[1]. L'essentiel pour nous est qu'elle ait suscité une stratégie de démantèlement appliquée au « déplacement équivoque » *(die Verstellung)* à laquelle est consacrée la section suivante de la phénoménologie. C'est en effet à un jeu d'esquive, que la conscience se livre, traquée qu'elle est d'une position intenable à l'autre, pour tenter d'échapper aux contradictions que dissimulent ces postulats de la vision morale du monde ; comment en effet l'intention garderait-elle son sérieux, si la satisfaction de l'action est un leurre ? Comment le devoir restera-t-il le devoir-*être*, si l'effectivité s'enfuit sans fin ? Comment l'autonomie restera-t-elle le principe moral souverain, si la réconciliation avec la réalité est reportée dans un autre monde ? C'est avec « mépris » que l'on donnera donc congé à une *hypocrisie* que ne réussissent pas à dissimuler les déplacements équivoques. Or, toute cette critique n'a de sens que dans la perspective du moment ultérieur de l'esprit, déjà présent comme en négatif ou en filigrane dans le déplacement équivoque. C'est pourquoi Hegel a placé les trois moments, de la vision morale du monde, du déplacement équivoque, de la dialectique de la belle âme et du héros de l'action, culminant dans le moment de la réconciliation et du pardon, sous le titre de : *L'esprit certain de soi-même. La moralité*[2]. C'est cet acheminement de la critique de la vision morale du monde vers le point où le *Gewissen* s'égale à la certitude de soi-même qui fait que chez Hegel ne retentit encore qu'un coup de semonce, avant qu'éclate avec Nietzsche le coup de tonnerre décisif[3].

1. M. Gueroult, « Les déplacements *(Verstellungen)* de la conscience morale kantienne selon Hegel », in *Hommage à Jean Hyppolite*, Paris, PUF, 1971, p. 47-80.

2. *Phénoménologie de l'esprit*, trad. Hyppolite, t. II, p. 142.

3. Une critique tout aussi acerbe de la conscience jugeante se lit dans la deuxième partie des *Principes de la philosophie du droit, op. cit.*, consacrée à la moralité *(Moralität)* dont on sait la subordination à la vie éthique *(Sittlichkeit)*, laquelle culmine dans la théorie de l'État. La volonté subjective, « abstraite, limitée et formelle » (§ 108), est le thème de cette deuxième partie dont il ne faut pas accentuer à l'excès le tour critique. Car la volonté subjective a aussi son droit, qui est au minimum celui de voir le projet de la volonté reconnu comme *le mien*

De la deuxième dissertation de la *Généalogie de la morale,* intitulée « La Faute [*Schuld*], la mauvaise conscience [*schlechtes*

(§ 114). La critique de la conscience s'articule au point exact où la revendication du droit propre de la volonté subjective s'autonomise par rapport à toute visée communautaire, que ce soit celle de la famille, de la société civile ou de l'État. Il est remarquable que Hegel ait associé la conscience à l'idée du Bien dans la troisième section de cette deuxième partie. C'est certes au Bien que la volonté se décide dans les limites de sa subjectivité, mais un Bien précisément biaisé par la perspective subjective même, criblée par le sens du devoir (§ 133). Reviennent les antinomies du devoir seulement formel dénoncées dans la *Phénoménologie de l'esprit* et auquel les *Principes* renvoient expressément (§ 135). Le seul arbitre du remplissement du devoir formel et abstrait est alors la conscience (§ 136), livrée à la solitude et à l'arbitraire du for interne. On lit dans une addition au § 136 : « La conscience est (...) cette profonde solitude avec soi-même, dans laquelle toute réalité extérieure, toute limitation a disparu » (*op. cit.,* p. 173). C'est l'absence des contenus que seule la vie éthique apporte, qui condamne la conscience à cette solitude et à cet arbitraire : « Ici, au point de vue formel de la moralité, il manque à la conscience ce contenu objectif : elle est donc, pour soi, la certitude [*Gewissheit*] formelle infinie de soi-même, qui, précisément pour cette raison, est en même temps la certitude de ce sujet-ci » (§ 137). Alors, même la différence entre le bien et le mal est abolie : « En rendant vaines toutes les déterminations en vigueur et en se réfugiant dans la pure intériorité de la volonté, la conscience de soi constitue la possibilité de prendre pour principe aussi bien l'universel en soi et pour soi que l'arbitraire ou sa propre particularité, élevée au-dessus de l'universel, et de les réaliser par son activité. Dans le second cas, elle constitue la possibilité d'être mauvaise. » – Remarque : « N'étant que subjectivité formelle, la conscience est finalement toujours sur le point de tomber dans le mal. La moralité et le mal ont leur racine commune dans la certitude de soi-même, qui est pour soi, qui sait pour soi, qui décide pour soi » (§ 139). Il est à noter pourtant que, dans le cadre de cette critique incisive, une place est réservée à « la conscience véritable » (§ 137). Mais celle-ci n'est pas autre chose que « la disposition éthique ». C'est sans doute là une des différences majeures entre les *Principes de la philosophie du droit* et la *Phénoménologie de l'esprit* : dans celle-ci, la conscience se dépassait dans la religiosité du pardon ; dans les *Principes...,* la conscience laissée sans critère autre que sa conviction propre, s'absorbe dans le politique qui lui confie les déterminations objectives dont elle est essentiellement dépourvue. Mais qu'arrive-t-il quand la vie éthique d'un peuple est fondamentalement corrompue ? N'est-ce pas alors dans la conscience de ces résistants, que le mensonge et la peur ont cessé d'intimider, que se réfugie l'intégrité de la vie éthique elle-même ? Hegel a cru dépasser le temps du recours à la conscience : « Le repli vers l'intérieur pour chercher en soi ce qui est juste et bon, pour le connaître et le déterminer par soi-même, apparaît dans l'histoire comme une figure générale (chez Socrate, chez les Stoïciens, etc.) à des époques où ce qui passe pour être la justice et le Bien dans la réalité et dans les mœurs ne peut satisfaire une volonté plus exigeante » (*Principes...,* § 138). Le cruel xxᵉ siècle nous a appris que tel n'est pas le cas. Cela n'empêche pas que, renvoyée à son seul jugement, la conscience ne sera jamais à l'abri de confondre le bien et le mal, et que cette confusion même demeure le destin de la conscience livrée à elle seule : c'est ce qu'il faut continuer d'entendre dans l'admirable § 139 des *Principes de la philosophie du droit* où Hegel ose écrire : « C'est ainsi que cette intériorité de la volonté est mauvaise. » (§ 139. Remarque.)

Gewissen] et ce qui lui ressemble [1] », je ne veux retenir qu'un seul point, le parallélisme avec la critique hégélienne du « déplacement équivoque ». Certes, on peut opposer le tour généalogique de la critique nietzschéenne au tour téléologique de la critique hégélienne [2]. Mais la parenté profonde entre les deux critiques est avérée par Nietzsche lui-même lorsqu'il caractérise comme interprétation falsifiante la « mauvaise » conscience et comme interprétation authentique sa propre vision de la « grande innocence ». C'est d'ailleurs un problème, chez Nietzsche, de savoir si le renvoi, assuré par la méthode généalogique, à la Vie « forte » ou « faible », atteint le référent ultime d'un déchiffrement terminal, et s'il est vrai qu'il n'y a pas, dans l'interprétation, de sens littéral qu'on puisse opposer au sens figural.

La dissertation semble laisser une place à un concept, en quelque sorte neutre, de conscience, par l'éloge qui y est fait de la *promesse*, antidote de l'oubli, tenu pourtant pour une faculté d'inhibition active, « une faculté positive dans toute sa force [3] ».

Mais cette maîtrise de soi – cette « mnémotechnique » ! – a derrière elle une longue histoire de tourments et de tortures qu'elle partage avec l'ascétisme que la troisième dissertation rattachera à la malfaisance du prêtre [4]. Et, si la conscience morale comme telle

---

1. Trad. fr. de C. Heim, I. Hildenbrand et J. Gratien, Paris, Gallimard, 1971, 1987, établie sur le texte allemand des *Œuvres philosophiques complètes* par G. Colli et M. Montinari, Berlin, W. de Gruyter, 1968, t. VII.

2. La méthode généalogique, considérée pour elle-même, ne se comprend vraiment que par sa relation avec la méthode philosophique *(Philosophenbuch)* que nous avons vue à l'œuvre dans la critique du *Cogito* (cf. Préface). Sans la référence à ce que j'ai appelé alors la réduction tropologique, on risque de réduire la méthode généalogique à une explication génétique, conduite dans l'esprit d'un biologisme assez primitif. On oublie alors que la méthode généalogique opère un croisement entre une sémiologie d'origine textuelle et une symptomatologie d'origine médicale. C'est pourquoi on peut y retrouver quelque chose de la dénonciation du transfert métaphorique et de l'inversion métonymique que le *Philosophenbuch* plaçait sous le titre, qui rappelle Hegel, de la *Verstellung*, du déplacement-dissimulation.

3. « Élever un animal qui *puisse promettre*, n'est-ce pas là cette tâche paradoxale que la nature s'est donnée à propos de l'homme ? N'est-ce pas le problème véritable de l'homme ? » (*Généalogie de la morale, op. cit.*, p. 251). Une note inquiétante, toutefois, assombrit cet éloge : cet animal responsable est aussi un animal prévisible, donc *calculable* (*ibid.*, p. 252). C'est le prix de la volonté *libre*, celle d'un « individu autonome » et « supramoral », car « autonome » et « moral » s'excluent (*ibid.*, p. 253).

4. « Mais comment est venue cette autre [*diese andre*] " affaire lugubre ", le sentiment de culpabilité. toute la " mauvaise conscience " ? » (*ibid.*, p. 256).

appelle la vigilance, la mauvaise conscience demande, elle, un démantèlement complet, qui débute par l'évocation de synonymes aussi lourds de sens, surtout en allemand, que *Schuld* – faiblement traduit par faute –, *Schulden* – par dette –, *Vergeltung* – par représailles. Monde clair, en un sens, du créancier et du débiteur – ténébreux, en un autre sens, de la colère et de la vengeance. Car, la façon la plus archaïque de recouvrer une créance, c'est de violenter le débiteur : « La compensation [*Ausgleich*] représente donc une invitation et un droit à la cruauté » (*Généalogie de la morale*, p. 258). « Sans cruauté, pas de fête : voilà ce qu'enseigne la plus vieille et la plus longue histoire de l'homme – et dans le châtiment aussi, il y a tant de fête ! » (*ibid.*, p. 259-260).

Faut-il se laisser impressionner par le ton autoritaire de Nietzsche, proclamant avoir découvert le « foyer d'origine », le « début du monde des concepts moraux » (*ibid.*, p. 258) ? Qu'en est-il de ce *Vorzeit*, de ces anciens temps, dont il est dit « qu'ils existent d'ailleurs de tout temps, ou qu'ils sont toujours possibles de nouveau » (*ibid.*, p. 263) ? Étrange archéologie proleptique, si l'on ose dire, où la préhistoire et le futur s'échangent ! Et faut-il prendre pour argent comptant l'éloge d'une souffrance que la cruauté du dressage rendrait pleine de sens [1] ? L'important, semble-t-il, est que le dressage de l'animal responsable ne soit plus porté au crédit de la « volonté libre » et de la « spontanéité absolue de l'homme dans le bien et dans le mal » (*ibid*), p. 262) – cette « invention si téméraire et si néfaste des philosophes » (*ibid.*). Là est la pointe anticartésienne et antikantienne de toute cette tirade qui mêle la complexité ténébreuse du châtiment à la simplicité apparente du rapport de créancier à débiteur [2]. Ce qui compte dans tout cela, c'est la pointe polémique, tous les renversements opérés par la méthode généalogique visant à ruiner la téléologie avec les armes de l'archéologie. Dire l'origine, c'est abolir le but et sa rationalité alléguée. Pas de but intelligible pour le châtiment, mais une origine ténébreuse.

Le piège que tend ici le texte nietzschéen, c'est celui d'un nou-

---

1. « Tout mal se justifie, dont le spectacle édifie un Dieu, dit l'antédiluvienne logique du sentiment » (*ibid.*, 261).
2. Le message le plus positif de Nietzsche, en ce point, c'est l'apologie des affects actifs à l'encontre des affects *réactifs* comme le *ressentiment*, auxquels reste apparenté le sens de la justice, dès lors qu'on le rattache à la plainte des victimes plutôt qu'au cri de triomphe des vainqueurs. La bonne conscience, c'est celle du justicier agressif ; la mauvaise conscience, celle du plaignant porté à déprécier la volonté forte qui vise à la puissance. C'est ici le fil conducteur de l'interprétation de la philosophie de Nietzsche par G. Deleuze.

veau dogmatisme, celui de la volonté de puissance nommée au § 12 (*ibid.*, p. 270). On ne saurait négliger pourtant l'observation qui accompagne, comme en passant, la nomination de la volonté de puissance, à savoir que la fluidité de l'origine, opposée à la fixité prétendue du but, de la fin, est l'occasion d'une « nouvelle interprétation » *(ein Neu-interpretieren)*, d'un « accommodement » *(« ein Zurechtmachen)* (*ibid.*, 269), qui atteste, en retour, à quel point étaient surajoutées les significations tardives assignées au châtiment [1]. Nietzsche s'offre même le luxe de proposer une douzaine de manières dont le châtiment peut être interprété *(gedeutet)* et arrangé *(zurechtgemacht)* à des fins tout à fait différentes. Or, cette « surcharge » *(überladen)* (p. 272) d'utilités de toutes sortes – véritable surdétermination au sens freudien du terme – ne se retournerait-elle pas contre le dogmatisme biologisant que Nietzsche impose au lecteur dans les § 16 à 25 de cette deuxième dissertation de la *Généalogie de la morale* [2] ?

Je ne me prononcerai pas dans le cadre de cette étude sur le sens et les chances de la *seconde innocence*, proclamée à la fin de la dissertation, et à laquelle concourt l'œuvre entière de Nietzsche. Seule m'importe ici la force d'interpellation du soupçon, implicite chez Hegel, explicite chez Nietzsche, que conscience égale « mauvaise conscience ». La pire solution, pour briser cette équation, serait d'en appeler de la mauvaise à la bonne conscience. Ce renversement du pour au contre resterait captif de la même problématique vicieuse, celle de la justification, le jugement d'indignité cédant seulement la place à l'autojustification, à la glorification de soi.

---

1. Je détache volontiers la remarque que Nietzsche met entre parenthèses : « il est aujourd'hui impossible de dire avec certitude *pourquoi* on punit : tous les concepts où se résume significativement [*semiotisch*] un long processus, échappent à la définition ; on ne peut définir ce qui n'a pas d'histoire » (*Généalogie de la morale*, p. 271).

2. « L'inimitié, la cruauté, le plaisir de persécuter, d'attaquer, de transformer, de détruire – tout cela tourné contre les possesseurs dotés de tels instincts : *voilà* l'origine de la " mauvaise conscience " » (*ibid.*, p. 276). « Avec [la mauvaise conscience] est apparue la maladie la plus grave et la plus inquiétante, dont l'humanité n'est pas encore guérie, l'homme souffrant *de l'homme*, de *soi-même* » (*ibid.*). Mais, dit Nietzsche, c'est là sa « propre hypothèse » qui a elle-même sa « présupposition » (*ibid.*, § 16-17). Ainsi, le ton autoritaire d'une révélation ne cesse dans les dernières pages d'alterner avec le ton hypothétique d'une archéologie aventureuse, pour ne rien dire de l'espèce d'eschatologie dans laquelle cette archéologie se renverse : « Comme si l'homme n'était pas un but, mais seulement un chemin, un épisode, un pont, une grande promesse... » (*ibid.*, § 16), et encore : « Point de doute, c'est une maladie que la mauvaise conscience, c'est une maladie comme la grossesse en est une » (*ibid.*, p. 279).

Il est alors tentant, pour sortir du cercle empoisonné de la « bonne » et de la « mauvaise » conscience, de rattacher le phénomène de la conscience, sans autre qualification de caractère moral, au phénomène central de l'*attestation,* dont le soupçon est précisément l'autre face. La question devient alors de savoir par quel trait, jusqu'ici non remarqué, l'attestation de l'ipséité, dont nous sommes partis, contribue de façon inédite à la dialectique du Même et de l'Autre. C'est ici que notre investigation rencontre le second défi annoncé plus haut, et que l'on pourrait placer sous le sigle de la « dé-moralisation » de la conscience.

Cet arrachement de la conscience à la fausse alternative de la « bonne » et de la « mauvaise » conscience trouve chez Heidegger, dans le chapitre « Conscience » *(Gewissen)* de la seconde partie d'*Être et Temps,* sa formulation la plus radicale, que résume cette seule phrase : « L'attestation d'un pouvoir-être authentique, c'est la conscience qui la donne » ([234] trad. Martineau, p. 175 ; trad. Vezin, p. 287). Nous sommes d'autant plus attentifs à l'analyse de Heidegger que nous lui devons la mise en route de toute cette discussion, lancée par la métaphore de la voix. Ce pouvoir-être que la conscience atteste n'est initialement marqué par aucune compétence à distinguer le bien du mal. La conscience, pourrait-on dire, est à sa façon « par-delà bien et mal » ; on surprend là un des effets de la lutte menée contre le penser-valeur des néokantiens et, plus encore, contre celui de Max Scheler dans son *Éthique matériale [non formelle] des valeurs.* Tout se passe comme si, à souligner *Sein* dans *Dasein,* on se retenait de reconnaître quelque force originairement éthique à l'appel, à l'advocation (selon la traduction proposée par E. Martineau) de l'*Anruf.* En effet, que l'on considère le contenu ou l'origine de l'appel, rien ne s'annonce qui n'ait été déjà nommé sous le titre de pouvoir-être ; la conscience ne dit rien : pas de vacarme, ni de message, mais un appel silencieux. Quant à l'appelant, il n'est autre que le *Dasein* lui-même : « Dans la conscience, le *Dasein* s'appelle lui-même » ([275] trad. Martineau, p. 199 ; cf. trad. Vezin, p. 332). C'est là sans doute le moment le plus surprenant de l'analyse : c'est dans l'immanence intégrale du *Dasein* à lui-même que Heidegger reconnaît une certaine dimension de supériorité : « l'appel ne vient incontestablement pas d'un autre qui est au monde avec moi. L'appel vient de moi et pourtant il me dépasse [*aus mir und doch über mich*] » *(ibid.)* [1].

1. Ce n'est pas que la référence à autrui fasse entièrement défaut : mais l'autre n'est impliqué qu'eu égard au « on » et au plan inauthentique de la préoccupa-

Si l'on se borne à ces formules, on ne voit pas ce que l'analyse de la conscience ajoute à celle du pouvoir-être, sinon le sceau d'originarité et d'authenticité que la conscience met sur l'attestation. La nouveauté réside dans l'explicitation du trait d'étrang(èr)eté (j'adopte la graphie d'E. Martineau) par quoi la conscience s'inscrit dans la dialectique du Même et de l'Autre. Un subtil rapprochement se fait entre l'étrang(èr)eté de la voix et la condition déchue (ou échue ?) de l'être-jeté. C'est en effet dans l'existence que le *Dasein* est jeté. L'aveu de la passivité, de la non-maîtrise, de l'affection, liées à l'être-convoqué, s'oriente vers une méditation sur la néantité, c'est-à-dire sur le non-choix radical qui affecte l'être dans le monde, considéré sous l'angle de son entière facticité[1].

L'introduction tardive de la notion de *Schuld* – « dette », selon la traduction de Martineau – ne restitue nullement à cette étrangèreté quelque connotation éthique que ce soit. L'accent est fortement mis sur *Sein* dans *Schuldigsein* : « L'essentiel ici est que le " en dette " surgit comme prédicat du " je suis " » ([281] trad. E. Martineau, p. 203 ; cf. trad. Vezin, p. 338). Par cette insistance sur l'ontologie de la dette, Heidegger se dissocie de ce que le sens commun attache précisément à l'idée de dette, à savoir qu'elle soit envers quelqu'un – que l'on soit responsable en tant que débiteur – enfin, que l'être l'un avec l'autre soit public. C'est bien cela que Heidegger entend réduire à la portion congrue. L'ontologie veille sur le seuil de l'éthique. Heidegger martèle son exigence : d'abord s'enquérir fondamentalement de « l'être en dette du *Dasein* » ([283] ; trad. Martineau, p. 204 ; cf. trad. Vezin, p. 340) ; donc d'abord sur un mode d'être. Ainsi sont mis hors jeu les phénomènes vulgaires de dette, d'endettement, qui sont relatifs à « l'" être-avec " préoccupé avec autrui » *(ibid.)*. L'être en dette ne

---

tion : « C'est le on-même [*das Man-Selbst*] de l'être-avec préoccupé avec autrui qui est atteint par l'appel » ([272] trad. E. Martineau, 198 ; cf. trad. Vezin, p. 329). La dominante demeure l'arrachement du soi au « on » : « La conscience convoque le soi-même du *Dasein* hors de la perte dans le on. » Nous reviendrons, sous l'angle du troisième défi, sur cette absence, dans *Être et Temps*, d'un développement consacré aux formes authentiques de l'être-avec, sur lesquelles pourrait se greffer une approche différente de l'altérité de la conscience.

1. « Et qu'est-ce qui pourrait être plus étranger au on, perdu qu'il est dans la diversité du " monde ", de sa préoccupation, que le Soi-même isolé sur soi dans l'étrangèreté, jeté dans le rien ? » ([277] trad. E. Martineau, p. 200 ; cf. trad. Vezin, p. 331). C'est pourquoi l'appelant n'est pas non plus quelqu'un, puisque l'appel vient de l'étrang(èr)eté même de la condition jetée et déchue : « Appel venu de l'étrang(èr)eté » ([280] trad. Martineau, p. 202 ; cf. trad. Vezin, p. 337), c'est-à-dire de l'« isolement jeté » *(ibid.)*.

résulte donc pas de l'endettement *(Verschuldung)* – mais l'inverse. Si quelque défaillance est ici dévoilée, ce n'est pas le mal – la guerre, dirait Lévinas –, mais un trait ontologique préalable à toute éthique : « L'être-fondement d'une nullité » *(Grundsein einer Nichtigkeit)* ([283] trad. Martineau, p. 204 ; cf. trad. Vezin, p. 341)[1]. On ne peut plus clairement éconduire le primat de l'éthique : « Si l'être-en-dette originaire ne peut être déterminé par la moralité, c'est que celle-ci le présuppose déjà pour elle-même » ([286] trad. Martineau, p. 206 ; cf. trad. Vezin, p. 344). Malheureusement, Heidegger ne montre pas comment on pourrait parcourir le chemin inverse : de l'ontologie vers l'éthique. C'est pourtant ce qu'il semble promettre dans le paragraphe 59 où il entre en débat avec l'« explicitation vulgaire de la conscience ». En ce sens, l'attestation engendre une certaine critériologie, au moins à titre de critique du sens commun. En résulte une critique des notions de « bonne » et de « mauvaise » conscience dans des termes voisins de ceux que nous avons employés. C'est d'abord la notion de « mauvaise » conscience qui est frappée de « vulgarité » : elle vient en effet trop tard, après coup (elle est réactive, dirait Nietzsche) ; il lui manque donc le caractère pro-spectif inhérent au souci. Rien donc à tirer du re-mords, du re-pentir. Quant à la « bonne » conscience, elle se voit écartée comme pharisienne : car qui peut dire « je suis bon » ? Heidegger ne veut même pas entendre parler de la conscience comme admonition, avertissement, au nom de ce curieux argument que la conscience redeviendrait ainsi prisonnière du « on » [292]. En tout ceci, la critique par Heidegger du sens commun est manifestement à rapprocher de la *Généalogie de la morale* de Nietzsche. Du coup sont rejetés en bloc le point de vue déontologique de Kant, la théorie schélérienne des valeurs et, dans le même mouvement, la fonction critique de la conscience. Tout cela reste dans la dimension de la préoccupation, à quoi manque le phénomène central, l'appel aux possibilités les plus propres. En cela, l'attestation est bien une sorte de compréhension, mais irréductible à un savoir quelque chose. Le sens de l'attestation est maintenant scellé : « Convocation pro-vocante à l'être-en-dette » ([295] trad. Martineau, p. 211 ; cf. trad. Vezin, p. 353-354).

Il est vrai que le dernier mot n'est pas dit sur la conscience. La liaison affirmée entre attestation et *résolution* semble ramener la

---

1. Et encore : « Le *Dasein* est comme tel en dette, si tant est que demeure la détermination existentiale formelle de la dette comme être-fondement d'une nullité » ([285] trad. Martineau, p. 205 ; cf. trad. Vezin, p. 343).

notion de conscience dans le champ de l'éthique. On connaît à cet égard le lien entre résolution et être-pour-la-mort (ou être-envers-la-mort). Ce que la résolution apporte en propre, c'est en effet la visée de l'être-tout scellé par l'être-pour-la-mort. La transition de l'une à l'autre notion se fait par l'expression : « vouloir avoir conscience » ([295] trad. Martineau, p. 211 ; cf. trad. Vezin, p. 354). D'où la dernière formule : « le *se-projeter réticent et prêt à l'angoisse vers l'être-en-dette le plus propre* – nous l'appelons la *résolution* » ([297] trad. Martineau, p. 212 ; cf. trad. Vezin, p. 355). On remarque à quel point Heidegger se garde ici du vocabulaire de l'agir, qui lui paraît appeler soit une opposition au pâtir, que l'être-jeté récuse également, soit une opposition au théorétique, qui briserait l'unité totale du *Dasein* entre des « comportements distincts ». En revanche, la conscience-attestation s'inscrit dans la problématique de *la vérité,* en tant qu'ouverture et dévoilement : « désormais, ce qui est conquis avec la résolution, c'est la vérité la plus originaire, parce qu'*authentique*, du *Dasein* » ([297] trad. Martineau, p. 212 ; cf. trad. Vezin, p. 355). Mais, coupée de la requête d'autrui et de toute détermination proprement morale, la résolution demeure tout aussi indéterminée que l'appel auquel elle semble répondre. Revient la formule : « se laisser convoquer hors de la perte dans le On » ([299] trad. Martineau, p. 213 ; cf. trad. Vezin, p. 357). Quant à l'orientation dans l'action, l'ontologie fondamentale se garde de toute proposition : « Dans la résolution, il y va pour le *Dasein* de son pouvoir-être le plus propre, lequel, en tant que jeté, ne peut se projeter que vers des possibilités factices déterminées » ([299] trad. Martineau, p. 213-214 ; cf. trad. Vezin, p. 358). Tout se passe comme si le philosophe renvoyait son lecteur à un situationnisme moral destiné à combler le silence d'un appel indéterminé [1].

A cette dé-moralisation de la conscience, j'aimerais opposer une conception qui associe étroitement le phénomène de l'*injonction* à celui de l'*attestation*. L'être-enjoint constituerait alors le moment d'altérité propre au phénomène de la conscience, en

1. C'est bien ce que semblent suggérer le texte suivant et la note sur Karl Jaspers auxquels il renvoie : « Présenter les possibilités existentielles factices en leurs traits capitaux et leurs connexions, les interpréter en leur structure existentiale, cette tâche s'inscrit dans les cadres de l'anthropologie existentiale thématique » ([301] trad. Martineau, p. 214-215 ; cf. trad. Vezin, p. 359). Et la note : « C'est Karl Jaspers qui a pour la première fois expressément saisi et exécuté, dans le sens de cette problématique, la tâche d'une doctrine des visions du monde : cf. sa *Psychologie der Weltanschauungen* [Psychologie des visions du monde] » ([301] trad. Martineau, p. 215 ; cf. trad. Vezin, p. 359).

conformité avec la métaphore de la voix. Écouter la voix de la conscience signifierait être-enjoint par l'Autre. Ainsi serait fait droit à la notion de *dette,* que Heidegger a trop vite ontologisée aux dépens de la dimension éthique de l'endettement. Mais comment ne pas retomber dans le piège de la « mauvaise » et de la « bonne » conscience, dont nous gardent chacun à sa façon Hegel, Nietzsche et Heidegger ? Une remarque faite plus haut à propos de la métaphore du *tribunal* nous met sur la voie. N'est-ce pas parce que le stade de la moralité a été dissocié de la triade éthique-moralité-conviction, puis hypostasié à la faveur de cette dissociation, que le phénomène de la conscience s'est trouvé corrélativement appauvri et que la métaphore découvrante de la voix a été éclipsée par celle étouffante du tribunal ? En fait, c'est la triade entière mise en place dans nos trois études précédentes qui se donne ici à être réinterprétée en termes d'altérité. Je suis appelé à vivre-bien avec et pour autrui dans des institutions justes : telle est la première injonction. Mais, selon une suggestion évoquée plus haut et empruntée à F. Rosenzweig dans *L'Étoile de la Rédemption* (Deuxième livre), il est une forme de commandement qui n'est pas encore une loi : ce commandement, si on peut déjà l'appeler ainsi, se fait entendre dans la tonalité du *Cantique des Cantiques,* dans la supplication que l'amant adresse à l'aimée : « Toi, aime-moi ! ». C'est parce que la violence entache toutes les relations d'interaction, à la faveur du pouvoir-sur exercé par un agent sur le patient de son action, que le commandement se fait loi et la loi interdiction : « Tu ne tueras pas. » C'est alors que se produit la sorte de court-circuit entre conscience et obligation, pour ne pas dire entre conscience et interdiction, d'où résulte la réduction de la voix de la conscience au verdict d'un tribunal. Il ne faut pas alors cesser de remonter la pente qui ramène de cette injonction-interdiction à l'injonction du bien-vivre. Ce n'est pas tout : il ne faut pas arrêter la trajectoire de l'éthique à l'impératif-interdiction, mais en poursuivre la course jusqu'au choix moral en situation. L'injonction rejoint alors le phénomène de la *conviction* [1] que nous avons vu Hegel cantonner dans la sphère de la moralité subjective. Ce n'est pas faux, si l'on veut bien noter que c'est toujours seul que, dans ce que nous avons appelé le tragique de l'action, on se décide. En s'égalant ainsi à la conviction, la conscience en dit le côté de passivité : « Ici je me tiens ! *Je ne puis autrement !* » Mais, si l'on a bien voulu suivre

---

1. Faut-il rappeler qu'en allemand « conviction » se dit *Ueberzeugung,* terme de la même famille que le témoin *(Zeuge)* et que l'attestation *(Bezeugung)* ?

notre argumentation concernant l'éthique de la décision en situation, le moment de conviction ne se substitue pas à l'épreuve de la règle ; il survient au terme d'un conflit, qui est un conflit de devoirs. En outre, le moment de conviction marque, selon moi, un recours aux ressources encore inexplorées de l'éthique, en deçà de la morale, mais à travers elle. C'est pourquoi nous avons cru pouvoir invoquer les traits les plus singularisants de la *phronèsis* aristotélicienne pour souligner le lien qui rattache la conviction au fond éthique, à travers la couche des impératifs. Comment alors ne pas faire écho à l'exclamation de Heidegger, rapportée par Gadamer, à l'époque où le premier commentait l'éthique d'Aristote : « Mais *phronèsis,* c'est *Gewissen*[1] ! » Or, si l'on garde en mémoire la définition de la *phronèsis,* qui inclut la règle droite dans le choix du *phronimos,* on ne peut plus dire, avec le Heidegger d'*Être et Temps,* que la voix ne dit rien et se borne à renvoyer le *Dasein* à son pouvoir-être le plus propre. La conscience, en tant qu'attestation-injonction, signifie que ces « possibilités les plus propres » du *Dasein* sont originairement structurées par l'optatif du bien-vivre, lequel gouverne à titre secondaire l'impératif du respect et rejoint la conviction du jugement moral en situation. S'il en est ainsi, la passivité de l'être-enjoint consiste dans la situation d'écoute dans laquelle le sujet éthique se trouve placé par rapport à la voix qui lui est adressée à la seconde personne. Se trouver interpellé à la seconde personne, au cœur même de l'optatif du bien-vivre, puis de l'interdiction de tuer, puis de la recherche du choix approprié à la situation, c'est se reconnaître enjoint de *vivre-bien avec et pour les autres dans des institutions justes et de s'estimer soi-même en tant que porteur de ce vœu.* L'altérité de l'Autre est alors la contrepartie, au plan de la dialectique des « grands genres », de cette passivité spécifique de l'être-enjoint.

Maintenant, que dire de plus concernant l'altérité de cet Autre ? C'est ici que nous sommes confrontés au troisième défi formulé au début de cette méditation : cet Autre n'est-il pas, d'une manière ou d'une autre, autrui ? Alors que Heidegger rabat l'altérité de l'appel à l'étrang(ère)té et à la nullité de l'être-jeté, échu ou déchu, et réduit en fin de compte l'altérité de la conscience à celle englobante de l'être-dans-le-monde que nous avons recentré plus haut sur la chair, la tentation est forte de rapprocher, par contraste, l'altérité de l'injonction de celle d'autrui.

Que la conscience soit la voix de l'Autre au sens d'autrui, Hegel

---

1. Cf. ci-dessus, p. 361, n. 2.

en un sens le donne à penser, dès lors que le sort de la conscience est lié à la réconciliation encore *deux* figures partielles de l'esprit : la conscience jugeante et la conscience agissante. Ainsi, le phénomène du doublement de la conscience traverse-t-il toute la *Phénoménologie de l'esprit*, depuis le moment du désir de l'autre, en passant par la dialectique du maître et de l'esclave, jusqu'à la figure double de la belle âme et du héros de l'action. Mais il est important que l'ultime réconciliation nous laisse perplexe quant à l'identité de cet autre dans la « confession exprimée par la vision de soi-même dans l'Autre » (trad. Hyppolite, t. II, p. 198). Le pardon ne marque-t-il pas déjà l'entrée dans la sphère de la religion ? Hegel laisse son lecteur en suspens en écrivant : « Le mot de la réconciliation est l'esprit *étant-là* qui contemple le pur savoir de soi-même comme essence *universelle* dans son contraire, dans le pur savoir de soi comme *singularité* qui est absolument au-dedans de soi – une reconnaissance réciproque qui est l'*esprit absolu* » *(ibid.)* [1]. Hegel, philosophe de l'esprit, nous laisse ici dans l'indécision, à mi-chemin d'une lecture anthropologique et d'une lecture théologique.

Cette ultime équivocité quant au statut de l'Autre dans le phénomène de la conscience est peut-être ce qui demande à être préservé en dernière instance. Elle est tranchée dans un sens clairement et univoquement anthropologique dans la *métapsychologie* freudienne : la conscience morale est un autre nom du surmoi, lequel se ramène aux identifications (sédimentées, oubliées, et pour une large part refoulées) avec les figures parentales et ancestrales. La psychanalyse rejoint, mais à un plan de scientificité, maintes croyances populaires selon lesquelles la voix des ancêtres continue de se faire entendre parmi les vivants et assure ainsi, non seulement la transmission de la sagesse, mais sa réception intime à chaque étape. Cette dimension, qu'on peut dire *générationnelle*, est une composante indéniable du phénomène de l'injonction et plus encore de celui de la dette [2].

A cette explication *génétique* – légitime dans son ordre –, on

---

1. Et encore : « Le *Oui* de la réconciliation, dans lequel les deux Moi se désistent de leur *être-là* opposé, et l'*être-là* du Moi étendu jusqu'à la dualité, Moi qui en cela reste égal à soi-même et qui dans sa complète aliénation et dans son contraire complet a la certitude de soi-même ; – il est le Dieu se manifestant au milieu d'eux qui se savent comme le pur savoir » (*Phénoménologie de l'esprit*, trad. Hyppolite, t. II, p. 200).

2. Je me permets de renvoyer aux pages de *Temps et Récit* consacrées à la catégorie de la dette en tant que structure de l'historicité (*Temps et Récit*, t. III, *op. cit.*, p. 204, 227-228, *275-279*).

peut objecter qu'elle n'épuise pas le phénomène de l'injonction et encore moins celui de la dette. Si, d'une part, le soi n'était pas constitué originairement en structure d'accueil pour les sédimentations du surmoi, l'intériorisation des voix ancestrales serait impensable et le moi, en tant qu'instance primitive, ne pourrait même pas exercer la fonction de médiateur, ou mieux d'entremetteur, que Freud lui reconnaît entre les trois maîtres qui se disputent son obéissance, le ça, le surmoi et la réalité extérieure [1] ; l'aptitude à être-affecté sur le mode de l'injonction paraît bien constituer la condition de possibilité du phénomène empirique d'identification qui est loin d'avoir la transparence qu'on lui assigne trop aisément. D'autre part, le modèle générationnel de la conscience recèle une autre énigme plus indéchiffrable : la figure de l'ancêtre, par-delà celle des parents bien et mal connus, amorce un mouvement de régression sans fin, où l'Autre perd progressivement – de génération en génération ! – sa familiarité initiale présumée. L'ancêtre s'excepte du régime de la représentation, comme le vérifie sa capture par le mythe et le culte [2]. Une *pietas* d'un genre unique unit ainsi les vivants et les morts. Cette *pietas* reflète le cercle dans lequel nous tournons finalement : d'où l'ancêtre tire-t-il l'autorité de sa voix, sinon de son lien présumé privilégié avec la Loi, immémoriale comme lui ? Ainsi l'injonction se précède-t-elle elle-même, par l'entremise de l'ancêtre, figure générationnelle de l'Autre.

Ce qui vient d'être dit du surmoi freudien, en tant que parole des ancêtres résonnant dans ma tête, constitue une bonne préface pour les remarques sur lesquelles je terminerai cette méditation consacrée à l'altérité de la conscience. Je les réserverai à la réduction, qui me paraît résulter de l'ensemble de l'œuvre d'Emmanuel Lévinas, de l'altérité de la conscience à l'altérité d'autrui. A la réduction, caractéristique de la philosophie de M. Heidegger, de l'être en dette à l'étrang(èr)eté liée à la facticité de l'être dans le monde, E. Lévinas oppose une réduction symétrique de l'altérité de la conscience à l'extériorité d'autrui manifestée dans son visage. En ce sens, il n'y a pas chez E. Lévinas une autre modalité d'altérité que *cette* extériorité. Le modèle de toute altérité, c'est autrui. A l'alternative : soit l'étrang(èr)eté selon Heidegger, soit l'extériorité selon E. Lévinas, j'opposerai avec obstination le caractère original et originaire de ce qui m'apparaît constituer la

1. « Le moi et le ça », in *Essais de psychanalyse,* trad. fr. de J. Laplanche, Paris, Payot, 1981.

2. F. Wahl, « Les ancêtres, ça ne se représente pas », in *L'Interdit de la représentation,* colloque de Montpellier 1981, Paris, Éd. du Seuil, 1984, p. 31-62.

troisième modalité d'altérité, à savoir *l'être-enjoint en tant que structure de l'ipséité.*

Pour justifier le caractère irréductible de cette troisième modalité d'altérité, je reprendrai, en tenant compte de la différence des contextes, les objections que je viens d'opposer à l'explication génétique que Freud donne de l'instance du surmoi. D'une part, si l'injonction par l'autre n'est pas solidaire de l'attestation de soi, elle perd son caractère d'injonction, faute de l'existence d'un être-enjoint qui lui fait face à la manière d'un répondant. Si l'on élimine cette dimension d'auto-affection, on rend à la limite la méta-catégorie de conscience superfétatoire ; celle d'autrui suffit à la tâche. A M. Heidegger j'objectais que l'attestation est originairement injonction, sous peine que l'attestation perde toute signification éthique ou morale ; à E. Lévinas j'objecterai que l'injonction est originairement attestation, sous peine que l'injonction ne soit pas reçue et que le soi ne soit pas affecté sur le mode de l'être-enjoint. L'unité profonde de l'attestation de soi et de l'injonction venue de l'autre justifie que soit reconnue dans sa spécificité irréductible la modalité d'*altérité* correspondant, au plan des « grands genres », à la *passivité* de la conscience au plan phénoménologique.

D'un autre côté, partageant avec E. Lévinas la conviction qu'autrui est le chemin obligé de l'injonction[1], je me permettrai de souligner, plus qu'il ne le voudrait sans doute, la nécessité de maintenir une certaine équivocité au plan purement philosophique du statut de l'Autre, surtout si l'altérité de la conscience doit être tenue pour irréductible à celle d'autrui. Certes, E. Lévinas ne manque pas de dire que le visage est la *trace* de l'Autre. La catégorie de la trace paraît ainsi corriger autant que compléter celle d'*épiphanie*. Peut-être le philosophe, en tant que philosophe, doit-il avouer qu'il ne *sait* pas et ne *peut* pas dire si cet Autre, source de l'injonction, est un autrui que je puisse envisager ou qui puisse me dévisager, ou mes ancêtres dont il n'y a point de représentation, tant ma dette à leur égard est constitutive de moi-même, ou Dieu – Dieu vivant, Dieu absent – ou une place vide. Sur cette aporie de l'Autre, le discours philosophique s'arrête.

---

1. A cet égard, la distance est moins grande qu'il n'y paraît entre le thème du pardon à la fin du chapitre « Geist » (Esprit) de *Phénoménologie de l'esprit* et celui de la substitution dans *Autrement qu'être*, à cette différence près, à vrai dire considérable, que chez Hegel la réciprocité l'emporte, alors que chez Lévinas c'est l'asymétrie au bénéfice de l'autre.

On me permettra de conclure sur le ton de l'ironie socratique. Faut-il laisser dans un tel état de dispersion les trois grandes expériences de *passivité,* celle du corps propre, celle d'autrui, celle de la conscience, qui induisent trois modalités d'*altérité* au plan des « grands genres » ? Cette dispersion me paraît au total convenir à l'idée même d'altérité. Seul un discours autre que lui-même, dirai-je en plagiant le *Parménide,* et sans m'aventurer plus avant dans la forêt de la spéculation, convient à la méta-catégorie de l'altérité, sous peine que l'altérité se supprime en devenant même qu'elle-même...

Ouvrages cités

Anscombe (G.E.M.), *Intention*, Oxford, Basic Blackwell, 1979.
Apel (K.O.), *Sur le problème d'une fondation rationnelle de l'éthique à l'âge de la science. L'a priori de la communauté communicationnelle et les fondements de l'éthique*, trad. fr. de R. Lellouche et I. Mittmann, Presses universitaires de Lille, 1987 (dernier article de *Transformation der Philosophie*, Francfort, Suhrkamp, 1973).
Arendt (H.), *La Condition de l'homme moderne*, trad. fr. de G. Fradier, préf. de P. Ricœur, Paris, Calmann-Lévy, 1961 et 1983 ; repris par Agora, Paris, Presses Pocket, 1988.
– *La Crise de la culture, huit exercices de pensée politique*, trad. fr. sous la direction de P. Lévy, Paris, Gallimard, 1972 [titre original : *Between past and future*].
– *Du mensonge à la violence* trad. fr. de G. Durand, Paris, Calmann-Lévy, 1972 [titre original : *Crises of the Republic*].
– *Les Origines du totalitarisme*, trad. fr., 3 vol. : *Sur l'antisémitisme*, Paris, Calmann-Lévy, 1973 ; Éd. du Seuil, coll. « Points », 1984 ; *L'Impérialisme*, Paris, Fayard, 1982 ; Éd. du Seuil, coll. « Points », 1984 ; *Le Système totalitaire*, Éd. du Seuil, coll. « Points », 1972.
Aristote, *De l'âme*, trad. fr. de J. Tricot, Paris, Vrin, 1965.
– *Éthique à Eudème*, intr., trad. et notes de V. Décarie, R. Houde-Sauvé, Paris, Vrin, Montréal, Presses de l'université de Montréal, 1978.
– *Éthique à Nicomaque*, intr., trad. et commentaire de R.-A. Gauthier et J.-Y. Jolif, Louvain, Publications universitaires de Louvain, Paris, Béatrice Nauwelaerts, 1958.
– *Éthique à Nicomaque*, nlle trad. avec intr. et notes de J. Tricot, Paris, Vrin, 6ᵉ éd., 1987.
– *Éthique à Nicomaque*, trad., préf. et notes de J. Voilquin, Paris, Garnier 1963, Garnier-Flammarion, 1965.
– *Métaphysique*, trad. fr. de J. Tricot, Paris, Vrin, 1964.
– *Physique*, trad. fr. de H. Carteron, Paris, Les Belles Lettres, 3ᵉ éd., 1961.
– *La Poétique*, texte, trad. et notes de R. Dupont-Roc et J. Lallot, Paris, Éd. du Seuil, 1980.
– *Rhétorique*, texte établi et traduit par M. Dufour, Paris, Les Belles Lettres, 1960.
Aubenque (P.), *La Prudence chez Aristote*, Paris, PUF, 1963.

Augustin (saint), *Confessions*, Paris, Les Belles Lettres, 1969-1977.

Austin (J.L.), *How to do things with words*, Harvard University Press, 1962.

– *Quand dire, c'est faire*, intr. et trad. fr. de G. Lane, Paris, Éd. du Seuil, 1970.

Beauchamp (P.), *L'Un et l'Autre Testament : Essai de lecture*, Paris, Éd. du Seuil, 1977.

Benjamin (W.), « Der Erzähler. Bctrachtungen zum Werk Nicolaj Lesskows », in *Illuminationen*, Francfort, Suhrkamp, 1969 ; trad. fr. de M. de Gandillac, « Le narrateur », in *Poésie et Révolution*, Paris, Denoël, 1971 ; repris in *Rastelli raconte et autres récits*, Paris, Éd. du Seuil, 1987.

Benveniste (É.), *Problèmes de linguistique générale*, Paris, Gallimard, 1966.

– « Le langage et l'expérience humaine », in *Problèmes du langage*, Paris, Gallimard, coll. « Diogène », 1966 ; repris in *Problèmes de linguistique générale II*, Paris, Gallimard, 1974.

Berlin (I.), *Four Essays on Liberty*, Londres, 1969 ; trad. fr. de J. Carnaud et J. Lahana, *Éloge de la liberté*, Paris, Calmann-Lévy, 1988.

Brague (R.), *Aristote et la question du monde*, Paris, PUF, 1988.

Braudel (F.), *L'Identité de la France*, Paris, Arthaud, 1986.

Bremond (C.), *Logique du récit*, Paris, Éd. du Seuil, 1973.

Bubner (R.), « Moralité et *Sittlichkeit* – sur l'origine d'une opposition », *Revue internationale de philosophie*, nº 3, 1988, *Kant et la Raison pratique*.

Butler (J.), « Of Personal Identity » [extrait de l'appendice I de J. Butler, *The Analogy of Religion*, 1736], cité in J. Perry (éd.), *Personal identity*, Berkeley, Los Angeles, Londres, University of California Press, 1975, p. 99-105.

Calvo (F.), *Socrate. Platone. Aristotele. Cercare l'uomo*. Gênes, Marietti, 1989.

Carnois (B.), *La Cohérence de la doctrine kantienne de la liberté*, Paris, Éd. du Seuil, 1973.

Chisholm (R.), *Person and Object, a metaphysical study*, Londres, G. Allen and Unwin, 1976.

Coquet (J.-C.), *Le Discours et son Sujet : 1. Essai de grammaire modale, 2. Pratique de la grammaire modale*, Paris, Klincksieck, 1984-1985.

Danto (A.), *Analytical Philosophy of Action*, Cambridge University Press, 1973.

– « Basic Actions », in *American Philosophical Quarterly*, nº 2, 1965.

Davidson (D.), *Essays on Actions and Events*, Oxford, Clarendon Press, 1980.

Delaisi (G) et Fagot (A.), « Les droits de l'embryon », in *Revue de métaphysique et de morale*, nº 3, 1987, p. 361-387.

Deleuze (G.), *Nietzsche et la Philosophie*, Paris, PUF, 2ᵉ éd., 1967.

Descartes (R.), *Discours de la méthode*, éd. C. Adam et P. Tannery, Paris, Vrin, t. VI, 1982.

– *Meditationes de prima philosophia*, éd. C. Adam et P. Tannery, Paris, Vrin, t. VII, 1983 ; trad. fr., Paris, Vrin, t. IX¹, 1973. Voir également :
– *Méditations de philosophie première dans lesquelles sont montrées l'existence de Dieu et la distinction de l'âme et du corps* dites *Méditations métaphysiques*, Paris, Garnier-Flammarion, 1979.
– *Les Passions de l'âme*, intr. et notes par G. Rodis-Lewis, Paris, Vrin, 1964.
– *Les Passions de l'âme*, éd. Adam-Tannery, t. XI, Paris, Vrin, 1974.
Diels (H.), *Fragmente der Vorsokratiker*, Berlin, 1903 : 6ᵉ éd. de W. Kranz, 1951 ; trad. fr. de J.-P. Dumont, D. Delattre et J.-L. Poirier, *Les Présocratiques*, Paris, Gallimard, coll. « Bibliothèque de La Pléiade », 1988.
Donagan (A.), *The Theory of Morality*, University of Chicago Press, 1977.
Dupuy (J.-P.), « Les paradoxes de *Théorie de la justice* (John Rawls) », *Esprit*, n° 1, 1988, p. 72 sq.
Dworkin (R.), *Taking Rights Seriously*, Harvard University Press, 1977.
Ellendt (F.), *Lexicon Sophocleum*, Berlin, Bornträger, 1834-1835 et 1867-1872.
Fagot (A.) et Delaisi (G.), « Les droits de l'embryon », in *Revue de métaphysique et de morale*, n° 3, 1987, p. 361-387.
Fay (B.) *et al.*, L. Mink, *Historical Understanding*, Cornell University Press, 1987.
Ferry (J.-M.), *Habermas. L'éthique de la communication*, Paris, PUF, 1987.
Fessard (G.), *Théâtre et Mystère*, préf. à G. Marcel, *La Soif*, Paris, Desclée de Brouwer, 1938.
Finkielkraut (A.), *La Défaite de la pensée*, Paris, Gallimard, 1987.
Foucault (M.), *Le Souci de soi*, t. III d'*Histoire de la sexualité*, Paris, Gallimard, 1984.
Fraisse (J.-C.), *Philia. La notion d'amitié dans la philosophie antique*, Paris, Vrin, 1984.
Fraisse (S.), *Le Mythe d'Antigone*, Paris, Colin, 1973.
Franck (D.), *Chair et Corps. Sur la phénoménologie de Husserl*, Paris, Éd. de Minuit, 1981.
Freud (S.), « Le moi et le ça », in *Essais de psychanalyse*, trad. fr. de J. Laplanche, Paris, Payot, 1981.
Frye (N.), *Le Grand Code. La Bible et la littérature*, préf. de T. Todorov, trad. fr. de C. Malamoud, Paris, Éd. du Seuil, 1984.
Gadamer (H.-G.), *Vérité et Méthode. Les grandes lignes d'une herméneutique philosophique*, Paris, Éd. du Seuil, 1973.
– *Heideggers Wege : Studien zum Spätwerk*, Tübingen, J.C.B. Mohr, 1983.
– « Erinnerungen an Heideggers Anfänge », *Itinerari*, vol. XXV, n° 1-2, 1986.
Gagnebin (J.-M.), *Histoire, Mémoire et Oubli chez Walter Benjamin* (inédit).

Gellrich (M.), *Tragedy and Theory, the Problem of Conflict since Aristotle*, Princeton University Press, 1988.

Gewirth (A.), *Reason and Morality*, Chicago University Press, 1978.

Goyard-Fabre (S.), *Kant et le Problème du droit*, Paris, Vrin, 1975.

Granger (G.G.), *Langages et Épistémologie*, Paris, Klincksieck, 1979.

Greimas (A.J.), *Maupassant : la sémiotique du texte, exercices pratiques*, Paris, Éd. du Seuil, 1976.

Greisch (J.), *L'Age herméneutique de la raison*, Éd. du Cerf, 1985.

Grice (H.P.), « Meaning », in *The Phil. Rev.*, vol. LXVI, 1957, p. 377-388.

– « Utterer's Meaning and Intentions », in *The Phil. Rev.*, vol. LXXVIII, 1969, p. 147-177.

– « Utterer's Meaning, Sentence-Meaning, and Word-Meaning », *in* J.R. Searle (éd.), *The Philosophy of Language*, Oxford University Press, 1977, p. 54-70.

Gueroult (M.), « Les " déplacements " *(Verstellungen)* de la conscience morale kantienne selon Hegel », in *Hommage à Jean Hyppolite*, Paris, PUF, coll. « Épiméthée », 1971, p. 47-80.

– *Descartes selon l'ordre des raisons*, 2 vol., Paris, Aubier-Montaigne, 1953.

Guillaume (G.), *Temps et Verbe*, Paris, Champion, 1965.

Habermas (J.), *Connaissance et Intérêt*, trad. fr. de G. Clémençon, Paris, Gallimard, 1976.

– *Morale et Communication ; conscience morale et activité communicationnelle*, trad. fr. de C. Bouchindhomme, Paris, Éd. du Cerf, 1986.

– « La modernité : un projet inachevé », in *Critique*, n° 413, octobre 1981.

Hamon (P.), « Statut sémiologique du personnage », *in* R. Barthes *et al.*, *Poétique du récit*, Paris, Éd. du Seuil, 1977.

Hampshire (S.), *Thought and Action*, nlle éd., Notre Dame (Ind.), University of Notre Dame Press, 1983.

Hardie (W.F.R.), *Aristotle's Ethical Theory*, Oxford University Press, 2ᵉ éd., 1981, p. 177-181.

Hart (H.L.A.), « The Ascription of Responsability and Rights », in *Proceedings of the Aristotelian Society*, n° 49, Londres, 1948, p. 171-194.

– et Honoré (A.M.), *Causation in the Law*, Oxford, Clarendon Press, 1959.

Havel (Václav), *Essais politiques*, textes réunis par Roger Errera ... Jan Vladislav, préface de Jan Vladislav, Paris, Calmann-Lévy, 1989.

Hegel (G.W.F.), *Encyclopédie des sciences philosophiques en abrégé*, trad. fr. de M. de Gandillac, Paris, Gallimard, 1970.

– *Esthétique*, trad. fr. de S. Jankélévitch, t. IV, *La Poésie*, Paris, Flammarion, coll. « Champs », 1979.

– *Phénoménologie de l'Esprit*, trad. fr. de J. Hyppolite, Paris, Aubier-Montaigne, 1947.

– *Principes de la philosophie du droit ou Droit naturel et Science de l'État en abrégé*, trad. fr. de R. Derathé, Paris, Vrin, 1989.

Heidegger (M.), *Sein und Zeit*, 1927, Tübingen, Max Niemeyer, 1984, 15ᵉ éd.
- *Être et Temps*, trad. fr. de E. Martineau, *Authentica*, édition hors commerce, 1989.
- *Être et Temps*, trad. fr. de F. Vezin, Paris, Gallimard, 1986.
- *Aristoteles, Metaphysik θ1-3 : von Wesen und Wirklichkeit der Kraft*, GA 33, Francfort, Vittorio Klostermann, 1981.
Henrich (D.), « Der Begriff der sittlichen Einsicht und Kants Lehre von Faktum der Vernunft », *in* G.P. Prauss (éd), Kant, Cologne, Kiepⁿⁿheuer und Witsch, 1973.
Henry (M.), *Philosophie et Phénoménologie du corps. Essai sur l'ontologie biranienne*, Paris, PUF, 1965.
Hintikka (M.B.), *Essays on Davidson Actions and Events*, éd. par B. Vermazen, Oxford, Clarendon Press, 1985.
Hisashige (T.), *Phénoménologie de la conscience de culpabilité. Essai de pathologie éthique*, présentation de P. Ricœur, Tokyo, Presses de l'université Senshu, 1983.
Höffe (O.), *Introduction à la philosophie pratique de Kant (la morale, le droit et la religion)*, trad. fr. de F. Rüegg et S. Gillioz, Albeuve, Suisse, Éd. Castella, 1985.
Hume (D.), *Enquête sur l'entendement humain*, trad. fr. d'A. Leroy, Aubier-Montaigne, 1947.
- *A Treatise of Human Nature*, 2ᵉ éd. par P.H. Nidditch, Oxford, Clarendon Press, 1978.
- *Traité de la nature humaine*, trad. fr. d'A. Leroy, Paris, Aubier-Montaigne, 1968.
- « Of personal Identity » [extrait de *A Treatise of Human Nature*, livre I, partie IV, section 6 (1739)], *in* J. Perry (éd.), *Personal Identity*, Berkeley, Los Angeles, Londres, University of California Press, 1975, p. 161-172.
- « Of Skepticism with Regard to the Senses » [extrait de *A Treatise of Human Nature*, livre I, partie IV, section 2 (1739)], cité sous le titre « Our Idea of Identity », *in* J. Perry (éd.), *Personal Identity*, Berkeley, Los Angeles, Londres, University of California Press, 1975, p. 159-160.
- extrait de l'appendice de l'édition de 1740 de *A Treatise of Human Nature*, édité par J. Perry sous le titre « Second Thoughts », in *Personal Identity*, Berkeley, Los Angeles, Londres, University of California Press, 1975, p. 173-176.
Husserl (E.), *Cartesianische Meditationen und pariser Vorträge*, éd. S. Strasser, *Husserliana*, I, 1950 ; trad. fr. de G. Peiffer et E. Lévinas, *Méditations cartésiennes, introduction à la phénoménologie*, Paris, Vrin, 1953, 1966.
- *Ideen zu einer reinen Phaenomenologie und phaenomenologischen Philosophie, Jahrbuch für Philosophie und phänomenologische Forschung*, t. I, Halle, M. Niemeyer, 1913 ; éd. W. Biemel, *Husserliana*, III, 1950 ; trad. fr. de P. Ricœur, *Idées directrices pour une phénoménologie*, Paris, Gallimard, 1950, 1985.

Jacques (F.), *Différence et Subjectivité,* Paris, Aubier, 1982.
– *Dialogiques II,* Paris, PUF, 1984.
– *L'Espace logique de l'interlocution,* Paris, PUF, 1985.
Jaspers (K.), *Von der Wahrheit,* Munich, Piper Verlag, 1947.
– « Le mal radical chez Kant », in *Bilan et Perspectives,* trad. fr. de H. Naef et J. Hersch, Desclée de Brouwer, 1956, p. 189-215.
Jauss (H.R.), « La jouissance esthétique. Les expériences fondamentales de la *poièsis,* de l'*aisthèsis* et de la *catharsis* », in *Poétique,* n° 39, Paris, Éd. du Seuil, septembre 1979.
Jonas (H.), *Das Prinzip Verantwortung. Versuch einer Ethik für die technologische Zivilisation,* Francfort, Insel Verlag, 1980.
Jüngel (E.), *Gott als Geheimnis der Welt,* Tübingen, Mohr, 1977. Trad. fr. de Horst Hombourg, *Dieu le mystère du monde,* 2 vol., Paris, Éd. du Cerf, 1983.
Kant (E.), *Critique de la faculté de juger,* trad. fr. d'A. Philonenko, Paris, Vrin, 1982 ; et in *Œuvres philosophiques,* t. II, éd. F. Alquié, trad. fr. de J.-R. Ladmiral, M.-B. de Launay et J.-M. Vaysse, Paris, Gallimard, coll. « Bibliothèque de la Pléiade », 1985.
– *Critique de la Raison pratique,* trad. fr. de F. Picavet, PUF, 1949, 4ᵉ éd. 1965 ; et in *Œuvres philosophiques,* t. II, éd. F. Alquié, trad. fr. de L. Ferry et H. Wismann, Paris, Gallimard, coll. « Bibliothèque de la Pléiade », 1985.
– *Critique de la Raison pure,* trad. fr. d'A. Tremesaygues et B. Pacaud, Paris, PUF, 1963 ; et in *Œuvres philosophiques,* t. I, sous la direction de F. Alquié, trad. fr. de J.-L. Delamarre et F. Marty, Paris, Gallimard, coll. « Bibliothèque de la Pléiade », 1980.
– *Essai pour introduire en philosophie le concept de grandeur négative,* in *Œuvres philosophiques,* t. I, Paris, Gallimard, coll. « Bibliothèque de la Pléiade », 1986.
– « Essai sur le mal radical », in *La Religion dans les limites de la simple raison* (1793), trad. fr. de J. Gibelin, Paris, Vrin, 1968 ; et in *Œuvres philosophiques,* t. III, sous la direction de F. Alquié, trad. fr. d'A. Philonenko, Paris, Gallimard, coll. « Bibliothèque de la Pléiade », 1986.
– *Fondements de la métaphysique des mœurs,* trad. fr. de V. Delbos revue et modifiée par F. Alquié ; in *Œuvres philosophiques,* t. II, Paris, Gallimard, coll. « Bibliothèque de la Pléiade », 1985 ; et trad. fr. d'A. Philonenko, Paris, Vrin, 1980.
– *La Métaphysique des mœurs,* 1ʳᵉ partie, *Doctrine du droit,* trad. fr. d'A. Philonenko, Paris, Vrin, 1971 ; 2ᵉ partie, *Doctrine de la vertu,* trad. fr. d'A. Philonenko, Paris, Vrin, 1968 ; et in *Œuvres philosophiques,* t. III, sous la direction de F. Alquié, trad. fr. de J. et O. Masson, Paris, Gallimard, coll. « Bibliothèque de la Pléiade », 1986.
– *Réponse à la question : qu'est-ce que les Lumières ?,* in *Œuvres philosophiques,* t. II, sous la direction de F. Alquié, trad. fr. de H. Wismann, Paris, Gallimard, coll. « Bibliothèque de la Pléiade », 1985.
– *Sur un prétendu droit de mentir par humanité* (1797), trad. fr. de L. Guillermit, in *Théorie et Pratique. Droit de mentir,* Paris, Vrin,

1988 ; et in *Œuvres philosophiques*, t. III, trad. fr. de L. Ferry, Paris, Gallimard, coll. « Bibliothèque de la Pléiade », 1986.

Kapstein (M.), « Collins, Parfit and the Problem of Personal Identity in two Philosophical Traditions. A Review of Selfless Persons », in *Feature Book Review* (tiré à part communiqué à l'auteur).

Kemp (P.), *Éthique et Médecine*, Paris, Tierce-Médecine, 1987.

– « Ethics and Narrativity », in *Aquinas, Revista Internazionale di Filosofia*, Rome, Publications de l'Université du Latran, 1987.

Kenny (A.), *Action, Emotion and Will*, Londres, Routledge and Kegan Paul, 1963.

Kermode (F.), *The Genesis of Secrecy. On the Interpretation of Narrative*, Cambridge, Harvard University Press, 1979.

– *The Sense of an Ending. Studies in the Theory of Fiction*, Londres, Oxford, New York, Oxford University Press, 1966.

Koselleck (R.), *Vergangene Zukunft. Zur Semantik geschichtlicher Zeiten*, Francfort, Suhrkamp, 1979.

Lalande (A.), *Vocabulaire technique et critique de la philosophie*, Paris, PUF, 1960.

Lefort (C.), *Essai sur le politique*, Paris, Éd. du Seuil, coll. « Esprit », 1986.

Lejeune (P.), *Le Pacte autobiographique*, Paris, Éd. du Seuil, 1975.

Lévinas (E.), *Le Temps et l'Autre*, Paris, Arthaud, 1947 ; réimp. Montpellier, Fata Morgana, 1979 ; Paris, PUF, 1983-1985.

– *Totalité et Infini. Essai sur l'extériorité*, La Haye, M. Nijhoff, 1961, 1965, 1968, 1971, 1974.

– *Autrement qu'être ou au-delà de l'essence*, La Haye, M. Nijhoff, 1974.

Lewis (D.), « Survival and Identity », *in* A.O. Rorty (éd.), *The Identities of Persons*, Berkeley, Los Angeles, Londres, University of California Press, 1976, p. 17-40.

Locke (J.), *An Essay concerning Human Understanding* (1690), éd. P.H. Nidditch, Oxford, 1975.

– *Essai philosophique concernant l'entendement humain*, trad. fr. de P. Coste, Paris, Vrin, 1972.

– « Of Identity and Diversity » [extrait du chapitre XXVII de J. Locke, *Essay concerning Human Understanding*], *in* J. Perry (éd.), *Personal Identity*, Berkeley, Los Angeles, Londres, University of California Press, 1975, p. 33-52.

MacIntyre (A.), *After Virtue, a study in moral theory*, Notre Dame (Ind.), University of Notre Dame Press, 1981.

Maine de Biran, *Journal*, éd. int. pub. par H. Gouhier, Neuchâtel, Éd. de la Baconnière ; Amsterdam, Imp. de Holland, 1954.

Man (P. de), « Rhetoric of Tropes », in *Allegories of Reading : figural language in Rousseau, Nietzsche, Rilke and Proust*, New Haven, Londres, Yale University Press, 1979.

Mansion (A.), *Introduction à la physique aristotélicienne*, Louvain, 1946 ; Paris, Vrin, 1973.

Marcel (G.), *Être et Avoir*, Paris, Aubier, 1935.

– *Actes du colloque Gabriel Marcel (28-30 septembre 1988)*, Paris, Bibliothèque nationale, 1989.

Marx (W.), *Ethos und Lebenswelt. Mitleidenkönnen als Mass*, Hambourg, Felix Meiner Verlag, 1986.

Melden (A.I.), *Free Action*, Londres, Routledge and Kegan Paul, 1961.

Mink (L.O.), « History and Fiction as Modes of Comprehension », in *New Literary History I*, 1979.

Musil (R.), *L'Homme sans qualités*, 2 vol., trad. fr. de P. Jaccottet, Paris, Éd. du Seuil, 1979.

Nabert (J.), *Éléments pour une éthique*, préf. de P. Ricœur, Paris, Montaigne, 1962, chap. VII, « L'ascèse », p. 121-138.

– *Essai sur le mal*, « Note sur l'idée de mal chez Kant », Paris, PUF, 1955, p. 159-165.

Nietzsche (F.), *Cours de rhétorique*, professé à Bâle, trimestre d'hiver 1872-1873 ; t. V de l'éd. Kröner-Musarion, trad. et présenté en français par P. Lacoue-Labarthe et J.-L. Nancy, in *Poétique*, n° 5, 1971 ; et en anglais par C. Blair, in *Philosophy and Rhetoric*, 1983, p. 94-129.

– *Fragments posthumes*, in *Œuvres philosophiques complètes*, t. IX à XIV, éd. G. Colli et M. Montinari, Paris, Gallimard.

– *Généalogie de la morale*, in *Œuvres philosophiques complètes*, t. VII, textes et variantes établis par G. Colli et M. Montinari, trad. fr. de C. Heim, I. Hildenbrand, J. Gratien, Paris, Gallimard, 1971, 1987.

– *Le Livre du philosophe. Das Philosophenbuch*, éd. bilingue, trad. fr. d'A.K. Marietti, Paris, Aubier-Flammarion, 1969.

– *La Naissance de la tragédie*, in *Œuvres philosophiques complètes*, t. I, sous la direction de G. Colli et M. Montinari, trad. fr. de M. Haar, P. Lacoue-Labarthe et J.-L. Nancy, Paris, Gallimard, 1977.

– *Vérité et Mensonge au sens extra-moral*, in *Œuvres philosophiques complètes*, t. I, vol. 2, *Écrits posthumes 1870-1873*, sous la direction de G. Colli et M. Montinari, Paris, Gallimard, 1975.

– *La Volonté de puissance*, trad. fr. de G. Bianquis, Paris, Gallimard, 1948.

Nussbaum (M.C.), *The fragility of goodness, Luck and ethics in Greek tragedy and philosophy*, Cambridge University Press, 1986.

Parfit (D.), « Personal Identity », *in* J. Perry (éd.), *Personal Identity*, section V, « Personal Identity and Survival », Berkeley, Los Angeles, Londres, University of California Press, 1975, p. 199-223.

– *Reasons and Persons*, Oxford University Press, 1986.

Pariente (J.-C.), *Le Langage et l'Individuel*, Paris, Colin, 1973.

Peirce (C.S.), *Collected Papers*, Harvard University Press, 5 vol., 1931-1935.

– *Écrits sur le signe*, rassemblés, traduits et commentés par G. Deledalle, Paris, Éd. du Seuil, 1978.

Perry (J.), *Personal identity*, Berkeley, Los Angeles, Londres, University of California Press, 1975.

Petit (J.-L.), *La Sémantique de l'action*, inédit, Paris I - Sorbonne.

Platon, *Dialogues,* Paris, Les Belles Lettres.

Propp (W.), *Morphologie du conte,* Paris, Éd. du Seuil, 1965, 1970.

Proust (M.), *A la Recherche du temps perdu,* 3 vol., Paris, Gallimard, coll. « Bibliothèque de la Pléiade », 1954, 1956, 1963.

Ravaisson (F.), *De l'habitude,* Corpus des œuvres de philosophie en langue française, Paris, Fayard, 1984.

Rawls (J.), *A Theory of Justice,* Harvard University Press, 1971, *Théorie de la justice,* trad. fr. de C. Audard, Paris, Éd. du Seuil, 1987.

– « Un consensus par recoupement », in *Revue de métaphysique et de morale,* n° 1, 1988, p. 3-32.

Récanati (F.), *La Transparence et l'Énonciation,* Paris, Éd. du Seuil, 1979.

Revault d'Allonnes (M.), « Amor Mundi : la persévérance du politique », in *Ontologie et Politique. Hannah Arendt,* Paris, Tierce, 1989.

Rey (G.), « Survival », *in* A.O. Rorty (éd.), *The Identities of Persons,* Berkeley, Los Angeles, Londres, University of California Press, 1976, p. 41-66.

Richter (J.P.), dit Jean Paul, *Vorschule der Aesthetik, nebst einigen Vorlesungen in Leipzig über die Parteien der Zeit,* Hambourg, F. Perthes, 1804 ; trad. fr., A. Büchner et L. Dumont, *Poétique ou Introduction à l'esthétique,* Paris, Durand, 1862.

Ricœur (P.), *A l'école de la phénoménologie,* Paris, Vrin, 1980.

– *Lectures on Ideology and Utopia,* éd. G.H. Taylor, New York, Columbia University Press, 1986.

– « Le cercle de la démonstration dans *Théorie de la justice* (John Rawls) », in *Esprit,* n° 2, 1988, p. 78 et *sq.*

– « Emmanuel Lévinas, penseur du témoignage », in *Répondre d'autrui, Emmanuel Lévinas* (collectif), Lausanne, La Baconnière, 1989.

– « Entre éthique et ontologie, la disponibilité », *Colloque Gabriel Marcel (1988),* Paris, Bibliothèque nationale, 1989.

– « Le paradoxe politique », in *Esprit,* n° 5, mai 1957, repris in *Histoire et Vérité,* Paris, Éd. du Seuil, 3ᵉ éd. augmentée, 1987.

– « Pouvoir et violence », in *Ontologie et Politique. Hannah Arendt,* Paris, Tierce, 1989, p. 141-159.

– « Le récit interprétatif. Exégèse et théologie dans les récits de la Passion », *Recherches de science religieuse,* 1985.

– « Le sujet convoqué. A l'école des récits de vocation prophétique », *Revue de l'Institut catholique de Paris,* octobre-décembre 1988, p. 88-89.

Riedel (M.), *Für eine zweite Philosophie. Vorträge und Abhandlungen,* Francfort, Suhrkamp, 1988.

Robins (M.H.), *Promising, Intending, and Moral Autonomy,* Cambridge University Press, 1984.

Romains (J.), *Les Hommes de bonne volonté,* 4 vol., Paris, Flammarion, 1973.

Romeyer-Dherbey (G.), *Maine de Biran ou le Penseur de l'immanence radicale,* Paris, Seghers, 1974.

Rorty (A.O.) (éd.), *The Identities of Persons*, Berkeley, Los Angeles, Londres, University Press of California, 1976.

Rosenzweig (F.), *L'Étoile de la rédemption*, trad. fr. d'A. Derczanski et J.-L. Schlegel, Paris, Éd. du Seuil, 1982.

Rousseau (J.-J.), *Du Contrat social*, in *Œuvres complètes*, t. III, sous la direction de B. Gagnebin et M. Raymond, Paris, Gallimard, coll. « Bibliothèque de la Pléiade », 1964.

Ryle (G.), *The Concept of Mind*, Londres, New York, Hutchinson's University Library, 1949 ; trad. fr. de S. Stern-Gillet, *La Notion d'esprit*, Paris, Payot, 1978.

Schapp (W.), *In Geschichten verstrickt*, Wiesbaden, B. Heymann, 1976.

Scheler (M.), *Der Formalismus in der Ethik und die materiale Wertethik ; neue Versuch der Grundlegung eines ethischen Personalismus*, 1954 ; nlle éd., Berne, 1966.

- *Le Formalisme en éthique et l'Éthique matériale des valeurs, essai nouveau pour fonder un personnalisme éthique*, trad. fr. de M. de Gandillac, Paris, Gallimard, 1955.

- *Zur Phänomenologie der Sympathiegefühle und von Liebe und Hasse*, Halle, Niemeyer, 1913.

- *Nature et Formes de la sympathie*, trad. fr. de M. Lefebvre, Paris, Payot, 1928 ; nlle éd., « Petite bibliothèque Payot », 1971.

Searle (J.R.), *Les Actes de langage*, Paris, Hermann, 1972.

- *The Philosophy of Language*, Oxford University Press, 5e éd., 1977.

Shoemaker (S.), *Self-knowledge and self-identity*, Ithaca, Cornell University Press, 1963.

Spinoza (B.), *Éthique*, texte et trad. fr. de C. Appuhn, Paris, Vrin, 1977.

- *Traité politique*, texte et trad. fr. de S. Zac, Paris, Vrin, 1968.

Steiner (G.), *Antigones*, Oxford, Clarendon Press, 1984.

- *Les Antigones*, trad. fr. de P. Blanchard, Paris, Gallimard, 1986.

Strasser (S.), *Das Gemüt, Grundgedanken zu einer phänomenologischen Philosophie und Theorie des menschlichen Gefühlslebens*, Utrecht, Uitgeverijet Spectrum, 1956.

Strawson (P.F.), *Individuals*, Londres, Methuen and Co, 1959 ; trad. fr. d'A. Shalom et P. Drong, *Les Individus*, Paris, Éd. du Seuil, 1973.

- « Essays on Davidson *Actions and Events* », *in* B. Vermazen et M. Hintikka (éd.), *Causation and Explanation*, Oxford, Clarendon Press, 1985.

Taminiaux (J.), *Lectures de l'ontologie fondamentale. Essais sur Heidegger*, Grenoble, Jérôme Millon, 1989.

Taylor (Ch.), *The Explanation of Behaviour*, Londres, Routledge and Kegan Paul, 1964.

- « Hegel's Concept of Action as Unity of Poiesis and Praxis », *in* L.S. Stepelevitch et D. Lamb (éd.), *Hegel's Philosophy of Action*, Humanities Press, 1983.

- *Philosophical Papers*, 2 vol. : *Human Agency and Language*, et *Philosophy and the Human Sciences*, Cambridge University Press, 1985.

Vanderveken (D.), *Les Actes de discours*, Liège, Bruxelles, Mariaga, 1988.

Vernant (J.-P.) et Vidal-Naquet (P.), *Mythe et Tragédie en Grèce ancienne*, t. I, Paris, La Découverte, 1986.

Volpi (F.), *Heidegger e Aristotele*, Padoue, Daphni, 1984.

– « *Dasein* comme *praxis* : l'assimilation et la radicalisation heideggérienne de la philosophie d'Aristote », in *Phaenomenologica*, Dordrecht, Boston, Londres, Kluwer Academic Publ., 1988.

Wahl (F.), « Les ancêtres, ça ne se représente pas », in *L'Interdit de la représentation*, colloque de Montpellier 1981, Paris, Éd. du Seuil, 1984, p.31-62.

Walzer (M.), *Spheres of Justice. A Defense of Pluralism and Equality*, New York, Basic Books, 1983.

Weber (M.), *Wirtschaft und Gesellschaft*, 5ᵉ éd. révisée, Tübingen, J.B.C. Mohr et P. Siebeck, Studienausgabe, 1972 ; trad. fr. de J. Freund *et al.*, *Économie et Société*, Paris, Plon, 1971.

– « Le métier et la vocation d'homme politique », in *Le Savant et le Politique*, trad. fr. de J. Freund, Paris, Plon, 1959, p. 99-185.

Weil (É.), *Hegel et l'État*, Paris, Vrin, 1966.

– *Logique de la philosophie*, Paris, Vrin, 1950.

– *Problèmes kantiens*, Paris, Vrin, 1970.

Wiggins (D.), « Deliberation and practical reason », *in* A.O. Rorty (éd.), *Essays on Aristotle's Ethics*, University of California Press, 1980.

Williams (B.), *Problems of the Self*, Cambridge University Press, 1973.

– « The Self and the Future », *in* J. Perry (éd.), *Personal Identity*, section V, « Personal Identity and Survival », Berkeley, Los Angeles, Londres, University of California Press, 1975, p. 179-198.

Wittgenstein (L.), *Tractatus logico-philosophicus*, trad. fr. de P. Klossowski, Paris, Gallimard, 1961. *The Blue and Brown Books*, éd. R. Rhees, Oxford, Basil Blackwell, 1958.

– *Le Cahier bleu et le Cahier brun*, trad. fr. de G. Durand, Paris, Gallimard, 1965, repris en coll. Tel, Paris, Gallimard, 1988.

– *Investigations philosophiques*, trad. fr. de P. Klossowski, Paris, Gallimard, 1961.

Wright (G.H. von), *Explanation and Understanding*, Londres, Routledge and Kegan Paul, 1971.

Zac (S.), *L'Idée de vie dans la philosophie de Spinoza*, Paris, PUF, 1963.

Index

423

Table

Du même auteur

AUX MÊMES ÉDITIONS

Karl Jaspers
et la philosophie de l'existence
(avec Mikel Dufrenne)
1947
« La Couleur des idées », 2000

Gabriel Marcel et Karl Jaspers
Philosophie du mystère et philosophie du paradoxe
1948

Histoire et vérité
(3ᵉ édition, augmentée de quelques textes)
« Esprit », 1955, 1964, 1990
et « Points Essais » n° 468, 2001

De l'interprétation
Essai sur Freud
« L'Ordre philosophique », 1965
et « Points Essais » n° 298, 1995

Le Conflit des interprétations
Essais d'herméneutique I
« L'Ordre philosophique », 1969
et « Points Essais » n° 706, 2013

La Métaphore vive
« L'Ordre philosophique », 1975
et « Points Essais » n° 347, 1997

Temps et récit
1. L'intrigue et le récit historique
« L'Ordre philosophique », 1983
et « Points Essais » n° 228, 1991

Temps et récit
2. La configuration dans le récit de fiction
« L'Ordre philosophique », 1984
et « Points Essais » n° 229, 1991

Temps et récit
3. Le temps raconté
« L'Ordre philosophique », 1985
et « Points Essais » n° 230, 1991

Du texte à l'action
Essais d'herméneutique II
« Esprit », 1986
et « Points Essais » n° 377, 1998

Lectures 1
Autour du politique
« La Couleur des idées », 1991
et « Points Essais » n° 382, 1999

Lectures 2
La contrée des philosophes
« La Couleur des idées », 1992
et « Points Essais » n° 401, 1999

Lectures 3
Aux frontières de la philosophie
« La Couleur des idées », 1994
et « Points Essais » n° 541, 2006

L'Idéologie et l'Utopie
« La Couleur des idées », 1997
et « Points Essais » n° 538, 2005

Penser la Bible
(avec André LaCocque)
« La Couleur des idées », 1998
et « Points Essais » n° 506, 2003

La Mémoire, l'Histoire, l'Oubli
« L'Ordre philosophique », 2000
et « Points Essais » n° 494, 2003

Vivant jusqu'à la mort
Suivi de Fragments
« La Couleur des idées », 2007

Anthologie
(textes choisis et présentés
par Michaël Fœssel et Fabien Lamouche)
« Points Essais » n° 576, 2007

Écrits et conférences
1. Autour de la psychanalyse
« La Couleur des idées », 2008

Amour et justice
« Points Essais » n° 609, 2008

Écrits et conférences
2. Herméneutique
« La Couleur des idées », 2010

Être, essence et substance chez Platon et Aristote
Cours professé à l'université de Strasbourg en 1953-1954
« La Couleur des idées », 2011

Écrits et conférences
3. Anthropologie philosophique
« La Couleur des idées », 2013

CHEZ D'AUTRES ÉDITEURS

Philosophie de la volonté
I. Le Volontaire et l'Involontaire
Aubier, 1950, 1988
Seuil, « Points Essais » n° 622, 2009
II. Finitude et culpabilité
1. L'homme faillible
2. La symbolique du mal
Aubier, 1960, 1988
Seuil, « Points Essais » n° 623, 2009

Idées directrices pour une phénoménologie
(traduction et présentation d'Edmund Husserl)
Gallimard, 1950, 1985

À l'école de la phénoménologie
Vrin, 1986, 2004

Le Mal
Un défi à la philosophie et à la théologie
Labor et Fides, 1986, 2004

Réflexion faite
Autobiographie intellectuelle
Esprit, 1995

Le Juste 1
Esprit, 1995

La Critique et la Conviction
Entretiens avec François Azouvi
et Marc de Launay
Calmann-Lévy, 1995
Hachette, « Hachette Littératures », 2002
Pluriel, 2011, 2013

Autrement
Lecture d'*Autrement qu'être au-delà de l'essence*
d'Emmanuel Levinas
PUF, 1997

Ce qui nous fait penser
La nature et la règle
(avec Jean-Pierre Changeux)
Odile Jacob, 1998

L'Unique et le Singulier
L'intégrale des entretiens d'Edmond Blattchen
Alice, 1999

Entretiens
(avec Gabriel Marcel)
Présence de Gabriel Marcel, 1999

Le Juste 2
Esprit, 2001

L'Herméneutique biblique
(textes réunis et traduits de l'anglais
par François-Xavier Amherdt)
Cerf, 2001

Sur la traduction
Bayard, 2004

Parcours de la reconnaissance
Trois études
Stock, 2004
Gallimard, « Folio essais », 2005

Le Juste, la justice et son échec
L'Herne, 2006

Discours et communication
L'Herne, 2006

Cinq Études herméneutiques
Textes publiés aux éditions Labor et Fides
entre 1975 et 1991
Labor et Fides, 2013

IMPRESSION : NORMANDIE ROTO, S.A.S À LONRAI
DÉPÔT LÉGAL : MAI 2015. N° 124321 (1501121)
Imprimé en France

Éditions Points

Le catalogue complet de nos collections est sur
Le Cercle Points, ainsi que des interviews de vos
auteurs préférés, des jeux-concours, des conseils
de lecture, des extraits en avant-première…

www.lecerclepoints.com

Collection Points Essais

DERNIERS TITRES PARUS